Scientia Poetica

Scientia Poetica

Jahrbuch für Geschichte
der Literatur und der Wissenschaften/
Yearbook for the History
of Literature, Humanities, and Sciences

Band 14/2010

Herausgegeben von
Lutz Danneberg, Andreas Kablitz,
Wilhelm Schmidt-Biggemann, Horst Thomé
und Friedrich Vollhardt

De Gruyter

Anschriften der Herausgeber:

Prof. Dr. Lutz Danneberg, Humboldt-Universität zu Berlin, Philosophische Fakultät II, Hegelplatz 2, Haus 3, D-10117 Berlin

Prof. Dr. Andreas Kablitz, Universität Köln, Philosophische Fakultät, Romanisches Seminar, Albert-Magnus-Platz, D-50923 Köln.

Prof. Dr. Wilhelm Schmidt-Biggemann, Freie Universität Berlin, Institut für Philosophie (WE 1), Habelschwerdter Allee 30, D-14195 Berlin

Prof. Dr. Horst Thomé, Universität Stuttgart, Institut für Literaturwissenschaft, Keplerstraße 17, D-70174 Stuttgart (Redaktion)

Prof. Dr. Friedrich Vollhardt, Ludwig-Maximilians-Universität München, Institut für Deutsche Philologie, Schellingstraße 3 RG, D-80799 München

Beirat:

Barbara Bauer (Bern), Moritz Epple (Frankfurt am Main), Monika Fick (Aachen), Anthony Grafton (Princeton), Herbert Jaumann (Greifswald), Diethelm Klippel (Bayreuth), Wilhelm Kühlmann (Heidelberg), Jan-Dirk Müller (München), Walter Müller-Seidel (München), Hugh B. Nisbet (Cambridge), Wolfgang Proß (Bern), Jörg Schönert (Hamburg), Peter Strohschneider (München)

Redaktion: Andreas Bässler, Angela Ildiko Trostel, Sonja Mitze

ISBN 978-3-11-022311-8

ISSN 1431-5041

Bibliografische Information der Deutschen Nationalbibliothek

Die Deutsche Nationalbibliothek verzeichnet diese Publikation in der Deutschen Nationalbibliografie; detaillierte bibliografische Daten sind im Internet über http://dnb.d-nb.de abrufbar.

© 2010 Walter de Gruyter GmbH & Co. KG, Berlin/New York

Cover-Illustration: Christopher Schneider, Laufen
Druck: Hubert & Co. GmbH & Co. KG, Göttingen
∞ Gedruckt auf säurefreiem Papier

Printed in Germany

www.degruyter.com

INHALT

V

REZENSIONEN

Volkhard Wels

Francis Bacon über die Fiktionalität der Dichtung, antike Mythologie und die Macht der Phantasie[1]

Mit einem Exkurs zu Georg Philipp Harsdörffers Bacon-Rezeption und deren theologischer Relevanz

Abstract: Francis Bacon's definition of poetry as fiction and his interpretation of ancient mythology as poetic fiction are both directed against neoplatonism. By explaining ancient mythology as the paradigm of poetry, neoplatonists were able to construe poetry as divine revelation. To Bacon, however, poetry as fiction is a product of human imagination, independent of divine inspiration. Instead of being divine allegories with occult meanings (hidden from human reason), mythology and poetry are merely stories of greater or lesser value. A philosopher can give these fictional stories a moral sense and read them as allegories. But in that process the philosopher is only inventing a reasonable interpretation and not revealing any divine meaning. The neoplatonic interpretation of mythology as divine revelation and Bacon's rationalistic interpretation of mythology as poetic fiction stand in stark opposition to each other. A brief analysis indicates that the German poet Georg Philipp Harsdörffer was aware of these implications when he adopted Bacon's theory of mythology.

Die These des folgenden Aufsatzes lautet, daß es sich bei Francis Bacons Begriff der Dichtung um einen dezidiert rationalistischen Begriff handelt, der als solcher wesentlich gegen einen platonischen oder neuplatonischen Begriff der Dichtung gerichtet ist. Ich möchte dies vor allem an drei Punkten zeigen, nämlich erstens an Bacons Begriff der ›imaginatio‹ oder ›phantasia‹, der sein Potential aus der Parallelisierung von Vermögenspsychologie (›ratio‹, ›imaginatio‹, ›memoria‹) und Wissenschaftseinteilung erhält, zweitens an Bacons Aufwertung der Fiktionalität als charakteristisches Merkmal der Dichtung und drittens an seiner Theorie der Mythologie, die Bacon nicht als verschlüsselte Theologie, sondern als Dichtung – und das heißt eben: als poetische Fiktion – begreift.

Die drei Punkte hängen eng zusammen. Bacons poetologischer Rationalismus in seiner dezidiert antiplatonischen Wendung ist die Kehrseite

---

[1]   Ermöglicht von der Deutschen Forschungsgemeinschaft.

1

seiner Anerkennung der Fiktionalität der Dichtung. Wo der Neuplatonismus diese Fiktionalität in der Allegorese leugnet, indem er der poetischen Fiktion einen Sinn unterstellt, der diese Fiktion transzendiert, da ist Bacon bereit, diese Fiktionalität als solche anzuerkennen. Motiviert ist diese Anerkennung wiederum durch Bacons Begriff der menschlichen Phantasie als einer naturgegebenen, anthropologischen Konstante. Weil es mit der ›imaginatio‹ zum Wesen des Menschen gehört, Geschichten zu erfinden, sind diese Geschichten nicht Ausdruck einer theologischen Wahrheit. Sie sind zwar vielleicht moral- oder naturphilosophische Gleichnisse – oder können zumindest als solche erklärt werden –, aber sie sind keine göttlichen Offenbarungen im Sinne einer ›prisca theologia‹.[2] Mit diesem Rationalismus steht Bacon in der Tradition von Pomponazzi, Montaigne, Charron und insbesondere Scaliger.

In einem abschließenden Exkurs möchte ich zeigen, daß Harsdörffer, wenn er Bacons Mythos-Theorie übernimmt, sich dieser rationalistischen Tradition bewußt ist und also auch bei ihm Vorsicht geboten ist, was die Annahme neuplatonisch-hermetischer Tendenzen betrifft.

---

[2] Zu den hier verhandelten Problemen habe ich mit Gewinn konsultiert, auch wo ich anderer Meinung bin, Murray W. Bundy: »Bacon's True Opinion on Poetry«, in: *Studies in Philology* 27 (1930), S. 244–264; Karl Richards Wallace: *Francis Bacon on Communication and Rhetoric or:* »*The Art of Applying Reason to Imagination for the Better Moving of the Will*«. Chapel Hill 1943; ders.: *Francis Bacon on the Nature of Man.* Urbana–Chicago–London 1967; John L. Harrison: »Bacon's View of Rhetoric, Poetry, and the Imagination«, in: *Essential Articles for the Study of Francis Bacon*, ed. by Brian Vickers. Hamden/Conn. 1968, S. 253–271; Paolo Rossi: *Francis Bacon. From Magic to Science.* Chicago 1968; John M. Cocking: »Bacon's View of Imagination«, in: *Francis Bacon. Terminologia e Fortuna nel XVII Secolo.* A Cura di Marta Fattori. Rom 1984, S. 43–58; Harry Levin: »Bacon's Poetics«, in: *Renaissance Rereadings: Intertext and Context*, ed. by Maryanne Cline Horowitz et al. Urbana–Chicago 1988, S. 3–17; Jörg Jochen Berns: »Gott und Götter. Harsdörffers Mythenkritik und der Pan-Theismus der Pegnitzschäfer unter dem Einfluß Francis Bacons«, in: *Georg Philipp Harsdörffer. Ein deutscher Dichter und europäischer Gelehrter*, hg. v. Italo Michele Battafarano. Bern–Berlin 1991, S. 23–81; Richard Nate: »Literatur und Imagination in Francis Bacons System der Wissenschaften«, in: *Renaissance-Poetik. Renaissance Poetics*, hg. v. Heinrich F. Plett. Berlin–New York 1994, S. 286–314; Stephen A. McKnight: »The Wisdom of the Ancients and Francis Bacon's ›New Atlantis‹«, in: *Reading the Book of Nature. The Other Side of Scientific Revolution*, hg. v. Allen George Debus u. Michael Walton. Kirksville/Miss. 1998.

I. Die Unterteilung des menschlichen Wissens

Die ersten Sätze von Bacons *De augmentis scientiarum* (1623) lauten:

> Die Unterteilung des menschlichen Wissens ist die wahrhafteste, die aus dem
> dreifachen Vermögen der anima rationalis, dem Sitz des Wissens, abgeleitet ist.
> Geschichte bezieht sich auf das Gedächtnis, Dichtung auf die Phantasie, Philoso-
> phie auf den Verstand.[3]

Mit dieser Analogie von psychischen Vermögen und wissenschaftlichen
Disziplinen ist nicht gemeint, daß das jeweilige Vermögen die jeweilige
Disziplin erzeugen würde. Weder kann das rein passive Vermögen des
Gedächtnisses die Geschichtsschreibung hervorbringen, noch das rein
bildliche (und damit vorsprachliche) Vermögen der ›imaginatio‹ die
Dichtung. Genauso wenig könnte auf der anderen Seite allein die ratio,
ohne Gedächtnis oder Vorstellungsvermögen, die Philosophie hervor-
bringen. An einer späteren Stelle heißt es bei Bacon explizit, daß die
›phantasia‹ keine Wissenschaften hervorbringen könne und die Dichtung
»eher ein Spiel des Geistes« sei.[4]

Es handelt sich also bei diesen Verbindungen nicht um kausale Ver-
hältnisse, sondern um analoge: wie das Gedächtnis ein Speicher oder Ar-
chiv ist, so ist die Geschichtsschreibung ein Archiv; wie die ›imaginatio‹
oder ›phantasia‹ als Vorstellungsvermögen eine bildliche Darstellung ist,
so ist auch die Dichtung eine bildliche Darstellung; und wie die ›ratio‹ ein
abstrakt begriffliches Vermögen ist, so arbeitet auch die Philosophie ab-
strakt begrifflich.

Geschichte, so Bacon weiter, sei mit individuellen, konkreten, von Ort
und Zeit definierten Ereignissen und Personen befaßt und zerfalle weiter
in Naturgeschichte und menschliche Geschichte. Bacon dehnt damit den
Geschichtsbegriff so weit aus, daß er jede Form der Aufbewahrung von
Erfahrung oder Geschehen umfaßt. Dichtung dagegen sei zwar auch mit
individuellen Ereignissen befaßt, aber, im Unterschied zur Geschichte,

---

[3] Francis Bacon: »De dignitate et augmentis scientiarum«, Libri IX, in: ders.: *Works*,
collected and edited by James Spedding, Robert Leslie Ellis and Douglas Denon
Heath. New York–Cambridge 1869ff., Bd. 2, Kap. II.1, S. 186: »Partitio Doctrinae
Humanae ea est verissima, quae sumitur ex triplici facultate Animae Rationalis, quae
doctrinae sedes est. Historia ad Memoriam refertur; Poësis ad Phantasiam; Philoso-
phia ad Rationem.«

[4] Vgl. ebd., V.1, S. 360: »Nam phantasia scientias fere non parit; siquidem poësis
(quae principio phantasiae attributa est) pro lusu potius ingenii quam pro scientia ha-
benda.«

3

mit solchen, »die in Analogie zu jenen erfunden wurden, die in der wahren Geschichte erinnert werden«, wobei das Maß der Natur jedoch oft überschritten werde und die Dichtung auch Dinge erfinde, die so in der Natur nie geschehen würden.[5] Philosophie schließlich gehe zwar auch von den individuell konkreten Sinneseindrücken aus, aber nur, um aus diesen ihre abstrakten Begriffe zu formen. Die Zusammensetzung und Zergliederung der Begriffe ist als eigentliche Tätigkeit der ›ratio‹ auch der Weg, auf dem jede philosophische Erkenntnis – das heißt jede begrifflich analytische Wissensform – entsteht.

Alle geistige Tätigkeit des Menschen geht zurück auf die Aufnahme von Sinneseindrücken, und indem diese Sinneseindrücke entweder aufbewahrt, nachgebildet oder begrifflich zergliedert werden können, dienen alle menschlichen Wissensformen entweder der Aufbewahrung (Geschichte), der Nachbildung (Dichtung) oder der begrifflichen Zusammensetzung und Zergliederung (Philosophie).[6] Mit dieser Herleitung allen Wissens aus den Sinneseindrücken übernimmt Bacon die aristotelische Überzeugung, wie sie sich in *De anima* III.4 und 5 findet, der zufolge der Mensch bei seiner Geburt eine leere Tafel ist, auf der dann alles Wissen durch die Sinneseindrücke erzeugt wird. Wie bei Aristoteles selbst, der sich mit dieser Lehre von der platonischen Theorie der Anamnesis als einer Wiedererinnerung allen Wissens abgrenzt, dürfte auch bei Bacon die tabula rasa-Vorstellung gegen neuplatonische Theorien gerichtet sein.

Was mit der Herkunft aus den Sinneseindrücken nicht erklärt werden kann, ist die Herkunft des theologischen Wissens. Bacon stellt dieses theologische Wissen, das aus der Offenbarung abgeleitet ist, deshalb neben das aus den Sinneseindrücken abgeleitete Wissen, wobei er diesen grundsätzlichen Unterschied sofort wieder nivelliert, indem zwar die Art und der Inhalt des offenbarten Wissens ein anderer sein könne, der menschliche Geist, der dieses Wissen aufnehme, aber derselbe sei.

Deswegen gliedert Bacon analog zum menschlichen Wissen das Offenbarungswissen in heilige Geschichte (»historia sacra«), Gleichnisse oder Parabeln als Formen der göttlichen Dichtung (»parabolis, quae instar divinae Poeseos sunt«) und Regeln und Dogmen, wie sie die begrifflich arbeitende Theologie charakterisieren. Die Prophetie, die sich in diese

---

[5] Ebd., II.1, S. 187: »Poësis, eo sensu quo dictum est, etiam individuorum est, confictorum ad similitudinem illorum quae in historia vera memorantur; ita tamen ut modum saepius excedat, et quae in rerum natura nunquam conventura aut eventura fuissent ad libitum componat et introducat; quemadmodum facit et Pictoria. Quod quidem Phantasiae opus est.«

[6] Vgl. ebd., II.1, S. 187f.

Einteilung nicht zu fügen scheint, gehöre zur heiligen Geschichte, denn die heilige Geschichte habe der profanen voraus, daß sie nicht nur vergangene Ereignisse berichte, sondern auch zukünftige. Für die Form des geschichtlichen Wissens aber sei es gleichgültig, ob seine Inhalte vergangene oder zukünftige Geschehnisse seien.[7] Auch die Prophetie als göttliche Inspiration hat damit keinen extradisziplinären Status.

Es ist für meine Argumentation nicht ganz unerheblich, daß die Quelle von Bacons Parallelisierung von Vermögenspsychologie und Wissenschaftseinteilung Pierre Charrons *De la sagesse* (1601) ist, ein bis weit ins 18. Jahrhundert hinein oft aufgelegtes und in zahlreiche Sprachen übersetztes Kompendium des Wissens.[8] Diese Abhängigkeit ist vor allem insofern interessant, als der rationalistische Grundzug auch bei Charron schon scharf ausgeprägt ist. Deutlicher als bei Bacon ist die medizinische Vermögenslehre der Hintergrund der Wissenschaftseinteilung.

Das medizinische Temperament, das heißt das jeweilige Verhältnis der vier Qualitäten des Warmen, Kalten, Trocknen und Feuchten, bestimmt die Tätigkeit des Gehirns und seiner Vermögen. Die Vernunft, so Charron, werde am meisten von einem trocknen Temperament unterstützt, deswegen seien ältere Menschen vernünftiger als jüngere, denn das Gehirn trockne mit dem Alter immer mehr aus. Das Gedächtnis dagegen werde durch ein feuchtes Temperament unterstützt, denn Feuchtes bewahre ›Eindrücke‹ (wie sie etwa die Sinne dem Gedächtnis liefern) am besten auf. Daher komme es, daß Kinder ein besseres Gedächtnis als ältere Menschen hätten und das Gedächtnis morgens, wenn es durch den Schlaf Feuchtigkeit gezogen habe, besser arbeite als abends. Das Temperament, das der ›imaginatio‹ am vorteilhaftesten ist, sei das Warme, weshalb Verrückte und von fiebrigen Krankheiten Befallene am besten in den Dingen seien, die zur ›imaginatio‹ gehörten, wie Dichtung und Prophetie. Am stärksten sei die ›imaginatio‹ in der Jugend und im heranwachsenden Alter entwickelt, weshalb Dichter und Propheten vor allem in diesem Alter in Erscheinung träten.[9]

Aus der Untergliederung der psychischen Vermögen und der entsprechenden Verschiedenheit der Temperamente ergibt sich bei Charron eine

---

[7] Vgl. ebd., II.1, S. 188.

[8] Ich zitiere die zweite, überarbeitete Auflage von 1604 in der Ausgabe Pierre Charron: *De la sagesse*. Texte revu par Barbara de Negroni. Paris 1986. Zur Charakteristik von Charrons Rationalismus vgl. Henri Busson: *Les sources et le développement du rationalisme dans la littérature française de la Renaissance*. Paris 1922, S. 456–459.

[9] Vgl. Charron: *De la sagesse* (wie Anm. 8), S. 124.

Abhängigkeit der wissenschaftlichen Disziplinen und Begabungen. Scholastische Theologie, medizinische Theorie, Dialektik, Naturphilosophie und Ethik gehörten insbesondere zur ›ratio‹, weil sie auf den Tätigkeiten des Schlußfolgerns, Unterscheidens und Beurteilens beruhten. Grammatik, Jura, positive Theologie, Geographie und Arithmetik gehörten zur ›memoria‹, weil sie auf der Fähigkeit der Erinnerns beruhten. Dichtung, rhetorisches Vermögen und Musik sowie alles, was auf figürlicher Darstellung, Harmonie und Proportion beruhe, gehöre dagegen zur ›imaginatio‹.

II. Dichtung als Fiktion

Bevor auf das eigentliche Potential dieser Untergliederung Bacons und Charrons zurückzukommen sein wird, ist Bacons Theorie der Dichtung darzustellen. Das dreizehnte Kapitel von *De augmentis scientiarum* ist ihr gewidmet. Bacon definiert die Dichtung über ihren materialen Inhalt (›res‹) als Fiktion (›historia conficta‹) in Abgrenzung von ihrer Definition über die sprachliche Form (›verba‹) als Vers:

> Unter Dichtung aber verstehe ich an dieser Stelle nichts anderes als erfundene Geschichte [historia conficta] oder Handlung [fabula]. Der Vers nämlich ist nur eine bestimmte stilistische Eigenart und gehört zur Kunst des Ausdrucks, worüber an seinem Ort zu sprechen sein wird.[10]

Fiktionalität macht das Wesen der Dichtung aus, die Versform ist dagegen ein bloßes Akzidens, eine »stilistische Eigenart« (»stili character«). Nur als »erfundene Geschichte« habe die Dichtung einen Anspruch darauf, neben Geschichte und Philosophie als Wissensform zu stehen, die Versform dagegen mache sie nur zu einer besonderen Form des sprachlichen Ausdrucks (»stili genus, et elocutionis formula quaedam«), was sie als solche der Rhetorik und Grammatik unterordne. Bacon schließt deshalb von seiner weiteren Betrachtung sowohl die metrischen Formen als auch die gesamte didaktische Dichtung aus und behandelt als Dichtung nur »die nach Belieben erfundene Geschichte« (»historia ad placitum conficta«).

---

[10] Bacon: »De dignitate et augmentis scientiarum« (wie Anm. 3), II.1, S. 186: »Per Poësim autem hoc loco intelligimus non aliud quam historiam conficta, sive fabulas. Carmen enim stili quidam character est, atque ad artificia orationis pertinet; de quo suo loco.«

Auch dieser Ausschluß der Versform als definierendes Merkmal ist aristotelisch, denn Aristoteles hatte *Poetik* 1449b den ›mythos‹ (lateinisch ›fabula‹, der Begriff Bacons) als Nachahmung menschlicher Handlung zur ›Seele‹ der Dichtung erklärt, den Vers dagegen 1451b nur zum Akzidens. Bacon übernimmt diese Unterscheidung – was 1623 alles andere als eine Selbstverständlichkeit ist –, folgt Aristoteles aber nicht, was die Abgrenzung von Dichtung und Geschichtsschreibung betrifft. Wo es bei Aristoteles 1451b heißt, der Dichtung komme als einer Nachahmung von Handlung im Gegensatz zur Geschichtsschreibung eine ›philosophischere Allgemeingültigkeit‹ zu, da erklärt Bacon die Dichtung gerade zu einer Nachahmung der Geschichte.

Bacon untergliedert die als Fiktion definierte Dichtung nämlich weiter in die drei Formen der erzählenden (›narrativa‹), darstellenden (›dramatica‹) und gleichnishaften (›parabolica‹) Dichtung, wobei die spezifische Differenz dieser drei Arten die Form ist, in der sie jeweils die ›imitatio‹ der Geschichte ausprägen.[11] Wie Philip Sidney in seiner *Defence of Poetry* (um 1580 entstanden, 1595 gedruckt), der dem Dichter die Möglichkeit zuspricht, eine andere, bessere Natur zu erschaffen,[12] begreift Bacon die ›imitatio‹ der Dichtung im Sinne einer Verbesserung der gefallenen Natur:

> Weil nämlich die sinnlich erfahrbare Welt der anima rationalis an Würde nachsteht, scheint die Dichtung dies der menschlichen Natur zu gewähren, was die Geschichte ihr abspricht; und die Seele mit den Schatten der Sachverhalte zufriedenzustellen, wo das Echte nicht zu haben ist. Betrachtet man dies näher, kann man der Dichtung ein starkes Argument dafür entnehmen, daß die menschliche Seele an Sachverhalten, die sich durch mehr Größe, durch eine vollkommenere Ordnung und einen größeren Abwechslungsreichtum auszeichnen, mehr Gefallen findet, als sie an der Natur selbst, in postlapsalem Zustand, in irgendeiner Weise finden kann.

Wo deshalb die tatsächliche Geschichte nicht die Größe liefert, die dem menschlichen Geist angemessen ist – und das heißt, wo diese Geschichte menschliche Handlungen nicht entsprechend ihrem Verdienst und ihrer moralischen Qualität belohnt und bestraft, sondern ihren Ausgang dem Zufall anheimstellt –, da kann die Dichtung korrigierend einsetzen und Handlungen und Personen erfinden, die in ihrem Ausgang die göttliche

---

[11] Vgl. ebd., II.13, S. 221.

[12] Vgl. Philip Sidney: »A Defence of Poetry«, hg. v. Jan van Dorsten, in: ders.: *Miscellaneous Prose*, hg. v. Katherine Duncan-Jones u. Jan van Dorsten. Oxford 1973, S. 59–121, hier S. 78.

Ordnung widerspiegeln. Wo die tatsächliche Geschichte den Geist mit unendlichen Wiederholungen langweile, da könne die Dichtung mit unerwarteten Wendungen und plötzlichen Umschlägen angenehme Unterhaltung erzeugen.[13]

Auch darin folgt Bacon Sidney, daß er diesen Punkt zum Unterschied zwischen der Dichtung und den anderen Wissenschaften, das heißt im Falle Bacons zum Unterschied zwischen Dichtung auf der einen und Geschichte und Philosophie auf der anderen Seite erklärt. Die Dichtung scheine nämlich an der göttlichen Natur teilzuhaben, weil sie nicht auf die tatsächliche, postlapsale Natur angewiesen ist, sondern ihre Fiktion an einem Ideal ausrichten kann:

> Deshalb scheint sie [die Dichtung] auch mit Recht in einem gewissen Sinne an der Göttlichkeit zu partizipieren, weil sie die Seele aufrichtet und mit sich in die Höhe führt, indem sie die Abbilder der Sachverhalte an die Seele anpaßt und nicht die Seele den Sachverhalten unterwirft, wie es der Verstand und die Geschichte tun.[14]

Während sich diese Charakteristik einer idealisierenden ›imitatio‹ in der ersten Fassung von *De augmentis scientiarum*, zwanzig Jahre früher unter dem Titel *Of the proficience and advancement of Learning, divine and humane* (1603, Druck 1605) erschienen, noch auf alle drei Arten der Dichtung bezogen hatte, bezieht sie sich nun, 1623, ausschließlich auf die narrative Dichtung.[15] Die Art der ›imitatio‹, die dagegen der dramatischen Dichtung zugrunde liege, ist die darstellende: »Dramatische Dich-

---

[13] Bacon: »De dignitate et augmentis scientiarum« (wie Anm. 3), II.13, S. 221f.: »Cum enim mundus sensibilis sit anima rationali dignitate inferior, videtur Poësis haec humanae naturae largiri, quae historia denegat; atque animo umbris rerum utcunque satisfacere, cum solida haberi non possint. Si quis enim rem acutius introspiciat, firmum ex Poësi sumitur argumentum, maginitudinem rerum magis illustrem, ordinem magis perfectum, et varietatem magis pulchram, animae humanae complacere, quam in natura ipsa, post lapsum, rerire ullo modo possit. Quapropter, cum res gestae et eventus qui verae historiae sujiciuntur non sint ejus amplitudinis in qua anima humana sibi satisfaciat, praesto est Poësis, quae facta magis heroica confingat; cum historia vera successus rerum minime pro meritis virtutum et scelerum narrat, corrigit eam Poësis, et exitus et fortunas secundum merita et ex lege Nemeseos exhibet; cum historia vera, obvia rerum satietate et similitudine, animae humanae fastidio sit, reficit eam Poësis, inexpectata et varia et vicissitudinum plena canens.«

[14] Ebd., II.13, S. 222: »Quare et merito etiam divinitatis cujuspiam particeps videri possit; quia animum erigit et in sublime rapit, rerum simulacra ad animi desideria accommodando, non animum rebus (quod ratio facit et historia) submittendo.«

[15] Francis Bacon: *The Advancement of Learning. New Atlantis*, ed. by Arthur Johnston. Oxford 1974, S. 80f.

tung ist wie sichtbar gemachte Geschichte, denn sie errichtet ein Abbild der Sachverhalte als gegenwärtiger, die Geschichte aber als vergangener.«[16] Der große Nutzen dieser darstellenden Dichtung bestehe in ihrer affektiven Gewalt, die sie auf die Zuschauer ausübe und die sie zu einem wirkungsvollen erzieherischen Instrument machen könnte, wenn das zeitgenössische Theater sich wieder auf sein antikes Niveau erheben würde.

Von der idealisierenden ›imitatio‹ der narrativen und der darstellenden ›imitatio‹ der dramatischen Dichtung unterscheidet sich die ›typisierte‹ Geschichte der gleichnis- oder parabelhaften Dichtung. »Gleichnishaft ist eine Geschichte mit einem Typus, die intellektuell Wahrnehmbares sinnlich erfahrbar macht«,[17] lautet die Definition wörtlich übersetzt, wobei »mit einem Typus« im Sinne von ›figürlich‹ oder ›übertragen‹ zu verstehen ist. Etwas deutlicher in diesem Sinne war die Definition im *Advancement of Learning*: »Allegorisch [allusive] oder gleichnishaft ist eine narratio, die nur angewendet wird, um einem bestimmten Zweck oder Begriff Ausdruck zu verleihen.«[18] Diese gleichnishafte Form der Dichtung rage über die beiden anderen hinaus, was vor allem daran liegt, daß die Religion sich dieser Form als Medium bedient. Ihr Nutzen sei zweifach, wobei sie zu gegenteiligen Zwecken angewandt werde, sie diene nämlich sowohl als Verhüllung mit dem Zweck des Verbergens wie als Illustration mit dem Zweck der Information und Belehrung.[19]

Als Illustration mit dem Zweck der Belehrung sei sie in der Antike angewandt worden, um neue Erkenntnisse, die der durchschnittliche Verstand nicht erfassen konnte, sinnlich so zu veranschaulichen, daß sie in dieser bildlichen oder exemplarischen Form verständlich und faßlich wurden. Die Fabeln Äsops oder die Fabel, mit der Menenius Agrippa die Plebs nach Rom zurückholte, sind (wiederum im Anschluß an Sidney) Bacons Beispiele für solche Illustrationen. Sie seien nichts anderes als sinnlich erfaßbar gemachte Argumente, denn »wie die Hieroglyphen [als bildliche Darstellungen verstanden] älter sind als die Buchstaben, so sind

---

[16] Bacon: »De dignitate et augmentis scientiarum« (wie Anm. 3), II.13, S. 221: »Dramatica est veluti historia spectabilis; nam constituit imaginem rerum tanquam praesentium, historia autem tanquam praeteritarum.«

[17] Ebd., II.13, S. 221: »Parabolica vero est historia com typo, quae intellectualia deducit ad sensum.«

[18] Bacon: *The Advancement of Learning* (wie Anm. 15), S. 81: »Allusive or parabolical is a narration applied only to express some special purpose or conceit.«

[19] Vgl. Bacon: »De dignitate et augmentis scientiarum« (wie Anm. 3), II.13, S. 224.

die Gleichnisse älter als die Argumente.«[20] Die gleichnishafte Dichtung ist eine einfache Form der Argumentation, was dem Status von Gleichnis und Beispiel in der Rhetorik entspricht. Auch hier ist wieder insbesondere an Aristoteles zu denken, der diesen argumentativen Status des Gleichnisses *Rhetorik* II.20 besonders hervorhebt. Mit der Unterscheidung von historischem ›exemplum‹, erfundenem Gleichnis (›parabola‹) und Tierfabel (auch hier mit dem Beispiel Äsop) gibt Aristoteles dort sogar eine Klassifikation, die das unmittelbare Vorbild von Bacons Untergliederung gewesen sein könnte.

Als Verhüllung mit dem Zweck des Verbergens, so Bacon weiter, sei die gleichnishafte Dichtung dort notwendig, wo die Würde der gleichnishaft dargestellten Sachverhalte es erfordert, daß sie durch einen Schleier, wie Gleichnisse und Fabeln ihn bilden, wahrgenommen würden. Ein großer Teil der antiken Mythologie stelle eine solche Form der gleichnishaften Verhüllung mit dem Zweck, religiöse, politische oder philosophische Wahrheiten vor der gefährlichen Profanation zu schützen, dar. Die antiken Mythen, als erfundene Geschichten, seien dabei viel älter als die antiken Schriftsteller, die diese Mythen überliefern, so daß es durchaus möglich sei, daß diese Schriftsteller selbst die eigentliche Bedeutung der Mythen gar nicht mehr gekannt hätten.[21]

Diese für die Dichter wenig schmeichelhafte Variante – die Dichter erzählen einfach nur überlieferte Geschichten und gestalten sie aus, ohne sie wirklich verstanden zu haben – hatte vor Bacon schon Francesco Robortello in seinem Kommentar zur aristotelischen Poetik in Betracht gezogen.[22] Robortello hatte an derselben Stelle auch eine ganz ähnliche, argumentationstheoretisch fundierte Erklärung für die didaktische Funktion der Dichtung gegeben, indem er diese auf einen ›Paralogismus‹, das heißt auf einen richtigen Schluß aus material falschen Prämissen zurück-

---

[20] Ebd., II.13, S. 224: »Denique ut hieroglyphica literis, ita parabolae argumentis erant antiquiores.«

[21] Vgl. ebd., II.13, S. 224f.

[22] Für einen ›hohen Stellenwert‹ der Poesie, wie ihn Berns: »Gott und Götter« (wie Anm. 2), S. 54, für Harsdörffer und damit auch für Bacon in Anspruch nimmt, scheint mit Bacons Deutung der Mythologie in der Tat nicht zu sprechen, worauf ja auch die Deutung der Dichtung als ›Spiel des Geistes‹ im Gegensatz zu echter Wissenschaft hinweist.

10

geführt hatte. Die antiken Mythen wären als solche falsch, die Lehren, die man aus ihnen ableiten kann, aber richtig.[23]

Ob nun Gleichnis, wie bei Bacon, oder Paralogismus, wie bei Robortello – entscheidend ist, daß der antike Mythos von vornherein als Dichtung wahrgenommen wird. Das ist Anfang des 17. Jahrhunderts eine klare Stellungnahme. Es impliziert nämlich, daß der antike Mythos zwar vielleicht eine Form der paganen Religion ist, aber keine ›prisca theologia‹, keine frühe Form einer christlichen Offenbarung darstellt, wie es insbesondere der Neuplatonismus gewollt hatte. Bacon hat also keine Probleme mit der paganen Konnotation der antiken Mythologie, sondern, genau im Gegenteil, er hat ein Problem mit deren neuplatonischer, christianisierenden Deutung. Seine Deutung der Mythologie als gleichnishafte Darstellung moral- oder naturphilosophischer Lehrinhalte ist etwas ganz anderes als die neuplatonische Deutung der Mythologie als vorbibliche Offenbarung christlicher Wahrheiten. Bacon behandelt den antiken Mythos von vornherein als gleichnishafte Dichtung, das heißt als Darstellung natur- oder moralphilosophischen Wissens in bildlicher Form. Dies ist näher zu explizieren.

III. Bacons Deutung der antiken Mythologie als Dichtung

Die Entschlüsselung der antiken Mythologie ist der einzige Teil der Dichtung, den Bacon in *De augmentis scientiarum* als fehlend verbuchen muß. Die Philosophen, die sich bisher an der Entschlüsselung der Mythen versucht hätten (und dazu gehört eine ganze Zahl von Neuplatonikern), wären nicht gebildet genug gewesen, um zu einem zufriedenstellenden Ergebnis zu kommen. Indem es der eigentliche Zweck von *De augmentis scientiarum* ist, das zufällige und verwirrte Konglomerat der wissenschaftlichen Disziplinen in ein System zu bringen, kommt es Bacon vor allem auf die Wissensgebiete an, die noch von keiner Disziplin erschlossen worden sind. *De augmentis scientiarum* ist wörtlich zu verstehen als der Versuch, im Kanon der Wissenschaften fehlende Disziplinen erst einmal zu benennen und zu skizzieren.

Wenn Bacon deshalb der Dichtung nur ein einziges Kapitel widmet, ist dies darauf zurückzuführen, daß es in diesem Bereich – von der Ent-

---

[23] Francesco Robortello: *In librum Aristotelis de arte poetica explicationes. Paraphrasis in librum Horatii, qui vulgo de arte poetica ad Pisones inscribitur* (1548). Ndr. Frankfurt a. M. 1968, hier S. 89.

schlüsselung der antiken Mythologie abgesehen – kein fehlendes Wissen zu vermerken gibt:

> Ich kann nicht finden, daß irgendein anderer Teil in der Dichtung vermißt wird, denn weil die Dichtung eher wie eine Pflanze ist, die wie aus einem fruchtbaren Boden ohne einen absichtlich gesetzten Samen gekeimt ist, ist sie über die anderen Wissenschaften hinausgeschossen und hat sich weiter verbreitet als diese.[24]

Es ist dieses Bild vom pflanzlichen Wachstum der Dichtung, das Bacon im *Advancement of Learning* zu der radikalen These geführt hat, bei vielen Mythen sei die ›fable‹, also die bloße Handlung als erzählte Geschichte, zuerst dagewesen und dann erst ihre philosophische Auslegung erfunden worden.[25] Selbst für Homer bestreitet Bacon irgendeine andere, innere Bedeutung über die bloße Handlung als solche hinaus. Einige Jahre später, in *De sapientia veterum* (1609, einer exemplarischen Entschlüsselung von einunddreißig antiken Mythen), heißt es provokant, die Weisheit der Antike sei entweder groß oder glücklich gewesen: groß, wenn der Mythos von vornherein als Allegorie (»figura sive tropus«) gedacht gewesen wäre, glücklich, wenn die Menschen eigentlich »etwas anderes getan hätten« (man wird ergänzen dürfen: wie z. B. bloß unterhaltsame Geschichten erfinden), dabei aber Inhalt und Gelegenheit für Betrachtungen von so großer Würde geschaffen hätten.[26]

Mit »Betrachtungen von großer Würde« sind die nachträglichen, moral- und naturphilosophischen Deutungen des antiken Mythos gemeint, wie sie Bacon selbst in *De sapientia veterum* vorführt. Jörg Jochen Berns hat nicht nur schon auf die Kühnheit des Baconschen Gedankens hingewiesen, er hat auch schon die wichtigste Quelle von Bacons Allegoresen benannt,[27] nämlich die *Mythologiae, sive explicationis fabularum, libri decem* (1551) des Natalis Comes (Natali Conte). Schon deren Untertitel verkündet das Programm, nämlich den Nachweis, daß es sich bei »fast der ganzen« antiken Mythologie um verschlüsselte Lehren aus der Natur-

---

[24] Bacon: »De augmentis scientiarum« (wie Anm. 3), II.13, S. 226: »Aliam aliquam partem in Poësi desiderari non invenimus; quin potius cum planta sit Poësis, quae veluti a terra luxuriante absque certo semine germinaverit, supra caeteras doctrinas excrevit et diffusa est.«

[25] Vgl. Bacon: *The Advancement of Learning* (wie Anm. 15), S. 82.

[26] Francis Bacon: »De sapientia veterum«, in ders.: *Works* (wie Anm. 3), Bd. 12, S. 628: »Sapientia prisci saeculi, aut magna aut felix fuit: magna, si de industria excogitata est figura sive tropus: felix, si homines aliud agentes materiam et occasionem tantae contemplationum dignitati praebuere.« Auf die Stelle hingewiesen hat bereits Berns: »Gott und Götter« (wie Anm. 2), S. 68.

[27] Vgl. Berns: »Gott und Götter« (wie Anm. 2), S. 49.

und Moralphilosophie handle (»in quibus omnia prope naturalis et moralis philosophiae dogmata contenta fuisse demonstratur«).

Kühn ist die These Bacons und Contis, weil sie der antiken Dichtung mit dem philosophischen oder religiösen Gehalt der Mythologie jede göttliche Inspiration bestreitet. Wenn die Fabel zuerst da war und die Philosophen erst später dieser Fabel einen philosophischen Gehalt unterlegt haben, dann ist diese Fabel als solche bedeutungslos und kann nicht auf eine göttliche Inspiration zurückgeführt werden. Der Mythos ist keine göttliche Offenbarung, deren Bedeutungsfülle der Mensch nie ausschöpfen kann, sondern er ist eine bloße Sammlung von hübschen Geschichten, die Philosophen benutzt haben, um ihnen eine ethische, religiöse oder sonstige Bedeutung unterzulegen. Die Handlung ist eine Hülle, die entweder der Verschleierung oder der Illustration dient, in jedem Fall aber ein bloß menschliches Konstrukt ist.

Die Möglichkeit einer Priorität der Fabel vor jedem philosophischen und didaktischen Gehalt tritt neben die Behauptung, die Dichter hätten die Fabeln auch weitererzählt, ohne sie eigentlich verstanden zu haben. Es entsteht ein Bild der antiken Mythologie als einer Tradition des ›wilden‹ Fabulierens, bei der die Lust an der Erfindung, der Fiktionalität und damit – so der traditionelle christliche Vorwurf – der ›Lüge‹ das entscheidende Element ist. Die antike Mythologie ist keine göttliche Offenbarung, die womöglich noch auf die christliche Heilsgeschichte vorausweist, sondern eine bunte Sammlung abenteuerlicher Geschichten. Die antike Mythologie ist ein Ergebnis der Fabulierungslust der Dichter, die allein von den Versuchen der Philosophen, diese Mythen zur Vermittlung moral- oder naturphilosophischer Wahrheiten zu benutzen, eingegrenzt wurde. Das ist die eigentliche Aussage des Vergleichs der Dichtung mit einer »Pflanze«, »die wie aus einem fruchtbaren Boden ohne einen absichtlich gesetzten Samen gekeimt ist«. Der Mensch ist ein mythenschaffendes Lebewesen, Dichtung – als ›wilde‹ Lust an der Erfindung von Geschichten – ist eine anthropologische Konstante.

Bacons Auslegung der antiken Mythologie, wie er sie in *De sapientia veterum* vorführt, ist eine rationalistische, die als solche in schärfstem Gegensatz zu den neuplatonisch inspirierten Deutungen etwa eines Pico della Mirandola oder Christoforo Landino steht. Bacon nähert sich den Mythen nicht als einer göttlichen Weisheit, sondern als einer menschlichen, er liest sie als eine – bestenfalls – verschlüsselte Botschaft der antiken Philosophie, die tendenziell ohne Verluste wieder in Philosophie zurückübersetzt werden kann, nicht aber als eine per se dem menschlichen

Verstand überlegene und immer nur partiell verständliche Wahrheit. Schlimmstenfalls dagegen handelt es sich bei den antiken Mythen um abenteuerliche Geschichten ohne jede Bedeutung.

Welche Opposition zwischen der Mythendeutung Bacons und der neuplatonischen Allegorese besteht, illustriert der *Mythomystes* (1632) von Henry Reynolds, dessen voller Titel lautet: *Mythomystes, wherein a short survay is taken of the nature and valve of true poesy and depth of the ancients above our modern poets*. Gegen die moderne Dichtung und ihre Gehaltlosigkeit führt Reynolds die antike Dichtung als durch eine göttliche Entrückung, einen ›furor poeticus‹ inspiriertes Wissen ins Feld, das die Dichter, um es vor Profanation zu schützen, in Mythen verbargen.

Auch ohne die zahlreichen Zitate aus den Werken Picos della Mirandola wäre die Herkunft solcher Überzeugungen schwer zu verkennen. Von der ägyptischen Weisheit über die griechische Dichtung, angefangen von Orpheus bis hin zur Kabbala, bezeugt diese echte, antike Dichtung, als ›theologia poetica‹, die Überlegenheit der antiken Dichter über die modernen Reimschmiede, soweit sie denn nicht sowieso nur Prosa schreiben. ›Ignoranz‹ lautet deshalb der Vorwurf, mit dem Reynolds die Behauptung Bacons, die Mythen wären vor ihrer Deutung entstanden, bedenkt.[28]

IV. Die Macht der Phantasie

Trotz seiner ›prosaischen‹ Bestimmung der Dichtung leugnet Bacon die Existenz der Inspiration nicht. Wie vor ihm bereits Sidney und Scaliger schränkt er sie jedoch auf die eigentlich religiöse, die prophetische Literatur des Alten und die Gleichnisse des Neuen Testaments ein. Die göttliche Inspiration (›divine illumination‹) ergreift dabei von der ›ratio‹ Besitz, bedient sich aber der ›imaginatio‹ als ihres Instruments:

> Wir sehen nämlich, daß bei dem, was zum Glauben und zur Religion gehört, die phantasia sich sogar über die ratio erhebt und sie überschreitet. Nicht deswegen, weil die göttliche Illumination ihren Sitz in der phantasia hat (dieser Sitz ist viel eher im Gipfel des Geistes und Intellekts), sondern weil, wie sich die göttliche Gnade der Bewegungen des Willens bedient, sich so auch auf ähnliche Art die göttliche Gnade bei den Illuminationen der Bewegungen der phantasia bedient.

---

[28] Vgl. Henry Reynolds: »Mythomystes«, in: *Critical Essays of the Seventeenth Century*, ed. by J. E. Spingarn. Oxford 1957, Bd. 1, S. 141–179, hier S. 177.

Deswegen sucht sich auch die Religion immer durch Gleichnisse, Typologien, Parabeln, Visionen und Träume ihren Zugang und ihren Weg zur Seele.[29]

Die Tatsache, daß sich die religiöse Unterweisung gerade der Formen des Gleichnisses und der Parabel bedient, ist also darauf zurückzuführen, daß sich die göttliche Inspiration der ›imaginatio‹ bedient, deren sozusagen natürliche Formen wiederum Gleichnis und Parabel sind. Es ist deshalb kein Zufall, daß Bacon statt von Inspiration von Erleuchtung und Illumination spricht, also statt der Atem-Metapher eine Licht-Metapher verwendet, ist doch die Illumination der Illustration als einem der beiden Zwecke der gleichnishaften Dichtung eng verwandt. Der Illumination, durch die Gott den Menschen unterrichtet und belehrt, entspricht als literarische Form die Illustration der gleichnis- oder parabelhaften Dichtung.

Gleichnisse und Parabeln sind Bilder, und die Rolle der ›imaginatio‹ innerhalb der Vermögen ist die eines bildgebenden Verfahrens. Das ist die Verbindung zwischen ›imaginatio‹ und Dichtung. Bacon ist allerdings weit davon entfernt, die Bedeutung, die der ›imaginatio‹ in dieser Rolle zukommt, geringzuschätzen, nur sieht er diese Bedeutung weniger in der Poetik als in der Rhetorik realisiert. »Die Pflicht und Aufgabe der Rhetorik ist keine andere, als die Entschlüsse der ratio an die phantasia heranzutragen und sie ihr zu empfehlen, um dadurch Begierde und Willen zu erwecken« heißt es in *De augmentis scientiarum*.[30]

Rhetorik ist die Kunst, die vernünftigen Entschlüsse, wie sie die ›ratio‹ mit Hilfe der Logik getroffen hat, der ›imaginatio‹ als dem Vorstellungsvermögen zu vermitteln, um sie bildlich darzustellen und dadurch den Willen so zu stimulieren, daß er den rational gefaßten Entschluß in die Tat umsetzt. Die ›imaginatio‹ ist in diesem Sinne gleichsam das Organ

---

[29] Bacon: »De augmentis scientiarum« (wie Anm. 3), V.1, S. 360: »Videmus enim quod in iis quae sunt fidei et religionis, phantasia supra ipsam rationem scandat et evehatur; non quod illuminatio divina locum habeat in phantasia, (quin potius in ipsa arce mentis et intellectus); verum quemadmodum gratia divina in virtutibus utitur motibus voluntatis, ita similiter gratia divina in illuminationibus utitur motibus phantasiae; unde fit ut religio semper aditum sibi ac viam ad animum quaesierit per Similitudines, Typos, Parabolas, Visiones, Insomnia.«

[30] Ebd., VI.3, S. 439: »Estque, si quis altius rem penetret, officium et munus Rhetoricae non aliud quam ut Rationis dictamina Phantasiae applicet et commendet, ad excitandum appetitum et voluntatem.« Etwas prägnanter heißt es in *The Advancement of Learning* (wie Anm. 15), S. 139: »The duty and office of rhetoric is to apply reason to imagination for the better moving of the will.«

der Rhetorik, wie die ›ratio‹ das Organ der Logik ist.[31] Selbstverständlich kann die Rhetorik auch mißbraucht und also die Macht der Bilder dazu verwendet werden, die Vernunft zu betrügen. Diese mißbräuchliche Verwendung ist aber nicht nur bei der Rhetorik möglich, sondern durch die Trugschlüsse auch bei der Logik und durch die Gewalt der Emotionen auch bei der Moralphilosophie:

> Denn der Zweck der Dialektik [also der Logik] ist es, die Form der Argumente zu lehren, um dadurch den Intellekt zu unterstützen, nicht ihn zu betrügen. Desgleichen ist es der Zweck der Ethik, die Affekte so aufzubauen, daß sie der ratio dienen, nicht aber von ihr Besitz ergreifen. Der Zweck der Rhetorik schließlich ist es, die phantasia mit Beobachtungen und Bildern zu füllen, die der ratio als Unterstützung dienen, nicht aber sie unterdrücken.[32]

Auf diese Art nimmt die ›imaginatio‹ eine Art Mittlerfunktion ein. Denn wo die Logik durch Argumente rationale Entscheidungen und die Moralphilosophie durch Affekte willentliche Handlungen erzeugt, da benötigen beide das bildliche Vermögen der ›imaginatio‹. Die ›ratio‹ braucht das Vorstellungsvermögen, um die Dinge, die sie beurteilen soll, vorstellen zu können; und der Wille braucht, um einen Entschluß der ›ratio‹ in die Tat umsetzen zu können, das Vorstellungsvermögen, das diesen Entschluß überhaupt erst vorstellbar macht, denn jeder willentlichen Entscheidung für eine Handlung muß eine Vorstellung der Handlung vorhergehen.[33] Derart dient die ›imaginatio‹ sowohl als Vermittlerin zwischen den Sinnen und der ›ratio‹ als auch zwischen der ›ratio‹ und dem Willen.

Wenn sich die ›imaginatio‹ in »Angelegenheiten des Glaubens und der Religion« über die ›ratio‹ erhebt, so also deswegen, weil sich in Gleichnissen, Parabeln, Visionen und Träumen (als Formen der göttlichen Dichtung) Gott dieser Vermittlungsinstanz unter Ausschaltung der ›ratio‹ bedient. Nicht die ratio bedient sich der ›imaginatio‹, um ein Gleichnis zu entwerfen, durch das sie von der Richtigkeit einer bestimmten Handlung überzeugt, wie bei der menschlichen Dichtung, sondern in der ›imaginatio‹ erscheint durch göttliche Illumination ein Gleichnis oder eine Vision,

---

[31] Bacon: »De augmentis scientiarum« (wie Anm. 3), VI.3, S. 439: »Rhetorica certe Phantasiae, quemadmodum Dialectica Intellectui, subservit.«

[32] Ebd., VI.3, S. 440: »Finis enim Dialecticae est docere formam argumentorum, ad praesidia intellectus, non ad insidias. Finis itidem Ethicae affectus ita componere, ut rationi militent, non autem eam invadant. Finis denique Rhetoricae phantasiam implere observationibus et simulachris, quae rationi suppetias ferant, non autem eam opprimant.«

[33] Vgl. ebd., V.1, S. 359.

so daß die ›ratio‹ der ›imaginatio‹ dienstbar ist, indem sie dieses Gleichnis erst auslegen muß. Durch dieses Gleichnis wiederum wirkt dann die Überzeugungskraft der göttlichen Rhetorik.

Das ›normale‹ Verhältnis zwischen ›ratio‹ und ›imaginatio‹, wie es sich bei der menschlichen Dichtung gestaltet, ist dagegen die Unterordnung der ›imaginatio‹ unter die ›ratio‹, indem die ›imaginatio‹ lediglich das ausführende, bildgebende Organ der Vernunft ist. Aber auch als solcher kommt der Phantasie, durch ihre affekterregende Potenz, keine geringe, wenn auch eine höchst zwiespältige Macht zu:

> Denn wo durch die Leistungen der Rede die Seelen der Menschen besänftigt, entflammt oder in jede beliebige Richtung gezogen werden, geschieht dies alles durch die Stimulierung der phantasia, die die ratio, nachdem sie sie entmächtigt hat, nicht nur verspottet, sondern derselben auch auf eine bestimmte Art Gewalt antut, zum Teil, indem sie sie blendet, zum Teil, indem sie sie aufhetzt.[34]

Diese doppeldeutige Macht der Phantasie illustriert abschließend noch einmal Pierre Charrons *De la sagesse*, auf dessen Bedeutung für Bacon ich bereits hingewiesen habe. Charron nämlich ist in der ausdrücklichen Benennung der Konsequenzen seiner naturalistischen Theorie der menschlichen Vermögen weitaus deutlicher als Bacon. Nachdem Charron in dem der ›imaginatio‹ gewidmeten Kapitel einige der physiologischen und psychologischen Effekte aufgezählt hat, die die Macht der ›imaginatio‹ illustrieren – Schamröte, Impotenz, Sprachverlust zeigen, wie eine bloße Vorstellung die Macht über körperliche Funktionen übernehmen kann –, heißt es:

> Kurz, sie [die imaginatio] ist es, auf die der Großteil der Dinge zurückgehen, die das gemeine Volk Wunder, Visionen und Zauberei nennt. Es ist weder der Teufel noch der Heilige Geist, wie es [das gemeine Volk] denkt, sondern es ist die Wirkung der imaginatio entweder des Akteurs, der solche Dinge tut, oder des passiven Beobachters und Zuschauers, der das zu sehen glaubt, was er überhaupt nicht sieht.[35]

---

[34] Ebd., V.1, S. 360: »Rursus haud humile est regnum phantasiae in persuasionibus, a vi eloquentiae insinuatis. Nam ubi per orationis artificia hominum animi demulcentur, inflammantur, et in quamcunque partem pertrahuntur, totum illud fit per exuscitationem phantasiae, quae impotens jam facta non solum rationi insultat, verum eidem vim quodammodo facit, partim occoecando partim extimulando.«

[35] Vgl. Charron: *De la sagesse* (wie Anm. 8), S. 148: »Bref c'est d'elle que vient la pluspart des choses que le vulgaire appelle miracles, visions, enchantemens. Ce n'est point le diable ny l'esprit, comme il pense, mais c'est l'effect de l'imagination ou celle de l'agent qui faict telles choses, ou du patient et spectateur qui pense voir ce

Das heißt im Klartext: Wer an Wunder glaubt, leidet im allgemeinen an einer allzu lebhaften Einbildungskraft. Ähnlich rationalistisch fällt auch Charrons Beurteilung der Ekstase und des Enthusiasmus aus, der er in dem Kapitel zur Seele einige Sätze widmet, und zwar im Kontext der Möglichkeiten, wie sich eine Seele von ihrem Körper lösen kann. Drei Formen unterscheidet er: die eigentlich prophetische, wie sie in der Bibel von den alttestamentarischen Propheten und von Paulus berichtet wird; zweitens die teuflische oder dämonische, wie sie »zahlreichen, meist schwachen Frauen aus dem Volk« (also etwa den Hexen) widerfahren sei, die mehrere Stunden in einen Stupor verfielen und nach dem Erwachen berichteten, wie ihre Seele Dinge erlebt hat, die weit weg von ihrem Körper geschehen sind. Während sich Charron – aus verständlichen Gründen – bei der göttlichen und dämonischen Entrückung kein Urteil darüber erlauben will, ob es sich dabei um eine tatsächliche Ekstase oder Entrückung handelt, die Seele also wirklich durch göttliche oder dämonische Kraft aus dem Körper entführt wird, ist dies bei der dritten Form sicherlich nicht der Fall.

Bei der dritten Form nämlich handelt es sich um die menschliche, das heißt physiologisch oder psychologisch verursachte Entrückung: »Was aber nun die menschliche [Entrückung] betrifft, so handelt es sich ohne Zweifel nicht um eine Abtrennung der Seele, sondern nur um eine Aufhebung ihrer äußeren und ihrer passiven Tätigkeiten.«[36] Diese »Aufhebung der äußeren und passiven Tätigkeiten« der Seele könne auf dreierlei zurückzuführen sein. Entweder sei diese »Entrückung« durch eine Krankheit verursacht, wie bei der Epilepsie, oder, zweitens, wie in Rauschzuständen, durch Drogen und narkotische Medikamente, oder, drittens – und das ist der Ort des dichterischen Enthusiasmus – sie ist »durch die Macht der imaginatio, die ihre Kräfte zu sehr auf eine Sache richtet und sich darauf fixiert, und die ganze Kraft der Seele mit sich fortnimmt«, verursacht.[37]

Die physiologisch zu erklärende Entrückung ist also keine ›echte‹ Entrückung, sondern nur eine Art psychologische Täuschung, die aus der Konzentration und Fixierung der seelischen Vermögen resultiert, wie man es alltäglich erlebt. Die Macht der Phantasie besteht darin, dem Menschen

---

qui'il ne void point.« Ich zitiere die erste Fassung von 1601, signifikanterweise hat Charron gerade diese Stelle in der Fassung von 1604 entschieden relativiert.

[36] Vgl. ebd., S. 100: »Quand à l'humaine, sans doubte il ny a point de separation d'ame, mais seulement suspension de ses actions externes et patentes.«

[37] Vgl. ebd., S. 99: »Ou de la force de l'imagination, qui sefforce et se bende par trop en quelque chose, et emporte toute la force de l'ame.«

so lebhafte Bilder vorzugaukeln, daß er sich in diesen Bildern vergißt. Der Dichter ist ›entrückt‹, weil er in der Welt seiner Erfindungen lebt, weil er sich in seiner Phantasie verliert. Er konzentriert sich so auf die Bilder seiner ›imaginatio‹, daß er seine Umwelt vergißt, ihr ›entrückt‹ ist – nicht anders, als er dann seinerseits den Leser in die Welt seiner Bilder ›entrückt‹.

Schon Montaigne, der mit seinen *Essais* (1580) zu den Vorbildern Charrons und mit seinem Rationalismus und Skeptizismus zu den Nachfolgern Pomponazzis zählt, hatte eine ganz ähnliche, rationalistische und naturalistische Erklärung der poetischen ›Entrückung‹ gegeben, wenn er sich daran erinnert, wie seit seiner frühen Jugend ihn die Lektüre der Dichter so gepackt habe, daß er nicht nur sich selbst und seine Umwelt völlig vergessen, sondern auch jeweils im Stil des Dichters, den er gerade las, zu dichten begonnen habe.[38]

V. Rationalismus und Fiktionalität

Mit dieser physiologischen Erklärung der ›Entrückung‹ der Dichter ist hoffentlich klar geworden, was mit Rationalismus gemeint ist. Bacon steht in einer Tradition, die ›übernatürliches‹, göttliches oder dämonisches Wirken in der Welt so weit wie möglich reduziert. Diese Tradition kann deshalb auch mit dem Begriff des Naturalismus beschrieben werden, insofern naturalistische, ›natürliche‹ – und eben keine übernatürlichen – Ursachen für die Erklärung scheinbar übernatürlicher Phänomene angegeben werden. Eine solche naturalistische Erklärung ist die Rückführung der ›Entrückung‹ des Dichters auf eine Konzentration der seelischen Vermögen in der ›imaginatio‹, die den Dichter und später den Leser der Außenwelt und ihrer Wahrnehmung ›entrückt‹. Der Dichter ist ›geistig abwesend‹, weil er in der Welt seiner Phantasie lebt. Hinter dieser Erklärung steht wiederum die medizinische, anthropologisch begründete Temperamentenlehre, die die physiologische Grundlage darstellt, auf der diese naturalistische Erklärung der ›Entrückung‹ formulierbar wird.

Henri Busson hat 1922 in seiner Arbeit über »die Ursprünge und die Entwicklung des Rationalismus in der französischen Literatur der Renaissance« die Tradition zu rekonstruieren versucht, in der der französische Rationalismus eines Charron, Montaigne, Descartes und später noch der

---

[38] Michel de Montaigne: *Essais*. Texte établi et annoté par Albert Thibaudet. Paris 1950, hier I.37, S. 269. Zum Einfluß Pomponazzis auf Montaigne vgl. Busson: *Les sources et le développement du rationalisme* (wie Anm. 8), S. 434–449.

Aufklärung stehen. Als eines der letzten Glieder in dieser Tradition hatte Busson Pietro Pomponazzi mit seiner Abhandlung *Über die Ursachen natürlicher Wirkungen, oder: Über Zauberei* (*De naturalium effectuum causis sive de incantationibus*, 1520) benannt.[39] Dem ist zuzustimmen. Pomponazzis Werk ist, ganz in der Linie von Charrons Erklärung der ›Entrückung‹, der Versuch, für alle möglichen Arten von scheinbar übernatürlichen Phänomenen natürliche Ursachen anzugeben. Auch bei Pomponazzi ist eines dieser übernatürlichen Phänomene die Ekstase oder Entrückung, vor allem aber sind es alle Arten von ›Wundern‹, die Pomponazzi naturalistisch zu erklären versucht. Wie bei Charron spielt die ›imaginatio‹ dabei eine zentrale Rolle. Es verwundert nicht, daß Pomponazzi – der schon wegen seiner ähnlich naturalistischen Erklärung der Seele und ihrer Sterblichkeit in Konflikte geraten war – *De naturalium effectuum causis* zu Lebzeiten gar nicht veröffentlicht hat.

Zu den Schülern Pomponazzis gehört – neben dem schon erwähnten Robortello – Julius Cäsar Scaliger, der den Naturalismus Pomponazzis nicht nur in seinen *Exercitationes exotericae* (1557, zahlreiche Auflagen bis weit ins 17. Jahrhundert) naturphilosophisch weitergeführt hat, sondern diesen Naturalismus in seinen *Poetices libri septem* (1561) auch auf die Dichtung ausgeweitet hat. Zu erkennen ist dieser Naturalismus unter anderem an Scaligers provokanter Parallelisierung von poetischer ›Entrückung‹ und der ›inspirierenden‹ Wirkung des Alkohols, wie sie später Charron übernehmen wird.[40] Auch der Alkohol ›entrückt‹ die Seele: und wer Stimmen hört, ist mitunter nicht göttlich inspiriert, sondern eben bloß betrunken.

Vor allem aber ist dieser Naturalismus an der Historizität von Scaligers Poetik zu erkennen. Scaliger ersetzt geradezu die normative Poetik durch eine deskriptive Literaturgeschichte. In dieser Literaturgeschichte, wie Scaliger sie entwirft, wird genau das sichtbar, was Bacon als das ›pflanzliche‹ Wachstum der Dichtung bezeichnet hatte: die Dichtung entwickelt sich aus dem natürlichen Bedürfnis des Menschen, Geschichten zu erfinden. Es ist die Aufgabe der Philosophen und Kritiker – und als solcher versteht sich Scaliger – durch die deskriptive, aus der Geschichte abgelei-

---

[39] Pietro Pomponazzi: *De naturalium effectuum causis sive de Incantationibus.* Basel 1567. Ndr. Hildesheim–New York 1970. Pomponazzi selbst hat das Werk zu Lebzeiten nicht veröffentlicht, es wurde erst 1556 (zweite Auflage 1567) von einem protestantischen Auswanderer in Basel herausgegeben.

[40] Iulius Caesar Scaliger: *Poetices libri septem. Sieben Bücher über die Dichtkunst.* Unter Mitwirkung von Manfred Fuhrmann hg. v. Luc Deitz u. Gregor Vogt Spira. Stuttgart-Bad Cannstatt 1994ff., Bd. 1, S. 82f.

tete Formulierung von Regeln zu verhindern, daß die Dichtung dabei allzu sehr ins Kraut schießt. Die *Poetices libri septem* sind der Versuch, deskriptiv in die Geschichte der Dichtung einzugreifen, gerade weil Scaliger erkennt, daß eine naiv normative Poetik sinnlos wäre.

Die Historizität, die Scaliger der antiken Dichtung verleiht, erscheint damit selbst als das wesentliche Element eines poetologischen Naturalismus, insofern diese Geschichte bei Scaliger eine ganz und gar menschliche ist, in der von allem, nur nicht von einer göttlichen Inspiration der Dichter oder gar einer Uroffenbarung die Rede ist. Scaliger erzählt die Geschichte der Dichtung als eine durch und durch menschliche Geschichte, als die Geschichte einer anthropologischen Konstante, einer Pflanze, »die wie aus einem fruchtbaren Boden ohne einen absichtlich gesetzten Samen gekeimt ist«.[41] Diese primitiven, wilden Anfänge der Dichtung kann man nicht als ›prisca theologia‹ idealisieren, sondern nur durch die Anwendung der ›ratio‹ kultivieren.

Vor diesem Hintergrund ist Scaligers vieldiskutierte Bevorzugung der Eleganz Vergils gegenüber der Simplizität Homers zu verstehen, genauso wie die Tatsache, daß Scaligers meist gepriesenes Vorbild eine zeitgenössische Dichtung ist, nämlich Girolamo Fracastoros Lehrgedicht über die Syphilis.[42] Dieses Lehrgedicht ist natürlich nicht fiktional, und damit bin ich bei dem entscheidenden Unterschied zwischen Scaliger und Bacon. Scaliger nämlich ist nicht bereit, die Fiktionalität der Dichtung als definierendes Merkmal zu akzeptieren.

Ganz im Gegenteil gehört die Fiktionalität für Scaliger gerade zu den Merkmalen der Dichtung, die ihr in ihrer kultivierten Form abzuerziehen wären. Eigentliche Aufgabe des Dichters ist es, didaktische Inhalte in gute Verse zu bringen. Das ›wilde‹ Erfinden von Geschichten dagegen gehört zu jenem Urzustand der Dichtung, den Scaliger in seinen *Poetices libri septem* am liebsten zum Merkmal einer längst vergangenen Epoche erklären möchte. Selbstverständlich taucht der Roman, der sich offensichtlich durch Fiktionalität definiert – womöglich noch in seiner allerkrudesten Variante, den Abenteuer- und Rittergeschichten des *Amadis* – in der Poetik Scaligers nicht auf. So etwas hat für den Klassizisten Scaliger mit Dichtung nichts zu tun. Nicht einmal die antike Mythologie spielt in Scaligers Poetik eine nennenswerte Rolle, was ein klares Indiz dafür

---

[41] Vgl. oben Anm. 24.

[42] Zu Fracastoro vgl. Scaliger: *Poetices libri septem* (wie Anm. 40), VI.4, S. 204–219, zum Vergleich von Homer und Vergil das Kapitel V.3.

sein dürfte, daß Scaliger auch sie als bloße Fabelei im Sinne des *Amadis* verstanden hat.

Gerade vor diesem Hintergrund wird deshalb auch deutlich, was für einen Schritt Bacons Anerkennung der Fiktionalität als definierendes Merkmal der Dichtung bedeutet und inwiefern Bacon mit dieser Anerkennung – so bedingt sie ist – noch über Scaliger hinausgeht. Bacons Reduktion der antiken Mythologie bestenfalls auf eine Weisheitslehre der Antike, mithin auf eine archaische Form der Philosophie, schlimmstenfalls aber auf eine wilde Lust am Fabulieren als eine anthropologische Konstante der menschlichen Natur, ist eine dezidiert naturalistische Stellungnahme. Die Bemühungen der Philosophen, der wilden Fabelei, die der antike Mythos darstellt, einen Sinn zu geben, ist dagegen in der Perspektive Bacons immer eine Bemühung im Nachhinein, der Versuch einer Kultivierung und Rationalisierung.

Auch die Fiktionalität der Dichtung, die als solche anzuerkennen Bacon einer der ersten ist, erklärt sich aus dieser anthropologischen Konstante der menschlichen Natur, nämlich der Lust am Erfinden. Bacons zumindest partielle Weigerung, diese Fiktionalität in der Allegorese zu negieren, ist als eine Anerkennung dieser anthropologischen Konstante zu verstehen. Wie die ›imaginatio‹ einen Teil der menschlichen Natur bildet, so auch die Lust am Erfinden von Geschichten. Es ist damit der Rationalismus eines Scaliger und Bacon, der die neuzeitliche Legitimation der Fiktionalität vorbereitet, nicht die christianisierende und platonisierende Allegorese eines Ficino. Im Vergleich zu Bacon ist die neuplatonische Allegorese ein konservatives und – ich riskiere diese Formulierung – sogar reaktionäres Unterfangen.

Vor dem Hintergrund dieses Gegensatzes ist auch Bacons Degradierung von Vers und Metrum zu verstehen. Wer, wie Bacon, beides nicht mehr zum Definiens, sondern nur noch zum Akzidens der Dichtung erklärt, zu einer bloß grammatisch oder stilistisch zu erfassenden Eigentümlichkeit, schneidet die Dichtung schon per se von einem ganzen metaphysischen Bezugsfeld ab. Es war gerade der Vers und seine Musikalität, der etwa für Ficino, Agnolo Segni[43] oder, gleichzeitig mit Bacon, noch für

---

[43] Vgl. Agnolo Segni: »Lezioni intorno alla Poesia (1573)«, in: *Trattati di poetica e retorica del Cinquecento*, hg. v. Bernard Weinberg. Bari 1972, Bd. 3, S. 64. Zeitgenössische Veröffentlichung der »Lezioni« unter dem Titel »Ragionamento sopra le cose pertinenti alla poetica« (1581).

Daniel Heinsius[44] durch seine Harmonie die Göttlichkeit der Dichtung offenbart hatte.

Bacons positive Bewertung der Fiktionalität ist deshalb die andere Seite seiner Desakralisierung des Dichters. Wo der Neuplatonismus die Fiktionalität leugnet (indem er sie zu einer bloßen allegorischen Einkleidung theologischer Offenbarungen erklärt), dafür aber den Dichter qua Metrum und Musikalität an der Göttlichkeit teilhaben läßt, da erklärt Bacon die Dichtung zu einer bloßen Fiktion, die als Gleichnis Ausdruck einer didaktischen Intention des Dichters ist. Während im Neuplatonismus der Dichter qua Imagination die göttlichen Ideen in Visionen und Träumen schaut, ist diese Imagination bei Bacon nur das bildgebende Vermögen, dessen sich der Dichter zur Vermittlung seiner didaktischen Inhalte bedient.

Es ist dabei die Aufgabe der ›ratio‹, die ›imaginatio‹ auch tatsächlich so zu kontrollieren, daß ihre Bilder im Dienst der Didaxe stehen. Denn wenn oben behauptet wurde, daß Bacon einer der ersten ist, der die Legitimität der Fiktionalität anerkennt, dann soll damit keineswegs gesagt sein, daß Bacon eine bedeutungslose Fiktion gutheißen würde. Die Anerkennung der Fiktionalität besagt nur, daß Bacon die bedeutungslose Fiktionalität als ein Faktum akzeptiert, mit dem man leben muß: eben eine anthropologische Konstante. Bacons klare Wertung der ›ratio‹ innerhalb seiner Vermögenspsychologie als Kontrollorgan der ›imaginatio‹ besagt dagegen auch, daß sich der moralisch verantwortliche Dichter der Gegenwart immer um eine bedeutungstragende, gleichnishafte Fiktion bemühen wird. In der Sprache von Bacons Vermögenspsychologie: Die ›ratio‹ sollte sich der ›imaginatio‹ so bedienen, daß sie durch diese den menschlichen Willen dazu beeinflußt, das Gute zu tun. Wenn »die Dichtung eher wie eine Pflanze ist, die wie aus einem fruchtbaren Boden ohne einen absichtlich gesetzten Samen gekeimt ist«,[45] dann besagt das gerade, daß das eigentlich ›kultivierte‹ Stadium der Dichtung ihr kontrollierter Anbau unter den Bedingungen menschlicher Vernunft ist.

VI. Exkurs: Harsdörffers Bacon-Rezeption

Jörg Jochen Berns hat 1991 in einem Aufsatz darauf hingewiesen, daß Georg Philipp Harsdörffers Interpretation des Mythos in wesentlichen

---

[44] Vgl. Daniel Heinsius: »De poetis et eorum interpretibus«, in ders.: *Orationes. Nunc primum omnes simul, nonnulla etiam nunc primum editae.* Leyden 1612, S. 348–364.

[45] Vgl. oben Anm. 24.

Punkten von Francis Bacon stammt.[46] Worin Berns schwankend verblieb, war die Einschätzung der Baconschen – und damit auch der Harsdörfferschen – Mythenallegorese, indem er diese Mythenallegorese einer abendländischen Tradition subsummierte, die er undifferenziert über Boccaccio bis auf Augustinus und das Frühchristentum zurückführte. Der entscheidende Unterschied zwischen einer neuplatonischen Deutung des antiken Mythos als vorbiblischer, christlicher Offenbarung und einer rationalistischen Deutung als bloß verschleierter Moral- und Naturphilosophie blieb damit unberücksichtigt, was Konsequenzen wiederum für die Harsdörffer-Deutung hatte.

Wo Berns nämlich bezüglich der Zuordnung Harsdörffers keine Stellung bezog, haben Hans-Georg Kemper und Peter-André Alt desto deutlicher Stellung bezogen. Insbesondere aufgrund seiner von Bacon übernommenen Interpretation des Pan-Mythos stellen Kemper und Alt Harsdörffer in eine dezidiert neuplatonisch-hermetische Tradition.[47] Wenn ich dagegen im Vorangegangenen zu zeigen versucht habe, daß Bacons Mythosdeutung von einer anti-platonischen Wendung getragen ist, so möchte ich dasselbe auch für Harsdörffer behaupten.

Nicht unerheblich erscheint mir diesbezüglich die Tatsache, daß Harsdörffers Mythendeutung in die *Frauenzimmer Gesprächspiele* eingebettet wird. Hier nämlich, in den *Gesprächspielen*, wird vorgeführt, wie eine kultivierte Gesellschaft sich aus der Deutung des antiken Mythos einen anspruchsvollen Zeitvertreib macht, indem sie ihn als Gegenstand einer gebildeten, geistvollen Konversation wählt. Die Teilnehmer des ›Gesprächspiels‹ dokumentieren ihre Fähigkeiten in der höfischen Konversation, indem sie den antiken Mythos möglichst geistvoll auslegen.[48]

Belege für diese spielerische Deutung des antiken Mythos finden sich bei Harsdörffer mehrfach. So heißt es mit einem Hinweis auf Bacon etwa:

---

[46] Vgl. Berns: »Gott und Götter« (wie Anm. 2).

[47] Vgl. Hans-Georg Kemper: *Deutsche Lyrik der frühen Neuzeit*. Bd. IV: *Barock-Humanismus*. Tübingen 2006, bes. S. 330–335, und Peter-André Alt: »Fragmentierung und Reorganisation arkanen Wissens. Zur Verarbeitung hermetischer Topoi in der barocken Bukolik«, in: *Scientia Poetica* 12 (2008), S. 1–43. Kemper hat seine These noch einmal verschärft in ders.: »›Eins in All! Und all in Eins!‹. ›Christliche Hermetik‹ als trojanisches Pferd der Aufklärung«, in: *Aufklärung und Esoterik. Rezeption – Integration – Konfrontation*, hg. v. Monika Neugebauer-Wölk. Tübingen 2008, S. 28–52.

[48] Zum Begriff des Spiels und Harsdörffers *Gesprächspielen* vgl. Rosmarie Zeller: *Spiel und Konversation im Barock. Untersuchungen zu Harsdörffers »Gesprächspielen«*. Berlin u. a. 1974.

»Ob zwar bey jhnen [den Alten] alles so deutlich ausgedruckt nicht zu finden; so sind doch die Deutungen schicklich/ und geben zu feinen Lehrgedanken Anlaß.«[49] Mit dieser Antwort, die den zentralen Gedanken Bacons aufgreift, wird im Gespräch selbst der Zweifel ausgeräumt, ob denn »die Alten« tatsächlich »auf alles so genau abgesehen haben/ und ob wir jhren Erfindungen nicht andere Meinungen andichten/ als nicht sie selbsten gethan haben.« Ja, so ist es, lautet die Antwort, aber dieses »Andichten« ist legitim, weil der Mythos selbst keine Bedeutung hat. Die Allegorese des antiken Mythos ist ein ingeniöses Spiel, in dem es darum geht, möglichst gute Deutungen zu erfinden. Dieser ›spielerische‹ Umgang entspricht genau der Vorstellung Bacons von der Dichtung als einem »Spiel des Geistes«. Die Aufgabe des *Gesprächspiels* lautet eben, Ähnlichkeiten zu entdecken – eine Fähigkeit, die Harsdörffer anderen Orts in Anlehnung an Aristoteles *Poetik* 1459a ausdrücklich zum Merkmal poetischer Begabung erklärt hat.[50]

Wie für Bacon ist auch für Harsdörffer die antike Mythologie nicht Ausdruck einer Religion, sondern eine Form der ›wilden‹ Dichtung. Unter diesem Titel – dem der ›Dichtkunst‹ – wird die antike Mythologie in den *Gesprächspielen* behandelt:

> Solchergestalt haben die Christlichen Poeten sich jederzeit der Götter Namen bedienet aber jedesmals was anders darunter verstanden/ wie auch die Väter der ersten Kirchen/ und die Heilige Schrift selbst. Solte nun hierbey einige Abgötterey zu befahren gewesen seyn/ würde dergleichen nicht gefunden werden. Wer weiß nicht/ daß Neptun das Meer/ Mars den Krieg/ Apollo die Poeterey/ Pallas die Wissenschaft/ Musa die Kunst/ Venus die Wollust/ Ceres die Erden/ Bacchus den Wein/ Vulcan das Feur/ Jupiter den Regen/ Juno die Lufft bedeutet? [...] Die Liebe/ der Neid/ die Furcht/ die Gewissensplage sind so mächtig in den Menschen/ daß die Heyden solche für Götter und Beherrscher der Menschen Hertzen gehalten. Wir Christen lassen sie für Götzen gelten/ nennen ihren Namen/ und gebrauchen ihrer Gestalt [/] um sie abscheulich und verhasst zu machen: Weil ihre Vorstellung sich mit der Eigenschaft der Laster/ und Lasterstrafen/ artig gleichet: So ist mir wol erlaubt von dem Avernischen Reiche/ von den Elyser Feldern zu sagen/ aber ich muß sie nicht beschreiben/ wie sie die Heyden beschrieben haben.[51]

---

[49] Georg Philipp Harsdörffer: *Frauenzimmer Gesprächspiele*. IV. Teil. Nürnberg 1644. Ndr. hg. v. Irmgard Böttcher. Tübingen 1968, S. 73 (neue Paginierung).

[50] Georg Philipp Harsdörffer: *Poetischer Trichter*. Nürnberg 1648–1653. Ndr. Hildesheim–New York 1971, III.6.53, S. 57.

[51] Georg Philipp Harsdörffer: *Frauenzimmer Gesprächspiele*. V. Teil. Nürnberg 1644. Ndr. hg. v. Irmgard Böttcher. Tübingen 1969, S. 149–150 (neue Paginierung).

Ganz ähnlich bekennt sich auch Sigmund von Birken in seiner Vorrede zur Fortsetzung des *Pegnesischen Schäfergedichts* (1645) zur theologischen Unverfänglichkeit der antiken Mythologie:

> An denen eingemengtem [!] Göttergeschichten wird und kan sich auch niemand ärgern/ wann er bedenket/ daß sie auch bey den gelehrten Heiden dasselbige nicht/ was sie eigentlich sind/ bedeuten/ sondern oft mit solchen Nahmen/ und was denen zugeeignet/ die schönsten Tugenden und schändlichsten Lastere [Laster] zu lieben und hassen in [...] Lehrgedichten vorgestellet werden [...].[52]

In seiner *Rede-bind und Dicht-Kunst* (1679) ist sich Birken sicher, daß etwa die antiken Mythen der Welterschaffung, wie sie Ovid berichtet, »ganz aus dem Ersten Buch Mose genommen«[53] sind. Diese Überzeugung einer Übernahme aus der Bibel impliziert natürlich, daß diese Mythen gerade keine vorbiblischen Offenbarungen darstellen, sondern, ganz im Gegenteil, eben mehr oder weniger gute Plagiate einer viel späteren Zeit sind. Birken kommt überhaupt nicht auf die Idee, den antiken Mythos als religiösen Glaubensinhalt zu betrachten. Er ist für ihn von vornherein eine poetische Fiktion, und als solche eine ›imitatio‹ der biblischen Schöpfungsgeschichte. Auch hier zeigt sich, daß der entscheidende Punkt nicht die christliche Deutung der antiken Mythologie ist, sondern die Frage, ob der antike Mythos in dieser Deutung als ›prisca theologia‹ wahrgenommen wird, das heißt als vorbiblische, göttliche Offenbarung, oder eben nur als poetische Fiktion, die in spielerischem Sinne christlich gedeutet wird.

Wenn Birken sich – im Gegensatz zu seiner frühen, liberaleren Haltung im »Vorbericht« zum *Pegnesischen Schäfergedicht* – in seiner *Rede-bind und Dicht-Kunst* dennoch grundsätzlich gegen eine poetische Verwendung der antiken Mythologie ausspricht – »Dieses ist zwar erlaubt/ daß man eine Tugend/ oder ein Laster/ in der person eines Engels oder Knabens/ einer Jungfrauen oder Matron/ [...] unter erdichteten Namen/ mit einführet: nur daß es nicht solche seyen/ die von den Heiden angebetet worden«[54] –, ist dies auf eine zunehmend restriktive Auslegung des ersten Gebots zurückzuführen, die als solche eine spiritualistische Frömmigkeit

---

[52] Sigmund von Birken: »Vorbericht«, in: *Fortsetzung Der Pegnitz-Schäferey*. Nürnberg 1645. Ndr. in: *Georg Philipp Harsdörffer, Sigmund von Birken, Johann Klaj: Pegnesisches Schäfergedicht 1644–1645*, hg. v. Klaus Garber. Tübingen 1966, fol.)(iij^v.

[53] Sigmund von Birken: *Teutsche Rede-bind- und Dicht-Kunst*. Nürnberg 1679. Ndr. Hildesheim–New York 1973, S. 68.

[54] Ebd., S. 70f.

ankündigt, wie sie nur wenige Jahrzehnte später im Pietismus zum Durchbruch kommen wird. Pietismus und Rationalismus wären schon hier, wie es im 18. Jahrhundert dann häufig zu beobachten sein wird, zwei Seiten ein- und derselben Medaille.

Die Mythos-Rezeption der Nürnberger Pegnitzschäfer und Harsdörffers Deutung des Pan-Mythos insbesondere muß deshalb keinen »ernsthafteren Rückgriff auf hermetisches Gedankengut« implizieren, sondern kann tatsächlich nur »ein unverbindliches Spiel mit humanistischem Bildungsgut« sein,[55] genauso wenig wie aus der allegorischen Interpretation Pans keine »hermetische Aufladung« des antiken Gottes als »Sinnbild einer spirituellen Einheit der Natur« folgen muß.[56] Als eine spielerische Auslegung der antiken Mythologie läßt diese Auslegung allein keinen Rückschluß auf Harsdörffers religiöse Überzeugungen zu. Signifikant ist statt dessen die Bacon-Rezeption als solche, indem Harsdörffer den rationalistischen Charakter von Bacons Mythendeutung offensichtlich wahrgenommen hat. Für eine »Sakralisierung von Dichtkunst und Dichter« (Kemper) spricht dieser Rationalismus nicht.

Harsdörffer und Birken behandeln die antiken Götter als Personifikationen im rhetorischen Sinne, das heißt als fiktive, ›per prosopopoeia‹ entstandene Gestalten, wie Harsdörffer selbst erklärt. Der einzige Unterschied zwischen antiken Göttern und Personifikationen wie Liebe und Haß bestehe darin, schreibt Harsdörffer, »dass diese Art der Bildungen [die antiken Götter] deswegen beliebet worden/ weil sie ins gemein für wolgestalt gehalten und meistentheils den Gelehrten und Ungelehrten bekant.«[57] Die antike Mythologie, so verstehe ich diese Äußerung, ist als symbolische Bildersprache bereits so gut bewährt und eingeführt, daß es im allgemeinen einfacher ist, an ihr festzuhalten, als sich neue Personifikationen auszudenken, auch wenn diese zweite Variante theologisch unbedenklicher wäre.

Damit ist aber nicht gesagt, daß die Nürnberger diese zweite Variante nicht auch praktiziert hätten. Nachdrücklich zustimmen möchte ich deshalb Berns,[58] wenn er Bacons Theorie einer gleichnishaften Dichtung für das gesamte Literaturprogramm der Nürnberger verantwortlich macht. Die Dramen der Nürnberger – von Harsdörffers *Seelewig*, *Japeta* und *Melissa* bis zu Birkens *Androfilo*, *Psyche*, *Margenis* und *Silvia* – sind

---

[55] Kemper: *Barock-Humanismus* (wie Anm. 47), S. 342.
[56] Alt: »Fragmentierung« (wie Anm. 47), S. 25.
[57] Harsdörffer: *Gesprächspiele* (wie Anm. 51), S. 150 (neue Paginierung).
[58] Berns: »Gott und Götter« (wie Anm. 2), S. 66

gleichnishafte Dichtungen, in denen alle Personen Personifikationen sind. Als Gleichnisse sind diese Dramen Nachahmungen einer antiken Mythologie, die ausschließlich als moral- oder naturphilosophische, auf jeden Fall aber didaktische Veranstaltung wahrgenommen wird. Sie sind die Umsetzung der Überzeugung, daß »die Poeten unter den Heyden/ entweder natürliche/ Weltkluge oder sittliche Tugendlehren«[59] in ihren Fabeln verborgen haben.

VII. Ausblick

Nicht in einer neuplatonischen, hermetischen Tradition scheinen mir Bacon und Harsdörffer deshalb zu stehen, sondern – mit Busson zu sprechen – in der Tradition eines poetologischen Rationalismus, der im 18. Jahrhundert in den Dichtungsbegriff der Aufklärung mündet. Für diesen weiten Bogen möchte ich abschließend wenigstens noch ein kleines Indiz nennen. In Carl Friedrich Brämers *Gründlicher Untersuchung von dem wahren Begriffe der Dichtkunst* (1744), einer dezidiert ›aufgeklärten‹ Poetik, die sich als eine der ersten an einer Legitimation der Fiktionalität versucht, firmiert ausgerechnet Bacon an prominenter Stelle. Nachdem Brämer ausführlich die Dichtungstheorien von Aristoteles, Horaz, Gottsched und Baumgarten Revue hat passieren lassen und alle als zumindest partiell mangelhaft zurückgewiesen hat, entscheidet er sich ausdrücklich für den Dichtungsbegriff Bacons. Seine Begründung lautet, daß Bacon der einzige unter allen Theoretikern gewesen sei, der – gegen alle christlichen und platonisierenden Vorwürfe der Lügenhaftigkeit – es gewagt habe, die Fiktionalität zum alleinigen Merkmal der Dichtung zu erklären.[60]

---

[59] Harsdörffer: *Gesprächspiele* (wie Anm. 49), S. 59 (neue Paginierung).

[60] Carl Friedrich Brämer: *Gründlicher Untersuchung von dem wahren Begriffe der Dichtkunst*. Danzig 1744. Dort § 70, S. 87–94, ein ausführliches Zitat aus Bacons *De dignitate et augmentis scientiarum*, dann § 205f., S. 295–298 das Bekenntnis zu Bacons Begriff, »der überhaupt der beste sey«.

Monika Fick

Unverkürzte Schönheit

Lessings *Laokoon*, Christian Ludwig von Hagedorns *Betrachtungen über die Mahlerey* und Johann Heinrich Lamberts Abhandlung *Die freye Perspektive*

Abstract: We try to give profile to Lessing's concept of beauty by comparing his aesthetics with two contrasting positions. Christian Ludwig von Hagedorn's essay *Betrachtungen über die Mahlerey* (1762), in which the aim of painting is formulated in terms of poetry, sheds a new light on Lessing's emphasis on visualization: What seems to be the restriction of the visual arts to external beauty (which is supposed to be less valuable than internal beauty), reveals to be the acknowledgement of visibility as the specific medium of painting and sculpture. On the other hand, the comparison with Johann Heinrich Lambert's treatise *Die freye Perspektive* (1759/1774) shows that Lessing differentiates the constitution of reality in art from the scientific definition of reality. For Lessing, the artistic generating of beauty is independent of the rules of linear perspective, which in his eyes doesn't contribute anything to the essential value of a piece of art. Whereas the mathematician and physicist Lambert sees in the technical production of a perfectly illusory representation (via the employment of linear perspective) the finest achievement in painting, Lessing estimates the visualization and artistic forming of beauty as an original creation.

Lessing formuliert seine metaphysischen und erkenntniskritischen Vorbehalte gegenüber der christlichen Religion nirgendwo deutlicher als gegenüber der Visualisierung ihrer Inhalte, gegenüber den christlichen Bildprogrammen. Provozierend ist die Absage an die christliche Auferstehungsbotschaft – Jesu Überwindung des Todes und Erlösung von der Sünde – am Schluß der Schrift *Wie die Alten den Tod gebildet*. Ein spiegelbildlicher Kommentar zu einem Weihnachtsbild Rembrandts findet sich in den *Collectaneen*, wo Lessing von der »Geburt eines Gottes in einem Stalle« (B 10, S. 625f.[1]) spricht: Die Menschwerdung Christi ist für ihn ein Mythologem wie die heidnischen auch, zwischen den heidnischen und christlichen Vorstellungen vom irdischen Wandeln Gottes –

---

[1] Lessings Werke werden nach der Ausgabe zitiert: *Werke und Briefe in zwölf Bänden*, hg. v. Wilfried Barner u. a. Frankfurt a. M. 1985–2003; im Text mit der Sigle B und nachfolgender Band- und Seitenangabe.

der Götter – in Menschengestalt besteht in seinen Augen kein prinzipieller Unterschied, erstere nennt er ›Aberglauben‹. Wenn er das Gebiet der Kunst von der Tradition religiöser Darstellungen abgrenzt und die mythologischen Attribute als (nunmehr) leere Allegorien abwertet (B 5/2, S. 84–90), kann deshalb die Kritik an der christlichen Ikonographie mitgedacht werden. Das Problem ist das Eingreifen Gottes in die raumzeitliche Naturwirklichkeit, die übernatürliche Offenbarung, sofern diese den leiblichen Augen gezeigt, also den Bedingungen des Diesseits unterworfen wird. Um die Figuren auf den Bildtafeln schließt sich für Lessing ein Raum, der, analog zum wirklichen Raum, den physikalischen Gesetzen gehorcht (bzw. so erscheinen sollte, als ob er dies tue). In diesem Raum gibt es keine Fenster ins Jenseits. Alle malerischen Zeichen für das Transzendente – Wolken, in denen Götter erscheinen und Menschen entrückt werden – liest er naturalistisch und macht sie somit als ungeschickte allegorische Mittel ästhetisch unmöglich (B 5/2, S. 106–109).

Wenn somit die Malerei bzw. Lessings Sicht auf die bildende Kunst zum Indikator der neuen Diesseitigkeit und Aufwertung der Sinnlichkeit wird, so scheint auf gleicher Linie zu liegen, daß die (bild-)künstlerische Darstellung denjenigen Mechanismen der Ausschließung folgt, mit denen eine aufgeklärte, rationale Vernunft ihre Wirklichkeit konstituiert. Wellbery decouvriert in der ›Nachahmung‹, der Repräsentation von Wirklichkeit, auf die Lessing die Künste festlegt (bzw. festzulegen scheint), eben diesen Gestus der Ausschließung und Repression. Mit seiner Auffassung der Schönheit als höchster Bestimmung der bildenden Kunst befreie Lessing nicht die künstlerische Darstellung zu der ihr eigenen (ästhetischen) Sinnlichkeit, vielmehr fungiere ›Schönheit‹ als Regulativ und Korrektiv, als ›Gesetz‹, um den Andrang der Realität zu bannen.[2]

Auf der Ebene, auf der Weltanschauliches transportiert wird, lassen sich leicht Indizien finden, die auf Gegenteiliges verweisen. Schönheit ist für Lessing mit Lebenssteigerung und deshalb vor allem mit der Liebe verbunden, er spricht von dem Entzücken, der Bezauberung, die sie auslöst, von der »sanften Wallung des Geblüts« (B 5/2, S. 151), die ihr Anblick begleitet; die neue Diesseitsfreudigkeit artikuliert sich in der Feier der nackten Schönheit. Erstaunlich ist die Vorurteilslosigkeit, mit der Lessing der sexuellen Begierde begegnet. Dafür zeugt in *Laokoon* die Auslegung, die er den antiken Erzählungen von der übernatürlichen Ge-

---

[2] David E. Wellbery: »Das Gesetz der Schönheit. Lessings Ästhetik der Repräsentation«, in: *Was heißt »Darstellen«?*, hg. v. Christiaan L. Hart Nibbrig. Frankfurt a. M. 1994, S. 175–204.

burt gottähnlicher Herrscherpersönlichkeiten gibt. Daß den Müttern während der Schwangerschaft eine Schlange, das Attribut vieler Götter(statuen), im Traum erschienen sei, deuteten ihre Söhne als Zeichen ihrer göttlichen Abkunft. Lessing deutet diese Interpretation des Traums als Zeichen für den »Stolz« der Söhne und die »Unverschämtheit« ihrer Schmeichler, den Traum selbst aber als ehebrecherische Phantasie der Frauen, die ihre Augen tagsüber an den schönen Götterstatuen geweidet hätten. »Denn eine Ursache mußte es wohl haben, warum die ehebrecherische Phantasie nur immer eine Schlange war« (B 5/2, S. 26). Er tadelt die Erhebung der Herrscher zu göttlichen Ehren, nicht aber die unwillkürlichen sexuellen Regungen der weiblichen Imagination. Im Zeichen der Schlange, dem christlichen Inbild des sündigen Begehrens, demonstriert er einen unbelasteten Umgang mit Schönheit und Sexualität. In den *Collectaneen* notiert er folgende Bemerkung zu einem Gemälde von Rubens, das die Entdeckung der schwangeren Nymphe aus dem Gefolge der Diana darstellt: »aber das gefällt mir sehr wohl, daß die schönste zärtlichste Bildung von allen die schuldige Nymphe hat.« (B 10, S. 563).

Es stellt sich jedoch die Frage, ob Lessing auch theoretisch zu einem Konzept von Kunst gelangt, das deren Autonomie begründet, und ob er ihre Fähigkeit, eine Wirklichkeit eigener Art zu erschließen (oder zu schaffen), diskursiv verdeutlicht. Läßt sich zeigen, daß das Vokabular und die Denkfigur der Repräsentationsästhetik – ›Nachahmung‹, die Referenz auf den ›wirklichen‹ Gegenstand – nicht die Grenzen von Lessings Reflexionen bezeichnen?[3]

Ich möchte die Frage angehen, indem ich den Blick auf ein bislang weniger beachtetes Phänomen lenke, nämlich Lessings Thematisierung der Zentralperspektive;[4] damit erschließt sich zugleich ein bislang ebenfalls wenig beachteter Bezugshorizont und Kontext, nämlich die »Lehrbücher

---

[3] Die Entwicklung der Fragestellung wurde übernommen aus: Monika Fick: *Lessing-Handbuch. Leben – Werk – Wirkung*. 3. neu bearbeitete und erweiterte Aufl. Stuttgart–Weimar 2010, S. 276f. Der im Handbuch nur angedeuteten Problemskizze gegenüber ist die Profilierung von Lessings Ansatz anhand der Konfrontation mit Christian Ludwig von Hagedorns *Betrachtungen über die Mahlerey* und Johann Heinrich Lamberts *Die freye Perspektive* ein konkretisierender neuer Lösungsvorschlag.

[4] Dieter Borchmeyer hat das Thema der Zentralperspektive in *Laokoon* entdeckt: »Aufstieg und Fall der Zentralperspektive«, in: *Romantische Wissenspoetik. Die Künste und die Wissenschaften um 1800*, hg. v. Gabriele Brandstetter u. Gerhard Neumann. Würzburg 2004, S. 287–310. – Diskussion der Forschung zu *Laokoon*: Fick: *Lessing-Handbuch* (wie Anm. 3), S. 271–276, und Friedrich Vollhardt in seiner Edition: *Laokoon. Mit einer Auswahl der Paralipomena*. Stuttgart 2010

der Malerei« (B 5/2, S. 99) und die Kunstliteratur von Albrecht Dürer und Leonardo da Vinci bis hin zu Jonathan Richardson und Christian Ludwig von Hagedorn; dabei werde ich mich hier auf Hagedorns *Betrachtungen über die Mahlerey* (1762), auf die Lessing sich mehrfach in *Laokoon* beruft (B 5/2, S. 60, Anm. 1; S. 99; S. 267 [Paralipomenon]), beschränken.[5]

Lessing teilt mit Hagedorn die allgemeinen ästhetischen Grundannahmen: Schönheit sei die in die Sinne fallende Vollkommenheit und beruhe auf der Übereinstimmung (Einheit) des Mannigfaltigen, auf der Zusammenstimmung der Teile zu einem Ganzen, auf der Richtigkeit der Proportion;[6] und wie Lessing spricht Hagedorn von der »Vollkommenheit des Gegenstandes«, den der Künstler zum Vorwurf wählen müsse.[7] Darüber hinaus jedoch zeigt der Vergleich: Lessings Grenzziehungen setzen nicht nur die dichterische Einbildungskraft in ihr eigenes Recht gegenüber einer Poetik und Literaturtheorie, die sie (buchstäblich) zur Nachfolgerin der Malerei machte, sondern sie verhelfen zugleich der Kategorie des Sichtbaren und der Sichtbarkeit zu der ihr eigenen Autonomie angesichts einer Kunstliteratur, für welche die Malerei als Erfüllungsgehilfin der Dichtung und ihrer Erfindungen figurierte. So, als Erfüllungsgehilfin der Dichtung, erscheint sie jedenfalls in Hagedorns *Betrachtungen*.

Dabei besteht an Hagedorns Hochschätzung der Malerei gar kein Zweifel; doch verlegt er die bildkünstlerische Leistung fast ausschließlich in die Einkleidung eines seelischen Ausdrucks, der die entsprechende moralische Wirkung im Betrachter hervorrufen soll. Die »Gabe zu sehen und zu fühlen« sei bei der Malerei »gleichsam die Morgenröthe eines erquikenden Tages« (I, S. 147), und Hagedorn stellt die Gabe zu sehen ganz in den Dienst der großen Gefühle. Begeisterung und Ergriffenheit seien die notwendige Voraussetzung für das Malen und müßten den Malprozeß ständig begleiten (I, S. 154–171; bes. S. 157, 165); und der Künstler erreiche die »hohe Schönheit«, deren »Urbild« vor seinen Gedanken schwebe, nur dann, wenn der »Ausdruck der würdigsten Seele« mit der

---

[5] Zu Hagedorn und Lessing siehe Gerhard Bartsch: »*Laokoon* oder Lessings Kritik am französisch-preußischen Akademismus«, in: *Lessing Yearbook* 16 (1984), S. 1–35. Bartsch setzt sich mit der Institution der Akademie auseinander, ohne dabei auf Hagedorns kunsttheoretische Positionen einzugehen.

[6] Vgl. Christian Ludwig von Hagedorn: *Betrachtungen ueber die Mahlerey*. Erster und zweyter Theil. Leipzig 1762, Neudruck: Hildesheim–Zürich–New York 1997, hier Th. I, S. 3–20 (im folgenden Angaben im Text mit römischen Ziffern für die Bandnummer und nachfolgender Seitenzahl); Gotthold Ephraim Lessing: *Laokoon*, B 5/2, S. 35, 144 u. ö.

[7] Lessing: *Laokoon*, z. B. B 5/2, S. 22; Hagedorn: *Betrachtungen* I, S. 148.

Bildung des Körpers zusammenstimme (I, S. 68). An anderer Stelle sagt Hagedorn, daß das Körperliche der Kunst, die Darstellung für die Augen, nur wie die »Einhüllung« (I, S. 154) für die seelische Bewegung sei, deren Schilderung, indem sie die Augen täusche, das Herz rühre. Auch die Landschaften und Historiengemälde, denen Hagedorn naturgemäß weit mehr Aufmerksamkeit schenkt als den antiken Götter- und Heroenstatuen, thematisiert er vornehmlich unter dem Aspekt ihres seelischen Gehalts, d. i. der Stimmungen und Empfindungen, die sie beim Betrachter auslösen. Hierfür steht nun die Analogisierung mit der Dichtkunst ein. Wie wir im Trauerspiel durch Großmut uns erhoben fühlen oder im Lustspiel am Vergnügen der bürgerlichen Gesellschaft teilnehmen und »sanften Trieben« uns überlassen wollten, so wollten wir auch von den Schilderungen der Maler unterhalten und bewegt werden; wir wollten die unsrer selbst würdigeren Gefühle »in Bildern« finden (I, S. 33). Alle die »höhere und niedere Poesie« der epischen Gedichte, Trauerspiele, Lustspiele, Idyllen und Schäferspiele sei auch in der Malerei anzutreffen (ebd.). »Was Sie«, schreibt Hagedorn dem fingierten Briefpartner, »bey den mannichfaltigen Gegenständen der Dichtkunst gefühlet, wird bey eben so verschiedenen Vorwürfen der Mahlerey Ihr Herz gerühret haben« (I, S. 34; vgl. auch S. 156); kurz: die Gesetze der Dichtkunst seien »bey nahe so viel Lehrsätze für den Mahler« (ebd.).

Freilich gesellt Hagedorn der dichterischen Einbildungskraft die spezifisch malerische Einbildungskraft, der dichterischen Erfindung die malerische bei, die den poetischen Ideen eine »Wirklichkeit« (z. B. I, S. 71, 178) zu geben habe. Doch wird auch auf dieser Ebene kein malerisches Darstellungsproblem greifbar, sondern der Bildraum erscheint bei Hagedorn wie das Abziehbild des Sehfeldes auf der Leinwand, lediglich sorgfältig arrangiert nach den ästhetischen Regeln der Anordnung, richtigen Beleuchtung und Verteilung der Gruppen. Diese Ausrichtung auf das Paradigma der Repräsentation und ihren ›Systemraum‹ (Borchmeyer) gilt es nunmehr genauer nachzuweisen; damit gewinnen wir die Folie, vor der die Andersartigkeit von Lessings Zugriff sich abzeichnet.

Soweit Hagedorn das Malerische bzw. die malerische Einbildungskraft von der dichterischen trennt, bezieht er sie auf die Anordnung und Gruppierung der Figuren im Bildraum, genauer: auf die Befolgung der ästhetischen Regeln der Übereinstimmung im Mannigfaltigen, der Vielfalt in der Einheit, der Abwechslung und Unterordnung; Zweck ist die angenehmgefällige Wirkung einer solchen Anordnung und Subordination. Daß dabei die Repräsentation eines Wirklichkeitsausschnittes als selbstverständliche Voraussetzung gilt, wohinter sich kein Problem des Sehens und keine Aufgabe des Sichtbarmachens verbergen, zeigt besonders gut Hagedorns Diskussion der drei Einheiten (I, S. 172–186).

Die Wahrung der drei Einheiten ist für Hagedorn oberstes Gebot der Malerei.[8] Die Einheit der Handlung werde durch einen wohlgeordneten Plan – Aufgabe der dichterischen Erfindung – gewährleistet (I, S. 163); impliziert sei dabei die Einheit der Zeit. Die malerische Einbildungskraft gebe der poetischen Erfindung die entsprechende Wirklichkeit, indem sie den gewählten Moment der Handlung in die Einheit des Ortes sozusagen übersetze. Die ›Einheit des Ortes‹ wiederum (welche die Einheit des Gegenstandes unter sich begreift) werde durch die Beachtung der Linearbzw. Zentralperspektive garantiert. Einheit des Ortes bedeutet für Hagedorn demnach die Konstruktion des Bildraums vom Augenpunkt des Betrachters aus, mit dessen Gesichtskreis er sich zu decken habe; nur aus dem Gesichtspunkt des Betrachters dürfe der Bildraum, der ›Ort‹ der Handlung, entworfen sein; unterschiedliche Augenpunkte würden den einen Ort fragmentieren oder vervielfältigen, ein Absurdum (I, S. 181–186). Als Quelle für die illudierende Kraft eines Gemäldes gilt Hagedorn schließlich nicht die Intensität der Versinnlichung, des visualisierenden Vorstellungsvermögens, sondern die Befolgung der Wahrscheinlichkeit, des nach der Natur Möglichen (I, S. 187–197); das heißt: die Beachtung der abstrakten Prinzipien, die eine rational begreifbare Wirklichkeit konstituieren: »Die Einheiten […] führen uns auf die Lehre von der Beobachtung des Wahrscheinlichen, auf die Quelle selbst. […] Forschet, möchte ich jedem Künstler zurufen, untersuchet das Wahre, so werdet ihr auch zu dem Wahrscheinlichen in der Kunst gelangen!« (I, S. 187). Wenn bei Hagedorn die Vermittlung des seelischen Ausdrucks als eine Sache des Gefühls erscheint, so erscheint die malerische Gestaltung des Bildraums als ein Effekt der Beachtung von Naturgesetzen (des nach der Natur Möglichen), von optischen Gesetzen (z. B. I, S. 177) und wissenschaftlichen Techniken (Zentralperspektive), der Beachtung von Konventionen (des Üblichen und sozial Wahrscheinlichen) und der Anwendung allgemeiner Regeln der Ästhetik (gefällige Anordnung nach dem Prinzip der Übereinstimmung und des Mannigfaltigen).

---

[8] Es handelt sich bei den ›Einheiten‹ natürlich um eine gängige Forderung der akademischen Malerei und um einen Topos der Kunstliteratur; vgl. Lessing, B 5/2, S. 141; Borchmeyer: »Zentralperspektive« (wie Anm. 4), S. 294–296 (mit weiterführender Literatur).

Blickt man von daher auf Lessings *Laokoon*, so fällt zunächst die For-
cierung des Zusammenhangs von Malen und Sehen auf. Schon oft wurde
bemerkt, mit welcher Konsequenz Lessing die Darstellung der Schönheit
als ein formales Problem auffaßt und die platonische Sichtweise ablehnt,
der zufolge der Ausdruck der Seele das Wesentliche der Kunst ausmache
(natürlich gehört dies in den Kontext der Kritik an Winckelmann[9]).
Schönheit zeichnet in Lessings Augen allein den Körper aus, und sie ist
gebunden an die richtigen Proportionen, das richtige formale Verhältnis
der Teile zum Ganzen. In unserem Zusammenhang läßt sich diese Be-
schränkung der Malerei auf das Körperliche deuten als eine Rückbesin-
nung darauf, was für den Maler denn tatsächlich die Qualität des Sichtba-
ren hat.[10] Weiter: Anders als Hagedorn setzt Lessing das Spezifische der
malerischen Erfindung nicht in die Anordnung auf der Bildfläche, son-
dern in das Malen selbst, in die Ausführung; und er sieht das Verdienst
des Künstlers darin, daß er die »schwanken und schwachen Vorstellungen
willkürlicher Zeichen« zu bestimmter Deutlichkeit, zur Sichtbarkeit zu
steigern vermag (B 5/2, S. 98); sichtbare Vorwürfe benötige die Malerei
(B 5/2, S. 115), und keine poetischen Schilderungen könnten das Auge
der Kunstschüler so überzeugen wie der Blick auf das Modell; denn dort
›sehen‹ sie das, wofür der Dichter nur Worte hat, sie »sehen die gehöri-
gen Schranken der fröhlichen Stirne, sie sehen den schönsten Schnitt der
Nase« etc. (B 5/2, S. 151). Vor allem jedoch führen die Fokussierung der
medialen Bedingungen und die Reflexion auf das »bequeme Verhältnis«
von Zeichen (Medium) und Gegenstand Lessing dazu, Sichtbarkeit nicht
als etwas Gegebenes, sondern als etwas Herzustellendes zu erkennen,
wobei es unterschiedliche Grade gibt. Nur wo das »bequeme Verhältnis«,
das gleichartige »Nebeneinander im Raum«, gewährleistet sei, könne der
Gegenstand durch die Malerei zu seiner höchsten Sichtbarkeit gebracht
werden. Nicht jeder Vorwurf eignet sich gleicherweise dazu. Zum Bei-
spiel der Reiz: Lessing übernimmt zwar die Definition, die sich genauso

---

[9] Vgl. Bengt Algot Sørensen: »Lessings *Laokoon* und Winckelmann«, in: *Lessing
     Yearbook* 36 (2004/05), S. 69–78.
[10] Zum Problem des Sichtbarmachens in der Malerei vgl. Kurt Hübner: *Die zweite
     Schöpfung. Das Wirkliche in Kunst und Musik*. München 1994. Konrad Fiedler, der
     am Ende des 19. Jahrhunderts das Sichtbarmachen als Domäne der bildenden Kunst
     und als ursprüngliche Form der Aneignung von Wirklichkeit erkannte, sieht in Les-
     sings Ästhetik allerdings lediglich das mimetische Element, die Verpflichtung der
     Künste auf die Darstellung von Gegenstandsbereichen: Konrad Fiedler: »Lessing«,
     in: ders.: *Schriften zur Kunst II*. Nachdruck der Ausgabe München 1913/14 [...],
     hg. v. Gottfried Böhm. München 1971, S. 380–383.

auch bei Hagedorn (II, S. 515) findet, daß nämlich Reiz Schönheit in Be-
wegung sei (B 5/2, S. 155); doch während Hagedorn in der reizenden
Bewegung die Krönung der malerischen Schilderung erblickt (I, S. 21–
31), ist für Lessing Bewegung nicht vollgültig in die Sichtbarkeit des
Gemäldes zu übersetzen, weshalb er die Darstellung des Reizes dem
Dichter zuweist. Sichtbar machen über alle Zufälligkeit der bloßen Er-
scheinung hinaus und zur vollständigen Evidenz bringen könne die Male-
rei nur die Schönheit, und so dekretiert Lessing: Nicht das weite Reich
der menschlichen Gefühle und Phantasien, sondern allein die Schönheit,
gefaßt als ideales Verhältnis der Teile zum Ganzen, sei der Endzweck der
Kunst, ihre höchste Bestimmung; hier erreiche die Kunst ihr Maximum
an versinnlichender Kraft.

Nicht die Repräsentation eines Wirklichkeitsausschnittes mittels einer
zentralperspektivischen Raumkonstruktion, sondern das Sichtbarmachen
von Schönheit im räumlichen Nebeneinander ist für Lessing die Grundla-
ge der bildenden Kunst. Daß er mittels seiner Konzeptualisierung der
Schönheit die Kunst zugleich unabhängig von der wissenschaftlichen
Wirklichkeitsauffassung zu machen sucht; mit anderen Worten: Daß Les-
sing die versinnlichende Kraft der Kunst mit der Fähigkeit identifiziert,
eine Wirklichkeitsdimension eigener Art zu erschließen, wollen wir nun-
mehr in einem zweiten Schritt zeigen. Und zwar wird dies deutlich an-
hand von Lessings Umgang mit der Zentralperspektive.

Zur Erinnerung: Hagedorn betont den systematischen Zusammenhang
der drei Einheiten, wobei er die Einheit des Ortes von der Einheit des
Gesichtspunktes und der Anwendung der Zentralperspektive abhängig
macht. Für Lessing ist dieser Zusammenhang nicht zwingend: Wenn er
den antiken Malern die Kenntnis der Zentralperspektive abspricht, so läßt
er sie doch die Einheit des Ortes (und der Zeit) wahren; z. B. habe Poly-
gnot bei vielfigurigen und raumgreifenden Szenen die Figuren und den
Raum aus unterschiedlichen Gesichtspunkten dargestellt (den Raum aus
der Vogelperspektive, die Figuren jeweils von Augenhöhe aus); gleich-
wohl referierten seine Gemälde jeweils nur auf einen Ort und einen Zeit-
punkt. Dabei behandelt Lessing die Zentralperspektive mit verblüffender
Geringschätzung. Sie sei eine bloße Technik, die mit dem Genie gar
nichts zu tun habe, sie beruhe »auf Regeln und Handgriffen, die, wenn sie
einmal festgesetzt und bekannt sind, der Stümper eben so leicht befolgen
und ausüben kann, als das größte Genie« (9. Antiquarischer Brief; B 5/2,
S. 383); ja, indem sie die Schranken der Kunst erweitert und die Land-
schafts- und Historienmalerei ermöglicht habe, habe sie vom Endzweck
der Kunst, der Darstellung der Schönheit, abgelenkt (B 5/2, S. 142–144;

Paralipomena 8, Nr. 8 und 9, B 5/2, S. 263; 10. Antiquarischer Brief). Um die Implikationen dieser Abwertung abschätzen zu können, lohnt ein Seitenblick auf des Mathematikers, Physikers und Philosophen Johann Heinrich Lambert Abhandlung *Die freye Perspektive*, deren erster Teil 1759 erschienen ist. Lambert war mit Abraham Gotthelf Kästner, Lessings Lehrer und Freund, bekannt und stand mit ihm in wissenschaftlichem Austausch; 1764 weilte er in Berlin und wurde in die Preußische Akademie der Wissenschaften aufgenommen;[11] im zweiten Teil seiner Schrift (1774), der aus Anmerkungen zum ersten Teil besteht, nimmt er Bezug auf Lessings Bemerkungen zur Perspektive bei den Alten.[12] Insgesamt ist die Abhandlung eine an Maler adressierte Anleitung zum perspektivisch korrekten Zeichnen, das Lambert, indem er es auf mathematische Grundlagen stellt, zugleich technisch erleichtern möchte (›freie‹ Perspektive meint: Konstruktion des perspektivischen Bildes ohne Ableitung aus dem Grundriß).

Lamberts Auffassung vom Nutzen der Zentralperspektive für die Malerei fußt auf der Differenzierung zwischen dem perspektivischen Schein und der wahren Lage der Dinge im Raum. »Die sichtbaren Dinge stellen sich dem Auge ganz anders vor als sie in der Tat sind«, mit diesem Satz beginnt die Abhandlung (§ 1, S. 195[13]). Nur mit dem Schein der Dinge habe es also die Kunst zu tun; sie stelle weder die Sache noch das Bild der Sache vor; ihre Aufgabe sei es vielmehr, »das Bild einer Sache so zu zeichnen, wie sie in einer gegebenen Entfernung in die Augen fällt« (§ 3; S. 195). Das Bild auf der Tafel solle »ebenso in die Augen fallen«, »als die Sache [...] in dem angenommenen Gesichtspunkt« selbst (§ 81, S. 216; vgl. auch § 61); die Wahl des Gesichtspunkts rückt in den Vordergrund, denn unterschiedliche Gesichtspunkte ergäben ganz unter-

---

[11] Zu den biographischen Daten siehe Hans Blumenberg: *Die Genesis der kopernikanischen Welt*. 5. u. 6. Teil: *Der kopernikanische Komparativ. Die kopernikanische Optik*. Frankfurt a. M. 1981 [zuerst 1975], S. 612f. (Aufnahme in die Preußische Akademie) u. S. 625f. (Briefwechsel mit Kästner); vgl. auch *Allgemeine Deutsche Biographie*, hg. durch die historische Commission bei der königl. Akademie der Wissenschaften, Bd. 17: *Krabbe – Lassota*. Neudruck der 1. Aufl. 1883, Berlin 1969, S. 552–557.

[12] Johann Heinrich Lambert: *Schriften zur Perspektive*, hg. u. eingel. v. Max Steck. Berlin 1943, S. 309.

[13] *Die freye Perspektive, oder Anweisung, Jeden Perspektivischen Aufriß von freyen Stücken und ohne Grundriß zu verfertigen*. Zürich 1759; zit. nach: Johann Heinrich Lambert: *Schriften zur Perspektive*, hg. u. eingel. v. Max Steck. Berlin 1943 (im folgenden im Text: Angabe des Paragraphen und der Seitenzahl).

schiedliche Ansichten, die gleiche Sache könne schön oder häßlich in die Augen fallen (§ 60), und wie die Urbilder, so hätten auch die Gemälde ihre »Phänomena« und »stellen, aus anderen Gesichtspunkten betrachtet, andere Dinge vor« (§ 217, S. 263). Zugleich bzw. deshalb jedoch komme es auf die genaue Bestimmung des einmal gewählten Gesichtspunkts an – davon, daß man die »Lage des Auges genau bestimme«, hänge die »wesentliche Vollkommenheit« des Gemäldes ab (§ 63, S. 211). Das Wesen der Malerei, ihr Endzweck, beruht für Lambert in der ›Simulation‹ des ›In-die-Augen-Fallens‹; und die genaue Kenntnis und exakte Anwendung der Regeln der Perspektive werden zum unentbehrlichen Hilfsmittel des Künstlers.

Die Perspektive, so Lambert, »läßt die wahre Gestalt zurücktreten und bemüht sich bloß, die scheinbare Gestalt zu entwerfen«, sie bemühe sich, »das Wahre der Sache zu vermeiden, wenn der Anschein eine andere Gestalt fordert« (§ 217, S. 263), wobei der »Anschein« sozusagen »im Auge« des Betrachters liegt, die Ansicht einer Sache von einem bestimmten Augenpunkt aus ist. Blumenberg hat diese Zuordnung des Sehens und der Malerei zu einer Welt bloßer Erscheinungen als ein Symptom für die Subjektivierung und Relativierung der menschlichen Erkenntnis gedeutet, wie sie im Zuge der kopernikanischen Wende um sich gegriffen habe; er sieht die zentralperspektivische Auffassung des Bildraums mit ihrer Privilegierung des Augenpunktes als Symptom für den vom kopernikanischen Weltbild inaugurierten Skeptizismus und erkenntniskritischen Perspektivismus.[14] Ohne dies hier weiter diskutieren zu wollen, geht es uns bei Lambert um folgenden Zusammenhang: Die Beschränkung der Kunst auf den wirklichen ›Augenschein‹ und den Augenschein des Wirklichen geht Hand in Hand mit der Entmachtung des Auges des Künstlers, seiner Position als erfahrendes, lebendiges Subjekt.

Das läßt sich bereits an den Formulierungen ablesen: Nicht wie der Künstler die Dinge sieht oder von ihnen ergriffen wird, steht hier zur Debatte, sondern wie die Dinge ins Auge fallen, soll auf der Leinwand nachgeahmt, simuliert werden; konsequent unterwirft Lambert die Malerei dem Diktat der vollkommenen Täuschung: Sie habe ihre Vollendung

---

[14] Blumenberg: *Die Genesis der kopernikanischen Welt* (wie Anm. 11). – Zur Zentral-
       perspektive als ›symbolischer Form‹ siehe Borchmeyer: »Zentralperspektive« (wie
       Anm. 4) und Sybille Krämer: »Zentralperspektive, Kalkül, Virtuelle Realität. Sieben
       Thesen über die Weltbildimplikationen symbolischer Formen«, in: *Medien-Welten,
       Wirklichkeiten*, hg. v. Gianni Vattimo u. Wolfgang Welsch. München 1998, S. 27–
       37 (beide Beiträge mit weiterführenden Literaturangaben insbesondere zu älteren
       kunsttheoretischen Positionen [Dagobert Frey; Erwin Panofsky]).

erreicht, wenn man die abgebildeten für wirkliche Dinge halte (§ 217, S. 263: Beispiel der gemalten Trauben des Zeuxis). Die Erzeugung des perspektivischen Scheins ist denn auch eine Sache der angewandten Wissenschaft, der Technik: Der Künstler muß, Lambert zufolge, die mathematischen Gesetze der Perspektive zur Ausübung bringen; und wenn er dies tut, wird der Schein auf die wahre Gestalt beziehbar, denn was nach den Regeln der Perspektive entworfen wurde, kann nach den Gesetzen der Optik dechiffriert werden; die Gesetze der Optik, der »Sehekunst«, erlaubten es, aus dem »Schein der Sachen« auf ihre »wahre Gestalt« rückzuschließen (§ 217, S. 263). Lambert systematisiert die Regel von der Einheit des Ortes und des Gesichtspunktes, aus dem die Ansicht genommen wird; er schreibt (in der Anmerkung [Teil II] zu § 13 [Teil I]): Man müsse den Malern nicht nur allgemein einschärfen, daß ihre Landschaft nicht mehrere Landschaften, sondern *eine* sei, vielmehr müsse man ihnen »näher anzeigen, daß die Landschaft *einen* Gesichtspunkt, *einen* Augenpunkt [...], *einen* Horizont, *eine* Höhe des Auges, *eine* Entfernung desselben von der Tafel« haben und demnach »fünf Einheiten Genüge leisten« müsse. »Das will nun aber mit einem Wort sagen, die Landschaft muß perspektivisch gezeichnet sein.« (S. 327) Strikt habe der Maler der Methode und Technik der zentralperspektivischen Konstruktion zu folgen; ihre Beherrschung ist die notwendige Bedingung, um die wesentliche Vollkommenheit der Kunst zu erreichen. Dem leiblichen Sehen dagegen mißtraut Lambert und wertet es ab; Stümperei, Flick- und Stückwerk seien allzu oft die Gemälde, die nach dem bloßen Augenmaß des Künstlers entworfen seien (ebd.).

Nicht nur der Poesie gegenüber, so macht der Vergleich mit Lambert deutlich, sondern auch gegenüber der Technisierung der Malerei im Zuge der Verwissenschaftlichung des Wirklichkeitsbegriffs setzt Lessing die bildende Kunst in ihr eigenes Recht, wenn er eben nicht die Erzeugung des täuschenden Scheins, wofür der Künstler die Zentralperspektive benötigt, sondern die Schönheit als den Endzweck der Kunst bestimmt. Wichtig ist hier die von ihm vorgenommene Differenzierung zwischen dem perspektivischen Sehen, dem Malen nach Augenmaß, und der zentralperspektivischen Raumkonstruktion, welche die Ansicht aller Figuren im Raum dem *einen* Gesichts- und Augenpunkt unterordnet, auch wenn dadurch ihre Schönheit nicht zur Geltung gebracht werden kann. Die je einzelnen Gegenstände hätten die antiken Meister selbstverständlich perspektivisch gezeichnet, das heißt so, wie sie in ihrer Dreidimensionalität dem Auge erscheinen (9. Antiquarischer Brief; B 5/2, S. 380); aber den

›Systemraum‹ hätten sie nicht gekannt; die Subordination eines vielfigurigen Vorwurfs unter die Struktur der Zentralperspektive sei ihnen fremd gewesen. Vielleicht hat Lessing Lamberts Abhandlung tatsächlich wahrgenommen; jedenfalls zeichnet sich seine Definition der Zentralperspektive nicht nur durch ihre Exaktheit aus, sondern sie hält auch den Zusammenhang zwischen der Einheit des Gesichtspunktes und der Fixierung der »Erscheinung« fest. »Ein vielfacher Gesichtspunkt«, so sein Resümee zu den Gemälden Polygnots, »hebt nicht allein die Einheit in der Erscheinung der Formen, sondern auch die Einheit der Beleuchtung schlechterdings auf.« (10. Antiquarischer Brief; B 5/2, S. 387). Fehler über Fehler hätten »die Alten« in ihren Gemälden begangen; Fehler, die jedoch nur ein gelehrtes und zugleich »verzärteltes« Auge störten. Wenn Polygnot in einem aus der Vogelperspektive entworfenen Raum Figuren gruppiere, die jeweils aus demjenigen Gesichtspunkt gemalt seien, aus dem ihre Schönheit am besten sich entfalten könne, so zerfalle zwar die Einheit der räumlichen Gesamterscheinung; aber das Wesentliche, das Schöne, trete hervor, weshalb ein »unverzärteltes«, unverdorbenes Auge sich durch die Fehler den Genuß dieser »wesentlichen Schönheiten« nicht werde verkümmern lassen. Während Lessing in dem frühen Gedicht über die »Mehrheit der Welten« – dem Initialthema des ›Perspektivismus‹ – ganz auf das Zusammenspiel von Auge und technischen Instrumenten zur Erkenntnis der wahren Lage der Dinge (in diesem Fall: der Sonne und der Planeten im Weltraum; vgl. B 1, S. 26, V. 15–32[15]) setzt, ist er nunmehr der Sehkraft und Leistung des unbewaffneten Auges auf der Spur. Ohne technische Hilfsmittel und in Unkenntnis der Prinzipien, die ihre Erfindung ermöglichen, hätten die alten Griechen auf der einen Seite weniger gesehen als wir; zugleich jedoch seien die Augen der Maler vielleicht schärfer gewesen als die unsrigen, so daß sie auch wieder besser und folglich anders und Anderes gesehen hätten (45. Antiquarischer Brief; B 5/2, S. 526).

Das ›Ideal der Schönheit‹, so haben wir gezeigt, faßt Lessing als Proportion, Übereinstimmung der Teile zum und im Ganzen. Indem er solchermaßen den Formcharakter der Kunst und damit ihren Bezug zum Sichtbaren herausstreicht, grenzt er sich zum einen von Hagedorn ab, der das Ideale in der Kunst weitgehend in den Ausdruck der Seele und sittlich schöner Empfindungen verlegt. Indem er aber die Kunst auf ein Ideal des

---

[15] Zum Kontext vgl. Ulrich Stadler: *Der technisierte Blick. Optische Instrumente und der Status von Literatur. Ein kulturhistorisches Museum.* Würzburg 2003, S. 59–65 (Rolle der optischen Geräte; rationalistische Naturerkenntnis).

Sichtbaren verpflichtet, das von keiner zentralperspektivischen Simulation tangiert ist, sondern dem lebendigen Auge lebendig sich zeigt, in Fülle und bezwingend, grenzt er sich zum anderen von Lambert ab (bzw. davon, wofür dessen Abhandlung *Die freye Perspektive* steht) und rückt die – neben der wissenschaftlichen Weltbeschreibung – gleiche Ursprünglichkeit, Unabhängigkeit und Eigenart künstlerischer Produktion ins Licht. Der Preis dafür ist allerdings hoch: Landschafts- und Historienmalerei erachtet Lessing als fremdbestimmt, den Gesetzen der angewandten Mathematik (Perspektive) und Geschichte unterworfen und kaum auf ein Ideal, an dem der Künstler schöpferisch werden könne, beziehbar, deshalb auch von geringerem Wert (Paralipomena zu *Laokoon*: B 5/2, S. 260, Nr. 9; S. 266f., Nr. 13; S. 295f., Nr. 20[16]). Lediglich die Darstellung menschlicher Schönheit, das heißt des nackten, wohlorganisierten Körpers (B 5/2, S. 57–59[17]), sei das Werk des Genies, das nicht nachahme, sondern sichtbar mache.

Selbstverständlich ist Lessings Kunsttheorie eingebettet in einen entsprechenden weltanschaulichen Rahmen, setzt sie weltanschauliche Prämissen voraus. Ihnen wollen wir uns abschließend zuwenden.

In seiner großen Biographie rückt Hugh Barr Nisbet den Gewinn eines individualisierenden Perspektivismus ins Zentrum von Lessings Erkenntnistheorie und aufklärerischen Welt- und Lebensverständnisses; der Widerstand gegen den Systemzwang jeglicher Art bei gleichzeitiger Toleranz gegenüber der Abweichung und Ausnahme gehe damit Hand in Hand.[18] Zum einen scheint dies gut zu Lessings Geringschätzung der Zentralperspektive mit ihrer Subordination der individuellen Gegenstände unter den *einen* Gesichtspunkt zu passen; auch die Aufwertung des lebendigen Sehens, das auf den konkreten Gegenstand und die Realisierung von dessen Schönheit ausgerichtet ist, sowie das Zugeständnis andersartiger Sehgewohnheiten bei den alten Griechen gehören hierher. Perspektivismus und Skeptizismus werden zudem nahegelegt von der Naturauffassung, wie Lessing sie in *Laokoon* (und den *Antiquarischen Briefen*)

---

[16] Hagedorn zufolge existieren keine festen Maßstäbe für die Beobachtung der richtigen ›Verhältnisse‹ in der Landschaftsmalerei; statt dessen sei der Künstler mehr an die Regeln des ›Wiederscheins‹, der Optik und der Linearperspektive gebunden (I, S. 342).

[17] Lessing verteidigt die Nacktheit der Figuren der Laokoon-Gruppe; vgl. im Kontrast dazu Hagedorns Vorwurf des Unschicklichen gegenüber den nackten Figuren von Michelangelos *Jüngstem Gericht* (I, S. 95).

[18] Hugh Barr Nisbet: *Lessing. Eine Biographie.* Aus dem Englischen übersetzt v. Karl S. Guthke. München 2008.

artikuliert: Nach innen zu und nach außen, im Blick auf das ›Gewebe‹ unserer Empfindungen (B 5/2, S. 43) und auf die Verflechtung aller Erscheinungen im räumlichen Sehen (10. Antiquarischer Brief; B 5/2, S. 387), sei die Komplexität der Natur unentwirrbar und undurchdringlich; allgemeine Sätze faßten immer nur Teilzusammenhänge; doch der Verstoß gegen das geringste Detail brächte das ganze konstruierte System zum Einsturz. Die Ordnung, die der Dichter schaffe, schreibt Lessing an anderer Stelle, sei lediglich eine Insel in dem »unendlichen Raume der Schöpfung« (B 5/2, S. 129). Auch deshalb, so läßt sich hinzufügen, erschöpft sich für Lessing das Genie nicht in der Nachahmung, der Repräsentation der Natur; die Relation der Ähnlichkeit (zwischen Urbild und Abbild) ist, angesichts dieser Schieflage, eine künstlerisch unfruchtbare Kategorie. Zum anderen aber macht die Geltung der Schönheit einmal mehr deutlich, daß für Lessing der pluralistische Perspektivismus nicht zu einem alles durchdringenden Relativismus führt. Die Gestalt der Dinge verändert sich zwar, »sobald sie von einer anderen Seite angesehen werden« (Lambert § 60, S. 211), gleichwohl vermögen die mannigfaltigen Ansichten mit ihrem je eigenen Wahrheitsgehalt eine Sache in ihr volles Licht zu rücken. Die Beschwörung des sichtbar zu machenden Ideals der Schönheit jedoch gewinnt einen emphatischen Klang, Schönheit gewinnt den Status eines unverfügbaren Werts. Sie ist die Offenbarung der Weisheit des göttlichen Schöpfers; zugleich ist es eben diese körperliche Schönheit, die Lessing in der Schrift *Wie die Alten den Tod gebildet* gegen das christliche Sünden- und Sühneverständnis aufbietet. Indem der Künstler Schönheit darstellt, nicht als Funktion der Perspektive, sondern als Ideal eines wohlorganisierten Körpers, wird er zum zweiten Schöpfer, der weder nachahmend-repräsentierend noch subjektivistisch konstruierend verfährt. Nach ihrem Ursprunge, schreibt Lessing, waren die Künstler bestimmt, den »Schönheiten der körperlichen und geistigen Natur eine neue Schöpfung zu geben« (Paralipomenon 3, Nr. 7; B 5/2, S. 227).[19]

---

[19] Analogien zu Lessings Dichtungs- und Handlungsbegriff werden herausgearbeitet in: Fick: *Lessing-Handbuch* (wie Anm. 3), S. 280–283. – Zum Kontext der ›Aufwertung der Sinnlichkeit‹ vgl. Monika Fick: »Lessings *Laokoon* zwischen Diskursanalyse und Präsenzdebatte«, in: *Lessing Yearbook* 37 (2006/07), S. 113–124.

Galina Hristeva

Optimismus, Pessimismus und Skepsis im ›speculum mundi‹ des 19. Jahrhunderts

Abstract: The paper examines the functions of mirrors and the processes of mirroring in the context of optimism, pessimism and skepticism in the 19th century referring to Goethe's famous *Farbenlehre* and Schopenhauer's theory of colours *Über das Sehn und die Farben* and comparing them to Johann Nestroy's comedies. It demonstrates the ambivalence of mirror concepts and processes with all three authors. However there are also considerable differences between them: Goethe applies mirrors and his glamorous concept of »repeated mirroring« in order to create a fascinating world full of brilliance and colours and to establish an optimistic view of the world while privately in the last years of his life he expressed his sorrow as to »the misery of our time«. Schopenhauer links mirrors to his pessimistic concept of the Will but at the same time uses the fascination created by mirrors turning the mirror into an optimistic symbol of salvation. Nestroy on the contrary refrains from judgement and avoids any optimistic and pessimistic connotations. In his comedies which are less poetic than Goethe´s and Schopenhauer´s scientific and philosophic works he uses mirrors as an instrument of rational skepticism.

I. Einleitung

Optimismus, Pessimismus und Skepsis bilden ein Spannungsdreieck, das insbesondere auf das 19. Jahrhundert zu beziehen ist, da es hier nicht nur zu einer Wiederaufnahme des Pessimismus kommt, sondern auch zu einer noch zu entwirrenden Aufeinanderfolge von Optimismus, Pessimismus[1] und Skepsis,[2] wobei »die Varianten« und Variationen »unüberschaubar« erscheinen.[3]

Die vorliegende Untersuchung setzt sich zum Ziel, wenigstens teilweise einen Einblick in das komplizierte und stellenweise prekäre Verhältnis zwischen Optimismus, Pessimismus und Skepsis im 19. Jahrhundert zu

---

[1]   Vgl. Sandra Richter: *Lob des Optimismus. Geschichte einer Lebenskunst*. München 2009, S. 17: der Pessimismus »folgt ihm [dem Optimismus] auf den Fuß«.

[2]   Vgl. zur Skepsis Andreas U. Sommer: *Die Kunst des Zweifelns. Anleitung zum skeptischen Philosophieren*. München 2005.

[3]   Richter: *Lob des Optimismus* (wie Anm. 1), S. 17.

gewähren und es an drei repräsentativen, aber in weltanschaulicher, inhaltlicher und formaler Hinsicht wesentlich voneinander divergierenden Autoren zu überprüfen – an Goethe, Schopenhauer und Nestroy. Legitimiert wird eine solche Gegenüberstellung bei aller Verschiedenheit der drei Autoren außer durch die zeitliche Nähe vor allem durch die zentrale Stellung der weltanschaulichen Problematik in den zu vergleichenden Texten, durch die Dominanz des ›Sehens‹ sowie durch das damit verbundene, in diesen Texten rekurrente Spiegelmotiv. Ein solches Vorgehen, bei dem naturwissenschaftliche, philosophische und literarische Texte nebeneinandergestellt und untersucht werden, eröffnet auch die Chance, die in ihnen behandelten Probleme und vor allem die in ihnen verankerten weltanschaulichen Grundpositionen über die Diskurs- und Genregrenzen hinweg zu verfolgen, aber auch die Möglichkeiten und Grenzen der Textformen und Genres unter die Lupe zu nehmen. Wie sich zeigen wird, erweisen sich gerade die Poetizität und Ästhetizität bei der Betrachtung der drei Autoren als irreführende Unterscheidungskriterien.

Der Zusammenhang zwischen dem Optimismus-Pessimismus-Problem und den Prozessen der Spiegelung wurde in der bisherigen Forschung weitgehend übersehen, obwohl über das Motiv des Spiegels in der Literatur eine beträchtliche Anzahl von Publikationen existiert. Zu nennen wären hier etwa Erik Peez, dessen vielzitiertes Buch *Die Macht der Spiegel*[4] sich aber nur auf die Klassik und Romantik beschränkt und das Optimismus-Pessimismus-Problem nur äußerst selten streift. Eine von Wendelin Schmidt-Dengler betreute Dissertation über Spiegelung in der österreichischen Literatur von Alexandra Millner – *Spiegelwelten, Weltenspiegel*[5] – nimmt auch die Motivgeschichte des Spiegels in den Blick, hier gilt aber auch die Beschränkung des Erkenntnisinteresses auf literarische Texte und die Ausblendung der weltanschaulichen Dimension des Spiegelmotivs.

Daß der Spiegel mit dem Problem des Optimismus in Zusammenhang steht, ist auch daraus ersichtlich, daß er schon beim Ahnherrn des Optimismus Leibniz eine wichtige Rolle spielt. Bei Leibniz werden durch den Spiegel rationale Ordnung und universeller Zusammenhang fest miteinander verwoben. Monade und Welt sind »Parallelwelten«, ihre Homolo-

---

[4] Erik Peez: *Die Macht der Spiegel. Das Spiegelmotiv in Literatur und Ästhetik des Zeitalters von Klassik und Romantik*. Frankfurt a. M. 1990.

[5] Alexandra Millner: *Spiegelwelten – Weltenspiegel. Zum Spiegelmotiv bei Elfriede Jelinek, Adolf Muschg, Thomas Bernhard, Albert Drach*. Wien 2004. Vgl. auch Heinrich Holzapfel: *Subversion und Differenz. Das Spiegelmotiv bei Freud, Thomas Mann, Rilke und Jacques Lacan*. Essen 1986.

gie und Einheit innerhalb der »prästabilierten Harmonie« sind aber garantiert[6] und durch die Spiegelmetapher zum Ausdruck gebracht. Der Spiegel dient somit der Apotheose Gottes und der Welt, aber als »lebendiger Spiegel« auch der Aufwertung der sich emanzipierenden Subjektivität. Die »einfache Substanz« wird als »dauernder lebendiger Spiegel des Universums« dargestellt, und die Monade ist damit zwar Abbild des Universums,[7] aber zugleich als »schaffender Spiegel« ihrerseits auch die Welt prägend. Das Bewußtsein ist jetzt »lebendig« und »aktiv«,[8] erst jetzt verwirklicht sich die »lebendige Einheit« zwischen Urbild und individueller Substanz.

II. Spiegelzauber bei Goethe

Für Goethe ist neben der Polarität die Steigerung, das Fortschreiten zur Vollkommenheit und zur Vollendung, das große »Triebrad aller Natur«.[9] Zugleich ist auch Goethes Versuch belegt, das Prinzip der Steigerung mit dem Spiegel und dem Prozeß der Spiegelung in Verbindung zu setzen und zu erklären.

Der Gegenstand ›Spiegel‹, mit dem Physiker experimentieren, ist für Goethe zwar kein Objekt der Polemik und des Spottes,[10] mit denen er sonst den Physiker Newton überschüttet, aber von Ambivalenz und Distanz geprägt. Er hebt die Mängel des Spiegels sowie die Distanz zwischen den »Spiegeleien« der Physiker und dem Ich durch den Hinweis auf die »wiederholte Spiegelung« auf und kann so die Spiegelung aufwerten und zum Symbol der Vollkommenheit der Welt erheben.[11] Oft dient

---

[6]   Richter: *Lob des Optimismus* (wie Anm. 1), S. 31.

[7]   Vgl. Millner: *Spiegelwelten – Weltenspiegel* (wie Anm. 5), S. 25f.

[8]   Ebd.

[9]   »Goethe an Kanzler von Müller«, 24. Mai 1828, zit. nach Dieter Borchmeyer: *Schnellkurs Goethe*. Köln 2005, S. 94.

[10] Vgl. »Spiegeleien unserer Physiker«. Johann Wolfgang von Goethe: »Zur Farbenlehre«, in: ders.: *Ausgewählte Schriften über die Natur*. Ausgewählt u. mit einem Nachwort versehen v. Eberhard Buchwald. Weimar 1961, S. 499.

[11] Vgl. Johann Wolfgang von Goethe: »Wiederholte Spiegelungen«, in: *Goethes Werke*, Bd. XII. München 1998, S. 322f. Karl Richter hat die »wiederholten Spiegelungen« im *West-östlichen Divan* analysiert, vgl. Karl Richter: »Wiederholte Spiegelungen im *West-östlichen Divan*. Die Entoptik als poetologisches Paradigma in Goethes Alterswerk«, in: *Scientia Poetica* 4 (2000), S. 115–130. Zu diesem Thema vgl. auch Walter Brednow: »Spiegel, Doppelspiegel und Spiegelungen – eine »wunderliche Symbolik« Goethes«, in: *Sitzungsberichte der sächsischen Akademie der Wissenschaften zu Leipzig. Mathematisch-naturwissenschaftliche Klasse* 112 (1976),

ihm der Spiegel dazu, Gefahren und Gefährdung spielerisch zu überdek-
ken. Ästhetisierende und sinnzuweisende Manöver, an denen Spiegel und
Spiegelung beteiligt sind, werden von Goethe auch eingesetzt, um Ver-
gangenheit und Gegenwart zu entschärfen, um »aus Trümmern von Da-
sein und Überlieferung sich eine zweite Gegenwart zu verschaffen«,[12] um
seinen Geschichtspessimismus zu überdecken[13] und Geschichte aufzu-
werten. Ästhetische, literarische und naturwissenschaftliche Betrachtun-
gen werden mit sittlicher, philosophischer sowie historischer Reflexion
verlötet.[14] Wiederholte Spiegelung – das ist ein Spiegelzauber, der Ge-
schichte konserviert und sie »zu einem höheren Leben«[15] und neuer Fülle
potenziert. Eine solche Geschichte entsteht aber im hermetischen Zwi-
schenraum zwischen zwei Spiegeln, ihre Fülle erschöpft sich in der »ewi-
gen« Spiegelung »des Gleichen«. Diese strategisch schwierigen und fol-
genreichen Umdeutungen vollzieht Goethe in poetischer und essayisti-
scher Form, besonders wichtig ist aber angesichts der zunehmenden Be-
deutung und Wirkungsmacht der Naturwissenschaften im 19. Jahrhundert
ihre Festlegung in naturwissenschaftlichen Schriften, vor allem in seiner
»Farbenlehre«. Es zeigt sich also, daß die Grenzen zwischen optimisti-
scher und pessimistischer Weltsicht nicht so starr sind, wie sie zunächst
aussehen, und daß hier die Übergänge und Umschläge eine besondere
Beachtung verdienen.

Goethe bezieht sich in seinen harmoniesüchtigen Bestrebungen insbe-
sondere auf das Phänomen der Entoptik,[16] das er in seiner »Farbenlehre«
behandelt. Brechung des Lichts und Spiegelung sind für ihn gegensätzli-
che Prozesse: Während es die Brechung des Lichts ist, die er Newton
vorwirft, favorisiert Goethe den entgegengesetzten Prozeß, die Spiege-
lung, da sie sich durch ein Multiplizieren der Bilder (und der Objekte)

S. 1–26. Als maßgebend hat sich bisher die Interpretation von Dorothea Hölscher-
Lohmeyer zu Goethes Gedicht »Entoptische Farben« erwiesen. Dorothea Hölscher-
Lohmeyer: »›Entoptische Farben‹ – Gedicht zwischen Biographie und Experiment«,
in: *Études Germaniques* 1983, S. 56–72. Bemerkungen über dieses Thema finden
sich auch bei Albrecht Schöne: *Goethes Farbentheologie*. München 1987.

[12] Vgl. Goethe: »Wiederholte Spiegelungen« (wie Anm. 11), S. 323.

[13] Vgl. über Goethes Geschichtspessimismus und Fatalismus die jüngst erschienene
Monographie Walter Müller-Seidels *Schiller und die Politik*. München 2009.

[14] Darüber, daß es sich um eine Übertragung des entoptischen Denkmusters handelt,
vgl. Richter: »Wiederholte Spiegelungen« (wie Anm. 11), S. 115.

[15] Goethe: »Wiederholte Spiegelungen« (wie Anm. 11), S. 323.

[16] ›Entoptisch‹ bedeutet »innerhalb gewisser Körper« beobachtbar. Vgl. Richter:
»Wiederholte Spiegelungen« (wie Anm. 11), S. 116.

auszeichnet, synthetisch ist und somit jeglicher Isolierung entgegenwirkt. Erik Peez verweist zu Recht darauf, daß mit den dabei entstehenden Doppel- und Mehrfachbildern nicht das Urbild und die Wahrheit gesucht werden, sondern daß das Ziel die Glanzerhöhung ist.[17] Auch Farben werden dabei kräftiger oder entstehen erst recht bzw. werden auf farblose Gegenstände nur übertragen:

> Nimmt man eine Tafel grünen Glases von einiger Stärke und läßt darin die Fensterstäbe sich spiegeln, so wird man sie doppelt sehen, und zwar wird das Bild, das von der unteren Fläche des Glases kommt, grün sein, das Bild hingegen, das sich von der obern Fläche herleitet und eigentlich farblos sein sollte, wird purpurfarben erscheinen.
>
> An einem Gefäß, dessen Boden spiegelartig ist, welches man mit Wasser füllen kann, läßt sich der Versuch sehr artig anstellen, indem man bei reinem Wasser erst die farblosen Bilder zeigen und durch Färbung desselben sodann die farbigen Bilder produzieren kann.[18]

Farbige Spiegel und farbiges Wasser ›produzieren‹ also farbige Bilder, Verdopplungen, Illusionen. Farblosigkeit wird in Farbe überführt. Die Lebendigkeit dieser Prozesse beruht auf täuschenden Experimenten und Manipulationen mit Farben und Spiegeln.

Nicht nur die Welt, sondern auch die Bilder von der Welt können für Goethe pathogen sein – eine Beobachtung, die in der Forschung ignoriert wurde. So bezeichnet der Autor in der »Farbenlehre« Bilder als »uns vorschwebende Gespenster«.[19] Bei Augenkrankheiten verweilen die Bilder länger auf der Retina, sie müssen aber in der Regel abgetragen werden, müssen »abklingen«,[20] damit sich das Auge wiederherstellen kann.[21] Diese Pathogenität, die eine Traumatisierung des Auges hervorruft, wird aber durch die Kolorierung und durch die ästhetische Multiplikation der Bilder aufgewertet und entschärft. Dies ist ein Versuch, die Dignität des Subjekts zu restaurieren, ein Versuch, Verlusterfahrungen infolge der anbrechenden Moderne zu reparieren, eine Traumabewältigung. Gerichtet ist sie gegen die Technisierung und Entzauberung der Welt. Bezweckt wird eine Reemotionalisierung und Repoetisierung der Welt, daher auch das Symbol des Herzspiegels, auf das Karl Richter verweist.[22] Nicht zufällig

---

[17] Peez: *Die Macht der Spiegel* (wie Anm. 4), S. 127.

[18] Johann Wolfgang von Goethe: »Zur Farbenlehre« (wie Anm. 10), Zweite Abteilung, S. 358.

[19] Goethe: »Zur Farbenlehre« (wie Anm. 10), Erste Abteilung, S. 337.

[20] Ebd., S. 344.

[21] Ebd., S. 338, 343, 344.

[22] Vgl. Richter: »Wiederholte Spiegelungen« (wie Anm. 11), S. 121.

nennt Goethe Gedichte »gemalte Fensterscheiben«. Die Verwandtschaft zwischen Fensterscheiben und Spiegeln wiederum kommt im folgenden Paragraph der »Farbenlehre« zum Vorschein:

> Fensterscheiben durch die Stellen, an welchen sie blind geworden sind, werfen einen gelben Schein auf die Gegenstände, und eben diese Stellen sehen blau aus, wenn wir durch sie nach einem dunklen Gegenstande blicken.[23]

Diese Emotionalisierung und Poetisierung sind aber mit Vorsicht zu genießen. Die »vielfältigen Perspektivierungen und Facettierungen«[24] sind ein Niederschlag der wachsenden Komplexität der Welt, aber auch eine Verzichtserklärung, sich mit dieser Komplexität umfassend und kritisch auseinanderzusetzen. Wiederholung und bloße Variation sind hier dominante Verfahren der ausschließlich ästhetischen Auseinandersetzung mit beunruhigenden Erfahrungen,[25] mit denen letztendlich diese Facetten wieder gebündelt und zentralisiert werden. Sie dienen aber nicht der Korrektur und Verbesserung, sondern nur der Verschleierung und Mystifizierung – daher auch die Verwandtschaft zwischen Kirche und Poesie in »Gedichte sind gemalte Fensterscheiben«. Sie überdecken die Frustration und die Entsagung durch die Verkehrung ins Gegenteil und veredeln den Appell zur Entsagung und zur Beschränkung. Karl Richter dagegen lobt in seinem Aufsatz die »Weite und Freiheit« des Alterswerks Goethes.[26] In Wirklichkeit verdecken Spiegel und Farben in der »Farbenlehre« den ihnen zugrundeliegenden Schatten. Nicht Weite und Freiheit, sondern Geschlossenheit und Enge sind das Resultat und sogar das Ziel, durch die Spiegelung soll aber der Eindruck von Schönheit, Vollkommenheit und Harmonie, eines ›mundus optimus‹ vermittelt werden. Deutlich erkennbar ist diese Tendenz im obigen Zitat, in dem die Aufmerksamkeit nur auf die blinden Seiten der Fensterscheiben gelenkt wird und nicht auf diejenigen, welche den Blick nicht versperren. Dazu gehört auch das »angerauchte Glas«.[27] Goethe ist sowohl helles Licht (die Sonne) als auch die völlige Dunkelheit unerträglich, weshalb er immer auf ihrer Mischung besteht, die er in Farbe taucht.[28] Das nüchterne Grau, das aus dieser Mischung

---

[23] Goethe: »Zur Farbenlehre« (wie Anm. 10), Zweite Abteilung, S. 366.

[24] Richter: »Wiederholte Spiegelungen« (wie Anm. 11), S. 126.

[25] Ebd., S. 128. Erik Peez verweist in *Die Macht der Spiegel* (wie Anm. 4, S. 126) auf die »ästhetisch legitimierte Distanz, mit der Goethe seine Vergangenheit sich vom Leibe zu halten versucht.«

[26] Richter: »Wiederholte Spiegelungen« (wie Anm. 11), S. 130.

[27] Goethe: »Zur Farbenlehre« (wie Anm. 10), Zweite Abteilung, S. 366.

[28] Vgl. etwa ebd., S. 370.

entsteht, ist dem Poet jedoch auch unerträglich, und er beeilt sich, es in Farbe umzuwandeln: »Durchaus aber entsteht die Farbe augenblicklich und mit der größten Leichtigkeit.«[29] Zudem wird postuliert, daß das Auge der Farbe bedarf.[30]

Wichtig im Kontext der vorliegenden Untersuchung ist, daß Goethe die Farben in »Farben von der Plusseite« (gelb, rotgelb, gelbrot), d. h. optimistisch stimmende Farben,[31] die »das Gemüt erheitern«,[32] und »Farben von der Minusseite« – blau, rotblau und blaurot, die den Menschen »unruhig stimmen«,[33] unterteilt. Auch wenn die blaue Farbe Räume »weit« erscheinen läßt, wobei »Weite« mit Traurigkeit und Pessimismus korreliert wird, schränkt Goethe ihre Wirkung ein und verweist darauf, daß sie auch »am Plus partizipieren« kann, die blaue Farbe hiermit ins Optimistische drehend.[34] Das Gleichgewicht beider Seiten, z. B. der Farben Gelb und Blau, sieht er als optimal für unsere Ruhe und Harmonie an.[35] Somit ist das Negative wieder ins optimistisch-harmonische Bild der »Farbentotalität« integriert und aufgehoben. Erst eine solche Totalität bedeutet für Goethe Freiheit.[36] Freiheit ist für Goethe also keine Weite, keine Entgrenzung, sondern eine klar abgesteckte, von uns selbst gewollte und produzierte Totalität – ein idyllisches Konzept. »Das Trübe« (halbdurchsichtiges Medium wie der Opal oder wie das angeräucherte Glas) ist das Medium der Idylle. Das Trübe dämpft das starke Licht, »so daß seine ursprüngliche Kraft zwar immer aufgehalten wird, jedoch aber immer fortwirkt [...]«.[37] Spiegelung ergibt sich im Umkreis des Trüben, wenn »ein Finsteres dem Trüben »Grenze setzt«, so daß das Licht »nicht fortzuschreiten vermag«, sondern »als ein Abglanz zurückkehrt [...]«.[38] Dann entsteht die traurige Farbe »blau«.

Insofern sind Goethes »wiederholte Spiegelungen« auch ein Versuch, die einfache Spiegelung, den oben genannten »Abglanz«, mit dem ihm aneignenden pessimistischen Charakter zu kompensieren.[39] Goethe er-

---

[29] Ebd., S. 372.
[30] Ebd., Fünfte Abteilung, S. 394.
[31] Ebd., Sechste Abteilung, S. 396.
[32] Ebd., S. 397.
[33] Ebd., S. 399.
[34] Ebd., S. 400.
[35] Ebd., S. 404.
[36] Ebd., S. 406.
[37] Ebd., S. 441.
[38] Ebd.
[39] Vgl. auch ebd., S. 474 u. 485.

setzt das Newtonsche Prisma, das die Natur auf die Folter spannt, durch die Kombination aus Spiegelscheiben.[40] Der Spiegel selbst als Material wird aber nicht geschätzt bzw. ohne weiteres »auf die Folter gespannt«: vergleiche etwa Goethes Experiment, bei dem eine Spiegelscheibe zerschnitten, durchglüht und wieder verkühlt wird: »Was davon bei dieser Behandlung nicht zerspringt, ist nur fähig, entoptische Farben hervorzubringen.«[41] Charakteristisch für die entoptischen Erscheinungen ist, daß sie »von Spiegel zu Spiegel nicht etwa verbleichen, sondern sich erst recht entzünden […]«.[42]

Das Gedicht »Entoptische Farben« (1817) präsentiert Goethes Vorstellung von »wiederholter Spiegelung« in besonders prägnanter, faszinierender, aber auch enigmatischer Form.[43] Als entoptisches Medium dient hier ein Kristall – die Erde. Durch die »auserlesene«[44] Stellung der Spiegel zeigt das Erdkristall die »allerschönsten Farbenspiele«.[45] Großer Formenreichtum – Kreuze und Pfauenaugen – erscheint als »wundersame Spiegelungen«,[46] dieser Formenreichtum entschädigt den Betrachter für »das Dämmerlicht«,[47] das die beiden Spiegel produzieren.[48] Goethe appelliert angesichts dieses faszinierenden Anblicks dazu, den »Makrokosmos« mit seinen »gespenstischen Gestalten« zu vergessen und sich den »lieben kleinen Welten« zuzuwenden, die »wirklich Herrlichstes enthalten«.[49] Das ist aber keine »Erweiterung vom Objektiven ins Subjektive« wie Karl Richter in Anlehnung an Dorothea Hölscher-Lohmeyer behauptet,[50] sondern ein Rückzug ins Subjektive. Die Welt wird auf den Menschen komprimiert. Diese Idyllisierung und Selbstbeschränkung auf die »kleine innere Welt« erscheint auch im *West-östlichen Divan*,[51] sogar mit einer ähnlichen syntaktischen Struktur:

---

[40] Vgl. ebd., S. 488.
[41] Ebd., S. 498.
[42] Goethe: »Wiederholte Spiegelungen« (wie Anm. 11), S. 323.
[43] Das Gedicht ist Julie von Egloffstein gewidmet. Auch von Goethe wurde in seinem Tagebuch das Gedicht als ›Rätsel‹ bezeichnet. Vgl. Hölscher-Lohmeyer: »›Entoptische Farben‹ – Gedicht zwischen Biographie und Experiment« (wie Anm. 11), S. 61.
[44] Goethe: »Zur Farbenlehre« (wie Anm. 10), S. 500.
[45] Ebd.
[46] Ebd.
[47] Ebd.
[48] Vgl. dazu Schöne: *Goethes Farbentheologie* (wie Anm. 11), S. 220.
[49] Goethe: »Zur Farbenlehre« (wie Anm. 10), S. 500.
[50] Zit. nach Richter: »Wiederholte Spiegelungen« (wie Anm. 11), S. 128.
[51] Ebd., S. 121.

> Laß den Weltenspiegel Alexandern:
> Denn was zeigt er? Da und dort
> Stille Völker, die er, mit den andern,
> Zwingend rütteln möchte fort und fort.
>
> Du! Nicht weiter, nicht zu Fremdem strebe!
> Singe mir, die du dir eigen singst.
> Denke daß ich liebe, daß ich lebe,
> Denke daß du mich bezwangst.[52]

Das kleine idyllische Glück wird dem »Weltenspiegel« Alexanders gegenübergestellt. Die ästhetische Faszination, der Formenreichtum, die angebliche Vielfalt fördern die Idyllisierung und die Abwendung von der großen Welt. Zudem werden diese Spiegelungen als die »Offenbarung eines geheimen Sinns« vorgestellt, wie Goethe selbst bekennt.[53] Durch diese theologische Komponente steigt die Suggestivkraft der Aussagen immens. »Die Poetik vielfältiger Perspektivierungen und Facettierungen«[54] erweist sich als ein poetisch-suggestiver Appell zur Beschränkung und Entsagung. Karl Richter nennt zwar die Entsagung, ›kompensiert‹ und verdeckt aber diese Beobachtung gleich wieder durch den Hinweis auf diejenigen Werke Goethes, die das Streben und nicht die Entsagung in den Mittelpunkt stellen, z. B. *Faust*.[55] Der Rückzug in den beschaulichen Mikrokosmos gestattet die Weiterführung des Optimismus. Daß sich diese Ansichten auf ein naturwissenschaftliches, physikalisches Paradigma stützen, erhöht auch ihre Wirkungskraft. Während Goethe gegen Newtons »Hokuspokus« polemisiert,[56] erschafft er selbst also einen Spiegelzauber. Nicht »Provokation«,[57] sondern umfassendste Affirmation geht von diesen Bildkonglomeraten aus – eine, die mit ihrem Aufruf zum kleinen Glück und zur Selbstbeschränkung die Vorstellung von der Vollkommenheit der existierenden Welt besiegelt.

---

[52] Zit. nach Richter: »Wiederholte Spiegelungen« (wie Anm. 11), S. 121.

[53] Vgl. ebd., S. 123f.

[54] Ebd., S. 126.

[55] Ebd., S. 127.

[56] Vgl. etwa Johann Wolfgang von Goethe: *Zur Farbenlehre*, hg. v. Peter Schmidt. München 1989 (Sämtliche Werke nach Epochen seines Schaffens. Münchner Ausgabe, Bd. 10), S. 803.

[57] Vgl. Richter: »Wiederholte Spiegelungen« (wie Anm. 11), S. 130.

III. Spiegel im Grand Hotel »Abgrund«[58]

Spiegel und Spiegelung sind auch für Schopenhauer mit den damit ver-
bundenen Momenten der Gegenüberstellung, Wiederholung und Poten-
zierung Instrumente, Bausteine und Formen der weltanschaulichen Kon-
struktion. Schopenhauers ›Farbenlehre‹ – »Über das Sehn und die
Farben« – ist eine Reprise und Weiterentwicklung der Goetheschen Far-
benlehre, die jedoch auch deutliche Abweichungen von Goethe enthält.
So wird das schon bei Goethe prekäre Gleichgewicht[59] aufgegeben zu-
gunsten der negativen Charakteristika. Die von Goethe u. a. auch mit dem
Spiegelkonstrukt aufgebaute und aufrechterhaltene Dynamik wird sus-
pendiert und durch ein statisches Weltbild ersetzt, in dem der Spiegel eine
neue Rolle bekommt.

Schopenhauer gibt in seiner ›Farbenlehre‹ eine klare Definition des
Spiegels: »Körper, welche unter Einwirkung des Lichtes auf sie ganz wie
das Licht selbst auf das Auge zurückwirken, sind glänzend oder Spie-
gel«.[60] Somit parallelisiert Schopenhauer den Spiegel mit dem Licht und
setzt beide, anders als Goethe, der das Licht mit dem Auge verknüpft,
dem Auge entgegen. In »Über das Sehn und die Farben« eliminiert Scho-
penhauer gleich nach dieser Definition jedoch den Spiegel aus seiner Un-
tersuchung: »Vom Glanze wird in der ganzen Betrachtung als etwas ihren
Gegenstand nicht Angehendem abgesehn«.[61] Unter Ausschluß des Glan-
zes benennt der Autor anschließend die zwei Pole seiner Farbenlehre –
die Farbe Weiß, die das Licht mildert, und die Farbe Schwarz, die auf das
Auge gar nicht zurückwirkt.[62] »Weiß« bedeutet »volle Tätigkeit« der Re-
tina, »Schwarz« und »Finsternis« dagegen ihre »Untätigkeit.«[63] Beide
also – sowohl Goethe als auch Schopenhauer – scheuen das volle Licht.
Nur erklärt es Goethe in seiner Scheu für sakrosankt, während Schopen-
hauer die Aggressivität des Lichtes nicht leugnet. Beide Forscher ziehen
sich zurück, wenden sich aus diesem Grund den Farben zu und konstruie-

---

[58] So bezeichnet Georg Lukács Schopenhauers Philosophie. Vgl. Georg Lukács: *Die
Zerstörung der Vernunft*. Neuwied 1962, S. 219.

[59] Vgl. etwa Goethes stark metaphorisch gefärbtes Gesetz der Systole/Diastole, das er
in allen Erscheinungen entdeckt und mit dem er das Gleichgewicht stützt.

[60] Arthur Schopenhauer: »Über das Sehn und die Farben«, in: ders.: *Sämtliche Werke*,
hg. v. Wolfgang von Löhneysen. Bd. III: *Kleinere Schriften*. Darmstadt 2004,
S. 221.

[61] Ebd.

[62] Ebd.

[63] Ebd., S. 222.

ren nur innerhalb des Farbspektrums eine Pessimismus-Optimismus-Skala. Goethe eliminiert zwar wie Schopenhauer den Glanz, aber nicht den Abglanz und macht letzteren zu einem wichtigen Teil seiner ›wiederholten Spiegelungen‹.

Schopenhauer behält den Spiegel und die Spiegelung jedoch trotzdem als Metaphern bei, welche er allerdings vom Glanz loslöst. Seine Betrachtung des Spiegels ist hochambivalent. Er verbindet das Spiegelmotiv in Übereinstimmung mit der Tradition mit dem Erkenntnisproblem, instrumentalisiert es aber zum Nachweis der unmöglichen Selbsterkenntnis im Rahmen einer stark erkenntnispessimistischen Position: »Warum trotz allen Spiegeln weiß man eigentlich nicht, wie man aussieht, und kann daher nicht die eigene Person wie die jedes Bekannten der Phantasie vergegenwärtigen? Eine Schwierigkeit, die dem Γνωθι σαυτόν [Erkenne dich selbst] schon beim ersten Schritte entgegensteht«.[64] Außerdem amalgamiert er Spiegel und Egoismus, worin die pessimistische Betrachtungsweise des Autors deutlich wird:

> Statt dessen nämlich flüstert beim Anblicke der eigenen Person im Spiegel eben jener Egoismus uns allezeit ein vorkehrendes ›Es ist kein Nicht-Ich, sondern Ich‹ zu, welches als ein ›Noli me tangere‹ wirkt und die rein objektive Auffassung verhindert [...].[65]

Insgesamt kommt es bei Schopenhauer zu einer Negativierung des Spiegels – er ist kein Fokus des Lichts und Gottes oder ihrer Strahlen, sondern ein Instrument des Willens und des Egoismus.

Die Spiegelmetapher wird auch mit dem Gehirn als Produkt des Willens in Beziehung gesetzt.[66] Die dem Hirn immanente Sensibilität »muß zuvörderst alle Strahlen ihrer Tätigkeit zusammenbringen, sie gleichsam in einen Brennpunkt konzentrieren, der jedoch nicht wie bei Hohlspiegeln nach außen, sondern wie bei Konvexspiegeln nach innen fällt [...]«.[67] So wird sich der Wille »seiner selbst bewußt«. Ähnlich wie bei Goethe han-

---

[64] Arthur Schopenhauer in § 331 der »Psychologischen Bemerkungen«, in: ders.: *Sämtliche Werke* (wie Anm. 60), Bd. V: *Parerga und Paralipomena. Kleine philosophische Schriften II.* Darmstadt 2004, S. 696. Vgl. dazu auch Peez: *Die Macht der Spiegel* (wie Anm. 4), S. 38. Peez' Ausführungen zu Schopenhauer sind leider äußerst kursorisch. Er behandelt Schopenhauer und Heinse nacheinander innerhalb eines kurzen Kapitels.

[65] Arthur Schopenhauer in § 331 der »Psychologischen Bemerkungen« (wie Anm. 64), S. 697.

[66] Arthur Schopenhauer: *Sämtliche Werke* (wie Anm. 60), Bd. II: *Die Welt als Wille und Vorstellung*, S. 359.

[67] Ebd.

delt es sich dabei um eine Fokussierung ins Innere, aber anders als bei Goethe, bei dem lebendige Dynamik und Farbenpracht entstehen, ist für Schopenhauer dieser Fokus nach innen lediglich »der kalte und anteilslose Zuschauer, der bloße Lenker und Berater des Willens«,[68] er ist »einfach« und »ein bloßer Zustand«.[69] Schopenhauer modifiziert stark Goethes ›wiederholte Spiegelungen‹, um die Beziehung zwischen Willen, Organismus und dem Ich zu illustrieren:

> Dieses erkennende und bewußte Ich verhält sich zum Willen, welcher die Basis der Erscheinung desselben ist, wie das Bild im Fokus des Hohlspiegels zu diesem Selbst und hat wie jenes nur eine bedingte, ja eigentlich bloß scheinbare Realität. Weit entfernt, das schlechthin Erste zu sein (wie z. B. Fichte lehrte), ist es im Grunde tertiär, indem es den Organismus voraussetzt, dieser aber den Willen.[70]

Der Spiegel wird also zum Aufbau neuer Hierarchien eingesetzt, aber auch zur Zerstörung der optimistischen Vorstellung vom Primat des Ichs und der Erkenntnis. Anders als Goethe konzediert Schopenhauer durchaus die Scheinexistenz der Bilder im Spiegel, während Goethe diesen Schein hochschaukelt. Das Ich ist nur ein Bild und das Bild nur Schein. Schopenhauer erklärt sich gegen »falschen Schimmer«, gegen »Prunk und Glanz« und jedes »Blendwerk«[71] – lauter Attribute der Welt als Erscheinung. Bildermultiplikation ist bei Schopenhauer auch verwerflich und wird im negativen Sinne verwendet, beispielsweise um das ›principium individuationis‹ abzuwerten: Erscheinungen haben »keine Spur von individuellem Charakter«, sondern sind nur »wie ein Bild durch die Facetten eines Glases vervielfältigt [durch Zeit und Raum]«.[72]

Schopenhauer zerbricht trotz seines Pessimismus den Spiegel nicht wie die Romantiker,[73] da der Spiegel bei ihm an den unbesiegbaren, unbezwingbaren Willen gebunden ist. Der intakt bleibende Spiegel ist ein Beweis für die Unzerstörbarkeit des Willens, während zerbrechende Spiegel in der Tradition den Bruch der Seele repräsentieren.[74] Der Spiegel wird auf diese Weise bei Schopenhauer zum Symbol der Abhängigkeit vom Willen und zum Vehikel des abgrundtiefen Pessimismus und Fatalismus.

---

[68] Ebd.
[69] Ebd., S. 360.
[70] Ebd.
[71] Ebd., S. 446.
[72] Schopenhauer: *Die Welt als Wille und Vorstellung* (wie Anm. 66), Bd. I, S. 222.
[73] Vgl. dazu Peez: *Die Macht der Spiegel* (wie Anm. 4), S. 59.
[74] Ebd., S. 56.

Aber auch der Pessimist Schopenhauer stellt einen Ausweg aus dem Gefängnis der Welt, ein metaphysisches Refugium, zur Verfügung. Interessanterweise spielt bei dieser Umorientierung Spiegelung auch eine große Rolle, wobei der Spiegel auf eine neue Ebene transponiert wird und die Duplizität des Spiegels ersichtlich wird. Wie oben gezeigt wurde, wurden das Spiel der Bilder und der Spiegelzauber anders als bei Goethe auf den Ebenen der ›Welt als Vorstellung‹ und der ›Welt als Wille‹ auf negativ konnotierte Erscheinungen bezogen. Ähnlich wie bei Goethe wird eine der Funktionen der Spiegelmetapher bei Schopenhauer jetzt werden, mit ihrem Lockpotential die Idyllisierung und den ›Optimismus der Weltflucht‹ zu befördern. Diese Möglichkeit existiert allerdings nur für das »besondere Bewußtsein«, welches es schaffen kann, sich »der Dienstbarkeit« des Willens zu entziehen und »ihr Joch«[75] abzuwerfen – sehr optimistische Vorstellungen und Formulierungen, die sogar an den Erzoptimisten Hegel erinnern![76] Die Erkenntnis dieser Individuen existiert dann »rein für sich« und »als bloßer, klarer Spiegel der Welt, woraus die Kunst hervorgeht.«[77] Auch im 3. Buch der *Welt als Wille und Vorstellung* erklärt der Autor: eine Befreiung vom Willen ist nur möglich, wenn man sich in den Gegenständen »verliert«, wenn man »seinen Willen« vergißt und »nur noch als reines Subjekt, als klarer Spiegel des Objekts bestehen bleibt«,[78] wenn Anschauender und Anschauung eins werden. Einen solchen Spiegel verbindet Schopenhauer mit der Idee, und das Individuum ist hier zum »reinen, willenlosen, schmerzlosen, zeitlosen Subjekt der Erkenntnis« geworden.[79] Nicht Vielfalt und Mannigfaltigkeit wie bei Goethe begleiten diese Erlösungsvorstellung, sondern die Verschmelzung zwischen Subjekt und Objekt. Beide aber – das Subjekt und das angeschaute Objekt – müssen zum Zwecke dieser Vereinigung ihre sonstigen Relationen – z. B. zum Willen oder zur Welt – aufgeben. Der Spiegel ist das Symbol der Vereinigung von Subjekt und Objekt, ein hochgradig synthetisches Bild, das die Erlösung in Aussicht stellt. Der Spiegel steht für das anschauende, dem Willen entronnene Bewußtsein, das »von einem einzigen anschaulichen Bilde gänzlich gefüllt und eingenommen

---

[75] Schopenhauer: *Die Welt als Wille und Vorstellung* (wie Anm. 66), S. 225.
[76] Vgl. Georg Wilhelm Friedrich Hegel: *Vorlesungen über die Ästhetik*, hg. v. Eva Moldenhauer. Bd. III. Frankfurt a. M. 1970 (Werke 15), S. 335: »[…] wenn der Dichter mit freiem Geist solch ein Joch abwirft […]«.
[77] Schopenhauer: *Die Welt als Wille und Vorstellung* (wie Anm. 66), S. 225.
[78] Ebd., S. 257.
[79] Ebd. Der »reine Spiegel« der Seele kommt auch bei Angelus Silesius vor, vgl. dazu Peez: *Die Macht der Spiegel* (wie Anm. 4), S. 13.

ist«.[80] Wie bei Goethe zeichnet sich also der Spiegel in dieser zweiten, metaphysischen Version sowohl durch die Anschauung und Kontemplation als auch durch den Rückzug aus der Welt aus. Anders als bei Goethe ist Schopenhauers Erlösungsspiegel ein klarer, farbloser und unbewegter Spiegel, der ein einziges Bild enthält. Auf dieser Stufe gelangt das Individuum durch Versenkung im Objekt und Kontemplation zur Erkenntnis der Idee. Darin tritt wieder ein sehr eklatanter Optimismus zutage.

IV. Nestroy

4.1 Der Spiegel, das Auge, das Sehen

Der Hypertrophie des Spiegelmotivs in der vorherigen literarischen Tradition steht der sehr sparsame Umgang mit Spiegel und Spiegelung bei Nestroy deutlich entgegen.

Der Spiegel wird bei Nestroy – sogar im Vergleich zu den naturwissenschaftlichen Schriften Goethes und Schopenhauers – weiter materialisiert und entzaubert. Er erscheint nicht als ideelles oder symbolisches Konstrukt wie bei ihnen, sondern als Gegenstand, und damit kann man Nestroy ein viel »gegenständlicheres Denken« attestieren als Goethe, der stolz auf diese von Heinroth gelobte Leistung war.[81] Es geht dabei auch nicht um das Auge und nicht um das Licht wie bei Goethe. Für Goethe ist das Licht heilig, es darf nicht gebrochen werden, es darf auch nicht durch »kleine Öffnungen, durch winzige Spalten« »beschränkt«[82] und »verzwickt«[83] werden, wie dies Newton tut. Bekannt ist Goethes Zitat Plotins, daß das Auge »sonnenhaft« ist,[84] womit er nicht nur »die Würde« des Auges[85] und des Subjekts steigert, sondern auch eine Korrespondenzbeziehung zwischen Welt und Auge etabliert, welche eine Panharmonie fundiert. Bei Goethe sind die Farben und Bilder im Falle der »physiologischen Farben« sogar Produkte des Auges und nicht objektiv vorhanden,

---

[80] Schopenhauer: *Die Welt als Wille und Vorstellung* (wie Anm. 66), S. 257.

[81] Vgl. dazu Johann Wolfgang von Goethe: »Bedeutende Fördernis durch ein einziges geistreiches Wort«, in: ders.: *Ausgewählte Schriften über die Natur* (wie Anm. 10), S. 40–44, hier bes. S. 40.

[82] Goethe: »Zur Farbenlehre« (wie Anm. 10), Polemischer Teil, S. 305.

[83] Ebd., S. 299.

[84] Ebd., Didaktischer Teil, S. 325: »Wär nicht das Auge sonnenhaft / Wie könnten wir das Licht erblicken?«

[85] Ebd., Polemischer Teil, S. 305.

sie gehören dem Subjekt an.[86] Bei Nestroy geht es nur um den Gegen-
stand, der gesehen wird, und um die Konsequenzen des Sehens. Meist ist
der Spiegel ein funktionales Instrument, das diese Sicht ermöglicht, aber
sehr oft wird dieses Instrument auch zum banalen Zubehör degradiert, das
von allen ideellen und symbolischen Momenten rigoros entkleidet wird.
»Haushohe Spiegel« gibt es nun nur in der Phantasie der Figuren wie bei
Emilie in *Die beiden Nachtwandler.*[87] Repräsentative Wandspiegel kom-
men selten vor. So würde man in *Zu ebener Erde und erster Stock* in der
luxuriösen Wohnung von Herrn von Goldfuchs im ersten Stock auch
Spiegel erwarten, dies ist aber nicht der Fall. Die Welt spiegelt sich
(wenn überhaupt) also in bedeutungslosen kleinen Spiegeln – in der Re-
gel sind es Toilettenspiegel –, sie ist damit zu unbedeutenden Maßen ge-
schrumpft. Die Wendung zum Toilettenspiegel signalisiert nicht nur den
Zusammenbruch der Grandiosität der Welt-Subjekt-Konstruktion, son-
dern auch durch die Abkehr vom öffentlich benutzten Spiegel die Wen-
dung ins Individuell-Individualistische, die sich zu Beginn des 19. Jahr-
hunderts klar abzeichnet und die auch Goethe und Schopenhauer als
bedrohlich empfinden und in ihren Werken zu bewältigen suchen. Soweit
hier noch ›öffentliche Spiegel‹ vorkommen, findet man sie in bedeutungs-
losen Räumen, denen die Entfremdung zwischen den Menschen ihren
Stempel aufgedrückt hat.

Der Blick in den Spiegel erfolgt bei Nestroy entweder zufällig oder aus
Verlegenheit wie in *Der Talisman*,[88] flüchtig und oberflächlich oder dient
einer sorgfältigen, kühlen Prüfung, häufig aber auch einer affektierten,
allerdings nur auf das Eigenbild und auf die bloße Erscheinung fixierten
Selbstbetrachtung.[89] Ein kontemplatives ›Anschauen‹ wie bei Goethe, ein
Aufgehen im Spiegel bzw. im Spiegelbild, bei dem ein Zusammenhang
mit der Welt hergestellt wird, kommen nicht mehr vor. Charakteristisch
sind aber Staunen und Überraschung.[90] Der Spiegel offenbart häufig Un-

---

[86] Vgl. vor allem die Ausführungen über die physiologischen Farben; ebd., Didakti-
scher Teil, S. 331–358.

[87] Johann Nestroy: *Komödien*, Ausgabe in sechs Bänden, hg. v. Franz H. Mautner.
Frankfurt a. M. 1979, Bd. 2, S. 162.

[88] Nestroy: *Komödien* (wie Anm. 87), Bd. 3, S. 316.

[89] Z. B. bei Herrn von Froh in *Das Haus der Temperamente.* (Nestroy: *Komödien* [wie
Anm. 87], S. 12). In *Judith und Holofernes* wird die narzißtische Überhöhung durch
die Abschaffung des Spiegels ad absurdum geführt. Vgl. Johann Nestroy: *Komödien*
(wie Anm. 87), Bd. 5, S. 242: »Ich hab' die Spiegeln abgeschafft, weil sie die Frech-
heit haben, mein Gesicht, was einzig in seiner Art ist, zu verdoppeln.«

[90] Vgl. etwa *Der Talisman*; Nestroy: *Komödien* (wie Anm. 87), S. 316.

erwartetes, das sich hinter dem Rücken des Blickenden abspielt und das sich im Spiegel zeigt. Außerdem sind Spiegel immer schnell und wie zufällig zur Hand, sie werden nie extra und aufwendig eingeführt, nie extra und lange gesucht und sie verschwinden genauso schnell aus dem Blickfeld. Kurzum, dem Spiegel wird die metaphysische Dimension radikal entzogen. ›Die Welt‹, mit der er verbunden wird, ist die Welt der Gegenstände und Erscheinungen.

Genannt werden die Spiegel meist mit dem unbestimmten Artikel (vgl. in *Die Papiere des Teufels*: »in einem Spiegel sich besehend«[91]) oder mit Pronomen, welche die Funktion eines Artikels übernehmen (vgl. in *Unverhofft*: »aus jedem Spiegel«[92]). Nicht selten sind Spiegel anderen Möbelstücken beigestellt – z. B. einem Tisch wie in *Die Familien Zwirn, Knieriem und Leim oder Der Welt-Untergangs-Tag* –[93] haben also keine selbständige Existenz. Wie zu zeigen sein wird, kommen sie trotzdem an wichtigen Handlungspunkten zum Vorschein. Auf analoge Art und Weise werden Spiegel mit anderen bedeutungslosen Gegenständen zusammen genannt wie dem Kölnischwasser in *Der böse Geist Lumpazivagabundus*[94] oder neben Haube, Umhängetuch und Bündel in *Heimliches Geld, heimliche Liebe*.[95] Wenn überhaupt, dann wird noch die Position des Spiegels im Raum bestimmt,[96] wobei diese Position dauernd wechselt und unvorhersehbar ist.[97]

Beschreibungen von Spiegeln oder Adjektive (außer »haushohe Spiegel« in *Die beiden Nachtwandler*[98]) kommen kaum vor,[99] auf die Spiegel wird in der Regel nur in kurzen Regieanweisungen verwiesen.[100] Dadurch, daß Spiegel fast nie in der Figurenrede vorkommen, wird ihre Entkopplung vom Menschen deutlich. Damit hören Spiegel auf, als Verbindung zwischen Welt und Subjekt, als homogenisierendes Mittel zu figurieren. Wenn sie in der Figurenrede vorkommen, dann werden aber die Protagonisten damit meist lächerlich gemacht – Emilie mit ihren

---

[91]   Johann Nestroy: *Gesammelte Werke*, hg. v. Otto Rommel. Wien 1962, Bd. 4, S. 73.

[92]   Ebd., S. 490.

[93]   Nestroy: *Gesammelte Werke* (wie Anm. 91), Bd. 2, S. 247.

[94]   Nestroy: *Komödien* (wie Anm. 87), Bd. 1, S. 210.

[95]   Nestroy: *Gesammelte Werke* (wie Anm. 91), Bd. 6, S. 129.

[96]   Vgl. etwa *Der Talisman*; Nestroy: *Komödien* (wie Anm. 87), S. 314.

[97]   Vgl. ebd., auf S. 314 links u. auf S. 316 rechts.

[98]   Vgl. Nestroy: *Komödien* (wie Anm. 87), Bd. 2, S. 162.

[99]   Eine Ausnahme findet sich in *Heimliches Geld, heimliche Liebe*; Nestroy: *Gesammelte Werke* (wie Anm. 91), Bd. 6, S. 129: »ordinärer Spiegel«.

[100]   Außer in *Unverhofft* – hier in der Figurenrede.

Träumen von »haushohen Spiegeln« und Zwirn mit seinem Lotto-traum.[101] Wenn nähere Bestimmungen vorkommen, dann sind es nur Ad-verbien, die den Blick in den Spiegel charakterisieren, wie in *Die Familie Zwirn, Knieriem und Leim oder Der Welt-Untergangs-Tag*: »kokett in den Spiegel sehend«,[102] womit die Prozessualität hervorgehoben wird (anders als bei Schopenhauer, bei dem »der Zustand« vorherrscht). Ad-jektive kommen aber bei der Beschreibung der Person, die sich im Spie-gel besieht, durchaus vor: »alteriert«, »echauffiert«, »angegriffen«.[103] Rekurrent ist die Reflexivform der Verben beim Blick in den Spiegel, was nicht nur auf die Selbstreflexion und die diagnostische Funktion des Spiegels, sondern auch auf den Bruch des Individuums mit dem ›Allzu-sammenhang‹ hindeutet.

Auch das Auge verliert die Verbindung zur Seele, welche ihrerseits nun als »Seelenfutteral« vorkommt,[104] und wird sachlich-neutral und nüch-tern, während es bei Goethe noch »lebendig«[105] ist – so zeichnet sich in Goethes »Farbenlehre« die Retina durch »Regsamkeit« wie bei der Systo-le und Diastole aus.[106] Damit trägt das Auge bei Goethe noch den Rhyth-mus des Lebens in sich und ist ein Teil der universellen Harmonie. Das Auge richtet sich bei Nestroy nicht mehr nach innen, sondern nur auf die empirische Welt und/oder auf das im Spiegel entäußerte Selbst des Blik-kenden, welche dieser Blickende mustert oder analytisch durchleuchtet.

4.2 Zwischen Panharmonie und Schrecken

Angesiedelt ist der Spiegel bei Nestroy im Spannungsfeld zwischen den Polen Panharmonie und Schrecken. Auffallend ist im Vergleich zu Goe-the und zur glanzerfüllten Spiegeltradition die Negativierung des Diskur-ses, der via Spiegel geführt wird. So sind Nestroysche Figuren durchaus in der Lage, durch den Blick in den Spiegel ihr »abscheuliches« Äußeres festzustellen wie Dominik in *Die Papiere des Teufels*.[107] Die Zerstörung der bisherigen Ordnung und Harmonie ist offensichtlich, Dominik ist »gar nicht zum Kennen«, auch von »Entstellung« ist die Rede.[108] Sogar das

---

[101] Nestroy: *Komödien* (wie Anm. 87), Bd. 1, S. 210.
[102] Nestroy: *Gesammelte Werke* (wie Anm. 91), Bd. 2, S. 247.
[103] Ebd., S. 268.
[104] Johann Nestroy: *Gesammelte Werke* (wie Anm. 91), Bd. 5, S. 439.
[105] Goethe: »Zur Farbenlehre« (wie Anm. 10), Didaktischer Teil, S. 340.
[106] Ebd., S. 341.
[107] Nestroy: *Gesammelte Werke* (wie Anm. 91), Bd. 4, S. 73.
[108] Ebd.

Selbstbild – und dieses wirkt keineswegs gottähnlich – kann befremdend sein. Dieses Selbstbild wird auch vergegenständlicht: Ledig in *Unverhofft* verbindet das Spiegelbild mit dem Scheidungsgrund und setzt beide gleich: »Wenn Sie betrogen werden und Aufklärung wollen, so schaut Ihnen der Grund, warum Sie betrogen werden, aus jedem Spiegel entgegen«.[109] Als besonders bedrohlich wird aber von Titus der Perückenraub erlebt, so daß der Blick in den Spiegel erschreckt, was dazu führt, daß Titus sogar vom Spiegel zurückprallt, da er sein wahres Gesicht darin entdeckt hat.[110]

Es ist nicht mehr das Vollkommene oder Erstrebenswerte, das im Spiegel erscheint[111] – keine Kaskaden von Bildern und Farben wie bei Goethe, und auch das ›Speculum sine macula‹, der klare, reine Spiegel, auf den sogar der Pessimist Schopenhauer seinen metaphysischen Optimismus gründet, ist obsolet geworden.

Interessant ist die Verknüpfung zwischen Stimme und Sehen in *Der Zerrissene* (3. Akt, 4. Szene). Das Sehen (auch wenn es flüchtig erfolgt) wird mit Gefahren verbunden, und der Spiegel enthüllt diese Gefahren. Besonders deutlich werden sie dadurch, daß sie im Präsens vorgetragen werden. Jetzt versagt dem Helden die Stimme, da er gesehen hat: Der Spiegel hat ihm die Gefahr offenbart. Anders als bei Schopenhauer aber, der das Furchtbare (des Willens, der Urgrund der Welt ist) sogar absichtlich fokussiert und potenziert und auf diese Weise die pessimistischen Konnotationen seines Systems verstärkt, kommt es bei Nestroy zu keiner Potenzierung der Gefahr durch die Spiegelung, erblickt man doch dort nur sich selbst oder die eigene Frau wie im obengenannten Beispiel aus dem *Zerrissenen*. Die Vergegenständlichung der Gefahr sowie ihre Domestizierung durch die Ansiedlung im häuslichen Bereich minimieren sie oder führen sie ad absurdum.

Außerdem werden Entstellungen durch die Angabe ihrer Ursache erklärt und damit ihrer Bedrohlichkeit enthoben und neutralisiert. So sieht sich Madame Leim in *Die Familien Zwirn, Knieriem und Leim oder Der Welt-Untergangs-Tag* als »ganz alteriert und echauffiert und angegriffen«,[112] wobei das Polysyndeton dieser Beobachtung eine besondere emotionale Kraft verleiht. Trotzdem zeigt die vorangehende Erzählung den Grund für diese Veränderung an: »Festgehalten hab' ich s' nicht

---

[109] Nestroy: *Gesammelte Werke* (wie Anm. 91), Bd. 4, S. 490.
[110] Nestroy: *Komödien* (wie Anm. 87), Bd. 3, S. 315.
[111] Vgl dazu Peez: *Die Macht der Spiegel* (wie Anm. 4), S. 20.
[112] Nestroy: *Gesammelte Werke* (wie Anm. 91), Bd. 2, S. 268.

mehr können, aber eine Ohrfeigen hab' ich ihr [Therese] noch appliziert [...]«.[113] Die Befriedigung über die Ohrfeige und den vollbrachten Racheakt sind für die Figur eine Kompensation und Erklärung für das »angegriffene« Aussehen. Die Handlung sowie die Bewußtwerdung der Ursache für das veränderte Aussehen haben den Pessimismus außer Kraft gesetzt.

In den obengenannten Stellen aus *Die Papiere des Teufels* und *Der Talisman* wird der negative bzw. erschütternde Befund ebenfalls rasch relativiert: Dominik weiß genau, daß er eine falsche Nase trägt, Titus greift in diesem von Tragik erfüllten Moment (»steh ich als Windlicht an der Totenbahr' meiner jungen Karriere«[114]) zur aktiven Handlung und stürzt hinaus, um den Schuldigen zu suchen.

Aber auch allzu positive Bilder und Selbstbilder werden kommentiert und korrigiert, etwa in *Die Familien Zwirn, Knieriem und Leim oder Der Welt-Untergangs-Tag*. Die vom verliebten Zwirn als »klassisch« vorgestellte Betty, die ihr Spiegelbild bewundert, ist nur eine Dienstbotin, obwohl Zwirn sie mit »himmlisches Geschöpf« anredet.[115] Jede Euphorie wird zurückgenommen, ihr Überschießen wird rechtzeitig gebremst. Nachdem Titus in »Der Talisman« die blonde Perücke »erwischt« hat und von Frau von Cypressenburg mit Bewunderung als »artiger Blondin« bezeichnet wird, bedeutet diese an sich positive Metamorphose (da Titus ja ursprünglich rothaarig ist) eine neue Katastrophe für Titus, die ihm der Spiegel offenbart.[116] Dabei wird ihm auch gleich wieder der Grund für die Verwechslung klar: »Ich hab' da drin aus lauter Dunkelheit a lichte Perücken erwischt.«[117] Die rationale Prüfung der Umstände und die Auseinandersetzung mit ihnen, die der Spiegel ermöglicht oder herbeiführt, heben die Angst und den Schrecken auf, es kommt aber trotzdem zu keiner Aufhebung des Zweifels und der Unruhe: »Wenn nur jetzt die Kammerfrau nicht kommt.«[118] Übertrieben positive Bilder, die auf falscher Selbstwahrnehmung beruhen, werden auch im Figurenkommentar oder in den Regieanweisungen widerlegt, z. B. wenn Herr von Lips Frau Schleyer erklärt: »Er [der Millionist] stellt sich voll Selbstgefühl vor 'n Spiegel,

---

113 Ebd.
114 Nestroy: *Komödien* (wie Anm. 87), Bd. 3, S. 315.
115 Nestroy: *Gesammelte Werke* (wie Anm. 91), Bd. 2, S. 248.
116 Nestroy: *Komödien* (wie Anm. 87), Bd. 3, S. 316.
117 Ebd.
118 Ebd.

find't in seine Hühnertritt' interessante Markierungen und meint, er ist ein gefährlicher Mann.«[119]

Diese Erklärung, bei der auch der Grund für den übertriebenen Optimismus des »Millionisten« angegeben wird (seine »Obligationen«[120]), wird von Lips auch sehr schnell beendet: Nestroy verweilt nicht lang beim Spiegelmotiv, wie er auch keiner Einzelposition zuviel Gewicht beimißt: »Also heraus jetzt mit dem Entschluß, meine Holde.«[121]

Festzuhalten ist also, daß es weder zu einer Erhebung noch zu einer Verdammung der Welt kommt, sondern daß Nestroy eine ausgesprochene Zurückhaltung bei der Entscheidung der Frage, wie die Welt ist, an den Tag legt.

4.3 Wiederherstellung der Ordnung oder Dynamisierung am Rand des Chaos

Spiegel bieten sich in der Tradition des Spiegelmotivs als Mittel zur Konstruktion von Ordnung und zugleich als Mittel zur Wiederherstellung der Ordnung sowie als Korrektiv an.

Während der Spiegel Dominik aus *Die Papiere des Teufels* dazu dient, den Schaden zu registrieren und zu prüfen, muß Patzmann in *Eisenbahnheiraten* sein unordentliches Äußeres nicht erst im Spiegel entdecken, sondern tritt vor den Spiegel schon in der Absicht, dieses Äußere »ein wenig zu reparieren«.[122] Der Wandspiegel fungiert also als Korrektiv – das Subjekt ›repariert‹ seine Toilette, Schäden werden ohne viel Umschweife der Reparatur unterzogen, womit sowohl dem Optimismus als auch dem Pessimismus der Boden entzogen wird. Daß auch die Musik im Orchester verstummt, als Patzmann eintritt und sich vor den Spiegel stellt, folgt auch derselben nüchtern-pragmatischen Tendenz.

Als Kontroll- und Besserungsinstrument ist der Spiegel auch in *Mein Freund* anzutreffen. Spaltner befiehlt seiner Tochter Fanny, sich vor dem Spiegel einen »g'scheiten Ausdruck« »einzustudieren«.[123] Der Spiegel dient der Einübung eines koketten Blicks, mit dem Fanny den Faktor Schlicht betören soll.[124] Dennoch wird der Spiegel nicht zu einem Repa-

---

[119] Nestroy: *Gesammelte Werke* (wie Anm. 91), Bd. 4, S. 383.

[120] Ebd.

[121] Ebd.

[122] Nestroy: *Gesammelte Werke* (wie Anm. 91), Bd. 4, S. 341.

[123] Nestroy: *Gesammelte Werke* (wie Anm. 91), Bd. 5, S. 441.

[124] Ebd., S. 436.

raturversuch und Restauration der alten Ordnung, sondern zu einer völligen Umkehrung der Verhältnisse instrumentalisiert. Spaltner hat »große Veränderungen« vor,[125] und der Spiegel steht an der Schwelle zu diesen Veränderungen. Positioniert wird er zwischen »Risiko« und »patriarchalischer Ruhe«, vergesellschaftet wird er mit der Turbulenz. Bezweckt wird die Einführung einer neuen Ordnung: Spaltner will sein »doppeltes Risiko« – sein Geschäft und seine Tochter an seinen Faktor Schlicht übergeben, um selber zur Ruhe zu kommen. Änderung und Ruhe werden in eine komplexe Dialektik eingebunden, bei der der Spiegel eine zentrale Rolle spielt. Gezeigt wird dann aber, wie aus dem Streben nach Ruhe noch mehr Verwicklungen und Komplikationen und neue Risiken hervorschießen. Nestroy zeigt die dauernde Gefährdung der Ordnung, ohne aber ein völliges Chaos entstehen zu lassen oder daraus pessimistische Schlüsse zu ziehen. Zudem – und das ist die bei Nestroy in fast allen Beispielen präsente kritische Perspektive – wird die Unattraktivität der alten Ordnung demonstriert und diese Ordnung problematisiert: Spaltner sind sein Geschäft und seine Tochter »z'wider«.[126]

Madame Leim in *Die Familien Zwirn, Knieriem und Leim oder Der Welt-Untergangs-Tag* ordnet sich die Haube vor dem Spiegel, um festzustellen, daß sie »doch wirklich noch eine hübsche Frau«[127] ist. Damit scheint die Ordnung in der Welt nach dem Vorfall mit Therese wiederhergestellt zu sein. Trotz der Reparatur mit Hilfe des Spiegels kommt es aber sofort zum nächsten Umschlag: Frau Leim muß zusammen mit der Welt zugrundegehen, d. h. die Stabilisierung war nur vorläufig.

Indem Nestroy jeder Position gleich die entgegengesetzte folgen läßt, entsteht die für den Skeptizismus typische Isosthenie. Der Spiegel offenbart und enthüllt Situationen und Positionen, welche nicht in Einklang gebracht werden, sondern ihre Gleichwertigkeit bewahren.

4.4 Zwischen dem Heroismus und dem Glück der Idylle

Entheroisierung, Entpoetisierung, Entidyllisierung und Entmystifizierung sind wichtige Aspekte, die Nestroy deutlich von Goethe und Schopenhauer unterscheiden. Die Entthronung des Helden als Feigling mit Hilfe des Spiegels und dessen Heimführung durch die Ehefrau im Lied im 3. Akt der Posse *Der Zerrissene* sind unheroisch und zugleich un- und

---

[125] Ebd., S. 441.
[126] Ebd., S. 436.
[127] Nestroy: *Gesammelte Werke* (wie Anm. 91), Bd. 2, S. 268.

antiidyllisch. Die Welt besteht hier zwar aus Wirtshaus und Heim, der Spiegel zeigt aber die Zerbrechlichkeit der Idylle, versetzt doch die Frau ihren Mann in Furcht und Schrecken und führt sie ihn »beim Ohrwaschel«[128] heim. Statt »doppelter Spiegelung« liegt hier eine »doppelte Negation« und Entlarvung vor – des Heroisch-Tragischen und des Idyllischen. Der Spiegel hat den erhaben-heroischen, aber auch bösen Tyrannen schnell in eine lächerliche Figur verwandelt. So ist der Spiegel kein Instrument der statischen Widerspiegelung: Er zeigt an – um mit Nestroy zu sprechen – wie »die Bewandtnisse« »eine Wendung nehmen«,[129] er ist Teil der großen Dynamik der Welt geworden, die auch die Verkehrung der Machtverhältnisse einbezieht. Selbst diese gewaltige und jähe Umkehrung wird aber im Kommentar in diesem Couplet noch einmal relativiert durch den neutral-nichtssagenden Refrain, der weder tragisch noch idyllisch ist und sich jeglicher Stellungnahme verweigert: »So gibt es halt allerhand Leut' auf der Welt.«[130]

Die Entidyllisierungstendenz entdeckt man auch in *Eisenbahnheiraten*. Der hier präsentierte Wandspiegel steht nicht zu Hause, ist kein Signum des häuslichen Lebens, sondern befindet sich im Passagierzimmer des Brünner Bahnhofs. Das Repräsentative des öffentlichen Raums, in dem früher Spiegelmotive erscheinen, und das Häuslich-Heimelige werden ersetzt – durch die Unhäuslichkeit des Bahnhofes, wo Patzmann sich auf Nannis Eroberung vorbereitet. Die tatsächliche Heimatlosigkeit (»Alles sucht sich ein Hotel«,[131] er hat schon »die zweite Aurora [...] im Bahnhof begrüßt«[132]), die diesem Bild anhaftet, wird aber nicht ins Pessimistische gedreht, sondern Patzmann bekennt: »Ich brauch keins [kein Hotel].«[133] Auch wenn sich seine Äußerungen optimistisch anhören, da sie sehr energisch vorgetragen werden (vgl.: »Mein Handwerk ist Wiederentreissung, Nanni ist mein Gewerbe«[134]), zeigt Patzmanns Wortwahl neben der Entidyllisierung und Entheroisierung, die hier vorliegen, das Auf und Ab als Charakteristikum der Welt an: »Die Environs des Zopakischen Hau-

[128] Nestroy: *Gesammelte Werke* (wie Anm. 91), Bd. 4, S. 429.

[129] Nestroy: *Gesammelte Werke* (wie Anm. 91), Bd. 6, S. 129.

[130] Nestroy: *Gesammelte Werke* (wie Anm. 91), Bd. 4, S. 429.

[131] Nestroy: *Gesammelte Werke* (wie Anm. 91), Bd. 4, S. 341.

[132] Ebd.

[133] Ebd.

[134] Ebd.

ses« sind mein Auf- und Absteigequartier.«[135] Für dieses »Auf und Ab«,
das er erkennt und zu genießen scheint, »repariert« er seine Toilette vor
dem Spiegel.

4.5 Enthermetisierung und Fragmentierung

Anders als bei Goethe, bei dem Räume durch Spiegel von der Außenwelt
abgeschottet werden, kommen in Nestroys Raumgestaltung auch mehr-
fach Glastüren vor, die den Blick nach außen gestatten.[136] Aber diese
Offenheit ist auch relativ und wird teilweise zurückgenommen, weil hier
auch »eine pittoresk-gigantische Felsengegend«[137] hinter der Glastür er-
scheint und die weitere Aussicht versperrt.

Der Wandspiegel im Bahnhof, vor dem sich Patzmann für das Aben-
teuer rüstet, ist auch ein Medium der Öffnung und ein Teil des Aus-
bruchsversuchs aus der engen Alltagswelt mit zentrifugaler Tendenz.[138]
Der Spiegel bietet hier nicht nur neue, vorläufige Stabilität, sondern ge-
stattet auch den Ausbruch. Der Spiegel steht immer an der Grenze – so im
Talisman, wo er sich zwischen Schlaf und Wachsein, Traum und Wirk-
lichkeit befindet. Titus erwacht plötzlich aus seinem Traum, »fährt aus
dem Schlaf empor«,[139] und genau an dieser Stelle erscheint auch der
Spiegel. Eine Verbindung zwischen der für die Posse unentbehrlichen
Figur des »Störenfrieds«[140] mit dem Spiegel zeichnet sich ebenfalls ab.
Nicht zufällig kommt der Spiegel in *Der Talisman* in jedem Akt und im-
mer in Verbindung mit dem »Störenfried« Titus Feuerfuchs vor.

Auch auf textueller Ebene ist die Öffnung erkennbar: Ergänzt wird das
Spiegelbild im Couplet im *Zerrissenen* durch den Kommentar, der wie
das ganze Couplet auch eine Enthermetisierung herbeiführt, da man durch
das Spiegelmotiv nur in der hermetisch abgeschlossenen Situation der
fiktionalen Welt der Figuren – in diesem Fall des sich im Spiegel entfal-
tenden familiären Dramas – geblieben wäre. Nestroy erkennt also deut-
lich die Gefahren des Spiegelmotivs – die Ästhetisierung, Poetisierung,

---

[135] Ebd. Selbst wenn bei Nestroy die Handlung gut ausgeht, sind diese »Glücksschlüs-
se« nach Volker Klotz »überanstrengt«. Volker Klotz: *Bürgerliches Lachtheater.
Komödie-Posse-Schwank-Operette*. Reinbek bei Hamburg 1987, S. 47.
[136] Vgl. die Regieanweisungen ganz am Anfang im *Zerrissenen*. Nestroy: *Gesammelte
Werke* (wie Anm. 91), Bd. 4,, S. 365.
[137] Ebd.
[138] Vgl. Klotz: *Bürgerliches Lachtheater* (wie Anm. 135), S. 114.
[139] Nestroy: *Komödien* (wie Anm. 87), Bd. 3, S. 314.
[140] Vgl. dazu Klotz: *Bürgerliches Lachtheater* (wie Anm. 135).

die Beschränkung auf den Schein und die Illusion sowie die Hermetisierung. Ihnen entgeht er z. T. durch die Ausschaltung des Spiegelmotivs auf weiten Strecken oder durch den ergänzenden Kommentar. In D*ie Familien Zwirn, Knieriem und Leim oder Der Welt-Untergangs-Tag* stellt sich Zwirn zeitweilig auch außerhalb der Reichweite des Spiegels, um seine Gefühle im dramatischen Beiseite frei zu äußern. Im Spiegel nimmt er »eine gleichgültige Haltung«[141] an, aber »beiseite« sagt er: »Bald hätte sie meine Gefühle entdeckt.«[142] So entkommt er der hermetischen Abgeschlossenheit des im Spiegel ablaufenden Spiels. Dabei bewegt sich der Text nicht nur frei zwischen den Ebenen der Wirklichkeit außerhalb des Spiegels und der Spiegelwelt, wodurch Enthermetisierung zustandekommt. Nestroy zeigt zugleich, daß das Verstellungsspiel im Spiegel nur die Fortsetzung des Verstellungsspiels zwischen Betty und Zwirn ist, das ohne Spiegel angefangen hat, d. h. auf der Ebene der ›Realität‹. Auf diese Weise werden beide Ebenen sowohl entgegengesetzt als auch verschränkt und die Grenzen zwischen ihnen durchlässig gemacht.[143] Zudem wird die Möglichkeit, innerhalb der ›realen Welt‹ außerhalb des Spiegels die Wahrheit zu finden, ebenfalls in Zweifel gezogen: Der Aussichtslosigkeit des Verstellungsspiels wird erst durch den Übergang zur Spiegelszene ein Ende gesetzt. Wie bereits gezeigt, läßt Nestroy jedoch auch das Mißtrauen gegenüber der Spiegelwelt nicht fallen.

Der Skeptiker Nestroy bremst aber die völlige Enthermetisierung und Entgrenzung. Man begegnet zwar dem Spiegel in Kombination mit Fenstern, was eine völlige Blickfreiheit und perspektivische Erweiterung nach sich ziehen könnte. Wenn Emilie in *Die beiden Nachtwandler* von »Prunkgemächern« mit »haushohen Spiegeln«[144] träumt, führt sie ihren Papa zum Fenster, um ihm ein Palais zu zeigen. Dieses Fenster eröffnet zwar den Blick zum »prachtvollen« Palais, die Figuren sehen das Palais allerdings nur von der Rückseite: »Von der awigen Seite muß es sich noch schöner ausnehmen.«[145] Auf diese Weise wird der Traum vom Glanz ausgeschaltet sowie die Freiheit des Blicks wieder eingeschränkt bzw. problematisiert und der ganze weitere Vorgang in der Schwebe belassen.

---

[141] Nestroy: *Gesammelte Werke* (wie Anm. 91), Bd. 2, S. 248.

[142] Ebd., S. 249.

[143] Vgl. dagegen Rio Preisners Behauptung, daß Nestroys Welt ein Vakuum sei. Rio Preisner: *Johann Nepomuk Nestroy. Der Schöpfer der tragischen Posse.* München 1968, S. 36f.

[144] Nestroy: *Komödien* (wie Anm. 87), Bd. 2, S. 162.

[145] Ebd.

In *Eine Wohnung ist zu vermieten*, wo es um Ballspielen geht, setzt Nestroy den Spiegel auch mit der Einschränkung der Freiheit in Beziehung: Herr von Gundlhuber sagt zu Gabriel, er solle lieber draußen im Freien »Balling spielen«, »weil man in den Zimmern die Wände damit befleckt, Fenster oder Spiegeln einschlagen oder sonst ein zerbrechliches Geräte dadurch beschädigen kann.«[146] Spiegel werden also der freien Natur entgegengesetzt und implizit auch als Attribut des ungesund-zivilisierten Lebens präsentiert, da sie das Ausüben des Ballspiels behindern, welches »eine sehr gesunde Leibesübung«[147] ist. Der zivilisationskritische und pessimistische Unterton dieser Aussage (Zivilisation verhindert durch ihre Erzeugnisse wie Spiegel und Fenster die Freiheit, schädigt die Gesundheit) wird jedoch durch den Hinweis auf die Zerbrechlichkeit von Spiegeln und Fenstern, welche die Freiheit beeinträchtigen, konterkariert. Die schädigenden Faktoren können »beschädigt« werden. Tatsächlich schlagen die Kinder ein Fenster ein. Was bleibt, ist die skeptische Einsicht, daß Freiheit nicht immer und nicht überall möglich ist, relative Freiheit kann aber um den Preis eines Schadens erlangt werden. Hier kommt die für Nestroy typische »Dialektik von Flucht und Trotz«[148] zum Vorschein sowie die damit verbundenen Fluktuationen zwischen »Pathos und Spott«.[149]

Die relative Enthermetisierung geht Hand in Hand mit der Erkenntnis von der Brüchigkeit der Welt, die von Goethe beklagt und verschleiert wurde, von Schopenhauer weiter verstärkt und auf metaphysischer Ebene überwunden wurde. Nestroy hingegen bekennt sich zur Aufspaltung der Welt in eine »Welt im Spiegel« und eine »Welt außerhalb des Spiegels«. Dieses Bekenntnis zur Brüchigkeit kommt deutlich auch in einer Aussage Restls in *Lady und Schneider* zum Vorschein: »Merkwürdig, wenn ich mich jetzt vor 'n Spiegel stellet und fanget mich zum sekkiren an, ich zerbrechet mir den Kopf, wer denn das ist«.[150] Die Aussage demonstriert, daß Restl die Fragmentierung in ein (entfremdetes) Spiegelbild und das eigentliche Ich sehr wohl bewußt ist, daß sie ihm aber kein Unbehagen, sondern sogar Belustigung verursacht. Der Spiegel dient also weder der Illusionierung noch der Desillusionierung, sondern der gelassen-amüsierten Feststellung, daß man mehrere Gesichter haben kann, die nebeneinan-

---

146 Nestroy: *Komödien* (wie Anm. 87), Bd. 2, S. 250.
147 Ebd.
148 Preisner: *Johann Nepomuk Nestroy* (wie Anm. 143), S. 64.
149 Ebd., S. 56.
150 Ebd.

der existieren können. Restl empfindet Amüsement und hat Freude an der ›Brüchigkeit des Ich‹.

Im 3. Akt des *Talismans* erscheint sogar der Spiegel als Bruchstück, als »Glasscherben, der vielleicht einst ein Spiegel war.«[151] Auch das Spiegelbild ist wieder zweigeteilt – in das eigentliche Gesicht und in den »eisgrauen Kopf«, der als fremd empfunden wird. Dieses Grau ist völlig unromantisch und steht zwischen »Desperation«[152] und Euphorie, versucht doch Titus dann seinem Vetter die Vorzüge dieses Spiegelbildes nachzuweisen. Anders als bei Goethe greift Nestroy nicht zur Kolorierung von Glas und von Spiegeln, um der Welt Farbenpracht zu verleihen (vgl. Goethe in der »Farbenlehre«: »Man blicke eine Zeitlang durch eine blaue Scheibe, so wird die Welt nachher dem befreiten Auge wie von der Sonne erleuchtet erscheinen, wenn auch gleich der Tag grau und die Gegend herbstlich farblos wäre.«[153]) Das Grau wird bei Nestroy nicht aufgewertet oder übermalt, während bei Goethe sogar der Schatten in einen »farbigen Schatten« verwandelt wird.[154] Nestroys Titus bekennt sich unumwunden zum Grau, und auch der Spiegel erfüllt als Scherben seine Funktion und wird sogar noch von einem »Rastelbinder« benutzt.

Nach eindeutigen Festlegungen sucht man allerdings auch hier und trotz der Entzauberung des Spiegels vergebens. Das von Titus im weiteren mit dem Spiegel durchgespielte Re-Heroisierungsszenario, das sogar mit einem Spiegelscherben gelingt, sorgt für neue Verunsicherung und macht die vorherige Entheroisierung wieder rückgängig, welche zusammen mit Titus' Katastrophe pessimistische Konnotationen gehabt hätte: »Jetzt denken Sie, Herr Vetter, das, wozu ein römischer Feldherr drei Täg' hat gebraucht, das habe ich über Nacht geleistet, und Sie, Herr Vetter, sind der Grund für diese welthistorische Begebenheit.«[155] Da diese Inszenierung eines Widerstreits zwischen Entheroisierung und Re-heroisierung anhand des Spiegels aber nur dazu da ist, um den Vetter zu rühren (da Titus ja in Wirklichkeit nicht grau ist) und der Spiegel mal wieder als Instrument der Täuschung eingesetzt wird, wird auch die dargebotene optimistische Perspektive der Stabilisierung und der heroischen Überhöhung ihrerseits in Zweifel gezogen.

---

[151] Nestroy: *Komödien* (wie Anm. 87), Bd. 3, S. 347.

[152] Ebd.

[153] Goethe: »Zur Farbenlehre« (wie Anm. 10), Zweite Abteilung, S. 349.

[154] Ebd., S. 352.

[155] Nestroy: *Komödien* (wie Anm. 87), Bd. 3, S. 348.

V. Schluß

Die obigen Beispiele und Ausführungen haben die Polyfunktionalität des Spiegelmotivs und zugleich dessen Ambivalenz bei Goethe, Schopenhauer und Nestroy demonstriert.

Goethe schafft es mit seinen Bildern ›wiederholter Spiegelung‹ die Welt als gut, zweckmäßig und vollkommen darzustellen, obwohl er, wie Albrecht Schöne zeigt, in den letzten Jahren seines Lebens von starken Zweifeln erfüllt war: »Denkt man sich bei deprimierender Stimmung recht tief in das Elend unserer Zeit hinein, so kommt es einem oft vor, als wäre die Welt nach und nach zum Jüngsten Tage reif«.[156] Schopenhauer wiederum füllt den Spiegel auf empirischer Ebene mit der Schreckensvision vom Willen aus, um ihn auf metaphysischer Ebene zum positiven Nirwana-Symbol aufzuladen. Deutlich wird dabei, daß Goethe und Schopenhauer in den hier behandelten naturwissenschaftlichen und philosophischen Schriften in weit größerem Umfang auf die Mittel der Poesie zurückgreifen, um ihre optimistischen und pessimistischen Zuschreibungen an die Welt zu forcieren, als Johann Nestroy in seinen literarischen Werken.

Nestroy blockiert optimistische und pessimistische Konnotationen,[157] macht auf die durchlässigen Grenzen zwischen Pessimismus und Optimismus aufmerksam und funktionalisiert den Spiegel als Vehikel der rationalen Skepsis. Ähnlich wie der Skeptiker Timon von Phlius demonstriert Nestroy mit Hilfe der Spiegelung, daß die Dinge in der Welt unbeständig sind,[158] daß »die Pfeiler der Verhältnisse wanken«[159] und daß feste Überzeugungen und unverrückbare, unwiderlegbare Aussagen über die Welt nicht möglich sind. Nestroys Spiegel werten den Partikularismus und den Relativismus auf, die auf Wahrscheinlichkeit beruhen. Statt Verbindlichkeit und einer ›ultima ratio‹ zeigen die Nestroyschen

---

[156] »Goethe an Eckermann« am 12.3 und 23.10.1828. Zit. nach Schöne: *Goethes Farbentheologie* (wie Anm. 11), S. 136.

[157] Widersprochen sei damit Franz H. Mautner, der zwar Nestroys Skepsis auch behandelt, aber den »alles überflutenden Pessimismus« Nestroys immer wieder hervorhebt. Vgl. Franz H. Mautner: »Nestroy als Philosoph«, in: *Nestroyana. Blätter der Internationalen Nestroy-Gesellschaft*, 4 (1982), S. 39–49, hier S. 42, vgl. auch ebd.: »ausweglose[r] Pessimismus«, sowie S. 43: »abgrundtiefe[r] Pessimismus«.

[158] Vgl. Nestroy: »Wie albern der Grundsatz über die Unbeständigkeit des Glückes ist, es gibt gar nichts Beständigeres«. (Nachl. 52) Zit. nach Mautner: »Nestroy als Philosoph« (wie Anm. 157), S. 43.

[159] Nestroy: *Gesammelte Werke* (wie Anm. 91), Bd. 5, S. 437.

Spiegel Zweifel und Dilemmata auf, ein Wechselspiel der Perspektiven, zuweilen wird skeptische Isosthenie hergestellt. Das bemerkenswerteste Beispiel einer solchen Isosthenie läßt sich im Bühnenarrangement von *Zu ebener Erde und erster Stock* beobachten, wo beide Stockwerke einander spiegeln und wo die Vertauschung und Umkehrbarkeit beider Standorte ihre Gleichwertigkeit und Gleichkräftigkeit sehr anschaulich demonstriert. Die dramatische Form und besonders das Genre der Posse unterstützen diese Tendenzen. Anders als in den hier betrachteten Schriften Goethes und Schopenhauers, in denen ein Autoren-Ich die Zügel in der Hand hält und nicht selten dogmatischen Charakter[160] annimmt, zeichnet sich die Nestroysche Posse nicht nur durch die für das Drama typische Dialogizität aus, sondern auch durch eine weit größere Aufspaltung in einzelne Rollen, die gegeneinander auftreten, ohne daß eine davon an Dominanz gewinnt. Wendungen und zahlreiche Peripetien sind in der Posse auch zu Hause und erlauben den Nachweis der unendlichen Veränderlichkeit der Verhältnisse. Das Aufzeigen dieser Veränderlichkeit entzieht sowohl dem Optimismus als auch dem Pessimismus den Boden. Eine tiefere Motivierung dieser Änderungen und Umschläge sowie endgültige, verbindliche Lösungen werden in der Posse nicht erwartet. Das Couplet wägt noch einmal alle Positionen gegeneinander ab und relativiert sie. Zudem bleibt die Posse auch durch Witz, Ironie und Humor stets unverbindlich locker. Die genaue Interaktion zwischen Witz, Humor und Skepsis und insbesondere der Beitrag des Humors zur Herstellung der skeptischen Ataraxia wären einer weiteren, separaten Untersuchung wert. Die bei Nestroy beobachtbare skeptische Zurückhaltung, welche auf letzte Sicherheiten und Aussagen über die Welt verzichtet – seien sie optimistischen oder pessimistischen Charakters –, ist auf jeden Fall die Grundlage für die heitere Gelassenheit, die die Nestroyschen Possen ausstrahlen.

Diese Gelassenheit ist allerdings nicht mit »passiver Resistenz«[161] gleichzusetzen, da der skeptischen Relativierung entgegengesetzter Aussagen eine subtile, fein abgewogene »Doppelkritik«[162] während der Entgegensetzung der Positionen vorangeht. Skeptische Antithetik und Kritik schließen sich nicht aus, sondern ergänzen einander. Nestroys Skepsis

---

[160] Vgl. darüber etwa Albrecht Schöne über Goethe; Schöne: *Goethes Farbentheologie* (wie Anm. 11), S. 89 u. 114.

[161] Vgl. Klotz: *Bürgerliches Lachtheater* (wie Anm. 135), S. 114 über die konventionelle Posse.

[162] Vgl. ebd., S. 138, aber nicht in Zusammenhang mit Skepsis.

enthält also mehr als »allgemeines Misstrauen«,[163] sie »zerfließt« keineswegs in »reine Unbestimmtheit«,[164] sondern sie impliziert auch deutliche Züge einer Analytik und Dialektik. Erinnert sei an die Verknüpfung der Selbsttäuschung des alten »Millionisten« mit seinen »Obligationen« im *Zerrissenen*.

Der von Kant geforderte Übergang von der Skepsis zur konsequenten und durchgehenden Kritik findet aber bei Nestroy nicht statt.[165] Dies mag auf die Zensur, auf die Anforderungen des Genres der Posse und auf den Publikumsgeschmack zurückführbar sein. Wichtiger ist aber, daß Nestroy, der in seiner Skepsis konsequent ist, auch die Möglichkeiten, Aussichten und Wirksamkeit der Kritik in Zweifel zieht. Genauso wie er auch den Spiegel und dessen Möglichkeiten anzweifelt – einem »Bretterverschlagenen«[166] wie dem Gewürzkrämer Schwefel in *Das Gewürzkrämer-Kleeblatt*, der sich mit dem Rücken zum Spiegel setzt und somit die Chance der ›Wahrheitsfindung‹ durch den Spiegel verpaßt,[167] nützt auch ein Spiegel nichts.

---

[163] Vgl. Christoph Wild: *Philosophische Skepsis*. Königstein/Ts. 1980, S. 60.

[164] Ebd., S. 62.

[165] Vgl. Kant: »Skepsis ist kein Wohnplatz zum beständigen Aufenthalte«. Zit. nach Wild: *Philosophische Skepsis* (wie Anm. 163), S. 59.

[166] Johann Nestroy: *Sämtliche Werke*. Historisch-kritische Ausgabe, hg. v. Jürgen Hein, Johann Hüttner, Walter Obermaier u. W. Edgar Yates. *Stücke* 22. Wien 1996, S. 117.

[167] Ebd., S. 118.

Justice Kraus

Musil's *Die Verwirrungen des Zöglings Törleß*, Cantor's Structures of Infinity, and Brouwer's Mathematical Language

Abstract: Robert Musil finished *Die Verwirrungen des Zöglings Törleß* in 1905 while studying philosophy, physics, and mathematics in Berlin. Extensive scholarship addresses the connections between *Törleß,* its author's interests in philosophy and psychology, and the intellectual climate in which this text was crafted. A more recent development in Musil scholarship has been the importance of physics to Musil's literary work. But much less attention has been paid to the relationship between Musil's first novel and mathematics. The scholarship on mathematics and *Törleß* that does exist, meanwhile, is not interdiscplinary. What has become obvious in Musil scholarship in recent years, though, is that a rigorous, interdisciplinary, historical approach to Musil's work is indispensable, especially concerning his relationship to science. Approaching Musil from the perspectives of the history of literature and the history of science, this article discusses the ways in which controversial and specifically modern issues in the discipline of mathematics are central to *Törleß*. This line of inquiry reveals crucial but unrecognized aspects of Musil's consistent incorporation of science into his literary work.

In 1932, Robert Musil recalled his unhappy life in Stuttgart around 1902. After describing his discontent with the city and his engineering job, he writes:

> ich wollte meinen Beruf aufgeben und Philosophie studieren (was ich auch bald tat), drückte mich von meiner Arbeit, trieb philosophische Studien in meiner Arbeitszeit u am späten Nachmittag, wenn ich mich nicht mehr aufnahmefähig fühlte, langweilte ich mich. So geschah es, daß ich etwas zu schreiben begann, u der Stoff, der gleichsam fertig dalag, war eben der des V.d.Z.T [*Die Verwirrungen des Zöglings Törleß*].[1]

Musil finished *Törleß* in Berlin while pursuing his studies in philosophy, physics, and mathematics. It is clear that these academic interests are crucial to his first novel. Extensive scholarship addresses the various connections between *Törleß,* its author's pronounced interest in philosophical

---

[1] Robert Musil: *Kleine Prosa, Aphorismen, Autobiographisches*, ed. Adolf Frisé. Reinbek b. Hamburg 1978 (Gesammelte Werke, vol. 7), p. 954.

and psychological topics, and the intellectual climate in which this text was produced.[2] A more recent development in Musil scholarship has been the growing interest in the impact of physics on Musil's literary work, though these studies pertain to *Der Mann ohne Eigenschaften* rather than to Musil's early texts.[3] Much less attention has been paid to the relationship between Musil's first novel and mathematics.[4] The scholarship on mathematics and *Törleß* that does exist, meanwhile, is not interdiscplinary. Randall Dipert and W. H. Zangemeister, as examples, have correctly identified the close connection Musil makes between mathematics and mysticism, but they have not described Musil's attitude toward mathematics accurately because they have overlooked the specific historical conditions in the discipline of mathematics that so heavily inform Musil's ideas.[5] Dipert offers only a quick parenthetical reference suggesting that Musil might be referring to such conditions elsewhere. Just recently, Gwyneth Cliver has nuanced points made by Dipert and Zangemeister.[6] She, too, discusses the importance of mathematics to Musil's *Törleß*, focusing especially on the coexistence of rationality and nonrationality. But she also explores this question without establishing the historical context that is absolutely necessary for an adequate explanation of *Törleß*.

In contrast to these inquiries that do not consider mathematics historically, Andrea Albrecht has recently demonstrated how important the history of mathematics is to understanding one of Musil's essays. Focusing

---

[2] For a recent analysis of the intellectual landscape to which *Törleß* belongs, see Roland Kroemer: *Ein endloser Knoten? Robert Musils Verwirrungen des Zöglings Törleß im Spiegel soziologischer, psychoanalystischer, und philosophischer Diskurse.* München 2004. Also see Peter Smith's chapter on *Törleß* in his *Metaphor and Materiality: German Literature and the Worldview of Science 1780–1955.* Oxford 2000.

[3] See especially Christian Kassung: *EntropieGeschichten: Robert Musils ›DerMann ohne Eigenschaften‹ im Diskurs der modernen Physik.* München 2001.

[4] The topic of mathematics has not gone unnoticed, but scholars have not connected the novel to the discipline of mathematics. See Randall Dipert: »Mathematics in Musil«, in: *Writing the Austrian Traditions: Relations Between Philosophy and Literature,* eds. Wolfgang Huemer and Marc-Oliver Schuster. Toronto 2003. Also see Wolfgang H. Zangemeister: *Robert Musil: Möglichkeit und mathematische Mystik.* Aachen 1997.

[5] Dipert: »Mathematics in Musil« (see note 4), pp. 143–159, p. 151; Zangemeister: *Robert Musil: Möglichkeit und mathematische Mystik* (see note 4).

[6] Gwyneth Cliver: »Maddening Mathematics: the Kinship of the Rational and the Irrational in the writing of Robert Musil«, in: *Journal of Romance Studies* 7 (2007), pp. 75–85.

on »Der mathematische Mensch« (1913), she shows that its fundamental ideas must be seen in relation to Ernst Mach and Friedrich Nietzsche, but also to particular facets of mathematical thought in the early twentieth century.[7] My brief discussion of »Der mathematische Mensch« agrees very well with Albrecht's view that this essay is intentionally ambiguous with regard to mathmatics. More generally, though, this article differs significantly from Albrecht's. Albrecht focuses on a philosophical essay and relates it to one very broad characteristic of mathematics culture – the distinction between applied and theoretical mathematics. Here, though, I focus on a literary work and its relation to several specific issues in mathematics. Combining detailed discussions of specific developments in mathematics with literary analysis, this approach has two productive consequences: 1) it demonstrates that Musil was much closer to mathematics culture than Albrecht suggests, and 2) it offers new insight into Musil's sophisticated literary uses of science. Thus, this study complements Albrecht's efforts while engaging more precisely with mathematics and canonical literature.

What has become obvious in Musil scholarship in recent years is that a rigorous, interdisciplinary, historical approach to Musil's work is indispensable, especially concerning Musil's relationship to science. Approaching Musil from the perspectives of the history of literature and the history of science, this article discusses the ways in which intensely controversial and specifically modern issues in the discipline of mathematics are central to *Törleß*, a canonical text of German modernism. I argue that Musil carefully appropriates ideas from the groundbreaking work of the mathematicians Georg Cantor, David Hilbert, and L. E. J Brouwer. He uses these ideas to articulate the most important concerns of his protagonist. Following this line of inquiry reveals crucial but unrecognized aspects of Musil's consistent incorporation of science into his literary work.

Musil undoubtedly had an adequate grip on the general ideas of higher mathematics and demonstrates this knowledge often enough. In his critique of Oswald Spengler (»Geist und Erfahrung. Anmerkungen für Leser, die dem Untergang des Abendlandes entronnen sind«, 1921), Musil uses his background in mathematics for rhetorical effect. Before attacking Spengler's ideas, Musil criticizes him by compiling a list of theoretical fallacies and terminological blunders that he finds in his comments on mathematics. After citing him at length, Musil writes:

---

[7] Andrea Albrecht: »Mathematische und ästhetische Moderne: Zu Robert Musils Essay ›Der mathematische Mensch‹«, in: *Scientia Poetica* 12 (2008), pp. 218–250.

und das klingt so gewiegt, daß ein Nichtmathematiker sofort durchschaut, so kann nur ein Mathematiker reden. Aber in Wahrheit ist, wie Spengler da Zahlengebilde höherer Ordnung aufzählt, nicht fachkundiger als ob ein Zoologe zu Vierfüßlern die Hunde, Tische, Stühle und Gleichungen vierten Grades zusammenfassen würde![8]

Musil continues to cite assertions made by Spengler only to dismiss them as misleading and imprecise amalgamations of mathematical jargon. Musil exclaims:

> Aber in Wirklichkeit ist die Gruppentheorie gar keine Erweiterung der Funktionentheorie! […]
> Definiert er [Spengler] aber eine ›Menge‹, nämlich ›den Inbegriff einer Menge gleichartiger Elemente‹, irrt er sich und glaubt, daß dies die Definition eines Zahlkörpers sei! […]
> […] aber natürlich gibt es den Begriff Transformation von Gruppen in der Funktionentheorie überhaupt nicht, sondern es gibt nur den geistigen Gegenstand Transformationsgruppen und den nicht in der Gruppentheorie, sondern in der Funktionentheorie.[9]

With these criticisms, Musil undermines Spengler's intellectual authority right from the start, making his position more susceptible to counterarguments. Here, Musil's »Geist und Erfahrung« serves only to illustrate his knowledge of higher mathematics.

Besides Musil's attack on Spengler, his references to the debates raging in the discipline of mathematics around 1900 provide further evidence of his strong connection to mathematics. These debates are commonly referred to as the ›Grundlagenkrise‹ because they relate to the search for the foundations of mathematical thought following the destruction of its presumed foundations. I will discuss certain aspects of the ›Grundlagenkrise‹ at length and will consider their relations to *Törleß*. For now, it is only important to establish that Musil knew about these debates.

In »Der mathematische Mensch« (1913), Musil writes:

> und plötzlich, nachdem alles in schönste Existenz gebracht war, kamen die Mathematiker – jene, die ganz innen herumgrübeln – darauf, daß etwas in den Grundlagen der ganzen Sache absolut nicht in Ordnung zu bringen sei; tatsäch-

---

[8]   Robert Musil: »Geist und Erfahrung: Anmerkungen für Leser, die dem Untergang des Abendlandes entronnen sind«, in: idem: *Essays und Reden*, ed. Adolf Frisé. Reinbek b. Hamburg 1978 (Gesammelte Werke, vol. 8), p. 1043.
[9]   Ibid., p. 1043.

lich, sie sahen zuunterst nach und fanden, daß das ganze Gebäude in der Luft stehe [...].[10]

This is a pithy summary of the complicated situation in which mathematics found itself. Mathematicians had questioned the logical underpinnings of their discipline and realized that there were important gaps that needed to be filled. This realization and its consequences were a crucial part of mathematics at the turn of the century. In commenting on this essay, Patrizia McBride writes that »one would be ill-advised to seek a technical discussion of the expanding horizon of mathematical research at the dawn of the twentieth century.« It is unclear what a »technical discussion« might be. In any case, such a discussion is irrelevant because »Musil reframed mathematics as a model for bold intellectual inquiry, which promised to revolutionize the human sciences.«[11] This is a curious thought process. If one is intent on approaching a better understanding of Musil's work, should one not consider what Musil is reframing and how he reframes it? How does one understand the novel without knowledge of its historical contexts? Christian Kassung and Christoph Hoffmann have offered intricate, productive discussions of physics and experimental psychology in Musil's work. With the strength of these interdiscplinary analyses in mind, it is impossible simply to treat Musil's indebtedness to mathematics as inconsequential. More obviously, Albrecht's discussion of this essay's relation to the discipline of mathematics plainly refutes McBride.

In »Skizze der Erkenntnis des Dichters« (1918), Musil refers to the ›Grundlagenkrise‹ again. The point of the essay is to distinguish between ordinary people and poets. Musil explains that most human beings, in contrast to poets, rationalize and simplify their existence. Notions of morality exemplify this process of simplification. For most, morality is based on conventions. These conventions ignore the absolute unconventionality of our experiences. The poet, however, focuses on this unconventionality:

> Während sein [des Dichters] Widerpart das Feste sucht und zufrieden ist, wenn er zu seiner Berechnung so viel Gleichungen aufstellen kann, als er Unbekannte vorfindet, ist hier von vornherein der Unbekannten, der Gleichungen und der Lösungsmöglichkeiten kein Ende. Die Aufgabe ist: immer neue Lösungen, Zusammenhänge, Konstellationen, Variable zu entdecken, Prototypen von Geschehens-

---

[10] Musil: »Der mathematische Mensch«, in: idem: *Essays und Reden* (see note 8), p. 1006.

[11] Patrizia McBride: *The Void of Ethics: Robert Musil and the Experience of Modernity*. Evanston 2006, p. 53.

abläufen hinzustellen, lockende Vorbilder, wie man Mensch sein kann, den inneren Menschen *erfinden*.[12]

Musil uses mathematics metaphors to convey this idea of unconventionality: the number of unknowns, equations, and solutions are limitless and thereby resist becoming conventional. Later in the same essay, he invokes mathematics and science again to illustrate the existence of a world beyond conventionality and certainty: »Zu unterst schwankt auch hier der Boden, die tiefsten Grundlagen der Mathematik sind logisch ungesichert, die Gesetze der Physik gelten nur angenähert, und die Gestirne bewegen sich in einem Koordinatensystem, das nirgends einen Ort hat.«[13] As in »Der mathematische Mensch«, Musil refers to the logical inconsistencies in the foundations of mathematical thought. The specific allusions Musil makes to the ›Grundlagenkrise‹ in these two essays make it clear that he knew about this central problem in the mathematical world. After all, it is inconceivable that he recognized a ›Grundlagenkrise‹ in mathematics on his own.

But the ›Grundlagenkrise‹ does not only appear in Musil's essays. There is an allusion to the crisis in *Törleß* as well. In Beineberg's diatribe against mathematicians' conventional norms of reasoning, he pronounces:

> Das ist ja der Schwindel! Einem Menschen, der nichts wie vernünftig ist, vermögen sie ihre Geschichten nicht vorzuerzählen. Erst wenn er zehn Jahre hindurch mürbe gemacht wurde, geht es. Bis dahin hat er nämlich tausend Male auf diesen *Grundlagen* gerechnet und große Gebäude aufgeführt, die immer bis aufs letzte stimmten; er glaubt dann einfach an die Sache, wie der Katholik an die Offenbarung, sie hat sich immer schon fest bewährt, [... ist es dann eine Kunst, einem solchen Menschen den Beweis aufzureden? Im Gegenteil, niemand wäre imstande ihm einzureden, daß sein Gebäude zwar steht, der einzelne Baustein aber zur Luft zerrinnt, wenn man ihn fassen will.[14] (T 81)

In the narrative, the ›Grundlagenkrise‹ Beineberg describes directly relates to mathematical issues. His comments are provoked by Törleß's visit to the mathematics teacher. Beineberg asserts that the teacher denies the uncertainty inherent to mathematics. For Beineberg, in contrast, uncertainty is fundamental to existence and, by extension, to the foundations of mathematics. This disposition leads him to use the same metaphor that

---

[12] Robert Musil: »Skizze der Erkenntnis des Dichters«, in: idem: *Essays und Reden* (see note 8), p. 1029.

[13] Ibid., p. 1027.

[14] Robert Musil: *Die Verwirrungen des Zöglings Törleß*. Reinbek b. Hamburg 1978. Referenced as T.

Musil uses in »Der mathematische Mensch«: epistemological structures are buildings supported by a foundation that is in fact non-existent, a mere facade.

The references to ›Grundlagen‹ in the novel and the essay are the same. Each concerns a mathematical crisis, and this mathematical crisis exemplifies a larger epistemological crisis. Ignoring this association of mathematics and epistemology would be to overlook a crucial correspondence. That Musil's 1913 essay refers to the ›Grundlagenkrise‹ is indisputable. The fact that this reference is identical to Beineberg's demonstrates that Beineberg's comments, too, allude to the ›Grundlagenkrise‹. Thus, Musil undoubtedly knew something about the ›Grundlagenkrise‹ before finishing *Törleß*. Even if the connection between the essay and the novel is ignored, Beineberg's comment about the foundations of mathematics corresponds too closely to the historical situation in mathematics for this passage not to be an allusion to the actual crisis. If Beineberg is not alluding to the ›Grundlagenkrise‹, then what is he talking about? It is inconceivable that Musil noticed problems in the foundations of mathematics on his own and articulated this idea through Beineberg.

It is clear, then, that Musil knew about the ›Grundlagenkrise‹ before 1905. From a biographical standpoint this makes perfect sense. His most engaged contact with mathematics occurred before or during 1905, that is, before *Törleß* had been completed. From 1898 to 1901, he studied engineering at a technical school in Brünn. As Corino points out in his meticulous biographical study:

> Das Pensum, das ein Maschinenbau-Student zu absolvieren hatte, zumal, wenn er offenbar mit ein paar Monaten Verspätung immatrikuliert wurde, wog nicht leicht. Aus dem Zeugnis der ersten Staatsprüfung geht hervor, daß Musil zunächst im Grundlagenstudium die Fächer Algebraische Analysis und Analytische Geometrie, Differential- und Integralrechnung, Darstellende Geometrie, Freihandzeichnen, Physik, Mechanik, Statik, Elastizitäts- und Festigkeitslehre zu bewältigen hatte.[15]

Musil might well have learned something general about the ›Grundlagenkrise‹ while taking these classes. He may even have come into contact with the debates during his year as an intern for renowned engineer Carl Bach in Stuttgart during 1902, though this seems unlikely given his disinterest in his job. On enrolling at Berlin's Friedrich-Wilhelms-Universität in late 1903, Musil decided to minor in physics and mathematics while pursuing his doctorate in philosophy. There are no known records of the

---

[15] Karl Corino: *Robert Musil: Eine Biographie*. Reinbek b. Hamburg 2003, p. 123.

lectures he attended in Berlin. However, given his declared course of study, he must have taken mathematics classes. He would not have taken these classes between 1905 and 1908. During these years Musil wrote his dissertation *Beiträge zu den Lehren Machs*, a project that caused him some difficulties and which has nothing to do with mathematics specifically.[16] These biographical facts explain why Musil would have known about the ›Grundlagenkrise‹ before *Törleß* was finished.

Now that Musil's level of mathematical sophistication has been established to an acceptable degree, it is clear that Musil was quite capable of using mathematics to communicate specific, historically contingent ideas. To grasp these ideas, though, one must have a general understanding of this crisis affecting the foundations of mathematics around 1900.

The crisis in mathematics, as with most crises, was not an isolated moment in history, a surprising event occurring without notice. The ›Grundlagenkrise‹ had developed over the course of the nineteenth century, as new mathematical discoveries and attitudes began to change the nature of the discipline. In general, the Age of Rigor, as this century has come to be known, was a period during which scientists and philosophers sought to provide mathematics with a strictly logical basis. This is not to say that mathematical proofs predating the nineteenth century were not in some sense logical. These proofs, however, often still relied on mathematicians' intuitive faculties to corroborate scientific findings instead of appealing to purely deductive reasoning. Burton succinctly summarizes this earlier epistemological state with reference to the calculus:

> In the extremely rapid development of the calculus in the 150 years after Newton and Leibniz discovered it, mathematicians plunged ahead without logical support. They were aware of the requirement of proof, but this tended to take the form of a search for an explanation that would be intuitively plausible instead of mathematically exact. [...] The success in applying the conclusions to physical problems gave confidence that the mathematics itself must be correct.[17]

By the 1820s, an epistemological shift had occurred. The work of Augustin Louis Cauchy had begun to counteract the tendency toward intuitive reasoning. His *Cours d'analyse de l'Ecole Royale Polytechnique* (1829) and two further texts from the same decade used strict mathematical analysis to clarify most of the opaque areas of reasoning peculiar to the calculus since its invention in the seventeenth century.

---

[16] Musil handed in the dissertation in 1907 but Stumpf rejected it. See Corino for more on Musil's dissertation (ibid., pp. 309–317).

[17] David Burton: *The History of Mathematics: an Introduction*. Boston 1999, p. 551.

A similar desire for logical rigor led to the discovery of non-Euclidean geometry. In the first half of the century, the German Carl Friedrich Gauß, the Russian Nicolai Lobachevsky, and the Hungarian John Bolyai noticed, independent of one another, that the idea of physical space as Euclid had articulated it in his *Elements of Geometry* was not necessarily correct, or that it was perhaps an idealized version of actual physical space. Each mathematician challenged Euclid's infamous parallel postulate, suspecting that the proof thereof was not rigorous, but was simply assumed to be intuitive or self-evident. They confirmed this suspicion and verified the existence of non-Euclidean space with mathematical precision.

The logical stabilization of the calculus and the discovery of non-Euclidean geometry were important early consequences of the desire for logical analysis. The discovery of non-Euclidean geometry was not only of great mathematical importance, but carried significance in a symbolic sense as well: it encouraged mathematicians to challenge the foundations of their discipline and to test their traditionally held beliefs more forcefully. In this general sense, then, work on non-Euclidean geometry provoked the later nineteenth-century developments that are of interest with respect to *Törleß*.

Although I have just suggested that there is a broad historical aspect to the ›Grundlagenkrise‹, the crisis Musil has in mind is specific to the last quarter of the nineteenth century and to his contemporary mathematics community. It was during these years that inquiries into the nature of mathematics reached an intensity that pushed the crisis to a new level of acuteness. This period of instability was incited in different ways by Georg Cantor's creation of an entirely new mathematical field, that of set-theory (›Mengenlehre‹). An integral element of set-theory was Cantor's reevaluated conception of the infinite. His philosophy contradicted every canonical philosophy of the infinite articulated since antiquity. Most philosophers, theologians, and other mathematicians had resisted the idea that the infinite could be more than a useless and confusing theoretical construction. From a logical standpoint, they thought, introducing the infinite into mathematics as a practical tool – as Cantor had in mind – would necessarily create impregnable philosophical and mathematical paradoxes. From a theological point of view, the infinite functioned exclusively as a characteristic of God. Cantor, as one can imagine, met with intense opposition on all fronts from the very beginning of his career.

However, around 1900 a group of mathematicians citing Cantor as their forerunner became a dominant force in the discipline. These Formalists argued that mathematical truth was to be found through absolute logical consistency, and that such logical consistency existed on paper, having nothing to do with paradoxes of everyday life or abstract religious sentiment. They maintained, in other words, that mathematical truth was located in a pure mathematical world with no immediate connection to physical reality. Such a seemingly radical approach to mathematics was enough to provoke antipathy and confusion. One mathematician quipped: »This is no longer mathematics, it is theology.«[18]

The opposing group was the Intuitionists. Rather than regarding mathematics as logic-based, they argued that the nature of mathematics was pre-logical, and that mathematical thinking was engraved in the human psyche. This conflict between Formalists and Intuitionists began to crystallize just as Musil started his work on *Törleß*. Herbert Mehrtens has described this conflict at the center of the ›Grundlagenkrise‹ as having lead to »die Erschütterung von Wahrheit, Sinn, Gegenstand, Existenz in der Mathematik.«[19] The strong correspondence between mathematics and larger philosophical issues – truth, meaning, and existence in general – did not escape Musil. Mathematics was performing a specifically modernist operation: like avant-garde literature or abstract painting, it was using its own tools to inquire into the possibilities of its own existence.

I will argue that there is a close relationship between the Formalist-Intuitionist debate and the way *Törleß* negotiates the pervasive language crisis of the turn of the century. Before analyzing this relationship, though, I will discuss the relationship between Musil's novel and Cantor's new notion of the infinite.

Like Musil, Cantor does not acknowledge a strict separation of science and non-science. He sees his mathematical efforts as inextricably intertwined with, even subordinated to, metaphysical and theological thought and explains these connections in a letter to Pater Esser (1896). After describing the interdependencies of metaphysics and theology (»das unzerreißbare Band«), Cantor moves on to mathematics: »Die Begründung der Prinzipien der Math. und der Naturwiss. fällt der Metaphysik zu; sie hat daher jene als ihre Kinder sowohl wie auch als Diener und Gehülfen anzusehen, die sie nicht aus dem Auge verlieren darf sondern stets zu bewa-

---

[18] Paul Gordon, quoted in Burton: *The History of Mathematics* (see note 17), p. 564.
[19] Herbert Mehrtens: *Moderne, Sprache, Mathematik*. Frankfurt a. M. 1990, p. 8.

chen und controllieren hat«.[20] Cantor also compares metaphysics to a queen bee overseeing her servants (mathematics, for example) as they construct her palace. Mathematics, then, is not simply an isolated scientific discipline, but its conclusions help to construct a coherent idea of existence itself. Of course, Cantor would not have made such claims had his work not invited him to do so.

Cantor's set-theory introduced the infinite into number theory as a practical tool, a number as concrete as any other number. This was a radical undertaking. Most modern mathematicians, Descartes and Gauß among them, had declared their opposition to theorizing the infinite for centuries. In 1831, Gauß had written: »So protestiere ich gegen den Gebrauch einer unendlichen Größe als einer vollendeten, welches in der Mathematik nie erlaubt ist.«[21] Cantor's contemporaries were often just as unreceptive to his ideas as Gauß might have been. Though some of Cantor's contributions were prefigured or supported by major figures like Bolzano, Kummer, and Dedekind, he had powerful enemies like Leopold Kronecker, one of Berlin's star mathematicians. The reason for this antipathy was simply what Cantor called the ›horror infiniti‹: his notion of completed or actual infinites (›das Aktual Unendliche‹) tried to give the traditionally equivocal idea of the infinite a new, concrete meaning while his contemporaries opposed this reevaluation. Cantor, in turn, accused philosophers and mathematicians of having misjudged and wrongly dismissed the infinite, especially considering that no one had taken care to define the concept precisely.

In his attempt to steer clear of ambiguities, Cantor made an initial distinction between the Potential Infinite and the Actual Infinite. The Potential Infinite, according to Cantor, is the infinite in its most mundane sense. As the name implies, this designation applies to finite entities having the potential to grow or to decrease in size to an infinite degree. Cantor writes:

> Das P.-U. [Potential Unendliche] wird vorzugsweise dort ausgesagt, wo eine unbestimmte, *veränderliche endliche* Größe vorkommt, die entweder über alle endlichen Grenzen hinaus wächst [...] oder unter jede endliche Grenze der Kleinheit

---

[20] Letter printed in Herbert Meschkowski: *Georg Cantor: Leben, Werk, Wirkung.* Mannheim 1983, p. 122.

[21] Quoted in Herbert Meschkowski: *Mathematik verständlich dargestellt: eine Entwicklungsgeschichte von der Antike bis zur Gegenwart.* Wiesbaden 1997, p. 112.

abnimmt [...]; allgemeiner spreche ich von einem P.-U. überall da, wo eine *unbe-stimmte* Größe in Betracht kommt, die unzählig vieler Bestimmungen fähig ist.[22]

Potentially infinite entities increase or decrease relentlessly. Thus, they are malleable and, in a sense, uncertain. The Actual Infinite, on the other hand, is a designation that applies to sets of infinite size that do not change. Cantor writes: »Unter einem A.-U. [Aktual Unendlichen] ist da-gegen ein Quantum zu verstehen, das einerseits *nicht veränderlich*, son-dern vielmehr in allen seinen Teilen fest und bestimmt, eine richtige *Kon-stante* ist, zugleich aber andererseits *jede endliche Größe* derselben Art an Größe übertrifft.«[23] The entire set of positive, whole numbers is, for Cantor, a clear case of the Actual Infinite. Considering this group of ele-ments (numbers) as a set is a unifying operation. The set constitutes a collective and, with that, a stable body of infinite size.

Though the distinction between PU and AU is clear to Cantor, the fact that he must defend or clarify it so often suggests that these definitions are not as rigorous as he imagines. Mehrtens has suggested that the dif-ference between PU and AU is merely a matter of writing conventions.[24] But for Cantor, there is a basic ontological difference between Potential and Actual Infinites: the Potential Infinite is only potential because there is a more fundamental Actual Infinite. In other words, the sequence ›1, 2, 3 ...‹ cannot exist without the existence of the entire set of whole, positive numbers. Throughout his life, Cantor was interested in the nature of these completed sets, in Actual Infinites rather than Potential Infinites.

Cantor makes further crucial distinctions concerning the Actual Infi-nite. He notices early on that Actual Infinites come in different varieties. In »Über eine Eigenschaft des Inbegriffes aller reellen algebraischen Zahlen« (1874) he argues that the elements of some infinite sets could be counted while others could not. For example: the set of all positive, whole numbers is denumerable (»abzählbar«) while the set of all real numbers (i. e. 1.1, 1.11, 1.111) is not. Cantor arrives at this conclusion by compar-ing the sets to one another. If the two sets can be shown to contain an equal number of elements, these sets are both denumerable, Cantor rea-sons. In order for this to be the case, there has to be a one-to-one corre-spondence between the elements of the sets. Cantor finds that this condi-tion does not obtain:

---

[22] Georg Cantor: »Mitteilungen zur Lehre des Transfiniten«, in: idem: *Gesammelte Abhandlungen mathematischen und philosophischen Inhalts*. Berlin 1980, p. 401.

[23] Ibid., p. 401.

[24] Mehrtens: *Moderne, Sprache, Mathematik* (see note 19), p. 19.

> Wenn eine nach irgendeinem Gesetze gegebene unendliche Reihe voneinander
> verschiedener reeller Zahlgrößen ω(1), ω(2), ...ω(v), ... (4) vorliegt, so läßt sich
> in jedem vorgegebenen Intervalle (ά...β) eine Zahl η (und folglich unendlich viele
> solcher Zahlen) bestimmen, welche in der Reihe (4) nicht vorkommt.[25]

Cantor describes a logical way in which one could easily construct a real number that does not have a corresponding number from the other set. This act of number construction, Cantor points out, can be performed an infinite number of times. In effect, he denies the possibility of a one-to-one correspondence (»Eineindeutigkeit«) between the two sets. There are, he concludes, many more real numbers than positive, whole numbers, so many, in fact, that the former set is non-denumerable (»un-abzählbar«).

This insight was no trivial achievement. As Joseph Dauben remarks, the discovery of non-denumerable sets suggested new questions about the nature of continuity and also implied that there are different orders of the infinite.[26] Ernst Zermelo, too, notes that it was only a small step from the discovery of non-denumerability to the idea of powers.[27] Cantor takes this step in »Ein Beitrag zur Mannigfaltigkeitslehre« (1878). He begins by establishing the principle of equivalence: two sets have the same power (»gleiche Mächtigkeit«) if there is a one-to-one correspondence between the members of the two sets. This holds true both in the domain of the finite and in the domain of the infinite. For finite sets, if such a correspondence does not exist, there is no difficulty in deciding which set is assigned the greater power – it is simply the set with the higher quantity of elements. For infinite sets however, this appeal to common sense is inappropriate: »Aus dem Umstande allein, daß eine unendliche Mannigfaltigkeit M ein Bestandteil einer andern N ist oder einem solchen eindeutig und vollständig zugeordnet werden kann, darf keineswegs geschlossen werden, daß ihre Mächtigkeit kleiner ist als die von N.«[28] Where infinites are concerned, the mathematician must rethink the designations ›larger‹ and ›smaller‹. But these sensational conclusions prompt a controversial question: what happens when one moves from the comparative to the superlative, when questions about the larger magnitude become questions

---

[25] Georg Cantor: »Über eine Eigenschaft des Inbegriffes aller reellen algebraischen Zahlen«, in: idem: *Gesammelte Abhandlungen* (see note 22), p. 117.

[26] Joseph Dauben: *Georg Cantor: His Mathematics and Philosophy of the Infinite.* Cambridge, p. 59.

[27] Zermelo's commentary in Cantor: *Gesammelte Abhandlungen* (see note 22), p. 118.

[28] Cantor: »Ein Beitrag zur Mannigfaltigkeitslehre«, in: idem: *Gesammelte Abhandlungen* (see note 22), p. 119.

about the largest magnitude? The trajectory of Cantor's project – the distinction between Potential and Actual Infinites, the discovery of non-denumerable sets, and the theorization of powers – brings him closer and closer to the problem of different magnitudes of the infinite. Inevitably, it seems, he was to arrive at the riddle of the largest infinite set, a notion not only of great mathematical importance, but of tremendous theological and philosophical significance as well. The question Cantor forces himself to address is: how does God remain relevant when a mathematical entity has become the greatest embodiment of the infinite?

By proposing an answer to this question about mathematics and religion, Cantor hoped to correct the philosophical discourse on the infinite. This corrective comes as a relatively simple distinction between the Transfinite and the Absolute. In a letter from 1884 Cantor writes: »Die meisten [Philosophen] verwechseln sogar das Transfinitum mit dem seiner Natur nach *unterschiedslosen höchsten Einen*, mit dem Absoluten, dem absoluten Maximum, welches natürlich keiner Determination zugänglich und daher der Mathematik nicht unterworfen ist.«[29] According to Cantor, this persistent confusion of the Transfinite and the Absolute is what suggests that his philosophy of the infinite contradicts religious doctrine. Cantor tries to diffuse this tension between mathematics and religion. In his system, both the Transfinite and the Absolute belong to the Actual Infinite (as opposed to the Potential Infinite). That is: each term refers to an entity that is at once infinite in magnitude and conceptually concrete. But ›Transfinite‹ refers to infinite sets that, with the help of mathematical rationality, become unified collections of numbers. ›Absolute‹, on the other hand, refers to a unified being of infinite power. While the Transfinite belongs to the rational world of mathematics, rational inquiry cannot explain the indeterminable nature of the Absolute. This distinction between the Transfinite and the Absolute is necessary to alleviate the tension between mathematics and religion. Cantor concedes that there is a version of the infinite that does not fall under the rubric of reason. This concession keeps his philosophy of the rationalized infinite alive while providing a space for those infinites not subject to rationalized elucidations.

Cantor defends this position consistently. In »Mitteilungen zur Lehre vom Transfiniten« (1887) he draws the line between the Absolute Infinite and the Transfinite again:

---

[29]   Letter printed in Cantor: *Gesammelte Abhandlungen* (see note 22), p. 391.

> Es wurde das A.-U. nach *drei* Beziehungen unterschieden: *erstens* sofern es in der höchsten Vollkommenheit, im völlig unabhängigen, außerweltlichen Sein, *in Deo* realisiert ist, wo ich es *Absolutunendliches* oder kurzweg *Absolutes* nenne; *zweitens* sofern es in der abhängigen, kreatürlichen Welt vertreten ist; *drittens* sofern es als mathematische Größe, Zahl oder Ordnungstypus vom Denken *in abstracto* aufgefaßt werden kann. In den *beiden* letzten Beziehungen, wo es offenbar als beschränktes, noch weiterer Vermehrung fähiges und *insofern dem Endlichen verwandtes* A.-U. sich darstellt, nenne ich es das *Transfinitum* und setze es dem *Absoluten* strengstens entgegen.[30]

The Transfinite is the concern of metaphysics and mathematics, both of which appeal to rational, strictly logical thought processes. Here, facts and laws create a stable system producing solutions known to be true. Systematicity makes mathematical and metaphysical processes solid (›fest und bestimmt‹, in Cantor's words). The Absolute Infinite, on the other hand, provides the basis for mathematics and metaphysics and operates differently than these disciplines.

Cantor recognizes the limitations of strict logical reasoning when it comes to the Absolute. He acknowledges that our knowledge of the Absolute is necessarily produced from a human perspective (»menschlicherseits«), and that this knowledge cannot possibly be conclusive and systematic. By discriminating between the Transfinite and the Absolute in this way, Cantor negotiates the tension between his philosophy of the infinite and traditional religious doctrine.

He repeats this simple maneuver in a letter to Kardinal Franzelin (1888). Here, Cantor defends himself against the charge that his philosophy of the infinite presents a challenge to God's omnipotence: »denn in der kurzen Andeutung meines Briefes [...] war es an der betreffenden Stelle nicht meine Meinung, von einer objektiven, metaphysischen Notwendigkeit zum Schöpfungsakt, welcher Gott, der *absolut Freie* unterworfen gewesen wäre, zu sprechen«.[31] As Cantor explains, the Transfinite, characterized again by its objectivity and its ties to metaphysics, does not threaten the traditional understanding of God's free will. Rather, Cantor raises God to the level of Absolute Infinite, a magnitude having nothing to do with objectivity or necessity. The Absolute is logically intractable. In the present context, the distinction between the Transfinite and the Absolute is the most important element of Cantor's philosophy of

---

[30] Cantor: »Mitteilungen zur Lehre vom Transfiniten« (see note 22), p. 378.
[31] Letter printed in Cantor: *Gesammelte Abhandlungen* (see note 22), p. 400.

the infinite because it plays a role in *Törleß*. Törleß knows about Cantor and refers to him precisely during his experience of the infinite.

Musil consistently uses mathematics to differentiate between rational and non-rational thinking. As early as 1898, at the age of eighteen, he writes in his diary about Nietzsche: »Mir kommt er vor, wie jemand der hundert neue Möglichkeiten erschlossen hat und keine ausgeführt. Daher lieben ihn die Leute denen neue Möglichkeiten Bedürfnis sind und nennen ihn jene unphilosophisch die das mathematisch berechnete Resultat nicht missen können.«[32] This note is not only a precursor to Musil's notion of ›Möglichkeitssinn‹, the philosophical centerpiece of his last novel *Der Mann ohne Eigenschaften*. Musil also makes a critical distinction here: he contrasts the sense of the possible with the rationality associated with mathematical thought. He uses this distinction to separate Nietzsche's readers into two groups. Only open-minded readers are capable of appreciating Nietzsche's ›Möglichkeitssinn‹. Believers in the primacy of strict mathematical computation remain uninitiated.

In another early diary entry entitled »Das stilisierte Jahrhundert« (presumably written between 1899 and 1904), Musil creates another such juxtaposition between strict rationality and non-rationality, corresponding to what he would later call ›ratioïd‹ and ›nicht-ratioïd‹. He uses a mathematics metaphor to stress this epistemological bifurcation:

> Das kommt von der zweimalzwei ist vier Logik. Ja aber 2x2 ist doch 4! Gewiß, wir sagen es und weiter geht die Sache niemanden an. Aber es giebt doch auch Dinge die ihre Existenz nicht bloß einem Übereinkommen unter uns Menschen verdanken und da können wir unserer Logik nicht so unbedingt trauen.[33]

As in Musil's diary entry about Nietzsche, rationality is exemplified by mathematics. The consistent equation of mathematics and rationality suggests that Musil holds mathematical reasoning to be an appropriate choice when it comes to describing the nature of rationality or systematic thought. Besides reiterating this connection, this entry also argues for the existence of the unsystematic, ›nicht-ratioïd‹ realm. Thus, mathematics functions consistently as a tool of demarcation: it not only represents the domain of pure rationality, but it also draws the line between strict rationality and non-rationality.

»Der mathematische Mensch« (1913) complicates this neat distinction, though. As Albrecht rightly notes, mathematics is no longer presented as

---

[32] Robert Musil: *Tagebücher*, ed. Adolf Frisé. 2 vol. Reinbek b. Hamburg 1983, vol. 1, p. 50.

[33] Ibid., p. 8.

the incarnation of rational thought but instead as an inherently ambiguous discipline. Toward the beginning of the essay, Musil writes: »Das spricht nicht gegen das Feldherrningenium, wohl aber für die eigentümliche Natur der Mathematik. Man sagt, sie sei eine äußerste Ökonomie des Denkens, und das ist auch richtig. Aber das Denken selbst ist eine weitläufige und unsichere Sache.«[34] If thought itself is uncertain, then, Musil surmises, mathematics is not as straightforward as it seems to be. In this essay, Musil follows this line of argument by describing mathematics as both rational and non-rational.

How does Musil figure mathematics as rational? With clear allusions to calculus and Cantorian set-theory: »Einen Prozess, mit dem man überhaupt nie fertig werden könnte, wie das Zusammenzählen einer unendlichen Reihe, ermöglicht die Mathematik unter günstigen Umständen in wenigen Augenblicken zu vollziehen.«[35] After this reference to the Actual Infinite, Musil continues:

> Bis zu komplizierten Logarithmenrechnungen, ja selbst Integrationen macht sie [die Mathematik] es überhaupt schon mit der Maschine; die Arbeit des heutigen beschränkt sich auf das Einstellen der Ziffern seiner Frage und auf das Drehen an einer Kurbel oder ähnliches. Der Amtsdiener einer Lehrkanzel kann damit Probleme aus der Welt schaffen, zu deren Auflösung sein Professor noch vor zweihundert Jahren zu den Herren Newton in London oder Leibniz in Hannover hätte reisen müssen.[36]

Negotiating infinite numbers with the help of set theory, performing logarithmic operations and using calculus, claims Musil, have become automatic processes for modern mathematicians. These processes follow conventions of mathematics. This conventionalism situates mathematics in a rational framework. Musil goes on to say that the ability to count an infinite set of numbers with the help of set-theory represents a hyper-rational organization of the intellect: »Das ist die alte geistige Landstraße mit Wettergefahr und Räuberunsicherheit ersetzt durch Schlafwagenlinien. Das ist erkenntnis-theoretisch betrachtet Ökonomie.«[37] As in the diary entries above, mathematics embodies rationality.

Musil does not just figure mathematics as a straightforward representation of rationality, though, but also emphasizes its anti-systematic, non-rational qualities: »Nur wenn man nicht auf den Nutzen nach außen sieht,

---

[34] Robert Musil: »Der mathematische Mensch« (see note 10), p 1004.
[35] Ibid.
[36] Ibid., p. 1005.
[37] Ibid., p. 1004.

sondern in der Mathematik selbst auf das Verhältnis der unbenutzten Teile, bemerkt man das andere und eigentliche Gesicht dieser Wissenschaft. Es ist nicht zweckbedacht, sondern unökonomisch und leidenschaftlich.«[38] The presence of this passionate side of mathematics, its non-rationality, has serious consequences. For Musil, this anti-systematic element provokes an inquiry into human existence. Our lives, after all, are based on mathematics:

> Wir backen unser Brot, bauen unsre Häuser und treiben unsre Fuhrwerke durch sie [die Mathematik] […]. Dieses ganze Dasein, das um uns läuft, rennt, steht, ist nicht nur für seine Einsehbarkeit von der Mathematik abhängig, sondern ist effektiv durch sie entstanden, ruht in seiner so und so bestimmten Existenz auf ihr.[39]

Consequently, if the established tenets of mathematics are questioned, our existence must be questioned as well. During the ›Grundlagenkrise‹, the foundations of mathematics were questioned. »Der mathematische Mensch« demonstrates that Musil was aware of this:

> Denn die Pioniere der Mathematik hatten sich von gewissen Grundlagen brauchbare Vorstellungen gemacht, aus denen sich Schlüsse, Rechnungsarten, Resultate ergaben, deren bemächtigten sich die Physiker, um neue Ergebnisse zu erhalten, und endlich kamen die Techniker, nahmen oft bloß die Resultate, setzten neue Rechnungen darauf und es entstanden die Maschinen. Und plötzlich, nachdem alles in schönste Existenz gebracht war, kamen die Mathematiker – jene, die ganz innen herumgrübeln, – darauf, daß etwas in den Grundlagen der ganzen Sache absolut nicht in Ordnung zu bringen sei; tatsächlich, sie sahen zuunterst nach und fanden, daß das ganze Gebäude in der Luft stehe.[40]

Because our lives are inherently dependent on mathematics, the destabilization of the discipline as a consequence of the ›Grundlagenkrise‹ forces a complete reassessment of our existence: »Man muß daraufhin annehmen, daß unser Dasein bleicher Spuk ist; wir leben es, aber eigentlich nur auf Grund eines Irrtums, ohne den es nicht entstanden wäre.«[41] Thus, in »Der mathematische Mensch« Musil presents modern mathematics as ambiguous rather than as the apex of rational thought. It is the epitome of rationality and simultaneously a structure without a base. It is systematic and anti-systematic at the same time.

---

[38] Ibid., p. 1005.
[39] Ibid., p. 1006.
[40] Ibid.
[41] Ibid.

In fact, Musil had depicted this very ambivalence in *Törleß* less than a decade earlier. In that text, Musil focuses specifically on the problem of the infinite. And, as do his statements from 1913, Musil's *Törleß* emphasizes that the coexistence of rationality and non-rationality in mathematics mirrors an existential dilemma. The essays and the novel use mathematics in an identical way, referring to the actual disciplinary crisis that Musil knew a lot about.

The tension between rationality and non-rationalty pervades *Törleß*. It is evident in the quote by Maurice Maeterlinck that begins the novel, in the scenes involving the prostitute Bozena, in the retelling of Törleß's childhood memories, and, most explicitly, in the problems surrounding the torture of Basini. The tension between the rational and the non-rational leads to Törleß's feelings of confusion. Scholars have noted this tension and its centrality to the text. Roland Kroemer writes:

> Die Wirklichkeit hat sich für Törleß in ein riesiges Kippbild verwandelt, dessen zwei Seiten jeweils nur einzeln, abwechselnd zu erkennen sind. Seine Wahrnehmung oszilliert permanent zwischen einer hellen, alltäglichen und einer dunklen rätselfhaften Seite, die sich jedem sprachlichen Zugriff entzieht.[42]

Törleß's vertiginous experience of the infinite exhibits this dualism of perception and is thus consistent with the rest of the narrative. It is this experience that relates the novel to Cantor's work.

Lying on his back with his gaze directed at the sky, Törleß receives a jolt: »Und plötzlich bemerkte er, – und es war ihm, als geschähe es zum ersten Male, – wie hoch eigentlich der Himmel sei. Es war wie ein Erschrecken. Gerade über ihm leuchtete ein kleines, blaues, unsagbar tiefes Loch zwischen den Wolken« (T 62). At first, he imagines this hole between the clouds as one that is in some way reachable. He quickly realizes otherwise, however: »»Freilich gibt es kein Ende‹ sagte er sich, ›es geht immer weiter, fortwährend weiter, ins Unendliche‹« (ibid.). Although this seems to be a pedestrian observation, it becomes clear that Törleß's reference to the infinite is not commonplace at all. He has been introduced to its mathematical significance:

> ›Das Unendliche!‹ Törleß kannte das Wort aus dem Mathematikunterricht. Er hatte sich nie etwas Besonderes darunter vorgestellt. Es kehrte immer wieder; irgend jemand hatte es einst erfunden, und seither war es möglich, so sicher damit zu rechnen wie nur mit irgend etwas Festem. Es war, was es gerade in der Rechnung galt; darüber hinaus hatte Törleß nie etwas gesucht. (ibid.)

---

[42] Kroemer: *Ein endloser Knoten?* (see note 2), p. 165.

This passage is pertinent to the articulation of Törleß's dualistic view of the world. He immediately assesses the infinite as a sign of rationality. From this perspective, the infinite is a stable entity capable of systematic operations within an established, coherent system. But all of a sudden this conventional conceptualization of the infinite is ruptured:

> Und nun durchzuckte es ihn wie mit einem Schlage, daß an diesem Worte etwas furchtbar Beunruhigendes hafte. Es kam ihm vor wie ein gezähmter Begriff, mit dem er täglich seine kleinen Kunststückchen gemacht hatte und der nun plötzlich entfesselt worden war. Etwas über den Verstand gehendes, Wildes, Vernichtendes schien durch die Arbeit irgendwelcher Erfinder hineingeschläfert worden zu sein und war nun plötzlich aufgewacht und wieder furchtbar geworden. (T 63)

The infinite, then, is not only a paradigm of rationalty. It is non-rational as well. Recalling the previous discussion of »Der mathematische Mensch« makes it clear that Törleß's characterization of the infinite is consistent with Musil's later thoughts on mathematics (and the infinite in particular). In both the essay and the novel, the infinite is figured as ambiguous. On the one hand, the infinite embodies rational thought. On the other hand, it defies rules, laws, systems, and predictability, thereby becoming part of the non-rational terrain defined in »Skizze der Erkenntnis des Dichters«: »Auf diesem Gebiet ist das Verständnis jedes Urteils, der Sinn jedes Begriffs von einer zarteren Erfahrungshülle umgeben als Äther, von einer persönlichen Unwillkür. Die Tatsachen dieses Gebietes und darum ihre Beziehungen sind unendlich und unberechenbar.«[43]

This tension between the systematic and the anti-systematic is not restricted to mathematics. It is relevant to Törleß's experience of everyday reality. As he ponders the difficulties presented by Basini in the very next scene, it is clear that the ambiguities of mathematics run parallel to the ambiguities that define his life: »Die Vorstellung dessen, was mit dem [Basini] geschah, hatte Törleß völlig entzweigerissen; sie war bald vernünftig und alltäglich, bald von jenem bilderdurchzuckten Schweigen, das allen diesen Eindrücken gemeinsam war, [...] genau so wie vorhin die Vorstellung der Unendlichkeit« (T 64). Here, Törleß directly relates his experience of the infinite to his general dilemma. The infinite is identified as a manifestation of the opposition of rationality and non-rationality. As this opposition is the root of the protagonist's confusion, the metaphor of the infinite must be regarded as central to the narrative.

I have described Cantor's conception of the infinite as multi-faceted. One significant facet is that Cantor tries to harmonize mathematics and

---

[43] Robert Musil: »Skizze der Erkenntnis des Dichters« (see note 12), p. 1028.

religion with his distinction between the Transfinite and the Absolute. To a point, the infinite is a component of the mathematical world, as reliable as any other mathematical construction. This is Cantor's rationalized infinite, the Transfinite. Beyond this point, however, Cantor associates the infinite with religious thought, with modes of inquiry that are speculative and evade strictly deductive reasoning. This is Cantor's Absolute Infinite. His dualistic conception of the Infinite, its strict systematicity on the one hand and its defiance of systematicity on the other, corresponds to Törleß's view of the infinite.

In his initial reaction, Törleß not only refers to Cantor (»irgend jemand hatte es einst erfunden«) but also to Cantor's Transfinite: he perceives the rationalized side of the infinite. For Törleß and for Cantor, the infinite is a concrete mathematical construction used to solve equations (»und seither war es möglich, so sicher damit zu rechnen wie nur mit irgend etwas Festem. Es war, was es gerade in der Rechnung galt; darüber hinaus hatte Törleß nie etwas gesucht«). What Törleß thinks of first, then, is the mathematical significance given to the infinite by Cantor's notion of Transfinite.

Then he notices that the infinite is more complex than this straightforward mathematical interpretation indicates (»Etwas über den Verstand gehendes, Wildes, Vernichtendes schien durch die Arbeit irgendwelcher Erfinder hineingeschläfert worden zu sein [...]«). Having considered the rational side of the infinite, Törleß recognizes its non-rational qualities. He is no longer thinking of the Transfinite, but of Cantor's Absolute. As both Törleß and Cantor point out, this aspect of the infinite does not lend itself to mathematical explication. For both the struggling young pupil and the master mathematician, there is a side of the infinite that escapes strict logical assessment. Törleß's characterization of the infinite thus strategically incorporates both Cantor's Transfinite and Absolute. Paying attention to Cantor's work reveals the historical specificity of Törleß's viewpoint, demonstrating that it is not coincidental or naïve, but that it has close ties to the concrete circumstances defining the world of mathematics at the turn of the century.

I have already made some suggestions regarding where and when Musil would have learned about Cantor before 1905. Other factors explain why he would have learned about Cantor around this time. Cantor's work had completely changed the discipline of mathematics just before and while Musil was studying mathematics. Zermelo begins his introduction to the anthology of Cantor's essays with the following remarks:

In der Geschichte der Wissenschaften ist es gewiß ein seltener Fall, wenn eine ganze wissenschaftliche Disziplin von grundlegender Bedeutung der schöpferischen Tat eines einzelnen zu verdanken ist. Dieser Fall ist verwirklicht in der Schöpfung Georg Cantors, der Mengenlehre [...].[44]

This statement helps to gauge Cantor's general importance for modern mathematics and makes it clear why Musil knew about his work.

Famed professor Carl Stumpf – Musil's dissertation adviser – is a very probable source of Musil's knowledge about Cantor. After being named the director of the Friedrich-Wilhelm-Universität in 1907, Stumpf stated in his first public address: »Somit folgt, daß von beiden Wegen der Philosophie der erfahrungsmäßige allein zu einer gedeihlichen Fortentwicklung führen kann, daß aber auch von den zwei psychologischen Verhaltensweisen die der Priorität des Verstandes für die Philosophie in Kraft bleiben muß.«[45] Stumpf's point is that difficult philosophical problems should be dealt with not only with the help of emerging scientific techniques – especially those developed by experimental psychologists –, but also with the aid of philosophy, literature, and art. One of the problems Stumpf has in mind is »die Cantorsche Mengenlehre, die unter anderem die Frage nach dem aktuell Unendlichen von neuem aufrollte.«[46] If Stumpf thought this problem of the infinite so important, it is very likely that Musil was well acquainted with it. In general, Cantor's importance in the mathematics community at the turn of the century cannot be overestimated. Stumpf's mention of Cantor is not the least bit untimely. Though Cantor's most influential writings were published in the 1870s and 1880s, they received new life in the late 1890s. In 1897, the mathematician Burali-Forti discovered an antinomy in Cantor's original formulation of set-theory. In 1903, Bertrand Russell found a second, more damaging contradiction in Cantor's reasoning. In 1904, Julius König outlined a critique of Cantor creating shockwaves reaching far beyond the mathematics community. Regarding König's presentation, Herbert Meschkowski writes: »Diese Feststellungen waren die Sensation des Kongresses. Selbst die sonst gegenüber mathematischen Tagungen so zurückhaltenden Tageszeitungen berichteten darüber, und der Grossherzog ließ sich durch Felix

---

[44] Ernst Zermelo: Introduction to Cantor's *Gesammelte Abhandlungen* (see note 22), p. III.

[45] Carl Stumpf: *Die Wiedergeburt der Philosophie: Rede zum Antritt des Rektorates der königlichen Friedrich-Wilhelms-Universität.* Leipzig 1908, p. 23.

[46] Ibid.

Klein informieren.«[47] Though König's conclusions turned out to be incorrect, his challenge to Cantor coupled with the aforementioned discoveries to make Cantor's work a focal point for mathematicians before and during Musil's Berlin years. Thus, while Törleß's clear allusion to Cantor demonstrates that Musil knew about the famous mathematician and his ideas about the infinite before 1905, historical context, Musil's connection to Stumpf, and the nature of Musil's education explain why he would have known.

It is important to mention one significant difference between Cantor's infinite and Törleß's infinite. This difference concerns the status of religion. Cantor's Transfinite corresponds to Törleß's initial interpretation of the infinite as rational. Cantor's Absolute corresponds to Törleß's subsequent view that the infinite is non-rational. There is, however, an important asymmetry in this comparison. Cantor's creation of the Absolute Infinite was motivated by religious sentiment. His construction of a religious domain unreachable by rationality was a strategic reaction to negative criticism of his mathematical project, criticism stemming from theologians. For Cantor, the Absolute Infinite was the domain of God. Törleß's view that the infinite is irrational resists any sort of religious associations, though. In fact, the non-rational domain, as Musil describes it, emphatically rejects dogmatic thought in general, especially that of traditional religion and systematic metaphysics. Though Törleß's infinite is very similar to Cantor's in important respects, for Törleß the infinite has nothing to do with religion. That Törleß sees the infinite differently from Cantor in this respect is consistent with the fact that he is critical of religion throughout the novel.

There are two seminal sequences in which Törleß's critique of religion is evident. The first of these is the flashback describing Törleß's relationship with the young duke. In the beginning, Törleß finds himself drawn to the duke's alterity: his effeminate nature, his unusual gestures, and especially his religious affiliation (T 11). In the end, though, Törleß's attack on the duke's religious beliefs provokes the abrupt break in their relationship:

> Sie waren nämlich doch einmal ins Streiten über religiöse Dinge gekommen. Und in diesem Augenblicke war es eigentlich schon um alles geschehen. Denn wie von Törleß unabhängig, schlug nun der Verstand in ihm unaufhaltsam auf den zarten Prinzen los. Er überschüttete ihn mit dem Spotte des Vernünftigen, zer-

---

[47] Meschkowski: *Georg Cantor: Leben, Werk, Wirkung* (see note 20), p. 165.

störte barbarisch das filigrane Gebäude, in dem dessen Seele heimisch war, und sie gingen im Zorne auseinander. (T 12)

Törleß's critical attitude toward religion also appears in the trial scene after he has run away and been retrieved by school authorities. His attempts to explain his thought processes with regard to Basini's torture are met with praise and sympathy from the religion teacher, while the other members of the committee are confused. After Törleß sketches out his theory of dual perception – of rationality and non-rationality – the theologian tries to generalize these remarks: »›Sie fühlen sich also‹, fragte er, ›von der Wissenschaft weg zu religiösen Gesichtspunkten gezogen‹?« (T 135) Törleß, to the committee's surprise, does not accept this diagnosis. Instead, he simply restates his theory while freely admitting that it is incoherent:

> ›Ich habe vielleicht noch zu wenig gelernt, um mich richtig auszudrücken, aber ich will es beschreiben. Eben war es wieder in mir. Ich kann es nicht anders sagen, als daß ich die Dinge in zweierlei Gestalt sehe. Alle Dinge; auch die Gedanken. Heute sind sie dieselben wie gestern, wenn ich mich bemühe, einen Unterschied zu finden, und wie ich die Augen schließe, leben sie unter einem anderen Lichte auf […]. So wie ich fühle, daß ein Gedanke in mir Leben bekommt, so fühle ich auch, daß etwas in mir beim Anblicke der Dinge lebt, wenn die Gedanken schweigen. Es ist etwas Dunkles in mir, unter allen Gedanken, das ich mit den Gedanken nicht ausmessen kann, ein Leben, das sich nicht in Worten ausdrückt und das doch mein Leben ist‹ (T 137).

Törleß does not allow these ideas to be explained with religion. Instead, he accepts an inarticulable complexity as part of existence. Considering this attitude toward religion, the remarkable incongruence between Cantor's infinite and Törleß's does not come as a surprise. Musil's does not just restate Cantor's scientific theory and philosophy, but rather shapes science in accordance with his artistic goals. In a sense, Musil's appropriation of Cantor is a subversive one: he uses Cantor's ideas to undermine Cantor's eventual conclusions about religion.

Cantor's notion of the infinite is an important part of Musil's text. But the debates that came in Cantor's wake play a vital role in the novel as well. The discord between the Formalists and the Intuitionists concerning the foundations of mathematics had to do with the referential quality of mathematical language. The question of language is central to Musil's text, too.

There is no dearth of scholarship about Musil's skepticism concerning language. Some scholars contend that Musil was as intensely affected by the ubiquitous ›Sprachkrise‹ as Hofmannsthal. Others argue that this turn-of-the-century anxiety about the referential qualities of language barely affected Musil at all.[48] Obviously, the problem of language is central in *Törleß*. I will pursue this problem within its historical context. However, I do not have Nietzsche, Hofmannsthal and Mauthner in mind here, but the mathematicians David Hilbert and L. E. J. Brouwer.

To begin with, language issues are important in the scene in which Tör-leß engages with the infinite: »Und nun durchzuckte es ihn wie mit einem Schlage, daß an diesem Worte etwas furchtbar Beunruhigendes hafte. Es kam ihm vor wie ein gezähmter Begriff, mit dem er täglich seine Kunst-stückchen gemacht hatte und der nun plötzlich entfesselt worden war« (T 63). Törleß's uneasiness about the infinite connects to fears about the shortcomings of language. His distinction between ›Wort‹ and ›Begriff‹ is comparable to Nietzsche's use of the pair in »Über Wahrheit und Lüge im aussermoralischen Sinne« (1872):

> Denken wir besonders noch an die Bildung der Begriffe: jedes Wort wird sofort dadurch Begriff, dass es eben nicht für das einmalige ganz und gar individuali-sierte Urerlebniss, dem es sein Entstehen verdankt, etwa als Erinnerung dienen soll, sondern zugleich für zahllose, mehr oder weniger ähnliche, d. h. streng ge-nommen niemals gleiche, also auf lauter ungleiche Fälle passen muss. Jeder Be-griff entsteht durch Gleichsetzen des Nicht-Gleichen.[49]

›Begriffe‹ do not account for the infinite singularities that constitute reali-ty. Törleß recognizes the term ›das Unendliche‹ as a linguistic convention having a purely functional purpose rather than unique referential quali-ties. The fact that language is made up of ›Begriffe‹ implies that it does not offer the possibility of describing reality exactly. This is Törleß's concern.

The problem of language pervades the text. *Törleß* is prefaced by a quote by Maurice Maeterlinck:

> Sobald wir etwas aussprechen, entwerten wir es seltsam. Wir glauben in die Tiefe der Abgründe hinabgetaucht zu sein, und wenn wir wieder an die Oberfläche kommen gleicht der Wassertropfen an unseren bleichen Fingerspitzen nicht mehr dem Meere, dem er entstammt.

---

[48]   Jerry Varsava summarizes various positions in »Törleß at the Limits of Language: A Revised Reading«, in: *Seminar* 20 (1984), p. 201.

[49]   Friedrich Nietzsche: »Ueber Wahrheit und Lüge im aussermoralischen Sinne«, in: idem: *Die Geburt der Tragödie. Unzeitgemäße Betrachtungen I–IV*, eds. Giorgio Colli and Mazzino Montinari. München 1999 (Sämtliche Werke, vol. 1), p. 879.

This fragment is relevant to the entire novel: Maeterlinck's distrust of language's ability to describe experience exhaustively presents a problem that the text broaches repeatedly. This problem figures in Törleß's traumatic reliving of childhood memories. As a young boy out for a walk with his father, Törleß reacts strongly to his surroudings: »O es ist schön«, he exclaims. As soon as he has spoken, however, he perceives the inadequacy and inaccuracy of his utterance: »Denn er hätte ebenso gut sagen mögen: es ist schrecklich traurig. Es war ein Versagen der Worte, das ihn da quälte, ein halbes Bewußtsein, daß die Worte nur zufällige Ausflüchte für das Empfinden waren« (T 65). After recounting a different memory to Beineberg – an experience of loneliness and fear in the forest – Törleß asks: »Was ist das? Ich fühle es oft wieder. Dieses plötzliche Schweigen, das wie eine Sprache ist, die wir nicht hören« (T 24). These moments of emotional distress are linked to the failure of established codes of linguistic referentiality. The protagonist experiences such moments repeatedly: during the violent treatment of Basini and with regard to questions of sexuality, for instance. Furthermore, in the midst of this semiotic crisis, Törleß again finds himself in conflict with mathematics, this time confronted with the imaginary rather than the infinite.

To take the square root of a negative number is counterintuitive because no number multiplied by itself will ever yield a negative number. It is no wonder, then, that Törleß views the imaginary number $\sqrt{-1}$ as a vexing philosophical problem. He is especially surprised that an equation can begin and end with substantial numbers, numbers that pertain to the real world, while the proper execution of this equation relies on imaginary numbers, numbers that do not even really exist: »Ist das nicht wie eine Brücke, von der nur Anfangs- und Endpfeiler vorhanden sind und die man dennoch so sicher überschreitet, als ob sie ganz dastünde? Für mich hat so eine Rechnung etwas Schwindliges...« (T 74). As is the case with the infinite, mathematics is figured as ambivalent and contradictory, at once rational and irrational. Ulrich echoes this sentiment in *Der Mann ohne Eigenschaften*: »ein ›Grenzfall‹, wie das Ulrich später nannte, von eingeschränkter und besonderer Gültigkeit, an die Freiheit erinnernd, mit der sich die Mathematik zuweilen des Absurden bedient, um zur Wahrheit zu gelangen.«[50] With respect to imaginary numbers, Törleß's confusion comes from his inability to understand mathematical language, the conventionalized grammar of a particular type of equation. How, Törleß wonders, can a number without practical solidity, a signifier unaccompa-

---

[50]   Robert Musil: *Der Mann ohne Eigenschaften*. Reinbek b. Hamburg 1978, p. 761.

nied by its proper signified, be necessary to an equation which offers reliable mathematical solutions to real-world problems? This question about mathematical language belongs to the web of skepticism about language articulated in the novel. Linking the problem of language to mathematics is a direct allusion to the mathematical ›Grundlagenkrise‹.

»*am Anfang* – so heißt es hier – *ist das Zeichen.*« David Hilbert, one of the most influential German mathematicians of the twentieth century made this claim in 1922.[51] After voicing his discontent with the state of mathematics, Hilbert elaborates on the alternative path he envisions for his discipline. Since *Die Grundlagen der Geometrie* (1899) Hilbert had contended that mathematics depended on the power of signs and their manipulation. The consequences of this position were profound. As Mehrtens points out, Hilbert's valorization of the sign divorced mathematics from the phenomenal world, made it into a pure, self-reflexive science: »Eine mathematische Theorie ist eine Symbolsprache, die sich auf nichts außer sich selbst, das heißt nur auf die eigenen Regeln bezieht.«[52] From the turn of the century on, Hilbert thought of mathematics as an autonomous realm created by the imaginative mathematical mind.

Hilbert bases his view of mathematics on his philosophical beliefs. He argues for the existence of certain extra-logical objects more fundamental than thought itself. Understanding the nature of these objects is imperative when it comes to grasping the foundations of his science: »Soll das logische Schließen sicher sein, so müssen sich diese Objekte vollkommen in allen Teilen überblicken lassen«.[53] Hilbert wants to reduce all mathematical thought to these irreducible objects. Building a reliable, coherent empire of signs, he contends, is the best way to find and to describe the foundations of mathematics. He continues:

> In dem ich diesen Standpunkt einnehme, sind mir [...] die Gegenstände der Zahlentheorie die Zeichen selbst, deren Gestalt unabhängig von Ort und Zeit und von den besonderen Bedingungen der Herstellung des Zeichens sowie von geringfügigen Unterschieden in der Ausführung sich allgemein und sicher wiedererkennen läßt. Hier liegt die feste philosophische Einstellung, die ich zur Begründung der reinen Mathematik – wie überhaupt zu allem wissenschaftlichen Denken, Verstehen und Mitteilen für erforderlich halte: *am Anfang* – so heißt es hier – *ist das Zeichen.*[54]

[51] David Hilbert: »Neubegründung der Mathematik«, in: idem: *Gesammelte Abhandlungen*, eds. Ernst Hellinger et al. Berlin 1932–35, vol. 3, p. 163.
[52] Mehrtens: *Moderne, Sprache, Mathematik* (see note 19), p. 123.
[53] Hilbert: »Neubegründung der Mathematik« (see note 51), p. 163.
[54] Ibid.

This seems a peculiar passage. It states that signs guide us toward the fundamental building blocks of mathematics and science, but that they are simultaneously removed from signifying practices. As Hilbert says about the number ›1‹ or about the row ›1+1+1‹, »diese Zahlzeichen, die Zahlen sind und die Zahlen vollständig ausmachen, sind selbst Gegenstand unserer Betrachtung, haben aber sonst keinerlei *Bedeutung*.«[55] How are we to understand this? Are signs meaningful or not?

Signs are meaningful, but only because they exist within a semiotic system. The number ›1‹ has no meaning if it is not considered in relation to other signs belonging to the language of mathematics. Throughout his meta-mathematical work, Hilbert refers to this body of signs as »ein Fachwerk von Begriffen«. »Das Fachwerk von Begriffen«, he writes, »ist nichts anderes als die *Theorie der Wissenschaft*.«[56] Thus, it is the dynamic between signs that provides the basis for the discipline, not the signs by themselves. A systematic language of mathematics, he thinks, fosters rigorous axiomatic thinking that allows the most fundamental layers of mathematics to surface. In his historical address to the mathematics community in 1900, Hilbert stated:

> Wenn es sich darum handelt, die Grundlagen einer Wissenschaft zu untersuchen, so hat man ein System von Axiomen aufzustellen, welche eine genaue und vollständige Beschreibung derjenigen Beziehungen enthalten, die zwischen den elementaren Begriffen jener Wissenschaft stattfinden.[57]

Sciences rely on axioms, and axioms rely on the relations between signs, that is: on mathematical language. According to Hilbert, the task of mathematical language is simple: »*erstens* soll es [das Fachwerk von Begriffen] einen Überblick über die *Abhängigkeit* bzw. *Unabhängigkeit* der Sätze der Theorie und *zweitens* eine Gewähr der *Widerspruchslosigkeit* aller Sätze der Theorie bieten.«[58] Such a system of referentiality, in which signs only refer to other signs, should allow mathematicians to articulate a consistent set of axioms for to the entire world of mathematics.

Hilbert thus strips mathematics of its relationship to reality by reducing the discipline to an autonomous, self-reflexive system of signs. But if mathematics no longer refers to the objective, phenomenal world, then the

---

[55] Ibid.

[56] David Hilbert: »Axiomatisches Denken«, in: idem: *Gesammelte Abhandlungen* (see note 51), vol. 3, p. 146.

[57] David Hilbert: »Mathematische Probleme«, in: *Die Hilbertschen Probleme*, ed. Pavel S. Alexandroff. Leipzig 1971, p. 36.

[58] Hilbert: »Axiomatisches Denken« (see note 56), p. 148.

signs on which the discipline is founded do not correlate with this world either. This means that pure mathematics no longer makes claims that are true in that they correspond to reality, but instead makes claims that are true in that they are consistent with other mathematical claims. Viewing consistency (›Widerspruchslosigkeit‹) as the way to truth is characteristic of the Formalists. But how are Hilbert's ideas about mathematical language relevant to *Törleß*?

Hilbert's 1900 address to his colleagues, »Mathematische Probleme«, inaugurated his directorship of the mathematics department in Göttingen, the powerhouse of the mathematics world. The speech was of great significance to mathematicians because it named their most pressing problems while presenting the axiomatic method as the best way to solve them. The address was a manifesto of modern mathematics. In his opening remarks, Hilbert states:

> Wenn man einem Begriffe Merkmale erteilt, die einander widersprechen, so sage ich: der Begriff existiert mathematisch nicht. So existiert z. B. mathematisch nicht eine reelle Zahl, deren Quadrat gleich -1 ist. Gelingt es jedoch zu beweisen, daß die dem Begriffe erteilten Merkmale bei Anwendung einer endlichen Anzahl von logischen Schlüssen niemals zu einem Widerspruche führen können, so sage ich, daß damit die mathematische Existenz des Begriffes, z. B. einer Zahl oder einer Funktion, die gewisse Forderungen erfüllt, bewiesen worden ist.[59]

Hilbert's illustration makes use of the very number that tortures Törleß: $\sqrt{-1}$. For Hilbert, this number achieves meaning only within the context of mathematical language because it has no referential value in itself. $\sqrt{-1}$ makes sense only within an unfolding syllogism. This very idea appears in Musil's text. Hilbert's position is identical to the response Törleß elicits from his mathematics teacher concerning the paradoxical $\sqrt{-1}$. Staying away from metaphysical questions, the teacher replies: »was also die Mathematik anlangt, ist es ganz gewiß, daß hier auch ein natürlicher und nur mathematischer Zusammenhang besteht.« He goes on to claim: »Sie müssen sich eben damit zufrieden geben, daß solche mathematische Begriffe eben rein mathematische Denknotwendigkeiten sind.« He concludes: »Es geht nicht anders, lieber Törleß, die Mathematik ist eine ganze Welt für sich, und man muß reichlich in ihr gelebt haben, um alles zu fühlen, was in ihr notwendig ist« (T 77). Törleß's teacher is a mathematical Formalist. In his view, mathematics is a pure science showing little concern for reality. Mathematical connections, the interaction

---

[59] Hilbert: »Mathematische Probleme« (see note 57), p. 1.

between mathematical signs, determine whether or not a number exists. The teacher's response presents Hilbert's program ›in nuce‹.

Törleß is not satisfied with this explanation. Though he does not go so far as to agree with Beineberg that higher mathematics is a scam (T 81), the meeting with his teacher leaves him uncomfortable with the idea of imaginary numbers: »nun aber ist mir, als seien meine Gedanken wie Wolken, und wenn ich an die bestimmten Stellen komme, so ist es wie eine Lücke dazwischen, durch die man in eine unendliche, unbestimmbare Weite sieht« (T 82). Not coincidentally, this is the same image that causes Törleß's confusion regarding the infinite. The infinite and imaginary numbers carry the same meaning: they reflect the protagonist's recognition of disturbing contradictions inherent in mathematics and existence in general. Rather than avoiding aporias with the help of a closed system of mathematical signs like Hilbert and the mathematics teacher, Törleß chooses to acknowledge and confront the inconsistencies he perceives. He is aware of the discrepancy between mathematical language and reality, and of the incongruities between language and experience. L. E. J. Brouwer, the great critic of mathematical language, acknowledged these inconsistencies, too.

In contrast to Hilbert's Formalism, Brouwer's version of Intuitionism held that mathematics was based on certain self-evident truths, but that these truths could never be expressed linguistically because they revealed themselves only to the mind. As Brouwer stated in »Intuitionism and Formalism« (1912): »The question where mathematical exactness does exist, is answered differently by the two sides; the intuitionist says: in the human intellect, the formalist says: on paper.«[60] This divergence prompts Brouwer to conclude his remarks with a quote from his Intuitionist forerunner, Henri Poincaré: »Les hommes ne s'entendent pas, parce qu'ils ne parlent pas la meme langue et qu'il y a des langues qui ne s'apprennent pas.«[61] While Hilbert sees language as the way to the originary building blocks of mathematics, Brouwer maintains that language has nothing to do with the essence of mathematics.

Brouwer expressed his reservations concerning language in »Mathematik, Wissenschaft und Sprache« (1929). After tracing the referential shortcomings of ordinary language, he writes: »Es gibt also auch für die reine Mathematik keine sichere Sprache, d. h. keine Sprache, welche in der

---

[60] Luitzen E. J. Brouwer: »Intuitionism and Formalism«, in: idem: *Collected Works*, ed. Arend Heyting. Amsterdam 1975, p. 125.

[61] Ibid., p. 138.

Unterhaltung Mißverständnisse ausschließt und bei der Gedächtnisunterstützung vor Fehlern (d. h. vor Verwechselungen verschiedener mathematischer Entitäten) schützt.«[62] In Brouwer's view, the Formalist's notion of language is a meta-linguistic fabrication based on various, outdated presuppositions of classical logic.[63] The Formalists, claims Brouwer, achieve little more than a reconstruction of an artificial mathematical language. The task of Intuitionism lies at the opposite end of this spectrum: »Demgegenüber bringt der Intuitionismus die außersprachliche Existenz der reinen Mathematik zum Bewußtsein«.[64]

In the same way that Hilbert's later meta-mathematical work echoes his ideas from the turn of the century, Brouwer's later theoretical writings are prefigured in his earlier texts. This consistency is especially relevant to his discussions of language. Even before writing his dissertation in 1908, Brouwer had written and assembled a collection of aphorisms entitled »Life, Art and Mysticism« (1905). In this work, he describes the phenomenal world as a locus of corruption, avarice, lust, and brutality. To this »sad world« he juxtaposes a utopia of interiority. Turning inward offers an escape from the menacing world increasingly infested with egotism and scientific intellectualism:

> Finally, you do know that very meaningful phrase ›turn into yourself‹. There seems to be a kind of attention which centres round yourself and which to some extent is within your power. What this Self is we cannot further say; we cannot even reason about it, since – as we know – all speaking and reasoning is an attention at a great distance from the Self; we cannot even get near it by reasoning or by words, but only by ›turning into the Self‹ as it is given to us.[65]

This mystical notion of introversion is presented as linguistically intractable.[66] For Brouwer, this breakdown of signification results from the weakness of language. He also recognizes »the impossibility to communicate directly« in everyday discourse. Even in such specialized fields as mathematics and logic »no two different people will have the same conception of the fundamental notions of which these two sciences are con-

---

[62] Brouwer: »Mathematik, Wissenschaft und Sprache«, in: idem: *Collected Works* (see note 60), p. 421.

[63] Ibid., p. 422.

[64] Ibid., p. 424.

[65] Brouwer: »Life, Art and Mysticism«, in: idem: *Collected Works* (see note 60), p. 2.

[66] For further discussion, see Vladimir Tasic: *Mathematics and the Roots of Postmodern Thought*. Oxford 2001, pp. 45–49.

structed«.[67] Brouwer, it would seem, was even more apprehensive about the capabilities of mathematical language and language in general than Musil's protagonist.

This discussion of Hilbert and Brouwer situates Törleß's reservations concerning language within a wider intellectual context. While major philosophers and literary figures dealt with the problem of language at the turn of the century, there was a debate about language raging in the mathematics community. As Musil was close to culture of mathematics while writing *Törleß* and incorporated certain aspects of this culture into the novel, this debate must be taken into consideration when explaining how mathematics and language are linked in *Törleß*. Hilbert's belief in the efficiency of semiotic systems corresponds to the functional linguistic conventions that Törleß perceives. Brouwer's skepticism about language corresponds to Törleß's anxiety about the shortcomings of linguistic conventions. Given Musil's knowledge of the ›Grundlagenkrise‹, the connection between language and mathematics as it arises in *Törleß* cannot be viewed as a coincidence. The debate between Formalists and Intuitionists is just as important to understaning Musil's novel as Cantor's work.

To be sure, Musil is not the only modernist writer to introduce mathematical concepts into his literary work. The protagonist of Hermann Broch's *Die unbekannte Größe*, Richard Hieck, thinks about Cantor, set-theory, and other aspects of modern mathematics, too. Like Törleß, Richard sees mathematics as full of complexities rather than as an avatar of clarity:

> Wie war es mit der Mathematik? Ein helles Netz leuchtender Wirklichkeit, unendlich lag sie vor ihm, und man mußte von Knoten zu Knoten sich weitertasten, ja, so ähnlich war es, ein kompliziertes Himmelsgeflecht wie die Welt selber, ein Geflecht, das man auflösen mußte, um der Wirklichkeit habhaft zu werden.[68]

While Broch does use mathematics to broach pariticular problems concerning subjectivity, his references to science are less specific and more tangential than in Musil's text. For Musil, the problem of infinity and the debate about mathematical language are precise, integral elements of the narrative. Only by considering the intricacies of these historically specific references is it possible to appreciate Musil's proximity to scientific culture and his artistic uses thereof.

---

[67] Brouwer: »Life, Art and Mysticism« (see note 65), p. 6.
[68] Hermann Broch: *Die unbekannte Größe*. Frankfurt a. M. 1977, p. 39.

Andrea Albrecht

›Konstellationen‹

Zur kulturwissenschaftlichen Karriere eines astrologisch-astronomischen Konzepts bei Heinrich Rickert, Max Weber, Alfred Weber und Karl Mannheim

Abstract: In reaction to Emil Du Bois-Reymond's claim that astronomical knowledge is an ideal paradigm for all kinds of knowledge, the astrological and astronomical concept of ›constellation‹ entered the fields of cultural studies and social sciences where it thrived as an ubiquitous but often vague background metaphor. Today, the history of this transfer process is almost forgotten. Even Dieter Henrich, Martin Mulsow, and Marcelo Stamm, who recently developed a so-called ›constellation research‹ (Konstellationsforschung), do not mention their precursors. I will analyze Heinrich Rickert's and Max Weber's responses to Du Bois-Reymond's scientific provocation and reconstruct the further development of the concept, as laid out in the sociology of culture by Alfred Weber and the sociology of knowledge by Karl Mannheim. This shows that ›thinking in constellations‹ is a significant focal point for the methodical self-reflection of the early cultural theory, where it serves as a metaphorical description of a new order of knowledge.

I. Die ›astronomische Kenntnis‹ – Emil Du Bois-Reymonds Provokation

In der zweiten Hälfte des 19. Jahrhunderts sahen sich die Repräsentanten der Geistes-, Sozial- und Kulturwissenschaften mit einer Provokation konfrontiert: Der Physiker und Physiologe Emil Du Bois-Reymond erklärte 1872 in seiner Aufsehen erregenden Rede *Über die Grenzen des Naturerkennens*[1] und dann erneut 1880 in der Rede über *Die sieben Welträtsel*[2] die »astronomische Kenntnis« (GN 455, WR 69) zum generellen

---

[1] Emil Du Bois-Reymond: »Über die Grenzen des Naturerkennens [1872]«, in: *Reden von Emil Du Bois-Reymond,* hg. v. Estelle Du Bois-Reymond. 2 Bde. 2. Aufl. Leipzig 1912, Bd. 1, S. 441–473. Im Folgenden im Text mit der Sigle GN zitiert.

[2] Emil Du Bois-Reymond: »Die sieben Welträtsel [1880]«, in: *Reden von Emil Du Bois-Reymond* (wie Anm. 1), Bd. 2, S. 65–98. Im Folgenden im Text mit der Sigle WR zitiert.

Vorbild wissenschaftlicher Erkenntnis. »Wie rasch oder langsam auch das menschliche Gehirn fortschreite, es muß innerhalb des gegebenen [astronomischen, A. A.] Typus bleiben«, stellt Du Bois-Reymond fest. Das wissenschaftliche Denken habe sich daher wie die Astronomie am Ideal »des *Laplace*'schen Geistes« (WR 79) zu orientieren, also an der von Pierre Simon Laplace 1814 eingeführten Vorstellung einer allwissenden Intelligenz, für die die vergangenen wie die zukünftigen Vorgänge im Universum, die »Teile«, »Lage[n]« und »Bewegung[en]« (GN 455) der Himmelsmechanik, vollständig berechenbar und kausal erklärbar wären. Zwar schließe, räumt Du Bois-Reymond in seinen Reden ein, die deterministisch-mathematische Wissensform, die Laplace zum Paradigma erhoben hatte, eine ganze Klasse von Erfahrungsgehalten – Einsichten in das Wesen von Kraft und Materie, die Struktur des menschlichen Bewußtseins und die Existenz der Willensfreiheit (GN 450, 452f., 459) – prinzipiell aus und sei zudem realiter unerreichbar. Doch trotz dieser prinzipiellen Grenzen habe die Naturwissenschaft durch die Orientierung an Laplace »Mythen, Dogmen und alterstolze Philosopheme« (GN 461) erfolgreich hinter sich gelassen und sei zur »Weltbesiegerin unserer Tage« (GN 441) aufgestiegen. Die nicht-naturwissenschaftlichen, allen voran die philosophischen Disziplinen seien hingegen »esoterisch«, »gegenstandslos und unersprießlich« geworden. Zeitgleich zum Aufstieg der Naturwissenschaft hätten sie der »neuen Weltmacht« gegenüber eine arrogante und »feindselig[e]« Haltung aufgebaut, »die Sprache des gemeinen Menschenverstandes und der schlichten Überlegung« mehr und mehr verlernt (WR 66f.) und sich, anstatt von den naturwissenschaftlichen Denkformen und Methoden zu lernen, empiriefernen naturphilosophischen Spekulationen hingegeben.[3]

---

[3] Vgl. Emil Du Bois-Reymond: »Über die wissenschaftlichen Zustände der Gegenwart [1882]«, in: *Reden von Emil Du Bois-Reymond* (wie Anm. 1), Bd. 2, S. 141–156, hier S. 143 u. ö. Vgl. auch Emil Du Bois-Reymond: »Kulturgeschichte und Naturwissenschaft [1877]«, in: ebd., Bd. 1, S. 567–629. Vor allem im letztgenannten Beitrag wird deutlich, daß, so einseitig szientistisch Du Bois-Reymonds Plädoyer auch klingt, es zugleich einen durchaus zeittypischen Kulturpessimismus spiegelt, der die Naturwissenschaften als Promotoren der »*Amerikanisierung*« (S. 605) mit einschließt. Den drohenden »Einsturz« (S. 601) abwenden will Du Bois-Reymond mit einem die Einseitigkeiten aufhebenden kulturhistorischen Narrativ, das die Naturwissenschaft als das »absolute Organ der Kultur« (S. 596) anerkennt, zugleich aber szientistische Exzesse humanistisch (S. 609) und idealistisch (S. 620) dämpft. Bedenken gegenüber einer Amerikanisierung gibt es nicht nur bei den Naturwissenschaftlern, vgl. z. B. auch schon Friedrich Gottlieb Welcker: »Ueber die Bedeutung der Philologie« [1841], in: ders.: *Kleine Schriften zu griechischen Litteratur*. Dritter

Du Bois-Reymonds polemische Reden lösten nicht nur den sogenann-
ten ›Ignorabimus-Streit‹[4] aus, in dem Natur- und Geisteswissenschaftler
die prinzipielle Begrenztheit bzw. Unbegrenztheit naturwissenschaftlicher
und insbesondere mechanistischer Erkenntnis diskutierten und zugleich
über die wissenschaftliche Berechtigung nicht-naturwissenschaftlicher,
nicht-mechanistischer Erkenntnisformen stritten. Die Reden beförderten
auch die kulturwissenschaftliche Ingebrauchnahme des astrologisch und
astronomisch kodierten Konzepts der ›Konstellation‹ und aktivierten da-
mit ein Metaphernfeld, das in den kulturwissenschaftlichen Disziplinen
des 20. Jahrhunderts eine erstaunliche Karriere machen und – bis zur
Verwendung bei Theodor W. Adorno, Dieter Henrich und Jürgen Haber-
mas – zu einer allenthalben benutzten, wenn auch selten reflektierten
»Hintergrundmetapher«[5] kulturwissenschaftlicher Theoriebildung werden
sollte. Diese Transfer- und Transformationsgeschichte manifestiert sich
auch lexikographisch: »Konstellation«, heißt es in *Meyers Konversations-
lexikon* von 1885, bezeichnet

> die Stellung von Sternen gegeneinander, von der Erde aus betrachtet […]. Die K.
> ist eine nahezu unveränderliche bei den Fixsternen, die danach in sogen. Stern-
> bilder […] gruppiert sind, und eine veränderliche bei den Planeten, in Bezug die-
> ser auf jene und aufeinander. Dieser Bezug, besonders wie er zur Geburtsstunde
> eines Menschen sich gestaltete, war Hauptgegenstand der Astrologie.[6]

In Übereinstimmung mit der Etymologie des Begriffs, der Herkunft aus
dem lateinischen ›constellare‹, identifiziert der Lexikoneintrag die struk-
turierte, sich aus fixen und bewegten Himmelskörpern konstituierende
»Stellung von Sternen gegeneinander« als Gegenstand astrologischer
Auslegung und astronomischer Forschung. Von einer übertragenen Ver-

---

Theil. Bonn 1861, S. 1–16, hier S. 11: »[...] und wie gewiß durch die Unterdrückung
der Philologie die jetzt unter uns merkwürdig und glücklich verbreitete philosophi-
sche und poetische Bildung abnehmen und einem Amerikanischen Industrialismus
und Geldgeiz Platz machen würden [...].«

[4] Vgl. *Weltanschauung, Philosophie und Naturwissenschaft im 19. Jahrhundert*, hg. v.
Kurt Bayertz u. a. Bd. 3: *Der Ignorabimus-Streit*. Hamburg 2007; Neil Tennant:
»*Mind*, mathematics and the Ignorabimusstreit«, in: *British Journal for the History
of Philosophy* 15 (2007), S. 745–773; Ferdinando Vidoni: *Ignorabimus! Emil du
Bois-Reymond und die Debatte über die Grenzen wissenschaftlicher Erkenntnis im
19. Jahrhundert*. Frankfurt a. M. u. a. 1991.

[5] Reinhard Laube: *Karl Mannheim und die Krise des Historismus. Historismus als
wissenssoziologischer Perspektivismus*. Göttingen 2004, S. 261.

[6] Eintrag: »Konstellation«, in: *Meyers Konversationslexikon*. 4. Aufl. Leipzig–Wien
1885–1892.

wendung in anderen diskursiven Kontexten weiß das Lexikon noch nichts. In der 9. Auflage von *Meyers Lexikon* aber heißt es, daß ›Konstellation‹ neben der astronomischen Bedeutung auch eine allgemeine Bedeutung habe und hier die »Gesamtheit und Gruppierung der Faktoren, die für eine Situation oder einen Vorgang bedeutsam sind«, bezeichne.[7] Der Befund ist symptomatisch: Seit spätestens Mitte des 19. Jahrhunderts hatte der Konstellationsbegriff über die astrologische und astronomische Bedeutung hinaus zunehmend Verwendung in anderen Bereichen, auch in den sozial-, geistes- und kulturwissenschaftlichen Disziplinen gefunden. So bezeichnet beispielsweise Adam Müller schon 1804 das astronomische »System« als »Grundgleichnis« für den Zusammenhang vermeintlich divergierender kultureller Sphären,[8] Joseph von Held spricht 1861 von »politischen Constellationen«,[9] Georg Simmel verweist auf die »soziologischen«, »teleologische[n]« und »historisch-psychologischen Konstellation[en]« der Jahrhundertwende[10] und Werner Sombart charakterisiert 1902 die »Konstellation der wirtschaftlichen Verhältnisse«.[11] Der Begriff der Konstellation dient dabei in der Regel zur Bezeichnung einer mehrstelligen Beziehungsstruktur, das heißt eines Ensembles differenter (politischer, ökonomischer oder kultureller) Positionen und Faktoren, die – zumindest in der Wahrnehmung des Beobachters – einen dynamischen, veränderbaren Wirkungszusammenhang bilden und auch nur aus diesem relationalen Zusammenhang heraus angemessen erklärt oder verstanden werden können. Zu einer Reflexion des übertragenen, metaphorischen Begriffsgebrauchs und einer über Anleihen hinausgehenden konzeptionellen Auseinandersetzung mit dem Begriff ›Konstellation‹ kommt es jedoch erst im Anschluß an Du Bois-Reymonds Polemik, zum einen in Heinrich Rickerts Studie zu den *Grenzen der naturwissenschaftlichen Begriffsbildung* (1896–1902), zum anderen in Max Webers Aufsatz zur

---

[7] Eintrag: »Konstellation«, in: *Meyers grosses Taschenlexikon in 26 Bänden.* 9. Aufl. Mannheim 2003, Bd. 12, S. 3913.

[8] Adam Müller: »Die Lehre vom Gegensatze [1804]«, in: *Kritische/ästhetische und philosophische Schriften.* Kritische Ausgabe, hg. v. Walter Schroeder u. Werner Siebert. Neuwied–Berlin 1967, Bd. 2, S. 194–248, hier S. 201.

[9] Joseph von Held: *Staat und Gesellschaft vom Standpunkte der Geschichte der Menschheit und des Staats*, Bd. 1: *Grundanschauungen über Staat und Gesellschaft.* Leipzig 1861, S. 509.

[10] Georg Simmel: *Philosophie des Geldes.* 2. Aufl. Leipzig 1907, S. 223, 253 u. 78.

[11] Werner Sombart: *Der moderne Kapitalismus*, Bd. 2: *Die Theorie der kapitalistischen Entwicklung.* Leipzig 1902, S. 31.

Objektivität sozialwissenschaftlicher und sozialpolitischer Erkenntnis (1904).

Rickerts und M. Webers konstellationstheoretische Überlegungen stehen damit am Anfang einer interdisziplinären Transfergeschichte, die von ersten begrifflichen Anleihen über psychologische (Carl Gustav Jung), metaphysische bzw. kunstphilosophische (Walter Benjamin[12]), kultursoziologische (Alfred Weber), wissenssoziologische (Karl Mannheim), sprachphilosophische (Ludwig Wittgenstein), ästhetische (Theodor W. Adorno[13]), phänomenologische (Maurice Merleau-Ponty), poststrukturalistische[14] (Roland Barthes, Michel Foucault, Italo Calvino) und politische Adaptionen (Münchner Neorealismus, Jürgen Habermas, Richard J. Bernstein[15]) bis zur gegenwärtigen Konjunktur konstellativen Denkens in Philosophie- und Geistesgeschichte (Dieter Henrich, Martin Mulsow, Marcelo Stamm) reicht. Trotz dieser offenkundig anhaltenden Attraktivität der Metapher ist dem Übertragungsprozeß, der das astrologisch und astronomisch besetzte Konzept der ›Konstellation‹ zu einem festen Bestandteil des modernen politischen, geistes- und kulturwissenschaftlichen Diskurses hat werden lassen, bislang nur wenig Aufmerksamkeit zuteil geworden. Auch im jüngsten Sammelband zur ›Konstellationsforschung‹, der diese als »generelle geistesgeschichtliche Methode« zu profilieren

---

[12] Vgl. Anette Seelinger: *Ästhetische Konstellationen. Neue Medien, Kunst und Bildung*. München 2002; Yuh-Dong Kim: *Walter Benjamins Trauerspielbuch und das barocke Trauerspiel. Rezeption, Konstellation und eine raumbezogene Lektüre*. Hamburg 2005; Wolfgang Bock: *Walter Benjamin – die Rettung der Nacht. Sterne, Melancholie und Messianismus*. Bielefeld 1999.

[13] Zu Adornos Verwendung des Konstellationsbegriffs liegt mit Abstand die umfangreichste Literatur vor. Vgl. Geert-Lueke Lueken: »Konstellationen – Zu eigentümlichen Verwandtschaften zwischen Wittgenstein und Adorno«, in: *Wittgenstein Studies* 1 (1996) (elektr. Publikation); Andreas Lehr: *Kleine Formen. Adornos Kombinationen: Konstellation/Konfiguration, Montage und Essay*. Diss. Freiburg 2000, URL: http://www.freidok.uni-freiburg.de/volltexte/27/ (Stand: 22.09.09); Martin Jay: *Adorno*. Harvard 1984; Andreas Pradler: *Das monadische Kunstwerk. Adornos Monadenkonzeption und ihr ideengeschichtlicher Hintergrund*. Würzburg 2003, S. 112–118.

[14] Vgl. Andreas Gelz: »›Konstellation‹ – poetologische Implikationen einer absoluten Metapher in der französischen Gegenwartsliteratur«, in: *Der französischsprachige Roman heute. Theorie des Romans und Roman der Theorie in Frankreich und der Frankophonie*, hg. v. dems. u. Ottmar Ette. Tübingen 2002, S. 15–36; Fernando Suárez Müller: *Skepsis und Geschichte. Das Werk Michel Foucaults im Lichte des absoluten Idealismus*. Würzburg 2004, insb. S. 161–165.

[15] Richard J. Bernstein: *The New Constellation. The Ethical-Political Horizons of Modernity/Postmodernity*. Cambridge 1991.

und zu »anderen historiographischen Methoden« ins Verhältnis zu setzen sucht,[16] spielt die Genese des konstellationsanalytischen Denkens nur eine marginale Rolle: Heinrich Rickert, Max Weber, Walter Benjamin und Karl Mannheim kommen nur am Rande vor, Alfred Weber findet gar keine Erwähnung.

Ausgehend von diesem Desiderat rekonstruiert der folgende Beitrag, orientiert an den Methoden der historischen Epistemologie und Semantik, ein bislang nahezu unbeachtetes Kapitel in der Vorgeschichte der »Konstellationsforschung«:[17] Er folgt dem von Emil Du Bois-Reymond, Heinrich Rickert (Teil 2) und Max Weber (Teil 3) um 1900 initiierten, interdisziplinären Transfer des Begriffs aus der Astronomie in die Kultur- und Sozialwissenschaften und analysiert seine in den frühen 1920er Jahren von Alfred Weber (Teil 4) und Karl Mannheim (Teil 5) betriebene kultur- und wissenssoziologische Ausgestaltung. Das Denken in Konstellationen bildet – so die erste These – einen signifikanten Kristallisationspunkt für die methodische Selbstreflexion der historischen Kulturwissenschaften.

Die zweite These betrifft eine mit der Transfergeschichte des Konstellationsbegriff zusammenhängende Besonderheit: Der Begriff wurde nicht nur zur Charakterisierung des Gegenstands kulturwissenschaftlicher Forschung herangezogen und in die kulturwissenschaftliche Bildsprache und Terminologie eingemeindet, sondern diente auch zur metaphorischen Erfassung einer neuen *Ordnung des Wissens und der Wissenschaften*. Dies liegt unter anderem daran, daß die Übernahme des Konstellationsbegriffs im Zuge der wechselseitigen Stimulierung und Ausdifferenzierung konkurrierender Wissenssysteme, vor allem der Dichotomisierung von Natur- und Geistes- bzw. Kulturwissenschaften erfolgte. Die Adaptionen und Modifikationen des Konstellationsdenkens speisten sich bei Rickert und

---

[16] Martin Mulsow u. Marcelo Stamm: »Vorwort«, in: *Konstellationsforschung*, hg. v. dens. Frankfurt a. M. 2005, S. 7–12, hier S. 7. Mulsow und Stamm legen ihrer Theorie- und Methodenreflexion Dieter Henrichs praktisches Forschungsprogramm zum deutschen Idealismus zugrunde, wie es zum Beispiel in Dieter Henrich: *Konstellationen. Probleme und Debatten am Ursprung der idealistischen Philosophie (1789–1795)*. Stuttgart 1986, S. 9–46, entfaltet wird. Henrich selbst äußert sich nur in aller Vorsicht zu einer Verallgemeinerung seiner Forschungskonzeption, vgl. ders.: »Konstellationsforschung zur klassischen deutschen Philosophie«, in: *Konstellationsforschung* (wie Anm. 16), S. 15–30.

[17] Ebd. Vgl. ferner in Abhängigkeit davon Christine Weder: »Sternbilder und die Ordnung der Texte. Anmerkungen zur Konstellationsforschung«, in: *Gestirn und Literatur im 20. Jahrhundert*, hg. v. Maximilian Bergengruen u. a. Frankfurt a. M. 2006, S. 326–341.

M. Weber nicht zuletzt aus dem Bedürfnis, den zeitgenössischen ›Zwei-Kulturen-Streit‹ durch eine Wissensordnung zu schlichten oder auch anzuheizen, eine Wissensordnung, in der sich die disziplinären Profile der modernen Wissenschaften in ihrer augenscheinlichen Disparatheit und Inkommensurabilität angemessener situieren, begründen, voneinander abgrenzen und hierarchisieren ließen, als dies noch in den auf Systematik und Einheitlichkeit setzenden enzyklopädischen Ordnungsmodellen bis ins 19. Jahrhundert hinein der Fall war. Als Leitmetapher dieser neuen Ordnung bot sich das Konstellationskonzept aus verschiedenen Gründen an: Konstellationen galten als visuelle Erscheinungen, die sich je nach Standort und »Sehe-Punkt«[18] bzw. Perspektive unterschiedlich ausnahmen und damit das seit Leibniz virulente Problem einer Verknüpfung von relativistischem Perspektivismus und absolutistischem Objektivismus zu lösen[19] oder zumindest in ein Bild zu bannen vermochten. Leibniz und auch Chladenius konnten sich für ihre theologische bzw. historische Reflexion perspektivischer Standorte noch auf eine aperspektivische, Objektivität und Wahrheit verbürgende Instanz berufen, auf Gott, dessen absolutes Wissen die partikulären menschlichen Perspektiven überformte: In Leibniz' Bild von einer Stadt, von der es viele verschiedene Anblicke (›aspectus‹), aber nur einen richtigen, vom zentral gelegenen Stadtturm aus wahrnehmbaren (göttlichen) Überblick gibt,[20] bleiben die beschränkten Perspektiven des Menschen auf den göttlichen Angelpunkt verwiesen. Im Bild der Konstellation wird diese polare Struktur durch eine Vielzahl menschlicher Perspektiven und Standorte ersetzt, deren Inkommensurabilität durch keine übergeordnete Instanz mehr vermittelt wird. Im Leibnizschen Bild gesprochen (und etwas plakativ zugespitzt), gibt es keinen Stadtturm mehr, der einen aperspektivischen, objektiven Blick auf die

---

[18] Johann Martin Chladenius: *Einleitung zur richtigen Auslegung vernünftiger Reden und Schriften.* Leipzig 1742. Nachdruck hg. v. Lutz Geldsetzer. Düsseldorf 1969, S. 188f. Vgl. Reinhart Koselleck: »Standortbindung und Zeitlichkeit. Ein Beitrag zur historiographischen Erschließung der geschichtlichen Welt«, in: *Objektivität und Parteilichkeit in der Geschichtswissenschaft,* hg. v. dems. u. a. München 1977, S. 17–46. Ferner Wilhelm Köller: *Perspektivität und Sprache. Zur Struktur von Objektivierungsformen in Bildern, im Denken und in der Sprache.* Berlin–New York 2004, v. a. S. 290–308. Vgl. zum ästhetischen und moralphilosophischen Konzept der »aperspectival objectivity« auch Lorraine Daston: »Objectivity and the Escape from Perspective«, in: *Social Studies of Science* 22 (1992), S. 597–618.

[19] Vgl. dazu Werner Schneiders: »Leibniz' doppelter Standpunkt«, in: *Studia Leibnitiana* 3 (1971), S. 161–190.

[20] Ebd., S. 164.

Stadt ermöglicht. Als Vorstellung einer dezentrierten Zusammenschau des pluralen und dynamischen Mit- und Gegeneinanders unterschiedlicher Perspektiven scheint die Konstellation damit zugleich eine Alternative zu den überkommenen hierarchischen Wissensordnungsmetaphern zu liefern,[21] etwa zum Bild eines von unten nach oben zu erklimmenden Turms (z. B. Reischs ›Typus Grammatice‹[22]), einer von außen nach innen zu beschreitenden Stadt (z. B. Comenius' kreisförmig angelegte Stadt mit dem zentralen ›Palast der Weisheit‹[23]), eines Baums des Wissens[24] (z. B. Llulls ›arbor scientiae‹,[25] Bacons ›tree of knowledge‹[26]), eines evolutioni-

---

[21] Vgl. Steffen Siegel: *Tabula. Figuren der Ordnung um 1600*. Berlin 2009.

[22] Gregor Reisch: *Margarita Philosophica*. Basel 1517.

[23] Jan Amos Komenský u. Johannes Amos Comenius: *Labyrinth der Welt und Paradies des Herzens (1663)*, übers. v. Irina Trend. Burgdorf 1992, Kap. V, S. 17–19.

[24] Vgl. zur Baummetapher u. a. Gerhart B. Ladner: »Medieval and Modern Understanding of Symbolism: A Comparison«, in: ders.: *Images and Ideas in the Middle Ages. Selected Studies in History and Art*. Rom 1982, Bd. 1, S. 239–282, insb. S. 253–282; Jörg J. Berns: »Baumsprache und Sprachbaum. Baumikonographie als topologischer Komplex zwischen 13. und 17. Jahrhundert«, in: *Genealogie als Denkform in Mittelalter und Früher Neuzeit*, hg. v. Kilian Heck u. Bernhard Jahn. Tübingen 2000, S. 155–176. Zu Verwendungen von baumartigen Diagrammen in anderen Wissensbereichen und Zwecken vgl. auch Hermann Schadt: *Die Darstellungen der Arbores Consanguinitatis und der Arbores Affinitatis. Bildschemata in juristischen Handschriften*. Tübingen 1982; Arthur Watson: *The Early Iconography of the Tree of Jesse*. Oxford–London 1934; ferner Ernest Hutch Wilkins: »The Trees of the Genealogia deorum«, in: *Modern Philology* 23 (1925/26), S. 61–65; Michael D. Taylor: »A Historiated Tree of Jesse«, in: *Dumbarton Oaks Papers at Harvard University* 34 (1980/81), S. 125–176; Günther Weydt: »Der Ständebaum. Zur Geschichte eines Symbols von Petrarca bis Grimmelshausen«, in: *Simpliciana* 4/5 (1982/83), S. 7–25; Karl J. Höltgen: »Arbor, Scala und Fons Vita«, in: *Emblem und Emblemrezeption. Vergleichende Studien zur Wirkungsgeschichte vom 16. bis 20. Jahrhundert*, hg. v. Sibylle Penkert. Darmstadt 1978, S. 72–109.

[25] Raimundus Llullus: »Arbor scientiae (1295–1296)«, in: ders.: *Opera latina*, hg. v. Pere Villalba Varneda. Turnhout 2000, Bd. 24–26. Vgl. ferner John Dee: *The Mathematicall Preaface to the Elements of Geometrie of Euclid of Megara (1570)*, hg. v. Allen G. Debus. New York 1975, fol. 1v: »that mighty, most plesaunt, and frutefull *Mathematicall Tree*, with his chief armes and second (grifted) braunches«.

[26] Vgl. Francis Bacon: »Of the Proficience and Advancement of Learning. Divine and Humane [1605]«, in: ders.: *The Works*, hg. v. James Spedding u. a. 14 Bde. London 1859. Nachdruck Stuttgart-Bad Cannstatt 1963, Bd. 3, S. 253–491, hier S. 346: »the distributions and partitions of knowledge are not like several lines that meet in one angle, and so touch but in a point; but are like the branches of a tree that meet in a stem, which hath a dimension and quantity of entireness and continuance, before it come to discontinue and break itself into arms and boughs […].«

stischen Stammbaums,[27] einer Pyramide (z. B. bei Bacon, W. Ostwald[28]) oder auch einer enzyklopädischen Zwiebel (O. Neurath[29]). In dieser Reihe markiert das Bild der Konstellation, und dies sucht der Beitrag abschließend in Form eines Ausblicks zu skizzieren (Teil 6), eine Phase des Wandels von statischen, zentrierten, systemischen Vorstellungsbildern hin zu dynamischen, dezentrierten und anti-systemischen Vorstellungsbildern – ein Wandel, der etwas später zu den post- oder spätmodernen Ordnungsmetaphern des Netzwerks und vielleicht auch des Rhizoms[30] führen sollte. Weder aus dem Bereich des Organischen noch aus dem Bereich des Technischen stammend, sondern einer geometrisch-diagrammatischen Ordnungstradition zugehörend, kann die ›Konstellation‹ zeitweilig als regulative Metapher zwischen Rekonstruktions- und Konstruktionsvorstellungen vermitteln und so zu einem wirkungsmächtigen »historischen Strukturbegriff umgebildet«[31] werden. Anders als das (ebenfalls unter anderem aus der Himmelsmechanik stammende) Konzept des »Systems«[32] verweist die Konstellation nicht auf einen starren, auf deduktiver Abhängigkeit, hierarchischer Gliederung und ganzheitlicher Geschlossenheit beruhenden Zusammenhang, sondern auf die irreduzible

---

[27] Vgl. u. a. Georg Uschmann: »Zur Geschichte der Stammbaum-Darstellungen«, in: *Gesammelte Vorträge über moderne Probleme der Abstammungslehre*, hg. v. Manfred Gersch. Jena 1967, Bd. 2, S. 9–30; Konrad Koerner: »On Schleicher and Trees«, in: *Biological Metaphor and Cladistic Classification. An Interdisciplinary Perspective*, hg. v. Henry M. Hoenigswald u. Linda F. Wiener. Philadelphia 1987, S. 109–113; Hermann Manitz: »Frühe Stammbaumdarstellungen in der Botanik«, in: *Evolutionsbiologie von Darwin bis heute*, hg. v. Rainer Brömer u. a. Berlin 2000, S. 89–104; ferner Nicolaas A. Rupke: »The End of History in the Early Picturing of Geological Time«, in: *History of Science* 36 (1998), S. 61–90.

[28] Wilhelm Ostwald: *Die Pyramide der Wissenschaften*. Stuttgart–Berlin 1929.

[29] Otto Neurath: »Einheitswissenschaft als enzyklopädische Integration«, in: ders.: *Gesammelte philosophische und methodologische Schriften*, hg. v. Rudolf Haller u. Heiner Rutte. Wien 1981, Bd. 2, S. 873–894, hier S. 892f.

[30] Vgl. zum Netzwerk: Sebastian Gießmann: *Netze und Netzwerke. Archäologie einer Kulturtechnik, 1740–1840*. Bielefeld 2006. Zum Rhizom: Gilles Deleuze u. Félix Guattari: *Rhizom*. Berlin 1977.

[31] Alexander Demandt: *Metaphern für Geschichte. Sprachbilder und Gleichnisse im historisch-politischen Denken*. München 1978, S. 126.

[32] Vgl. Otto Ritschl: *System und systematische Methode in der Geschichte des wissenschaftlichen Sprachgebrauchs und der philosophischen Methodologie*. Bonn 1906; Maximilian Herberger: *Dogmatik. Zur Geschichte von Begriff und Methode in Medizin und Jurisprudenz*. Frankfurt a. M. 1981; Michel-Pierre Lerner: »The Origin and Meaning of ›World System‹«, in: *Journal for the History of Astronomy* 36 (2005), S. 407–442.

Mehrstelligkeit und nicht zu hintergehende Kontingenz einer historischen Situation, einer kulturellen Lage oder einer sozialen Formation.

Auch wenn das Konzept der Konstellation heute von seiner Grundbedeutung weitgehend losgelöst ist und als Metapher im kulturwissenschaftlichen Gebrauch in den meisten Verwendungen als nahezu ›tot‹ gelten kann (oder zumindest seine metaphorische Herkunft einer Revitalisierung bedarf), geht der lexikalischen Verfestigung des übertragenen Gebrauchs eine höchst lebendige interdisziplinäre Karriere voraus; sie nahm mit Heinrich Rickerts Zurückweisung von Du Bois-Reymonds Provokation ihren Anfang.

II. Die Astronomie als historische Wissenschaft
Heinrich Rickerts Replik

In seiner Monographie *Die Grenzen der naturwissenschaftlichen Begriffsbildung* (1896–1902) streicht Heinrich Rickert die Zumutung heraus, die in Du Bois-Reymonds These von der Vorbildfunktion astronomischen Wissens für die Geschichtswissenschaft liege. Aus der Rede *Über die Grenzen des Naturerkennens* zitierend, heißt es bei Rickert:

> Du Bois-Reymond konnte, um seinen Begriff vom Naturerkennen, den er selbstverständlich mit dem des wissenschaftlichen Erkennens überhaupt gleichsetzt, zu erläutern, nichts besseres tun, als auf die Tätigkeit des Astronomen hinweisen, der »nur der Zeit in den Mondgleichungen einen gewissen negativen Wert zu erteilen braucht, um zu ermitteln, ob als Perikles nach Epidauros sich einschiffte, die Sonne für den Piräus verfinstert ward«. Was also liegt näher als der Geschichtswissenschaft dieses Ideal einer astronomischen Erkenntnis vorzuhalten?[33]

Um Du Bois-Reymonds Herausforderung zu erwidern, stellt Rickert das astronomische Wissen dem der kulturwissenschaftlichen Disziplinen vergleichend gegenüber. Den systematischen Ausgangspunkt hierfür bildet die neukantianische Unterscheidung von nomothetischer bzw. generalisierender und ideographischer bzw. individualisierender Erkenntnis. Da die Astronomie die (historische) Entwicklung individueller Objekte zu untersuchen scheint, kann Rickert sie als eine ideographisch-individualisierende Wissenschaft charakterisieren und Individualität und Historizität als ›tertium comparationis‹ nutzen:

---

[33] Heinrich Rickert: *Die Grenzen der naturwissenschaftlichen Begriffsbildung. Eine logische Einleitung in die historischen Wissenschaften.* 2. Aufl. Tübingen 1913, S. 396. Im Folgenden mit der Sigle GnB im Text zitiert.

> Man kann sie [die Astronomie, A. A.] für eine »historische« Wissenschaft inso-
> fern halten, als sie es mit Individuen zu tun hat und diese sogar mit Eigennamen
> benennt. Andererseits aber arbeitet sie mit Gesetzesbegriffen, die geradezu als
> Musterbeispiele für den Begriff des unbedingt allgemeinen Naturgesetzes gelten,
> und es scheint ihr also möglich zu sein, Naturgesetze für historische Entwicklun-
> gen, z. B. für die verschiedenen aufeinanderfolgenden individuellen Stadien der
> einmaligen Veränderungsreihen des Sonnensystems aufzustellen. Kann man doch
> von jedem beliebigen seiner individuellen Zustände aus die individuelle Entwick-
> lung in die Vergangenheit zurückverfolgen und für die Zukunft voraus berech-
> nen. (GnB 396)

Die Astronomie, die noch im 19. Jahrhundert als Prototyp und Vorbild für
die exakten Wissenschaften galt,[34] ist demnach, obgleich sie Naturgesetz-
lichkeiten zu finden bestrebt ist, nicht rein nomothetisch. Nach Rickert
kommt ihr vielmehr ein Zwitterstatus zu, da sich in der monokausalen,
gesetzesförmigen Erklärung individueller und historisch varianter kosmi-
scher Konstellationen individualisierende und generalisierende Erkennt-
nisformen verschränken. Rickerts Charakterisierung nimmt Bezug auf
eine Spezifik, die die klassische Astronomie von anderen (terrestrischen)
Naturwissenschaften der Zeit unterschied: Astronomische Objekte (Ster-
ne, Planeten, Sternbilder etc.) wurden, und dies schon seit der Antike, als
individuelle Entitäten vorgestellt, die in ihrer »Einzigkeit« für den Men-
schen »*Bedeutung*« erlangten (GnB 400) – eine Eigentümlichkeit, die
sich in den »Eigennamen« (GnB 396) der Sterne, Planeten und Sternbil-
der manifestierte; sie repräsentieren keine allgemeine Klasse von Objek-
ten. Hinzu kam, daß der Astronom (im Gegensatz zum modernen Astro-
physiker) zur Überprüfung seiner Hypothesen keine reproduzierbaren
Laborversuche durchführen konnte, sondern in der Regel auf nicht wie-
derholbare, einmalige Observationen kosmischer Ereignisse angewiesen
war.

Ist durch den generalisierend-individualisierenden Zwitterstatus der
Astronomie aber auch die basale Unterscheidung zwischen Naturwissen-
schaften auf der einen, Kulturwissenschaften auf der anderen Seite ver-
wischt? Für Rickert keineswegs. Im Anschluß an Hegel und Nietzsche[35]

---

[34] Vgl. z. B. John Stuart Mill: *The Logic of the Moral Sciences (1843)*. London 1988,
S. 32–34, 63f; Auguste Comte: *Rede über den Geist des Positivismus (1844)*, übers.
u. hg. v. Iring Fetscher. Hamburg 1994, S. 17–23 u. ö.; Wilhelm Wundt: *Logik. Eine
Untersuchung der Principien der Erkenntnis und der Methoden wissenschaftlicher
Forschung*. 2. Aufl. Stuttgart 1894, Bd. 2/1, S. 264.

[35] Der Terminus der ›Qualität‹ führt unmittelbar ins Zentrum intrikater Begriffsbe-
stimmungen. Rickert orientiert sich nicht an Kant, für den Quantität *und* Qualität zu

verweist er auf die Dichotomie von quantitativ ausgerichteten Natur- und qualitativ ausgerichteten Geistes- und Kulturwissenschaften und kann seine vergleichende Gegenüberstellung so auf einen soliden Differenzpunkt hinausführen: Bei genauerem Hinsehen richte der Astronom nämlich – wie jeder Naturwissenschaftler – sein nomothetisches Interesse nicht auf Qualitäten, das heißt nicht auf die definierenden, phänomenalen Beschaffenheiten der Objekte, sondern auf Quantitäten, und habe somit ausschließlich mit gleichförmigen, meßbaren Größen zu tun. Die astronomischen Objekte würden somit um das eigentlich Individuelle – verstanden als Inbegriff unzerlegbarer, qualitativer Verschiedenheit – reduziert.

> Sehen wir jedoch genau zu, inwieweit eine individuelle wirkliche Entwicklung sich durch astronomische Gesetze darstellen läßt, so finden wir bald, daß es wieder lediglich die *quantitativen* Bestimmungen an den Weltkörpern sind, die in ihrer ›Individualität‹ in Gesetze eingehen, dagegen alles Qualitative an den einmaligen individuellen Entwicklungsreihen in seiner Individualität naturwissenschaftlich unbegreiflich bleibt. (GnB 396)

Damit ist die Astronomie für Rickert eindeutig den Naturwissenschaften zuzuschlagen; ihr Zwitterstatus ist nur ein vordergründiger und muß das Selbstverständnis der Kulturwissenschaften nicht weiter irritieren. Rickert kann vielmehr Du Bois-Reymonds Forderung nach einer Übertragung astronomischer Denkmodelle auf den Bereich der Kulturwissenschaften entschieden ablehnen (GnB 400) und die dichotomische Unterscheidung aufrechterhalten, die der Kulturwissenschaft das Qualitative, Historische

den mathematischen Kategorien zählen, sondern vor allem an Goethe und Hegel: Für Goethe ist der »Mathematiker […] angewiesen aufs Quantitative, auf alles, was sich durch Zahl und Maß bestimmen läßt« (Johann Wolfgang von Goethe: *Sämtliche Werke. Briefe, Tagebücher und Gespräche*, hg. v. Friedmar Apel u. Dieter Borchmeyer. 40 Bde. Bd. I/13: *Sprüche in Prosa. Sämtliche Maximen und Reflexionen*, hg. v. Harald Fricke. Frankfurt a. M. 1993, S. 406), und auch für Hegel ist allein die Quantität Gegenstand der Mathematik (Georg Wilhelm Friedrich Hegel: »Enzyklopädie der philosophischen Wissenschaften im Grundrisse [1817]«, in: ders.: *Werke in 20 Bänden*. Frankfurt a. M. 1970, Bd. 8, § 99). Diese polarisierende Zurechnung wird von Nietzsche weitergeführt, für den sich die wissenschaftliche, objektivierende Erkenntnis messend auf Quantitäten bezieht, während unsere qualitative Erkenntnis zugleich auch immer Wertempfinden und damit Signum des Lebens sei. Vgl. Friedrich Nietzsche: *Kritische Gesamtausgabe*, hg. v. Giorgio Colli u. Mazzino Montinari. Bd. 8.1: *Nachgelassene Fragmente Herbst 1885 bis Herbst 1887*. Berlin–New York 1974, S. 140 (Herbst 1885–Herbst 1886, 2[157]), S. 244 (Sommer 1886–Frühjahr 1887, 6[14]); Bd. 8.2: *Nachgelassene Fragmente Herbst 1887 bis März 1888*. Berlin 1970, S. 17 (Herbst 1887, 9[40]).

und Individuelle, der Naturwissenschaft das Quantitative, Überzeitliche und Allgemeine als Gegenstandsbereich zuweist. Die »individuellen Stadien der einmaligen Veränderungsreihen des Sonnensystems« (GnB 396), sprich: die Konstellationen, die den Astronomen interessieren, haben demnach nichts Wesentliches mit den den Kulturwissenschaftler interessierenden, qualitativ individuierten Veränderungsreihen kultureller Formationen gemein, so daß Rickert auch gar nicht erst den Versuch machen muß, das Konstellationskonzept in den kulturwissenschaftlichen Gebrauch zu übernehmen. Dies ändert sich mit Max Weber.

III. Konstellationen mit Bedeutung. Max Webers Replik

In seinem Aufsatz *Die Objektivität sozialwissenschaftlicher und sozialpolitischer Erkenntnis* (1904) bezieht sich Max Weber ironisch auf Du Bois-Reymond als den ›Führer der Naturwissenschaft‹ und erinnert an die These, die schon Rickert für problematisch erklärt hatte:

> Immer wieder taucht […] die Vorstellung auf, das Ideal, dem alle, also auch die Kulturerkenntnis zustrebe und, wenn auch für eine ferne Zukunft, zustreben könne, sei ein System von Lehrsätzen, aus dem die Wirklichkeit ›deduziert‹ werden könnte. Ein Führer der Naturwissenschaft hat bekanntlich geglaubt, als das (faktisch unerreichbare) ideale Ziel einer solchen Verarbeitung der Kulturwirklichkeit eine ›astronomische‹ Erkenntnis der Lebensvorgänge bezeichnen zu können. Lassen wir uns, so oft diese Dinge nun auch schon erörtert sind, die Mühe nicht verdrießen, auch unsererseits hier etwas näher zuzusehen.[36]

Im Unterschied zur Rickert geht M. Weber in seiner Zurückweisung von Du Bois-Reymonds Forderung nicht von einer Disjunktion der Wissenschaftskulturen in rein quantitativ interessierte, generalisierende Naturwissenschaften und rein qualitativ interessierte, individualisierende Geistes-, Kultur- und Sozialwissenschaften aus. Die Unterschiede zwischen den »exakten Naturwissenschaften« und den am »Kulturleben« interessierten Sozialwissenschaften (im Folgenden zusammenfassend als »Kulturwissenschaften« notiert) seien »nicht an sich derart prinzipielle, wie es auf den ersten Blick scheint« (OE 172f.), konstatiert er. Einerseits kämen selbst die exakten Naturwissenschaften nicht ohne den Bezug auf Qualitäten aus – nur Mathematik und »reine Mechanik« (OE 173) sind für

---

[36] Max Weber: »Die ›Objektivität‹ sozialwissenschaftlicher und sozialpolitischer Erkenntnis [1904]«, in: ders.: *Gesammelte Aufsätze zur Wissenschaftslehre*, hg. v. Johannes Winckelmann. 4. Aufl. Tübingen 1973, S. 146–214, hier S. 171f. Im Folgenden im Text mit der Sigle OE zitiert.

M. Weber rein quantitativ orientierte Wissenschaften. Andererseits träten auch in den Kulturwissenschaften Quantitäten auf, die zwar nicht unmittelbar, möglicherweise aber über die Psychologie auf mathematisch formalisierbare Gesetze zurückgeführt werden können; zudem gebe es, etwa im Rahmen historischer Zurechnungsfragen, ein berechtigtes Interesse an »›gesetzlichen‹ Zusammenhängen« und am »*Generellen*« (OE 178). Die Rickertsche Unterscheidung von Natur- und Kulturwissenschaft auf der Basis der Oppositionen von Individuellem und Allgemeinem bzw. von Quantitativem und Qualitativem ist damit von M. Weber nicht für irrelevant erklärt, sie verliert in seinem Problemaufriß aber deutlich an Gewicht. Doch wie lassen sich dann naturwissenschaftliche und kulturwissenschaftliche Erkenntnisformen unterscheiden? Im Gegensatz zur eher oberflächlichen Auseinandersetzung Rickerts nimmt M. Weber eine erkenntnistheoretische Kritik der von Du Bois-Reymond ins Feld geführten ›astronomischen Kenntnis‹ in Angriff: Der Astronom nutze demnach die aus der Mechanik entlehnten Gesetze zur Erklärung und Voraussage kosmischen Geschehens; in astronomische Aussagen gehen also mechanistische Annahmen als »*Voraussetzungen*« ein – Annahmen *allgemeiner* Naturgesetzlichkeiten, die dem Astronom als *Mittel* für die Erklärung oder Prognose *individueller* Konstellationen dienen. Die Astronomie interessiere sich somit

> für die Frage: welches *individuelle* Ergebnis die Wirkung jener Gesetze auf eine *individuell* gestaltete *Konstellation* erzeugt, da diese individuellen Konstellationen für uns *Bedeutung* haben. Jede individuelle Konstellation, die sie uns ›erklärt‹ oder voraussagt, ist natürlich kausal nur erklärbar als Folge einer anderen gleich individuellen ihr vorhergehenden, und soweit wir zurückgreifen in den grauen Nebel der fernsten Vergangenheit, – stets bleibt die Wirklichkeit, *für* welche die Gesetze gelten, gleich individuell, gleich wenig *aus* den Gesetzen *deduzierbar.* (OE 172)

Anders als seine naturwissenschaftlichen Kollegen ist der Astronom nach Weber nicht primär an der Formulierung möglichst allgemeiner Gesetze interessiert; sein Tun richtet sich vielmehr auf die Rekonstruktion der Abfolge individueller, wirklicher Konstellationen unter Zuhilfenahme gegebener kausaler Gesetzlichkeiten. Ein »*erschöpfender*« kausaler Regressus« (OE 178) hingegen, der die Entwicklungsgeschichte des Universums – das nach der sogenannten Kant-Laplace-Theorie seinen Anfang in einem rotierenden Sonnennebel nimmt, aus dem sich sukzessive Sterne und Planeten bilden (vgl. GN 450) – kausal auf einen »Urzustand« (OE 172) zurückzuführen sucht, stellt nach M. Weber, logisch betrachtet, ein »Unding« (OE 178) dar. Die astronomische Annahme eines »kosmische[n] ›Urzustand[es]‹, der einen nicht oder weniger individuellen Charakter an sich trüge als die kosmische Wirklichkeit der Gegenwart, ist«, wie er unmißverständlich konstatiert, ein »sinnloser Gedanke« (OE 172), da es prinzipiell nicht möglich sei, einen komplexen, individuellen Zustand auf einen weniger komplexen, allgemeineren Zustand zurückzuführen und in diesem Sinne zu ›deduzieren‹.[37]

Ist M. Webers Kritik der astronomischen Kenntnis plausibel? Sie basiert auf seinem von Rickert übernommenen Konzept der »*Wirklichkeitswissenschaft*« (OE 170),[38] demzufolge es alle wissenschaftlichen Disziplinen zunächst mit dem Wirklichen als konkreter und individueller Entität zu tun haben. Da »Realität nur dem Konkreten, Individuellen« zukomme,[39] dieses aber durch eine intensive, das heißt qualitative ›Unendlichkeit‹ der Bestimmungsgründe gekennzeichnet sei, setze die endliche wissenschaftliche Erfassung – und zwar in den Kultur- wie in den Naturwissenschaften – notwendig eine Reduktion des Wirklichen im Zeichen des Wissenswerten voraus:

> Und die absolute Unendlichkeit dieser Mannigfaltigkeit bleibt intensiv durchaus ungemindert auch dann bestehen, wenn wir ein einzelnes »Objekt« […] isoliert ins Auge fassen, – sobald wir nämlich ernstlich versuchen wollen, dies »Einzelne« *erschöpfend in allen* seinen individuellen Bestandteilen auch nur zu beschreiben, geschweige denn es in seiner kausalen Bedingtheit zu erfassen. Alle denkende Erkenntnis der unendlichen Wirklichkeit durch den endlichen Menschengeist beruht […] auf der stillschweigenden Voraussetzung, daß jeweils nur ein endlicher *Teil* derselben den Gegenstand wissenschaftlicher Erfassung bilden, daß nur er »wesentlich« im Sinne von »wissenswert« sein solle. (OE 171)

---

[37] Vgl. zu naturwissenschaftlichen und historischen Deduktionen als »kausale[n] Notwendigkeitsurteile[n]« und zum erkenntnistheoretischen Problem des »kausalen ›Regressus‹« konkreter Einzelvorgänge, für den der Erkennende stets von einer Unendlichkeit von Bestimmungsfaktoren absehen müsse, auch Weber: »Roscher und Knies und die logischen Probleme der historischen Nationalökonomie [1903–1906]«, in: ders.: *Gesammelte Aufsätze zur Wissenschaftslehre* (wie Anm. 36), S. 1–145, hier S. 65–67. Der kausale Regressus geht in Webers Verständnis von den Wirkungen aus und fragt nach deren Ursachen, während der Progressus von den Ursachen ausgeht und deren Wirkungen bestimmt.

[38] Vgl. Volker Kruse: *»Geschichts- und Sozialphilosophie« oder »Wirklichkeitswissenschaft«? Die deutsche historische Soziologie und die logischen Kategorien René Königs und Max Webers.* Frankfurt a. M. 1999, S. 50f.

[39] Max Weber: »Kritische Studien auf dem Gebiet der kulturwissenschaftlichen Logik [1906]«, in: ders.: *Gesammelte Aufsätze zur Wissenschaftslehre* (wie Anm. 36), S. 215–290, hier S. 230.

Für M. Weber ist die Astronomie nun nicht wie bei Rickert durch einen vordergründigen Zwitterstatus, sondern durch eine prinzipielle Eigentümlichkeit von den gewöhnlichen Naturwissenschaften unterschieden: Da der Astronom nicht mit allgemeinen Klassen von Objekten und reproduzierbaren Vorgängen, sondern mit singulären resp. individuellen Objekten und ihren Entwicklungsgeschichten (der Abfolge wirklicher und individueller kosmischer Ereignisse) zu tun habe, fungierten in seiner Erklärung die Gesetze nicht als »Ziel«, sondern als »Mittel« (OE 179). Hinsichtlich dieses »Sachverhalt[s]« stellt die Astronomie für M. Weber einen »Grenzfall« der naturwissenschaftlichen Modellbildung dar – einen Grenzfall allerdings, der in der sozial- und kulturwissenschaftlichen Modellbildung in »gesteigertem Maße« vorliege und hier sogar den Normalfall darstelle:

> Ausgangspunkt des sozialwissenschaftlichen Interesses ist nun zweifellos die *wirkliche*, also individuelle Gestaltung des uns umgebenden sozialen Kulturlebens in seinem universellen, aber deshalb natürlich nicht minder individuell gestalteten Zusammenhange und in seinem Gewordensein aus anderen, selbstverständlich wiederum individuell gearteten, sozialen Kulturzuständen heraus. Offenbar liegt hier der Sachverhalt, den wir eben an der Astronomie als einem (auch von den Logikern regelmäßig zum gleichen Behufe herangezogenen) Grenzfalle erläuterten, in spezifisch gesteigertem Maße vor. (OE 172f.)

Wie läßt sich diese sowohl von Rickert als auch von Du Bois-Reymond abweichende Relationierung von astronomischem und kulturwissenschaftlichem Wissen im Hinblick auf die Transfergeschichte des Konstellationskonzepts auswerten? Astronomie und Kulturwissenschaft unterscheiden sich nach M. Weber grundsätzlich hinsichtlich dessen, was sie für ›wissenswert‹ halten. Während der Naturwissenschaftler sein Interesse auf reproduzier- und verallgemeinerbare, der Astronom sein Interesse darüber hinaus auch auf singulär-individuelle Vorgänge richte, beide aber vornehmlich die physisch-materiellen Aspekte der Welt kausal oder historisch zu erklären suchten, interessiere sich der Kulturwissenschaftler – nicht nur, aber in erster Linie – für »*geistige* Vorgänge«:

> Dazu tritt, daß es sich in den Sozialwissenschaften um die Mitwirkung *geistiger* Vorgänge handelt, welche nacherlebend zu ›*verstehen*‹ natürlich eine Aufgabe spezifisch anderer Art ist, als sie die Formeln der exakten Naturerkenntnis überhaupt lösen können und wollen. (OE 173)

Die auf geistige Vorgänge bezogenen Gesetze des Kulturwissenschaftlers seien keine Naturgesetze im strengen Sinne, sondern – abgesehen von im Gegenstandsbereich situierten Anwendungsfällen – »Gesetz[e]« und »*Re-*

geln rationalen Handelns« (OE 173), die auf idealtypische Konstruktio-
nen, »*Wertideen*« und »*Wertbeziehungen*« (OE 175) verwiesen. Um die
hieraus erwachsende spezifische Differenz zwischen Astronomie bzw.
Naturwissenschaft auf der einen und Kulturwissenschaft auf der anderen
Seite genauer zu erläutern und eine hierauf beruhende Konzeption einer
spezifisch kulturwissenschaftlichen Konstellationsanalyse zu entfalten,
läßt sich M. Weber – anders als Rickert – auf Du Bois-Reymonds Gedan-
kenexperiment ein und imaginiert einen kulturwissenschaftlich interes-
sierten Laplaceschen Geist, der tatsächlich in der Lage wäre, die »*wirkli-
che*, also individuelle Gestaltung des uns umgebenden sozialen Kultur-
lebens« (OE 172) aus »einfache[n] letzte[n] ›Faktoren‹« kausal oder
historisch herzuleiten, zu analysieren und vollständig zu erklären. Doch
was für Du Bois-Reymond als idealer Zielpunkt des Forschens erscheint,
bewegt sich für M. Weber nur im Vorhof kulturwissenschaftlichen Ver-
stehens:

> Gesetzt den Fall, es gelänge einmal, sei es mittels der Psychologie, sei es auf an-
> derem Wege, alle jemals beobachteten und weiterhin auch alle in irgend einer
> Zukunft denkbaren ursächlichen Verknüpfungen von Vorgängen des menschli-
> chen Zusammenlebens auf irgend welche einfache letzte ›Faktoren‹ hin zu analy-
> sieren, und dann in einer ungeheuren Kasuistik von Begriffen und streng gesetz-
> lich geltenden Regeln erschöpfend zu erfassen, – was würde das Resultat für die
> Erkenntnis der *geschichtlich* gegebenen Kulturwelt, oder auch nur irgend einer
> Einzelerscheinung daraus – etwa des Kapitalismus in seinem Gewordensein und
> seiner Kulturbedeutung –, besagen? Als Erkenntnis*mittel* ebensoviel und eben-
> sowenig wie etwa ein Lexikon der organischen chemischen Verbindungen für die
> *biogenetische* Erkenntnis der Tier- und Pflanzenwelt. (OE 174)[40]

Einem funktionalistischeren Wissenschaftsverständnis verpflichtet als der
im Positivismus verankerte Du Bois-Reymond, betont M. Weber in seiner
Kritik des Laplacianismus, daß auch die präziseste Akkumulation von
Daten und die umfassendste Entdeckung von Gesetzlichkeiten keine De-
duktion der »Wirklichkeit« (OE 174) liefern könne; die Herleitung eines
wirklichen, geschichtlichen Zustands aus allgemeineren Zuständen oder
aus einem allgemeinen Gesetz sei so nicht erreichbar. Die nomothetische
Analyse individueller Konstellationen könne vielmehr in der Astronomie

---

[40] Ein ähnliches Argument führt schon Mill an: *The Logic of the Moral Sciences* (wie
Anm. 34), S. 33: »[…] even if our science of human nature were theoretically per-
fect, that is, if we could calculate any character as we can calculate the orbit of any
planet, *from given data*; still, as the data are never all given, nor ever precisely alike
in different cases, we would neither make positive predictions, nor lay down univer-
sal propositions.«

wie in der Kulturwissenschaft nur dazu dienen, historische Zustände und Lagen mit einem auf hypothetischen Gesetzen basierenden kausalen oder historischen Zusammenhang in Verbindung zu bringen und ihre Realität so allenfalls *nach* Gesetzen zu erklären, aber nicht *aus* Gesetzen deduktiv abzuleiten. Für den Astronom mag mit einer derartigen Erklärung das Ziel seines Erkenntnisstrebens bereits erreicht sein, für den Kulturwissenschaftler aber sei es nur eine »wichtige und nützliche Vorarbeit« der Forschung, »nur die *erste* der mehreren Arbeiten, die zu der von uns erstrebten Erkenntnis führen«. Wie kann der Kulturwissenschaftler aber, fragt M. Weber weiter, zur angestrebten Erkenntnis gelangen, der Erkenntnis einer wirklichen »*Konstellation* [...], in der sich jene (hypothetischen!) ›Faktoren‹, zu einer geschichtlich für uns *bedeutsamen* Kulturerscheinung gruppiert, vorfinden« (OE 174)?

Im sich anschließenden systematischen Aufriß einer kulturwissenschaftlichen Konstellationsanalyse überlagern sich in M. Webers Text die zuvor für das astronomische Erkennen als charakteristisch herausgestellten Merkmale mit den darüber hinausgreifenden, spezifischen Merkmalen des auf Deutung und Verstehen zielenden kulturwissenschaftlichen Erkennens und lassen auf diese Weise den Transfer des Konstellationskonzepts auch an der Textoberfläche sichtbar werden (zur Verdeutlichung der konstellationsanalytischen Arbeitsschritte sind diese im folgenden Zitat numeriert):

> Jene (hypothetischen) ›Gesetze‹ und ›Faktoren‹ festzustellen [1], wäre für uns also jedenfalls nur die *erste* der mehreren Arbeiten, die zu der von uns erstrebten Erkenntnis führen würden. Die Analyse und ordnende Darstellung der jeweils historisch gegebenen, individuellen Gruppierung jener ›Faktoren‹ [2a] und ihres dadurch bedingten konkreten, in seiner Art *bedeutsamen* Zusammenwirkens [2b] und vor allem die *Verständlichmachung* des Grundes und der Art dieser Bedeutsamkeit [2c] wäre die nächste, zwar unter Verwendung jener Vorarbeit zu lösende, aber ihr gegenüber völlig neue und *selbständige* Aufgabe. Die Zurückverfolgung der einzelnen, für die *Gegenwart* bedeutsamen, individuellen Eigentümlichkeiten dieser Gruppierungen in ihrem Gewordensein, so weit in die Vergangenheit als möglich, und ihre historische Erklärung aus früheren, wiederum individuellen Konstellationen [3] wäre die dritte, – die Abschätzung möglicher Zukunftskonstellationen [4] endlich eine denkbare vierte Aufgabe. (OE 174f.)

Die kulturwissenschaftliche Konstellationsanalyse geht über die astronomische insofern hinaus, als sie – und dies ist für M. Weber die »entscheidende Eigenart kulturwissenschaftlicher Betrachtungsweise« (OE 175) – die ihren Gegenstand konstituierenden Gesetze und Faktoren nicht nur konstatiert [1], klassifiziert und in der Art ihres Zusammenwirkens sowie hinsichtlich ihrer Relevanz und Bedeutung auswertet [2 a–b], historisch herleitet [3] und zu prognostischen Zwecken verwendet [4], sondern die Konstellation hinsichtlich Grund und Bedeutung verständlich macht [2c], das heißt verstehend *deutet*, nämlich als wertbesetztes, bedeutungstragendes Konstrukt begreift:

> Die *Bedeutung* der Gestaltung einer Kulturerscheinung und der Grund dieser Be-
> deutung kann aber aus keinem noch so vollkommenen System von Gesetzesbe-
> griffen entnommen, begründet und verständlich gemacht werden, denn sie setzt
> die Beziehung der Kulturerscheinungen *auf Wertideen* voraus. […] Die Bezie-
> hung der Wirklichkeit auf Wertideen, die ihr Bedeutung verleihen, und die Her-
> aushebung und Ordnung der dadurch gefärbten Bestandteile des Wirklichen unter
> dem Gesichtspunkt ihrer Kultur*bedeutung* ist ein gänzlich heterogener und dispa-
> rater Gesichtspunkt gegenüber der Analyse der Wirklichkeit auf *Gesetze* und ih-
> rer Ordnung in generellen Begriffen. (OE 175f.)

Der Kulturwissenschaftler ist demnach anders als der Naturwissenschaftler und auch anders als der Astronom nicht nur mit den Gesetzlichkeiten und Abfolgen individueller oder auch wiederkehrender wirklicher Konstellationen konfrontiert. Vielmehr hat er darüber hinaus mit den Regel- und Unregelmäßigkeiten »sozialen Handelns«, mit »zweckrational[en]«, »wertrational[en]«, »affektuell[en]« und »traditional[en]« Bestimmungen[41] zu tun, die sich bestenfalls *in Bezug auf*, aber nicht *aus* den durch »die Natur und die geschichtliche Konstellation gegebene[n] Bedingungen dieses Handelns«[42] plausibilisieren, sich jedenfalls nicht aus diesen deduzieren lassen.

M. Weber führt damit einen nicht-mechanistischen Konstellationsbegriff in die Kulturwissenschaften ein, den er in der Folge dazu nutzt – und das ist gewissermaßen die Pointe seiner Replik auf Du Bois-Reymond –, die Naturwissenschaften, inklusive Astronomie, in den Gegenstandsbereich der Kulturwissenschaften einzugemeinden, die Gesamtheit der Wissenschaften als eine Konstellation zu betrachten und die Kulturwissenschaften somit als eine Art ›Metadisziplin‹ zu profilieren. Denn anders als für Rickert, der die Grenze zwischen natur- und geisteswissenschaftlichem Erkennen zementiert, und auch anders als Du Bois-Reymond, der die Geisteswissenschaften den Naturwissenschaften unifizierend unterzuordnen trachtet, identifiziert M. Weber die Naturwissenschaften als Bestandteil einer Wissenschaftskultur, die sich der Kulturwissenschaftler

---

[41] Max Weber: »Soziologische Grundbegriffe [1922]«, in: ders.: *Gesammelte Aufsätze zur Wissenschaftslehre* (wie Anm. 36), S. 541–581, hier S. 542, 565.

[42] Weber: »Roscher und Knies« (wie Anm. 37), S. 45.

verstehend erschließen kann. Auf diese Weise erscheint selbst das von Du Bois-Reymond polemisch gegen die geisteswissenschaftlichen Disziplinen ins Feld geführte Ideal mechanistisch-deterministischer Erklärung als eine nicht aus allgemeinen Gesetzen zu deduzierende, aber sehr wohl kulturwissenschaftlich zu deutende »*Wertidee*« (OE 175), die sich gegen alternative – etwa theologische, metaphysische, ökonomische, moralische oder ästhetische – Konzepte des Wissenswerten behaupten muß:

> Naturwissenschaften wie etwa die Physik, Chemie, Astronomie setzen als selbstverständlich voraus, daß die […] letzten Gesetze des kosmischen Geschehens wert sind, gekannt zu werden. […] Diese Voraussetzung ist selbst schlechthin nicht beweisbar.[43]

Für M. Weber ist der Naturwissenschaftler ein Zwecke setzender Akteur, der sich, orientiert an der Wertidee deterministischer Erkenntnis (dem Ideal des Laplaceschen Geistes), damit begnügt, »Bestandteile des Wirklichen« (OE 176) zu isolieren und in dem Sinne begreiflich zu machen, daß »die konkrete Einzelerscheinung […] nichts unserem nomologischen Erfahrungswissen direkt Zuwiderlaufendes enthält«.[44] Der Sozial- und Kulturwissenschaftler kann diese kulturelle Praxis zum Gegenstand seiner Konstellationsanalyse machen, indem er die Akteure, Institutionen, Gesetze und Regeln naturwissenschaftlicher Arbeit feststellt, klassifiziert und evaluiert, das historische Gewordensein der Naturwissenschaften analysiert, den zu erwartenden Fortgang wissenschaftlichen Denkens und Handelns prognostiziert und schließlich – und hier kommt das genuin kulturwissenschaftliche Interesse des Konstellationsforschers zum Tragen – das naturwissenschaftliche Erkenntnisstreben hinsichtlich seiner ›Kultur*bedeutung*‹ verständlich macht. Eine eigene, normative *Bewertung* der analysierten Konstellation ist in M. Webers kulturwissenschaftlichem Arbeitsprogramm nicht vorgesehen. Obgleich er Wertzuschreibungen zum intrinsischen Gegenstandsbereich verstehender Wissenschaft zählt und sich in seinen Studien auch mit der Verträglichkeit bzw. Unverträglichkeit verschiedener Wertsetzungen auseinandersetzt,[45] verknüpft er seine konstellationsanalytische Verstehensaufgabe mit einer weitgehenden Abstinenz von wertenden Stellungnahmen. Natur- wie Kulturwissen-

---

[43] Weber: »Wissenschaft als Beruf [1919]«, in: ders.: *Gesammelte Aufsätze zur Wissenschaftslehre* (wie Anm. 36), S. 582–613, hier S. 599.
[44] Weber: »Roscher und Knies« (wie Anm. 37), S. 66.
[45] Ebd., S. 47–49 u. ö.

schaften seien vielmehr ›wertfrei‹[46] zu betreiben, der Wissenschaftler generell auf eine neutrale, objektive Beobachterperspektive verpflichtet. Es könne, so faßt M. Weber pointiert zusammen, »niemals Aufgabe einer Erfahrungswissenschaft sein […], bindende Normen und Ideale zu ermitteln, um daraus für die Praxis Rezepte ableiten zu können.« (OE 149) Die hinter dieser Position stehende Trennung von Sein und Sollen, Wissenschaft und Politik, die im Kontext des ›Werturteils-Streits‹ der Soziologie[47] steht, wird in den 1920er Jahren durch die kultur- und wissenssoziologischen Konstellationstheorien Alfred Webers und Karl Mannheims in Frage gestellt.

IV. Historisch-soziologische Konstellationen. Alfred Weber

Alfred Webers ›Konstellationssoziologie‹[48] ist weniger durch die Astronomie als durch spatiale Denkmodelle, vor allem durch Raumwirtschafts- und ökonomische Standorttheorien[49] inspiriert. In seinen zwischen 1920 und 1955 entstandenen Studien zu Kultursoziologie, Kulturgeschichte und Geschichtssoziologie hat das Denkmodell der Konstellation eine tragende, wenn auch begrifflich nicht immer präzise Funktion. Es dient ihm vor allem dazu, die Vielzahl von »Einzelphänomen[en]«, die der Soziologe in der Regel nur isoliert beobachte, »an ihren richtigen Platz« (ES 31) zu stellen, das heißt in räumlich angeordneten und sich zeitlich entwickkelnden Formationen so zu situieren, daß die »Totalität, das Gesamt des

---

[46] Vgl. ders.: »Der Sinn der ›Wertfreiheit‹ der soziologischen und ökonomischen Wissenschaften [1917]«, in: ders.: *Gesammelte Aufsätze zur Wissenschaftslehre* (wie Anm. 36), S. 489–540.

[47] Jay A. Ciaffa: *Max Weber and the Problems of Value-free Social Science: A Critical Examination of the Werturteilsstreit.* Lewisburg 1998.

[48] *Alfred-Weber-Gesamtausgabe*, hg. v. Richard Bräu u. a. Bd. 4: *Einführung in die Soziologie*, hg. v. Hans G. Nutzinger. Marburg 1997, S. 301–304. Im Folgenden im Text zitiert mit der Sigle ES. Vgl. zu A. Weber als Konstellationssoziologe schon Reinhard Blomert: »Wandlungen im Wissenschaftsverständnis in der Weimarer Republik. Die Kultursoziologie von Alfred Weber und Karl Mannheim«, in: *Zwischen Nationalökonomie und Universalgeschichte. Alfred Webers Entwurf einer umfassenden Sozialwissenschaft in heutiger Sicht*, hg. v. Hans G. Nutzinger. Marburg 1995, S. 161–195, hier S. 172–174.

[49] Vgl. zum Beispiel: Alfred Weber: »Über den Standort der Industrien. Erster Teil: Reine Theorie des Standorts [1909]«, in: *Alfred-Weber-Gesamtausgabe* (wie Anm. 48). Bd. 6: *Industrielle Standortlehre (1914)*, hg. v. Hans G. Nutzinger. Marburg 1998, S. 29–265.

geschichtlichen Lebens«[50] soziologisch erschlossen werden kann – ein Ansatz, der A. Weber, wenn man so will, zu einem ›Glokalisierungstheoretiker‹[51] ›avant la lettre‹ macht: In kritischer Fortschreibung der universalgeschichtlich ausgerichteten Geschichtsphilosophie des ausgehenden 18. Jahrhunderts und des individualgeschichtlich ausgerichteten Historismus des ausgehenden 19. Jahrhunderts strebt er eine »geschichtssoziologische Gesamtanalyse« (ES 31) an, die die lokalen, standortspezifischen Rahmenbedingungen und Faktoren sozialer und kultureller Prozesse ebenso berücksichtigt wie die globalen »Großfaktoren« (ES 31) und Tendenzen der ›longue durée‹. Weder die von den Soziologen seiner Zeit durchgeführten »Querschnittssoziologien« (ES 34), die in Form synchroner Momentaufnahmen die für eine bestimmte Situation relevanten gesellschaftlichen Faktoren in ihrem kontemporären Zusammenhang beobachten (z. B. M. Weber: *Die protestantische Ethik und der Geist des Kapitalismus,* 1904/05), noch die »*Teilgeschichtssoziologien*« (ES 34), die diachrone Längsschnitte eines isolierten kulturellen oder gesellschaftlichen Bereichs untersuchen (z. B. Georg Lukács: *Zur Soziologie des modernen Dramas,* 1914), können A. Webers Anspruch an eine moderne kultursoziologische Forschung gerecht werden. Ebenso unzureichend erscheinen ihm die soziologischen Verfahren, die entweder auf die Erforschung allgemeiner sozialer Kausalgesetzlichkeiten (z. B. Comte, Marx) oder auf die Konstruktion ordnender Begriffstypologien (z. B. M. Weber)[52] ausgerichtet sind. A. Weber will diese soziologischen Ansätze zwar bewahren, doch er betont, daß jede einseitig lokal, global, spatial, temporal, kausal oder typologisch ausgerichtete soziologische Einzelanalyse einer konstellationsanalytischen und -interpretatorischen Ergänzung bedürfe (vgl. ES 42 u. 301).[53] Das Konzept der Konstellation fungiert hier somit als Ausweis einer umfassenden, das Gesamt der sozialen Welt ein-

---

[50] Alfred Weber: »Diskussion anderer Standpunkte [1927]«, in: *Alfred-Weber-Gesamtausgabe* (wie Anm. 48). Bd. 8: *Schriften zur Kultur- und Geschichtssoziologie (1906–1958),* hg. v. Richard Bräu. Marburg 2000, S. 186–200, hier S. 192.

[51] ›Glokalisierung‹ ist ein ›portmanteau‹-Wort, das die lokalen Aspekte globaler Prozesse bezeichnet. Vgl. Roland Robertson: *Globalization: Social Theory and Global Culture.* London u. a. 1998.

[52] Vgl. Alfred Webers Unterscheidung von »Soziologie als Kausallehre, Soziologie als Typologie und Soziologie als Konstellationsinterpretation« (ES 36).

[53] A. Webers Konstellationsanalyse realisiert damit bereits die von Stamm geforderte Verschränkung von historischer und systematischer Perspektive, vgl. Marcelo Stamm: »Konstellationsforschung – Ein Methodenprofil: Motive und Perspektiven«, in: *Konstellationsforschung* (wie Anm. 16), S. 31–73, hier S. 34.

beziehenden Untersuchungsmethode. Wie aber gelangt der Kultursoziologe zu einer integrierenden Perspektive, die Struktur und Dynamik einer individuellen »*historisch-soziologische[n] Konstellation*«[54] angemessen erfaßt?

A. Weber definiert – einer vitalistisch-organologischen Körpermetaphorik verhaftet – das Konzept des ›Geschichtskörpers‹ als individuellen, essentialistischen Bezugspunkt kultursoziologischer Betrachtung:

> Kulturen sieht man eingebettet in große Geschichtskörper, die voneinander abgegliedert und zu Einheiten zusammengefaßt sind durch einen jedem von ihnen eigenen ereignishaften historischen Lebensprozeß, durch den sie vermöge von Siegen und Niederlagen, Eroberungen, Wanderungen zugleich äußerlich untereinander mehr oder weniger stark verbunden sind, während man gleichzeitig Verkehrsströmungen und kulturelle Einwirkungstendenzen seit uralter Zeit zwischen ihnen laufen sieht. Jeder dieser Geschichtskörper hat eine ihm eigentümliche *Gesellschaftsstruktur*, d. h. Allgemeinformung der in ihm lebendigen Trieb- und Willenskräfte. In jedem von ihnen durchlaufen die gesellschaftliche Gesamtformung und ihre Einzelformen Abwandlungen, die bei vorhandenen Ähnlichkeiten doch jedem von ihnen durchaus eigentümliche Phasenerscheinungen seiner individuellen Gesamtstruktur sind. Vor allem vermöge dieser individuellen gesellschaftlichen Gesamtstruktur fühlen wir sie als geschlossene, körperhafte Gebilde.[55]

Zur Untersuchung des Zusammenhangs von Geschichtskörpern und Gesamtstruktur schlägt A. Weber eine heuristische Perspektivierung vor, die das Ensemble von Faktoren bzw. »das Resultat des Zusammenwirkens eines zunächst undurchsichtigen und anscheinend unzusammenhängenden Komplexes von Einzelkausaltatsachen«[56] in drei distinkte ›Sphären‹ zerlegt – und hier kommt der Begriff der Konstellation ins Spiel: Gegenstand der geschichtssoziologischen Analyse wird nämlich bei A. Weber eine differenzierte »dreigliedrige Konstellation«,[57] die sich aus den drei

---

[54] Weber: »Diskussion anderer Standpunkte« (wie Anm. 50), S. 192.

[55] Alfred Weber: »Geschichts- und Kultursoziologie als innere Strukturlehre der Geschichte (1931)«, in: *Alfred-Weber-Gesamtausgabe* (wie Anm. 48). Bd. 8: *Schriften zur Kultur- und Geschichtssoziologie (1906–1958)* (wie Anm. 50), S. 129–146, hier S. 129.

[56] Ebd., S. 134.

[57] Herbert von Borch: »Grundlagen der Geschichtssoziologie«, in: ES, S. 136–158, hier S. 141f. Borch ist ein Schüler von A. Weber, der an der *Einführung in die Soziologie* mitgewirkt hat.

Sphären Gesellschaftsprozeß, Zivilisationsprozeß und Kulturbewegung[58] zusammensetzt:

> Was wir hier wollen und Geschichtssoziologie zu nennen vorschlagen, betrifft diese Totalität, das Gesamt des geschichtlichen Lebens. Es analysiert dies mit allgemeinen Kategorien, löst es in solche zunächst auf, immer aber im Bewußtsein dessen, daß diese Kategorien: Gesellschaftsprozeß, Zivilisationsprozeß und Kulturbewegung, wenn sie auch ontisch verschiedene Kräftegebiete und deren Bewegungsformen bezeichnen, doch im Leben eine untrennbare Einheit darstellen, nur für dessen besseres Verständnis gedanklich einmal getrennt werden. Ihre Trennung soll das Verständnis ermöglichen, für das, was wir *historisch-soziologische Konstellation* nennen, d. h. die jeweils aus der besonderen Art des Zusammenspiels der Kräfte der drei Sphären sich ergebende Lage.[59]

Die erste Sphäre wird durch den ›Gesellschaftsprozeß‹ gebildet, das heißt durch die soziale, politisch organisierte Strukturierung, die einem Geschichtskörper eine identifizierbare, äußere Kontur verleiht und somit als Faktor einer identitären – in A. Webers organologisch-biologistischer Terminologie: »arteigen[en]«[60] – Differenzbildung gegenüber anderen sozialen Kollektiven fungiert.[61] Zweitens bestimmt er den ›Zivilisationsprozeß‹ als kontinuierliche, durch Handel, Wissenschaft und Technik betriebene Entwicklung, die sich nicht an die gesellschaftsstrukturelle Gliederung separierter Geschichtskörper hält, sondern in Form von »Verkehrsströmungen«, das heißt wissenschaftlichen und technologischen Austauschbeziehungen die Grenzen der sozialen Einheiten unterläuft. Im Gegensatz zur Differenzen generierenden, sozialen Formung durch den Gesellschaftsprozeß habe der Zivilisationsprozeß die Funktion einer universellen und homogenisierenden Evolutionierung: Ökonomie, Wissenschaft und Technik seien räumlich nicht gebunden, erzwängen durch ihr lineares Fortschreiten allerdings eine temporale Entwicklung, einen »irreversibel logisch gegliederte[n] Stufenfortgang« (ES 38) von tendenziell globalem Ausmaß.

> Die Realisierungs- und also Entwicklungsphänomenologie des Zivilisationskosmos in seinem praktischen und theoretischen Teil bedeutet, als Gesamtbild in der Geschichte gesehen, daß die großen Geschichtskörper, die in ihrer *gesellschaftli-*

---

[58] A. Weber: »Geschichts- und Kultursoziologie als innere Strukturlehre der Geschichte« (wie Anm. 55), S. 21–25.

[59] Weber: »Diskussion anderer Standpunkte« (wie Anm. 50), S. 192.

[60] Alfred Weber: »Kulturgeschichte als Kultursoziologie [1935]«, in: *Alfred-Weber-Gesamtausgabe* (wie Anm. 48). Bd. 1: *Kulturgeschichte als Kultursoziologie*, hg. v. Eberhard Demm. Marburg 1997, S. 61–539, hier S. 70.

[61] Ebd., S. 68f.

chen und *Kulturentwicklung* weitgehend voneinander abweichen, in ihrer *Zivilisations*entwicklung durchaus aufeinander aufgebaut sind, wie nach einem vorgesehenen Plan hier an der Herausarbeitung von etwas durchaus Einheitlichem arbeiten.[62]

Drittens schließlich definiert A. Weber die ›Kulturbewegung‹, die den Geschichtskörper ›beseele‹ und die Funktion oder Aufgabe einer expressiven Vergeistigung, Durchdringung und Aneignung der gesellschaftsstrukturellen und zivilisatorischen Entwicklungen habe. Die »Kuluremanationen«,[63] wie A. Weber sie vor allem in Literatur, Kunst und Religion, also in den Kernbereichen des humanistischen Bildungskosmos ausmacht, werden von ihm als spontane und kreative Schöpfungen vorgestellt,[64] die frei von Sachzwängen und Notwendigkeiten, also eher aus Zufall[65] entstehen (also auch prinzipiell nicht kausal zu erklären sind) und auf diese Weise Individualisierungen der Geschichtskörper befördern können:

> Genau den [dem Charakter der Zivilisationssphäre, A. A.] entgegengesetzten Charakter hat nun die *Kulturbewegung* und alles, was sich in ihrer Sphäre befindet und entsteht. Diese Sphäre schafft keinen Kosmos logisch-allgemeingültiger und notwendiger Dinge; vielmehr ist und bleibt hier alles was entsteht, zunächst seinem *Wesen* nach eingeschlossen in den Geschichtskörper, in dem es entsteht, mit ihm innerlich verbunden.[66]

Die damit heuristisch isolierten drei Sphären, deren dynamisches Zusammenspiel erst die Individualität der historisch-sozialen Konstellationen ausmacht, agieren in A. Webers Modell eigengesetzlich neben-, mit- und gegeneinander und bestimmen so die Lagen und Entwicklungen der Geschichtskörper. Der kultursoziologisch interessierte Konstellationsanalytiker hat unter Berücksichtigung dieser Eigengesetzlichkeiten Struktur und Dynamik aktueller und historischer Konstellationen zu beschreiben und dabei das situative Zusammenspiel lokaler und globaler, spatialer und temporaler, kausaler und kontingent-spontaner Faktoren aufzuzeigen. Aufgrund der Vielzahl der beteiligten Faktoren und Eigengesetzlichkei-

---

[62] Alfred Weber: »Gesellschaftsprozeß, Zivilisationsprozeß und Kulturbewegung [1921]«, in: *Alfred-Weber-Gesamtausgabe* (wie Anm. 48), Bd. 8: *Schriften zur Kultur- und Geschichtssoziologie (1906–1958)* (wie Anm. 50), S. 147–186, hier S. 158.

[63] Ebd., S. 167.

[64] Vgl. Blomert: »Wandlungen im Wissenschaftsverständnis« (wie Anm. 48), S. 172.

[65] Weber: »Geschichts- und Kultursoziologie als innere Strukturlehre der Geschichte [1931]« (wie Anm. 55), S. 134.

[66] Weber: »Gesellschaftsprozeß, Zivilisationsprozeß und Kulturbewegung [1921]« (wie Anm. 62), S. 165.

ten, aber auch aufgrund der intrinsischen Kontingenzen und Spontaneitäten, die die schon von Heinrich Rickert und M. Weber herausgestellte Individualität *wirklicher* historischer Konstellationen begründen, lassen sich keine deduktiven Ableitungen vornehmen und auch keine allgemeingültigen Kausalgesetze destillieren. Zwar gibt es für A. Weber innerhalb einer Konstellation kausale und genetische Entwicklungsstränge. Im Hinblick auf die Gesamtkonstellation aber kann sich der Konstellationssoziologe nur im Rahmen seines Drei-Sphären-Modells an die individuellen Anfangskonstellationen kultureller Kollektive zurück tasten und von hier aus die Genese des konstellativen Zusammenhangs samt Koinzidenzen und Kontingenzen kultursoziologisch plausibel machen.

Der Beobachtungsstandpunkt des Konstellationsanalytikers ist dabei – und dies unterscheidet A. Webers Konzept von dem seines Bruders – nicht neutral, sondern selbst in die Konstellation eingebunden und an ihrer Entwicklung maßgeblich beteiligt. Während M. Weber die kulturwissenschaftliche Konstellationsanalyse analog zur astronomisch-naturwissenschaftlichen als einen Vorgang der Objektivierung modelliert[67] und den Kulturwissenschaftler – sofern er als Wissenschaftler und nicht als Politiker handelt – generell auf die wertfreie Präsentation wissenschaftlicher Befunde verpflichten möchte, insistiert A. Weber auf einem Sinn und Orientierung stiftenden Konzept der Soziologie,[68] das den Kultursoziologen als Teil der Kulturbewegung begreift und ihn dazu veranlaßt, durch eine Konstellations*interpretation* (ES 302), das heißt hier: durch Stellungnahmen und Werturteile, auf die gesellschaftlichen und zivilisatorischen Problemlagen therapierend einzuwirken.[69] Gerade weil er als Kultursoziologe eine privilegierte, den Interessen der Zivilisations- und Gesellschaftssphäre enthobene Perspektive auf die Konstellation seiner Zeit habe, möchte A. Weber ihm die bewußte, wissenschaftlich informierte ethische oder politische Parteinahme explizit zur Aufgabe machen.

Diese Aufgabenzuweisung stellt zugleich eine signifikante Differenz zwischen der Sphäre der Zivilisation und der Sphäre der Kultur heraus

---

[67] An Max Webers Orientierung an einem naturwissenschaftlichen Wissenschaftskonzept hatte sich auch bereits die Debatte um seinen Vortrag »Wissenschaft als Beruf« entzündet, vgl. Richard Pohle: *Max Weber und die Krise der Wissenschaft. Eine Debatte in Weimar.* Göttingen 2009, S. 39, 45 u. ö.; Edoardo Massimilla: *Ansichten zu Weber: Wissenschaft, Leben und Werte in der Auseinandersetzung*, übers. v. Charlotte Voermanek. Leipzig 2008.

[68] Blomert: »Wandlungen im Wissenschaftsverständnis« (wie Anm. 48), S. 165–168.

[69] Ebd., S. 167.

und offeriert damit einmal mehr eine implizite Anwendung konstellativen Denkens auf die zeitgenössische Diskussion um die Ordnung der Wissenschaften. Denn für A. Weber gestalten Ökonomie-, Natur- und Technikwissenschaften als Teil des Zivilisationsprozesses den zweckorientierten »Kosmos logisch-allgemeingültiger und notwendiger Dinge«[70] und sind damit auch für die durch den Zivilisationsprozeß erzeugte Krise – für die entfesselte Kapitalisierung, Rationalisierung und Technisierung der Welt – ursächlich verantwortlich. Eingebunden in den globalen Fortschrittsprozeß können sie diese Krise weder verhindern noch moderieren. Dies kann ausschließlich der konstellationsanalytisch geschulte Kultursoziologe, sofern er sich am »Aufbau einer neuen geistig-seelischen Haltung« beteiligt,[71] den Geschichtskörper wieder mit einem »Schwerpunkt« der Zeit ausstattet und die verselbständigten gesellschaftlichen Bereiche mit einer »einheitliche[n] Melodie«[72] zu durchziehen hilft. Der Konstellationssoziologe ist damit nicht nur Teil der historischen Konstellation; als *»für geistige Interessen frei«*[73] gewordener Intellektueller, der »in seinem Urteil nur vor sich selbst steht«,[74] kann und soll er seinen privilegierten Zugriff auf die Kulturbewegung und seine Wertungskompetenz dazu nutzen, auf die Konstellation in seinem Sinne Einfluß zu nehmen.

Es bleibt A. Webers Schüler Karl Mannheim vorbehalten, diese den Interessen und Zwängen vermeintlich übergeordnete »Vogelperspektive«[75] des Konstellationsinterpreten auf ihre bildungsbürgerliche, ideologische Bindung hin transparent zu machen, A. Webers Separierung von Kulturbewegung und Zivilisationsprozeß in Frage zu stellen[76] und im gleichen Zug das Konzept der Konstellationsanalyse wissenssoziologisch zu radikalisieren. Dabei gelingt es Mannheim auch, die von A. Weber reichlich verschwommen und vage verwendeten konstellationsanalytischen Metaphern so zu präzisieren, daß sie in seine soziologische Theorie und Praxis

---

[70] Weber: »Gesellschaftsprozeß, Zivilisationsprozeß und Kulturbewegung« (wie Anm. 62), S. 165.

[71] Vgl. Blomert: »Wandlungen im Wissenschaftsverständnis« (wie Anm. 48), S. 164.

[72] Alfred Weber: »Religion und Kultur [1912]«, in: *Alfred-Weber-Gesamtausgabe* (wie Anm. 48), Bd. 8: *Schriften zur Kultur- und Geschichtssoziologie (1906–1958)* (wie Anm. 50), S. 315–338, hier S. 320.

[73] Weber: »Kulturgeschichte als Kultursoziologie« (wie Anm. 60), S. 320.

[74] Ebd., S. 335.

[75] Karl Mannheim: »Das Problem einer Soziologie des Wissens [1925]«, in: *Wissenssoziologie. Auswahl aus dem Werk*, eingel. u. hg. v. Kurt H. Wolff. Berlin–Neuwied 1964, S. 308–387, hier S. 374. Im Folgenden im Text zitiert mit der Sigle PSW.

[76] Blomert: »Wandlungen im Wissenschaftsverständnis« (wie Anm. 48), S. 180.

als tragfähige methodische Kategorien eingehen. Obgleich er diese ›Anwendung‹ ausdrücklich auf A. Webers theoretische Vorarbeit zurückführt, ist es daher eigentlich nicht A. Webers, sondern erst Mannheims Verdienst, »die Konstellationsanalyse zum Organon der Kultursoziologie gemacht zu haben«.[77]

V. Problemkonstellationen der Wissenssoziologie. Karl Mannheim

Für Karl Mannheim[78] ist das Konzept der ›Konstellation‹ »eine der wichtigsten Kategorien, durch die wir Welt und Geist erfassen« (PSW 308), eine »Grundkategorie der soziogenetischen Betrachtung«.[79] Für seine wissenssoziologische Verwendung des Begriffs geht er nicht von der astronomischen Wortbedeutung aus, sondern revitalisiert die ältere, astrologische Konnotation deutender Sternbildbetrachtung, die M. Weber noch

---

[77] Karl Mannheim: *Ideologie und Utopie*. 7. Aufl. Frankfurt a. M. 1985, S. 182, Anm. 5. Im Folgenden im Text zitiert mit der Sigle IuU. Eine in der angelsächsischen Forschung durch David Bloor u. a., in der deutschen Forschung durch Adorno u. a. vereinseitigende Rezeption hat zu einem verzerrten Mannheim-Bild geführt, das erst in neuerer Zeit ansatzweise korrigiert worden ist. Dieser Korrektur ist auch der vorliegende Beitrag verpflichtet. Vgl. David Bloor: »Wittgenstein and Mannheim on the Sociology of Mathematics«, in: *Studies in the History of Philosophy and Science* 4 (1973), S. 173–191; kritisch dazu: David Kaiser: »A Mannheim for All Seasons: Bloor, Merton, and the Roots of the Sociology of Scientific Knowledge«, in: *Science in Context* 11 (1998), S. 51–87. Vgl. grundlegend auch Laube: *Karl Mannheim und die Krise des Historismus* (wie Anm. 5); zudem Bettina Heintz: »Wissenschaft im Kontext. Neue Entwicklungstendenzen der Wissenssoziologie«, in: *Kölner Zeitschrift für Soziologie und Sozialpsychologie* 45 (1993), S. 528–552; Dirk Hoeges: *Kontroverse am Abgrund: Ernst Robert Curtius und Karl Mannheim. Intellektuelle und ›freischwebende Intelligenz‹ in der Weimarer Republik*. Frankfurt a. M. 1994; Reinhard Blomert: *Intellektuelle im Aufbruch. Karl Mannheim, Alfred Weber, Norbert Elias und die Heidelberger Sozialwissenschaften der Zwischenkriegszeit*. München 1999.

[78] Zu Mannheims Konstellationskonzept vgl. bereits Laube: *Karl Mannheim und die Krise des Historismus* (wie Anm. 5), S. 261f.; Claudia Honegger: »Karl Mannheim und Raymond Williams. Kultursoziologie oder Cultural Studies?«, in: *Kultur-Analysen*, hg. v. Jörg Huber. Wien 2001, S. 115–146. Vgl. zur allgemeinen Rekonstruktion von Mannheims soziologischem Denken auch Martin Endreß: »Karl Mannheim«, in: *Handbuch Wissenssoziologie und Wissensforschung*, hg. v. Rainer Schützeichel. Konstanz 2007, S. 77–93.

[79] Karl Mannheim: »Über die Eigenart kultursoziologischer Erkenntnis [1922]«, in: *Strukturen des Denkens*, hg. v. David Kettler u. a. Frankfurt a. M. 1980, S. 33–154, hier S. 107. Im Folgenden im Text zitiert mit der Sigle EkE.

in den Bereich der Vorwissenschaft verwiesen und damit für obsolet erklärt hatte (OE 174). Das »Wort Konstellation«, heißt es einleitend in Mannheims 1925 publiziertem Text *Problem einer Soziologie des Wissens*, »stammt aus der Astrologie und bezeichnet den Stand, das gegenseitige Verhältnis der Sterne in der Geburtsstunde eines Menschen«. In seiner historischen Funktion im Rahmen astrologischer Auslegungen hat der Begriff der Konstellation zwar auch für Mannheim ausgedient. In einer in die »Betrachtung der Geschichte des Geistes« (PSW 308f.) übertragenen Funktion aber habe er eine neue, problemgeschichtliche Relevanz für unser Denken und Handeln gewonnen. Im übertragenen Sinne könne ›Konstellation‹ – und hier schließt sich Mannheim den Überlegungen seines Lehrers A. Weber, implizit aber auch Ausführungen Adam Müllers an –

> das eigentümliche Zusammensein von Faktoren in einem gegebenen Zeitpunkte bedeuten und ihre Beobachtung kann wichtig werden, wenn man glaubt, daß das gleichzeitige Beisammensein verschiedener Faktoren die Ausgestaltung des besonderen uns interessierenden Faktors mitbestimmt. (PSW 308)

Eine geistesgeschichtliche Konstellation besteht für Mannheim aus einer Mehrzahl unterscheidbarer, aber in Relation zueinander stehender sozialer Standorte, von denen aus Kollektive (Schichten, Stände, Berufsgruppen etc.) und die ihnen zugehörigen Individuen Wirklichkeit erleben, Wissen generieren und in einem dynamischen Mit- und Gegeneinander zeit- und gruppenspezifische Anschauungen von der Welt entwerfen. Mannheim begreift diese »Weltanschauung[en]« (EkE 101) weder als Repräsentationen einer empirisch gegebenen Wirklichkeit noch als Produkte einer allgemeinmenschlichen, überzeitlichen Vernunft, sondern als perspektivische,[80] sich in Entwicklung befindliche Konstruktionen, die von nur ›konjunktiver‹, das heißt nicht allgemeiner, sondern situations- und gruppengebundener Geltung sind. Konjunktives Wissen bezöge sich zwar stets auf dieselben »Fakta und Wesenheiten«, das heißt die objektiv zu erhebenden Daten der gegebenen Welt fungierten als eine »gewisse kontrollfähige Instanz gegenüber willkürlichen Konstruktionen«, doch sie unterlägen einer standortspezifischen Selektion und zeigten »ein verschiedenes Gesicht, je nachdem, in welchen Sinnzusammenhang sie eingestellt werden« (PSW 359). Vom »eigenen Standorte aus« werde so jeweils an einer spezifischen »Synthese der historisch sichtbar gewordenen Gesamtheit der ›Fakta‹« gearbeitet, mit der Konsequenz, daß eine aus

---

[80] Vgl. zu Mannheims Perspektivismus auch Jeremy Rayner: »A Plea for Neutrality: Karl Mannheim's Early Theory of Ideology«, in: *History of the Human Sciences* 2 (1989), S. 373–388.

verschiedenen Kollektiven bestehende Gesellschaft nicht einer einzigen, homogenen Weltanschauung anhänge, sondern in der Regel mehrere konkurrierende »Weltsynthese[n]« (PSW 325) hervorbringe. Je nach Standort erscheint die Welt somit verschieden,[81] ja Mannheim geht sogar so weit zu behaupten, daß man als Wissenssoziologe von einer Vielzahl »nicht aufeinander reduzierbare[r] Erkenntnispositionen« auszugehen habe.[82] Die »verschiedenen Denkströmungen«, die eine Epoche oder einen Kulturkreis definieren, laufen »nicht isoliert nebeneinander« her. Sie stehen nach Mannheim in einem dynamischen Wechselverhältnis, können sich »aneinander orientieren, voneinander lernen« (ebd.), sich aber auch voneinander abstoßen, andere Weltsynthesen »negieren« oder sogar zu »*zersetzen*« (PSW 315) suchen. Erst im dynamischen Zusammenspiel wechselseitig aufeinander bezogener, differenter Faktoren konstituiere sich eine Konstellation in ihrer historischen und sozialen Eigenart.

Dem Wissenssoziologen schreibt Mannheim nun die Aufgabe zu, die Konstellation einer gegebenen Epoche oder eines gegebenen Kulturkreises zunächst zu analysieren, dann zu deuten. Die »Konstellationsanalyse« (IuU 223) besteht darin, die auftretenden Weltanschauungen samt der ihnen zugehörigen Denkstile und Ausdrucksformen bestimmten sozialen Schichten und ihrem jeweiligen Interessiert- und Engagiertsein (PSW 378) zuzuordnen und die Weltanschauungen auf diese Weise »auf die soziologische Ebene hin« (PSW 314) zu relativieren bzw. im Hinblick auf ihre »Seinsgebundenheit« (PSW 311, Anm.) zu relationieren.[83] Allerdings könne man, betont Mannheim, nicht »irgendeinen Denkstandort ohne weiteres mit einer soziologischen Schicht bzw. Klasse« gleichsetzen, wie dies etwa in der marxistischen Ideologiekritik im Zeichen des ›Interesses‹ versucht worden sei (PSW 376). Auch sei nicht davon auszugehen, daß das Verhältnis von Weltanschauung, Denkstil und sozialer Gruppe statisch oder substantialistisch sei, also sich auf Dauer erhalten müsse. Vielmehr habe man, um auf die historisch und soziologisch vari-

---

[81] Vgl. dazu aus historiographischer Perspektive Koselleck: »Standortbindung und Zeitlichkeit« (wie Anm. 18), der nachzeichnet, wie die Historiker des 18. Jahrhunderts, vor allem Chladenius, den Standort als Instanz einer perspektivischen Urteilsbildung entdecken und von der Parteilichkeit zu unterscheiden suchen. Dazu ferner Köller: *Perspektivität und Sprache* (wie Anm. 18), v. a. S. 290–308.

[82] So Mannheim laut Protokoll auf der 2. Sitzung der vereinigten Seminare von Prof. A. Weber und Dr. Mannheim, 27.02.1929, zit. nach Blomert: »Wandlungen im Wissenschaftsverständnis« (wie Anm. 48), S. 188.

[83] Zum Begriff des Relationalismus vgl. Laube: *Karl Mannheim und die Krise des Historismus* (wie Anm. 5), S. 202f.

anten »Korrelationen« (PSW 380) von Weltanschauung und sozialen Gruppenstrukturen analytisch durchgreifen zu können,[84] das »Weltanschauungssystem« und das mit diesem Weltanschauungssystem zusammenhängende »Wirtschafts- und Herrschaftssystem« (PSW 379) in die Betrachtung mit einzubeziehen. Es geht Mannheim also um die Erfassung einer sozial- und geistesgeschichtlichen Totalität, eines historisch-sozialen »Gesamtprozess[es]« (PSW 368) der Kultur. Materialistische und formalistische Betrachtungsweisen verknüpfend,[85] besteht nach Mannheim das »Hauptziel« wissenssoziologischer Arbeit darin,

> in einem jeweiligen Querschnitt der Geschichte die geistig-systematischen Standorte herauszuarbeiten, aus welchen heraus gedacht wurde. Es gilt aber dann, diese nicht als rein theoretische Gegenspieler zu betrachten, sondern ihrer lebendigen Verwurzelung nachzugehen, indem man zunächst jene metaphysischen Voraussetzungen herausstellt, in die diese systematisch gestalteten Standorte verankert sind. Hat man diesbezüglich Klarheit erlangt, so muß man sich fragen […], zu welchen innerhalb derselben Epoche vorhandenen Weltwollungen dieser oder jener ›Denkstil‹ zurechenbar ist. Hat man auch hier die Entsprechungen gefunden, so hat man auch die geistigen Schichten, die einander jeweils bekämpfen. Erst nach dieser immanenten Weltanschauungsanalyse beginnt die eigentliche soziologische Aufgabe: wenn man fragt, welche sozialen Schichten jeweils hinter den geistigen Schichten stehen. (PSW 385)

Eine Konstellation erscheint bei Mannheim demnach als dynamisches Ensemble von Faktoren, die sich jeweils aus mehreren Komponenten zusammensetzen: den geistig-systematischen Denkstandorten[86] (Weltanschauungen), den zugrundeliegenden metaphysischen, das heißt ontologischen und epistemologischen Prämissen (Denkstil), den zugehörigen geistigen und schließlich den zugehörigen sozialen Schichten. In der analytischen Zusammenschau dieser Komponenten und Faktoren sowie in der Erfassung ihrer historischen Verlaufsformen liegt das analytische Ziel wissenssoziologischer Konstellationsbetrachtung.

Um zu erfassen, worin die deutende, sich an die Analyse anschließende wissenssoziologische Arbeit besteht, hat man sich allerdings zu fragen, welche Weltanschauung der Wissenssoziologie selbst zugrunde liegt.

---

[84] Karl Mannheim: »Die Bedeutung der Konkurrenz im Gebiete des Geistigen«, in: *Wissenssoziologie* (wie Anm. 75), S. 566–613, hier S. 582f.

[85] Vgl. Amalia Barboza: *Kunst und Wissen. Stilanalyse in der Soziologie Karl Mannheims.* Konstanz 2005.

[86] Vgl. dazu Kurt Röttgers: »Der Standpunkt und die Gesichtspunkte«, in: *Archiv für Begriffsgeschichte* 37 (1994), S. 257–284. Vgl. auch Koselleck: »Standortbindung und Zeitlichkeit« (wie Anm. 18), S. 24–36.

Denn auch der Standort des Wissenssoziologen ist nach Mannheim nicht per se neutral, seine Erkenntnisse sind nicht objektiv und wertfrei. Vielmehr stellt sich ihm die von M. Weber geforderte Objektivität und Wertfreiheit des Wissenschaftlers generell als eine standortgebundene, nämlich liberal-bürgerliche Haltung dar. »Die Gefährdung der Objektivität sitzt viel tiefer«, stellt er in seinem Essay »Die Bedeutung der Konkurrenz im Gebiet des Geistigen« (1929) fest,

> und in dieser Beziehung hat die bisherige Problemstellung, die die Wertfreiheit sichern wollte, sich die Sache unserem Gefühl nach doch zu leicht gemacht. Die Gefährdung liegt darin, daß man schon bei der Verarbeitung des ›Stoffes‹, schon bei der ›Gegenstandskonstitution‹ mit grundverschiedenen Ordnungsprinzipien und grundverschiedenen Kategorien arbeiten kann.[87]

Demgemäß sind auch die Deutungen des Wissenssoziologen weltanschaulich geprägt, denkstil- und »standortsgebunden«,[88] er ist – bewußt oder unbewußt – Indikator und Faktor der von ihm analysierten Konstellation, denn »[w]enn man einmal den Gedanken gefaßt hat, daß Ideologien der Gegner eben Funktionen ihrer Weltlage sind, so kann man sich davor nicht verschließen, daß auch die eigenen Ideen Funktionen eines sozialen Seins sind« (PSW 321). Wie aber kann die wissenssoziologische Deutung einer Konstellation unter diesen Prämissen einen wissenschaftlichen Geltungsanspruch erheben? Wie soll der Wissenssoziologe eine Metaebene etablieren, von der aus sich die analysierten Perspektiven zu einer objektiven Deutung zusammenschließen lassen? Die standortgebundene Perspektivität des Betrachters ist in Mannheims Text »eine soziologische Theorie der Kultur und ihrer Erkennbarkeit« (ca. 1924–25) noch ein nicht zu hintergehendes Faktum; Max und Alfred Webers Annahme einer »überstandortlichen Objektivität« ist für ihn zu diesem Zeitpunkt noch eine »Fiktion«. Das »aus dem Bereich der optischen Wahrnehmung stammenden Gleichnis« der konstellativen Perspektivität weiterdenkend, konstatiert er hier:

> In der optischen Betrachtung eines Dinges oder einer Landschaft bekommt man von jedem Punkte des Raumes ein anderes Bild vom Gegenstand. […] Und dennoch oder gerade darin, daß es perspektivisch ist, hat dieses standortgebundene Bild seine Wahrheit. Denn die *Landschaft ist ein Gegenstand, der prinzipiell nur perspektivisch erfaßbar ist*. Verschwindet die Perspektivität, verschwindet die

---

[87] Mannheim: »Die Bedeutung der Konkurrenz im Gebiete des Geistigen« (wie Anm. 84), S. 601.

[88] Karl Mannheim: »Historismus [1924]«, in: *Wissenssoziologie* (wie Anm. 75), S. 246–307, hier S. 303, Anm.

Landschaft. Wenn jemand Landschaft erfahren will, nimmt er nicht eine *Land-karte* vor, die eine künstliche Projektion, eine Fiktion einer überstandortlichen Objektivität ist, da sie objektive Verhältnisse fixiert, sondern er nimmt unumgänglich selbst einen Ort im Raume ein.[89]

So wie in diesem visuellen Gleichnis die Betrachtung einer Landschaft[90] notwendig einen Standort und eine daran geknüpfte Perspektive impliziert, läßt sich auch im Hinblick auf die Betrachtung einer wissenssoziologischen Konstellation von einer konstitutiven Standortgebundenheit und Perspektivität ausgehen. Weder die Erfahrung einer Landschaft noch die Erfahrung einer (stellaren oder kulturellen) Konstellation lassen sich demnach durch künstliche Projektionen, das heißt durch vermeintlich objektive Land- bzw. Sternkarten, ersetzen. In *Ideologie und Utopie* allerdings korrigiert und präzisiert Mannheim sein Gleichnis. Die konstitutive Perspektivität der Raumwahrnehmung soll nun zwar nicht suspendiert, aber wissenssoziologisch als solche sichtbar gemacht und damit einer objektiven Analyse und Deutung zugeführt werden können:

> Bei dem visuellen Bilde eines Raumgegenstandes ist es ja ebensowenig eine Fehlerquelle, daß der Raumgegenstand wesensmäßig *nur* perspektivisch gegeben sein kann, und das Problem besteht nicht darin, wie man ein unperspektivisches Bild zustande bringen könnte, sondern wie man vielmehr durch das Gegeneinanderhalten der verschiedenen Sichten das Perspektivische als solches zu sehen bekommt und damit eine neuartige Objektivität erreichen könnte. (IuU 255)

Im Unterschied zu M. Weber weist Mannheim also auch in *Ideologie und Utopie* die Möglichkeit einer »Vogelperspektive«, das heißt eines nicht-perspektivierten, objektiven Blicks, zurück: Eine »unperspektivische Sicht« zu konstruieren sei »nicht möglich« (IuU 258), konstatiert er apodiktisch. Der Wissenssoziologe könne sich allerdings mit Hilfe seiner konstellationsanalytischen Reflexionen von einem vorgegebenen Standort lösen, tentativ verschiedene Standorte und Perspektiven einnehmen, diese in Relation zueinander setzen und auf diese Weise »auf Umwegen« (ebd.) eine »neuartige Objektivität« (IuU 255) erreichen, indem er sich nämlich

---

[89] Karl Mannheim: »Eine soziologische Theorie der Kultur und ihrer Erkennbarkeit«, in: *Strukturen des Denkens* (wie Anm. 79), S. 155–322, hier S. 212. Im Folgenden im Text zitiert mit der Sigle TKE.
[90] Vgl. zu Mannheims visueller Metaphorik: Kaiser: »A Mannheim for All Seasons« (wie Anm. 77), S. 63, zu seiner Landschaftsmetaphorik und ihrer Herkunft aus Wölfflins kunsthistorischen Arbeiten auch Jeremy Tanner: »Karl Mannheim and Alois Riegl: From Art History to the Sociology of Culture«, in: *Art History* 32 (2009), S. 755–784.

»um eine Formel der Umrechenbarkeit und Übersetzbarkeit dieser verschiedenen perspektivischen Sichten ineinander« (IuU 258) bemüht und auf diese Weise eine innovative, synthetisierende Zusammenschau vorbereitet. (Inwiefern sich diese wissenssoziologische Zusammenschau verschiedener, gleichzeitig eingenommener Standorte und Perspektiven erkenntnistheoretisch ausbuchstabieren ließe, ob es etwa ausreicht, eine Perspektive hypothetisch, aber nicht faktisch einzunehmen, oder ob es Mannheim auf eine anhaltende Bewegung zwischen den Perspektiven ankommt, sei hier einmal dahin hingestellt.)

Im Kern läuft Mannheims wissenssoziologische Arbeit damit auf eine Herausstellung der zu einem bestimmten Zeitpunkt gegebenen Positionen und ihres relationalen Zusammenhangs hinaus. In der Tradition M. Webers enthält er sich dabei bewußt einer eigenen, genuin politischen Positionsnahme, identifiziert sich beispielsweise mit keinem der in *Ideologie und Utopie* charakterisierten Intellektuellentypen (Sozialisten, Konservative, Liberale). Doch er nutzt die wissenssoziologische Metaebene für eine andere Form des Engagements, insofern er für die Aufrechterhaltung der konstellativen Dynamik durch eine intellektuelle Haltung votiert, die sich nicht mit der Tendenz zur »Sachlichkeit« und »Spannungslosigkeit« zufrieden geben und »beruhigen« (IuU 220f.) will, sondern sich bewußt für die »dynamische Mitte« (IuU 165) und den aus dieser Mitte heraus betriebenen Erhalt der utopischen Potentiale und Entwicklungsmöglichkeiten der Konstellation engagiert. Im Anschluß an Adam Müller, der ebenfalls die »astronomische Weltbetrachtung« zum Vorbild der philosophischen nimmt, postuliert Mannheim einen beweglichen, dynamischen Standort des Beobachters, da die Beweglichkeit und Dynamik des Subjekts mit denen seiner Objekte in Wechselwirkung stehen.[91] Im Unterschied zu den parteipolitisch festgelegten Intellektuellen könne der ›freischwebende Intellektuelle‹ – und als solchen identifiziert Mannheim sich selbst[92] – die vermeintlich fixierten Positionen verflüssigen, reproblematisieren und offen halten; er könne, und zwar unabhängig davon, ob er aus dem konservativen, liberalen oder sozialistischen Lager stamme, seine »politische Entscheidung mit vorangehender Gesamtorientierung« (IuU 141) verbinden und »Wächter […] sein in einer sonst allzu finsteren Nacht« (IuU 140).

> Nur dem Vorhandensein einer solchen relativ freischwebenden Mitte […] ist ein
> reales gegenseitiges Durchdringen der vorhandenen Tendenzen zu danken und

---

[91] Müller: »Die Lehre vom Gegensatze« (wie Anm. 8), S. 202.
[92] Vgl. Hoeges: *Kontroverse am Abgrund* (wie Anm. 77), S. 100.

nur von hier aus kann die früher angedeutete, immer von neuem vorzunehmende Synthese entstehen. [...] Vom Vorhandensein einer solchen dynamischen Mitte ist es heute eher als je zu erwarten, daß sie den Drang hat, außerhalb der Partei-schulen ein Forum zu schaffen, auf dem der Blick und das Interesse für das je-weilige Ganze bewahrt bleiben. (IuU 140f.)

Wie sehr diese intellektuelle Selbstverpflichtung auch mit Mannheims persönlicher Lage als ungarisch-jüdischer Intellektueller in der polarisier-ten Gesellschaft der Weimarer Republik zusammenhing oder zumindest von seinen Zeitgenossen dahingehend interpretiert wurde, zeigt die hoch-kontroverse Reaktion auf seine Schriften, die aus nahezu allen politischen Lagern heraus erfolgte.[93] Ernst Robert Curtius, der Mannheims »geistige Haltlosigkeit«[94] und seine mit dem »Judentum« verflochtene, »›submar-xistische‹ Gesellschaftslehre«[95] scharf attackierte, diese Attacke aber kurz darauf in der Hoffnung auf einen die »parteipolitischen Sonderprogram-me« überwindenden deutschen Einheitsappell[96] ansatzweise zu revidieren begann, greift explizit auf die Leitmetaphern von Mannheims Denken, die Metapher der Konstellation und des Flusses,[97] zurück. In *Deutscher Geist in Gefahr* (1932) charakterisiert er Mannheim und sich selbst als den Ge-setzen der Wissenssoziologie unterliegende Gestirne und schließt eine Wiederannäherung im Zeichen eines Bekenntnisses »zu aristokratischer, deutscher Kulturgesinnung«[98] nicht mehr aus:[99]

Schon die kurze Spanne von dreieinhalb Jahren hat ja die gesamte Konstellation verändert: die Konjunktur der Sterne, der Staaten, der Geschäfte, der Geister. Mannheim selbst hat seinen Standpunkt geändert, ich den meinen. Er hat sich der Philosophie angenähert [...], ich mich der Soziologie. [...] Ich halte es nicht für unmöglich, daß Mannheim und ich, die wir beide unter den lebendigen Gesetzen der Wissenssoziologie stehen und ihnen ungefragt folgen müssen, uns gegensei-

[93] Vgl. zum ›Krieg um Mannheim‹ die Dokumentation in: *Der Streit um die Wissensso-ziologie*, hg. v. Volker Meja u. Nico Stehr. 2 Bde. Frankfurt a. M. 1982; Carsten Klingemann: »Zur Rezeption von Karl Mannheim im Kontext der Debatte um Sozio-logie und Nationalsozialismus«, in: *Karl Mannheims Analyse der Moderne. Mann-heims erste Frankfurter Vorlesung von 1930. Edition und Studien*, hg. v. Martin En-dreß u. Ilja Srubar. Opladen 2000, S. 213–237.

[94] Ernst Robert Curtius: »Soziologie – und ihre Grenzen«, in: *Neue Schweizer Rund-schau* 22,36/37 (1929), S. 727–736, hier S. 729.

[95] Ernst Robert Curtius: *Deutscher Geist in Gefahr*. Stuttgart–Berlin 1932, S. 86.

[96] Ebd., S. 131.

[97] Zur Strom-Metaphorik und ihrer Herkunft von Bergson und A. Weber vgl. Laube: *Karl Mannheim und die Krise des Historismus* (wie Anm. 5), S. 204f.

[98] Curtius: *Deutscher Geist in Gefahr* (wie Anm. 95), S. 85.

[99] Vgl. Hoeges: *Kontroverse am Abgrund* (wie Anm. 77), S. 220–229.

tig noch weiter annähern. Die Dinge sind hier noch durchaus im Flusse. Diesem Flusse wollen wir uns anvertrauen.[100]

Unter welch verschiedenen Gesetzen Mannheim und Curtius kurz darauf standen und in welchen Fluß die Dinge gerieten, ist bekannt.[101]

Es ist sinnvoll, Mannheims konstellationsanalytische Positionsnahme für das dynamische Denken der Mitte wiederum im Hinblick auf die Relationierung von Natur- und Kulturwissenschaft bzw. Natur- und Geisteswissenschaft zu diskutieren,[102] da er sein Programm in Auseinandersetzung mit der zeitgenössischen ›Zwei-Kulturen-Debatte‹ begründet. Im Unterschied zu A. Weber geht Mannheim nicht davon aus, daß sich der historisch-soziale Gesamtprozeß eines Kollektivs in separierbaren, autonomen Sphären (Zivilisation, Gesellschaft, Kultur) organisiert, die sich allesamt »auf die Einheit eines Volksganzen« (PSW 374) beziehen ließen. Um »die tragenden Kräfte«, die die »Geschichte des Geistes« und damit auch die Geschichte des Wissens und der Wissenschaften bestimmen, »in ihrem wesenhaften Zusammenspiel«, und das heißt als Bestandteile einer dynamischen Konstellation, zu erschließen (PSW 308f.), müsse der Wissenssoziologe vielmehr nach Analogien und Korrelationen zwischen den verschiedenen Sphären fahnden, da sich das divergierende »Weltwollen« eines Kollektivs ausnahmslos in allen kulturellen Sphären – künstlerischen, ökonomischen, politischen, religiösen, wissenschaftlichen etc. – auswirke (TKE 260). Auch das naturwissenschaftlich-mathematisch organisierte Denken, also der Bereich des Wissens, der am ehesten einer »über-konjunktiven«, kommunikativen (TKE 291) Geltung verpflichtet ist, kann so einer geistigen Schicht mit weltanschaulichem Engagement zugerechnet werden:

> Es vollzieht sich hier vorbildlich in der Mathematisierung der Prozeß, das gruppengebundene Subjekt, das konkret-geschichtliche Subjekt zu überwinden, um

---

[100] Curtius: *Deutscher Geist in Gefahr* (wie Anm. 95), S. 92.

[101] In *Deutscher Geist in Gefahr* spinnt Curtius Mannheims astronomische Konstellationsmetaphorik im Hinblick auf die von Mannheim angeblich nicht angemessen berücksichtigten »Konstanten« und Kontinuitäten der ›longue durée‹ aus, die »das Moment der ›Statik‹ mit dem der ›Dynamik‹« verbinden und dem »heute verbreitete[n] Relativismus« entgegengesetzt werden könnten. Curtius: *Deutscher Geist in Gefahr* (wie Anm. 95), S. 93. Diese Aspekte sind es dann auch, die Curtius in seiner Studie *Europäische Literatur und lateinisches Mittelalter* (1948) beschäftigen werden. Nach Hoeges: *Kontroverse am Abgrund* (wie Anm. 77), S. 233, ist diese Studie Curtius' Antwort auf Mannheims *Ideologie und Utopie*, allerdings findet Mannheim hier im Unterschied zu Alfred Weber und Max Scheler keine explizite Erwähnung mehr.

[102] Vgl. Heintz: »Wissenschaft im Kontext« (wie Anm. 77), S. 532.

auf das abstrakt allgemein Menschliche zu rekurrieren. [...] In der produktiven Einseitigkeit einer jeden Theorie übersah diese Denktendenz, [...] daß sie – indem sie die Welt berechenbar zu machen trachtete – von vornherein von ihr nur soviel erkennen wollte, als von ihr berechenbar zu machen ist. [...] Hat man die Fäden der letzten Denkmotive des naturwissenschaftlichen Rationalismus bis zu diesem Punkte zurückverfolgt, so ist eine soziologische Zurechenbarkeit zum kapitalistischen Geiste, insbesondere [...] zum Geiste des aufstrebenden Bürgertums, unabweisbar. (TKE 170f.)

Folgt man Mannheims wissenssoziologischer Deutung, so korreliert das naturwissenschaftlich-mathematische Denken mit einer liberal-demokratischen und kapitalistischen Weltanschauung (TKE 171), die sich, idealtypisch französisch,[103] aus dem Rationalismus und dem auf Quantitäten setzenden Positivismus herleitet. Das konjunktive, historisch-geisteswissenschaftliche Denken hingegen, welches der naturwissenschaftlich-mathematischen Weltanschauung opponiere, korreliere, zumindest in Deutschland,[104] mit einer konservativen Weltanschauung,[105] die aus der gegenaufklärerischen Romantik und dem auf Qualitäten setzenden Historismus entstanden sei. Obgleich Mannheim nun seine Wissenssoziologie nicht als konservativ ausweist und sich bewußt einer wertenden politischen Positionsnahme enthält, verortet er seinen Denkansatz doch in der Tradition historisch-geisteswissenschaftlichen Denkens und somit in Opposition zu den liberalismusaffinen, fortschrittsoptimistischen Naturwissenschaften. Nur vom historisch-geisteswissenschaftlichen Standort aus könne man ein »*dynamische[s] Zentrum*« ausbilden, aus dem heraus sich »*das Phänomen des statischen Denkens*«,[106] insbesondere auch des statischen Denkens der Naturwissenschaften, konstellativ verorten und deuten ließe:

> Wir befinden uns [...] in einem Stadium der Denkgeschichte, das dermaßen einzelwissenschaftlich orientiert, also an ›Teilsystemen‹ haftend, ist, daß der Konstruktionspunkt der Philosophie unwillkürlich in eines dieser ›Teilsysteme‹ [...] zurückgleitet. [...] Will man aber dieses Stadium [des Zwei-Kulturen-Dualismus, A. A.] durchbrechen, so ist es nötig, den Gegensatz zwischen statischem und dynamischem Denken in jenem Teil des einzelwissenschaftlichen Denkens zunächst aufzuweisen und gegen das naturwissenschaftliche Denken auszuspielen, wo das Dynamische für unsere noch in ›Teilsystemen‹ befangene Einstellung am handgreiflichsten sichtbar wird: in den historischen Kulturwissenschaften. [...] Nur

---

[103] Karl Mannheim: »Das Problem der Generationen [1928/29]«, in: *Wissenssoziologie* (wie Anm. 75), S. 509–565, hier S. 515.

[104] Vgl. ebd.

[105] Ebd., S. 514f.

[106] Mannheim: »Historismus« (wie Anm. 88), S. 246–307, hier S. 303f, Fußnote 31.

> wenn man [...] das aus der historischen Einzelwissenschaft herausgearbeitete Dynamische zur Grundlage der philosophischen Konstruktion selbst macht, wenn also eine dynamische Ganzheit zum Ausgangspunkt wird, kann man sich fragen, *was denn innerhalb ihrer die statischen ›Teilsysteme‹ bedeuten.*[107]

Die ›Lösung‹ des Zwei-Kulturen-Dualismus liegt für Mannheim also in der Ausbildung einer geistes- und kulturwissenschaftlich inspirierten wissenssoziologischen Perspektive, die das Dynamische der historischen Geisteswissenschaften sichtbar werden läßt und gegen das Statische der Naturwissenschaften in Stellung bringt. Das Denkmodell einer »dynamische[n] Ganzheit«, eben das, was Mannheim als »Konstellation« bezeichnet, findet er folglich nicht in der Astronomie. Denn da die Naturwissenschaften und damit auch die Astronomie sich nach Mannheims Analyse zu einem statischen Teilsystem ausgebildet haben, sich nicht selbst transzendieren bzw. relationieren können und wie die auf sie fixierten (aufklärerisch-rationalistischen) Philosophien dem Konstrukt einer »statische[n], ewige Gesetze ermöglichende[n] Vernunft«[108] anhingen, sei ausschließlich in den Geisteswissenschaften, insbesondere in der »historischen Einzelwissenschaft«,[109] der dynamische Denkansatz zu finden, der das ebenfalls dynamisch ansetzende, wissenssoziologische Konstellationsdenken antizipiere. Die zunächst rein deskriptive Erfassung der konstellativen Wissensordnung, die in der Tradition Ernst Cassirers[110] eine Pluralität und Gleichberechtigung der verschiedenen Weltsichten konstatiert, wird von Mannheim nun gemäß den überkommenen Vorgaben des Zwei-Kulturen-Streits evaluiert und hierarchisiert. So erklärt sich auch, warum er bei der Einführung seines Konstellationsbegriffs nicht auf die Astronomie, die für M. Webers Begriffsadaption noch leitend war, sondern auf die Astrologie zurückgreift. Im Rekurs auf diesen älteren Herkunftsbereich der Metapher wird die konkurrierende aktuelle Begriffsverwendung ausgeblendet und mit der neuen, kulturwissenschaftlichen und wissenssoziologischen Bedeutung überschrieben.[111]

---

[107] Ebd., S. 303f., Anm.

[108] Ebd., S. 256.

[109] Ebd., S. 304.

[110] Vgl. Cassirers Modell eines ›komplexen Systems‹, das eine Pluralität von prinzipiell gleichberechtigten Erkenntnisformen annimmt. Ernst Cassirer: »Die Begriffsform im mythischen Denken [1922]«, in: ders.: *Gesammelte Werke*, hg. v. Birgit Recki. Bd. 16: *Aufsätze und kleine Schriften (1922–1926)*, bearb. v. Julia Clemens. Hamburg 2003, S. 3–61.

[111] Mannheim spricht zwar, reichlich metaphorisch, von »Sphärenhierarchie[n]« (PSW 361), »Bezugssystem[en]« (PSW 321), Phänomenen, die nicht »ein für alle-

Mannheim führt somit einen Konstellationsbegriff in den kulturwissen-
schaftlichen Diskurs ein, der erstens die Perspektivität (die Aspektstruk-
tur; IuU 229) und die konjunktive Geltung astrologischen Wissens, zwei-
tens die Konstruktivität und drittens die Dynamik astrologischer Ausle-
gungen für die kulturwissenschaftliche Adaption aktualisiert. Die Kon-
stellationsanalyse liefert ihm zum einen das methodische Rüstzeug, um
das multipolare Ensemble differenter sozialer Standorte inklusive der
zugehörigen, divergierenden Weltanschauungen analytisch in den Griff
zu bekommen. Zum anderen schärft der konstellative Denkansatz Mann-
heims Blick für das Problem wissenschaftlicher Objektivität und Wert-
freiheit: Weder die Natur- noch die Geisteswissenschaftler traditioneller
Provenienz kommen demnach zu standort*un*gebundenen Urteilen. Einge-
bettet in ein relationales Kräftespiel weltanschaulichen Engagements ver-
fehlen beide die Aufgabe, innovative Problemstellungen zu generieren,
und lassen Mannheim daher nach etwas Neuem Ausschau halten. Da die-
se Suche sich notwendigerweise noch an den gegebenen Standorten der
dualistischen Konstellation orientieren und selbst noch einem, wenn auch
nur noch »provisorischen Standpunkt« verhaftet sein muß, entscheidet
sich Mannheim bewußt für eine kulturwissenschaftliche, *gegen* die Na-
turwissenschaften und die von ihnen betriebenen Mechanisierungs- und
Versachlichungstendenzen[112] gerichtete Stellungnahme. Der wissensso-
ziologische Konstellationsanalytiker und -deuter wird so (wie sein astro-
logisches Vorbild) selbst zum Faktor der analysierten Konstellation.
Während das Denken vom statischen, naturwissenschaftlichen Standort
aus die »leitende Norm- und Sinnschicht […], dem Sternenhimmel
gleich«, für »unverrückbar« erkläre (IuU 52), das problemorientierte,
konstellative Denken eskamotiere und so nur an einer Verstetigung der
herrschenden Konstellation mitwirken könne, kann und soll das Denken
von Mannheims wissenssoziologischem Standort aus Einfluß auf das
Werden und den Wandel der Norm- und Sinnschichten einer Konstellati-
on nehmen. Als Angehöriger der ›freischwebenden Intelligenz‹ – und
selbst in dieser Begriffswahl scheint die Hintergrundmetaphorik des Kon-
stellationsdenkens als Raum divergierender Kräfte hindurch – hat Mann-

---

mal […] verschwinden, sondern […] einmal später in einer erneuerten Gestalt wie-
der aufsteigen« (PSW 309f.); er diagnostiziert einen »eigentümlichen erforschbaren
Rhythmus« (PSW 309) der stellaren Verläufe und eine »natürliche Expansion«
(PSW 321), benutzt also Vorstellungen aus dem Arsenal antiker, neuzeitlicher und
moderner astronomischer Modellbildungen. Der astronomische Herkunftsbereich der
Konstellationsmetapher bleibt aber durchweg unerwähnt.

[112] Laube: *Karl Mannheim und die Krise des Historismus* (wie Anm. 5), S. 494–496.

heim als politisch denkender Wissenssoziologe die Aufgabe, die analysierten Positionen »wieder in Fluß zu bringen«[113] und die analysierten Konstellation aus der politischen »Mitte« heraus zu dynamisieren.

Die wissenssoziologische Eingemeindung des Konstellationskonzepts hat damit in Mannheims spekulativer, wissenssoziologischer Adaption einen gewissen Höhepunkt gefunden, der, sieht man von Walter Benjamins, Theodor W. Adornos und Roland Barthes' sprachkritischen, kunsttheoretischen bzw. poetologischen Fortschreibungen einmal ab,[114] bis heute nicht überboten worden ist. Der Begriff der Konstellation fungiert bei Mannheim, und damit haben sich Du Bois-Reymonds und Rickerts Zuweisungen ins Gegenteil verkehrt, als genuin wissenssoziologischer Terminus, mit dessen Hilfe sich die Wissenschaften in einerseits statische, naturwissenschaftliche und andererseits dynamische, geisteswissenschaftliche Disziplinen klassifizieren und in übergreifender Hinsicht relationieren und evaluieren lassen sollen.

VI. ›Konstellation‹ als Metapher der Wissensordnung

Gebäude, Turm, Pyramide, Baum, Globus, Landkarte, Landschaft, Ozean mit und ohne Inseln, System, Zwiebel, Netzwerk – in der Geschichte des Wissens und der Wissenschaften finden sich immer wieder durch Metaphern inspirierte Entwürfe, die sich um eine Erfassung und Visualisierung der Ordnung des Wissens und der Wissenschaften bemühen.[115] In diese Reihe gehört auch, und dies soll abschließend zumindest angedeutet werden, die Metapher der ›Konstellation‹, die in der Verwendung als Wissensordnungsmetapher eine Phase des Übergangs von statischen, systemi-

---

[113] Mannheim: »Historismus« (wie Anm. 88), S. 255.

[114] Diese Überlegungen wären eine eigene Studie wert; den Rahmen dieses Beitrags würden sie sprengen. Vgl. zu Benjamin und Adorno vor allem Lehr: *Kleine Formen* (wie Anm. 13), zu Barthes Gelz: »»Konstellation‹‹« (wie Anm. 13).

[115] Vgl. allgemein Richard Yeo: »Classifying the Sciences«, in: *The Cambridge History of Science*, hg. v. Roy Porter. Bd. 4: *Eighteenth-Century Science*. Cambridge 2003, S. 241–266; Nicholas Fisher: »The Classification of the Sciences«, in: *Companion to the History of Modern Science*, hg. v. Robert C. Olby u. a. London–New York 1990, S. 853–868. Zu vormodernen und frühneuzeitlichen Wissensordnungsmodellen vgl. James A. Weisheipl: »Classification of the Sciences in Medieval Thought«, in: *Medieval Studies* 27 (1965), S. 24–90; ders.: »The Nature, Scope, and Classification of Sciences«, in: *Science in the Middle Ages*, hg. v. David C. Lindberg. Chicago–London 1978, S. 461–482; Giorgio Tonelli: »The Problem of Classification of the Sciences in Kant's Time«, in: *Rivista critica di storia della filosofia* 30 (1975), S. 243–294.

schen Vorstellungsbildern hin zu dynamischen, dezentrierten und anti-
systemischen Vorstellungsbildern markiert. Wie Ernst Cassirers metapho-
risch weniger aufgeladene Vorstellung eines ›komplexen Systems‹,[116]
Paul Oppenheims diagrammatische »Denkfläche«[117] und Gaston Bache-
lards eher technisch inspirierter Begriff eines »pluralisme cohérent«[118]
richtet sich auch die Verwendung der Konstellationsmetapher gegen die
Tendenz, sich ausdifferenzierende, evolvierende und divergierende Wis-
sensformen unter einem einzigen, unifizierenden Blickpunkt zusammen-
zuführen. Im Unterschied zu den auf Konsistenz, Einheitlichkeit und star-
re Hierarchisierung setzenden Systementwürfen des 19. Jahrhunderts
(aber, denkt man an die Ordnungsentwürfe des Monismus oder des Wie-
ner Kreises, auch noch des 20. Jahrhunderts) reagieren diese ›modernen‹
Ordnungsversuche auf das Bedürfnis, eine komplexe und komplexer wer-
dende Struktur von disziplinären und epistemischen Profilen in ihrer au-
genscheinlichen Inkommensurabilität zu erfassen und zueinander zu rela-
tionieren, ohne sie dabei zugleich zu normieren bzw. zu präskribieren.
Auf der Suche nach einer möglichst allgemeinen epistemischen Ord-
nungsgrundlage greifen Wissenschaftler wie Wilhelm Ostwald und Paul
Oppenheim daher auf immer abstraktere Kriterien zurück, um schließlich
mathematisch-geometrische[119] Ordnungsdiagramme zu konstruieren: So-
wohl Ostwalds Begriffspyramide als auch Oppenheims Denkfläche rekur-
rieren zwar zunächst auf konkrete Bilder (eine Pyramide bzw. einen Aus-
sichtsturm), doch beide berufen sich letztlich auf rein begrifflich-mathe-
matische[120] bzw. logische[121] Ordnungsprinzipien; den diagrammatischen

---

[116] Vgl. dazu Michael Bösch: *Das Netz der Kultur. Der Systembegriff in der Kulturphi-
losophie Ernst Cassirers.* Würzburg 2004, S. 21–26 u. ö. Cassirers pluralistischer,
komplexer Systembegriff ist einer der hier nicht weiter entfalteten Ausgangspunkte
für Mannheims Konstellationsanalyse.

[117] Paul Oppenheim: *Die Denkfläche. Statische und dynamische Grundgesetze der wis-
senschaftlichen Begriffsbildung.* Berlin 1928, v. a. S. 24 u. 32. Vgl. auch ders.: *Die
natürliche Ordnung der Wissenschaften. Grundgesetze der vergleichenden Wissen-
schaftslehre.* Jena 1926.

[118] Gaston Bachelard: *Le pluralisme cohérent de la chimie moderne.* Paris 1932.

[119] Vgl. zum Rekurs auf »abstrakte Begriffe einfachster Art, Zahlen, logische Formen«
auch Max Born: *Die Relativitätstheorie Einsteins und ihre physikalischen Grundla-
gen.* 2. Aufl. Berlin 1921, S. 4.

[120] Ostwald: *Die Pyramide der Wissenschaften* (wie Anm. 28), S. 27 u. ö.

[121] Oppenheims Ordnungsmodell nimmt seinen Ausgang noch beim Bild eines Aus-
sichtsturms, von dem aus der Wissenschaftsforscher mit und ohne Fernrohr die Wis-
senschaften studiert, kommt dann aber umgehend zu einer ›logischen‹ Ausdeutung.
Oppenheim: *Die Denkfläche* (wie Anm. 117), S. 8f. Vgl. auch Paul Ziche: *Wissen-*

Visualisierungen bleibt die hierarchische Struktur der Ausgangsmetaphern dabei eingeschrieben.

Im Vergleich dazu weist die Konstellationsmetapher durch ihren astrologisch-astronomischen Konnotationsraum einen konkreteren, metaphorisch gesättigteren Bildbereich auf und ist trotz ihres geometrisch-diagrammatischen Status geradezu ›welthaltig‹. Zudem gibt der Bildbereich keine fixierte Hierarchie vor, sondern evoziert dynamisierte, standortabhängige Hierarchien. Als Wissensordnungsmodell kann die Konstellation daher zum einen die Einsicht in die nicht zu hintergehende plurale Verfaßtheit moderner Wissenschaften,[122] zum anderen die Einsicht in die Perspektivengebundenheit des ordnenden Blicks realisieren: Anders als der Enzyklopädist bildet der Konstellationsforscher nicht mehr das neutrale, organisierende und normierende Zentrum seines Ordnungsprojekts,[123] sondern muß (und kann) seinen eigenen, unter Umständen peripheren Standort samt dessen perspektivischer Brechung und situativ-kontingenter Fokalisierung in die Reflexion mit einbeziehen. Daß Konstellationen dennoch nicht nur zur neutralen, pluralistischen Beschreibung, sondern auch zur Bewertung und Hierarchisierung aktueller Wissensordnungen dienen, spricht nicht gegen diesen Befund, sondern gibt nur einen Hinweis auf die sich kreuzenden deskriptiven und axiologischen Interessen. Das im 19. Jahrhundert in Bewegung geratene Gefüge der Disziplinen induziert für nahezu alle Wissenschaften einen steigenden Legitimations- und Profilierungsdruck, der in der Auseinandersetzung um die ›richtige‹ Ordnung des Wissens einen Ausdruck findet[124] – und auch die konstellativen Anordnungen folgen dieser Intention, wie dies etwa Max Webers Versuch, die Kulturwissenschaft als Metadisziplin zu eta-

---

schaftslandschaften um 1900: Philosophie. Die Wissenschaften und der nichtreduktive Szientismus. Zürich 2008.

[122] Vgl. dazu Hans-Jörg Rheinberger: Historische Epistemologie zur Einführung. Hamburg 2007.

[123] Vgl. zu Leibniz' Schwierigkeiten, Perspektivismus (menschliches Erkennen) und Absolutismus (göttliches Wissen) zu verbinden: Schneiders: »Leibniz' doppelter Standpunkt« (wie Anm. 19).

[124] Auch die Metapher des Netzwerks und des Rhizoms konnten die mit ihnen verbundenen hohen Erwartungen einer nicht-hierarchischen Repräsentation des Wissens letztlich nicht einlösen. Wichtiger als die Etablierung einer Darstellung, die Hierarchien vollständig eliminiert, scheint daher ein ›Flüssighalten‹ der Hierarchien zu sein – und im Hinblick auf dieses Merkmal birgt die Metapher der Konstellation zumindest ein gewisses Potential.

blieren, oder auch Mannheims Versuch der Dichotomisierung von statischer und dynamischer Weltanschauung zeigen.

In metaphorologischer Hinsicht auffällig ist dabei, daß dem Ausdruck ›Konstellation‹ – wie dem Ausdruck ›System‹ – eine »gewisse Unbestimmtheit, Vieldeutigkeit und Vielseitigkeit eigen« ist.[125] Sowohl in seiner Verwendung zur Charakterisierung kulturwissenschaftlicher Gegenstände als auch in seiner Verwendung als Wissensordnungsmetapher ist das Konzept durch nur wenige Merkmale bestimmt: Eine Konstellation bezeichnet eine aus mehreren Elementen bestehende, dynamisch sich verändernde Relationsstruktur. Diese Vagheit eröffnet in den jeweiligen Verwendungskontexten einen großen terminologischen und metaphorischen Entfaltungs- und Assoziationsspielraum, der die kulturwissenschaftliche Karriere des Konzepts nicht unmaßgeblich begünstigt haben dürfte. Hinzu kommt der Umstand, daß die Herkunft aus Astrologie und Astronomie im kulturwissenschaftlichen Gebrauch nur noch selten vergegenwärtigt wird, die Metapher in den derzeitigen Wiederaufnahmen und Neuerfindungen konstellativen Denkens somit erst wiederbelebt werden muß und im Zuge dessen nahezu beliebigen Transformationen unterzogen werden kann.[126]

---

[125] Ritschl: *System und systematische Methode* (wie Anm. 32), S. 6.

[126] Eine Vielzahl von Beispielen für die vom Konzept ›Konstellation‹ stimulierten Assoziationen und revitalisierenden Metaphorisierungen findet sich in Mulsows und Stamms Band zur *Konstellationsforschung*, vgl. etwa Henrichs Ableitung der »*Di-Kon-Stellation*« aus dem »Wortsinn von ›Konstellation‹«, Henrich: »Konstellationsforschung zur klassischen deutschen Philosophie« (wie Anm. 16), S. 27f.; vage bleibt Stamms Versuch, die Konstellation idealtypisch als dynamischen »Denkraum« zu bestimmen, der sich vom vermeintlich statischen Konzept der Astronomie abhebe, Stamm: »Konstellationsforschung – Ein Methodenprofil« (wie Anm. 53), S. 33f. u. 42; ähnlich Martin Mulsow: »Zum Methodenprofil der Konstellationsforschung«, in: *Konstellationsforschung* (wie Anm. 16), S. 74–97, hier S. 76. Vgl. auch die romantisch aufgeladenen Konstellationsvorstellungen bei Karl Ameriks: »Konstellationsforschung und die kopernikanische Wende«, in: ebd., S. 107–109, und bei Thomas Wild: *Nach dem Geschichtsbruch. Deutsche Schriftsteller um Hannah Arendt.* Berlin 2009, S. 11: Eine Personenkonstellation ist demnach »wie eine Konstellation am Himmel, zugleich gegeben und konstruiert […]. Sie ist von keinem Gesetz und keiner Theorie vorgeschrieben, sondern vom Betrachter zusammengestellt, freilich nicht willkürlich. Sichtbar nur aus der Distanz, gebunden an die Bereitschaft und Zeit, sich darauf einzulassen, Verbindungen zwischen Punkten zu sehen, die nicht notwendig zusammenhängen und doch ein spezifisches Bild ergeben.« Und: »Im leuchtenden Moment zusammenhängender Anschauung herrscht die Dunkelheit einer klaren Nacht.«

Deutlich wird diese ›Qualität‹ der Metapher zum Beispiel im Vergleich mit dem von Mannheim herangezogenen ›Gleichnis‹ der Landschaft: Den Gesetzen der Optik entsprechend lassen sich hier zwar die unterschiedlichen Perspektiven aufsummieren und, analogisiert man die Landschaftswahrnehmungen mit den Anschauungen der Welt, zu einer Gesamtschau zusammenschließen. Sobald man allerdings den Bereich des Visuellen verläßt, stößt diese suggestive Analogisierung an ihre Grenzen: Unterschiedliche Deutungen eines Phänomens, unterschiedliche Interpretationen eines Textes lassen sich nicht mehr so unmittelbar aufsummieren. Das Konzept der Konstellation hingegen ist durch seine Unbestimmtheit und Abstraktheit flexibler; der astrologisch-astronomische Bildbereich konnte, wie die Adaptionen Max Webers, Alfred Webers und Karl Mannheims verdeutlichen, auf ganz unterschiedliche Weise aktiviert, modifiziert und in kultur- und wissenssoziologische Kontexte integriert werden. Dennoch haben bestimmte Konstituenten der Metapher die kulturwissenschaftliche Karriere des Begriffs orientiert und bilden noch heute den in der Regel nicht mehr explizierten, geschweige denn problematisierten Hintergrund seiner Verwendung. So bezeichnen ›Konstellationen‹ sowohl in Astrologie/Astronomie als auch in den skizzierten kulturwissenschaftlichen Verwendungsformen stets Ensembles unterschiedlicher Elemente, die nicht isoliert, sondern in Relation zueinander wahrgenommen und erklärt, gedeutet oder verstanden werden sollen. Sowohl Max und Alfred Weber als auch Karl Mannheim rekurrieren auf den ›Zusammenhang‹, das ›Zusammensein‹, das ›Zusammenspiel‹, das ›Zusammenwirken‹ von ›Einzelphänomenen‹, ›Gesetzen‹, ›Standorten‹, ›Bedingungen‹, ›Sphären‹ etc. und überführen damit die astrologisch-astronomische Vorstellung der Gruppierung einzelner Gestirne in die kulturwissenschaftliche Vorstellung eines pluralen Mit- und Gegeneinanders sozialer und kultureller Elemente und Faktoren. Übernommen wird dabei auch das bereits im astrologischen, später im astronomischen Weltbild manifeste Bestreben, das »Ganze der Welt«[127] zu denken: Sowohl in A. Webers als auch in Mannheims konstellationstheoretischem Modell findet sich ein Totalitätsstreben, das dem universalgeschichtlichen Anliegen, die »Totalität, das Gesamt des geschichtlichen Lebens« (A. Weber) bzw. den »Gesamtprozeß« (Mannheim) sozialer Gebilde zu erfassen, Rechnung trägt – auch die offenen, auf organisches Wachstum und unkontrollierte Strukturbildung angelegten Metaphern wie das Netzwerk (oder das Rhizom) werden dieses Totalitätsstreben nicht hinter sich lassen. Die Prozeßhaftigkeit, die Gene-

---

[127] Cassirer: »Die Begriffsform im mythischen Denken« (wie Anm. 110), S. 34.

se (M. Weber) bzw. das »Werden«[128] (Mannheim) der Konstellationen wird dabei auf eine Dynamik interagierender »Kräfte« zurückgeführt – und auch dieser Fokus auf die Dynamik ist eine Vorgabe durch den Herkunftsbereich der Metapher und nicht, wie Mannheim, aber auch Mulsow und Stamm meinen,[129] eine Zutat kulturwissenschaftlicher Adaptionsarbeit. Denn sowohl der Astrologe als auch der Astronom verstehen den Wandel und Wechsel der beobachteten Konstellationen als Resultanten einer spezifischen Dynamik eigenkräftiger Elemente. Der dynamische Prozeß wird dabei in der Regel als *räumlich* angeordnete Struktur repräsentiert und mit einem *zeitlichen* Entwicklungsindex versehen, da der himmelsmechanische Prozeß sich aus stabilen, ›ewig‹ wiederkehrenden Bewegungen und zufällig auftretenden, singulären Ereignissen zusammensetzt – eine Eigentümlichkeit, die die Astrologie anthropozentrisch deutet und die klassische Astronomie auf allgemeingültige Gesetze zurückzuführen sucht. In die kulturwissenschaftlichen Adaptionen finden auch diese Bestimmungen im übertragenen, modifizierten Sinne Eingang: So spricht M. Weber von der Verschränkung individueller Konstellationen und allgemeiner Gesetzmäßigkeiten, während A. Weber die Eigengesetzlichkeit der relativ autonom agierenden Sphären einer historisch-soziologischen Konstellation differenziert benennt und dabei insbesondere auch zufällig-spontane, ereignishafte Entwicklungen der kulturellen Sphäre in sein Denkmodell integriert. Die Mehrstelligkeit und die zufällig-spontanen Einflüsse auf die Entwicklung einer Konstellation sind es auch, die kultursoziologische und kulturwissenschaftliche ›Prognosen‹, also Vorhersagen eines sozialen Zustands oder einer kulturellen Entwicklung, unzuverlässiger oder sogar unmöglich machen als die in der Regel analogisch bzw. kausalistisch orientierten Prognosen astrologischer bzw. astronomischer Konstellationsanalytiker. Dennoch geht es, und darin kommen die hier verhandelten Autoren überein, auch bei den kulturwissenschaftlichen Konstellationen um Prognosen, um eine »Abschätzung möglicher Zukunftskonstellationen« (M. Weber, OE 175), den therapierenden Einfluß auf die Entwicklung einer krisenhaften Konstellation (A. Weber) oder aber die Aufrechterhaltung einer bestimmten konstellativen Dynamik (Mannheim). Im Unterschied zum astrologischen Konstellationsdenken, das – wie Ernst Cassirer erläutert – auf einem fatalistischen Determinismus beruht und den Menschen »in den eisernen Ring der Not-

---

[128] Mannheim: »Historismus« (wie Anm. 88), S. 307 u. ö.
[129] Vgl. Stamm: »Konstellationsforschung – Ein Methodenprofil« (wie Anm. 53), S. 42; Mulsow: »Zum Methodenprofil der Konstellationsforschung« (wie Anm. 126), S. 76.

wendigkeit«[130] bannt, aber auch im Unterschied zum astronomisch-natur-
wissenschaftlichen Konstellationsdenken, das zumindest im 19. Jahrhun-
dert noch vom mechanistisch-kausalistischen Erklärungsmodell absor-
biert ist, schreiben die Kulturwissenschaftler dem Konstellationsanalyti-
ker, und somit sich selbst, die Möglichkeit einer aktiven Einwirkung auf
die Bedingungen historischer Konstellationen zu. Es ist vor allem Karl
Mannheim, der den Konstellationsforscher dabei konsequent mit in die
Konstellation einwandern läßt: Da er ausnahmslos jedem wissenschaftli-
chen Beobachter die Möglichkeit eines aspektneutralen, außerhalb der
Konstellation liegenden Standorts abspricht und nicht, wie etwa noch
Leibniz,[131] auf die Annahme einer objektiven und absoluten Gottesin-
stanz zurückgreift, ist der Beobachter, ob er will oder nicht, selbst an der
Konstellierung, an der Aufrechterhaltung oder dem Wandel und Wechsel
der Konstellationen beteiligt. Er ist die Instanz, die einerseits einen tem-
porären konstellativen Zustand beobachtet und beschreibt sowie seine
Genese rekonstruiert, die andererseits aber auch auf dieser Grundlage
konstruierend, deutend und wertend in die Entwicklungen eingreift. Die
sich bei M. Weber bereits andeutende Umcodierung des naturwissen-
schaftlichen zu einem kulturwissenschaftlichen Konstellationsbegriff ist
damit zu einem (vorläufigen) Abschluß geführt: Dem Wissenssoziologen
dient die Konstellationsmetapher zur Relationierung seines eigenen
Standorts, von dem aus sich die emergierende Pluralität epistemischer
Formen wenn schon nicht ordnen, dann doch zumindest relationieren las-
sen soll.[132]

---

[130] Cassirer: »Die Begriffsform im mythischen Denken« (wie Anm. 110), S. 51.

[131] Vgl. Schneiders: »Leibniz' doppelter Standpunkt« (wie Anm. 19), S. 174: »Gott ist
der Angelpunkt des Systems der Monaden und Perspektiven.« Als Philosoph kann
Leibniz auch seinen endlichen Standpunkt übersteigen und die einseitigen Perspekti-
ven zu einer »allseitigen Perspektive vom richtigen Standpunkt« aus zusammenfüh-
ren (S. 185).

[132] Viele Ideen dieses Beitrags basieren auf Gesprächen, die ich mit Horst Turk geführt
habe. Ich danke den Teilnehmerinnen und Teilnehmern des Kolloquiums des Frei-
burg Institute for Advanced Studies (FRIAS) und des Studientags »Literatur und
Wissenschaftsgeschichte« des Max-Planck-Instituts für Wissenschaftsgeschichte und
der Freien Universität Berlin für ihre Diskussionsbereitschaft und zahlreiche Anre-
gungen. Ein besonderer Dank geht an Lutz Danneberg für seine genaue und kritische
Lektüre.

Holger Steinmann

Versetzte Sprachen

Zu Paul Celan: »In der Blasenkammer«

Abstract: Since the late 1950's Paul Celan has been deeply interested in scientific questions in regard to history and society as well as in the terminology of scientific language. Therefore, since the publication of *Sprachgitter* up to *Schneepart*, many of his poems include terms out of texts that deal with topics as different as geology, biology, astronomy, nuclear physics, and medicine. This essay addresses the problem of this form of adaptation by a close reading of Celan's poem »In der Blasenkammer« (published in 1970). Celan's poems turn against any notion of ›communicative functionality‹ of language; especially the languages of the sciences are here a prominent challenge because of their claim to be semantically objective. So the mentioned adaptation is a serious problem indeed, because the turning of scientific terms into words of poetry does not imply that these terms are simply transferred from one determined semantic context into another. It is rather the question of semantics itself that is at stake. So it has to be stressed that Celan does neither intend to equip scientific terms with ›poetical connotations‹ nor does he turn them into simple metaphors nor poetic or metapoetic concepts. His poems rather deal with the dispensation of semantics and metaphoricity – the language of these poems is a language of abundance and privation at the same time.

›Kaltlicht-Ozellen‹, ›Blasenkammer‹, ›Aortenbogen‹, ›Einkanter‹, ›Rautengruben‹. – Seit *Sprachgitter* und in aller Auffälligkeit vor allem in den Bänden *Fadensonnen* und *Lichtzwang* finden sich in den Gedichten Paul Celans Übernahmen von Wörtern aus dem Bereich der – zumeist zeitgenössischen – Naturwissenschaften. Diese stammen aus so disparaten Feldern wie Geologie, Atomphysik, Astronomie, Biologie und Medizin. Es liegt auf der Hand, daß diese Wörter hierbei ihre fachsprachlich bestimmte, festumrissene, begriffliche Semantik verlieren. Diese Übernahmen stellen nun philologisch kein kleines Problem dar. Dies soll erläutert werden anhand des Gedichts »In der Blasenkammer« aus dem 1970 posthum veröffentlichten Band *Lichtzwang*; dieses Gedicht setzt wie kaum ein anderes von Celan Wörter aus verschiedensten Naturwissenschaften zueinander in bezug. Die Fachsprachen der Naturwissenschaften stellen insofern eine Herausforderung dar, als dort die Wörter mit möglichst positiven und exakten Bedeutungen belegt sind, die Gedichte Celans sich aber gegen jegliche Einseitigkeit und Rubrizierbarkeit ihrer Wörter wenden. Der taxonomische Traum eindeutiger Bezeichnungen und Einordnungen – der in gewisser Weise die Idee einer eindeutigen Universalsprache weiterführt – kommt genau dort an sein Ende, wo die Wörter aus den (präsupponiert) eindeutigen Kontexten wissenschaftlicher oder populärwissenschaftlicher Literatur in ein Gedicht gesetzt werden.

Es ist nun höchst problematisch, diese Umsetzung als die Reintegration dieser Wörter in ein anderes, ›poetisches‹, tropisch-figurales Schema zu beschreiben, da Celan ein deutliches Unbehagen an solch einer Form artistischer Umarbeitung geäußert hat. Er führt dies unter anderem in den Notizen zu *Der Meridian* aus: Derjenige, der im Gedicht Metaphern bzw. Übertragungen suche, so konstatiert er dort, sei nicht gewillt, das Gedicht und dessen Zumutungen, dessen sprachliche Ausgesetztheit mitzutragen. Wenn auch die spätere Lyrik Celans keineswegs als die Durchführung eines poetologischen Programms gedeutet werden kann, so ist das Problem der Unübertragbarkeit des Worts im Gedicht eines, das er in seinen späteren Texten immer wieder neu bedacht und zur Sprache gebracht hat.

Diese Umsetzung beginnt bei einzelnen Wörtern. Der Tübinger Ausgabe von *Sprachgitter* sind einige Wortlisten beigegeben, in denen Celan zumeist Einzelwörter und kurze Phrasen, bisweilen auch Teilsätze aus naturwissenschaftlichen Kompendien aufgeführt hat.

Im Nachlaß fand sich eine Anzahl Notizblätter, auf denen Celan, meist ausgehend von Exzerpten aus naturwissenschaftlicher Fachliteratur (Geologie, Urgeschichte, Meeresbiologie etc.), Stichwörter notiert hat. Diese gehen oft gleitend über in einzelne Gedichtzeilen und Strophenentwürfe, ohne daß sich die Blätter aber als regelrechte Vorstufen einzelnen Gedichten zuordnen ließen.[1]

Diese Listen sind nicht als Exzerpte zu verstehen, die der Aneignung naturwissenschaftlichen Wissens dienen; auch stellen sie nicht den Versuch dar, Kataloge brauchbarer Metaphern aufzustellen, um diese für die Darstellung eines Dritten zu verwenden; vielmehr werden diese Wörter an dieser Stelle *als Wörter* und nicht länger als funktionale Bezeichnungen naturwissenschaftlicher Gegenstände bedacht. Sie werden dysfunktionalisiert und als eindeutige Bezeichnung für etwas Drittes suspendiert. Auch stellen diese Listen keine Vorarbeiten zu irgendeiner Form von poetisierter metalinguistischer Reflexion am ›Sprachmaterial‹ dar, da in

---

[1] Vgl. Paul Celan: *Sprachgitter. Vorstufen – Textgenese – Endfassung.* Tübinger Ausgabe, hg. v. Jürgen Wertheimer. Frankfurt a. M. 2000, S. 109.

solch einer Reflexion zumeist ein funktionales, technisches, am reinen Informationswert von Bezeichnungen orientiertes Verständnis von Sprache formuliert und legitimiert würde – ein Verständnis, das auch die Naturwissenschaften in ihren Taxonomien und Formeln stillschweigend voraussetzen.[2]

Die Wirkung dieser Reihungen von Wörtern, bei denen es sich ja nicht um Gedichte handelt, ist gleichwohl äußerst irritierend. Freigesetzt aus dem Kontext der naturwissenschaftlichen Abhandlung verlieren die Einzelwörter ihren manifesten Gehalt und eröffnen tentativ einen Hof kaum konkretisierbarer Assoziationen. Bevorzugt hat Celan hier Begriffe aus der Meeresgeologie und Paläontologie aufgelistet, die zum Teil in Gedichte wie »Matière de Bretagne« und »Niedrigwasser« eingegangen sind. Ein Beispiel für solch eine Folge von Einzelwörtern lautet etwa: »Aufschlickung | glutflüssig | Einschlüsse an Versteinerungen | Schwemmassen | mente et malleo | fossile Einschlüsse«.[3]

Nach der einzigen von Celan überlieferten französischsprachigen poetologischen Aussage setzt sich das Gedicht aus: »La poésie ne s'impose plus, elle s'expose.«[4] Und wie für Celan das Gedicht ein ausgesetztes ist – und Gedicht nur insofern ist, als es ausgesetzt bleibt – scheinen hier die einzelnen Wörter ausgesetzt zu sein: entnommen ihrem ursprünglichen Zusammenhang, wobei sie ihre manifeste Bedeutung aussetzen und befremdlich werden. Sie gewinnen in dieser Umsetzung – um die präzisen poetologischen Begriffe Celans zu zitieren – an Inkommensurabilität und Opazität, sie verlieren die ›claritas‹ des naturwissenschaftlichen Textes und werden dunkel.[5] Jenseits der Öffnung der Wörter für diese poetische Dunkelheit wird hier zudem implizit die Frage nach der Valenz eines logozentrischen Sprechens gestellt, das für sich zwar beansprucht, objektivierbare Erkenntnisse mitzuteilen, deren Einzelwörter aber schon durch

---

[2] Heidegger spricht gar von einer Identität des Sprachverständnisses in Natur- und Ingenieurwissenschaften und Metalinguistik: »[D]ie Metalinguistik ist die Metaphysik der durchgängigen Technifizierung aller Sprachen zum allein funktionierenden, interplanetarischen Informationsinstrument. Metasprache und Sputnik, Metalinguistik und Raketentechnik sind dasselbe.« (Martin Heidegger: »Das Wesen der Sprache«, in: ders.: *Unterwegs zur Sprache*. Stuttgart 2003, S. 157–216, hier S. 160).

[3] Celan: *Sprachgitter* (wie Anm. 1), S. 119.

[4] Paul Celan: *Gesammelte Werke*, hg. v. Beda Allemann u. Stefan Reichert. Frankfurt a. M. 1986, Bd. 3, S. 181.

[5] Vgl. Paul Celan: *Der Meridian. Endfassung – Vorstufen – Materialien*. Tübinger Ausgabe, hg. v. Jürgen Wertheimer. Frankfurt a. M. 1999, S. 141.

den Akt der Herauslösung aus dem Kontext einer dunklen Semiose preis-
gegeben sind.

Betrachtet man in diesem Lichte die Texte, aus denen Celan zitiert, ge-
nauer, ergibt sich ein merkwürdiger Effekt. So zitiert er aus Roland
Brinkmanns *Abriß der Geologie* den Passus: »die uns versteinert überlie-
ferte *Totengesellschaft*«.[6] Evoziert das Wort ›Totengesellschaft‹ schon
vielfältige dunkle Anklänge, so scheint selbst der objektivierende und
wissenschaftliche Status des Textes fraglich zu werden, in Bewegung zu
kommen und etwas mitzuteilen, das nicht mehr nur mit der Geologie der
Küste, sondern auch mit der Poetologie Celans zu tun hat:

> Die organischen Hartgebilde werden bei solchen Umlagerungen abgerieben, an-
> geschliffen und zerbrochen, zartere auch wohl ganz zerstört. Andererseits können
> aber Reste aus älteren Ablagerungen ausgespült und in jüngere Absätze umgebet-
> tet werden. Die uns versteinert überlieferte *Totengesellschaft* bietet aus all diesen
> Gründen nur ein einseitiges und verzerrtes Bild der ehemaligen Lebensgemein-
> schaft.[7]

Dieser Passus könnte fast als poetologische Allegorie auf bestimmte Ver-
fahrensweisen Celans gelesen werden; so die Umlagerungen von Wörtern
und Satzfragmenten – sei es aus Fachbüchern und Zeitungsartikeln, sei es
aus Texten der philosophischen und literarischen Tradition – in ein Ge-
dicht, bei welchen diese Wörter entstellt werden. Berücksichtigt man zu-
dem, daß Celan immer die Etymologie von Wörtern mitbedenkt, so
scheint das Wort von der ›Umbettung älterer Ablagerungen‹ in »jüngere
Absätze« ebenfalls als poetologisches lesbar zu werden. Dabei werden sie
aber nicht festgesetzt in neuen definierbaren – ja noch nicht einmal spezi-
fisch ›poetischen‹ – Kontexten, sondern *verbleiben* in ihrer Aussetzung –
diese vermag durch keine Deutung und keine Interpretation, durch keine
semantische Einordnung aufgehoben zu werden.

»In der Blasenkammer« ist eines der letzten Gedichte, das Celan noch
selbst in den Druck gegeben hat. Es wurde am 3. Oktober 1967 verfaßt
und erschien zuerst im Januar 1970 in der Zeitschrift *Replik* zusammen
mit »Fertigungshalle« – einem Gedicht, das Celan in seinem Begleitbrief
an Siegfried Unseld zur Satzvorlage von *Lichtzwang* erwähnt und das für
ihn eine besondere Evidenz hinsichtlich des Anspruchs seiner Dichtung
hatte. Er macht darin deutlich, daß sein Begriff von Abstraktion nicht zu
verwechseln sei mit Hermetik:

---

[6] Ebd., S. 120.

[7] Roland Brinkmann: *Abriß der Geologie. Erster Band: Allgemeine Geologie.* Stuttgart
1956, S. 79.

Meine Gedichte sind weder hermetischer geworden noch geometrischer; sie sind nicht Chiffren, sie sind Sprache; sie entfernen sich nicht weiter vom Alltag, sie stehen, auch in ihrer Wörtlichkeit – nehmen Sie etwa ›Fertigungshalle‹ –, im Heute.[8]

Das Gedicht lautet in der Endfassung:

In der Blasenkammer erwacht
das Entatmete, der
gefährliche Keimling,

an seinem Krater-
ende
springt das Drittauge auf
und speit
Porphyr, auch
Pein.[9]

Wie bereits angedeutet, ist an diesem Gedicht zunächst bemerkenswert, daß es Wörter aus mindestens drei naturwissenschaftlichen Bereichen (›Blasenkammer‹ – Kernphysik; ›Keimling‹ und ›Drittauge‹ – Botanik und Zoologie; ›Porphyr‹ – Geologie und Vulkanologie) entnimmt.

Der Text »In der Blasenkammer« führt eine Reihe von Bedeutungsfeldern zusammen, die in ihrer ganzen Vielstimmigkeit und »Vielstelligkeit«[10] nur angedeutet und nicht erschöpfend diskutiert werden können. Diese exorbitante Polyreferentialität, die sich in fast allen späten Gedichten Celans findet, geht weit über Mehrdeutigkeiten, Amphibolien und Paradoxa – die das Sprechen der Lyrik seit je auszeichnen – hinaus. Sie rührt dabei nicht nur von den vielfältigen thematischen Allusionen und Evokationen her, die sich oft schon in einem einzelnen Wort ausmachen lassen, sondern auch von den Assonanzen, Paronomasien, Parographien und nicht zuletzt den Etymologien der Wörter. Zwar lassen sich die unterschiedlichen thematischen Bereiche in einigen Aspekten miteinander in Berührung bringen, es wird aber an keiner Stelle eine begriffliche Kontinuität greifbar, aus der sich etwas wie eine konkrete ›Aussage‹ des Textes

---

[8] Paul Celan: *Lichtzwang. Vorstufen – Textgenese – Endfassung.* Tübinger Ausgabe, hg. v. Jürgen Wertheimer. Frankfurt a. M. 2001, S. VIIIf.

[9] Ebd., S. 115. Dieses Gedicht ist auch als ein Echo auf »Wortaufschüttung« aus *Atemwende* zu lesen, ein Gedicht, das, wenn auch in einer ganz anderen Weise, das Vulkanische und die Sprache des Gedichts, das Hinausschleudern, das Katastrophische und das Anfangen mit der Kritik am Bild und dem Aspekt der Zeugenschaft zusammendenkt.

[10] So Celan in der Antwort auf eine Umfrage der Libraire Flinker von 1958. Celan: *Gesammelte Werke* [wie Anm. 4], Bd. 3, S. 167.

reformulieren ließe: Das Gedicht ist getragen von Brüchen, die sogar noch die einzelnen Wörter durchziehen; es verbleibt – notwendig – als disparates. Es steht somit zwischen den Polen einer unerschöpflichen Fülle und eines absoluten Entzugs.

Auf den ersten Blick scheint der Text eine Analogisierung zweier Bildebenen vorzustellen. Einerseits ist mit der Blasenkammer die Rede von einem technischen Gerät, das dazu dient, die Kollisions- und Zerfallsbahnen von Elementarteilchen photographisch aufzuzeichen. Einen Tag bevor Paul Celan das Gedicht verfaßt hat, erschien im *Spiegel* unter dem Titel »Rat der Weisen«[11] ein Bericht über die Planung eines neuen Teilchenbeschleunigers sowie über die bereits existierenden Teilchenbeschleuniger in Brookhaven und Meyrin, in dem die Funktionsweise einer Blasenkammer skizziert wird. In der Blasenkammer befindet sich eine Flüssigkeit – meist superheißer, flüssiger Wasserstoff; wenn die elektrisch geladenen Elementarteilchen – die Protonen – auf die Atome dieser Flüssigkeit treffen, schlagen sie aus diesen Atomen Ionen, deren Bewegungsbahn in der Flüssigkeit eine feine Blasenspur erzeugt, die aber nicht direkt sichtbar ist, sondern photographisch aufgezeichnet wird. Die jeweiligen Formen der Spuren lassen Rückschlüsse auf die Art der Partikel zu, in die die Protonen – wie es in dem Artikel heißt: »lautlos und unsichtbar« – zerstoben sind. Auf der anderen Seite scheint es in dem Gedicht um einen Krater und implizit um einen speienden Vulkan zu gehen, wobei die Analogie in erster Linie auf der Ähnlichkeit der verzeichneten Partikelbahnen und der Wurfbahnen des ausgespieenen vulkanischen Materials beruht. Diese Zusammenstellung von Vulkaneruption und Kerntechnik könnte als Anspielung auf die Explosion einer Atombombe gelesen werden. In diesem Zusammenhang würde es sich anbieten, auf Celans Anspruch auf Gegenwärtigkeit zu verweisen und zu vermuten, daß der Text mit zeitgeschichtlichen Diskussionen zu tun hat. In der Tat scheint die Kerntechnik und die Möglichkeit eines Atomschlags Celan sehr beschäftigt zu haben. So bemerkt er in Hinsicht auf das Gedicht »Engführung«, daß er darin »von den Atomen und den Atombomben« zu sprechen versuchte – »und nicht nur implizite«. An Walter Höllerer formuliert er in aller Deutlichkeit, daß hier »vom Atomtod« die Rede sei.[12] Sehr viele

---

[11] In: *Der Spiegel* Nr. 41 (1967), S. 180 u. 183. Barbara Wiedemann hat in ihrer kommentierten Edition der Gedichte Celans als erste auf diesen Artikel aufmerksam gemacht. Vgl. Paul Celan: *Die Gedichte*, hg. v. Barbara Wiedemann. Frankfurt a. M. 2005, S. 817.

[12] Zitiert nach Wiedemanns Kommentar zu »Engführung« (ebd., S. 668).

gerade seiner späten Gedichte nehmen Artikel aus Zeitschriften und Zeitungen zum Anlaß oder spielen auf zeitgeschichtliche Ereignisse an, und so steht zu vermuten, daß auch »In der Blasenkammer« sich auf die Problematik der Kernspaltung, vielleicht auch der Atomwaffen beziehen könnte. Nun muß aber genau gefragt werden, was es mit diesem Bezug auf sich hat. Es griffe wesentlich zu kurz, hierin eine Art Meinungsäußerung zu sehen – genausowenig wie »Fertigungshalle« einen kritischen Kommentar zur Arbeitswelt darstellt. Mit der kurzen Skizzierung dieser beiden thematischen Aspekte ist gleichwohl kaum etwas für die Lektüre des Gedichts und seine spezifische Verfaßtheit gewonnen, sie taugen lediglich für eine zeitgeschichtliche Einordnung des Textes. Zwischen solchen Einordnungen und dem Text verbleibt allerdings ein unüberwindbarer Abgrund. Und doch kündigt sich bereits in dieser thematischen Konstellation ein strukturelles Moment an, das sich durch das gesamte Gedicht zieht und auch seine historischen und technischen Allusionen umgreift; dieses Moment setzt auf die unterschiedlichsten Weisen ein Enden, Absterben, Zerstören und Aushauchen mit einem Beginnen und Beleben in Zusammenhang. Tatsächlich findet sich genau dieser gespannte Zusammenhang schon in dem Gerät der Blasenkammer, das ja dazu genutzt wird, Erkenntnisse über den Ursprung der Materie zu gewinnen; um diese Erkenntnisse über den Anfang aber zu gewinnen, müssen die oben erwähnten Protonen einer extremen defigurativen Gewalt ausgesetzt werden. In dem *Spiegel*-Artikel wird ein Physiker aus Brookhaven mit den lakonischen Worten zitiert: »Wir nehmen Elementarteilchen, werfen sie gegen die Wand und sehen nach, was von ihnen übriggeblieben ist.«

Es wäre vorsichtig zu fragen, ob die Blasenkammer mit den in ihr stattfindenden Zerfallsprozessen als eine Art poetologische Metapher gelesen werden kann, wobei es hierbei die Wörter wären, die in diesem Gedicht desintegriert werden und in ihm ihre vielfältigen Spuren verzeichnen: Wörter wie Partikel wären zerstört, zerbrochen und beschädigt, und genau dies wäre der Preis ihrer gegen unendlich strebenden Polyvalenz.

Das Wort ›Blasenkammer‹ führt aber noch weitere Assoziationen mit sich. So verweist ›blasen‹ schon auf den thematischen Komplex von Atmen und ›pneuma‹, der im nächsten Vers zur Sprache kommt; genau in diesem Zusammenhang kann die Silbe ›Kamm‹ als auf den metrischen Begriff der ›Kammzeit‹ gelesen werden, den Celan in einem Notat zu *Der*

Meridian als bestimmendes Merkmal des Gedichts benennt: »An den Atemhöfen, in denen es steht, erkennst du's; an den Kammzeiten«.[13]

Die ersten drei Verse benennen die bereits skizzierte Spannung von Beginnen und Enden in aller Deutlichkeit:

> *In der Blasenkammer* erwacht
> das Entatmete, der
> gefährliche Keimling,

Das Präsens dieser Verse ist wörtlich zu nehmen, »das Entatmete, der / gefährliche Keimling« erwacht *jetzt* – im Moment der Lektüre dieser Verse. Er kann gedeutet werden als Anspielung auf den Passus 274d bis 277a aus Platons *Phaidros*, der sich mit der Schrift und ihrer gefährlichen Ambivalenz befaßt und in dem die ›Schriftgärtchen‹ lediglich dem Spiel der Wiedererinnerung des Schreibers dienen, für die Vermittlung von wahrem Wissen aber untauglich sind, da sie nicht dialogisch und nicht vom Atem und Geist mündlicher Rede getragen sind. Die Schrift wäre zu lesen als das Atemlose, Ausgehauchte, Entatmete, das je im *Jetzt* des Lesens erwacht, indem es vernommen wird.

Im Eintrag zum Präfix ›Ent‹ heißt es im *Deutschen Wörterbuch*, daß diese Vorsilbe »mit unserem *ende*, dem vorstehenden, entgegenstehenden zusammen[hängt]«.[14] Jemand, der entatmet ist, ist außer Atem, eine Gegebenheit kann aber auch »zum entathmen, zum ersticken«[15] sein. Zudem wird ›entatmen‹ auch als Übersetzung des – lautlich ähnlichen – lateinischen ›emanare‹ verwendet. Das Wort ›entatmen‹ weist somit eine Ambivalenz auf, die durch die Substantivierung bei Celan noch potenziert wird. Das Entatmete meint zum einen ein außer Atem Gekommenes, vielleicht sogar Ersticktes, zum anderen ein Entströmtes, Verhauchtes und in diesem Verhauchen sich Darbietendes. Celan hat diese Ambivalenz präzise verfaßt: Im handschriftlichen Entwurf finden sich zwei Korrekturen, die vom *Ge*atmeten über das *Ver*atmete zum *Ent*atmeten führen. ›Ent‹ ist dabei inchoativ wie privativ zu verstehen. Diese Doppelstruktur wiederholt sich in dem »gefährliche[n] Keimling«. Die Grammatik läßt an dieser Stelle offen, ob in der Blasenkammer nun sowohl »das Entatmete« als

---

[13] Celan: *Der Meridian* (wie Anm. 5), S. 107; die Kammzeit bezeichnet die »Dauer, die der Silbenkamm, d. h. der sprachliche Schwerpunkt einer Silbe mit nachfolgender Konsonanz, benötigt« (ebd., S. 236).

[14] *Deutsches Wörterbuch von Jacob und Wilhelm Grimm.* München 1999, Bd. 3, Sp. 488.

[15] Ebd., Sp. 490.

auch »der gefährliche Keimling« erwacht, oder ob dieser eine Periphrase von jenem ist.

Die Verse nach der Leerzeile hängen mit dieser Doppelstruktur von Entstehen und Entzug direkt zusammen:

> an seinem Krater-
> ende
> springt das Drittauge auf

Lediglich das Wort ›speit‹ im drittletzten Vers scheint nahezulegen, daß es sich hier um den Krater eines Vulkans handelt,[16] doch bezieht sich dieses Speien nicht direkt auf den Krater, sondern auf das Drittauge, das an seinem Ende aufspringt.

Die auf den ersten Blick sperrige Formulierung ist eine spezifische Ausfaltung des Wortes ›Kraterauge‹, das die oberste Öffnung eines Vulkans bezeichnet.[17] Die Exponierung von ›ende‹ in einem separaten Vers sagt, daß dieser Krater – das Wort, die Sache, das Bild – an dieser Stelle im Moment seines Gesagtwerdens zu seinem Ende kommt. Dieses Ende stellt innerhalb des Textes ein Echo auf das ›Ent‹ des Entatmeten dar. Es ist sowohl als ein örtliches wie zeitliches zu verstehen; an und mit diesem Ende ereignet sich das Aufspringen des Drittauges – eine Formulierung, die zunächst gleichfalls irritiert. Das Drittauge – das auch Parietal- oder Scheitelauge genannt wird – ist nämlich ein Organ, das nicht aufspringen kann, da es immer geöffnet ist. Es findet sich bei verschiedenen Fischen, Amphibien und Reptilien zwischen den beiden eigentlichen Augen und reagiert nur auf die Anwesenheit von Licht – bei den Säugetieren hat es sich zur Zirbeldrüse entwickelt, die auch bei diesen lichtempfindlich ist. Es fügt sich aber konsequent in das Textgeflecht ein, da es – wie dieses – keine Bilder gibt, sondern von Bildern absieht, von diesen abstrahiert. Folgt man der grammatischen Struktur des Texts, so wird deutlich, daß kein in irgendeiner Weise kohärentes Bild evoziert oder eine Handlungs- oder Bilderfolge dargestellt wird. Gleichwohl spricht der Text an dieser Stelle davon, daß dieses bildblinde Drittauge inchoativ ist, denn Auge

---

[16] In den oben angesprochenen Wortlisten erwähnt Celan zudem die lateinisch-griechische Etymologie des Wortes, das ein Mischgefäß (für Wein und Wasser) bezeichnet, vgl. Paul Celan: *Sprachgitter* (wie Anm. 1), S. 115.

[17] Wie das Wort Auge auch generell eine Öffnung meint, vgl. hierzu *Deutsches Wörterbuch* (wie Anm. 14), Bd. 1, Sp. 799.

meint nicht nur ein Sehorgan und eine Öffnung, sondern auch eine Knospe.[18]

Das Gedicht endet mit den Versen:

> und speit
> Porphyr, auch
> Pein.

Pöggeler erinnert daran, daß Porphyr das Material ist, aus dem die Sarkophage – und auch Standbilder – der Könige gemacht sind.[19] Es wäre zu überlegen, inwiefern diese Assoziation zutrifft; so finden sich im handschriftlichen Entwurf Celans nach »auch« die Wörter »Basalt | auch Gebild«, die dann durch »Pein« ersetzt wurden; jeglicher explizite Hinweis auf Bildlichkeit wurde somit getilgt. Vielmehr ist zu fragen, ob der Porphyr hier nicht einerseits als etwas Amorphes und Vor-Bildliches gedacht ist, das im Begriff ist, eine Form zu gewinnen und dabei stockt, andererseits als etwas durch Eruption Zerstörtes und Fragmentiertes.[20]

---

[18] »[D]ie pflanze schlägt ihre knospe auf, wie der leib das auge, daher die knospe *gemma (augenstein)* und *auge* genannt ist […].« (ebd.)

[19] Ein weiteres Thema, das »In der Blasenkammer« berührt, ohne es jedoch auf direkte Weise zur Sprache zu bringen, ist die Shoah. Otto Pöggeler hat als erster – und auf nicht ganz unproblematische Weise – auf diesen Zusammenhang hingewiesen: »Keineswegs sieht Celan nur zurück auf den Holokaust als ein abgeschlossenes Geschehen. Im Band *Lichtzwang* sagt das Gedicht »In der Blasenkammer«, daß sich immer wieder Gas zu neuen Eruptionen sammle, am Kraterrand ein Drittauge aufspringe und Porphyr, auch Pein speie. Sarkophage aus Porphyr waren einmal den Königen vorbehalten; doch bei Celan ist das Königliche verbunden mit dem ausgestandenen Schmerz.« (Otto Pöggeler: *Spur des Worts. Zur Lyrik Paul Celans*. Freiburg–München 1986, S. 238). Es wäre zum einen zu fragen, ob man den Bezug zur Shoah so indikativisch setzen kann, wie es Pöggeler tut. Zudem wäre zu überlegen, ob in diesem Zusammenhang nicht das Wort ›Kammer‹ auch als eine Allusion auf die Vernichtungslager zu lesen wäre. Darüber hinaus ist an der Deutung Pöggelers problematisch, daß es in Celans Gedicht doch offensichtlich nicht um einen ausgestandenen, sondern vielmehr um einen immer wieder aktuellen Schmerz geht, der mit der Shoah, aber auch mit Sprache selbst in innigem Zusammenhang steht.

[20] Vgl. hierzu auch die literarische Referenz, die hier die naheliegendste sein dürfte und auch das Entspringen zur Sprache bringt, nämlich Rilkes »Orpheus. Eurydike. Hermes«, wo es in der ersten Strophe heißt: »Zwischen Wurzeln / entsprang das Blut, das fortgeht zu den Menschen, / und schwer wie Porphyr sah es aus im Dunkel. / Sonst war nichts Rotes.« (Rainer Maria Rilke: *Die Gedichte*, hg. v. Manfred Engel u. a. Frankfurt a. M. 2006, S. 471). Ausführlich kann dieser Passus aber nur in Zusammenhang mit dem äußerst komplexen Motiv des Blutes bei Celan behandelt werden, was den Rahmen dieser Untersuchung freilich sprengen würde. Darüber hinaus ließen sich noch wenigstens zwei literarische Referenzen anführen, die mit dem

In dieser Hinsicht ist sowohl die ambivalente Grammatik als auch die Lautlichkeit dieser Verse von einem gewissen Gewicht: So ist nicht sicher, ob es das Drittauge ist, das »Porphyr, auch Pein« speit – genauso plausibel ist die Deutung, daß Porphyr – oder Pein – selber Subjekte dieses Speiens sind: »an seinem Krater- / ende / [...] speit / Porphyr, auch / Pein.« Das Wort ›Porphyr‹ speit (wie das Wort ›Pein‹) als Anlaut einen stimmlosen Plosivlaut – der dem Entatmen, dem intrinsischen Zusammenhang von inchoativ und privativ – am nächsten kommt, da er sich in seinem Verlauten sogleich entzieht. Auf eine gewisse Weise entspricht dem aber auch die geologische Beschaffenheit des Porphyr. Nach dem bereits erwähnten *Abriß der Geologie* von Brinkmann besteht die porphyrische Struktur eines Eruptivgesteins in erster Linie aus einem »Fließ- oder Fluidalgefüge«, in dem sich kleinere oder größere kristalline Einsprengsel finden.[21] Die fluidale Grundmasse besteht aber zumeist aus Magma, das in extrem kurzer Zeit erstarrt ist, so daß dessen Bewegung als stillgestellte im Gestein noch ablesbar bleibt:

Porphyr in Verbindung stehen. Im neunten Gesang des *Purgatorio*, das den Abschluß des Vorpurgatorio darstellt, träumt der Erzähler Dante von der Pforte zum eigentlichen Läuterungsberg. Die drei Stufen, die dorthin führen, bestehen sukzessive aus Marmor, einem gespaltenen dunkelroten Stein und abschließend dem Porphyr, der mit seiner roten Farbe dem Feuer und dem Blut verglichen wird und ein Sinnbild für die christliche Liebe, die ›Agape‹ darstellt. Bei Lohenstein hingegen ist der Porphyr eine der topischen ›Vanitas‹-Metaphern. Das Wort ›Porphyr‹ kann zudem als eine Allusion auf den Plotin- und Aristoteleskommentator Porphyrios gelesen werden, der im 3. Jahrhundert lebte und eine spezifische Emanationslehre formulierte, die auch als im Zusammenhang mit dem ›Entatmen‹ gesehen werden kann: »Um sich selbst zu erkennen, entäußert sich das Sein in einem unbegrenzten Ausströmen, das man ›Leben‹ nennen kann.« (*Der Neue Pauly. Enzyklopädie der Antike*, hg. v. Hubert Cancik u. Helmuth Schneider. Stuttgart–Weimar 1996f., Bd. 10, S. 177).

[21] Brinkmann: *Abriß der Geologie* (wie Anm. 7), S. 210, vgl. auch S. 220.

Abb. 179. Porphyrische Struktur. Fluidale
Grundmasse mit Einsprenglingen von Feld-
spat. Porphyr des Burgstalls bei Wechsel-
burg. Vergr. 20fach (Phot. SCHÜLLER)

Der Ort des Gedichts ist der Ort der Auseinandersetzung mit dem Pein-
vollen und Schmerzhaften von Sprache überhaupt. Das letzte exponierte
Wort des Gedichts stellt, bedenkt man die Schreibung des etymologisch
entsprechenden Worts, eine Verdichtung des Zusammenhangs von
Schmerz und Gedicht dar: ›Pein‹ leitet sich – über das altdeutsche ›pîna‹
und das mittellateinische ›pêna‹ – vom lateinischen ›poena‹ ab.[22] Dieses
Wort weist – als geschriebenes – eine deutliche Ähnlichkeit zu ›poema‹
auf, von dem es nur durch die graphemische Differenz zwischen *m* und *n*
getrennt ist. Bedenkt man zudem die im Text manifeste Assonanz von
›Pein‹ und ›Keim‹, wird deutlich, daß »In der Blasenkammer« die Zerstö-
rung und das Beginnen, den Schmerz und den Anfang, Tod und Leben
zusammendenkt und zugleich sagt, daß das Gedicht der Ort dieses Zu-
sammendenkens ist.

Das Sprechen des Gedichts wäre nicht so sehr deshalb Pein, weil in
ihm ein gesicherter technisch-linguistischer Semantikbegriff verabschie-
det würde. Es wäre auch nicht darum so sehr Pein, weil noch das dunkle
Sprechen des Gedichts sich als ein fragwürdiges zeigte. Es wäre vielmehr
Pein, weil in ihm zur Sprache käme, daß jegliches Sprechen nichts ande-
res als ein Ent-Sprechen – oder auch: End-Sprechen – ist. Schmerzvoll
wäre daran, daß jedes gesagte Wort im Aussprechen jedes mögliche ande-
re Wort ent-spricht, das an seiner statt nicht gesprochen wurde. Es läßt
diese – in ihrer Zahl potentiell unendlichen – anderen Wörter nicht zu

---

[22] Vgl. *Etymologisches Wörterbuch des Deutschen*, hg. v. Wolfgang Pfeifer u. a. Mün-
chen 1997, S. 985f.

Wort kommen. Celans Gedicht bleibt dieses Nicht-zu-Wort-Kommens der ungesagten Wörter – das auch die Fachsprachen, wie die der Geologie, der Kernphysik, der Biologie betrifft – eingedenk. Indem im Gedicht – etwa mit der etymologischen oder parographischen Auffaltung eines Worts oder über die schiere Überfülle der evozierten Themen – den ungesagten Wörtern Raum eingeräumt wird, wird ein untergründiger sprachphilosophischer Aspekt deutlich, der nicht nur die Sprache des Gedichts, sondern jegliches Sprechen betrifft: Sprache ist erst dann Sprache, wenn sie sich ent-spricht; das Gedicht aber ist der Ort, wo dieses Ent-Sprechen sich in besonderer Weise zeigt. Dies geschieht durch das Opake und Dunkle, das Inkommensurable und Fremde des Gedichts, das – im Doppelsinn – die Bedeutungen aufhält. Es eröffnet zugleich eine Fülle von Evokationen und Allusionen und versperrt den konkreten, ›kommunikablen‹ Zugang zu ihnen.[23] Die Wörter aus den Naturwissenschaften werden somit nicht in einen anderen Kontext gesetzt; im Gedicht sind – und bleiben – sie vielmehr ausgesetzt.

---

[23] Dieses Problem habe ich ansatzweise zu diskutieren versucht in: Holger Steinmann: »Sperrpoetologie. Zu Paul Celans *Sprachgitter*«, in: *Treibhaus* 5 (2009), S. 104–116.

Tobias Klauk und Tilmann Köppe

Literatur und Möglichkeiten

Abstract: Ever since Aristotle's remarks in his *Poetics*, fictional literature has been connected to ›the possible‹. Moreover, it is often alleged that the connection with possibility is a central and characteristic feature of literature. However, the concrete ideas which are expressed by stating this connection differ greatly. We distinguish two main groups of ideas: Members of the first group try to point out specific functions of literature: it can be a source of modal knowledge or rather modal suggestions. Issues currently under debate include the question of what exactly we can learn from literature as well as the question if we can gain (modal) knowledge from literature at all. Members of the second group are interested in the constitution of fictional literature. They ask if the fictional worlds of literature can be characterized by, or simply are, possible worlds. We clarify and criticize the most promising candidates from both groups of theories. It can be shown that the alleged connection of literature and possibility is either nonexistent, points to mere trivialities, or is just a *façon de parler*. As we attempt to show, many of the interesting aspects of literature people have tried to analyze in terms of the connection of literature and possibility can be described more clearly without using the word ›possible‹.

I. Einleitung

Fiktionale Literatur wurde und wird immer wieder mit dem ›Möglichen‹ in Verbindung gebracht.[1] Bei etwas genauerem Hinsehen stellt man fest,

---

[1] So etwa bei Klausnitzer: »[L]iterarische Texte […] erscheinen und wirken […] als besondere Realisierungen von Sprache, in und mit denen mögliche Welten generiert und hypothetische Geltungsansprüche auf zugleich figurative und performative Weise artikuliert werden«. Die »Sprachspiele der Literatur« sind »simulative Modellierungen von Möglichkeiten« (Ralf Klausnitzer: *Literatur und Wissen. Zugänge – Modelle – Analysen*. Berlin–New York 2008, S. VII). Bei Pethes liest man: »*Literary fiction in general is an experiment by its own means, following possible scenarios to their conclusions.*« (Nicolas Pethes: »Terminal Men. Biotechnological Experimentation and the Reshaping of ›the Human‹ in Medical Thrillers«, in: *New Literary History* 36 (2005), S. 161–185, hier S. 177). Leavis schreibt, die Werke bedeutender Romanautoren »*are significant in terms of the human awareness they promote; awareness of the possibilities of life.*« (F. R. Leavis: *The Great Tradition*. London 1960, S. 2). Bei Wood liest man, daß »*literature, in one crucial aspect, just is the entertainment of possibilities*« (Michael Wood: *Literature and the Taste of Knowledge*.

daß sich hier einige Thesen unterscheiden lassen. Sie lassen sich, wie wir annehmen möchten, zwei grundsätzlichen Fragestellungen zuordnen:

(1) Was heißt es, daß wir anhand von fiktionaler Literatur etwas über Möglichkeiten erfahren können?

(2) Sind die fiktiven Welten der Literatur mögliche Welten?

Bei der ersten Frage geht es darum, eine spezifische Funktion fiktionaler Literatur ausfindig zu machen: die Funktion, eine Quelle von Wissen (oder Annahmen) über Möglichkeiten zu sein (Abschnitt II). Bei der zweiten Frage geht es dagegen um die Konstitution oder Struktur bestimmter Aspekte fiktionaler Literatur: darum, daß der Begriff der fiktiven Welten mit Hilfe des Begriffs der möglichen Welt definiert oder zumindest charakterisiert werden kann (Abschnitt III).

Wir wollen im Folgenden verschiedene Antworten auf die Fragestellungen (1) und (2) unterscheiden und diskutieren. Zusätzlich interessiert uns immer: Ist die jeweilige These geeignet, etwas Grundsätzliches oder Zentrales über fiktionale Literatur auszusagen? Wird eine Besonderheit identifiziert, die geeignet ist, fiktionale Literatur oder den Umgang mit ihr von anderen Medien oder medienspezifischen Umgangsformen zu unterscheiden? (Dies wird nämlich oft behauptet oder nahegelegt, vgl. die Nachweise in Anm. 1.)

II. Fiktionale Literatur und modales Wissen

In diesem Kapitel untersuchen wir die Idee, daß fiktionale Literatur eine Quelle von Wissen über Möglichkeiten ist (2.1).[2] Zunächst klären wir die

---

Cambridge 2005, S. 5). – Drei frühere Arbeiten, die das Feld systematisieren wollen, sind András Horn: *Literarische Modalität*. Heidelberg 1981; Matthias Luserke: *Wirklichkeit und Möglichkeit. Modaltheoretische Untersuchungen zum Werk Robert Musils*. Frankfurt a. M. u. a. 1987; sowie jüngst Susanne Hartwig: »Was (nicht) ist: Die Möglichkeitswelten der Literatur«, in: *Zeitschrift für Literaturwissenschaft und Linguistik* 150 (2008), S. 79–93.

[2] Wir erweitern im Folgenden unter der Hand die in der Diskussion verbreitete Formulierung, daß man anhand von Literatur etwas über Möglichkeiten erfahren kann, zur Formulierung, daß man anhand von Literatur etwas Modales erfahren kann, und das schließt Notwendigkeiten genauso ein wie Möglichkeiten. Es handelt sich hier um einen rein technischen Punkt. Wir nehmen an, daß mit ›Möglichkeiten‹ sowohl Aussagen der Form ◊ p als auch ¬ ◊ p gemeint sind. Man kann anhand von Literatur sowohl erfahren, daß etwas möglich ist, als auch, daß es nicht möglich ist. Aber alle solche Sätze lassen sich in Sätze übersetzen, in denen das Wort ›möglich‹ durch das Wort ›notwendig‹ ausgetauscht ist. Die Modaloperatoren □ und ◊ sind bekanntermaßen interdefinierbar. □ p ist äquivalent zu ¬ ◊ ¬ p. Und ◊ p ist äquivalent zu ¬ □ ¬ p.

grundsätzliche Frage: Können wir anhand von Literatur Wissen erwerben und wenn ja, welches? Wir interessieren uns natürlich für modales Wissen. Drei Positionen sind markant:

(MW) Anhand von Literatur kann man modales Wissen erwerben.

(MD) Anhand von Literatur kann man nur modale Annahmen, Hypothesen oder dergleichen erwerben.

(nMW) Anhand von Literatur können wir *nur* (höchstens) modales Wissen erwerben.

Wir diskutieren (MW) und (MD) zusammen in Abschnitt 2.1.1 und (nMW) in 2.1.2. Anschließend gehen wir näher auf inhaltliche Spezifikationen der Möglichkeiten ein, über die wir anhand von Literatur etwas lernen können: die Thesen, Literatur zeige uns einerseits, daß bestimmte Weltzustände möglich sind (2.2.1), und andererseits, daß bestimmte Handlungen, Handlungs- oder Lebensweisen möglich sind (2.2.2).[3]

2.1 Die Wissensdebatte

Die Fragen, ob oder in welcher Weise fiktionale Literatur für uns eine Quelle von Wissen sein kann, beschäftigt die Philosophie und Literaturwissenschaft schon lange. Zu Überblickszwecken läßt sich die Debatte durch die Angabe zweier Extrempositionen sortieren. Auf der einen Seite stehen Verfechter der Annahme, daß fiktionale Literatur keine Wissensquelle ist. Für den Erwerb von Wissen, so wird hier etwa argumentiert, müssen bestimmte Voraussetzungen erfüllt sein, mit denen fiktionale Literatur nicht dienen kann: Wovon sie handelt, muß nicht wahr sein, und wir haben kein Recht zu glauben, was andere bloß erfunden haben. Was immer wir anhand von Literatur lernen, verdient nicht den Ehrentitel des Wissens; es handelt sich eher um Vermutungen, Annahmen, Hypothesen. Die andere Extremposition behauptet genau das Gegenteil, nämlich daß sich diese Einwände ausräumen lassen und fiktionale Literatur als Wissensquelle ernst genommen zu werden verdient.[4] Uns interessiert diese Debatte in ihrer Anwendung auf modales Wissen.

---

[3] Eine Bemerkung zur Terminologie: Wir meinen nachstehend immer fiktionale Literatur, auch dann, wenn wir nur ›Literatur‹ sagen.

[4] Vgl. Tilmann Köppe: *Literatur und Erkenntnis. Studien zur kognitiven Signifikanz fiktionaler literarischer Werke.* Paderborn 2008 für ein Plädoyer in diese Richtung.

2.1.1 Kann man anhand von Literatur modales Wissen erwerben?

Die Formulierung, daß man anhand von Literatur etwas über Möglichkeiten lernen kann, ist zweideutig. Gemeint sein kann

(MW) Anhand von Literatur kann man modales Wissen erwerben oder

(MD) Anhand von Literatur kann man nur modale Annahmen, Hypothesen oder dergleichen erwerben.[5]

Wenn These (MW) wahr ist, dann genügt es etwa, einen utopischen Roman zu lesen, um zu wissen, daß und wie eine idealere Gesellschaft funktionieren könnte. Wenn These (MD) wahr ist, so kann der utopische Roman eine idealere Gesellschaft nur *vorschlagen*. Um zu wissen, ob sie in dieser Form wirklich möglich (also z. B. wirtschaftlich stabil) ist, muß man sie ausprobieren oder auf die Erkenntnisse der Soziologie, Wirtschaftswissenschaften etc. zurückgreifen. Dieses Beispiel legt nahe, daß These (MD) wahr ist, nicht aber These (MW). Der utopische Roman, aus dem man das Funktionieren einer alternativen Gesellschaft ablesen könnte, muß jedenfalls erst noch geschrieben werden.

Doch so einfach, daß wir These (MW) bereits aufgeben könnten, stehen die Dinge nicht. Sehen wir uns an, warum David Lewis These (MW) vertritt:

> I find it very hard to tell whether there could be such a thing as a dignified beggar. If there could be, a story could prove it. [...] Here the fiction serves the same purpose as an example in philosophy, though it will not work unless the story of the dignified beggar is more fully worked out than our usual examples.[6]

Lewis' knappe Erklärung ist gehaltvoller, als es scheint. Wenn er von Beispielen in der Philosophie redet, so hat er Folgendes im Sinn: In der Philosophie versucht man oft zu zeigen, daß etwas möglich oder unmöglich ist. Dabei ist es insofern einfacher, die Unmöglichkeit von etwas aufzuzeigen, als man hier ein klares Erfolgskriterium hat. Wenn es gelingt, aus der Möglichkeitsbehauptung und unserem Hintergrundwissen einen Widerspruch abzuleiten, so ist die Möglichkeitsbehauptung falsch. Um die Möglichkeit zu erweisen, müßte man zeigen, daß ein solcher Widerspruch nicht auftreten kann. Aber wie soll man das zeigen? Es könnte immer sein, daß man etwas Wichtiges übersehen hat, das einem erlauben

---

[5] Das bedeutet, Literatur kann Handlungen, Weltzustände etc. zwar als möglich oder nicht möglich darstellen, Wissenserwerb ist mit der Lektüre deshalb aber nicht verbunden.

[6] David Lewis: »Postscripts to ›Truth in Fiction‹«, in: ders.: *Philosophical Papers*, vol. 1. New York–Oxford 1983, S. 276–280, S. 278.

würde, einen Widerspruch zu konstruieren. Es ist schlicht nicht menschenmöglich, alle Konsequenzen auf ihre Konsistenz abzuklopfen.

Man behilft sich (und wir behelfen uns täglich, wenn wir Möglichkeiten einschätzen), indem man in einem ersten Schritt ein möglichst plausibles Szenario entwirft, in dem der Fall ist, was als möglich erwiesen werden soll. Wenn es gelingt, das Szenario widerspruchsfrei zu beschreiben, wird man in einem zweiten Schritt versuchen, aus dem Szenario und unserem Hintergrundwissen Widersprüche abzuleiten, in der Hoffnung, keinen Erfolg zu haben. Nun ist es natürlich nicht möglich, alle Eventualitäten abzudecken. Man wird sich deshalb typischerweise darauf beschränken, diejenigen Konsequenzen des Szenarios abzudecken, die in der Diskussion wichtig erscheinen.[7]

Für unsere Zwecke ist an diesem Verfahren vor allem eines wichtig: Wir sind viel besser darin, Möglichkeiten zu beurteilen, wenn wir anstatt eines einzelnen Satzes ein ganzes Szenario präsentiert bekommen. Lewis ist der Ansicht, daß fiktionale Texte solche Szenarien liefern können, und damit hat er wohl Recht. Ein fiktionaler Text kann uns wirklich helfen, herauszufinden, ob es so etwas wie einen würdevollen Bettler gibt. These (MW) ist korrekt.

Aber, so könnte ein Gegner einwenden, es war nun viel von Hintergrundwissen die Rede. Sollte These (MW) nicht besagen, daß man *allein* aus fiktionaler Literatur modales Wissen erwirbt? Nein, denn wir erwerben Wissen typischerweise nicht isoliert. Erstens bringen wir stets schon Wissen und Meinungen mit, die wir benutzen, um neue Informationen

---

[7] Für eine ausführliche Darstellung der Rechtfertigung von Möglichkeitsaussagen vgl. Tobias Klauk: *Gedankenexperimente in der Philosophie. Eine Familie philosophischer Verfahren*, in: http://resolver.sub.uni-goettingen.de/purl/?webdoc-1924, Kap. 5.2, insb. S. 209f. – Am Rande sei Folgendes bemerkt: Nicht jeder Vorstellungsakt ist mit einer modalen Einschätzung der vorgestellten Situation verbunden: »[I]magination itself is modally neutral; you can imagine something and take no stand on its modal status. Imagining that p is not, constitutively, believing that p is possible. If you believe that p is possible as a result of imagining that p, then this is an inferential step, a substantive epistemic move.« (Colin McGinn: *Mindsight. Image, Dream, Meaning*. Cambridge–London 2004, S. 138, vgl. S. 130f.) Mit anderen Worten: Nicht immer, wenn wir uns vorstellen, etwas sei der Fall, stellen wir uns vor, etwas sei möglich. Die Rechtfertigung von Möglichkeitsaussagen ist als solche nicht Teil der ursprünglichen Vorstellung. Aus diesem Grund wäre es verfehlt zu sagen, fiktionale Literatur sei *schon deshalb*, weil sie uns zur Vorstellung bestimmter Szenarien auffordere, mit der Präsentation von Möglichkeiten befaßt. Unsere Imaginationen, sie seien von fiktionaler Literatur angeregt oder nicht, müssen nicht mit der Beurteilung von Möglichkeiten einhergehen.

einzuordnen. Und zweitens haben wir oft mehr als nur eine Informations-
quelle. Das bedeutet, daß es naiv wäre, These (MW) so zu lesen, daß aus
der isolierten Lektüre eines Textes der Erwerb von Wissen resultierte,
denn es gibt gar keine isolierte Lektüre.[8]

Was ist mit dem Beispiel der utopischen Gesellschaft? Wir hatten aus
guten Gründen Zweifel, ob sich deren Möglichkeit wirklich an einem
fiktionalen literarischen Text ablesen läßt. Zu viele Utopien haben sich im
Laufe der Menschheitsgeschichte als nicht realisierbar herausgestellt.
Offenbar lassen sich also nicht beliebige Möglichkeiten mit Hilfe von
literarischen oder fiktionalen Texten erweisen. Der Unterschied zwischen
dem Fall des würdevollen Bettlers und dem Fall der utopischen Gesell-
schaft besteht in der Komplexität der Fälle, und er ist graduell. Es ist die
Komplexität eines Themas, die eine Beurteilung der Möglichkeit unge-
heuer schwierig und sogar unmöglich machen kann.

Obwohl wir Lewis' Ansicht also im Prinzip für korrekt halten, glauben
wir dennoch nicht, daß er damit eine zentrale Funktion fiktionaler Litera-
tur gefunden hat. Die Etablierung von Wissen über Möglichkeiten mit
Hilfe von Szenarien, aus denen man mit Hilfe von Hintergrundwissen
versucht, Widersprüche abzuleiten, ist eine so grundlegende Art unseres
Umgangs mit modalen Aussagen, daß sie wenig geeignet ist, Fiktionalität
oder Literatur auszuzeichnen. Ja, wir lernen anhand von Literatur über
Modales. Aber das macht Literatur nicht besonders.[9]

2.1.2 Können wir anhand von Literatur *nur* etwas
über Möglichkeiten lernen?

Wir wenden uns damit einer weiteren These zu. Hilary Putnam wird häu-
fig als Vertreter der folgenden These zitiert:

(nMW) Anhand von Literatur kann man *nur* über Möglichkeiten etwas
lernen.

Sehen wir auch hier genau hin, was mit dieser These gemeint ist. Put-
nam schreibt:

---

[8] Vgl. Köppe: *Literatur und Erkenntnis* (wie Anm. 4), S. 118–120.
[9] Man kann Lewis' Ansatz auch aus noch anderen Gründen unbefriedigend finden.
    Lamarque und Olsen leugnen, daß Lewis' Ideen für konkrete Interpretationen tau-
    gen. Vgl. Peter Lamarque u. Stein Haug Olsen: *Truth, Fiction, and Literature*. Ox-
    ford 1994, S. 92–94. Das ist durchaus korrekt, es scheint uns aber auch nicht Lewis'
    Anliegen zu sein, Hilfestellung für die Textinterpretation zu geben.

if I read Céline's *Journey to the End of the Night* I do not *learn* that love does not exist, that all human beings are hateful and hating [...]. What I learn is to see the world as it looks to someone who is sure that hypothesis is correct. I see what plausibility that hypothesis has; what it would be like if it *were* true; how someone could possibly think that it *is* true. But all this is still not empirical knowledge. [...] It is knowledge of a possibility. It is *conceptual* knowledge.[10]

Putnam gibt hier in schneller Folge vier Formulierungen, von denen es scheint, daß alle vier dasselbe besagen sollen.

- Anhand von Literatur erhalten wir kein empirisches Wissen,
- wir erhalten Hypothesen,
- wir erhalten begriffliches Wissen und
- wir erhalten Wissen von Möglichkeiten.

Am deutlichsten von diesen vieren ist die negative These: Empirisches Wissen, so die Idee, kommt stets durch Tests an der Erfahrung zustande, im Idealfall durch wissenschaftliche Tests, Literatur aber bietet keinen solchen Test. Also kann man anhand von Literatur kein empirisches Wissen erwerben.[11]

Die übrigen drei Thesen sind Versuche, positiv zu bestimmen, was statt dessen erworben werden kann. Daß Literatur höchstens Hypothesen vorschlagen kann, ist der erste Versuch. Er erklärt sich aus Putnams Kriterium für empirisches Wissen: Das bekommt man nur durch Tests, was man testet, sind Hypothesen, daher kann Literatur höchstens Hypothesen bereitstellen. Das ist nun kein besonders attraktives oder plausibles Bild der Literatur, und Putnam gibt selbst Beispiele für Wissen, das man anhand von Literatur gewinnen kann.[12]

---

[10] Hilary Putnam: »Literature, Science, and Reflection«, in: *New Literary History* 7 (1976), S. 483–491, hier S. 488.

[11] Putnam behauptet übrigens nur einen Absatz später, daß Wissen, das wir anhand von Literatur erwerben, begriffliche und empirische Elemente enthält. Gleichzeitig nimmt er aber die zitierte starke These (»Anhand von Literatur erwerben wir kein empirisches Wissen«) nicht zurück. Es ist unwahrscheinlich, daß Putnam diese Inkonsistenz nicht aufgefallen sein sollte. Er möchte vielmehr anzeigen, daß er sich bewußt ist, daß die starke These problematisch ist.

[12] Am Rande sei bemerkt: Wir haben den Verdacht, daß die Rede davon, anhand von Literatur erwerbe man Wissen über Möglichkeiten, oft (nicht aber bei Putnam) nichts anderes besagen soll als: ›Es ist lediglich möglich, daß das, was in fiktionaler Literatur dargestellt wird, wahr ist‹. Daß es hierbei nicht um modales Wissen geht, liegt auf der Hand. Vielmehr soll auf diese Weise der epistemische Status der Annahmen charakterisiert werden, die man anhand von Literatur gewinnt: ›Man kann sich eben nicht sicher sein, ob wahr ist, was man gelesen hat, daher soll man es nur für möglich halten‹. Wir halten diese Redeweise für ungenau und irreführend.

Wenn es nicht empirisch ist, so muß es wohl begrifflich sein; dies ist der zweite Bestimmungsversuch. Aber sieht man einmal von den philosophischen Schwierigkeiten der Unterscheidung zwischen ›begrifflich‹ und ›empirisch‹ ab,[13] dann sagt die These, daß man begriffliches Wissen erwerben kann, nicht viel mehr, als daß das Wissen nicht empirisch ist.

Uns interessiert natürlich vor allem die dritte Bestimmung, die Möglichkeiten ins Spiel bringt. Putnams Beispiele zeigen, daß er nicht wie Lewis *modales Wissen* meint, also Wissen von Sätzen, die mit ›Es ist möglich, daß…‹ oder ›Es ist notwendig, daß...‹ beginnen.[14]

Es scheint uns, daß man Putnams Redeweise vom ›Wissen von einer Möglichkeit‹ am Ende also nicht besonders ernst nehmen sollte. Denn tatsächlich geht es ihm gerade nicht darum, daß mittels Literatur gezeigt werden könnte, daß etwas möglich ist, auch wenn er nicht leugnet, daß Literatur so verwendet werden kann. Er betont vielmehr, daß Literatur es uns erlaubt, uns in Situationen und Personen hineinzuversetzen und eine Vorstellung von ihrer Weltsicht zu bekommen. So lobt er Doris Lessings *The Golden Notebook*:

> What I am suggesting is that if we want to reason rationally about feminism, communism, liberalism, or just about life in the twentieth century, then what Doris Lessing does for our sensibility is enormously important.[15]

Putnam hat damit eine interessante Leistung von Literatur im Blick, auf die wir kurz näher eingehen wollen.

---

[13] ›Locus classicus‹ der philosophischen Debatte um die Unterscheidung analytisch-synthetisch ist Willard van Orman Quine: »Two Dogmas of Empiricism«, in: *Philosophical Review* 60 (1951), S. 20–43. Quines überzeugendster Angriff auf eine bestimmte Art von Analytizität findet sich allerdings in Willard van Orman Quine: »Carnap and Logical Truth«, in: ders.: *The Ways of Paradox and Other Essays*. Cambridge 1976, S. 107–132. Für eine sehr kurze Einführung in die Grundideen der Debatte siehe Tyler Burge: »Philosophy of Language and Mind 1950–1990«, in: *The Philosophical Review* 101 (1992), S. 3–51, hier S. 3–11. Die ausführlichste und beste Auseinandersetzung mit Quines Argumenten findet sich in Olaf Müller: *Synonymie und Analytizität: Zwei sinnvolle Begriffe. Eine Auseinandersetzung mit W. V. O. Quines Bedeutungsskepsis*. Paderborn 1998.

[14] Ein ausführlich beschriebenes Szenario ist mehr als nur eine Hypothese. Es erlaubt unter anderem, Inkonsistenzen aufzuspüren, also zu sehen, welche Plausibilität die Hypothese hat, es erlaubt, »die Welt wie jemand zu sehen«, der eine Hypothese für wahr hält, zu sehen, »was der Fall wäre«, wenn die Hypothese wahr wäre. Wir können nur vermuten, daß Putnam all dies »Wissen von einer Möglichkeit« nennt, weil er bei Szenarien sofort an den philosophischen Gebrauch von Szenarien zur Etablierung von Möglichkeiten denkt.

[15] Putnam: »Literature, Science, and Reflection« (wie Anm. 10), S. 489.

Wir sagen oft, in einem Bericht, einer Erzählung oder Beschreibung drücke sich eine bestimmte Weltsicht aus. Das kann man zunächst einmal so verstehen, daß die fraglichen Schilderungen Charakteristika aufweisen, die sich erklären lassen, indem man auf den Wissenshorizont einer bestimmten Person verweist: Im einfachsten Fall stellen die Beschreibungen eine Auswahl aus dem dar, was die Person wahrnimmt, weiß, vermutet, für möglich hält, usw. Eine Weltsicht enthält aber auch evaluative Komponenten. In den Hoffnungen, Wünschen oder Befürchtungen einer Person werden bestimmte Weltzustände auf eine bestimmte Weise charakterisiert und bewertet (d. h. etwas wird beispielsweise als bedrohlich oder anziehend oder lächerlich aufgefaßt). Insgesamt kann man sagen: Wenn wir von der Weltsicht einer Person sprechen, so fassen wir ein komplexes Set von Auffassungen zusammen, das sich verschiedensten (perzeptuellen, kognitiven, affektiven, volitiven) Einstellungen verdankt.[16] Ferner erwarten wir, daß das, was die Person sagt oder tut, vor dem Hintergrund dieser Weltsicht geschieht bzw. Ausdruck dieser Weltsicht ist. Die Rede von einer Weltsicht hat damit auch einen erklärenden Anspruch.

Vor dem Hintergrund dieser Erläuterung können wir nun etwas genauer sagen, inwiefern sich in einem literarischen Text eine Weltsicht ausdrücken kann. Eine Weltsicht wird stets einem Träger zugeordnet, d. h. es gibt jemanden, um dessen Weltsicht es sich handelt. Im Falle fiktionaler Literatur kommen verschiedene Träger in Frage: Figuren, Erzähler, der Autor des Werkes oder auch ein ›impliziter‹ Autor. Dazu ein paar Erläuterungen:

Ein literarischer Text kann mehr oder minder deutlich aus der Perspektive einer Figur erzählt werden. In der strukturalistischen Narratologie hat sich dafür die Bezeichnung ›interne Fokalisierung‹ durchgesetzt. Ein intern fokalisierter Text zeichnet sich typischerweise durch die folgenden zwei Eigenschaften aus: Zum einen bekommen Leser nur Informationen, über die auch die Figur verfügt oder verfügen kann, die Informationsvergabe ist also in offensichtlicher Weise beschränkt; zum anderen lassen sich diese Informationen anhand der Weltsicht der Figur erklären, d. h. die Einstellungen der Figur bestimmen, in welcher Weise die Geschehnisse der fiktiven Welt beschrieben werden. In diesem Fall erlaubt die Erzählung also einen Rückschluß auf die Weltsicht der Figur. Beispiele sind etwa die Romane von Henry James. *The Ambassadors* erzählt die Erlebnisse Lambert Strethers in Paris aus dessen Perspektive (der Roman ist

---

[16] Für eine differenzierte Darstellung vgl. Jens Eder: *Die Figur im Film. Grundlagen der Figurenanalyse*. Marburg 2008, insbes. S. 584–586.

dominant intern fokalisiert). Aus der Art und Weise, wie das Pariser Leben beschrieben wird, können wir etwas über Strethers Weltsicht – seine Interessen, Gefühle, Kenntnisse usw. – lernen. Tritt in der Erzählung ein figürlicher Erzähler auf, so kann sich dessen Weltsicht in der Erzählung ausdrücken – nämlich in dem, was er erzählt und wie er es erzählt. (Alles, was für die Weltsicht einer Figur gilt, gilt auch für die Weltsicht des figürlichen Erzählers.)[17]

In einem literarischen Text kann sich auch die Weltsicht des Autors ausdrücken. Entsprechende Zuschreibungen sind aber, wie oft bemerkt wurde, mit Vorsicht zu genießen. Wir können die Eigenschaften eines fiktionalen Textes nicht unmittelbar erklären, indem wir auf das Wissen, die Wünsche oder die Werthaltungen des Autors verweisen, denn bekanntlich kann ein Autor in seinem Werk Einstellungen zum Ausdruck

---

[17] In der Forschungsliteratur tauchen diese Thesen unter immer neuen Bezeichnungen auf. So schreibt Milan Kundera in *Die Kunst des Romans*: »Der Roman untersucht die Existenz, nicht die Realität. Und die Existenz ist nicht das, was sich abgespielt hat; sie ist das Feld der menschlichen Möglichkeiten, ist all das, was der Mensch werden kann, wessen er fähig ist. Die Romanciers zeichnen die *Karte der Existenz*, indem sie diese oder jene menschliche Möglichkeit aufdecken.« (Milan Kundera: *Die Kunst des Romans*. München–Wien 1987, S. 51). Romane können uns vor Augen führen, wie man die Welt sehen oder in ihr handeln kann und wie es im allgemeinen um den Menschen bestellt ist (vgl. auch unten, Abschn. 2.2.2). Zudem spielen bei Kundera bestimmte existenzphilosophische Zusatzannahmen eine Rolle; er verweist verschiedentlich auf Heidegger und dessen Rede vom ›In-der-Welt-sein‹ (vgl. ebd., S. 44, 51). Ohne hier in die Heidegger-Exegese einsteigen zu können oder zu wollen: Man kann das vielleicht so verstehen, daß der Roman Kundera zufolge nicht nur zeigen will, wie sich ein Individuum in einer unabhängig vom Individuum gegebenen Welt oder bestimmten Situationen verhält, sondern er will zugleich zeigen, daß eine Figur prägt, wie die Welt oder bestimmte Situationen wahrgenommen werden. Umgekehrt kann eine Änderung der Welt natürlich die Lage und das Selbstverständnis der Figur ändern. Allgemein: »Die Welt ist Teil des Menschen, ist seine Dimension, und in dem Maße, wie die Welt sich verändert, verändert sich auch die Existenz (das In-der-Welt-sein).« (Ebd., S. 44; vgl. zum existenzphilosophischen Zusammenhang David E. Cooper: *Existentialism*. Oxford u. a. 1990, Kap. 4) Im Roman, der die »Karte der Existenz« schildert, sind also Befindlichkeiten der Figuren und Darstellung der fiktiven Welt aufeinander abgestimmt. Ein Beispiel ist Kafka: Dessen Welten sind düster und spiegeln die verfahrene Situation ihrer Protagonisten. Und da unterschiedliche Romane unterschiedliche Figuren und darauf abgestimmte Weltdarstellungen bieten, zeigt uns jeder Roman eine bestimmte »Seinsmöglichkeit (eine Möglichkeit des Menschen und seiner Welt)« (Kundera, ebd., S. 51).

bringen, die er gar nicht vertritt.[18] Nicht zuletzt aus diesem Grund wird in der Literaturwissenschaft immer wieder auf das auf Wayne C. Booth zurückgehende Konzept des ›impliziten‹ Autors zurückgegriffen: »the implied author is the governing consciousness of the work as a whole, the source of the norms embodied in the work«.[19] Die Idee ist hier, daß wir uns bei der Lektüre des Werkes eine Vorstellung von der Weltsicht machen, der es gleichsam entsprungen sein könnte – unabhängig davon, ob dies tatsächlich die Weltsicht des Autors ist oder nicht.

Manchmal ist die Weltsicht, die in einem literarischen Werk zum Ausdruck kommt, so charakteristisch, daß wir sie identifizieren und mit unserer eigenen vergleichen können.[20] Wir können begreifen, wodurch sich eine solche Weltsicht auszeichnet, was sie bedingt und wie man sie erkennt – Putnam spricht hier zu Recht von einer Schärfung unseres Auffassungsvermögens (›sensibility‹). Zudem können wir etwas über uns selbst lernen: daß unsere Weise, die Dinge zu sehen, ebenfalls bedingt ist und daß es sich nicht um die einzige Sicht der Dinge handelt.

Wir glauben, daß dies in der Tat eine besonders interessante Funktion fiktionaler Literatur ist. Warum? Weil man, wie wir gesehen haben, ziemlich viele Informationen benötigt, um eine Weltsicht ausmachen und zuschreiben zu können, also Informationen über die kognitiven, volitiven, affektiven (usw.) Einstellungen einer Person. Und Literatur kann so viele Informationen bieten. Es liegt gleichwohl auf der Hand, daß dies nichts mit Modalität zu tun hat. Die Rede vom ›Wissen von einer Möglichkeit‹ ist hier eine bloße ›façon de parler‹.

Kehren wir aber noch einmal zu der These zurück, daß man anhand von Literatur *nur* modales Wissen erwerben kann. Auch wenn Putnam kein Vertreter von (nMW) ist, so können wir uns natürlich trotzdem fra-

---

[18] Diese Einsicht findet ihr Echo in der Forderung, man dürfe Autor und Erzähler nicht identifizieren.

[19] Shlomith Rimmon-Kenan: *Narrative Fiction*. 2. Aufl. London–New York 2002, S. 87f. Etwas später heißt es: »the implied author must be seen as a construct inferred and assembled by the reader from all the components of the text« (ebd., S. 88). Eine ausführliche Diskussion der diversen – und großenteils problematischen – Verwendungsweisen des Begriffs findet sich in Tom Kindt u. Hans-Harald Müller: *The Implied Author. Concept and Controversy*. Berlin–New York 2006.

[20] Vgl. beispielsweise zum ›feminine point of view‹ Ismay Barwell: »Feminine Perspectives and Narrative Point of View«, in: *Aesthetics in Feminine Perspective*, hg. v. Hilde Hein u. Carolyn Korsmeyer. Bloomington–Indianapolis 1993, S. 93–104. Ein berühmtes Beispiel für einen Roman, der Rückschlüsse auf das Weltbild eines Kindes erlaubt, ist Henry James' *What Maisie Knew*. Vgl. auch unten, Anm. 38.

gen, ob (nMW) wahr ist. Positive Argumente haben wir nicht gefunden, aber vielleicht läßt sich gegen die These argumentieren? Bender z. B. hält sie für falsch. Kunst, so Bender, könne zwar modales Wissen vermitteln, »knowledge that something is necessary, lawful, probable, possible, or impossible«, doch reduziere sich Kunst nicht auf diesen Aspekt. Aufgabe der Kunst sei es nicht allein, uns mit verschiedenen Möglichkeiten bekannt zu machen:

> Concerns with how the actual world may be, would be, should be, under certain conditions, are not the same as elaborations of how a possible world is. Many artists are thinking about actual tendencies, probabilities, generalities, and potentials. These are not the same as mere possibilities and can be empirically true or false. Cézanne was not painting a possible world that looked like his canvases, he was painting the actual world.[21]

Benders Unterscheidung zwischen ›bloßen Möglichkeiten‹ und Überlegungen, wie die aktuale Welt unter bestimmten Bedingungen sein könnte oder sollte, ist wenig hilfreich. Was immer ›mere possibilities‹ sein sollen – wenn man aus einem Text oder Bild etwas darüber lernt, wie die Welt sein könnte oder sollte, so hat man etwas über Möglichkeiten gelernt.

Das Beispiel dagegen läßt sich gegen die These verwenden, anhand von Literatur lasse sich *nur* modales Wissen gewinnen. Cézanne wollte die aktuale Welt malen, nicht eine mögliche Welt. Tatsächlich ist die Lage wesentlich komplizierter, sobald man feststellt, daß Cézanne trotz des Anspruches, die tatsächliche Welt zu malen, Gegenstände in seine Bilder einbauen kann, die in der aktualen Welt nicht zu sehen sind, ein Segelboot etwa. Um diese Komplikation soll es an dieser Stelle aber nicht gehen. Die Frage ist vielmehr, was Benders Beispiel gegen die These, anhand von Literatur ließe sich nur über Möglichkeiten lernen, ausrichtet. Die Stoßrichtung ist klar: Wenn Cézanne doch die aktuale Welt gemalt hat, warum sollte man dann aus seinen Bildern nur etwas über mögliche Welten lernen können? Das ist nun kein direktes Argument für Benders These, sondern eine gelungene Beweislastverschiebung. Es liegt an den Vertretern der These, anhand von Literatur ließe sich *nur* etwas über Möglichkeiten lernen, Gründe anzuführen. Solche Gründe haben wir aber

---

[21] John W. Bender: »Art as a Source of Knowledge: Linking Analytic Aesthetics and Epistemology«, in: *Contemporary Philosophy of Art: Readings in Analytic Philosophy*, hg. v. John W. Bender u. H. Gene Blocker. Englewood Cliffs 1993, S. 593–607, hier S. 602.

bei Putnam z. B. nicht gefunden.[22] Damit können wir die These beruhigt zur Seite legen.

2.2 Zwei Arten von Wissen über Möglichkeiten

Bislang sind wir nicht ausdrücklich auf die Frage eingegangen, von was für Dingen man anhand fiktionaler Literatur lernen kann, daß sie möglich sind. Das wollen wir nun – exemplarisch – nachholen. In der Forschungsliteratur wird oft gesagt, Literatur sei eine Quelle von Wissen über mögliche Weltzustände (2.2.1) oder Handlungsmöglichkeiten (2.2.2).

2.2.1 Wissen, daß ein Weltzustand möglich ist

Vor dem Hintergrund der Art und Weise, wie sich die Dinge in unserer Welt verhalten, ist ein Weltzustand, wie er in einem literarischen Text beschrieben wird, möglich (oder unmöglich).[23] Oder anders gesagt: Die Dinge, von denen in einem fiktionalen Text die Rede ist, lassen sich manchmal als Beschreibungen möglicher Weltzustände auffassen.

Wir haben in Abschnitt 2.1.1 argumentiert, daß es in Bezug auf die Inhalte modalen Wissens gewisse Komplexitätsgrenzen gibt. These (MW) ist daher nur in Bezug auf bestimmte Weltzustände wahr: Wir können uns literarische Texte zunutze machen, wenn es herauszufinden gilt, ob ein bestimmter Weltzustand möglich ist – aber dieser Weltzustand darf nicht zu komplex sein, sonst verlieren wir schlicht den Überblick. Dagegen

---

[22] Man beachte, daß damit völlig offen bleibt, ob sich Cézannes Bilder als mögliche Welten analysieren lassen. Daß Cézanne nicht erst eine mögliche Welt gefunden hat, die er anschließend zu malen versucht hat, sagt zu dieser Frage nichts. Vgl. unsere Diskussion des Pseudo-Gegensatzes ›erschaffen-identifizieren‹ in Abschnitt 3.3.

[23] Man kann hier präzisieren, indem man verschiedene Arten von Möglichkeit ins Spiel bringt. Daß ein Weltzustand möglich ist, bedeutet, daß der Satz, der den betreffenden Weltzustand beschreibt, kompatibel ist mit (d. h. nicht im Widerspruch steht zu) einer Menge anderer wahrer Sätze über die Welt. Diese Satzmengen können unterschiedliche Dinge zum Gegenstand haben: etwa die Naturgesetze, die Gesetze der Logik, die Wissensbestände einer Person usw. Wenn wir sagen, ein Weltzustand sei möglich, dann meinen wir manchmal: Der Satz, der den Weltzustand beschreibt, steht nicht im Widerspruch zu den Naturgesetzen. Wir können aber noch anderes meinen. Wenn ich sage ›Es ist nicht möglich, daß ich Chinesisch lerne‹, so bezeichne ich einen Weltzustand als unmöglich, obwohl er mit den Naturgesetzen vereinbar ist. Die Unmöglichkeit ergibt sich vielmehr relativ zu meiner Begabung und meinen Zeitressourcen, d. h. der Satz steht im Widerspruch zu einer Menge von Sätzen, die diese Dinge beschreiben.

scheint auf jeden Fall wahr zu sein, daß man aus Literatur modale Hypothesen, Annahmen etc. erwerben kann. Haben wir damit einen interessanten Sinn gefunden, in dem Möglichkeit und Literatur zusammenhängen? Nein. Denn die These, fiktionale Literatur könne darstellen, was in der Welt der Fall sein kann, ist einigermaßen trivial. Sie zeichnet fiktionale Literatur in keiner Weise gegenüber anderen Medien oder Informationsquellen aus. Alltägliche Gespräche, die Tageszeitung, wissenschaftliche Abhandlungen: Alles dies und vieles mehr präsentiert uns Dinge, die der Fall sein können. – Eine interessantere, da spezifischere, inhaltliche Spezifikation von Möglichkeiten werden wir im nächsten Abschnitt (2.2.2) untersuchen.

In der Forschungsliteratur wird manchmal gesagt, fiktionale Literatur übe oder stärke den »Möglichkeitssinn« des Menschen.[24] Der Ausdruck geht zurück auf Musil, der im *Mann ohne Eigenschaften* schreibt:

> So ließe sich der Möglichkeitssinn geradezu als die Fähigkeit definieren, alles, was ebensogut sein könnte, zu denken und das, was ist, nicht wichtiger zu nehmen als das, was nicht ist.[25]

Daß Literatur unseren Möglichkeitssinn stärkt, heißt damit soviel wie: Aus Literatur erwerben wir nicht nur modale Hypothesen oder Annahmen, der Umgang mit Literatur übt auch unsere Fähigkeit, solche Annahmen zu machen und ihre Wahrheit zu beurteilen. Wenn man diese These jedoch nicht im Sinne einer der bislang diskutierten Thesen präzisiert,[26] erhält man wiederum nur eine Trivialität, die Literatur nicht vor anderen menschlichen Unternehmungen auszeichnet. Ja, wer viel mit modalen Annahmen umgeht, dessen Fähigkeit, modale Annahmen zu machen und zu beurteilen, wird gestärkt. Doch das ist kein Spezifikum von Literatur.[27]

---

[24] Vgl. etwa Michael Scheffel: »Erzählen als anthropologische Universalie: Funktionen des Erzählens im Alltag und in der Literatur«, in: ders.: *Anthropologie der Literatur. Poetogene Strukturen und ästhetisch-soziale Handlungsfelder*. Paderborn 2004, S. 121–138, hier S. 138.

[25] Robert Musil: *Gesammelte Werke 1: Der Mann ohne Eigenschaften*. Reinbek bei Hamburg 1978, Bd. 1, S. 16.

[26] Es scheint uns, daß z. B. sowohl Lewis' als auch Putnams Ideen mit einer solchen Formulierung kompatibel sind.

[27] Bei Andreas Kablitz: »Kunst des Möglichen. Prolegomena zu einer Theorie der Fiktion«, in: *Poetica* 35 (2003), S. 251–273, hier S. 267–272, sind es nicht Personen, die einen Möglichkeitssinn haben, sondern die Sprache selbst. Möglichkeitssinn wird verstanden als die »Fähigkeit, mehr zu sagen, als sich behaupten lässt [...]. Wenn fiktionale Texte behaupten, es habe sich ereignet, was sich de facto nicht zugetragen

2.2.2 Wissen von Handlungsmöglichkeiten

Wir wenden uns nun einer weiteren inhaltlichen Spezifikation von (MW) zu: der These, Literatur sei eine Quelle von Wissen über Handlungsmöglichkeiten.[28]

(MWH) Anhand von Literatur erwerben wir Wissen über Handlungsmöglichkeiten.

Auch dieser Fall läßt sich nach dem oben beschriebenen Muster verstehen. Wenn wir verstehen wollen, ob eine Handlung möglich ist, so bemühen wir uns um eine konsistente Beschreibung eines Handlungsszenarios, und wir versuchen, aus der Beschreibung und Hintergrundannahmen Widersprüche abzuleiten. So kann man beispielsweise feststellen, daß die einer bestimmten Handlung zugrunde liegenden Motive oder ihre Konsequenzen nicht zur praktischen Grundausrichtung des Akteurs – seinen Auffassungen darüber, was gut, ratsam oder richtig ist – passen. Vor dem Hintergrund dieser Grundausrichtung handelt es sich nicht um eine Handlungsmöglichkeit für den Akteur. (MWH) fußt nun auf der Annahme, daß wir uns fiktive Szenarien zunutze machen können, wenn wir über unsere

---

hat – und sich nach den Maßgaben unseres Wirklichkeitsverständnisses vielleicht nicht einmal ereignen konnte – so behaupten sie doch zumindest, daß es sich hätte ereignen können.« (ebd., S. 271f.) Diese Bemerkungen greifen jedoch viel zu kurz, als daß sie einen interessanten Zusammenhang von Literatur und Möglichkeit herstellen könnten. Erstens sollte man zwischen verschiedenen Arten von Möglichkeit unterscheiden (vgl. unsere Fn. 23). Zweitens erscheint es uns zweifelhaft, daß in Literatur stets die Möglichkeit des Szenarios behauptet wird. Das beginnt schon damit, daß nicht Texte etwas behaupten, sondern Personen. Drittens ist mit der Behauptung der Möglichkeit noch nicht die Möglichkeit eines literarischen Szenarios angesprochen, wie wir sie in Abschnitt 3 diskutieren. – Es ist sicherlich so, daß es die Lektürekonvention gibt, sich das beschriebene Szenario vorzustellen, und daß mit der Aufforderung zum Vorstellen eines Szenarios die Präsupposition einhergeht, daß das Szenario konsistent ist – mit anderen Worten, wir beginnen eine Lektüre stets mit der Annahme, daß das beschriebene Szenario zumindest logisch möglich ist. Damit ist jedoch nicht ausgemacht, daß das Szenario auch tatsächlich (zumindest logisch) möglich ist. Man kann durchaus der Ansicht sein, daß literarische Szenarien immer zumindest logisch möglich sein müssen – wir diskutieren diese Idee in Abschnitt 3.3.2 im Zusammenhang mit dem fünften Einwand gegen das Unmöglichkeitsargument. Wenn man eine solche Ansicht vertritt, sollte man aber gleichzeitig zugestehen, daß Literatur nicht immer Szenarien produziert – womit ein allgemeiner Zusammenhang von Literatur und Möglichkeit hinfällig ist.

[28] Vgl. etwa Dieter Wellershoff: *Die Auflösung des Kunstbegriffs.* Frankfurt a. M. 1976, S. 79; Siegfried J. Schmidt: *Grundriß der Empirischen Literaturwissenschaft.* Frankfurt a. M. 1991, S. 223–225 (dort auch weitere Literatur).

eigenen Handlungsmöglichkeiten nachdenken. Ein solches Szenario kann detaillierte Beschreibungen der Umstände einer Handlung, ihrer Voraussetzungen und Konsequenzen enthalten, und wir können uns fragen, ob diese Beschreibungen in Widerspruch zu unseren praktischen Überzeugungen stehen. Ist dies der Fall, so wissen wir, daß eine Handlung des fraglichen Typs für uns nicht möglich ist. (MWH) ist korrekt.

Die These, literarische Werke seien eine Quelle von Wissen über Handlungsmöglichkeiten, kann jedoch noch in einem anderen Sinne verstanden werden – nämlich so, daß in Literatur ganz einfach eine Reihe von Handlungsoptionen präsentiert werden, über die wir Wissen erwerben können:

(WHO) Anhand von Literatur erwerben wir Wissen über Handlungsoptionen.

In literarischen Texten geht es zum überwiegenden Teil um Personen, die etwas tun. Wenn wir einen Roman lesen, dann lesen wir also etwas über die Handlungen dieser fiktiven Personen in bestimmten fiktiven Situationen. Damit lernen wir auch, wie die Person in einer Situation des fraglichen Typs handeln kann, d. h. wir erfahren etwas über mindestens eine Handlungsoption. Von einer Handlung im emphatischen Sinne sprechen wir genau genommen nur dann, wenn sie aus einem Wahlakt hervorgegangen ist; und daß man wählen kann, setzt voraus, daß es mindestens zwei Optionen gibt.

Etwas anspruchsvoller wird diese These, wenn man bedenkt, daß komplexe literarische Texte davon handeln, daß mehrere Personen unterschiedliche Handlungsoptionen erwägen und ausagieren, und daß diese Optionen auf unterschiedlichste Weise bewertet werden – vor dem Hintergrund ihrer Konsequenzen, ihrer Verankerung in der Persönlichkeitsstruktur der Akteure usw. Noël Carroll beispielsweise zeigt in einer überzeugenden Interpretation von Edward Morgan Forsters *Howards End*, daß sich die Figurenkonstellation als geradezu systematische Erkundung der Tugendhaftigkeit bestimmter Handlungsweisen verstehen läßt:

> As in many literary works, films, plays, narrative paintings, ballets, and so on, in *Howards End* we do not simply find a bunch of characters willy-nilly. Rather the cast of characters bears notably strong, highly structured, systematically varied, and subtly polarized relations of comparison and contrast to each other, particularly along the dimension of virtue.[29]

---

[29] Noël Carroll: »The Wheel of Virtue. Art, Literature, and Moral Knowledge«, in: *The Journal of Aesthetics and Art Criticism* 60 (2002), S. 3–26, hier S. 13.

(WHO) ist also durchaus plausibel. Sie hat jedoch nichts mehr mit Möglichkeit im eigentlichen Sinne zu tun. (WHO) besagt nur, daß wir anhand von Literatur lernen können, wie Personen handeln oder wie man in bestimmten Situationen handeln kann. Es geht nicht mehr darum, ob bestimmte Handlungsoptionen (vor dem Hintergrund bestimmter praktischer Überzeugungen) möglich sind.

Wenn von Literatur und Handlungsmöglichkeiten die Rede ist, wird oft auf Aristoteles *Poetik* verwiesen. Dort heißt es, der Dichter teile »das nach den Regeln der Wahrscheinlichkeit oder Notwendigkeit Mögliche« mit.[30] Diese Aussage wird etwa von Martha Nussbaum so verstanden: »Literary works [...] show us general plausible patterns of action, ›things such as might happen‹ in human life. When we grasp the patterns of salience offered by the work, we are also grasping our own possibilities.«[31] Diese These setzt eine Interpretation der einschlägigen Passagen der *Poetik* voraus, der zufolge der Dichter die Figuren nicht nur in einer Weise handeln läßt, die ihrem fiktiven Charakter entspricht – dies läßt sich als poetologische Anforderung an ein gelungenes Drama verstehen. Vielmehr soll sich in den Handlungen der Figuren darüber hinaus etwas Allgemeinmenschliches aussprechen, d. h. etwas, das auch über die Grenzen des Dramas hinaus eine gewisse Gültigkeit hat.[32]

Nach einem modernen Verständnis kann man das so rekonstruieren: Die Handlungen des Dramas exemplifizieren (probabilistische) Gesetzmäßigkeiten, denen das menschliche Leben – also auch unser je eigenes – unterliegt.[33] Solche Gesetzmäßigkeiten geben an, welche Konsequenzen zu erwarten sind, wenn bestimmte Ausgangsbedingungen vorliegen.

Auch unter dieser Interpretation ist zunächst einmal kein Zusammenhang zwischen Literatur und Möglichkeiten gegeben. Eine psychologi-

---

[30] Aristoteles: *Poetik*, übers. u. hg. v. Manfred Fuhrmann. Stuttgart 1994, S. 29 [*Poetik*, 1451a].

[31] Martha Nussbaum: *Upheavals of Thought. The Intelligence of Emotions*. Cambridge 2001, S. 243.

[32] Vgl. Kurt von Fritz: »Entstehung und Inhalt des neunten Kapitels von Aristoteles' Poetik«, in: ders.: *Antike und moderne Tragödie. Neun Abhandlungen*. Berlin 1962, S. 430–457 u. 495f., insbes. S. 435 u. 448f.

[33] Vgl. Köppe: *Literatur und Erkenntnis* (wie Anm. 4), S. 133–142. Es gibt eine (humanistische) Auslegungskonvention, der zufolge wir in literarischen Texten nach ebensolchen Gesetzmäßigkeiten suchen; vgl. Jonathan Culler: *Structuralist Poetics*. 2. Aufl. London–New York 2002, S. 134 (»[R]ead the poem as expressing a significant attitude to some problem concerning man and/or his relation to the universe.«); vgl. auch Peter Lamarque: *The Philosophy of Literature*. Malden–Oxford 2009, S. 150f.

sche Gesetzmäßigkeit besagt nur, was der Fall ist oder wie es sich im Allgemeinen mit etwas verhält, und nicht, was möglich ist. Wenn wir jedoch anhand eines literarischen Werkes eine solche Gesetzmäßigkeit kennen lernen, so kann sie für uns künftig zur Quelle modalen Wissens werden: Wir können prüfen, ob sich eine bestimmte Handlung, Verhaltensweise oder ein Persönlichkeitszug mit der Gesetzmäßigkeit vereinbaren läßt. Die Gesetzmäßigkeit kann Teil unserer Hintergrundannahmen werden, die wir bei der Beantwortung der Frage, ob eine bestimmte Handlung (etc.) möglich ist, heranziehen. Wir haben damit eine Weise benannt, auf die literarische Texte indirekt oder mittelbar zur Gewinnung modalen Wissens beitragen können.

Auch die Vermittlung von Wissen über Handlungsmöglichkeiten, Handlungsoptionen oder psychologische Gesetzmäßigkeiten ist aber vermutlich kaum eine zentrale Funktion fiktionaler Literatur. Wir können nicht davon ausgehen, daß *alle* fiktionalen literarischen Werke entsprechende Funktionen haben. Ferner handelt es sich nicht um Dinge, die *nur* fiktionale Literatur leisten könnte. Unser Wissen um Handlungsmöglichkeiten, Handlungsoptionen und psychologische Gesetzmäßigkeiten speist sich (auch) aus vielen (anderen) Quellen.

Eine spezifischere Leistung von Literatur bekommt man dagegen vermutlich dann in den Blick, wenn man den Akzent nicht auf die Etablierung von Möglichkeiten setzt, sondern auf andere Dinge, die passieren, wenn wir uns handlungsbezogene fiktionale Szenarien vorstellen. Diese Vorstellungsaktivität wird manchmal als Simulationsprozeß verstanden: Wir können uns in die Situation eines fiktiven Akteurs hineinversetzen und dessen Entscheidungsprozesse simulieren.[34] In solchen Simulationen spielt eine große Rolle, wie man sich in der Situation fühlt, wie man sie bewertet, welche Motivation man verspürt usw. Bestimmte Handlungsoptionen erscheinen uns dabei als wünschbar, erstrebenswert, abstoßend, unvermeidbar usw., und diese Erfahrungen können wir für unsere tatsächlichen Entscheidungen nutzbar machen. Das ist in der Tat eine interessante Funktion fiktionaler Literatur, und es wäre zu fragen, ob es sich nicht vielleicht sogar um eine Funktion handelt, die nur fiktionalen Medien (Literatur, Film usw.) zukommt. All dies hat jedoch nichts mehr mit Modalität zu tun, und kann daher von uns beiseite gelegt werden.

---

[34] Vgl. Gregory Currie: »The Moral Psychology of Fiction«, in: *Australasian Journal of Philosophy* 73 (1995), S. 250–259.

III. Mögliche Welten

Wir kommen nun zu einer ganzen Klasse von Ansätzen, die versuchen, den Begriff einer möglichen Welt für die Literatur- und Erzähltheorie zu nutzen. Das geschieht vor allem auf vier Gebieten: Fiktionalitätstheorie, Typologie fiktiver Welten, narrative Semantik und Poetiken des Postmodernismus.[35] Diese Gebiete enthalten wiederum verschiedene Projekte, im ersten Fall z. B. sowohl Versuche, den Begriff der Fiktionalität zu definieren, als auch Versuche, Wahrheitsbedingungen für Sätze in narrativen Werken anzugeben oder Einsichten zu fiktiven Objekten zu gewinnen. Allen Ansätzen ist jedoch eine Grundidee gemeinsam: daß fiktionale Szenarien sich mit Mitteln einer modallogischen Semantik beschreiben lassen. Man möchte dann die reiche modallogische Semantik nutzen, um Erkenntnisse in den oben genannten Bereichen zu gewinnen oder auch nur um narrative Phänomene präzise beschreiben zu können. Wir sind in diesem Aufsatz vor allem an der Grundidee interessiert. In ihrer klassischen Form lautet sie:

(G) Fiktionale Szenarien lassen sich als mögliche Welten beschreiben.

Wenn (G) stimmt, dann scheint es, als sei damit ein klarer Sinn gefunden, in dem fiktionale Literatur mit Möglichkeit zu tun hat. Doch die Lage ist komplex:

Erstens sind gegen Mögliche-Welten-Theorien von Fiktionalität immer wieder gewichtige Einwände vorgebracht worden. Es kann sich also herausstellen, daß die Theorien falsch sind. Damit wäre dann auch der von ihnen postulierte Zusammenhang von Möglichkeit und Fiktionalität nicht gegeben. Wir diskutieren diese Einwände in den Abschnitten 3.2 und 3.3.

Zweitens reagieren viele Autoren auf die Einwände, indem sie (G) aufgeben zugunsten der allgemeineren Idee, Fiktionalität mit Mitteln einer modallogischen Semantik beschreiben zu können. Wir werden argumentieren, daß solche Ansätze keinen Zusammenhang von Möglichkeit und Fiktionalität mehr aufzeigen.

---

[35] Für detaillierte Darstellungen dieser Projekte siehe Marie-Laure Ryan: »Possible Worlds in Recent Literary Theory«, in: *Style* 26 (1992), S. 528–553; Carola Surkamp: »Narratologie und *Possible-Worlds-Theorie*«, in: *Neue Ansätze in der Erzähltheorie*, hg. v. Ansgar Nünning u. Vera Nünning. Trier 2002, S. 153–183; Ruth Ronen: *Possible Worlds in Literary Theory*. Cambridge 1994. Weitere Projekte werden genannt in Carola Surkamp: »Possible-worlds theory (PWT)«, in: *Metzler Lexikon Literatur- und Kulturtheorie*, hg. v. Ansgar Nünning. 4., akt. u. erw. Aufl. Stuttgart–Weimar 2008, S. 584f.

Drittens sollte man im Auge behalten, daß der Begriff einer möglichen Welt aus der Semantik der Modallogik stammt. Wir erläutern diesen technischen Begriff ausführlich in Kapitel 3.1, sowohl um deutlich zu machen, auf was für ein technisches Projekt man sich mit seiner Verwendung einläßt, als auch um verschiedene Typen der Grundidee voneinander zu unterscheiden. Es stellt sich heraus, daß nicht alle diese Typen gleichermaßen geeignet sind, um für eine Verbindung von Möglichkeit und Fiktionalität zu argumentieren.

Viertens möchten wir an dieser Stelle von vornherein Theorien ausblenden, die den Begriff ›mögliche Welt‹ nicht im Sinne der Modallogik verwenden und deren Verwendung auch nicht in Abgrenzung zum modallogischen Begriff entstanden ist. Im Zusammenhang mit Literatur ist manchmal von ›Welten‹, ›Möglichkeitswelten‹ oder ›möglichen Welten‹ die Rede, ohne daß es einen erkennbaren Zusammenhang mit möglichen Welten im Sinne der Modallogik gäbe. Solche Theorien meinen entweder irgendeine andere Verbindung von Literatur und Möglichkeit, oder die Rede von Möglichkeiten wird gar nicht bemüht und statt dessen wird die Idee einer fiktiven Welt ausbuchstabiert. Beispiele dafür sind etwa folgende:

Weinberg behauptet, schon Aristoteles verstehe Literatur »als Hervorbringung möglicher Welten«.[36] Da Aristoteles klarerweise den strengen Gebrauch von ›mögliche Welt‹ nicht kannte, der zuerst bei Leibniz, genau genommen aber erst im 20. Jahrhundert mit der formalen Entwicklung der modernen Modallogik auftritt, da Aristoteles selbst auch nie von möglichen Welten spricht, hat Weinberg hier wahrscheinlich ein Verständnis von Möglichkeit im Sinn, das für uns an dieser Stelle nicht einschlägig ist.[37]

---

[36] Manfred Weinberg: »Von Möglichkeiten und Wirklichkeiten in Literatur und Genetik«, in: *Heuristiken der Literaturwissenschaft*, hg. v. Uta Klein, Katja Mellmann u. Steffanie Metzger. Paderborn 2006, S. 565–588, hier S. 566.

[37] Vgl. oben, Kap. 2.2.2. – Völlig können wir allerdings nicht ausschließen, daß Weinberg nicht doch Aristoteles die Kenntnis möglicher Welten im strengen Sinne zuschreiben möchte, denn das Zitat findet sich inmitten eines Zirkelschlusses – inmitten eines an raunenden Zirkeln schwer zu überbietenden Aufsatzes. Die Rede über die neuen Möglichkeiten der Genetik sei von »Spekulationen und Fantasien« geprägt, zitiert Weinberg und folgert daraus einen Absatz später: »So wird auch verständlich, warum Embryologie und Genetik die neuen Möglichkeiten zwar ›eröffnen‹, die Debatte darüber aber weit mehr von literarisch vorgeprägten Phantasien bestimmt ist.« (Ebd.) Weinberg scheint ernsthaft der Ansicht zu sein, daß Literatur und Genetik etwas miteinander zu tun haben. Die Frage »nach Möglichkeit und Wirklichkeit« soll »als ›Schnittmenge‹ von Literatur und Genetik erkennbar« wer-

Proust spricht von Welten, die uns durch Kunst und Literatur offen stehen:

> [...] denn der Stil ist für den Schriftsteller wie die Farbe für den Maler nicht eine Frage der Technik, sondern seine Art zu sehen. Er bedeutet die durch direkte und bewußte Mittel unmöglich zu erlangende Offenbarung der qualitativen Verschiedenheit der Weise, wie uns die Welt erscheint, einer Verschiedenheit, die, wenn es die Kunst nicht gäbe, das ewige Geheimnis jedes einzelnen bliebe. Durch die Kunst nur vermögen wir aus uns herauszutreten und ebenso uns bewußt zu werden, wie ein anderer das Universum sieht, das für ihn nicht das gleiche ist wie für uns, und dessen Landschaften uns sonst ebenso unbekannt geblieben wären wie die, die es möglicherweise auf dem Monde gibt. Dank der Kunst verfügen wir, anstatt nur eine einzige Welt – die unsere – zu sehen, über eine Vielheit von Welten, das heißt über so viele, wie es originale Künstler gibt, Welten, die, untereinander verschiedener als jene anderen, die im Universum kreisen, uns viele Jahrhunderte noch, nachdem der Fokus erloschen ist, der sein Ausgangspunkt war – mag dieser Fokus nun Rembrandt geheißen haben oder aber Vermeer – einen Strahl zusenden, der nur ihnen eigentümlich ist.[38]

Es geht Proust offenbar um Stil, um Weisen, die Welt zu sehen. Ähnlich wie Putnam betont Proust die zentrale Leistung von Literatur, uns Perspektiven zu öffnen, indem sie es erlaubt, die Welt mit den Augen anderer zu sehen. Das hat jedoch weder mit Möglichkeit noch mit möglichen Welten zu tun.

Eine interessante und theoretisch avancierte Fiktionstheorie hat Walton vorgelegt. Sie basiert auf der Idee, daß uns fiktionale Literatur zu einer regelgeleiteten Vorstellungsaktivität auffordert: »Briefly, a fictional truth consists in there being a prescription or mandate in some context to imagine something.«[39] Dem Begriff der fiktiven Welt kommt in dieser Theorie keinerlei theoretisches Gewicht zu. Die Rede von fiktiven Welten ist

---

den. Aber weder die Beobachtung, daß Literatur und Genetik mit einem begrenzten Satz an Buchstaben immer neue Kombinationen bilden, noch die Idee sich evolutionär entwickelnder Gedichte bieten irgend etwas an, um auch nur zu klären, worin die These eigentlich bestehen soll. Jede rekursive Definition erlaubt es, aus einem finiten Zeichensatz unendliche Ketten zu bilden. Aber haben deswegen Mathematik, Logik und Literatur eine tiefe innere Verbindung? Weinbergs eigentliches Anliegen, der Versuch, kulturelle Phantasmen von naturwissenschaftlich ermöglichter Wirklichkeit zu trennen, ist ehrenhaft, es trägt aber für unsere Frage, in welchem Sinn es im Zusammenhang mit fiktionaler Literatur um Möglichkeit gehen könnte, nichts aus.

[38] Marcel Proust: *Die wiedergefundene Zeit*. Frankfurt a. M. 1984, S. 297f.

[39] Kendall L. Walton: *Mimesis as Make-Believe. On the Foundations of the Representational Arts*. Cambridge–London 1990, S. 39. Der relevante ›Kontext‹ ist hier z. B. ein fiktionaler Text.

vielmehr eine sprachliche Abkürzung, die dazu dient, ein ausuferndes Reden von Vorstellungen zu vermeiden: Eine Proposition p ist Teil der fiktiven Welt eines Textes T genau dann, wenn T zu der Vorstellung auffordert, daß p.[40] Fiktive Welten sind bei Walton Vorstellungswelten, keine möglichen Welten.

Wenn wir im Folgenden von ›möglichen Welten‹ reden, so meinen wir stets mögliche Welten im Sinne einer modallogischen Semantik. Wir benutzen den Ausdruck so streng wie möglich.

3.1 Was sind mögliche Welten?

Um zu verstehen, was mögliche Welten sind, müssen wir einen kurzen Exkurs in die Modallogik machen, denn mögliche Welten dienen ursprünglich dazu, eine modallogische Semantik zu geben.

Die Modallogik ist eine logische Sprache. Nun hat, was die Logiker eine Sprache nennen, mit natürlichen Sprachen herzlich wenig zu tun. Insbesondere müssen sich Logiker keine Sorgen um Pragmatik machen, Satzverbindungen sind stets wahrheitsfunktional und die Sprache ist rein extensional. Logische Sprachen besitzen aber trotz dieser Unterschiede drei Elemente, die sie anderen Sprachen ähnlich machen.

Erstens gibt es ein Vokabular und Regeln, wie dieses Vokabular zusammengesetzt werden darf. Die Sprache der Aussagenlogik[41] etwa enthält typischerweise Satzbuchstaben (p, q, r,...), Junktoren ($\neg$, $\wedge$, $\vee$, $\rightarrow$, $\leftrightarrow$) und Klammern. Eine rekursive Definition gibt an, wie man wohlgeformte Formeln bildet: Alle Satzbuchstaben sind wohlgeformte Formeln. Und wenn A und B wohlgeformte Formeln sind, dann auch $\neg A$, $(A \wedge B)$, $(A \vee B)$, $(A \rightarrow B)$, $(A \leftrightarrow B)$, wobei A und B für beliebige Satzbuchstaben stehen. Durch wiederholte Anwendung dieser Regel lassen sich alle

---

[40] Dies ist eine sehr verkürzte Darstellung von Waltons komplexer Theorie; für einige Präzisierungen vgl. insbes. ebd., S. 57–67.

[41] Wir ersparen uns hier die Komplikationen, die auftreten, wenn man eine Modallogik auf Prädikatenlogik aufbaut. Auf einmal muß man sich entscheiden zwischen konstantem oder variablem Gegenstandsbereich über allen möglichen Welten, ob man eine freie Logik wählt, etc. Solche Überlegungen sind zwar interessant, tragen jedoch nichts zu unserer Frage nach Literatur und Möglichkeit bei. Wir nehmen durch unsere Beschränkung auf Aussagenlogik allerdings in Kauf, daß wir eine Leistung der Anwendung einer modallogischen Semantik auf fiktionstheoretische Fragen nicht in den Blick bekommen: Wir können beispielsweise nicht vorführen wie man mit fiktiven Objekten umgehen kann; vgl. dazu etwa Robert Howell: »Fictional Objects. How They Are and How They Aren't«, in: *Poetics* 8 (1979), S. 129–177.

wohlgeformten Formeln aus den Satzbuchstaben aufbauen. So ist z. B. ¬¬¬(r∧r) eine wohlgeformte Formel, ¬¬→p(qr) aber nicht. Die Modallogik erweitert die Sprache der Aussagenlogik um zwei Operatoren, □ und ◊ (lies: Box und Raute). Auch für diese gibt es Regeln, welche Zeichenketten erlaubt sind und welche nicht: Wenn A eine wohlgeformte Formel ist, dann auch □A und ◊A.

Man darf sich an dieser Stelle nicht täuschen lassen. Eventuell will man mit den Satzbuchstaben tatsächlich Sätze erfassen und mit den Junktoren Ausdrücke wie ›nicht‹, ›und‹, ›oder‹, ›wenn…dann‹, und ›genau dann, wenn‹. Man möchte in die logische Sprache übersetzen. Aber bislang ist keine Rede von Übersetzung oder einer Bedeutung der Zeichen. Wir haben, salopp gesprochen, lediglich drei Kisten mit Bausteinen bekommen, sowie Regeln, wie wir diese Bausteine zusammensetzen dürfen.

Für die Modallogik gilt genau dasselbe: Es ist üblich, sich die Idee von Box und Raute intuitiv verständlich zu machen, indem man Sätze der Form ›□p‹ liest als ›Es ist notwendig, daß p‹ und ›◊p‹ als ›Es ist möglich, daß p‹. Und natürlich ist es historisch gesehen ein Hauptanliegen der Modallogik, Möglichkeit und Notwendigkeit logisch einfangen zu können. Aber man beachte, daß der Formalismus von solchen Anwendungen zunächst unabhängig ist. Man kann ihn später ebenso benutzen, um statt Möglichkeit und Notwendigkeit z. B. Sollen und Erlaubt Sein zu modellieren. Das ist wichtig für unser Thema, weil es bedeutet, daß nicht jede Anwendung einer modallogischen Semantik mit möglichen Welten auch wirklich etwas mit Möglichkeit zu tun hat.

Das zweite Element einer logischen Sprache ist ein Kalkül, der einem erlaubt, bestimmte Formeln aus anderen abzuleiten. Ziel eines Kalküls ist es, bestimmen zu können, ob eine Formel logisch wahr, also wahr unter allen Interpretationen ist. Kalküle müssen uns hier nicht interessieren, sie sind wiederum rein syntaktisch.

Drittens kann man eine Semantik für eine logische Sprache geben, indem man eine Interpretationsfunktion und eine Bewertungsfunktion angibt. Die erste ordnet jedem Satzbuchstaben einen Wahrheitswert zu. Die zweite legt fest, welchen Wahrheitswert komplexere Formeln bei einer gegebenen Interpretation haben. So ist z. B. ¬A wahr, wenn die Interpretation von A falsch ist, und falsch, wenn A wahr ist.[42]

Eine Interpretationsfunktion für eine Modallogik ist etwas komplexer. Und nun kommt der Begriff einer möglichen Welt ins Spiel. Wir führen hier zunächst eine intuitive Annäherung an den Begriff ein, geben dann

---

[42] Bei einer zweiwertigen Logik unter der üblichen Verwendung des Zeichens ›¬‹.

die formalen Fakten der Interpretations- und Bewertungsfunktion, um zum Schluß kurz auf philosophische Diskussionen zur Frage, was genau mögliche Welten sind, einzugehen.

Was eine mögliche Welt ist, macht man sich in einem ersten Schritt am besten klar, indem man sich vorstellt, daß sich die Dinge etwas anders verhalten als tatsächlich. Man kann sich vorstellen, daß Anna einige Zentimeter größer ist, daß das Buch, das sie liest, eine andere Farbe hat, etc. Was man sich damit vorstellt, ist eine mögliche Situation oder mögliche Welt. Natürlich ist auch die aktuale Welt eine mögliche Welt und es gibt unendlich viele mögliche Welten, allein schon durch die unendlich vielen Möglichkeiten, Annas Größe zu variieren.

Für eine modallogische Semantik benötigen wir das geordnete Tripel <W, R, v>. W ist die Menge aller möglichen Welten, R eine zweistellige Relation zwischen solchen Welten, die meist Sichtbarkeits- oder Zugänglichkeitsrelation genannt wird. (Was das ist, erklären wir gleich.) Und v ist eine Funktion, die Paaren aus Welten und Satzbuchstaben einen Wahrheitswert zuordnet. (Salopp gesprochen ist ein Satz jetzt nicht mehr absolut wahr oder falsch, sondern wahr oder falsch in einer bestimmten möglichen Welt. Der Satz ›Anna ist 1,70m groß‹ ist wahr in manchen möglichen Welten und falsch in anderen.)

Die Bewertungsfunktion wird ebenfalls auf mögliche Welten relativiert. Am Beispiel des ›¬‹: Die Bewertung von ¬A in Welt w ist = wahr, wenn die Interpretation von A in w = falsch ist und falsch, wenn die Interpretation von A in w = wahr ist. Schließlich gibt die Bewertungsfunktion auch Wahrheitsbedingungen für Formeln mit □ und ◊ an. □A ist wahr in Welt w, wenn in *allen* w', für die wRw' gilt, die Interpretation von A = wahr ist. In allen anderen Fällen ist □A falsch. ◊A ist wahr in Welt w, wenn es *mindestens eine* Welt w' gibt, für die wRw' gilt und in der die Interpretation von A = wahr ist.

Was hat es mit der Sichtbarkeitsrelation R auf sich? Man stelle sich die Elemente von W (informell: die möglichen Welten) als Personen vor, die kreuz und quer über einen Raum verteilt auf Stühlen sitzen. Manche Leute können den ganzen Raum überblicken, andere sehen nur einige andere Personen, nur sich selbst oder gar nur die Wand. Jede dieser Personen hat ein dickes Buch vor sich, in dem sämtliche Aussagen stehen und dahinter jeweils ein ›wahr‹ oder ›falsch‹. Nun sehen wir uns Peter auf seinem Stuhl an. Peter kann Anna, Paul und sich selbst sehen. Wenn man nun wissen will, ob □p in der möglichen Welt wahr ist, die Peter repräsentiert, so schlägt man in den Büchern der drei nach. In allen muß hinter dem

Satz p ein ›wahr‹ stehen. Es ist dagegen nicht nötig, daß bei allen Leuten im Raum in ihren Büchern ein ›wahr‹ hinter Satz p steht. Wichtig sind nur die Leute, die Peter sehen kann.

Man kann nun beginnen, Bedingungen aufzustellen, denen die Sichtbarkeitsrelation R genügen muß. Z. B. kann man fordern, daß jede Welt sich selbst zugänglich ist, daß die Relation symmetrisch oder transitiv ist. Verschiedene modallogische Systeme unterscheiden sich über die Bedingungen, die man an R stellt. Und man kann sich fragen, welches von diesen Systemen unsere alltagssprachliche Verwendung von ›möglich‹ und ›notwendig‹ am besten einfängt.

Für modallogische Laien ist es wichtig, Folgendes zu verstehen: Damit der Formalismus funktioniert, müssen mögliche Welten keine raumzeitlichen Gebilde sein. Zwar haben wir oben davon gesprochen, daß ›in einer möglichen Welt‹ etwas wahr oder falsch ist. Dieses ›in‹ verführt aber dazu, es raumzeitlich zu verstehen. Nun gibt es in der Philosophie eine Debatte um die Realität von möglichen Welten, aber diese hat auf den Formalismus gar keine Auswirkung. Es hilft, sich mögliche Welten als Punkte vorzustellen, denen Sätze zugeordnet sind, die wahr oder falsch sind. (Oben haben wir das Stuhlbild benutzt. Auch die Punkte sind nur ein Bild, aber eines, das uns von der räumlichen Assoziation befreit, da Punkte bekanntermaßen gerade keine Ausdehnung haben.) Die Menge W kann irgendwelche Gegenstände enthalten. Was wir nach der Einführung des Vokabulars bereits erwähnt haben, gilt also immer noch: Modallogische Semantik alleine stellt noch keinen Bezug auf Möglichkeit her. Das zeigt sich auch daran, daß es eine sinnvolle Frage ist, welches modallogische System (welche Klasse von Bedingungen an die Sichtbarkeitsrelation) Möglichkeit am besten einfängt.

3.2 Fiktionalität und mögliche Welten

Wir sind nun in der Lage, verschiedene Typen der Grundidee (G) einer Anwendung der Modallogik auf die Fiktionalitätstheorie zu unterscheiden.

Erstens gibt es Theorien, deren Grundidee ist, daß fiktionale Texte mögliche Welten erschaffen, daß fiktionale Szenarien mögliche Welten *sind*, daß *alle* fiktionalen Szenarien sich als mögliche Welten beschreiben lassen oder daß man ›Fiktionalität‹ über den Begriff einer möglichen Welt definieren kann. Es sind diese Theorien, gegen die sich die meisten Einwände richten. Sie behaupten immer auch, daß fiktionale Szenarien möglich sind, dementsprechend interessant sind sie für uns. Vertreter sind allerdings schwer zu finden.[43]

Zweitens abgeschwächte Theorien, die behaupten, daß nur viele, nicht aber alle fiktionalen Szenarien sich als mögliche Welten beschreiben lassen. Eine solche Einschränkung des Gegenstandsbereiches erscheint uns durchaus respektabel, sie würde auch immer noch einen interessanten Zusammenhang von Möglichkeit und Literatur behaupten, ist aber offenbar von niemandem bislang ernsthaft verfolgt worden. Das mag damit zusammenhängen, daß man mit solchen Theorien die Hoffnung aufgeben muß, ›Fiktionalität‹ über den Begriff der möglichen Welt definieren zu können.

Drittens abgeschwächte Theorien, deren Grundidee es ist, daß sich eine modallogische Semantik auf fiktionale Szenarien anwenden läßt. Wir haben gesehen, daß man modallogische Sprachen interpretieren kann, ohne über Möglichkeit und Notwendigkeit zu reden. Solche Theorien behaupten keinen Zusammenhang von Möglichkeit und Fiktionalität. Auch hier ist noch weitestgehend Neuland zu betreten, denn dieser technische Weg wird meist zugunsten einer Theorie von Typ vier gescheut:

Viertens Theorien, die, ausgehend vom Begriff einer möglichen Welt, diesen beiseite legen, um eigenständig einen Weltbegriff zu entwickeln, der für unterschiedliche Aspekte von Fiktionalität aufschlußreich sein soll. Modallogik taucht hier nur noch als Anregung für eine weitgehend eigenständige Begriffsentwicklung auf; ein Zusammenhang von Möglichkeit und Fiktionalität wird nicht mehr hergestellt. In diese Klasse fallen die meisten Theorien.[44]

Das bedeutet, daß für unsere Fragestellung allein Theorien vom Typ 1 und 2 interessant sind. Damit wollen wir auf keinen Fall sagen, daß Theorien der Typen 3 und 4 keinen Erkenntniswert besäßen. Es heißt lediglich, daß Theorien vom Typ 3 oder 4 keine Aussagen darüber treffen, was fiktionale Literatur mit Möglichkeit zu tun haben könnte.

---

[43] Vgl. David Lewis: »Truth in Fiction«, in: ders.: *Philosophical Papers*, (wie Anm. 6), S. 261–275, Lewis: »Postscripts to ›Truth in Fiction‹« (wie Anm. 6) und Richard Hanley: »As Good As It Gets: Lewis on Truth in Fiction«, in: *Australasian Journal of Philosophy* 82 (2004), S. 112–128.

[44] Vgl. Umberto Eco: *Lector in fabula. Die Mitarbeit der Interpretation in erzählenden Texten*. München 1990, Kap. 7.2 u. 8; Thomas G. Pavel: *Fictional Worlds*. Cambridge–London 1986; Lubomír Doležel: *Heterocosmica. Fiction and Possible Worlds*. Baltimore–London 1998; Andrea Gutenberg: *Mögliche Welten. Plot und Sinnstiftung im englischen Frauenroman*. Heidelberg 2000.

3.3 Kritik

Es herrscht in der Literatur große Einigkeit darüber, daß dem Versuch, Fiktionalität über mögliche Welten zu erklären, vor allem zwei Hindernisse im Weg stehen.

(i) Fiktive Welten sind unvollständig in dem Sinn, daß man viele Fragen an den Text nicht stellen kann. Mögliche Welten dagegen sind vollständig.[45]

(ii) Fiktive Welten sind oft inkonsistent, es kommt Unmögliches in ihnen vor. Das ist in möglichen Welten nicht erlaubt.[46]

Zwei kleinere Einwände werden nur gelegentlich vorgebracht.

(iii) Fiktive Welten werden erschaffen, mögliche Welten aber sind zeitlos.

(iv) Werke unterschiedlicher Autoren könnten dieselben möglichen Welten hervorbringen, wir würden dennoch sagen, daß es sich um unterschiedliche fiktive Welten handelt.

Allen vier Einwänden ist gemeinsam, daß sie rein technisch sind. Es soll jeweils gezeigt werden, daß mögliche Welten andere Eigenschaften haben als fiktive Welten. Wir sind der Ansicht, daß sich all diese technischen Hindernisse im Prinzip überwinden lassen. Die eigentlichen Probleme lauern an anderer Stelle, sie haben mit der Frage zu tun, was man eigentlich lernt, wenn man fiktionale Szenarien als mögliche Welten begreift (vgl. Abschnitt 3.3.4). Hier wollen wir vor allem auf die beiden zentralen Einwände eingehen. Es stellt sich heraus, daß eine Rettung vor diesen Einwänden unter Umständen bedeutet, den Zusammenhang von Fiktionalität und Möglichkeit aufzugeben.

---

[45] Surkamp: »Narratologie und *Possible-Worlds-Theorie*« (wie Anm. 35), S. 162f.; Pavel: *Fictional Worlds* (wie Anm. 44), S. 105–113; Lamarque u. Olsen: *Truth, Fiction, and Literature* (wie Anm. 9), S. 91f.

[46] So z. B. Nicholas Wolterstorff: »Characters and Their Names«, in: *Poetics* 8 (1979), S. 101–127, hier S. 101f.; Howell: »Fictional Objects. How They Are and How They Aren't« (wie Anm. 41), S. 139; Lewis: »Truth in Fiction« (wie Anm. 43), S. 274f.; Pavel: *Fictional Worlds* (wie Anm. 44), S. 49; Frank Zipfel: *Fiktion, Fiktivität, Fiktionalität: Analysen zur Fiktion in der Literatur und zum Fiktionsbegriff in der Literaturwissenschaft*. Berlin 2001, S. 84; Surkamp: »Narratologie und *Possible-Worlds-Theorie*« (wie Anm. 35), S. 164.

3.3.1 Unvollständigkeit

Sehen wir uns zunächst an, was richtig ist an (i)! Mögliche Welten sind insofern vollständig, als in Standardsystemen modaler Logik davon ausgegangen wird, daß in möglichen Welten für *alle* Sätze festgelegt ist, ob sie wahr oder falsch sind. Um das Bild der über einen Raum verteilten Personen zu bemühen: Die Bücher, die diese Personen auf dem Schoß haben, sind unendlich dick: Sie enthalten alle Sätze.

In der Literatur ist diese Art Vollständigkeit offensichtlich nicht gegeben. Daß Sherlock Holmes in der Baker Street 221b wohnt, ist (in den Geschichten von Arthur Conan Doyle) wahr. Daß er eine dickliche Figur hat, ist falsch. Aber ob die Zahl der Planeten in Doyles Geschichten acht oder neun beträgt oder ob Watson eine niemals erwähnte entfernte Verwandte namens Dora Flannagan besitzt, ist, so zumindest die Standardauffassung, weder wahr noch falsch. Es macht auch wenig Sinn, sich diese Fragen zu stellen, die Holmes-Geschichten sind in dieser Hinsicht tatsächlich unvollständig.

Der Einwand ist also zunächst einmal korrekt. Mögliche Welten und literarische Szenarien unterscheiden sich in Punkto Vollständigkeit. Doch es gibt gleich zwei technische Kniffe, mit denen man den Einwand umgehen kann. Erstens ist man nicht gezwungen, eine fiktive Welt mit genau einer möglichen Welt zu identifizieren. Statt dessen entspricht eine fiktive Welt einer ganzen Klasse von möglichen Welten.[47] Die möglichen Welten, in denen Holmes in der Baker Street 221b wohnt und in der es neun Planeten gibt, gehört ebenso dazu, wie mögliche Welten, in denen Holmes in der Baker Street 221b wohnt und es acht Planeten gibt. Auf diese Weise kann man sehr einfach und elegant modellieren, daß die Frage, wie viele Planeten es in den Geschichten von Conan Doyle gibt, offen bleibt. Die Idee ist keineswegs ad hoc. In vielen Anwendungen modallogischer Semantik arbeitet man mit der Idee, mögliche Welten zu Klassen zusammenzufassen.

Zweitens steht es uns frei, Zuflucht bei Nicht-Standard-Logiken zu suchen, um Fiktionalität zu modellieren. So gibt es z. B. mehrwertige Logiken, die zusätzlich zu den beiden Wahrheitswerten wahr und falsch auch

---

[47] So schon Lewis: »Truth in Fiction« (wie Anm. 43), S. 270. Es ist erstaunlich, daß Lewis' Entgegnung auf Einwand (i), der von so gut wie allen nachfolgenden Autoren aufgegriffen wurde, so wenig Beachtung gefunden hat. Lamarque u. Olsen: *Truth, Fiction, and Literature* (wie Anm. 9), S. 90f., stellen eine Ausnahme dar. Ihre Antwort richtet sich jedoch allein auf die *Nützlichkeit* von Lewis' Analyse. Hier geht es uns allein um die technische Machbarkeit einer Erwiderung auf den Einwand.

einen dritten Wahrheitswert ›weder wahr noch falsch‹ zulassen.[48] Genau einen solchen dritten Wahrheitswert[49] fordert Einwand (i) gegen die Mögliche-Welten-Analyse von fiktionalen Szenarien ein. Prinzipiell scheint nichts dagegen zu sprechen, fiktionale Szenarien mittels passender dreiwertiger Logiken zu modellieren. Es ist dabei nicht nötig, sich von möglichen Welten zu verabschieden.

Lamarque und Olsen weisen darauf hin, daß Unvollständigkeit verschiedene Aspekte eines Werkes betreffen kann. Die bislang diskutierten Beispiele sind alle physikalischer Art. Aber ein Werk kann auch unvollständig sein in Bezug auf die Motivation eines Charakters oder die thematische Entwicklung, und hier, so Lamarque und Olsen, sei eine Analyse mittels möglicher Welten nicht hilfreich. Das ist hier aber nicht der Punkt. Sicherlich trägt eine Beschreibung von Unvollständigkeiten mittels möglicher Welten nicht unbedingt zu ihrem Verständnis bei, wie wir es im Rahmen von Interpretationen herstellen wollen. Ob und was Theorien, die sich zentral auf den Begriff einer möglichen Welt stützen, leisten können, ist zunächst einmal eine offene Frage. Aber darum geht es hier auch gar nicht. Uns genügt, daß es prinzipiell möglich ist, die fiktiven Welten eigene Unvollständigkeit mit Hilfe des Begriffs einer möglichen Welt zu beschreiben.[50]

3.3.2 Unmöglichkeit

Einwand (ii) ist nicht nur in sich komplexer, auch seine Tragweite ist wesentlich schwerer einzuschätzen. Er ist zunächst einmal komplexer, weil es verschiedene Arten von Möglichkeit gibt. Etwas kann in einem Sinn unmöglich, in einem anderen Sinn aber durchaus möglich sein. Um ein Beispiel mit zwei Arten von Notwendigkeit zu bringen, die uns gleich noch beschäftigen werden: Daß ein Pferd sprechen kann, ist naturwissenschaftlich unmöglich (es gibt keine mögliche Welt, in der die Naturgesetze gelten, in der Pferde sprechen können), es ist aber sehr wohl logisch möglich (es gibt mögliche Welten, in denen die Naturgesetze andere sind,

---

[48] Einfache Beispiele sind die Systeme K_3 und $Ł_3$. Für eine gut verständliche Einführung in die Ideen mehrwertiger Logik siehe Kap. 7 in Graham Priest: *An Introduction to Non-Classical Logic*. 2. Aufl. Cambridge 2009.

[49] Technisch gesehen wird ›weder wahr noch falsch‹ als Wahrheitswert behandelt. Wenn man aber als Wahrheitswerte nur das klassische ›wahr‹ und ›falsch‹ betrachtet, so ist ›weder wahr noch falsch‹ eine Lücke in den klassischen Wahrheitswerten. Es handelt sich lediglich um zwei Arten, dasselbe auszudrücken.

[50] Für inhaltliche Einwände siehe Kap. 3.3.4.

die logischen Wahrheiten aber dieselben bleiben). Es steht uns frei, zu entscheiden, welche Art Möglichkeit eine modallogische Sprache einfangen soll. Solange es in Einwand (ii) um Unmöglichkeiten geht, die schwächer sind als logische Unmöglichkeiten, ist der Einwand daher nicht überzeugend. Wir können sehr wohl z. B. naturwissenschaftlich unmögliche Welten als logisch mögliche Welten auffassen. Daher wird Einwand (ii) für gewöhnlich so verstanden, daß es um logische Unmöglichkeiten geht. So betrachtet, sieht nun zunächst alles ganz einfach aus. Tatsächlich gibt es logische Unmöglichkeiten in fiktionalen Texten. Standardsysteme klassischer Modallogik lassen aber keine logischen Widersprüche in möglichen Welten zu. Doch damit ist eine Analyse fiktionaler Texte mittels modallogischer Mittel noch nicht ausgeschlossen. Gleich fünf Entgegnungen sind auf den Unmöglichkeitseinwand denkbar. Erstens können wir inkonsistente Szenarien tolerieren, obwohl wir sie eigentlich ablehnen. Zweitens kann man den Einwand zugeben, aber seine Relevanz diskutieren. Drittens kann man Lewis' *Method of Intersection* oder *Method of Union* ernst nehmen. Viertens kann man versuchen, mehrwertige Logiken zu benutzen. Fünftens steht die Frage im Raum, was genau eigentlich das fiktionale Szenario ist, und es wird vorgeschlagen, daß man inkonsistente Beschreibungen nicht zu den Szenarien zählen muß.

Die erste Entgegnung läßt sich am besten durch einen Vergleich mit philosophischen Gedankenexperimenten verstehen.[51] Diese bestehen aus verschiedenen Schritten; einer davon ist das Nachvollziehen einer konsistenten Beschreibung.[52] ›Konsistenz‹ bedeutet hier soviel wie möglich, soweit dies aus der Beschreibung des Szenarios ersichtlich ist.[53] Und das heißt, daß wir Szenarien philosophischer Gedankenexperimente prinzipiell als mögliche Welten verstehen können. Nun sind trotzdem erstaunlicherweise viele philosophische Szenarien schlicht inkonsistent. Mit solchen inkonsistenten Szenarien wird gearbeitet, obwohl sie die zentrale Bedingung der Konsistenz nicht erfüllen. Wir erlauben uns, solche Szena-

---

[51] Eine etwas ausführlichere Version dieses Einwandes findet sich in Tobias Klauk: »Thought Experiments and Literature«, in: *Counterfactual Thinking/Counterfactual Writing*, hg. v. Dorothee Birke, Michael Butter u. Tilmann Köppe. Berlin–New York 2010 [in Vorbereitung].

[52] Dieses Nachvollziehen kann natürlich scheitern, wenn ein Szenario nicht konsistent beschreibbar ist.

[53] Ein Szenario kann sich auch als unmöglich herausstellen, nicht weil seine Beschreibung direkt kontradiktorisch ist, sondern weil Konsequenzen aus dem Szenario einander oder unserem Wissen widersprechen.

rien zu benutzen, solange relevante Urteile über das Szenario nicht betroffen sind. Wir glauben in solchen Fällen meist, daß das Szenario sich reparieren läßt: Es gibt hinreichend ähnliche Szenarien, die nicht in gleicher Weise defekt sind. Beispiele für solche defekte Szenarien, die trotzdem benutzt werden, gibt es viele. Man betrachte z. B. die Geschichte vom Ring des Gyges aus Platons *Staat*.[54] Glaukon führt die Geschichte vom Ring des Gyges an, um zu zeigen, daß »niemand aus freien Stücken gerecht ist, sondern nur aus Zwang«. Der Ring macht seinen Träger unsichtbar und schützt ihn derart vor gesellschaftlichen Strafen. Glaukon ist der Überzeugung, daß eine unter normalen Umständen gerechte Person, der diese Möglichkeit eröffnet würde, ungerecht handeln würde. Man kann nun bemängeln, das Szenario gebe diese Beurteilung nicht her, weil es inkonsistent sei. Ist Gyges durch den Ring wirklich dem Zugriff der Gesellschaft entzogen? Kann er zufällig gefaßt werden und hat er deswegen doch einen Grund die Staatsgewalt zu fürchten? Wenn er auch nicht zufällig gefaßt werden kann, heißt das, er kann gar nicht berührt werden? Aber wie kann er dann Gegenstände halten, also die Untaten begehen, die Glaukon ihm zuschreibt? Usw.

Zum Glück ist das Szenario leicht zu reparieren – und wir tun das im Lesen ganz automatisch. Wir verstehen, daß die Geschichte vom Ring des Gyges nur ein Beispiel ist für einen allgemeineren Typ Situation, in dem soziale Kontrolle nicht greift. Das konkrete Beispiel mag fehlerhaft sein, aber das ist egal, solange es hinreichend ähnliche Fälle gibt, die das Problem nicht aufweisen.[55] Niemand kommt in der Philosophie auf die Idee, aufgrund des alltäglichen Umgangs mit defekten Szenarien die Bedingung aufzugeben, daß diese Szenarien eigentlich möglich sein sollen.

Übertragen wir diese Idee auf die Literatur, so haben wir einen Grund gefunden, an einer Analyse fiktiver Welten mittels möglicher Welten festzuhalten, obwohl wir es zum Teil mit unmöglichen Szenarien zu tun haben. Nun lassen sich sicherlich nicht alle unmöglichen fiktionalen Szenarien auf diese Weise forterklären. Unsere Toleranz fehlerhaften Szenarien gegenüber ist wohl vor allem einschlägig in Fällen, wo sich offensichtlich nicht intendierte Fehler in Texte eingeschlichen haben. Watsons

---

[54] Platon: *Der Staat*. Übers. von Otto Apelt. Hamburg 1961, Abschn. II, 360c. Die Geschichte vom Ring des Gyges findet sich ab 359b–360c. Platon selbst distanziert sich später im Text von dem Gedankenexperiment.

[55] Das Szenario ist allerdings auf eine andere Art unterbestimmt, die tatsächlich fatal ist: Da Menschen aus komplexen Kombinationen von Gründen handeln, läßt sich, ohne etwas über die Motivationen, Wünsche, Hoffnungen, Meinungen und Pläne des Gerechten zu erfahren, nicht sagen, wie er in solch einer Situation handeln würde.

alte Kriegswunde wird von Conan Doyle an verschiedenen Stellen lokalisiert. Wir sind von einer solchen Kleinigkeit nicht beunruhigt, und der Vergleich mit Gedankenexperimenten kann erklären, warum: Es gibt Szenarien, die den von Conan Doyle beschriebenen sehr ähnlich sind und die nicht inkonsistent in Bezug auf die Wunde sind.[56] Bedingung für die automatisch von den Lesern vorgenommene Ersetzung ist, daß die genaue Wundstelle nicht wichtig wird für zentrale Aspekte der Handlung, und daß die Änderungen, die man an der Originalgeschichte vornehmen muß, klein sind. (Wenn solche Fehler überhandnehmen, werden wir dagegen die Geschichte als schlecht geschrieben beiseite legen.) Es gibt aber auch Fälle, in denen es nicht plausibel ist, während der Lektüre Korrekturen vorzunehmen. Insbesondere literarische Szenarien, die bewußt inkonsistent geschrieben wurden, lassen sich so nicht erklären.

Die zweite Entgegnung richtet sich nicht direkt gegen das Unmöglichkeitsargument. Man kann zugeben, daß sich manche fiktionalen Szenarien nicht als mögliche Welten verstehen lassen, und daß mögliche Welten nicht taugen, um z. B. eine Definition des Fiktionalitätsbegriffs zu geben. Auch wenn man derart zugibt, über eine ganze Klasse von Szenarien nichts sagen zu können, bedeutet das nicht unbedingt, daß das Instrument wertlos ist. Der modallogische Apparat könnte immer noch geeignet sein, etwas zu unserem Verständnis logisch möglicher literarischer Szenarien beizutragen. Wir müssen den einen Schraubenzieher nicht wegwerfen, nur weil wir noch einen zweiten benötigen, um das Fahrrad zu reparieren.

Die dritte Entgegnung ergibt sich, wenn man Lewis' Antworten auf das Problem unmöglicher Szenarien ernst nimmt. Lewis schlägt vor, konsistente Fragmente von literarischen Texten zu betrachten:

> [W]hat do we do with our several consistent fragments (or corrections) when we have them? See what is true in each according to my analysis of non-vacuous truth in fiction (in whichever version seems called for). Then what? I suggested this *method of intersection:* Φ is true in the original fiction iff Φ is true in every fragment. Now I would favour instead this *method of union:* Φ is true in the original fiction iff Φ is true in some fragment. (Not that we need choose once and for all – we can have both methods, distinguishing two senses of truth in inconsistent fiction.)[57]

---

[56] Lewis bietet eine Lösung für diesen Fall an, der wir im Prinzip folgen (vgl. Lewis: »Truth in Fiction« [wie Anm. 43], S. 275). Unser Vergleich mit Gedankenexperimenten zeigt zusätzlich, daß diese Lösung durchaus respektabel ist. Sie ist eben nicht nur ein ›ad hoc‹-Manöver, um eine schwache Theorie zu retten.

[57] Lewis: »Postscripts to ›Truth in Fiction‹« (wie Anm. 6), S. 277.

Mögliche Welten werden benutzt, um über konsistente Fragmente zu reden. Anschließend benutzt man eine der beiden von Lewis vorgeschlagenen Methoden, um zu klären, was wahr in der ursprünglichen Geschichte ist. Gibt man der Vereinigungsmethode den Vorzug, so kann es sein, daß in einer Geschichte *p* wahr ist (in einem Fragment) und *non p* wahr ist (in einem anderen Fragment), doch der Schluß auf *p und non p* wird geblockt. Ob man Lewis' Methode für gelungen hält, hängt maßgeblich davon ab, ob man bereit ist, diesen Schritt mitzumachen. Für gewöhnlich wird in der Literatur angenommen, daß in einer fiktiven Welt, in der *p* und auch *non p* der Fall ist, auch *p und non p* der Fall ist. Dementsprechend wird für gewöhnlich das Unmöglichkeitsargument als Kritik an Lewis' Position gewertet, während Lewis' Position nicht als eine Lösung des Unmöglichkeitsproblems akzeptiert wird. Hanley argumentiert allerdings, daß man nicht gezwungen ist, den Schluß mitzumachen.[58] Seine Position scheint uns am stärksten in den Fällen zu sein, in denen er darauf verweisen kann, daß typische Leser gerade nicht annehmen, daß in einer inkonistenten fiktiven Welt *p und non p* gelten.[59] Ob aber wirklich alle Fälle so gelagert sind, vermögen wir nicht zu sagen.

Nehmen wir für einen Moment an, daß Lewis und Hanley Recht haben. Dann erhalten wir einen gewissen Zusammenhang von Möglichkeit und Fiktionalität. Konsistente Fragmente fiktionaler Texte lassen sich mit Hilfe möglicher Welten analysieren.

Die vierte Entgegnung auf das Unmöglichkeitsargument nimmt ernst, daß mögliche Welten aus dem Kontext der Modallogik stammen. Wenn mögliche Welten ungeeignet sind, kann man dann nicht mit unmöglichen

---

[58] Gegen Lewis argumentieren z. B. Walton: *Mimesis as Make-Believe* (wie Anm. 39), S. 175f.; Alex Byrne: »Truth in Fiction: The Story Continued«, in: *Australasian Journal of Philosophy* 71 (1993), S. 24–35, hier S. 26; Robin LePoidevin: »Worlds within Worlds? The Paradoxes of Embedded Fiction«, in: *British Journal of Aesthetics* 35 (1995), S. 227–238, hier S. 230; Graham Priest: »Sylvan's Box: A Short Story and Ten Morals«, in: *Notre Dame Journal of Formal Logic* 38 (1997), S. 573–582; Gregory Curry: *The Nature of Fiction*. Cambridge 1990, S. 69. Gegen all diese Einwände wendet sich Hanley: »As Good As It Gets: Lewis on Truth in Fiction« (wie Anm. 43).

[59] In der Fernsehserie *South Park* stirbt Kenny in jeder Folge einen anderen Tod. Aber wir sind ratlos, wenn wir die Frage beantworten sollen, ob Kenny wieder und wieder stirbt oder ob er wieder belebt wird. Vgl. Hanley: »As Good As It Gets: Lewis on Truth in Fiction« (wie Anm. 43), S. 122.

Welten operieren?[60] Tatsächlich kann man dies, indem man, ähnlich wie schon in Antwort auf das Unvollständigkeitsargument, auf mehrwertige Logiken zurückgreift. Die Idee ist einfach: Zusätzlich zu den zwei klassischen Wahrheitswerten ›wahr‹ und ›falsch‹ führen wir den dritten Wahrheitswert ›wahr und falsch‹ ein.[61] Eine dreiwertige Modallogik mit diesem Wahrheitswert kann Unmöglichkeiten gut modellieren.

Das ist insbesondere attraktiv, weil man so erklären kann, warum wir literarische Unmöglichkeiten anders behandeln als andere unmögliche Annahmen. Aus einem Widerspruch folgt normalerweise Beliebiges. Doch wenn uns explizite Unmöglichkeiten in fiktionalen Szenarien begegnen, glauben wir deshalb noch lange nicht, daß in diesem Text nun alles geht. Die Wahrheitswertdoppelung erlaubt es, lokale Inkonsistenzen zu modellieren, also Widersprüche, aus denen nicht Beliebiges folgt.

Ob ein solches Projekt am Ende den Aufwand wert ist, möchten wir hier nicht beurteilen. Wichtig für uns ist, daß die Welten (Punkte, Stühle) der Semantik einer so veränderten Modallogik nicht mehr alle möglich sind. Das modallogische Instrumentarium ist so reich, daß man mit ihm auch unmögliche Szenarien einfangen kann. Doch die Idee, daß Literatur und *Möglichkeit* eng zusammenhängen, gibt man dabei auf.

Die fünfte Entgegnung auf das Unmöglichkeitsargument problematisiert die Idee eines fiktionalen Szenarios, die bislang als gegeben angenommen wurde. Es ist zunächst einmal auffällig, daß wir fähig sind, sogar Texte voller logischer Unmöglichkeiten zu interpretieren. Wenn wir das tun, so sind wir nicht zufrieden, bis wir eine Ebene gefunden haben, auf der keine Widersprüche mehr vorliegen. Wir glauben z. B., daß ein Drama, das widersprüchliche Ereignisse auf der Bühne zeigt, eigentlich die Wünsche und Ängste der Protagonisten darstellen möchte (was die widersprüchlichen Ereignisse auf der Bühne erklärt).[62] Sobald wir glauben, daß ein Text nur noch inkonsistent ist, sich aus ihm also kein Sinn mehr gewinnen läßt, können wir ihn zwar noch als Ablehnung von Genrekonventionen, als Spiel mit Wörtern und Lauten oder ähnliches verstehen, aber

---

[60] Man beachte, daß die Entgegnungen drei und vier inkompatibel sind. Entgegnung drei leugnete, daß in einer inkonsistenten fiktiven Welt *p und non p* gilt. Entgegnung vier behauptet explizit, daß dies der Fall ist.

[61] Einfache Beispiele für solche Systeme sind LP und RM$_3$. Vgl. Priest: »Sylvan's Box: A Short Story and Ten Morals« (wie Anm. 58), S. 124f.

[62] Vgl. die Strategien der ›Normalisierung‹ bzw. ›Naturalisierung‹, die Leser im Falle ›unzuverlässigen Erzählens‹ anwenden können (Tom Kindt: *Unzuverlässiges Erzählen und literarische Moderne. Eine Untersuchung der Romane von Ernst Weiß.* Tübingen 2008, S. 60–63).

wir suchen nicht mehr nach einem Szenario und das scheint auch gar nicht nötig zu sein. Nicht jeder fiktionale Text entwirft ein Szenario.

Das kann einen auf die Idee bringen, daß man die logisch unmöglichen fiktionalen Szenarien, auf die sich das Unmöglichkeitsargument beruft, gar nicht als Szenarien verstehen muß. Echte Szenarien zeichneten sich dann gerade dadurch aus, daß sie möglich sind. Texte mit logischen Unmöglichkeiten dagegen wären entweder irreparabel schlecht gemacht, oder sie wären im Sinne der ersten Entgegnung reparabel, oder sie entwürfen eben gar keine Szenarien. Insofern greifen die erste und die vierte Entgegnung ineinander. Sie ermöglichen es, Inkonsistenzen in Texten zu behandeln, ohne den Bezug auf mögliche Welten für echte Szenarien aufzugeben.

Wiederum gibt man hier die Idee eines *definitorischen* Zusammenhangs von Möglichkeit und Fiktionalität auf.[63] Aber man rettet die Idee, daß, wann immer Szenarien entworfen werden, diese auch in irgendeinem Sinne möglich sind. Für eine solche Idee spricht, daß Szenarien vorstellbar sind. Eine Minimalbedingung von Vorstellbarkeit ist konsistente Beschreibbarkeit. Man muß, um sich etwas vorzustellen, nicht unbedingt Bilder vor dem inneren Auge sehen. Aber man muß eine Beschreibung konsistent nachvollziehen können. Das geht mit logisch unmöglichen Szenarien aber gerade nicht – ein Grund, sie nicht länger Szenarien zu nennen.

Zusammenfassend können wir sagen, daß der Unmöglichkeitseinwand ein echtes Problem für den Zusammenhang von Möglichkeit und Fiktionalität darstellt, obwohl das Argument gegen eine Anwendung der Modallogik auf Fiktionalitätstheorie mit vielen Entgegnungen konfrontiert ist, die aufzeigen, in welche Richtung man die Grundidee drehen muß, um sie zu retten. Dabei werden definitorische Zusammenhänge jedoch meist ausgeschlossen. Einen interessanten Zusammenhang von Möglichkeit und fiktionalen Szenarien wird man retten können, wenn man den Entgegnungen eins und fünf folgt oder alternativ Lewis' und Hanleys Entgegnung drei ernst nimmt.

---

[63] Alternativ könnte man die nicht-konsistenten Bestandteile eines Textes als nichtfiktional deklarieren. Dieser Schachzug hat eine gewisse Plausibilität vor dem Hintergrund, daß es eine zentrale Funktion fiktionaler Texte ist, uns zur Vorstellung der in ihnen beschriebenen Szenarien aufzufordern. Man rettet damit den Zusammenhang von Möglichkeit und Fiktionalität, verabschiedet sich aber von der Idee, daß Texte im Ganzen fiktional sind; vgl. zu diesem Punkt Lamarque u. Olsen: *Truth, Fiction, and Literature* (wie Anm. 9), S. 65f. u. ö.

Trotz seiner Unklarheiten hat der Unmöglichkeitseinwand dazu geführt, daß fast sämtliche Versuche, modallogische Überlegungen für die Narratologie fruchtbar zu machen, vom Begriff der möglichen Welt abrücken. So erwähnt Pavel zwar die Möglichkeit, mit unmöglichen Welten zu arbeiten, er versteht ›Welt‹ endlich aber eher als ein geeignetes Bild und macht sich auf, einen zur Fiktionalitätsanalyse geeigneten Weltbegriff selbst zu entwerfen: »the notion of world as an ontological metaphor for fiction remains too appealing to be dismissed. An attempt should be made at relaxing and qualifying this crucial notion.«[64] Allen diesen Ansätzen gemeinsam ist die Aufgabe der Möglichkeitsbedingung. Damit können sie nicht mehr dazu dienen, einen Zusammenhang von Möglichkeit und Fiktionalität zu belegen.[65]

3.3.3 Kleinere Einwände

Walton nennt zwei weitere Einwände gegen eine Analyse von fiktionalen Szenarien als mögliche Welten, von denen er glaubt, daß sie die eigentlichen Gründe darstellen, eine solche Analyse aufzugeben.

> It is natural to think of fictional worlds as existing contingently. The world of *La Grande Jatte* exists only because the painting does; it was created by Seurat when he produced that painting. But propositions and classes of propositions exist necessarily (or at least their existence depends only on any particulars they are about). The class of propositions that are *La Grande Jatte*-fictional would have existed even if *La Grande Jatte* did not, and that class did exist before the painting was made.[66]

---

[64] Pavel: *Fictional Worlds* (wie Anm. 44), S. 50. Für weitere Ansätze siehe Marie-Laure Ryan: »The Modal Structure of Narrative Universes«, in: *Poetics Today* 6 (1985), S. 717–755; Ronen: *Possible Worlds in Literary Theory* (wie Anm. 35); Doležel: *Heterocosmica* (wie Anm. 44).

[65] Nicht immer gelingt der Schritt fort von möglichen Welten. Zipfel etwa ist zwar aufgrund des Unmöglichkeitseinwandes der Ansicht, daß das »Konzept der möglichen Welt […] wenig zur Erklärung von fiktiven Welten beitragen kann« (Zipfel: *Fiktion, Fiktivität, Fiktionalität* [wie Anm. 46], S. 83), seine Prinzipien der Konstitution fiktiver Welten formulieren jedoch lediglich informell Überlegungen, die genauso bei Lewis in der Form einer Analyse mittels möglicher Welten gefunden werden können.

[66] Walton: *Mimesis as Make-Believe* (wie Anm. 39), S. 66. Ein Hinweis zu Waltons Terminologie: Wenn Walton davon spricht, daß eine Proposition in einer möglichen oder fiktionalen Welt *fiktional* ist, so meint er, daß die Proposition in dieser Welt *wahr* ist bzw. daß das entsprechende Werk zur Vorstellung dieser Proposition auffordert.

Propositionen existieren notwendig, glaubt Walton. Nun ist durchaus umstritten, ob Propositionen existieren und wenn ja, welcher ontologische Status ihnen zukommt.[67] Sie lassen sich verstehen, ohne ontologische Fragen zu wälzen: Eine Proposition ist das, was ein Satz aussagt. Aber schenken wir Walton die notwendige Existenz von Propositionen! Die Welt, die im Gemälde *La Grande Jatte* entworfen wird, so Walton, existiert nur kontingent. Sie hätte anders aussehen können. Walton folgert, daß fiktive Welten keine Mengen von Propositionen sind – sonst existierten sie ja notwendig, nicht kontingent. Da Walton auch glaubt, daß mögliche Welten Mengen von Propositionen sind, ist für ihn klar, daß fiktive Welten keine möglichen Welten sind.

Nun ist aber die Annahme, das mit *La Grande Jatte* erschaffene fiktionale Szenario bestehe aus Propositionen, vollkommen konsistent mit der Annahme, daß das Szenario kontingent ist. Seurat hat nämlich die entsprechende Menge von Propositionen nicht geschaffen, sondern mit seinem Bild nur eine solche (zeitlose) Menge ausgewählt – und dieses Auswählen ist ein kontingenter Akt.

Howell führt ein sehr ähnliches Argument an:

> Even if one accepts such [possible] worlds, they are surely most easily understood to exist, with their contained fictional objects, antecedently to the novelist's creative activities. And so the possible-worlds treatment, like Parsons' treatment, is forced to the unhappy conclusion that Tolstoy does not literally create, but, rather, only ,identifies' the character Anna Karenina.[68]

Aber die Konklusion folgt nicht, weil der Gegensatz zwischen erschaffen und identifizieren, den Howell machen möchte, so nicht existiert. Das Erschaffen einer literarischen Figur besteht darin, sie und ihre Umgebungen, ihre Handlungen, Gedanken, Beziehungen etc. zu beschreiben. Die Beschreibung identifiziert eine Klasse möglicher Welten. Daraus läßt sich aber überhaupt nicht schließen, daß etwas identifiziert wurde, *anstatt* es zu erschaffen.

Waltons zweiter Einwand ist weitaus geradliniger:

> [T]wo different works might generate exactly the same fictional truths. Two authors working in ignorance of each other might write novels that happen to make exactly the same propositions fictional. [...] In such a case we should still, I be-

---

[67] Vgl. Wolfgang Künne: *Conceptions of Truth*. Oxford 2003, Kap. 5.

[68] Howell: »Fictional Objects. How They Are and How They Aren't« (wie Anm. 41), S. 139. Parsons meinongianische Überlegungen zur Fiktionalität, auf die Howell hier anspielt, finden sich in Terence Parsons: »A Meinongian analysis of fictional objects«, in: *Grazer Philosophische Studien* 1 (1975), S. 73–86.

lieve, regard each work as having its own distinct world even though the same propositions are fictional in each.[69]

Wir glauben, daß Waltons Einschätzung der Lage nicht korrekt ist. Wenn genau dieselben Propositionen in zwei Werken wahr wären, so würde man sagen, beide beschrieben dieselbe Welt. (Tatsächlich würde man wohl annehmen, daß ein Plagiatsfall vorliegt oder beide Autoren sich abgesprochen haben.) Wir können diese Beurteilung genauso wenig belegen wie Walton die seine. Aber das genügt schon, um zu zeigen, auf was für wackligen Beinen Waltons Argument steht. Noch dazu ruht das Argument auf der Idee, einem fiktionalen Szenario müsse genau eine mögliche Welt entsprechen. Wir haben aber inzwischen mehrere Gründe kennen gelernt, diese Annahme aufzugeben. Die kleineren Einwände scheitern beide.

3.3.4 Inhaltliche Einwände

Wir gehen an dieser Stelle auf vier inhaltliche Einwände ein, die sich gegen die Idee richten, den Begriff der Fiktionalität mittels des Begriffs einer möglichen Welt zu bestimmen.

Ein erster Einwand bezieht sich auf den ontologischen Status möglicher Welten. Da wir in unserer Darstellung der modallogischen Grundlagen erklärt haben, daß wir uns möglichst neutral zum ontologischen Status möglicher Welten verhalten wollen, lassen wir auch ontologische Ansichten zu, gemäß denen mögliche Welten nicht real sind. Punkte, denen Mengen von Sätzen zugeordnet sind, Stühle, auf denen Personen mit Büchern sitzen, die alle wahren und falschen Sätze enthalten, etc. sind nur Beispiele, die wir benutzt haben, um den Begriff einer möglichen Welt zu erläutern. Was immer die richtige Struktur aufweist, ist ein Kandidat für Elemente der Menge W, die intuitiv als mögliche Welten bezeichnet werden. Sobald man aktuale Objekte aber nicht explizit als Elemente von W ausschließt, bekommt man fiktive Charaktere nicht mehr als mögliche, aber nichtaktuale Objekte konstruiert:

> Nonactualists about fictional objects wish to locate these objects in possible worlds; so they need to be realists about the worlds (they need to be »modal realists«).[70]

---

[69] Walton: *Mimesis as Make-Believe* (wie Anm. 39), S. 66.
[70] Richard M. Sainsbury: *Fiction and Fictionalism*. London–New York 2010, S. 74.

Wer Sherlock Holmes als real, aber nichtaktual ansehen möchte, indem er ihn als ein Objekt in einer möglichen Welt versteht, dem kann es nicht genügen, mögliche Welten als Punkte oder Stühle aufzufassen. Holmes ist kein Objekt in einem Punkt, was immer das heißen soll. Genauso wenig kann er zulassen, daß mögliche Welten nicht real sind, denn dann würde Holmes als Objekt in diesen Welten ebenfall nicht mehr real sein.

Wir müssen uns auf die komplizierten Pfade der Ontologie möglicher Welten aber auch gar nicht einlassen. Schon, weil der ontologische Status möglicher Welten selbst umstritten ist, ist es seltsam, sich von diesem Begriff eine Aufklärung des ontologischen Status von Fiktivem zu erhoffen. Zusätzlich gibt es eine Reihe von konkreten Problemen realistischer Ansätze, die wir hier lediglich aufzählen, da sie keinen zusätzlichen Erkenntnisgewinn versprechen:[71]

Erstens, wenn ein fiktiver Charakter ein reales, aber nichtaktuales Objekt ist, so möchte man genauer bestimmen können, welches Objekt er ist. Das stellt sich aber als eine bislang nicht befriedigend gelöste Aufgabe heraus. Zweitens, es genügt, wenn es um die Bestimmung von Fiktionalität geht, nicht, dem Unvollständigkeits- und Unmöglichkeitsargument mit mehrwertiger Logik zu begegnen. Da die fiktiven Charaktere real sein sollen, müßten sie als unvollständige Objekte gedacht werden. Drittens sind nichtaktuale Welten kausal abgetrennt von der aktualen. Wie werden literarische Figuren geschaffen oder irgendwie beeinflußt von dem, was in der aktualen Welt geschieht? Und viertens ist unklar, wie wir fiktiven Charakteren mögliche Eigenschaften zuschreiben können, da, welcher fiktive Charakter gemeint ist, nur durch die Zuschreibung genau seiner Eigenschaften festgelegt wird, nicht aber über Kausalbeziehungen.

Man beachte, daß all dies Probleme der Anwendung eines Realismus bezüglich möglicher Welten sind, die zur Bestimmung des Fiktionalitätsbegriffs herangezogen werden. Der technische Apparat der modallogischen Semantik, von dem mögliche Welten ein Teil sind, funktioniert sehr gut und ganz unabhängig von ontologischen Fragestellungen.

Ein zweiter Einwand weist darauf hin, daß mögliche Welten auch unabhängig von ontologischen Fragestellungen keine Hilfe bieten, wenn es

---

[71] Für eine gelungene Darstellung und Diskussion dieser Probleme siehe ebd., S. 82–90. Für weitere ontologische Bedenken siehe z. B. J. Alexander Bareis: *Fiktionales Erzählen. Zur Theorie der literarischen Fiktion als Make-Believe.* Göteborg 2008, S. 97f., und Howell: »Fictional Objects. How They Are and How They Aren't« (wie Anm. 41), S. 139, der den Einwand jedoch nur zitiert, sowie Jan Gertken u. Tilmann Köppe: »Fiktionalität«, in: *Grenzen der Literatur. Zu Begriff und Phänomen des Literarischen*, hg. v. Simone Winko. Berlin–New York 2009, S. 228–266, hier S. 236.

darum geht, den Fiktionalitätsbegriff zu bestimmen. Es genügt nämlich nicht, in einer Definition der Form

> [Ein Text] T ist fiktional genau dann, wenn gilt, dass T (auch) auf fiktive Objekte Bezug nimmt und fiktive Sachverhalte beschreibt.[72]

über mögliche Objekte und mögliche Welten zu reden. Ein Text wird nicht allein dadurch fiktional, daß er über eine mögliche Welt redet. Es braucht also eine zusätzliche Bestimmung, was Fiktionalität ausmacht. Die Gefahr, dabei die Unterscheidung fiktional-faktual schon vorauszusetzen, ist groß.[73]

Diese Überlegungen decken sich mit den Ergebnissen unserer Diskussion des Unmöglichkeitseinwandes. Dort hat sich gezeigt, daß die meisten Strategien, die Aussicht haben, dem Einwand zu entgehen, die Idee aufgeben müssen, daß mögliche Welten geeignet sind, um den Begriff der Fiktionalität zu bestimmen. Die Idee, daß eine Anwendung modallogischer Semantik auf literaturtheoretische Probleme in irgendeiner Form nützlich sein könnte, ist unabhängig von einem modalen Realismus und unabhängig von einer Bestimmung des Begriffs der Fiktionalität. Doch auch in anderen Anwendungen ist der Bezug auf mögliche Welten kritisiert worden:

Ein vierter Einwand weist nämlich darauf hin, daß der Versuch, eine sauber ausformulierte Formel zu finden, die angibt, was in einer fiktiven Welt wahr ist, mit grundsätzlichen Schwierigkeiten verbunden ist, die über die Diskussion einzelner technischer Punkte (wie den Unvollständigkeits- oder Unmöglichkeitseinwand) hinausgehen:

> The point is not that there's room for well-informed disagreement about how things are in a story, but that the relevant considerations are of highly diverse kinds, and require sophisticated sensibility and literary skill to exploit properly. This is why there's no reason to expect that they can be captured in a neat formula of the sort we expect in philosophical analyses.[74]

---

[72] Gertken u. Köppe: »Fiktionalität« (wie Anm. 71), S. 236.

[73] Man beachte, daß dieser Einwand nur auf die Rolle möglicher Welten im Kontext einer Bestimmung des Fiktionalitätsbegriffs zielt. Man hat damit keineswegs gezeigt, daß sich aus modallogischer Semantik nichts über fiktionale Texte lernen läßt oder daß die Idee fiktionaler Welten unfruchtbar ist.

[74] Sainsbury: *Fiction and Fictionalism* (wie Anm. 70), S. 82. Vgl. auch Sainsburys vorhergehende Ausführungen (S. 80f.), in denen er auf literarische Phänomene wie verschiedene Formen von Ironie hinweist, die Lewis' Projekt, explizit angeben zu können, wann eine fiktionale Aussage wahr ist, hoffnungslos erscheinen lassen.

Die im Rahmen von Interpretationen interessierende Frage, was in einer bestimmten fiktionalen Geschichte der Fall ist, läßt sich nicht damit beantworten, daß der Geschichte eine mögliche Welt (oder eine Klasse möglicher Welten) entspricht.

Angesichts dieser inhaltlichen Probleme fällt es wenig ins Gewicht, daß die oben diskutierten technischen Probleme prinzipiell lösbar sind. Tatsächlich ist auffällig, daß nach Lewis kaum Ansätze zu finden sind, die sich der Frage in der gleichen, formal sauberen, aber auch mit riesigen Problemen konfrontierten Weise nähern.[75]

All diese Einwände richten sich gegen konkrete Verwendungen des Begriffs einer möglichen Welt. Es existiert kein Argument, das zeigt, daß die Anwendung einer modallogischen Semantik auf die Narratologie niemals fruchtbar sein kann.

V. Schluß

Wir haben in diesem Essay verschiedene Antworten auf die Fragen ›Was heißt es, daß wir anhand von fiktionaler Literatur etwas über Möglichkeiten erfahren können?‹ sowie ›Sind die fiktiven Welten der Literatur mögliche Welten?‹ untersucht – immer mit Blick auf die Zusatzfrage, ob diese Antworten eine zentrale oder wichtige Funktion oder Eigenschaft fiktionaler Literatur benennen. Einer Zusammenfassung unserer Ergebnisse läßt sich, so scheint es, eine positive oder eine negative Wendung geben:

Positiv fällt auf, daß sich hinter der verbreiteten Rede von den ›Möglichkeitswelten der Literatur‹ (wenn unsere Rekonstruktionen denn stimmen) tatsächlich eine Reihe interessanter Funktionen und Aspekte fiktionaler Literatur verbergen – wenngleich es sich auch zumeist nicht um zentrale Funktionen oder Aspekte handelt.

Negativ fällt dagegen ins Gewicht, daß ›verbergen‹ hier allzu oft recht wörtlich zu nehmen ist. Wenn von Literatur und Möglichkeit die Rede ist, so steht letztlich oftmals nur eine Trivialität in Rede oder es handelt sich um eine bloße ›façon de parler‹. Besonders auffällig ist letzteres im Falle

---

[75] Auf ihre eigene Weise werfen technische Ansätze wie die von Ryan: »The Modal Structure of Narrative Universes« (wie Anm. 64) die Frage auf, ob nicht lediglich bekannte narrative Strukturen mit neuen Namen belegt werden, und ob sie nicht eher bloße Ankündigungen einer vollständigen Analyse sind, von der nicht zu sehen ist, wie sie jemals ausgeführt werden soll. Das zeigt sich besonders deutlich, wenn man Ryans ›Algorithmus‹ (vgl. ebd., S. 750–754) betrachtet.

der ›possible worlds theory‹ der Narratologie. Die dort verhandelten Dinge sind keine möglichen Welten – sie werden nur so genannt.

FORSCHUNGSDISKUSSIONEN

Ursula Peters

Postkoloniale Mediävistik?

Überlegungen zu einer kulturwissenschaftlichen Spielart der Mittelalter-Philologie

Der kulturwissenschaftlich ausgerichteten literarhistorischen Forschung bläst – nach euphorischen theoretischen Positionsbestimmungen und programmatischen Fallstudien um die Jahrtausendwende – inzwischen der Wind ins Gesicht. Dies zeigt sich im ungewöhnlich scharfen Ton von Besprechungen einschlägiger Arbeiten und Sammelbände (im Feuilleton wie in Fachzeitschriften), wo im Gestus von Abwehr und Fassungslosigkeit erbarmungslos die handwerklichen Abgründe bestimmter kulturwissenschaftlicher Themen- und Fragetrends aufgespießt werden und – wie kürzlich in der Rezension eines einschlägig kulturwissenschaftlich orientierten Sammelbandes – geradezu flehentlich ein neuer, ein »scientific turn«[1] herbeigesehnt wird.[2] Diese Warnung vor methodischer Sorglosigkeit und disziplinärem Dilettantismus bestimmt inzwischen auch die programmatischen Selbstverlautbarungen. So wird immer wieder die Disziplinarität des kulturwissenschaftlichen Blicks, eine methodische Konzentration auf die Spezifik der Fragen des eigenen Fachs eingefordert, die man nicht ungestraft zugunsten eines Ausgreifens auf die Materialbereiche und Fragestellungen anderer Disziplinen verlassen sollte. Verbunden wird dieses professionelle Unbehagen an einer kulturwissenschaftlichen Ausweitung von Gegenständen und Methoden mit dem Hinweis auf die zunehmend rascher wechselnden Theoriekonzepte mit ihren jeweils spezifischen Begrifflichkeiten und Zugriffen, die weder eine sorgfältige Er-

---

[1] Wolfgang Proß zu: »Modell ›Zauberflöte‹: *Der Kredit des Möglichen. Kulturgeschichtliche Spiegelungen erfundener Wahrheiten*, hg. v. Mathias Mayer. Hildesheim 2007 (echo 10)«, in: *Scientia Poetica* 12 (2008), S. 340–358, hier S. 357.

[2] Weniger Abwehr als Unverständnis äußert sich hingegen in eher ironischen Hinweisen des Feuilletons auf bestimmte Themen und Fragestellungen, deren Evidenz ausserhalb der kulturwissenschaftlich orientierten Literaturwissenschaft offenbar nicht auf der Hand liegt.

schließung neuer Materialien noch eine abwägende Beantwortung der jeweils damit verbundenen Fragen mehr zulasse.

Auch bestimmte Sektoren der Mittelalter-Philologie haben mit diesem Image einer volatilen Wetterfahne zu kämpfen, die allen neu proklamierten kulturwissenschaftlichen Methoden-Turns folge und ihre Gegenstände, die lateinischen wie volkssprachigen Texte des Mittelalters, sich rasch wandelnden Neulektüren aussetze, deren Halbwertszeit inzwischen in vielen Fällen gegen Null tendiere. Sie gelten als eher randständige Innovationsversuche, deren terminologische, konzeptionelle wie textanalytische Vorschläge sich den kurzlebigen konjunkturellen Schwankungen jener mißtrauisch beäugten Großkarawane disziplinenübergreifender kulturwissenschaftlicher Theoriebildung und Textlektüren verdankten, jedenfalls nicht den Konsens eines Fachs finden, das in philologischen Traditionen der Texterstellung und Texthermeneutik verankert ist.

In besonderer Weise scheint diese Skepsis der Mittelalter-Philologie gegenüber einer die Besonderheiten der eigenen Gegenstände verzerrenden Konzeptadaptation berechtigt zu sein, sobald sich das Fach an einer neueren, in anderen Disziplinen vehement geführten Theoriediskussion der Kulturwissenschaften beteiligt, die – wie der Postkolonialismus und der damit verbundene Konzeptbegriff der Hybridität –[3] schon in der Namengebung explizit die Moderne bzw. den Beginn der Moderne ins Zentrum des Interesses rückt: die europäische Kolonialisierung in ihren verschiedenen Phasen und der Gesamtheit ihrer Effekte sowohl in den kolonisierten Ländern wie auch den Kolonialländern vom Ende des 15. Jahrhunderts bis heute. Der Vorwurf einer in höchstem Maße anachronistischen Perspektive auf die Texte, der bei nicht wenigen der neueren kulturwissenschaftlichen Theoriedesigns erhoben wird,[4] liegt hier nicht nur im Umkreis von Terminologie und Konzeptbildung auf der Hand, sondern bestimmt schon die sehr basale Ebene der historischen Ausfaltung des Gegenstandsbereichs. Und entsprechend intensiv und

---

[3] Vgl. die Überlegungen von Kien Nghi Ha: »Kolonial – rassistisch = subversiv – postmodern: Hybridität bei Homi Bhabha und in der deutschsprachigen Rezeption«, in: *Interkultureller Transfer und nationaler Eigensinn. Europäische und anglo-amerikanische Positionen der Kulturwissenschaften*, hg. v. Rebekka Habermas u. Rebekka von Mallinckredt. Göttingen 2004, S. 53–69, zum »neuen Schlüssel- und Modebegriff« (S. 53) der Hybridität.

[4] Etwa bei mediävistischen Überlegungen zur literarischen Thematisierung von Individualität/Subjektivität/personaler Identität, zur Funktion literarischer Emotionsdarstellung, aber auch etwa zum Subversivitätspotential mittelalterlicher Literatur als Konterdiskurs.

kontrovers waren, vor allem in Amerika, in den letzten Jahren die mediä-
vistischen Diskussionen um die methodische Problematik eines postkolo-
nialen Blicks auf ein vormodernes Europa in seinen Gesellschaftsprozes-
sen, seinen Verhaltenspraktiken, Vorstellungsgeflechten, Glaubensformen
und literarischen Imaginationen.[5] Diese Diskussion scheint mir allerdings
zugleich zentrale Fragen der Problematik eines kulturtheoretischen Ver-
ständnisses mittelalterlicher Texte zu berühren, so daß vielleicht eine
Auseinandersetzung mit dieser – vorerst mehr in der Geschichtswissen-
schaft und den anglistischen und romanischen Philologien als in der
Germanistik geführten – Diskussion lohnt.

Die mediävistischen Legitimationsdiskussionen im Umkreis der Post-
kolonialismus-Theorien bewegten sich auf zwei Ebenen: Auf der einen
Seite durchleuchteten sie unerbittlich die Basisannahmen der neueren
Postkolonialismus-Theorie. Dies betrifft sowohl die einseitig polemische
Ost-West-Binarität des Orientalismus-Konzepts von Edward Said[6] als
auch Homi Bhabhas[7] zu sehr auf die Moderne ausgerichtete Epochenbe-
stimmung mit ihren mehr oder weniger expliziten Implikationen, ihren
unhinterfragten, zumindest im Blick auf Zeit und Raum ihrer Geltung
höchst arbiträren Prämissen, vor allem aber das damit verbundene merk-
würdig statische Mittelalterbild,[8] blende es doch all jene gewaltigen

---

[5] Vgl. etwa die sehr kritische Position von Gabrielle Spiegel in ihrer unter dem Titel
»Épater les médiévistes«, in: *History and Theory* 39 (2000), S. 243–250, erschiene-
nen Besprechung des Buches von Kathleen Biddick: *The Shock of Medievalism*.
Durham u. a. 1998, die bei ihrer Bilanzierung der Gewinne und Verluste bestimmter
theoriegeleiteter historiographischer Arbeiten auf das Risiko verweist, »to evacuate
the power of such theories by superimposing them on periods and persons for which
they were never designed and to which they simply do not apply. A postcolonial so-
ciety has a historical specificity and density that is not easily translated into pre-
modern worlds« (S. 249f.) – ein Vorwurf des »theory-hopping«, mit dem sich Bruce
W. Holsinger: »Medieval Studies, Postcolonial Studies, and the Genealogy of Cri-
tique«, in: *Speculum* 77 (2002), S. 1195–1227, hier S. 1206, ausführlich auseinan-
dersetzt und letztendlich abweist.

[6] Edward W. Said: *Orientalism* (1978). Dt.: *Orientalismus*. Dt. Übersetzung von Li-
liane Weissberg. Frankfurt a. M. 1981; vgl. die kritische mediävistische Diskussion
des Konzepts neuerdings vor allem bei John V. Tolan: *Saracens. Islam in the medie-
val European imagination*. New York 2002.

[7] Homi K. Bhabha: *The Location of Culture* (1994). Dt.: *Die Verortung der Kultur*.
Mit einem Vorwort von Elisabeth Bronfen. Dt. Übersetzung von Michael Schiff-
mann u. Jürgen Freudl. Tübingen 2000 (Stauffenburg Discussion 5).

[8] So etwa in der Einleitung von Jeffrey J. Cohen: »Introduction. Midcolonial«, in: *The
postcolonial Middle Ages*, hg. v. dems. New York 2001, S. 1–17: Das Mittelalter sei
zu sehr ein »field of indifferenciated otherness against which modernity [...]

Schübe von »conquest« und »colonization« aus, die etwa Robert Bartlett[9] – nicht nur an den Grenzen der christlichen Welt – für den Prozeß des »Making of Europe« im Hochmittelalter verantwortlich macht. Das Ergebnis dieser Überlegungen war eine terminologische wie konzeptuelle Präzisierung und Schärfung der generellen Theorie-Diskussion des Postkolonialismus. Zugleich erfuhr aber auf der anderen Seite auch die traditionell mediävistische Alteritätsdiskussion durch die konzeptionellen Herausforderungen der Debatte um die Relation von Postkolonialismus und Vormoderne unter den Stichworten »premodern postcolonialism«[10] oder »decolonizing the Middle Ages«[11] eine neue Wendung: Gegenüber

---

emerged« (S. 4). Deshalb sei ein »rethinking« postkolonialer Konzeptbegriffe notwendig (vgl. S. 6f.). Vgl. aber vor allem auch die dezidiert kritischen Ausführungen gegen Bhabhas undifferenziertes Mittelalter-Bild bei Carolyn Dinshaw: *Getting Medieval. Sexualities and Communities, Pre- and Postmodern*. Durham–London 1999, hier: »Introduction: Touching on the Past« (S. 1–54): »His notion of the radical hybridity of postmodern identities is bought at the cost of the medieval. Bhabha develops all this (following Benedict Anderson) in contrast to what he calls ›the sacral ontology of the medieval world and its overwhelming visual and aural imaginary‹« (S. 18). Und weiter: »therefore, there was no sense of the arbitrariness of the sign before the break of modernity: ›dynastic representation‹ stands in as the only kind of representation in medieval culture here« (S. 19). Ähnlich Paul Strohm: *Theory and the Premodern Text*. Minneapolis 2000: Bei den Postmodernists sei das Mittelalter »static, hieratic and unchanging« (S. 158).

9   Robert Bartlett: *The Making of Europe. Conquest, Colonization and Cultural Change 950–1350*. London 1993; vgl. aber auch – mit etwas anderer Akzentuierung – die Überlegungen von Patrick J. Geary: *The Myth of Nations. The Medieval Origins of Europe*. Princeton–Oxford 2002, zur Frühgeschichte Europas. Er beschreibt sie als »a history of constant change, of radical discontinuities, and of political and cultural zigzags, masked by the repeated re-appropriation of old words to define new realities« (S. 157).

10 Patricia Clare Ingham u. Michelle R. Warren: »Introduction: Postcolonial Modernity and the Rest of History«, in: *Postcolonial Moves. Medieval through Modern*, hg. v. dens. New York 2003, S. 1–15, hier S. 4 (im Hinblick auf Arif Dirlik). Dazu gehört auch das Konzept des ›midcolonial‹ bei Cohen: »Introduction« (wie Anm. 8).

11 John Dagenais u. Margaret R. Greer: »Decolonizing the Middle Ages. Introduction«, in: *Journal of Medieval and Early Modern Studies* 30 (2000), S. 431–448, hier S. 439; sowie John Dagenais: »The Postcolonial Laura«, in: *Modern Language Quarterly* 65 (2004), Special Issue: *Postcolonialism and the Past*, S. 365–389, der in einer interessanten wissenschaftsgeschichtlichen Volte den auf das Mittelalter bezogenen konzeptionellen Kolonisierungsakt der Theoriedebatten aufgespießt hat und auf die »colonization of the European Middle Ages by assorted European modernities« (S. 366) verweist. Durch den Postkolonialismus sei das Mittelalter zu einem

allen neuzeitlichen, populären, aber auch professionell mediävistischen Vorstellungen einer mittelalterlichen Einheitskultur, die der so diffizil ausdifferenzierten Moderne mit ihren verschiedenen gesellschaftlichen Subsystemen vorangehe, richtet sich nun der prüfende Blick auf die tiefgreifende Heterogenität und Komplexität dieser Kultur, auf die verschiedensten Formen kultureller Diversität, Binnendifferenzen und Bruchstellen, die für die europäischen vormodernen Kulturen »vor der europäischen Hegemonie«[12] charakteristisch seien. Da das Mittelalter in besonderer Weise von »frontier societies«[13] geprägt sei und sich damit zugleich auch – so formuliert es John Ganim – als »a result of foreign incursion, of alien influence, of disruption« beschreiben ließe, »in what should be the natural movement of history«,[14] sei es »an especially challenging test case« (S. 4) einer »complex and contaminated culture that was simultanoeusly alluring and threatening« (S. 14). Und diese Geschichten von Herrschaft und Ausbeutung seien – das betont Bruce Holsinger unter Verweis auf Spivak – am besten im Rahmen einer übergreifenden »theory of change« zu analysieren, wie es die Mediävistik schon seit vielen Jahren in bestimmten Theoriebereichen unter den verschiedensten methodischen Zugriffen er-

---

»colonized territory« (S. 374) geworden, das einer konzeptionellen »Dekolonisierung« bedürfe.

[12] Vgl. Janet L. Abu-Lughod: *Before European Hegemony. The World System A. D. 1250–1350.* New York–Oxford 1989.

[13] Zur Wirkungsgeschichte, methodischen Ausweitung und vor allem mediävistischen Anverwandlung des ›frontier‹-Konzepts, das Frederick Jackson Turner: *The Frontier in American History.* New York 1920, als entscheidende Kategorie für die Bestimmung amerikanischer Identität profiliert hat, vgl. neben Robert I. Burns: »The Significance of the Frontier in the Middle Ages«, in: *Medieval Frontier Societies,* hg. v. Robert Bartlett u. Angus MacKay. Oxford 1989, S. 307–333, vor allem den Sammelband: *Medieval Frontiers: Concepts and Practices,* hg. v. David Abulafia u. Nora Berend. Aldershot–Burlington 2002, in dem das ›frontier‹-Konzept an den verschiedensten Fallbeispielen mittelalterlicher ›frontier-societies‹ in seiner hermeneutischen Belastbarkeit erprobt wird. James Muldon: *Identity on the Medieval Irish Frontier. Degenerate Englishmen, Wild Irishmen, Middle Nations.* Gainesville u. a. 2003, hier S. 12, sieht schließlich in der die mittelalterliche Gesellschaft zutiefst bestimmenden ›frontier experience‹ eine entscheidende Kontinuitätslinie zu den Erfahrungen eines ›frontier life‹, die die Europäer in der Neuen Welt hatten: »The frontiers of the New World would replicate the experience of the medieval European frontier« (S. 22).

[14] John M. Ganim: *Medievalism and Orientalism. Three Essays on Literature, Architecture, and Cultural Identity.* New York 2005 (The New Middle Ages Series), hier: »Introduction«, S. 3.

probt habe.[15] Jedenfalls zeigen sich in Bruce Holsingers sorgfältiger wissenschaftsgeschichtlicher Abgleichung des Jahres 2002 auffallende Filiationen zwischen europäischer mediävistischer Theoriebildung und postkolonialen Konzepten vornehmlich der »subaltern studies«,[16] die sich – wie bei den *Annales* – unter den Stichworten »to excavate the complexities of the premodern«,[17] die jeweiligen »multiple, historically specific temporalities«[18] fassen ließen.

Denn der Begriff ›Postkolonialismus‹ mochte sich zwar zunächst auf die imperialistischen Prozesse einer Moderne/Modernisierung nach 1492 beziehen, die in ihren komplizierten Verschränkungen von »imperial cultures and the complex of indigenous cultural practices«[19] in den kolonisierten Territorien wie auch den Kolonialländern und mit entsprechenden Komplexitätskonzepten der Hybridität, der »in between spaces«, des »middle ground«,[20] ihrer Überlagerung von Dominierungs- und Subver-

---

[15] Holsinger: »Medieval Studies« (wie Anm. 5), S. 1217, der sich hier auf Gayatri Chakravorty Spivak: »Subaltern Studies: Deconstructing Historiography«, in: *Subaltern Studies* 4 (1985), S. 330–363, bezieht.

[16] Holsinger: »Medieval Studies« (wie Anm. 5) zeigt diese konzeptionell-methodischen Filiationen in seinem eindrucksvollen Forschungsbericht, in dem er mit den berühmten *Annales*-Historikern von Marc Bloch über Fernand Braudel bis zu Georges Duby und Jacques le Goff auch die deutschen Historiker Otto von Giercke, Fritz Kern und Heinrich Mitteis als die »forgotten precedents to a postcolonial medievalism« (S. 1208) vorstellt.

[17] Vgl. die Einleitung von Ingham und Warren zu *Postcolonial Moves* (wie Anm. 10), S. 3; sowie Holsinger: »Medieval Studies« (wie Anm. 5), S. 1217; aber auch neuerdings Michael Borgolte u. Juliane Schiel: »Mediävistik der Zwischenräume – eine Einführung«, in: *Mittelalter im Labor. Die Mediävistik testet Wege zu einer transkulturellen Europawissenschaft*, hg. v. Michael Borgolte u. a. Berlin 2008 (Europa im Mittelalter 10), S. 15–23.

[18] Barbara Fuchs u. David J. Baker: »Introduction: The Postcolonial Past«, in: *Modern Language Quarterly* 65 (wie Anm. 11), S. 329–340, hier S. 339.

[19] *The Post-Colonial Studies Reader*, hg. v. Bill Ashcroft, Gareth Griffiths und Helen Tiffin. 2. Aufl. New York 2006, S. 356; vgl. dazu den knappen Überblick über die Forschungsrichtung ›Postcoloniality‹ bei Karl H. Magister in dem Artikel »Postmoderne/postmodern«, in: *Ästhetische Grundbegriffe*, hg. v. Karlheinz Barck. Stuttgart 2003, Bd. 5, S. 1–39, hier S. 26–29.

[20] Diesen von Richard White: *The Middle Ground. Indians, Empires, and Republics in the Great Lakes Region, 1650–1815*. Cambridge 1991, für das konfliktreiche Zusammentreffen von indigener und kolonisierender Bevölkerung profilierten Begriff nutzt Irad Malkin: »Postcolonial Concepts and Ancient Greek Colonization«, in: *Modern Language Quarterly* 65 (wie Anm. 11), S. 341–364, für die Beschreibung antiker Kontaktzonen von »creative misunderstanding« als eines »field in which

sivitätspotentialen, ihren Formen der Mimikry und Camouflage, aber auch der Marginalisierung des Fremden wie auch der »Verfremdung« des Vertrauten[21] analysiert werden. Bald jedoch erfolgte die Ausweitung des postkolonialen Blicks auf Gegenstandsbereiche, die – wie etwa die deutsche Gesellschaft und Literatur des 18. und frühen 19. Jahrhunderts oder gar die gesamte europäische Vormoderne –[22] sich im Sinne einer Epochalisierung *vor* oder *neben* dem Kolonialismus jenem postkolonialen Analyseraster eigentlich zu entziehen scheint. Die Argumente für die Ausweitung des analytischen Zugriffs bewegten sich auf den verschiedensten Ebenen: Ideologiekritik bestimmte die Diskussion um die Rolle der deutschen Länder im Rahmen europäischer Kolonialpolitik im 18. und 19. Jahrhundert.[23] Denn fehlende oder nur kurzzeitige Kolonialeroberungen in der Zeit europäischer Kolonialisierung bedeute nicht eine Absenz kolonialer Ideologiebildung, die etwa in den deutschen Ländern des 18. und 19. Jahrhunderts die Gesellschaft in den verschiedensten kulturellen Praktiken und Formen prägten und in ideologiekritischen Analysen als zutiefst von ausgeblendeten Kolonialerfahrungen bestimmte Ideologeme ebenso wie die nur scheinbare Gegenbewegung, der kulturelle wie literarische Rückzug in die unter diesen Umständen nicht mehr vertraute, vielmehr geradezu unheimliche Welt des Eigenen, herausgearbeitet werden müßten.[24] Gleichzeitig verlagert sich der Fokus des Interesses von

---

each side plays a role dictated by what it perceives as the other's perception of it« (S. 357).

[21] Vgl. Elisabeth Bronfens Vorwort zur deutschsprachigen Übersetzung der Monographie von Bhabha: *The Location of Culture* (wie Anm. 7), in dem sie vor allem auf die für Homi Bhabha bedeutende Freudsche Denkfigur des ›Unheimlichen‹ (›unhomeliness‹) verweist, die bei Bhabha zur Verortung des Anderen in uns bzw. innerhalb eines jeden kulturellen Systems eingesetzt wird.

[22] Wobei allerdings die Ostkolonisation der Ordensritter im Ostseeraum des 12. bis 14. Jahrhunderts schon immer berücksichtigt worden ist, vgl. Wolfgang Müller-Funk u. Birgit Wagner: »Diskurse des Postkolonialen in Europa«, in: *Eigene und andere Fremde. ›Postkoloniale‹ Konflikte im europäischen Kontext*, hg. v. dens. Wien 2005 (Reihe Kultur-Wissenschaften 8.4), hier »Einleitung«, S. 9–30.

[23] Vgl. Susanne Zantop: *Colonial Fantasies. Conquest, Family and Nation in Precolonial Germany, 1770–1870*. Durham 1997; neuerdings *A Historical Companion to Postcolonial Literatures – Continental Europe and Its Empires*, hg. v. Prem Poddar, Rajeev S. Patke und Lars Jensen. Edinburgh 2008, hier: »Germany and its Colonies«, S. 197–259.

[24] *(Post-)Kolonialismus und deutsche Literatur. Impulse der angloamerikanischen Literatur- und Kulturtheorie*, hg. v. Axel Dunker. Bielefeld 2005; *Kolonialismus als Kultur: Literatur, Medien, Wissenschaft in der deutschen Gründerzeit des Fremden*,

kolonialen bzw. postkolonialen Herrschaftspraktiken und Ideologemen im engeren Sinne auf generellere Formen imperialistischer Unterdrückung und Reaktion, auf die »lange Geschichte« kolonialen Kontakts bis zur extremen konzeptionellen Erweiterung auf sämtliche Ausprägungen von Verdrängung, Ausgrenzung oder Marginalisierung und ihrer jeweiligen Gegenbewegungen.[25] Diese Richtung hat bereits im Jahre 1995 der so wirkungsmächtige *Post-Colonial Studies Reader* von Bill Ashcroft, Gareth Griffiths und Helen Tiffin in seiner ersten Auflage vorgegeben, wenn es hier heißt: »Post-colonialism, rather, begins from the very first moment of colonial contact. It is the discourse of oppositionality which colonialism brings into being. In this sense, post-colonial writing has a very long history.« (S. 117). Damit legt ›post‹ seine Fixierung auf den Zeitaspekt ab und verwandelt sich – wie etwa Patricia Clare Ingham programmatisch formuliert – in eine adversative Bestimmung des ›against‹, denn es geht nun vor allem um die Freilegung der internen Gegenbewegungen von Kulturen, der »oppositional histories«[26] der komplizierten, oft verborgenen Beziehungen dominierender Kulturen zu ihren »internal primitives« (S. 11).

Damit war zugleich der Weg frei für eine Mediävistik, die schon lange – am eindrücklichsten durch die Elite- und Volkskultur-Diskussion der *Annales*-Historie –[27] über reiche Erfahrungen mit dem Aufspüren ver-

---

hg. v. Alexander Honold u. Oliver Simons. Tübingen u. a. 2002, hier v. a. die Einleitung der Herausgeber, S. 7–15.

[25] Die Herausgeber von *The Post-Colonial Studies Reader* (wie Anm. 19), verweisen bereits in der ersten Auflage des Jahres 1995 auf die Gefahr der Verwässerung des Konzepts durch einen »unfocused use of the term« (S. 2), eine »tendency to employ the term ›post-colonial‹ [...] to refer to any kind of marginality at all« (ebd.) und halten demgegenüber ausdrücklich fest: »post-colonial studies are based in the ›historical fact‹ of European colonialism, and the diverse material effects to which this phenomenon gave rise« (ebd.); vgl. auch Michelle R. Warren: »Making Contact«, in: *Arthuriana* 8.4 (1998), S. 115–134: »postcolonial theory opens a window into any time or place where one special group dominates another« (S. 115). Zur Unterscheidung von »post-colonial« und »postcolonial« als dem weiter gefaßten Konzept vgl. Jane Hiddleston: *understandling postcolonialism*. Stocksfield 2009, S. 3f.

[26] Vgl. vor allem das Einleitungskapitel bei Patricia Clare Ingham: *Sovereign Fantasies. Arthurian Romance and the Making of Britain*. Philadelphia 2001 (The Middle Ages Series), hier S. 1–17, aber auch dies.: »›In Contrayez Straunge‹: Colonial Relations, British Identity, and *Sir Gawain and the Green Knight*«, in: *New Medieval Literatures* 4 (2001), S. 61–93: »I follow those who use ›postcolonial‹ to signal an oppositional discourse« (ebd., S. 64, Anm. 4).

[27] Zur Programmatik vgl. etwa Jacques Le Goff in seinem Aufsatzband *Pour un autre Moyen Age* (1977). Dt.: *Für ein anderes Mittelalter. Zeit, Arbeit und Kultur im Eu-*

schütteter volkskultureller, paganer, antifeudaler Traditionen verfügte, die sachlichen und methodische Probleme dieser Spurensuche bereits auf den verschiedensten Ebenen ausgelotet und dementsprechend auch ihre analytischen Instrumente für den Umgang mit gegenkulturellen Traditionen geschärft hatte. Sie konnte jedenfalls an diese Diskussionen anknüpfen, wenn sie – nun allerdings unter dem Label ›Postcolonial Medievalism‹ – im Sinne des von Ingham postulierten ›post‹ als ›against‹ vor allem auf die »oppositional discourses«, die »oppositional traditions« achtete,[28] die im europäischen Mittelalter die verschiedensten kulturellen Praktiken, eben auch die literarischen Überlieferungen bestimmt habe.

Die Mediävistik scheint mir deshalb sowohl mit ihrem kritischen Impetus, aber auch mit ihrer seit Jahren intensiv geführten Methodendiskussion ganz wesentlich zu einer konzeptionellen Präzisierung und zugleich Erweiterung des kulturwissenschaftlichen Projekts einer postkolonialen Ausrichtung des geistes- und sozialwissenschaftlichen Blicks beigetragen und zugleich analytische Verfahren bereitgestellt zu haben, die auch der zukünftigen Postkolonialismus-Diskussion sehr zugute kommen könnten.

Diese höchst erfolgreiche disziplinäre Theoriediskussion der Mediävistik, wie sie vornehmlich die Geschichtswissenschaft geführt hat, ist die eine Seite. Daneben stellt sich die Frage nach den Konsequenzen dieser übergreifend mediävistischen Diskussion für die Literaturgeschichte, genauer: Was bedeutet eine postkoloniale Ausrichtung der Mediävistik für die literarhistorische Arbeit?

Man wird zu unterscheiden haben zwischen der Erforschung und Durchleuchtung spezifisch postkolonialer Themenfelder und einer eher generellen Verständnisperspektive, die zwar die neueren postkolonialen Überlegungen zutiefst bestimmen mag, aber in ihren prinzipiellen Ausformungen doch auch in anderen kulturtheoretischen Konzepten und davon geprägten literarhistorischen Arbeiten präsent ist und zugleich besondere, bislang möglicherweise weniger beachtete Seiten der mittelalterlichen Literatur in den Blick rückt.

Ein übergreifendes Kennzeichen postkolonialer Lektüren ist die Überzeugung einer fundamentalen Heterogenität von Kulturen, die immer und

---

ropa des 5.–15. Jahrhunderts. Ausgewählt von Dieter Groh. Eingeleitet von Juliane Kümmel. Übers. v. Juliane Kümmel u. Angelika Hildebrandt-Essig. Frankfurt a. M.–Berlin 1984, sowie die Fallstudie von Jean-Claude Schmitt: *Le Saint Lévrier* (1979). Dt.: *Der heilige Windhund. Die Geschichte eines unheiligen Kults.* Übers. v. Adolphe Hyra von Konschegg u. Maria Meier-Hartmeyer. Stuttgart 1982.

[28] Ingham: *Sovereign Fantasies* (wie Anm. 26), S. 38.

überall durch das »Zusammentreffen kultureller Differenzen«,[29] genauer: durch kulturelle Konfrontation, »cultural encounters«[30] die nicht unbedingt harmonischen Interaktionen unterschiedlicher Lebensformen, Verhaltensnormen, Wertesysteme, Ideologien und Welthaltungen, das Gegeneinander von dominierenden und marginalisierten Gruppen bestimmt sind, so daß das Feld der Kultur keineswegs ein heimischer Ort ist, sich vielmehr als ein zutiefst unheimlicher (›uncanny‹, ›unhomely‹) Raum, ein Kampfplatz unterschiedlicher kollektiver Identitäten erweist. Die literaturwissenschaftliche Mediävistik setzt dieses Konzept einer tiefgreifenden kulturellen Heterogenität des Mittelalters forciert gegen die auch von berühmten Postkolonialismus-Theoretikern formulierte Alteritätsvorstellung einer homogenen Welt der Vormoderne, eines »field of undifferenciated otherness«,[31] ja verweist geradezu im Gegenzug auf die so charakteristischen Formationen von Komplexität einer mittelalterlichen Welt vor der Durchsetzung des westeuropäischen Hegemoniestrebens der Frühen Neuzeit:[32] Kulturinterne Differenzen seien die bestimmenden Marker dieser Welt vor der europäischen Hegemonie. Sie spielten sich auf den verschiedensten Ebenen ab, als Gegensatz von Latein und Volkssprache, gelehrter Kleriker- und Laienwelt, Elite- und Volkskultur, als Verflechtung von kirchlicher Lehre und paganen Frömmigkeitsformen, Konfrontation von christlichen Glaubenspraktiken und heidnischen Widerstands-

---

[29] Christof Hamann u. Cornelia Sieber: »Vorwort«, in: *Räume der Hybridität. Postkoloniale Konzepte in Theorie und Literatur*, hg. v. dens. unter Mitarbeit von Petra Günther. Hildesheim–Zürich–New York 2002 (Passagen 2), S. 7–14, hier S. 7.

[30] Inzwischen geradezu ein kulturwissenschaftlicher Konzeptbegriff, der auch die mediävistische Diskussion bestimmt; vgl. etwa den Sammelband *Cultural Encounters in the Romance of Medieval England.* Papers presented at the 8. Biennial Conference on Romance in Medieval England, held at University College, Durham in April 2002, hg. v. Corinne Saunders. Cambridge 2005 (Studies in Medieval Romance 2). Ananya Jahanara Kabir and Deanne Williams: »Introduction: a return to wonder«, in: *Postcolonial approaches to the European Middle Ages. Translating Cultures*, hg. v. dens. Cambridge 2005 (Cambridge Studies in Medieval Literature), S. 1–2, setzen dafür den Terminus »translation« ein, der »a mechanism of and metaphor for cultures in contact, confrontation, and competition« (ebd., S. 10) sei.

[31] Cohen: »Introduction« (wie Anm. 8), S. 4.

[32] Gelegentlich wird – etwa bei Sharon Kinoshita: *Medieval Boundaries. Rethinking Difference in Old French Literature.* Philadelphia 2006 (The Middle Ages Series), S. 1–12. – in Anlehnung an die ideologiekritische Ergründung des westeuropäischen Orientalismus-Konzepts eine vergleichbare, von den bedeutenden Postkolonialismus-Theoretikern undiskutiert weitertradierte Mittelalter-Vorstellung (›Medievalism‹) als eine Obsession des 19. Jahrhunderts herausgearbeitet.

formen, höfischer Adelswelt und mythischen Residuen, vor allem aber als das Aufeinandertreffen der verschiedensten Ethnien in den meisten Gegenden Europas. Diese untergründigen Konfrontationsgeschichten seien »contrapuntual histories« von Unterdrückung und Resistenz, wie sie Edward W. Said in seinem Buch *Culture and Imperialism* herausgestellt habe.[33] Sie bestimmten in ihren komplizierten Überblendungen, ihren internen Bruchstellen wie Konfliktzonen, auch zutiefst die lateinischen wie volkssprachigen Texte, nicht unbedingt auf der Oberfläche, sondern eher in der Ausprägung eines »confused historical palimpsest«,[34] das verborgene Schichten gegenstrebiger Kulturdifferenzen aufweise. In einer postkolonial-ideologiekritischen Lektüre, jenem von Said programmatisch propagierten ›contrapuntual reading‹, das auf diese einander widerstreitenden Basisstrukturen der literarischen Texte achtet, sie systematisch identifiziert und herausarbeitet, müßte sich ihr besonderer Status als eine Art Arena, wenn nicht gar als seismographische Monumente dieser meist eher verdeckten kulturellen Auseinandersetzungen erweisen.

Die neuere mediävistische Forschung hat diesen Blick auf die konstitutive interne Hybridität der Texte tatsächlich seit einigen Jahren auf den verschiedensten Ebenen erprobt, zwar nicht in allen Fällen unter dem Stichwort ›Postcolonial Studies‹, aber doch mit einem vergleichbaren methodischen Instrumentarium, das wissenschaftsgeschichtlich dem weiteren Umkreis kulturtheoretischer Modelle zugerechnet werden kann, in die sich bis zu einem gewissen Punkt auch die literaturwissenschaftlichen ›Postcolonial Studies‹ einbinden lassen. Sie unterscheiden sich vornehmlich auf der thematisch-ideologischen Ebene: Die erste Gruppe konzentriert sich eher auf Texte mit Kolonialisierungsthematik im weitesten Sinne, also literarischen Szenarien des konfliktreichen Zusammentreffens unterschiedlicher Völker, der Christen-Heiden-Problematik im Mittel-

---

[33]   Edward W. Said: *Culture and Imperialism.* New York 1993. Das von Edward Said prominent in die Postkolonialismus-Diskussion eingeführte Konzept eines »contrapuntual reading« (vgl. hier S. 66f.) wird vor allem von Patricia Clare Ingham: »Contrapuntual Histories«, in: *Postcolonial Moves* (wie Anm. 10), S. 47–70, für das Verständnis mittelalterlicher Texte eingesetzt. Der von Edward Said mit dieser Lektürepraxis anvisierte ideologiekritische Zugriff auf die verschwiegenen, verdeckten Kolonialaspekte mit ihrem ebenso verdeckten Oppositionswiderpart wird bei Ingham zu »distinct histories of opposition related to and yet excluded from standard accounts of European rule« (S. 55).

[34]   Sharon Kinoshita: »The Romance of MiscegeNation. Negotiating Identities in *La Fille du comte de Pontieu*«, in: *Postcolonial Moves* (wie Anm. 10), S. 111–131, hier S. 125.

meerraum, aber auch weitergehend und genereller der Eroberung fremder Territorien, der lokalen Opposition gegen das Eindringen fremder Kulturen.[35] Die zweite Gruppe geht hingegen eher von Kulturtheorien der Grenzziehungen und Grenzüberschreitungen aus und behandelt dabei zwar vergleichbare Themen, hebt aber doch im Ganzen mehr auf das ›Fremde in uns‹, die Durchsetzung des eigenen Raums mit ›Unheimlichem‹ und Monströsem, ab.[36]

Ein Großteil postkolonial affizierter Arbeiten konzentriert sich auf eine wie auch immer geartete Orientszenerie der Texte des 12. und 13. Jahrhunderts, auf die literarischen Bilder der Beziehungen europäischer Christen zu den Sarazenen des Mittelmeerraums, wie sie sich – so vor allem in der Kreuzzugsthematik volkssprachiger Texte – in einer ausgeprägten Dichotomisierung zweier – trotz aller lebensweltlicher Vergleichbarkeiten auf der Ebene zeitgenössischer Ritterthematik und Hofkultur – strikt getrennter Welten präsentieren, zugleich aber auch – dies eher in der höfischen Romanliteratur – als ein höchst ambivalentes Interaktionsgeflecht erweisen können.[37] Hier lassen sich die verschiedensten Problembereiche einer heterogenen Welt perspektivieren: etwa das Nebeneinander dezidierter Heidenausgrenzung in Kreuzzugsepen neben der verwandtschaftlichen Einbindung eines Feirefiz in die christliche Gralsfamilie bei Wolframs *Parzival*,[38] die Allianzverbindung zwischen einer christlichen Gra-

---

[35] In besonderer Weise gilt dies für im weitesten Sinne historiographische Texte zur Geschichte Britanniens mit ihren orientalischen Herkunfts- und Ursprungstheorien; vgl. dazu Ganim: *Medievalism and Orientalism* (wie Anm. 14), S. 57–81.

[36] Allerdings läßt sich diese Unterscheidung vielleicht gar nicht so recht machen, da dies ja auch ein zentrales Thema von Bhabha u. a. ist.

[37] Vgl. die übergreifende Diskussion bei Rüdiger Schnell: »Die Christen und die ›Anderen‹. Mittelalterliche Positionen und Germanistische Perspektiven«, in: *Die Begegnung des Westens mit dem Osten*. Kongreßakten des 4. Symposions des Mediävistenverbandes in Köln 1991 aus Anlaß des 1000. Todesjahres der Kaiserin Theophanu, hg. v. Odilo Engels u. Peter Schreiner. Sigmaringen 1993, S. 185–202.

[38] Vgl. neben Joachim Bumke: *Wolfram von Eschenbach*, 8., völlig neu bearbeitete Aufl. Stuttgart–Weimar 2004, S. 45f., etwa Todd Kontje: *German Orientalism*. Ann Arbor 2004, hier: »Wolfram's *Parzival* and the Making of Europe«, S. 15–32; Arthur Groos: »Orientalizing the Medieval Orient. The East in Wolfram von Eschenbach's ›Parzival‹«, in: *Kulturen des Manuskriptzeitalters. Ergebnisse der Amerikanisch-Deutschen Arbeitstagung an der Georg-August-Universität Göttingen vom 17. bis 20. Oktober 2002*, hg. v. Arthur Groos u. Hans-Jochen Schiewer. Göttingen 2004 (Transatlantische Studien zum Mittelalter und Früher Neuzeit 1), S. 61–86; und zuletzt Beate Kellner: »Wahrnehmung und Deutung des Heidnischen in Wolframs von Eschenbach ›Parzival‹«, in: *Wechselseitige Wahrnehmung der Religionen im Spätmittelalter und in der Frühen Neuzeit. I. Konzeptionelle Grundfragen und Fallstudi-*

fentochter und einem heidnischen Königssohn in *Flore und Blansche-flur*,[39] die merkwürdigen verwandtschaftlichen Filiationen zwischen Christen und Heiden in Wolframs *Willehalm* und nicht zuletzt die ›weiße‹ sarazenische Königin Orable/Guibourg des Guillaume-Zyklus mit ihren sehr unterschiedlichen literarischen Möglichkeiten einer Überblendung von Differenzwahrnehmung und Fremdheitsüberwindung.[40] Der literarische Orient bietet jedenfalls mit seiner Vielfalt an Überlagerungsformen christlich-höfischer Ritterakteure, heidnischer Gegenfiguren und monströser Fremdwesen als ein vielgestaltiges Tableau eines »Orientalism before 1600«[41] eine ausgezeichnete Bühne, auf der der postkoloniale Blick für die subkutane Verbindung von Ausgrenzungs- bzw. Marginalisierungsmechanismen und Familiarisierungsbestrebungen bestes Erkundungsmaterial findet.

Dieses Insistieren auf der Orientthematik kann allerdings im Rahmen postkolonialer Interessen zu extremen, in ihrer spekulativen Phantasie eher problematischen, jedenfalls nicht immer überzeugenden Zuspitzungen führen, wenn etwa – wie bei Geraldine Heng in ihrer 2003 erschienenen Arbeit *Empire of Magic. Medieval Romance and the Politics of Cultural Fantasy –*[42] die Entstehung und Verbreitung der höfischen Artusliteratur in England vom 12. bis ins 15. Jahrhundert auf Gewaltszenarien und Traumata der Kreuzzüge in ihren komplizierten Transformationsprozessen einer jeweils historisch verankerten »cultural fantasy« zurückge-

---

    en (Heiden, Barbaren, Juden), hg. v. Ludger Grenzmann u. a. Berlin 2009 (Abhandlungen der Akademie der Wissenschaften zu Göttingen NF 4), S. 23–49.

[39] Vgl. etwa am Beispiel des französischen Romans: Kinoshita: *Medieval Boundaries* (wie Anm. 32), S. 77–104.

[40] Aus der inzwischen sehr umfangreichen Literatur vgl. neben Bumke: *Wolfram von Eschenbach* (wie Anm. 38), S. 335–338, neuerdings etwa Ines Hensler: *Ritter und Sarrazin. Zur Beziehung von Fremd und Eigen in der hochmittelalterlichen Tradition der Chanson de geste*. Köln–Wien–Weimar 2006 (Beihefte zum Archiv für Kulturgeschichte 62). Zum komplizierten Status der ›weißen‹, überaus schönen Sarazenin, die – speziell in der französischen Epik – den postkolonial fixierten Ort des »in between space« besetze, sich zwischen zwei Kulturen bewege und sich auf diese Weise in einem »state of continuous disintegration« (S. 192) befinde, vgl. Jacqueline de Weever: *Sheba's Daughters. Whitening and Demonizing the Saracen Woman in Medieval French Epic*. New York–London 1998 (Garland Reference Library of the Humanities 2077).

[41] Kabir u. Williams: »Introduction: a return to wonder« (wie Anm. 30), S. 10, sowie die Fallstudien des Teils II (S. 105–179).

[42] Geraldine Heng: *Empire of Magic. Medieval Romance and the Politics of Cultural Fantasy*. New York 2003.

führt werden.[43] So heißt es programmatisch: »The story of King Arthur, I will show, begins in the East« (S. 21). Gemeint ist die bei Galfred von Monmouth in der Artuspassage der *Historia regum Britanniae* berichtete Geschichte von Arthurs Sieg über den Menschenfresser-Riesen von Mont Saint Michel, der für den Tod der bretonischen Grafentochter Helena verantwortlich ist. Mit dieser arturischen Heldengeschichte habe Galfred zugleich belastende »shadows of a lurking Oriental past« (S. 40) gebannt, denn sie sei eine grandiose Umformulierung eines als traumatisch erfahrenen historischen Schreckensereignisses aus dem Ersten Kreuzzug, nämlich Berichten über christlichen Kannibalismus im Rahmen der Eroberung und Plünderung einer syrischen Stadt im Dezember 1098, das hier in die extreme Gegenfigur eines Menschenfresser-Riesen ausgelagert und bewältigt worden sei. Die Gewaltgeschichte der Kreuzzüge als der Resonanzboden literarischer Ideologiebildung in England orchestriere auch weiterhin die literarische Reihe englischer ›romances‹: über kannibalistische Eroberer- und rassistische Abgrenzungsspäße des königlichen Kreuzfahrers Richard I. in *Richard Coer de Lyon* bis zur spätmittelalterlichen Reimdichtung des *Alliterative Morte Arthur*, einer ›chivalric romance‹ aus dem 14. Jahrhundert, die mit ihren Geschichten von Artus als Eroberer des Ostromreiches, ihrer Markierung des ökonomisch ungewöhnlich erfolgreichen Menschenfresser-Riesen als Genueser, aber auch ihrem rückwärtsgewandten Festhalten an spezifisch ritterlichen Verhaltensformen des Abenteuers ein ausgeprägtes Krisenbewußtsein dokumentiere, das sich sowohl dem Fall Akkons von 1291 und der vernichtenden Niederlage der Christen bei Nicopolis im Jahre 1396 als auch den inzwischen auf allen Ebenen deutlichen militärtechnologischen wie ökonomischen Entwicklungen verdanke.

Während für Geraldine Hengs ideologiekritische Lektüren der Orient ausschließlich unter der Perspektive des Kreuzzugs präsent ist, seiner Gewaltaktionen, labiler Verträge und unklaren Allianzen, aber auch seiner Prachtentfaltung und exotischen Praktiken, und damit zugleich als Signatur eines übergreifenden Krisensymptoms erscheint, der in Transformationsakten kultureller Phantasie dann die verschiedensten literari-

---

[43] Vgl. die kritischen Überlegungen bei Ingham: *Sovereign Fantasies* (wie Anm. 26), S. 91f., die allerdings weniger die spekulativen Allegorisierungen inkriminiert, sondern sich vornehmlich gegen Hengs: *Empire of Magic* (wie Anm. 42) ideologiekritische Bestimmung der Artusliteratur als affirmative Bearbeitung und damit zugleich konservative Verschleierung kultureller Traumata europäischer Kreuzzugswirklichkeiten wendet, während Ingham selbst eher auf subversive Potentiale des walisischen Artusstoffes setzt; vgl. dazu unten S. 221.

schen Themen, auch sehr weit entfernte, generieren mag, demonstriert Sharon Kinoshita in ihrer 2006 erschienenen Arbeit *Medieval Boundaries. Rethinking Difference in Old French Literature,*[44] wie sehr der literarische Mittelmeerraum in französischen Texten des 12. und frühen 13. Jahrhunderts ein Ort tiefgreifender »complexities« und »alternate histories« (S. 236) einer wesentlich flexibleren und Religionsunterschiede souveräner negierenden Welt ist, als es postkoloniale Kulturtheorie und Literaturgeschichte mit ihren – wie sie konstatiert – »oversimplified genealogies of ideologies like nationalism, Orientalism, and colonialism« (S. 12) oft wahrnehmen wollen. Deshalb tauge er auch weniger als literarisches Fallbeispiel einer ideologischen Vorgeschichte der Kolonisation mit ihren Differenzkriterien und Deutungsmustern der Ausgrenzung, Abwertung und Resistenz, sondern erweise sich als ein offener Raum der Mehrsprachigkeit und multikultureller wie -konfessioneller Gesellschaften vor der europäischen Hegemonie der Frühen Neuzeit. An ihm ließen sich jene durch den nationalistisch-europazentrierten Blick des 19. und 20. Jahrhunderts auf das Mittelalter verdeckten »pre-Eurocentric modalities of difference«[45] beobachten, wie sie sich hier – entgegen und gelegentlich hinter der ideologischen Dichotomie christlich-heidnisch etwa der Kreuzzugsliteratur – in ausgeprägten »narratives of deviance and transgression« (S. 103) entfalteten. So biete etwa die *Chanson de Roland* neben und hinter dem programmatischen Kreuzzugsslogan »Paien unt tort e crestiens unt dreit« zugleich »surprising histories of accomodationism and exchange« (S. 45), die *Prise d'Orange* zugleich eine dezidiert ideologische Abrechnung mit der fränkischen kolonialen Expansion,[46] der Liebesroman *Floire et Blancheflor* »an allegory for the intense interconnection between medieval Islamic and Latin Christian cultures« (S. 10) und die Prosaerzählung *La Fille du comte de Ponthieu* ein geradezu desaströses Bild franko-flandrischer Dynastiekrisen, die erst durch den zweimaligen Religionswechsel der Protagonistin zum Islam und zurück zum Christentum gelöst werden können. Hinter diesen literarischen Repräsentationen einer erstaunlich vielgestaltigen Mittelmeerwelt mit ihren »alternate genealogies of a medieval West« (S. 12) stehe eine signifikante »alterity« des Mittelalters, das zumindest im 12. und frühen 13. Jahrhundert »less riven by fixed perceptions of difference« (S. 5), sondern vornehm-

---

[44] Siehe Kinoshita: *Medieval Boundaries* (wie Anm. 32).

[45] So in dem Beitrag: »The Romance of MiscegeNation« (wie Anm. 34), S. 126.

[46] Kinoshita: *Medieval Boundaries* (wie Anm. 32), S. 72: »an ideologically powerful vindication of Frankish colonial expansion«.

lich durch »variety, complexity, and reversability of cultural contact«
(S. 12) und eben auch ideologische Selbstzweifel geprägt sei.

Schon diese beiden etwas ausführlicher dargestellten, wegen ihrer the-
matischen Fokussierung auf literarische Imaginationen des Orients sich
als postkolonial verstehenden Arbeiten zeigen, wie breit das sachliche
und methodische Spektrum dieser kulturwissenschaftlich-literarhistori-
schen Richtung sein kann und wie sehr die Lektüren differieren. Gemein-
sam ist diesen Überlegungen allerdings ein ideologiekritischer Impetus,
sei es in Bezug auf die Textoberfläche einer nur scheinbar unproblemati-
schen literarischen Darstellung von Ritterschaft, Ehre und Liebe, hinter
der sich Abgründe historisch-gesellschaftlicher Traumata, Verunsiche-
rung oder Konflikte verbergen, sei es in Bezug auf strikt eurozentrische
Ideologeme der Moderne, denen die mittelalterlichen Texte eine vormo-
derne Welt erstaunlicher Diversität entgegenstelle. Es fragt sich aller-
dings, wie sehr sich dieser ideologiekritische Blick möglicherweise in
jenen mehr oder weniger kruden Deutungsallegorien verfängt, wie wir es
von anderen ›turns‹ kennen.

Die Mittelmeerwelt volkssprachiger Texte des Mittelalters ist zwar ein
zentraler Blickfänger postkolonial orientierter literarhistorischer Arbeiten,
aber nicht der einzige. In den letzten Jahren konzentrieren sich die ein-
drücklichsten Beispiele mediävistischer postkolonialer Textlektüren eher
auf die Britannienthematik. Sie spanne über die wechselvolle Geschichte
unterschiedlichster Invasionen der britischen Inseln mit ihren Unterdrük-
kungs- wie Assimilationsbewegungen, ihren Abgrenzungsstrategien und
Akkulturationsmustern ein imaginäres Gewebe hybrider Identitätsbildun-
gen und Ausstoßungsszenarien auf. Dieses ideologische Verständnisraster
bestimmt eine Reihe neuerer Arbeiten zu lateinischen wie volkssprachi-
gen Texten, deren Britannienthematik zum entscheidenden Fluchtpunkt
wird. Für die Artusthematik bedeutet dies, daß u. a. der walisische Stoff-
bereich unter einer postkolonialen ›against‹-Perspektive von verdeckten
Widerstandsspuren ein neues Interesse findet. So hat schon Michelle
R. Warren in ihrer im Jahre 2000 erschienenen Studie *History on the
Edge. Excalibur and the Borders of Britain*[47] in den verschiedensten Ar-
tus-Partien der britischen Geschichtsschreibung spezifische, den jeweili-
gen regionalen wie historisch-gesellschaftlichen Erfordernissen entspre-
chende Ausprägungen eines ›border writing‹ gesehen, das in seinen la-
teinischen wie volkssprachigen (anglonormannischen, walisischen und

---

[47] Michelle R. Warren: *History on the Edge. Excalibur and the Borders of Britain
1100–1300*. Minneapolis–London 2000 (Medieval Cultures 22).

englischen) Transformationen systematisch die »long history of Insular colonialism« (S. XI) in jeweils charakteristischen Reaktionen auf zeitgenössische Probleme von den regionalen Kontakt- und Konfliktzonen der Ränder her und damit zugleich aus der Perspektive der durch die normannische Invasion von 1066 in wechselnden mentalen Grenzziehungen der Britannien-Geschichte jeweils neu entwirft. Ähnliches gilt für Patricia Clare Ingham, die Galfreds von Monmouth Artuspartien in der *Historia regum Britanniae* weniger unter dem Affirmationsaspekt genealogischer Legitimierung angevinisch-normannischer Herrschaft betrachtet, sondern eher die Merlin-Prophezeiungen als »oppositional discourse« in den Blick rückt:[48] Sie verwiesen zwar auf eine walisische Verlustgeschichte, zugleich aber auch auf eine gemeinsame ›britische‹ Zukunft, in der auch walisische Traditionen eingebunden seien, jedenfalls ihren spezifischen Ort hätten. Die Artuspartien stehen dann nicht mehr nur für usurpatorische Herrschaftslegitimation, sondern eher für eine »cultural doubleness« (S. 48), die verschiedene Adressierungen aufweise und dabei verdeckte Konflikt- und Widerstandsgeschichten nicht ausblende.[49]

Auch Sharon Kinoshita nimmt in ihrer bereits erwähnten Monographie in einem Kapitel diesen Raum der Kontaktzone in den Blick, wenn sie unter dem Titel »Colonial Possessions. Wales and the Anglo-Norman Imaginary in the Lais of Marie de France«[50] die in Südwales lokalisierten Lais *Yonec* und *Milun* der Marie de France unter der Verständnisperspektive des Gegensatzes von indigener Vergangenheit und anglonormannischer Gegenwart analysiert und dabei zwei gegenstrebige Bilder kolonialen Zusammenstoßes realisiert sieht: im *Yonec* werde der harten Feudal-

---

[48] Ingham: *Sovereign Fantasies* (wie Anm. 26), S. 38.

[49] Vgl. ebd., S. 47: »Geoffroy's use of Welsh traditions in a history written in Latin seeks to imagine a future for Welsh as well as Norman by narrating a past repetitively fraught with conflict and filled with loss«. Dem gegenüber betont Kenneth J. Tiller: *Lazamon's* Brut *and the Anglo-Norman Vision of History*. Cardiff 2007, für die britischen Inseln   nach der normannischen Eroberung die asymmetrischen Machtrelationen zwischen Englisch und Latein, später zwischen Englisch, Französisch und Latein und sieht etwa in Lazamons *Brut*-Übersetzung aus dem Französischen ins Englische einen gelungenen Widerstandsakt kultureller Verlagerung, Verdrängung und Aneignung der – in diesem Fall kolonialen – historischen Traditionen der anglonormannischen Eroberer.

[50] Kinoshita: *Medieval Boundaries* (wie Anm. 32), S. 105–132; bereits in: Sharon Kinoshita: »Colonial Possessions. Wales and the Anglo-Norman Imaginary in the *Lais* of Marie de France«, in: *Discourses on Love, Marriage, and Transgression in Medieval and Early Modern Literature*, hg. v. Albrecht Classen. Tempe/Arizona 2004 (Medieval and Renaissance texts and studies 278), S. 147–162.

politik der Geschlechter die nostalgische Welt der vergangenen Ordnung der »Welsh deviance« (S. 106) gegenübergestellt, während im *Milun* diese alte Welt eher als eine erbarmungslos patriarchalische Ordnung erscheine, die zu Recht durch eine idealisierte Cambro-normannische Ritterwelt der Gegenwart abgelöst sei. Dies mag ein eher vorkritischer, jedenfalls in seiner etwas planen, an die krudesten sozialgeschichtlich-ideologiekritischen Lektüren der 60er und 70er Jahre erinnernden Inhaltsallegorese wenig überzeugender Versuch einer postkolonialen Entzifferung mittelalterlicher Texte sein.

Dies gilt allerdings nicht für Sylvia Huots[51] postkoloniale Lektüren der Lais *Lanval* und *Yonec*, deren Feenthematik sie in den Kontext der Walespolitik der Plantagenets rückt. Noch weniger gilt das für ihre umfassende Monographie[52] zum wohl in der Mitte des 14. Jahrhunderts von einem anonymen Mönch oder Geistlichen für Graf Wilhelm I. von Hennegau[53] entstandenen französischen Prosaroman *Perceforest*, der ihrer Meinung nach in seiner imaginären Welt zugleich in einer bestimmten Weise entscheidende Stationen der »early history of European colonization and imperialism« (S. 6) nachzeichne. Denn der *Perceforest*-Roman bietet auf der Basis unterschiedlichster literarischer[54] wie historiographischer[55] Materialien die Vorgeschichte Großbritanniens der griechischen Könige und römischen Invasion, der Zerstörung des Reichs und seines Wiederaufbaus, des Gegenspiels pro-griechischer und anti-römischer Allianzen, der Präsenz einer fremden Macht und Aktionen lokalen Widerstands. Unter dem programmatischen Titel *Postcolonial Fictions* hat Sylvia Huot im Jahre 2007 die verschiedenen Stationen dieser literarischen Konstruktion einer britannischen Vorgeschichte der späteren christlichen Artus- und Gralwelt im Blick auf idealtypische koloniale Imaginationen analysiert, hinter denen die »imperial ambitions of the Plantagenets« (S. 5) durchscheinen: die durch den griechischen König Alexander bewirkte »cultural regeneration of Britain« (S. 12), die Szenarien sexueller einheimischer Gewalt gegen Frauen und deren Errettung durch die griechischen Eroberer, der Wunsch nach dem »new blood« (S. 18) aufstei-

---

[51] Sylvia Huot: »Others and alterity«, in: *The Cambridge Companion to Medieval French Literature*, hg. v. Simon Gaunt u. Sarah Kay. Cambridge 2008, S. 238–251.

[52] Sylvia Huot: *Postcolonial Fictions in the* Roman de Perceforest. *Cultural Identities and Hybridities*. Cambridge u. a. 2007 (Gallica 1).

[53] Er ist der Vater von Philippa, der Ehefrau des englischen Königs Edwards III.

[54] Etwa die französischen Prosaromane *Tristan en prose*, der *Lancelot en prose*, aber auch die Alexanderromane.

[55] Etwa Galfred von Monmouth, Wace, Giraldus Cambrensis.

gender Genealogien, aber auch der Widerstand alter Familien gegen die erfolgreiche griechisch-britische Assimilationskultur. Und sie sieht in dieser literarischen ›translatio‹-Geschichte das geradezu paradigmatische Tableau »of ethnic and cultural conflict, fusion and exchange« (S. 7), das zugleich eindrücklich zeige, wie sehr »British culture is grounded in a hybridity that is hidden and disavowed, but utterly essential« (S. 10). Dies verbinde diesen Text des 14. Jahrhunderts auf einer untergründigen Ebene, aber um so präziser mit der (post-)kolonialen Literatur späterer Zeiten.

Der *Perceforest*-Roman mit seiner literarisch-imaginär exponierten imperialen Vorgeschichte Britanniens ist natürlich ein besonders günstiges Beispiel für eine postkoloniale Entzifferung der in literarischen Szenarien von Fremdherrschaft, Frauenraub, Zivilisierungsoptimismus und Widerstand eingelagerten und sie zugleich in ihrer poetischen Ausformung bestimmenden Differenzkategorien kultureller Konstruktionen. Daß es sich lohnt, unter dieser postkolonialen Perspektive von Hybridität und Identität auch die lateinische Chronistik des 11. und 12. Jahrhunderts zur Frühgeschichte Englands in den Blick zu nehmen, zeigt nicht nur die übergreifende Studie von Caroline Walker Bynum über die spezifischen Wunderdiskussionen und Werwolf-Geschichten der Metamorphose bei Giraldus Cambrensis,[56] sondern auch die etwa gleichzeitig mit Sylvia Huots *Perceforest*-Analyse entstandene Studie von Jeffrey Jerome Cohen: *Hybridity, Identity and Monstrosity in Medieval Britain: On Difficult Middles.*[57] Er liest die anglonormannische Chronistik des 12. Jahrhunderts, vor allem Wilhelms von Malmesbury *Gesta Regum Anglorum*, Galfreds von Monmouth *Historia regum Britanniae*, die historischen und autobiographischen Werke des Giraldus Cambrensis und schließlich Thomas' von Monmouth Vita des Hl. Wilhelm von Norwich, mit einem geschärften Blick für die in ihnen sedimentierte Thematik imperialistischer Kolonialisierungsideologien, konfliktreicher Kulturkontakte und kollektiver Ab- und Ausgrenzung und analysiert sie unter der Perspektive postkolonialer Theoriebildung in ihrem Wechselspiel von Versuchen der Identifizierung und Bestimmung stabiler und vor allem homogener Gruppenidentitäten, der Ausblendung, ja Verleugnung heterogener Kollektive und zugleich des unwillentlichen Eingeständnisses der Existenz die Gesellschaft zutiefst bestimmender hybrider Sozialgruppen. Es geht ihm dabei vornehm-

---

[56] Caroline Walker Bynum: *Metamorphosis and Identity.* New York 2001.

[57] Jeffrey J. Cohen: *Hybridity, Identity and Monstrosity in Medieval Britain. On Difficult Middles.* New York u. a. 2006 (The New Middle Ages Series).

lich um die intrikate Verbindung von »collective identity« und »troubling heterogeneity« (S. 175), die »temptestuous intermediacies« (S. 2), die »postcolonial ambivalences« (ebd.) und »tumultuous admixtures of what was supposed to be held separate« (S. 6). Und mit seinem Insistieren auf der historischen Heterogenität, dem »mixed heritage« (S. 9), den »difficult middles« (S. 2) der Einwohner der britischen Inseln nach der normannischen Eroberung gelingt es ihm sehr eindrucksvoll, die historischen Widerstände, die ideologischen Hürden und nicht zuletzt die persönlichen Identitätsprobleme herauszuarbeiten, die die anglonormannischen Historiographen mit ihren ganz unterschiedlich entworfenen literarischen Imaginationen von England als einer homogenen Kultureinheit zu überwinden hatten. Der postkoloniale Verständnisrahmen hat in diesem Fall eine m. E. überzeugende Durchdringung der ideologischen Textur historiographischer Kollektividentitätskonzepte englischer Nationenbildung des 12. Jahrhunderts ermöglicht.

Unter dieser Perspektive würden möglicherweise nicht nur in Chrétiens und Wolframs Gralroman die Waliser-Markierung des jungen Protagonisten als »cist Galois«[58] bzw. »tœrsche[r] Wâleise«,[59] sondern auch – wie bereits Sylvia Huot an einigen thematischen Details gezeigt hat –[60] die in Cornwall, Irland und der Bretagne situierte Tristangeschichte, aber auch der Lancelot-Stoff speziellere Konturen als ideologische Positionierungen im Geflecht der vielgestaltigen englischen Kolonisierungsgeschichte gewinnen.

Vergleichbare Überlegungen kämen wohl auch den neueren Diskussionen um die historischen und ideologischen Hintergründe der ›origines gentium‹-Partien und der ›diutischen lande‹ im römisch-imperialen Kontext des Erzählgeschehens im *Annolied* und der *Kaiserchronik* zugute. Sie werden in den jüngsten Arbeiten auf der Basis der neueren historischen Nationenforschung unter den Stichworten ›deutsche Ethnogenese‹ bzw. ›(vor-)nationale Identität‹ im Hinblick auf ihre möglichen Diskurskonta-

---

[58] Chrétien de Troyes: *Le Roman de Perceval ou Le Conte du Graal. Der Percevalroman oder Die Erzählung vom Gral*. Altfranzösisch/Deutsch, übers. und hg. v. Felicitas Olef-Krafft. Stuttgart 1991 (Universal-Bibliothek 8649), V. 235.

[59] Wolfram von Eschenbach: *Parzival*. Nach der Ausgabe Karl Lachmanns revidiert und kommentiert v. Eberhard Nellmann. Übertragen v. Dieter Kühn. 2 Bde. Frankfurt a. M. 1994 (Bibliothek des Mittelalters 8), Bd. 1, V. 121,5.

[60] Vgl. vor allem Sylvia Huot: »Love, Race, and Gender in Medieval Romance. Lancelot and the Son of the Giantess«, in: *Journal of Medieval and Early Modern Studies* 37 (2007), S. 373–391.

minationen geführt,[61] ließen sich aber mit jenem dezidiert postkolonialen Blick, wie ihn die Britannienthematik lateinischer Historiographie und volkssprachiger Texte Englands erfahren hat, vielleicht doch noch etwas präziser in ihren gegenläufigen Stationen ethnogenetischer Formierung fassen. So könnte etwa der von Susanne Bürkle im Hinblick auf das *Annolied* konstatierte »Versuch einer ersten Festschreibung der Formation und Signatur dessen, was de facto nur als Pluralität der ›Völker‹, ›regna‹ und ›terrae‹ unter dem strukturell-politischen Dach eines nur imperial-römisch denkbaren Reiches existierte« (S. 122f.), möglicherweise noch genauer als bisher in seiner ideologischen Komplexität von Unterwerfung, Homogenisierungsversuchen und Auflehnung verortet werden.

Vergleichbare Fragen werden allerdings auch – unter den unterschiedlichsten kulturtheoretischen Perspektiven – seit einigen Jahren an literarische Texte gestellt, die weitaus weniger explizit postkoloniale Themenfelder der Überlagerung und Ausgrenzung von Ethnizität, vornationalen Kulturen und Blut, von Vorherrschaft, Unterwerfung und Assimilation bieten, sondern – wie die höfischen Romane des 12. bis 14. Jahrhunderts – in literarischen Erzählmustern von Brautwerbung und Ritteraventiure die verschiedensten Problemkonstellationen von Dynastenehe, Sexualität und höfischer Liebe, von Fürstenherrschaft, Genealogie und adeliger Identität entfalten. Der kulturanthropologische Blick richtet sich dabei vornehmlich auf bestimmte Signaturen der literarischen Räume, Figurenkonstellationen und Interaktionssituationen der jeweiligen literarischen Welt, die auf den verschiedensten Ebenen von tiefgreifenden Grenzziehungen, Überschreitungslinien, Passagen des Zwischenraums bestimmt zu sein und auf diese Weise im Rahmen des symbolischen Repräsentationssystems literarischen Erzählens basale Kulturmuster der Konstruktion des Eigenen und des Fremden zu verhandeln scheinen. Auch wenn der literarische Erzählraum sich nicht – wie in zahlreichen Liebes- und Abenteuerromanen – in die mehr oder weniger fremd-exotische, pagane Welt des Orients und die (scheinbar) vertraute eines christlichen Okzidents aufspaltet, sondern nur die *eine* Welt einer westeuropäischen Adelsgesell-

---

[61] Vgl. etwa Susanne Bürkle: »Erzählen vom Ursprung: Mythos und kollektives Gedächtnis im *Annolied*«, in: *Präsenz des Mythos. Konfigurationen einer Denkform in Mittelalter und Früher Neuzeit*, hg. v. Udo Friedrich u. Bruno Quast. Berlin–New York 2004 (Trends in Medieval Philology 2), S. 99–130; sowie Uta Goerlitz: *Literarische Konstruktion (vor-)nationaler Identität seit dem ›Annolied‹. Analysen und Interpretationen zur deutschen Literatur des Mittelalters (11.–16. Jahrhundert)*. Berlin–New York 2007 (Quellen und Forschungen zur Literatur- und Kulturgeschichte 45).

schaft entwirft, so ist doch auch diese scheinbar homogene ritterliche Adelswelt, vor allem im Artusroman, von so markanten topographischen Trennlinien geprägt, vor allem der Opposition von Hof und der Gegenwelt des Waldes, aber auch anderer Subwelten, daß schon in der älteren Forschung diese räumliche Verteilung des Geschehens in seiner Semantisierung von höfisch-unhöfisch einen großen Teil des Textverständnisses bestimmt hat.[62]

Sehr viel mehr noch gilt dies für neuere Arbeiten, die das Nebeneinander der literarischen Räume von Hof und Wald mit seinen Dickichten und Lichtungen etwa des Artusromans zum Ausgangspunkt kulturtheoretisch geleiteter Lektüren unterschiedlichster Ausprägung nehmen:[63] als struk-

---

[62] Zur literarischen Bearbeitung der Dichotomie von Hof und Wald vgl. Horst Wenzel: »*Ze hove* und *ze holze – offenlich* und *tougen*. Zur Darstellung und Deutung des Unhöfischen in der höfischen Epik und im Nibelungenlied«, in: *Höfische Literatur. Hofgesellschaft. Höfische Lebensformen um 1200*, hg. v. Gert Kaiser u. Jan-Dirk Müller. Düsseldorf 1986 (Studia humaniora 6), S. 277–300, hier auch die ältere Literatur zur in der Regel negativ konnotierten Gegenwelt des Waldes. In der älteren Forschung wird dieses topographische Gegensatzpaar eher unter der Perspektive von höfisch und un-/außerhöfisch oder Alltagswelt und Welt des Wunderbaren/Other world, aristokratische Ritterwelt und keltische Märchenwelt gesehen; in Erich Köhlers sozialgeschichtlicher Deutung als Schauplatz der Desintegration einer auf den Protagonisten bezogenen Abfolge von Integration – Desintegration – Reintegration; in neueren mentalitätshistorischen Überlegungen als »laboratories of fears and longings« (Jeff Rider: »The Other Worlds of Romance«, in: *The Cambridge Companion to Medieval Romance*, hg. v. Roberta L. Krueger. Cambridge 2000, S. 115–131, hier S. 129). Zur neueren Forschung der literarischen Wald-Thematik vgl. neben Corinne J. Saunders: *The Forest of Medieval Romance: Avernus, Broceliande, Arden*. Cambridge 1993 und Armin Schulz: »*in dem wilden wald*. Außerhöfische Sonderräume, Liminalität und mythisierendes Erzählen in den Tristan-Dichtungen: Eilhart – Béroul – Gottfried«, in: *Deutsche Vierteljahrsschrift für Literaturwissenschaft und Geistesgeschichte* 77 (2003), S. 515–547, die literarhistorischen Arbeiten des Themenheftes: *Der Wald im Mittelalter. Funktion – Nutzung – Deutung*, hg. v. Elisabeth Vavra. Berlin 2008 (Das Mittelalter. Perspektiven mediävistischer Forschung 13,2), hier vor allem Mireille Schnyder: »Der Wald in der höfischen Literatur: Raum des Mythos und des Erzählens«, S. 122–135, die die diskursspezifischen Vorstellungsbereiche des Waldes markiert.

[63] Generell zur Sondierung des Raums im Artusroman vgl. Andrea Glaser: *Der Held und sein Raum. Die Konstruktion der erzählten Welt im mittelhochdeutschen Artusroman des 12. und 13. Jahrhunderts*. Frankfurt a. M. u. a. 2004 (Europäische Hochschulschriften I, 1888), die zwischen ›Schwellenräumen‹ und ›Bewegungsräumen‹ unterscheidet und damit zwar der Komplexität literarischer Räume nicht gerecht werden mag, aber doch perspektivenreiche Lektüren bestimmter Raumwelten des Artusromans vorgelegt hat; neuerdings zu »Raum und Bewegung im Raum« des hö-

turanthropologisches Oppositionspaar von Kultur und Natur,[64] als Bachtinsches Gegensatzpaar von offiziellem Kultursystem des Hochadels und inoffizieller Gegenwelt des Monströsen und Devianten,[65] als zivilisationstheoretische Dichotomie von höfischer Affektdisziplinierung und ungeregelter Emotionsausbrüche,[66] als Turnersche Ritualdynamik der Durchgangsstationen von Ordnungswelt und unstrukturierten Liminalitätsbereichen,[67] als Gegenstrebigkeiten einer christlich-moralischen höfischen Wertwelt und mythisch-magischen Residuen eines keltisch-paganen Substrats,[68] als Gegenräume im Sinne von Foucaults Heterotopien[69] und interkulturelle Zwischenräume des »Dritten Raums«,[70] neuer-

---

fischen Romans (mit der neueren Literatur zu den »mentalen Kartierungen«) übergreifend Uta Störmer-Caysa: *Grundstrukturen mittelalterlicher Erzählungen. Raum und Zeit im höfischen Roman.* Berlin–New York 2007, hier S. 34–76.

[64] Eine in diesem Sinne wegweisende *Yvain*-Lektüre bieten Jacques Le Goff u. Pierre Vidal-Naquet: »Lévi-Strauss en Brocéliande« (1979). Dt.: »Lévi-Strauss in Brocéliande. Skizze zur Analyse eines höfischen Romans«, in: Jacques Le Goff: *L'imaginaire médiéval* (1985). Dt.: *Phantasie und Realität des Mittelalters.* Dt. übers. v. Rita Höner. Stuttgart 1990, S. 171–200, 371–386. Frühe, um die Pole ›Natur‹ und ›Kultur‹ organisierte kulturwissenschaftliche Überlegungen zum Höfischen Roman finden sich auch in der Dissertation von Bernhard Waldmann: *Natur und Kultur im höfischen Roman um 1200. Überlegung zu politischen, ethischen und ästhetischen Fragen epischer Literatur des Hochmittelalters.* Erlangen 1983 (Erlanger Studien 38), der ein – allerdings nicht unproblematisches – Deutungsfeld von Natur mit den Extremen »vorkultürlicher Zustand« (S. 64–78) und »Metapher für bessere Zuständlichkeit von Gesellschaft« (S. 79–92) aufspannt. Knappe, aber perspektivenreiche Hinweise auf das Verhältnis von Kultur und Natur im Höfischen Roman bei Christian Kiening: *Zwischen Körper und Schrift. Texte vor dem Zeitalter der Literatur.* Frankfurt a. M. 2003 (Fischer Taschenbuch 15951), hier S. 56–63.

[65] Vgl. etwa Ingrid Kasten: »Bachtin und der höfische Roman«, in: *bickelwort* und *wildiu maere. Festschrift für Eberhard Nellmann zum 65. Geburtstag,* hg. v. Dorothee Lindemann, Berndt Volkmann u. Klaus-Peter Wegera. Göppingen 1995 (Göppinger Arbeiten zur Germanistik 618), S. 51–70 (wenn auch mehr auf den Helden als auf den Raum bezogen).

[66] Vgl. die frühen, allerdings eher skizzenhaften Überlegungen von Gert Kaiser: »Artushof und Liebe«, in: *Höfische Literatur* (wie Anm. 62), S. 243–251.

[67] Vgl. etwa David Raybin: »Aesthetics, Romance and Turner«, in: *Victor Turner and the Construction of Cultural Criticism: Between Literature and Anthropology,* hg. v. Kathleen M. Ashley. Bloomington–Indianapolis 1990, S. 21–41.

[68] Rainer Warning: »Narrative Hybriden. Mittelalterliches Erzählen im Spannungsfeld von Mythos und Kerygma (›Der arme Heinrich‹/›Parzival‹)«, in: *Präsenz des Mythos* (wie Anm. 61), S. 19–33.

[69] Michel Foucault: »Andere Räume«, in: ders.: *Aisthesis. Wahrnehmung heute oder Perspektiven einer anderen Ästhetik. Essais,* hg. v. Karlheinz Barck u. a. Leipzig

dings als »Räume der Kontingenz«.[71] Gemeinsam ist all diesen dezidiert kulturwissenschaftlichen Arbeiten ein im weitesten Sinne kultursemiotisches Verständnis der Erzählräume, da diese in ihrer charakteristischen literarischen Konstruktion von Doppelcodierungen in Transgressionsbereichen und Abgründen divergierende Ausprägungen von Anderwelten entwürfen, eine eigene Ebene unterschiedlicher kultureller Zeichensysteme eröffneten und damit zugleich eine Entzifferung ihres jeweiligen kulturtheoretischen Aussagepotentials nahelegten.

Und tatsächlich zeichnet sich ja das höfische Erzählen durch eine merkwürdige Kombination von detailrealistischer Sachbeschreibung und irrealer Themenkonstruktionen aus, durch eine charakteristische Überblendung von Gesellschaftsdarstellung und imaginären Figurationen, die – nicht nur im Bereich der erzählten Räume, aber eben doch besonders deutlich auf der Erzählebene der Topographien – immer wieder eine Durchlässigkeit der erzählten Gesellschaftswelt auf eine ›andere‹ Welt der Imagination und Phantasmagorie – die Fiktionalitätsforschung würde sagen, des kulturell Imaginären – bewirkt. Diese wiederum erlaubt dann sehr unterschiedliche kulturanthropologische Besetzungen, so daß die möglicherweise irritierend wirkende Vielfalt dieser Lektüren der Erzählräume etwa des Artusromans sich nicht zuletzt auch einer Besonderheit höfischen Erzählens verdankt.

Während dieses Oszillieren der Erzählwelt bislang in seinen diversen kulturellen Dichotomien, gelegentlich auch in seinen palimpsestartigen Überschreibungen von mythischen Strukturen durch höfische Erzählmuster gelesen worden ist, konzentriert sich in den letzten Jahren – wohl zumindest indirekt unter dem Eindruck postkolonialer Kulturbestimmun-

1990, S. 34–46; ders.: *Die Heterotopien. Les hétérotopies. Der utopische Körper. Le corps utopique. Zwei Radiovorträge*. Zweisprachige Ausgabe. Übersetzt von Michael Bischoff. Mit einem Nachwort von Daniel Defert. Frankfurt a. M. 2005.

[70] Vgl. dazu den guten Überblick über dieses Raumkonzept von Doris Bachmann-Medick: »Dritter Raum. Annäherungen an ein Medium kultureller Übersetzung und Kartierung«, in: *Figuren der/des Dritten. Erkundungen kultureller Zwischenräume*, hg. v. Claudia Breger u. Tobias Döring. Amsterdam–Atlanta 1998 (Internationale Forschungen zur Allgemeinen und Vergleichenden Literaturwissenschaft 30), S. 19–36.

[71] So lautet der Titel eines Beitrags von Mireille Schnyder in dem eben erschienenen Sammelband: *Kein Zufall. Konzeptionen von Kontingenz in der mittelalterlichen Literatur*, hg. v. Cornelia Herberichs u. Susanne Reichlin. Göttingen 2009 (Historische Semantik 13), S. 174–185, der unter dem Konzept von Kontingenz auf die in der Forschung schon oft thematisierten Aspekte von Ortlosigkeit, Leere, Gefährdung und Angsterfahrung bestimmter Räume des Höfischen Romans abhebt.

gen – das Interesse der Forschung an den changierenden Raumszenarien des höfischen Romans eher auf die bedrohlichen Schrecken nicht nur der ›anderen‹ Welt, sondern auch auf die Abgründe, die sich in der eigenen Welt auftun und diese – im Sinne von Homi Bhabha – zum interferierenden Ort des Dazwischen, des ›Unheimlichen‹ machen. Unter diesem Blick für die »narratives of internal colonisation«[72] verwandelt sich die höfische Welt des Romans dann – wie der nächtliche Ardennerwald in den angsterfüllten Augen des zutiefst verunsicherten jungen Partonopier in der Eingangsszene von Konrads von Würzburg *Partonopier und Meliur* – in einen Schreckensort der Bedrohung, bei dem alles Vertraute die Gestalt des Unheimlichen annimmt. Zwar bewegt sich diese mehr oder weniger explizite mediävistische Adaptation postkolonialer Kulturbestimmungen auf einer eher äußerlichen Terminologie-Ebene der Kulturbeschreibung, da sie für die imaginäre Verortung der kulturellen Erzählräume auf den Aspekt des Aufeinandertreffens differierender Kulturen verzichtet und damit zugleich die theoretische Basis des für den Postkolonialismus so zentralen Hybridisierungskonzepts ausblendet. Dennoch haben diese möglicherweise nicht sehr belastbaren ›postkolonialen‹ Lektüren des höfischen Romans dazu geführt, daß die diversen literarischen Orte des höfischen Romans, der Wald wie der Hof, die Transgressionsräume von Flüssen und Seen, Furten und Brücken, Lichtungen und Gärten, aber doch auch die Innenräume wie Festsaal und Kemenate, Burghof und Vorzimmer, Zelte und Höhlen doch noch einmal genauer in ihrer poetischen Konstruktion und ihren Semantisierungsmöglichkeiten analysiert werden und dabei bestimmte Aspekte wie Doppelcodierung, Transgression, Abbrüche, ja Abgründigkeiten hervortreten, die bislang in ihrem Aussagepotential noch kaum beachtet waren.[73] Aber gerade sie scheinen

---

[72]   So bezeichnet James R. Simpson: *Troubling Arthurian Histories. Court Culture, Performance and Scandal in Chrétien de Troyes'* Erec et Enide. Oxford u. a. 2007 (Medieval and Early Modern French Studies 5), S. 40, die höfischen Abenteuerromane des 12. Jahrhunderts, die mit ihrer »›exoticisation‹ of milieux such as the forest« (ebd.) einem mediävistischen »›subaltern‹ reading« (ebd.) im Sinne von Gayatri Chakravorty Spivak (wie Anm. 15) und Dipesh Chakrabarty: *Provincialising Europe. Postcolonial Thought and Historical Difference.* Princeton–Oxford 2000, beste Erkundungsmöglichkeiten böten.

[73]   Vgl. neuerdings übergreifend Jan-Dirk Müller: *Höfische Kompromisse. Acht Kapitel zur höfischen Epik.* Tübingen 2009, hier vor allem Kap. 5: »Zwischenräume – Paradoxen höfischer Öffentlichkeit« (S. 272–316); sowie den Sammelband: *Innenräume in der Literatur des deutschen Mittelalters.* XIX. Anglo-German Colloquium Oxford 2005, hg. v. Burkhard Hasebrink u. a. Tübingen 2008; aber auch einzelne Beiträge in dem von Ulrich Müller und Werner Wunderlich herausgegebenen Band: *Burgen,*

dem höfischen Erzählen seine charakteristische Tiefenschärfe zu geben, die hinter/unter dem didaktisch-utopischen Firnis des Erzählens von ›höfischer Idealität‹ Abgründe der unterschiedlichsten Couleur aufblitzen läßt.

Dies gilt auch für die literarische Profilierung des Personals und ihrer Figurationen im höfischen Roman, die ebenfalls Anteil an jenem Changieren des höfischen Erzählens zwischen höfischem Eigenen und fremder Anderwelt haben, jedenfalls – wie die Forschung schon seit langem gesehen hat –[74] in die verschiedensten kulturräumlichen, gesellschaftsstratifikatorischen und mental-imaginären Dichotomien eingebunden sind: als komplizierte Personengeflechte von Christen, Juden und Heiden im Mittelmeerraum, als Figurentypen und Interaktionsszenen gesellschaftlicher Deklassierung beim Auftreten stadtbürgerlicher bzw. bäuerlicher Rollenfiguren, aber auch sozialer Devianz im Umkreis hochadeliger Protagonisten mit zunächst abgeschatteter oder gar verdeckter geburtsständischer Adelsherkunft wie Parzival oder Rennewart, als imaginäre Fremd- und Zwischenwesen des gelehrt-ethnographischen Wissens, der theologischen Dogmatik, aber auch der paganen Glaubenswelt und subliterarischen Folklore-Traditionen wie die Schnabelmenschen des *Herzog Ernst*, die Riesen und Zwerge, die Feen, dämonischen Schlangenfrauen und Teufelsbündler des höfischen Romans, aber auch der so merkwürdig nahe Waldmensch im *Yvain/Iwein* oder der höfische Zwergenkönig Guivret li petit/Guivreiz im *Erec* und schließlich die verstörenden Abgründe des Fremden im Eigenen, sei es als ethisch-moralische Perspektivierung von Innen und Außen wie bei der Verräterfigur Genelun des *Rolandsliedes* oder der Kundrie-Schelte in Bezug auf Parzival, sei es als Problemaspekt bei changierenden Figurentypen wie dem Truchsessen Keie, aber auch den arthurischen adeligen Gewalttätern Meleagant, Urjans oder Lähelin.

Diese zwischen Natur und Kultur, Fremdheit und Vertrautheit, dämonisch-bedrohlicher Gegenwelt und Faszination oszillierenden Problemfiguren des Hybriden sind bereits seit gut 30 Jahren, am deutlichsten mit der literaturwissenschaftlichen Rezeption der Fragestellungen der *Anna-*

Länder, Orte. Konstanz 2008 (Mittelalter-Mythen 5), hier etwa: Claude Lecouteux: »Der Berg: Sein mythischer Aspekt im Mittelalter« (S. 109–120), Christoph Fasbender: »Höhlen. Einstiege in mythische und mythisierende Geographien mittelalterlicher Literatur« (S. 333–348), Folker Reichert: »Mythische Inseln« (S. 639–657).

[74] Vgl. etwa *An den Grenzen höfischer Kultur. Anfechtungen der Lebensordnung in der deutschen Erzähldichtung des hohen Mittelalters*, hg. v. Gert Kaiser. München 1991 (Forschungen zur Geschichte der älteren deutschen Literatur 12).

les-Historie,[75] in ihrer tiefgreifenden Ambivalenz durchleuchtet und für ein kulturwissenschaftliches Verständnis des Höfischen Romans fruchtbar gemacht worden, und zwar in unterschiedlicher Funktionalisierung: Die Romanistik verfolgt im Gefolge der *Annales*-Historiker Jacques Le Goff und Jean-Claude Schmitt eher eine Art Archäologie der verdeckten paganen Traditionen und sieht in der Romanschicht des Wunderbaren etwa literarischer Feenfiguren oder Dämonengestalten die Wiederkehr der von der Klerikerkultur gezähmten, verschütteten (paganen) Folklore,[76] die ›résurgence‹ einer verdeckten, aber nicht ganz zum Schweigen gebrachten mythischen Stimme.[77] Auch für Rainer Warning dokumentieren die narrativen Hybriden »die Fortdauer eines archaischen Transgressionsbedürfnisses unter historischen Bedingungen«.[78] In der Germanistik dominierte hingegen eher ein gesellschaftsgeschichtlich orientierter Blick, wenn etwa Bernd Thum[79] gesellschaftliche Unterschiede innerhalb der eigenen Kultur als das »interne Fremde« literarischer Darstellung sieht

---

[75] Am deutlichsten in Anbindung an die von Jacques Le Goff in seinem Aufsatzband *Pour un autre Moyen Age* vorgegebene Verständnisebene der das gelehrt-klerikale Mittelalter zutiefst bestimmenden, untergründig wirksamen paganen Folklore-Schicht. Vgl. vor allem die zusammen mit Emmanuel Le Roy Ladurie in den *Annales* des Jahres 1971 erschienene *Melusine*-Studie, deren Mittelalter-Partie von Jacques Le Goff in die deutsche Übersetzung des Sammelbandes aufgenommen wurde: »Melusine – Mutter und Urbarmacherin«, in: Jacques Le Goff: *Für ein anderes Mittelalter* (wie Anm. 27), S. 147–174.

[76] Vgl. neben den in Anm. 27 vermerkten Arbeiten von Jacques Le Goff und Jean-Claude Schmitt die Perspektive eines »kulturgeschichtlichen Vorgangs eines renouveau verschütteter Folklore« (S. 8) und zugleich einer »klerikalen Akkommodation des märchenhaften Substrats« (S. 14), die Friedrich Wolfzettel in der Einleitung zu einer Sammlung seiner Aufsätze: *Le Conte en palimpseste. Studien zur Funktion des Märchens und Mythos im französischen Mittelalter*. Wiesbaden 2005, S. 7–15, in der Tradition von Daniel Poirion als Verständnisrahmen für romanische mittelalterliche Texte formuliert.

[77] So im Gefolge von Danielle Bohler: »Le Mythe sous le récit«, in: *L'Homme* 32 (1992), S. 391–395.

[78] Vgl. Warning: »Narrative Hybriden« (wie Anm. 68), S. 23.

[79] Bernd Thum: »Frühformen des Umgangs mit kultureller Fremde in hochmittelalterlicher Epik. Der ›Parzival‹ Wolframs von Eschenbach als Beispiel«, in: *Das Mittelalter – unsere fremde Vergangenheit. Beiträge der Stuttgarter Tagung vom 17. bis 19. September 1987*, hg. v. Joachim Kuolt, Harald Kleinschmidt u. Peter Dinzelbacher. Stuttgart 1990 (Flugschriften der Volkshochschule Stuttgart NF 6), S. 315–352.

oder Petra Giloy-Hirtz[80] in den literarischen Erscheinungen des Monströsen, vornehmlich in ihrer »Ästhetik des Imaginären« deutliche Verweise auf die »Dimension zeitgenössischer Wirklichkeit« sieht, deren als »bedrohlich empfundene Momente [...] in eine dämonisierte Gegenwelt ausgelagert« (S. 189) seien.[81] Auch für Stephan Fuchs[82] ist die Exorbitanz hybrider Helden der Romanliteratur des 13. Jahrhunderts vor allem die »Signatur einer tiefen Verunsicherung« (S. 234), einer gesellschaftlich fundierten »Orientierungslosigkeit« (S. 235), der die Autoren wie ihr Publikum angesichts einer im 13. Jahrhundert zutiefst veränderten gesellschaftlichen Welt ausgesetzt seien. Neuerdings konzentriert sich die Forschung mit ihrer zumindest terminologischen Anbindung an Homi Bhabhas Konzept des ›Hybriden‹ vornehmlich auf die »intimate alterity« des monströs Fremden in der eigenen Kultur,[83] auf bestimmte »Zwischenfiguren«, etwa – wie im Falle des *Friedrich von Schwaben* – auf die beiden Ehefrauen des Protagonisten, die zwischen Mensch und Hirsch angesiedelte Angelburg und die Zwergenkönigin Jerome, die – so neuerdings

---

[80]   Petra Giloy-Hirtz: »Begegnung mit dem Ungeheuer«, in: *An den Grenzen höfischer Kultur* (wie Anm. 74), S. 167–209.

[81]   Für Marina Münkler und Werner Röcke: »Der *ordo*-Gedanke und die Hermeneutik der Fremde im Mittelalter: Die Auseinandersetzung mit den monströsen Völkern des Erdrandes«, in: *Die Herausforderung durch das Fremde*, hg. v. Herfried Münkler unter Mitarbeit von Karin Meßlinger u. Bernd Ladwig. Berlin 1998 (Interdisziplinäre Arbeitsgruppen, Forschungsberichte 5), S. 701–766, sind hingegen die monströsen Völkerbeschreibungen in mittelalterlichen Texten zugleich »Element einer realistischen Weltbeschreibung« wie auch »Form der Auseinandersetzung mit dem Fremden« (S. 710).

[82]   Stephan Fuchs: *Hybride Helden. Gwigalois und Willehalm. Beiträge zum Heldenbild und zur Poetik des Romans im frühen 13. Jahrhundert.* Heidelberg 1997 (Frankfurter Beiträge zur Germanistik 31).

[83]   Jeffrey J. Cohen: *Of Giants, Sex, Monster, and the Middle Ages.* Minneapolis–London 1999 (Medieval Cultures 17), hier S. XII (am Beispiel der ambivalenten literarischen Figur des Riesen); vgl. auch Walker Bynum: *Metamorphosis and Identity* (wie Anm. 56) am Beispiel der Werwolf-Geschichten um 1200; *Meeting the Foreign in the Middle Ages*, hg. v. Albrecht Classen. New York–London 2002; und nicht zuletzt den Sammelband: *The Monstrous Middle Ages*, hg. v. Bettina Bildhauer u. Robert Mills. Cardiff 2003, dessen Beiträger das literarische Konzept eines »monstrous Middle Age« (S. 8) in Analogie zum Orientalismus-Konzept der Postcolonial Studies – unter dem Stichwort »Orientalism within« (S. 9) – als Produkt einer frühen Kolonialmentalität auf sein verdecktes Geflecht von »familiarity« und »difference« untersuchen.

Monika Schausten[84] in einer Homi Bhabha verpflichteten Lektüre der Personenkonstellation des Romans – als zutiefst hybride Figuren nicht nur das »Brüchige der höfischen Welt zu Tage treten« (S. 143) ließen, sondern zugleich das »Andere der eigenen Welt« (S. 150), das der Protagonist schließlich in die Sphäre des Höfischen zu überführen habe. Und welch überragende Bedeutung auf der Figurenebene den literarischen Inszenierungen von Schwellenfiguren, Grenzziehungen und Überschreitungen des Diskursfeldes von Mensch und Tier im Kontext höfischer Symbolordnungen zukommt, hat kürzlich Udo Friedrich in einer eindrucksvoll übergreifenden Studie gezeigt.[85]

Aber nicht nur die merkwürdig mehrfach kodierten Räume des Höfischen Romans sind gelegentlich von auffälligen Zwischenwesen bevölkert, die den Texten eine zusätzliche Sinnebene einziehen, auch die Protagonisten selbst geraten immer wieder in Interaktionsgeflechte, in Situationen und Zustände, die – wie das Waldleben Iweins als nackter ›tore‹, der Scheintod Erecs in Limors, die Ohnmacht des nackten Wigalois im Wald, der Verlust der äußeren Sinne von Parzival vor den Blutstropfen im Schnee – ein kulturtheoretisch orientiertes Verständnis als spezifisch ausgeprägte Transgressionsszenarien auf sich ziehen; mit ganz unterschiedlichen Ergebnissen: Unter einer strukturanthropologischen Lévi-Strauss-Perspektive präsentiert sich die merkwürdig zeitlose Waldepisode des nackten Toren Yvain/Iwein, der mit seinem Speer Tiere erlegt und das rohe Fleisch gegen gebackenes Brot beim Einsiedler eintauscht, als eine zwischen Natur und Kultur changierende Zwischenexistenz.[86] Im Blick auf William Turners Kulturkonzept der Ritualdynamik mag sie sich allerdings eher als eine zentrale liminale Phase des – wie Bruno Quast[87] herausgestellt hat – Oszillierens zwischen Wildem und Höfischem ausweisen. Mit ihren ausgeprägten Entfremdungsszenarien des Aufwachens können ihr freilich auch signifikante Merkmale jenes für

---

[84] Monika Schausten: *Suche nach Identität. Das ›Eigene‹ und das ›Andere‹ in Romanen des Spätmittelalters und der Frühen Neuzeit.* Köln–Weimar–Wien 2006 (Kölner Germanistische Studien NF 7), S. 110–151.

[85] Udo Friedrich: *Menschentier und Tiermensch. Diskurse der Grenzziehung und Grenzüberschreitung im Mittelalter.* Göttingen 2009 (Historische Semantik 5).

[86] Vgl. Le Goff: »Lévi-Strauss in Brocéliande« (wie Anm. 64); kritisch dazu neuerdings Friedrich: *Menschentier und Tiermensch* (wie Anm. 85), S. 358–374.

[87] Bruno Quast: »Das Höfische und das Wilde. Zur Repräsentation kultureller Differenz in Hartmanns *Iwein*«, in: *Literarische Kommunikation und soziale Interaktion. Studien zur Institutionalität mittelalterlicher Literatur*, hg. v. Beate Kellner, Ludger Lieb u. Peter Strohschneider. Frankfurt a. M. u. a. 2001, S. 111–128.

Homi Bhabhas Kulturkonzept des ›third space‹ charakteristischen Unheimlichwerdens des Vertrauten in differenten Kulturräumen zugeschrieben werden, so daß in dieser Szene jäh der für die Postkolonialismus-Diskussion so entscheidende Aspekt des konfliktreichen Aufeinandertreffens unterschiedlicher Kulturen und das damit verbundene Fremdgefühl gegenüber dem Eigenen, eigentlich zutiefst Vertrauten aufzublitzen scheint.

Damit sind geradezu kulturarchäologische Verfahren der Spurensuche gefragt, die der spezifischen Erzähltechnik der Höfischen Romane sehr zu entsprechen scheinen. Denn nicht nur im Bereich der Raumsemantik und Figurenkonstruktion bietet der Höfische Roman auffallende Transgressionsphänomene, auch zentrale und für diesen Texttypus offenbar besonders charakteristische Szenen des temporären Selbstverlusts der Protagonisten verweisen auf Ambivalenzen des Erzählgeschehens, eine Durchlässigkeit der Realitätsebene der erzählten Geschichte auf andere Sinnbereiche, in der kulturelle Konfliktszenarien sedimentiert sein mögen. Kulturtheoretisch geleiteten Lektüren gelingen dabei hochinteressante Entzifferungen möglicher subkutaner Sinnschichten des Verständnisses. Dies mag nicht zuletzt für einen postkolonialen Verständnisrahmen gelten, der von einer basalen, alle Ebenen der Lebenswelt bestimmenden Heterogenität von Kulturen ausgeht und auf dieser Prämisse in den verschiedensten Ausprägungen von Hybridität die entscheidenden Marker kultureller Praktiken sieht, die eben auch die Literatur zutiefst bestimmten. Die höfische Dichtung mit ihren ineinander greifenden Realitätsebenen scheint deshalb für diese Suche nach kulturbestimmenden Hybridititätsformationen ein ausgezeichnetes Laboratorium zu sein.

Es fragt sich jedoch, ob dieses kulturwissenschaftlich orientierte Verständnis der höfischen Dichtung nicht sehr nahe – und näher als es dieser avanciert kulturtheoretischen Spielart vielleicht lieb sein mag – jener inzwischen so verachteten gesellschaftsgeschichtlichen Literaturwissenschaft, auch in der Spielart des historischen Materialismus, kommt, die von tiefgreifenden, jedenfalls alle Bereiche des Lebens tangierenden gesellschaftlichen Widersprüchen ausgegangen ist und unter dieser Perspektive an literarischen Figuren, Motivkomplexen und Themengeflechten die ideologische Labilität des Dargestellten in seiner Verschleierungsfunktion diagnostiziert hat. Denn nach dieser Verständnisprämisse lauert hinter der Erzähloberfläche des literarischen Geschehens der gesellschaftliche Widerspruch, das von der herrschenden Ideologie Verdrängte und Ausgegrenzte, das gelegentlich in den Texten Gestalt, selten eine direkte, in den meisten Fällen eine unter einem ideologischem Schleier verdeckte, annehmen mochte. Diese Rolle der ideologischen Entlarvung erhielten dann besonders die Devianzfiguren, die Bauern und Kaufleute, die unhöfischen Konfliktfiguren und Bösewichte, die in jeweils anderer Zurüstung zentrale gesellschaftliche Widersprüche des Feudalismus zu verkörpern schienen. Nicht sehr viel anders verläuft allerdings die Argumentation in den neueren postkolonialen wie auch den weiter ausgreifenden kulturtheoretischen Textlektüren.[88] Denn auch hier konzentriert sich das Interesse auf das von der höfischen Idealität Abweichende, die Feengeliebte, die zwischenweltlichen Figuren, monströse Wesen, karnevaleske Szenerien oder Gewaltexzesse und Familiendesaster, die dann für die Brüchigkeit der höfischen Sphäre stehen, auf verdrängte Obsessionen verweisen, Kollektivtraumata bearbeiten, gar tiefsitzende Transgressionswünsche artikulieren oder für Formen der Resistenz gegen imperialistische Normierungen stehen mögen. Das Deutungsmuster ist vergleichbar, ebenso die Art der historischen Kontextualisierung. Sie sind nur mit jeweils unterschiedlichen inhaltlichen Besetzungen ausgestattet. Die ältere sozialgeschichtliche Literarhistorie sieht in der volkssprachigen Adelsliteratur des Mittelalters poetische Antworten auf jenen, die mittelalterliche Adelsgesellschaft ganz elementar tangierenden historischen Prozeß der sogenannten Territorialisierung, der sich als Umstrukturierungsprozeß auf den verschiedensten gesellschaftlichen Ebenen abgespielt habe, im Bereich der Herrschaftsbildung, der dynastischen Familienpolitik, der internen Gliederung des Adels, der Rolle der Städte, jedenfalls in allen Lebensbereichen wirksam sei. Auch die Dichtung, vor allem die volkssprachige Adelsliteratur, sei mit ihren so attraktiven literarischen Themenfigurationen von Ritterethos und Standesstolz, von Dynastenehe, Liebe und komplizierter Geschlechterbeziehungen, von Fürstengenealogie und Verwandtschaftsbindungen ein Teil dieses historisch-gesellschaftlichen Prozesses. In poetischen Transformationsakten fiktionaler Irrealisierung entfalte er auf ganz unterschiedliche Weise seine Wirksamkeit: einerseits in affirmativer Hofpanegyrik und Fürstenpreis, in optimistischen Utopieentwürfen gesellschaftlichen Zusammenlebens, vor allem aber in literarischen Bildern rückwärtsgewandter Gesellschaftsvorstellungen, subversiver Gegenmodelle, ideologischer Polemik oder gar Untergangsszenarien, die offenbar tiefsitzenden gesellschaftlichen Verlustängsten, verdeckten

---

[88] Vgl. etwa die programmatisch einleitenden Ausführungen bei Jeffrey J. Cohen: »Postcolonialism«, in: *Chaucer. An Oxford Guide*, hg. v. Steve Ellis. Oxford 2005, S. 448–462.

Gefühlen der Verunsicherung und Labilität, aber eben auch des Widerstands eine vielfältig modulierte literarische Stimme verliehen hätten. Die kulturtheoretisch orientierten Deutungen, vor allem postkolonialer Ausrichtung, interessieren sich zwar weniger für die verfassungs- und sozialgeschichtlichen Veränderungen der mittelalterlichen Adelsgesellschaft, sondern setzen auf andere historische Kontexte: auf den Zusammenstoß von Kulturen, vor allem in den bekannten Kontaktzonen europäischer ›borderlands‹ wie Wales, Schottland, Irland oder Spanien, aber auch prinzipieller auf die verschiedensten Formen eines konfliktbesetzten Aushandelns unterschiedlicher gesellschaftlicher Praktiken und Verhaltensnormen, auf faktische wie ideologische Katastrophen, etwa traumatische Erfahrungen, Gewaltexzesse auf dem 1. Kreuzzug Ende des 11. Jahrhunderts, die Plünderung Konstantinopels von 1204, die Albigenserkriege zu Beginn, den Fall Akkons Ende des 13. Jahrhunderts oder die Eroberung Konstantinopels durch die Türken im Jahre 1453, aber auch auf bestimmte vermutete mentalitätshistorische Restriktionen, die Zwänge des Allianzdispositivs, des aristokratischen Verhaltensregulativs einer höfischen Kultur oder die Ausgrenzung paganer Glaubens- und antinormativer Verhaltenspraktiken. Aber auch sie rechnen mit Kollektivreaktionen einer tiefen Verunsicherung, einem ausgeprägten Krisenbewußtsein, verdeckten Befreiungswünschen oder Hegemoniestrebens, die die Dichtung angesichts einer Welt »on the edge of ruin« zumindest in bestimmten Bereichen mehr oder weniger direkt bestimmt habe.[89]

In der kritischen Auseinandersetzung mit der gesellschaftsgeschichtlich orientierten materialistischen Literaturwissenschaft sind seinerzeit immer wieder und geradezu flehentlich innerliterarische Traditionslinien, poetische Eigengesetzlichkeiten und autochthone Gattungsentwicklungen als Antidot gegen die Gesellschaftsallegorese des Verständnisses angeführt und auf die komplizierten Verschränkungen der verschiedensten Diskursebenen verwiesen worden. Dies würde sich allerdings auch für die kulturtheoretisch ausgerichtete Spielart des Textverständnisses anbieten. Denn es fragt sich, ob diese ›hybride‹ Welt des Höfischen Romans wirklich unterschiedlich kodierte Transgressionsbedürfnisse artikuliere, gar subkutane Unheimlichkeitserfahrungen kultureller Konfliktszenarien bearbeite

---

[89] Dieses zutiefst negative Gesellschaftsszenario des spätmittelalterlichen England nach den verschiedensten Invasionen ist jedenfalls bei Barbara Lalla: *Postcolonialisms. Caribbean Rereading of Medieval English Discourse.* Kingston 2008, S. 9, die ideologische Kontext-Prämisse für ihre Einschätzung der mittelenglischen Literatur als »the first postcolonial literary discourse in English« (S. 8).

oder nicht sehr viel mehr ein selbstgewisses, intellektuell-überlegenes, vielleicht sogar auch spielerisches Montieren und Neujustieren der verschiedensten Materialien der Erfahrungs- und Wissenswelt signalisiere – auch das einer tiefgreifenden Heterogenität der Kultur.

Karl Eibl

»Alles Leben ist Problemlösen« – nach 40 Jahren

Es muß um 1969/70 gewesen sein, daß mir die Arbeiten Karl R. Poppers und seines deutschen Statthalters Hans Albert in die Hände fielen und mir halfen, ein ebenso persönliches wie überpersönliches – nun ja: Problem zu verarbeiten, nämlich das einer vertretbaren wissenschaftstheoretischen (und -praktischen!) Orientierung jenseits von Verschmelzungshermeneutik und Marxismus. Den Rahmen mag der Titel von Poppers letztem Buch annoncieren: »Alles Leben ist Problemlösen«. Ich habe die entsprechenden Überlegungen dann 1976 in meinem Traktat über *Kritisch-rationale Literaturwissenschaft*[1] knapp zusammenzufassen versucht und später mit etwas anderen Werkzeugen weitergeführt. An dieser Stelle will ich mich darauf beschränken, den Ausgangspunkt zu skizzieren und auf einige Weiterführungen hinzuweisen, die sich aus einer Berücksichtigung bioanthropologischer Aspekte ergeben können. Man möge es mir nicht als Hochmut auslegen, wenn ich dabei etwas undialogisch verfahre und nicht explizit auf die vorliegenden Diskussionsbeiträge,[2] auch nicht auf deren Befassung mit meiner Position, eingehe. Das könnte allzu leicht in Rechthaberei ausarten.

Unterstreichen möchte ich aber jedenfalls Dirk Werles Hervorhebung der ›Zweigliedrigkeit‹ des Problembegriffs. Konzepte wie ›Ideengeschichte‹ oder ›Wissensgeschichte‹ tendieren ja dazu, autonome Räume in Utopia oder Uchronia zu konstruieren.[3] Es gibt dann kein Außerhalb der Ideen oder des Wissens. Das gilt nicht nur für Derrida-Jünger, sondern auch für manche analytische Philosophen und sogar für die scheinbar biologisch inspirierte ›Memetik‹ oder ›Mem-Theorie‹, die nach alter

[1] Karl Eibl: *Kritisch-rationale Literaturwissenschaft. Grundlagen zur erklärenden Literaturgeschichte*. München 1976.

[2] Dieses Papier gehört in den Zusammenhang einer Diskussion, die von Dirk Werle: »Frage und Antwort, Problem und Lösung: Zweigliedrige Rekonstruktionskonzepte literaturwissenschaftlicher Ideenhistoriographie«, in: *Scientia Poetica* 13 (2009), S. 255–303, angeregt wurde.

[3] Leider meint Werle, im Gegensatz zu den Sozialwissenschaften sehe eine problemgeschichtliche Literaturwissenschaft von Kausalproblemen ab und lasse die ›Ursachenforschung‹ »außen vor« (S. 279). Damit verschenkt er die Hälfte der Kapazität des Problembegriffs und beläßt die Literaturwissenschaft (oder Ideengeschichte – solche Unterscheidungen werden nicht immer ganz klar) in ihrer Igelstellung.

Idealistenweise die kulturell handelnden Menschen nur als Vollzugsorgane autonomer ›Meme‹ kennt. Der Problembegriff ist der Haken, durch den man ideengeschichtliche Phänomene mit ihrem (ideengeschichtlichen, mentalitätsgeschichtlichen, gesellschaftsgeschichtlichen, realgeschichtlichen usw.) Kontext verknüpfen kann.

I. Warum wollen wir Probleme lösen?

Die Grundstruktur des Problemlösens können wir tatsächlich in allen Bereichen des ›Lebens‹ auffinden. Fortwährend sind Stoffwechsel-›Probleme‹ zu lösen, auch im Schlaf; der Blutkreislauf muß reguliert werden, das Immunsystem wehrt die diversen Invasionen von Kleinstlebewesen ab usw. Gesunde Menschen nehmen diese elementaren Lebensvorgänge allerdings kaum wahr, geschweige denn, daß sie über angemessene Problemlösungen nachsinnen. Eine neue Qualität tritt mit den Außenbeziehungen des Organismus hinzu: Das Erlegen und Garen einer Antilope ebenso wie das Steuern eines Flugzeugs und der Umgang mit unseresgleichen. Erst hier setzt unser Alltagsbegriff von Problem ein, einfach deshalb, weil hier auch ein mehr oder weniger deutliches Begleitwissen beteiligt ist, etwas, das wir Bewußtsein nennen.

Wenn wir menschliches Verhalten auf Bewußtseinsebene als problemlösendes Verhalten begreifen, dann kommen die menschlichen Überzeugungen (Regelmäßigkeitsannahmen, ›Ideen‹, derzeit: ›Wissen‹) ins Spiel. Es geht dabei nicht nur um jene individuell erworbenen Erfahrungen, die auch bei den höheren Tieren das Verhalten mitbestimmen, sondern um überindividuell (sprachlich) fixierte Erfahrungen oder Hypothesen. Sie sind der kulturelle Teil der Instrumente, mit denen wir unsere Probleme konstruieren und lösen – mit denen andere ihre Probleme konstruieren und lösen. Auf dieser Basis bin ich seinerzeit zu einer Definition der Begriffe von ›Erklären‹ und ›Verstehen‹ gekommen, die diese beiden Zentralbegriffe der ›zwei Kulturen‹ kommensurabel machen sollte:

> ›Erklären‹ ist die Verknüpfung von ›Tatsachen‹ mittels *unserer* Regelmäßigkeitsannahmen; ›Verstehen‹ heißt die Rekonstruktion, wie ein anderer Tatsachen mittels *seiner* Regelmäßigkeitsannahmen verknüpft (hat), um ein Problem zu lösen.[4]

Das mag als Zusammenfassung meiner damaligen Bemühungen hier genügen.

---

[4] Eibl: *Kritisch-rationale Literaturwissenschaft* (wie Anm. 1), S. 60.

Zwei Jahre nach meinem Büchlein erschien ein Aufsatz von Premack und Woodruff, dessen Titelfrage die Richtung weiterer Fragen indizieren könnte: »Does the chimpanzee have a theory of mind?«[5] Dieser Aufsatz gilt als eine Art Initialzündung der neueren ›Theory-of-mind‹-Forschung, die man als so etwas wie die szientistische Fortsetzung der Hermeneutik ansehen kann. Daß die Fragestellung von der Primatenforschung ausging, weist auf ein Programm hin, dem ich ebenfalls ein Stück weit zu folgen willens bin. Es geht dabei nicht darum, die kognitiven Kapazitäten von Homo sapiens sapiens auf die eines Schimpansengehirns zu ›reduzieren‹. (Oder, was inzwischen auch beliebt ist, das Schimpansengehirn rhetorisch auf seine dreifache Größe aufzublasen, damit es Menschenvolumen erlangt.) Der Vergleich mit unseren nächsten Verwandten kann vielmehr helfen, die artspezifischen Besonderheiten genauer wahrzunehmen.

Was nennen wir ein Problem? (Was ›ist‹ ein Problem?) Ganz allgemein läßt sich ›Problem‹ als Differenz von Sollwert und Istwert definieren. Wenn bei der Wahrnehmung dieser Differenz Bewußtsein beteiligt ist, dann können wir mit Popper von einer Differenz von Erwartung(s-Satz) und Beobachtung(s-Satz) sprechen. Die Problem*lösung* besteht darin, daß der problemlösende Akteur eine solche Differenz beseitigt oder zumindest zu beseitigen versucht. Weshalb tut er das? Es scheint selbstevident (›unhintergehbar‹) zu sein, daß die Wahrnehmung eines Problems mit dem Wunsch verbunden ist, es zu lösen oder zumindest zu beseitigen, oder daß der Begriff des Problems schon die Aufforderung zur Beseitigung impliziert. Aber man sollte Selbstevidentes oder Selbstverständliches gelegentlich hinterfragen. Weshalb sollen/wollen wir Probleme lösen?

Weil Probleme weh tun (metaphorisch und literal).[6] Daß wir Probleme (Paßt-nicht-Meldungen) in aller Regel nicht herumliegen lassen, sondern zumindest einen Appell wahrnehmen, sie zu lösen (oder zu verstecken), kann als alltagsempirisch gesichert gelten. *Wie* solche Lösungen geschehen, erforscht die Denkpsychologie. Aber erst die Frage, *warum* wir Probleme lösen wollen, kann uns auf die Ursachen der Zwanghaftigkeit (und Universalität) dieses Denkantriebs führen.

---

[5]   David G. Premack u. Guy Woodruff: »Does the chimpanzee have a theory of mind?«, in: *Behavioral and Brain Sciences* 1 (1978), S. 515–526.

[6]   Wenn man mit der Luhmannschen Systemtheorie operieren will, kann man ›Schmerz‹ als ›Irritation‹ des Systems bestimmen. Ich habe das dargelegt in Karl Eibl: »Literaturgeschichte, Ideengeschichte, Gesellschaftsgeschichte – und das ›Warum der Entwicklung‹«, in: *Internationales Archiv für Sozialgeschichte der deutschen Literatur* 21 (1996), H. 2, S. 1–26.

Den Wunsch oder Trieb oder Instinkt, Probleme zu lösen, verdanken wir der Evolution. Organismen, deren Verhalten sich den Herausforderungen der Umwelt anpaßten, hatten höhere Überlebens- und Fortpflanzungschancen als solche, die sich nicht anpaßten. Der Schmerz im literalen Sinn wäre ja nur eine ganz üble Schikane der Natur oder Gottes, wenn er nicht als Alarm für körperliche Beschädigung höchsten Überlebenswert hätte. Und bei den Bewohnern der ›kognitiven Nische‹[7] hat auch die Sensibilität für andere Irritationen hohen Überlebenswert, insbesondere Sensibilität für logische Widersprüche und Mißerfolge beim Handeln, die auf Fehler der subjektiven Weltkonstruktion hinweisen. Das ist das ›fundamentum in re‹ für meine Schmerz-Metapher. Das Bedürfnis, Probleme zu lösen, ist nicht nur eine *semantische* Implikation des Begriffs ›Problem‹, sondern es ist auch eine evolutionär begründete *materiale* Implikation. Es gibt einen angeborenen Antrieb, Probleme zu lösen, einen Problemlösungstrieb. Etwas korrekter, aber umständlicher: Ein Ensemble von Trieben, die wir theoretisch zu einem Problemlösungstrieb zusammenfassen können.[8]

In diesem Kontext sind Ideen kognitive Werkzeuge, mit denen wir unsere Probleme lösen. Diese ›instrumentalistische‹ Deutung von Erkenntnis gilt in einigen philosophischen Milieus als unfein, hat aber den großen Vorzug, mit der biologischen Perspektive kompatibel zu sein und das leidige Realitätsproblem zu lösen oder zumindest zu entschärfen. Die Evolution hat uns als ›ganze‹ Menschen hervorgebracht; unser kognitiver

---

[7] John Tooby u. Irven DeVore: »The Reconstruction of Hominid Behavioral Evolution through Strategic Modeling«, in: *The Evolution of Human Behavior. Primate Models*, hg. v. Warren G. Kinzey. Albany 1987, S. 183–237; Steven Pinker: »Language as an Adaptation to the Cognitive Niche«, in: *Language Evolution. States of the Art*, hg. v. Morten H. Christiansen u. Simon Kirby. New York 2003, S. 16–37.

[8] Biologisch korrekt kann man nur von einer Vielzahl von Adaptationen sprechen, die zwar bei höheren Tieren sehr gut vernetzt sind, deren Entstehung sich aber unterschiedlichen Referenzproblemen verdankt. Die Flucht vor dem Beutegreifer und die Vermeidung von Feuer dienen zwar beide der Selbsterhaltung und sind irgendwie auch Problemlösungen, aber konkret gibt es nur die einzelnen Instinkte der Vermeidung. Standardwerk zum biologietheoretischen Problem der Adaptationen und Funktionen: George C. Williams: *Adaptation and Natural Selection. A Critique of Some Current Evolutionary Thought*. 3. Aufl. Princeton 1970. Eine ausführlichere Auseinandersetzung mit der Problematik der Differenz von Entstehung und kultureller Modifikation speziell im Bereich der Literaturwissenschaft findet sich bei Katja Mellmann: »The Multifunctionality of Idle Afternoons: Art and Fiction in Boyd's Vision of Evolution«, in: *Journal of Literary Theory*. http://www.jltonline.de/index.php/reviews/article/view/170/530.

Apparat ist, um ein Wort Lessings etwas zweckentfremdet zu verwenden, zum Tun, nicht zum Vernünfteln geschaffen.[9] Wo wir das ›Tun‹ ausblenden, geraten wir deshalb immer in Aporien, und es wird z. B. zum unlösbaren Rätsel, wie sich Aussagen zu Tatsachen verhalten können. Aus der hier vertretenen Auffassung wird die Brücke zwischen Aussagen und Tatsachen durch Handlungen hergestellt. Ihr Erfolg oder Scheitern entscheidet über die ›Wahrheit‹ von Ideen.[10] Natürlich wird hier sogleich der Einwand provoziert, daß das nur für eine bestimmte Klasse von Problemen gelten kann, nämlich für Realprobleme oder, wie ich sie zur Vermeidung eines objektivistischen Mißverständnisses nennen möchte: für *Vitalprobleme*. Das sind die Probleme unseres Handelns und unserer Lebensführung, von der Essenszubereitung über Partnerwahl und Erziehung bis zum Umgang mit der Unvermeidbarkeit des Todes. Daneben (darüber?) aber gibt es noch eine andere Art von Problemen und Ideen, die ich in aller Kürze als *Kontemplationsprobleme* bezeichnen möchte.

II. Improvisation, Umwegverhalten, Problemdelegation – Ideen in der Kiste

Es bedürfte einiger Kunststücke, wenn man die Vitalrelevanz der Kantischen Kategorientafel oder der Lehre von der leiblichen Aufnahme Mariens in den Himmel ermitteln wollte (anders steht es schon um die Gebete, die an die so Erhöhte gerichtet werden!). Natürlich findet man auch hier von Fall zu Fall eine mehr oder weniger plausible *funktionale* Erklärung, zumal wenn man Nebenfolgen zur Hauptsache erklärt. Da kann dann auch mancher Unsinn zumindest als Mittel der Gruppenbindung und als Selektionsfaktor von Karrieren innerhalb der jeweiligen Gruppe fungieren. Aber man kann auch einige Hauptfaktoren namhaft machen, die für eine *kausale* Erklärung der Handlungsferne vieler menschlicher Ideen in Frage kommen. Ursache sind meines Erachtens drei Techniken der Problembearbeitung, die wir zwar schon im Tierreich auffinden können, die

---

[9] In dieser Auffassung liegt auch der Grund, weshalb ich hier nicht eigens von Emotionen spreche, sondern die emotionale Dimension von Kognitionen stillschweigend mitlaufen lasse. Die kognitive Verarbeitung von Vitalproblemen ist immer mit Emotionen verknüpft, sie sind gleichsam die Brücke von der Kognition zum Handeln. Näheres ist zu finden bei Katja Mellmann: *Emotionalisierung – Von der Nebenstundenpoesie zum Buch als Freund. Eine emotionspsychologische Analyse der Literatur der Aufklärungsepoche.* Paderborn 2006.

[10] In diesem Sinne ließe sich der Poppersche Begriff der Basissätze modifizieren: Es sind Sätze, die den Erfolg oder Mißerfolg von Handlungen ausdrücken.

sich aber erst unter den Bedingungen sprachlicher Weltkonservenbil-
dung[11] voll entfalten können: Improvisation, Umwegverhalten und Pro-
blemdelegation. – Dazu kommt der erwähnte Problemlösungstrieb, der
für die Dynamik verantwortlich ist.

›Improvisation‹[12] läßt sich vielleicht am schnellsten an Wolfgang Köh-
lers klassisch gewordenen Untersuchungen an Menschenaffen verdeutli-
chen. Als man z. B. dem Schimpansen Sultan eine Apfelsine an die Kä-
figdecke hängte, stapelte er nach kurzem Nachdenken drei im Käfig
befindliche Kisten aufeinander und löste damit sein Problem, wie er an
den Leckerbissen kommt.[13] Ein genetisches Programm, das die Benut-
zung von Kisten vorsieht, ist schwer vorstellbar. Wenn keine geeigneten
Kisten vorhanden waren, kletterte Sultan dem Wärter auf die Schultern
und benutzte ihn als ›Kiste‹. Er hatte also ein bestimmtes Basiswissen zur
Überwindung vertikaler Distanzen und konnte das auf Gegenstände an-
wenden, die evolutionär nicht ›vorgesehen‹ waren. Ähnliches läßt sich in
weit komplexerer Form am Problemlösungsverhalten von Menschen be-
obachten, Beispiele kann ich mir hier wohl sparen. ›Improvisation‹ ist
eine Zusammenfassung aller Verfahren der Segmentierung sowie der
Neudefinition von Auslösern und Zielen, mit denen die ursprünglich
›hard wired‹ Instinktmechanismen flexibilisiert und mit neuen Funktionen
versehen werden können.

Als ›Umwegverhalten‹ bezeichnet Köhler den Gebrauch von Zwi-
schenschritten des Problemlösens, sozusagen die Modularisierung eines
Problems.[14] Wenn der Schimpanse zwei Stöcke hat, einen kurzen und
einen langen, und mit dem kurzen nicht bis zum Leckerbissen kommt,
den langen aber nicht in seiner Reichweite findet, dann zerlegt er die Lö-
sung in zwei Schritte. Erst benutzt er den kurzen, um den langen zu sich
herzuziehen, und dann benutzt er den langen, um den Leckerbissen zu
angeln. Eine solche Problemzerlegung ist eine kognitive Leistung, zu der

---

[11] Dazu Karl Eibl: *Kultur als Zwischenwelt. Eine evolutionsbiologische Perspektive.*
Frankfurt a. M. 2009.

[12] ›Improvisational intelligence‹ als Komplementär-Terminus zur ›dedicated intelli-
gence‹ wurde eingeführt von Leda Cosmides u. John Tooby: »Unraveling the Enig-
ma of Human Intelligence: Evolutionary Psychology and the Multimodular Mind«,
in: *The evolution of intelligence*, hg. v. R. J. Sternberg u. J. C. Kaufman. Hillsda-
le/NJ 2001, S. 145–198.

[13] Wolfgang Köhler: *Intelligenzprüfungen an Menschenaffen.* 3. Aufl. Berlin u. a.
1973, Tafel IV.

[14] Dazu auch Irenäus Eibl-Eibesfeldt: *Grundriß der vergleichenden Verhaltensfor-
schung.* 7. Aufl. München 1987, S. 440–446.

nur wenige Lebewesen fähig sind. Neuerdings hat man sie auch an neukaledonischen Raben entdeckt und gebührend gefeiert.[15] Menschliche Beispiele kann ich mir auch hier wohl sparen, will nur an die allgemeine Erfahrung erinnern, daß Sub-Probleme sich manchmal verselbständigen und daß schon mancher auf der Suche nach dem kleinen Stöckchen das große Ziel aus dem Auge verloren hat.

Etwas ausführlicher ist von der ›Problemdelegation‹ zu handeln. Wenn kein geeignetes Werkzeug zu finden ist, dann kann der Verzicht auf das Ziel die bessere Problemlösung sein, denn wenn das Tier z. B. auf die unerreichbare Apfelsine fixiert bliebe, müßte es verhungern. Man kann sagen: Aus der Perspektive des problemlösenden Systems ›gibt‹ es Probleme nur, insoweit sie lösbar erscheinen. Das ist kein Mangel, sondern eine Strategie zum rationellen Einsatz von Aufmerksamkeit und Energie. Dem evolvierten Problemlösungstrieb hält ein evolvierter Problemvermeidungstrieb die Waage, und es ist eine Frage der Situationseinschätzung, welcher die Oberhand behält. Das ist grundsätzlich auch bei den Menschen so. Aber Menschen können auf Grund der Beherrschung einer Darstellungssprache gemeinsame Erfahrungs-Pools anlegen und nutzen, und sie können ungelöste oder im Moment als unlösbar erscheinende Probleme an andere Menschen delegieren, die zeitweilig dafür ernährt werden, daß sie an einer Lösung dieser Probleme arbeiten. Diese Möglichkeit der Problemdelegation entlastet von unmittelbarem Problemdruck, ermöglicht aber trotzdem, das Problem aufzubewahren, und verschafft dem Problemhaushalt immense Wachstumschancen. Spezialisierung, Arbeitsteilung, funktionale Differenzierung sind Titel, unter denen diese Erscheinung schon lange bedacht wurde. In der Ideendelegation liegt aber auch der Grund dafür, weshalb es im menschlichen Ideenhaushalt so kunterbunt zuzugehen scheint und weshalb man bei manchen Ideen nicht recht weiß, welches Problem sie eigentlich lösen sollen.

Man kann sich solche Delegation in zwei Dimensionen angeordnet denken, in einer Breitenstreuung und in einer Tiefenstaffelung. Zur Breitenstreuung: Wenn Individuum A die Steinbeile herstellt und Individuum B sie verwendet, dann kann die Problemfront an beiden Stellen, sowohl bei der Herstellung wie auch bei der Verwendung, sehr viel weiter vorge-

---

[15] Alex H. Taylor, Gavin R. Hunt, Jennifer C. Holzhaider u. Russell D. Gray: »Spontaneous Metatool Use by New Caledonian Crows«, in: *Current Biology*, Vol. 17, Issue 17, 1504–1507, 4. September 2007. Es ist aber noch nicht so ganz klar, wie weit es dabei um angeborene Verhaltensprogramme, individuellen Einfallsreichtum oder ›kulturelle‹ Überlieferung handelt.

schoben werden; es entstehen Herstellungsexperten und Verwendungsexperten, die durch ihre Spezialisierung zu besonderen Leistungen fähig sind. Allerdings müssen sie auch das Folgeproblem der Verknüpfung beider Leistungen lösen. – Die Tiefenstaffelung läßt sich vielleicht in aller Kürze am heutigen Begriff der Grundlagenforschung illustrieren. Es handelt sich dabei um jene kognitiven Aktivitäten, deren Ergebnisse nicht unmittelbar praxisrelevant sind, die aber dafür eine Art universaler Relevanz beanspruchen. Das Paradigma dafür ist heute die Physik. Aber ähnliche Ansprüche kann, nicht zu Unrecht, die Sprachwissenschaft anmelden, auch die Psychologie, die Mathematik, die Biologie, vielleicht sogar die Volkswirtschaftslehre. In früheren Zeiten waren es religiöse Offenbarungen, die als universale Grundlagen im Sinne der Tiefenstaffelung dienten, und in einer Zwischenphase war (ist?) es dann die philosophische Metaphysik.

Diese Delegationen (mit Improvisationen und Umwegkonstruktionen, die sich anlagern) führen dazu, daß man es für ein ernsthaftes Problem halten kann, ob es zehn oder zwölf Kategorien des Denkens gibt, wie viele Dimensionen der Raum ›wirklich‹ hat und wie viele Engel auf eine Nadelspitze passen. Hier wird die zentrale Schwierigkeit ideengeschichtlicher Forschung deutlich: Sie stößt bei der Suche nach dem jeweiligen Referenzproblem immer wieder ins Leere. Oder findet es in der Ideen-, nicht in der Realwelt. Und das ist nicht einmal falsch: Die Schwierigkeit ist darin begründet, daß Ideen niemals einzeln auftauchen, sondern immer in Schwärmen. Oder, um eine glückliche Metapher von Gerd Gigerenzer und Mitarbeitern aufzugreifen: Sie sind immer Teil einer ganzen ›Werkzeugkiste‹.[16] Jeder Heimwerker weiß, was für ein buntscheckiges Ding solch eine Kiste ist. Sie enthält gewiß auch Werkzeuge, mit deren Hilfe die Menschen ihr Überleben und ihre Fortpflanzung fristen können, und ihretwegen hat man das Zeug im Keller stehen. Aber sie enthält auch viel alten Kram, von dem man nicht weiß, ob man ihn vielleicht noch einmal brauchen kann, auch solchen, dessen Entsorgung man einfach vergessen hat, dazu Teile, die man nur aus Sentimentalität noch mitschleppt, ferner Stücke neueren Datums, die man der Vollständigkeit halber angeschafft hat, ein paar aktuelle Sonderangebote minderer Qualität, und quasi auf einer Metaebene Feilen, Richtwerkzeuge, Fächer, Kästchen, Schübe, Aufkleber, die Ordnung in das alles bringen sollen. Es ist sicher sinnvoll,

---

[16] Vgl. u. a. *Bounded Rationality. The adaptive Toolbox*, hg. v. Gerd Gigerenzer u. Reinhard Selten. Cambridge/MA 2001. Sie verwenden den Ausdruck für die angeborenen Werkzeuge.

Ideen nicht immer gleich auf Vitalprobleme zu beziehen (wie das z. B. die Marxisten gern gemacht haben), sondern auch auf Probleme, die innerhalb der ›Kiste‹ selbst generiert wurden.

Wir verdanken diesen drei Techniken eine immense Erweiterung unserer Problemlösungskapazität, aber auch manche intellektuelle Bewegung, die von Vitalproblemen weit entfernt ist, unter Umständen deren Lösung sogar behindert.[17] Gerade die Möglichkeit einer Distanz zu den Vitalproblemen befreit den Problemlösungstrieb von seiner wichtigsten Kontrollinstanz, nämlich der Erfolgskontrolle durch Gelingen und Mißlingen unserer Handlungen. Abseits der Vitalprobleme kann er sich dann hemmungslos austoben. Max Weber hat den triebhaften Charakter verselbständigter problemlösender Aktivität für den Sektor der wissenschaftlichen Arbeit sehr plastisch beschrieben:

> [...] wer also nicht die Fähigkeit besitzt, sich einmal sozusagen Scheuklappen anzuziehen und sich hineinzusteigern in die Vorstellung, dass das Schicksal seiner Seele davon abhängt: ob er diese, gerade diese Konjektur an dieser Stelle dieser Handschrift richtig macht, der bleibe der Wissenschaft fern [...]. Ohne diesen seltsamen, von jedem Draußenstehenden belächelten Rausch, diese Leidenschaft, dieses: ›Jahrtausende mussten vergehen, ehe du ins Leben tratest, und andere Jahrtausende warten schweigend‹: – darauf, ob dir diese Konjektur gelingt, hat einer den Beruf zur Wissenschaft nicht und tue etwas anderes.[18]

Doch gilt das nicht nur für Wissenschaft. Intrinsische Antriebe dieser Art können auch an leidenschaftlichen Golfspielern, Heimwerkern oder Köchen beobachtet werden.[19] Wir nähern uns dem Bereich der Kunst. Ich überspringe die Situation übender Instrumentalisten, Michelangelos Arbeit in der Sixtinischen Kapelle und was sonst noch in unserem kulturellen Gedächtnis an problemlösender Künstler-Besessenheit abrufbar ist, beschränke mich auf ein paar Hinweise, die unsere eigene Beschäftigung als Leser literarischer Texte betreffen.

---

[17] Jetzt eine sehr umfassende Überschau großräumiger Zusammenhänge: Jared Diamond: *Kollaps. Warum Gesellschaften überleben oder untergehen.* Frankfurt a. M. 2005. Diamond operiert mit fünf Parametern, deren letzter eine Art Metafaktor, nämlich die Problemsensibilität der betreffenden Gesellschaften ist.

[18] Max Weber: »Der innere Beruf zur Wissenschaft«, in: ders.: *Soziologie, Weltgeschichtliche Analysen, Politik,* hg. v. Johannes Winckelmann. 2. Aufl. Stuttgart 1956, S. 311–339.

[19] Unter dem Titel ›flow‹ wurde das inzwischen zu einer religionsähnlichen Glücksbotschaft. Einigermaßen seriös: Mihaly Csikszentmihalyi: *Das Flow-Erlebnis. Jenseits von Angst und Langeweile im Tun aufgehen.* 8. Aufl. Stuttgart 2000.

III. Alles Lesen ist Rätsellösen

Die Beiträger der vorangegangenen Diskussionsrunde[20] schienen zuweilen enttäuscht zu sein, daß es so vielerlei Probleme und so vielerlei Arten der Problemlösung oder Problemnichtlösung gibt. Die Aufmerksamkeit auf Probleme und Lösungen führt tatsächlich nicht auf eine platonische Idee *des* Problems, mit deren Schau das Erkenntnisziel erreicht wäre, auch nicht auf einen festen Katalog literaturrelevanter Probleme, der zu allen Zeiten und in allen Sparten der Dichtung gilt, sondern sie führt in die ganze Vielfalt historischer Korrelationen.[21] Um falsche Erwartungen zu vermeiden, sollte man es vielleicht einmal mit einer kleinen Anlehnung bei Karl Valentins ›Semmelnknödeln‹ versuchen und von ›Problemegeschichten‹ sprechen …

Gleichwohl muß man auch auf theoretischer Ebene nicht alle Katzen grau sein lassen, sondern kann die funktionalen Beziehungen zwischen Dichtung und Problemen noch etwas strukturieren. Dafür ist allerdings ein minimaler Konsens darüber nötig, was wir überhaupt als Dichtung bezeichnen wollen. Deren Kernmerkmale sollen die Uneigentlichkeit der Rede und die Fiktionalität der ›Tatsachen‹ sein. Ja, ja, ich weiß, es gibt auch Uneigentlichkeit der Rede und Fiktionalität der Tatsachen in Bereichen, die gemeinhin nicht als Dichtung bezeichnet werden, aber mir geht es jetzt um diese einigermaßen identifizierbaren Eigenschaften, nicht um die ohnedies unerreichbare ›Richtigkeit‹ der Definition eines Alltagswortes.[22]

Eine generelle Bestimmung des Verhältnisses von Dichtung und Problemen scheint mir möglich über eine Unterscheidung (a) der Funktion, die Probleme für die Konstituierung der Dichtung haben, und umgekehrt

---

[20] *Scientia Poetica* 13 (2009), S. 255–338.

[21] *Eine* solche Korrelation (Entstehung der Exklusionsindividualität, Schwinden der Problem-Absorptionskraft der Religion, Funktionswandel der Dichtung um 1800) habe ich behandelt in meinem Versuch: *Die Entstehung der Poesie.* Frankfurt a. M. 1994.

[22] ›Literatur‹ ist (wie ›Kunst‹) ein alltagssprachlicher ›Cluster-Begriff‹ (Berys Gaut: »›Art‹ as a Cluster Concept«, in: *Theories of Art Today,* hg. v. Noël Carroll. Madison/Wis. 2000, S. 25–44. Vgl. auch Denis Dutton: *The Art Instinct. Beauty, Pleasure, and Human Evolution.* New York–Berlin–London 2009), d. h. man kann keine Definition der Literatur aufgrund einzeln notwendiger und zusammen hinreichender Bedingungen aufstellen. Ein klein wenig enger ist der alltagssprachliche Begriff der ›Dichtung‹, den ich deshalb hier meistens verwende (die auratischen Konnotationen hoffe ich durch entsprechende Beispielwahl in den folgenden Ausführungen eindämmen zu können).

(b) der Funktion, die Dichtung für die Konstituierung der Probleme hat – haben kann.

Ich erkläre mich deutlicher.

(a) *Funktion von Problemen für die Dichtung.* Die Probleme, mit denen eine Wissenschaftlercommunity oder eine religiöse Gemeinschaft umgehen, mögen für den Außenstehenden noch so kurios und abseitig erscheinen, sie werden von den Angehörigen der betreffenden Gemeinschaft doch als sehr wichtig eingeschätzt und haben für Karriere und Reputation in der betreffenden Gemeinschaft auch vitale Relevanz. Daneben aber gibt es einen großen Kreis von Problemen, über deren praktische Irrelevanz man schnell Konsens erzielen kann, die uns aber trotzdem engagieren.[23] Dazu gehören die Probleme des Monsieur Poirot und die Probleme Parzivals, die Probleme des Kreuzworträtsels und vielleicht sogar die gespannte Erwartung der Auflösung einer Dissonanz in der Musik. Ob es sich dabei um ›reale‹ oder künstlich konstruierte Probleme handelt, ist von zweitrangiger Bedeutung. Die zwölf ›Arbeiten‹ des Herkules, die Abstimmungsprobleme zwischen der Wirkung eines Liebestranks und den Normen von Freundes- und Gefolgschaftstreue oder das Problem, wie man die sieben Geißlein aus dem Bauch des Wolfes herauskriegt – auch Probleme also, mit denen aller Voraussicht nach weder wir selbst noch uns nahestehende Personen jemals befaßt sein werden, vermögen uns eine begrenzte Zeitdauer zu fesseln, einfach nur, weil sie Probleme sind und

---

[23] Die Fähigkeit des Menschen, Adaptationen aus ihrem Funktionskontext zu lösen und in einem Organisationsmodus (Spielmodus, Lustmodus) zu betreiben, habe ich an mehreren Stellen erörtert. Hierzu Karl Eibl: *Animal Poeta. Bausteine der biologischen Kultur- und Literaturtheorie.* Paderborn 2004, speziell S. 278–283; ders.: »Vom Ursprung der Kultur im Spiel. Ein evolutionsbiologischer Zugang«, in: *Literatur als Spiel. Evolutionsbiologische, ästhetische und pädagogische Aspekte. Beiträge zum Deutschen Germanistentag 2007*, hg. v. Thomas Anz u. Heinrich Kaulen. Berlin–New York 2009, S. 19–33, und zuletzt: ders.: »How can evolutionary biology enrich the study of literature?«, in: *Geschichten Erzählen – Evolution und Literatur*, hg. v. Carsten Gansel u. Dirk Vanderbeke (in Vorbereitung). Grundlegend für den Gedanken: John Tooby u. Leda Cosmides: »Does Beauty Build Adapted Minds? Toward an Evolutionary Theory of Aesthetics, Fiction and the Arts«, in: *SubStance. A Review of Theory and Literary Criticism* 30 (2001), H. 1–2, Issue 94/95, Special Issue: *On the Origin of Fictions*, S. 6–27. Deutsche Übersetzung: John Tooby u. Leda Cosmides: »Schönheit und mentale Fitness. Auf dem Weg zu einer evolutionären Ästhetik«, in: *Heuristiken der Literaturwissenschaft. Disziplinexterne Perspektiven auf Literatur*, hg. v. Uta Klein, Katja Mellmann u. Steffanie Metzger. Paderborn 2006, S. 217–244.

den Problemlösungstrieb in Bewegung setzen/halten. Man könnte von Problem-Attrappen sprechen.[24]

Der idealtypische Fall eines solchen Problems ist das Rätsel. Das Rätsel hat zwei Besonderheiten: Erstens gibt es einen ›Autor‹, d. h. jemanden, der das Problem formuliert und auch die richtige Lösung kennt. Und zweitens gibt es keine Anschlußhandlungen, die aus der Lösung abzuleiten wären. Das Rätsel ist ein sozusagen autonomer Text; die Lösung bleibt folgenlos.[25]

Die Kohärenz von Texten (als Fortgangserwartungen) entsteht ganz wesentlich durch Rätselketten oder -schachtelungen. Sie erzeugen jene ›Spannung‹, die die Leser durch den Text führt. Der große Erfolg einer Fernsehserie wie der *Lindenstraße* rührt unter anderem von der simplen Rezeptur her, daß ständig drei Handlungsstränge in Bewegung gehalten und miteinander so verwoben werden, daß beim Wechsel zum anderen jeweils ein ›Minicliff‹ steht, der ein Rätsel übrig läßt. Am Ende jeder Folge steht dann immer der große Cliffhänger, der ein großes Rätsel hinterläßt.[26] Doch auch Exotischeres vermag uns zu locken. Von unserem evolvierten Problemlösungstrieb angefeuert folgen wir Kara Ben Nemsi willig durchs wilde Kurdistan und in die Schluchten des Balkans oder Wilhelm Meister, dem ›armen Hund‹, durch die Wendungen und Wirren seiner Bildungsgeschichte oder der schönen Chariklea und ihren Verwandten durch Schiffbruch, Gefangenschaft, Verwechslungen und Wiedererkennungen (– um die Trias ›Raumroman‹, ›Figurenroman‹ und ›Geschehensroman‹ zu thematisieren). Oder wir lassen uns verwickeln in die ›Schürzung‹ und ›Lösung‹ des ›Knotens‹ in der Dramatik (wie sie seit δέσις und λύσις des Aristoteles immer wieder bedacht werden). Immer stehen wir vor Rätseln und erwarten die Lösung durch Berichte aus der Vergangenheit oder durch den weiteren Fortgang des Geschehens. Unter Umständen ergibt sich der Reiz eines Textes gerade daraus, daß wir mit unserem Problemlösungstrieb scheitern und doch nicht von ihm lassen können. Das Schicksal der ›Helden‹ von Kafkas *Verwandlung* und *Prozeß*

---

[24] Zum Attrappen-Begriff in diesem Zusammenhang vgl. Mellmann: *Emotionalisierung* (wie Anm. 9), bes. S. 34–40.

[25] Gewiß gibt es Rätsel, von deren Lösung das Leben abhängt. Prominent sind die (literarischen!) Fälle Ödipus/Sphinx und Turandot. Aber da könnten die Rätsel durch beliebige andere ersetzt werden, entscheidend ist nicht der Inhalt der Problemlösung, sondern nur das ›Ob/Ob-nicht‹.

[26] Hans W. Geißendörfer: »Lindenstraße – Dramaturgie der Endlosigkeit«, in: *Lindenstraße. Produktion und Rezeption einer Erfolgsserie*, hg. v. Martin Jurga. Opladen 1995, S. 13–20.

schreit ja förmlich nach Erklärung: Warum ist dieser Handelsvertreter zum Ungeziefer geworden, warum wird der Bankangestellte von einem Gericht verfolgt, und was ist das überhaupt für ein seltsames Gericht? Aber sowohl Gregor Samsa als auch Josef K. stehen ihren Problemen bemerkenswert gleichgültig gegenüber und versetzen dafür uns (und die interpretierenden Kolleginnen und Kollegen) in ganz besondere Problemlösungsaktivität. – Sogar der Reim des lyrischen Gedichts kann nach dem Schema Rätsel/Lösung gedeutet werden – wenngleich ich zugebe, daß dazu etwas guter Wille gehört.

Das also wäre die Funktion der Probleme für die Konstitution von Dichtung als geistiger ›Form‹. Die Betätigung des Problemlösungstriebes schafft einen leeren, jedenfalls vitalproblem-neutralen Rahmen. Wenn Vitalprobleme doch angesprochen werden, dann sind sie zumeist von der aktuellen Lebensbasis abgekoppelt. Welcher Schachspieler grämt sich schon über das Schicksal der armen Bauern! Nicht viel anders ist es auf weite Strecken in der Dichtung. Gewiß, der Erfolg der *Lindenstraße* und ähnlicher Produkte wird immer wieder einmal auch auf die ›realistische‹ Problemauswahl zurückgeführt. Aber was bedeutet das konkret? Diese Probleme verdanken ihren ›realistischen‹ Charakter ihrer Wiedererkennbarkeit. Diese Wiedererkennbarkeit wiederum schulden sie zwei überindividuellen Faktoren: Sie wecken und fesseln unsere Aufmerksamkeit seit der Steinzeit, und sie werden tagtäglich in den Medien aktualisiert: Männlein/Weiblein, Eltern/Kinder, Jung/Alt, Treue, Eifersucht, Vertrauen, Betrug, Neid und Geiz, Krankheit und Tod, einer kommt, einer geht usw.[27] Und genau diese Probleme, wenngleich anders aktualisiert, sind es auch, die das Schicksal Charikleas, Wilhelm Meisters oder der Menschen in den Schluchten des Balkans prägen. Man kann sie getrost als ›trivial‹ bezeichnen: Allgemein zugängliche Probleme, die sich gut als Faden für entsprechende Rätselspiele eignen, an denen sich möglichst viele beteiligen sollen.

(b) *Funktion von Dichtung für die Bearbeitung von Problemen.* Nun also zum umgekehrten Leistungszusammenhang, der Leistung von Dich-

---

[27] Unter Literaturwissenschaftlern grassiert immer noch das Vorurteil, daß Probleme wie die hier genannten ausschließlich kulturelle Produkte seien. In der Ethnologie hat man die Selbst-Bornierungen der Boas-Schule inzwischen etwas gelockert. Ich verweise speziell auf Christoph Antweiler: *Was ist den Menschen gemeinsam. Über Kultur und Kulturen.* Darmstadt 2007. Auf S. 359–375 findet man dort ausführliche Universalienkataloge, wie sie bisher von der ethnologischen und bio-anthropologischen Forschung vorgeschlagen wurden. Sie sind ohne weiteres als Kataloge universeller Probleme und Problemlösungen zu lesen.

tung für die Auseinandersetzung mit Problemen. Natürlich kann Dichtung in dem Sinne Probleme lösen, daß sie sinnlich und emotional aufbereitete singuläre Fälle als Exempel allgemeinerer Zusammenhänge bietet und entsprechendes Verhalten empfiehlt. Noch in der Poetik der Frühaufklärung war das eine Selbstverständlichkeit, und noch heute kann man z. B. aus Günter Grass' *Der Butt* anläßlich der Henkersmahlzeit für Peter Rusch den Wert schmackhafter Kutteln als Problemlöser schätzen lernen.[28] Aber auch wo keine Eß- oder Lebensrezepte gegeben werden, beteiligt sich Dichtung als Bestandteil der lebensweltlichen Dauerdiskurse daran, Probleme zu *modellieren*. Jede literarische Verwendung eines Problems zu Kohärenzzwecken ist zugleich ein Beitrag zur Modellierung des Problems. Jasons Bestreben, das Goldene Vließ zu erlangen, fesselt unsere Aufmerksamkeit, ohne daß wir selbst etwas damit zu tun hätten: Wie wird er das Problem lösen, welche Folgen wird die Lösung haben? Wenn Grillparzer das Requisit aber als »sinnliches Zeichen des Wünschenswerten, des mit Begierde gesuchten, mit Unrecht erworbenen« konzipiert und damit auch als Träger eines Allgemeineren bearbeitet,[29] dann nimmt es einen ganzen Seelenkomplex von 1820 (und auch anderer Zeiten) in sich auf, verknüpft die Welt des Besitzes mit der der Liebe, der Leidenschaft, der Herrschaft, der Rache usw. und modelliert einen Problemkomplex von hoher vitaler Relevanz. Selbst die Frage, wie die Geißlein wieder aus dem Bauch des Wolfes herauskommen oder wie Hänsel und Gretel sich wohl befreien werden, kann als Modellierung der Vitalproblematik von Rettung und Befreiung wahrgenommen werden. Um aber zum gebührenden Ernst der erhabenen Gegenstände zurückzukommen: Man kann die

---

[28] Um auch die Leser dieser Zeilen an der problemlösenden Kraft von Kutteln teilhaben zu lassen, wenigstens ein kleiner Ausschnitt: »Wenn es dich inwendig friert: Kutteln vom vierten Magen der Kuh. Wenn du traurig, bodenlos aller Natur entfallen, todtraurig bist: Kuttelfleck, die uns lustig machen und dem Leben Sinn geben. Oder mit Freunden, die Witz haben und gottlos genug sind, um auf der Spötterbank zu sitzen: aus tiefen Tellern Kutteln löffeln, die mit Kümmel abgeschmeckt worden sind. Oder auch mit Tomaten verkocht, andalusisch mit Kichererbsen, lusitanisch mit roten Bohnen und Speck. Oder vorgekochte Kaldaunen in Weißwein mit gewürfeltem Sellerie dünsten, wenn die Liebe ein Voressen braucht. Bei trockner Kälte und Ostwind, der gegen die Scheiben steht und deine Ilsebill ins Jammerloch treibt: mit saurer Sahne gebundene Fleck zu Pellkartoffeln, das hilft. Oder wenn wir uns trennen müssen, auf ein Weilchen nur oder ewiglich, wie damals, als ich im Stockturm saß und meine Tochter mir zum letztenmal und gepfeffert Kuttelfleck tischte.« Günter Grass: *Der Butt*. Darmstadt–Neuwied 1977, S. 244.

[29] Franz Grillparzer: *Sämtliche Werke*, hg. v. Peter Frank u. Karl Pörnbacher. München 1960, Bd. 1, S. 1311.

Figurationen vieler barocker Trauerspiele als reine Machtkonstellationen sehen, bei denen man darauf gespannt ist, welcher Schachzug nun dem nächsten folgt. Die Wanderbühnenbearbeitungen, die uns bekannt geworden sind, treiben das noch weiter in die blutige Keilerei und Meuchelei. Aber zugleich entwerfen diese Trauerspiele Versuchsanordnungen, in denen die Fragen der Legitimität von Herrschaft abgehandelt werden, und modellieren so das Verhältnis von Macht und Recht im absolutistischen Staat.

Sie arbeiten dabei mit an der Herstellung und Erhaltung einer zivilisierten Welt. Das ist, um ein letztes Mal die biologische Perspektive zu bemühen, eine artspezifisch menschliche Aufgabe. Denn die durch Improvisation, Umwegverhalten und Delegation gewonnenen Freiheitsspielräume des Verhaltens müssen durch neu erfundene Regeln geschient werden. Das kognitive ›Spiel‹[30] Dichtung ermöglicht es, diese Regeln auch ohne aktuellen Entscheidungsdruck ständig zu aktivieren und durch Übungen in einem risikofreien, von der Vitalsphäre abgekoppelten Quarantäneraum an Attrappen zu erproben, ohne daß ein Fehlschlag letale Folgen hätte.

---

[30] Hierzu verweise ich noch einmal auf die in Anm. 23 genannten Titel.

Katja Mellmann

Das Konzept des Problemlösens als Modell zur Beschreibung und Erklärung literaturgeschichtlichen Wandels

I. Uhrenvergleich

Mit der Bezeichnung des Problem/Lösungs-Konzeptes als eines Beschreibungs- und Erklärungsmodells für literaturgeschichtlichen Wandel habe ich bereits eine Festlegung vorgenommen. ›Problem‹ ist damit zu einem *terminus technicus* geworden, dem eine bestimmte Verwendungsweise (›Bedeutung‹) innerhalb einer bestimmten Fachsprache zugeordnet ist. Diese Verwendungsweise ist zwar initial an die innerhalb der Alltagssprache angelehnt (aus ihr ›entlehnt‹), wird mit der Prägung eines Terminus aber von ihr abgekoppelt.[1] Das hat unter anderem zur Folge, daß Bedeutungen, die dem Wort ›Problem‹ in der Alltagssprache zukommen, nicht gegen die *heuristische Konzeption* des Problem(lösen)s ins Feld geführt werden können (sondern allenfalls – mit einer guten Alternative im Gepäck – gegen die Wahl des Zentralbegriffs). Denn in dieser Konzeption ist ›Problem‹ ein rein instrumenteller Begriff und bezeichnet anders als der alltagssprachliche Begriff nicht zwingend eine krisenhafte Erfahrung,[2] sondern die eine Seite in einer erklärenden Relation von zwei Sachverhalten. Mit anderen Worten: In der Tat kann ich *alles* als Problem

---

[1] Damit wende ich mich gegen Dirk Werles (»Modelle einer literaturwissenschaftlichen Problemgeschichte«, in: *Jahrbuch der deutschen Schillergesellschaft* 50 [2006], S. 478–498, hier S. 481 u. 496) ausdrückliche Befürwortung eines *umgangssprachlichen* Problembegriffs. (Dieser hätte u. a. die unpraktische Implikation, die in einem literarischen Werk reflektierten Probleme müßten dem Autor bewußt sein; vgl. z. B. ebd., S. 496: von der im Text vorhandenen Problemartikulation lasse sich auf die Autorintention schließen.) Auch fehlt mir daher das Verständnis für das feinsinnige Aushorchen der Bedeutungsnuancen zwischen ›Problem/Lösung‹ und ›Frage/Antwort‹ (vgl. Dirk Werle: »Frage und Antwort, Problem und Lösung«, in: *Scientia Poetica* 13 [2009], S. 255–303, hier S. 258–260). Es handelt sich vielmehr um ein (und dasselbe) *Modell* und verschiedene (wohl tatsächlich austauschbare) Begrifflichkeiten.

[2] Vgl. Carlos Spoerhase: »Was ist *kein* Problem?«, in: *Scientia Poetica* 13 (2009), S. 318–328, hier S. 325 u. S. 327f.

beschreiben bzw. »im Problemvokabular reformulieren«,[3] wenn ich nur
will, das heißt: wenn ich mir davon einen wie auch immer gearteten Er-
klärungswert für etwas von mir als erklärungsbedürftig Erachtetes ver-
spreche. Die Frage lautet also nicht: Wann ist ein Sachverhalt »treffend«[4]
(d. i. nach unserer alltagssprachlichen Intuition stimmig) als Problem be-
schrieben? Sondern: Wann brauche ich den betreffenden Sachverhalt für
eine erklärende Relation und muß ihn zu diesem Zweck als heuristische
Einheit konzipieren (und nenne sie deshalb meinem Modell gemäß ein
Problem)? Der Vorteil der universellen Applizierbarkeit (oder richtiger:
zweckgebundenen Einstellbarkeit) des Konzepts ›Problem‹ kann nicht
durch den Hinweis, daß dann »die Zahl der potentiell relevanten Proble-
me sich ins Unüberschaubare steiger[e]«,[5] einfach in einen Nachteil um-
gemünzt werden. Eine literaturgeschichtliche Problemrelation hat es in
der Praxis ja nie mit der Menge aller *potentiell* rekonstruierbaren Proble-
me (im Sinne des ›alles kann als Problem reformuliert werden‹) zu tun,
sondern lediglich mit den wenigen, im Hinblick auf ein bestimmtes Ex-
planandum als relevant erachteten, so daß die theoretisch gegebene, ›un-
überschaubare‹ Vielfalt in der Praxis selten dramatische Formen an-
nimmt.

Auch ›Lösung‹, die andere Seite der Relation, bezeichnet als instru-
menteller Terminus natürlich nicht notwendig, daß das Problem gelöst
(im Sinne von ›aufgelöst, beseitigt‹) würde, sondern daß der betreffende
Sachverhalt – irgendwie – auf das veranschlagte Problem ›reagiert‹, mit
ihm ›zusammenhängt‹, durch es hervorgebracht wurde, sich irgendwie
auf es ›bezieht‹ oder: eine bestimmte ›Funktion‹ im veranschlagten Pro-
blemkontext erfüllt. Entsprechend finden sich häufig entkonkretisierte
Alternativbegriffe wie ›Problemlösungsaktivität‹, ›Problemreferenz‹ oder
›Problemreflexion‹. Im Sinne einer analytischen Technik für die litera-
turwissenschaftliche Praxis lassen sich außerdem »Problemformulierung,
-erklärung und -lösung«[6] sinnvoll unterscheiden: Die Rekonstruktion der
literarischen Problem*formulierung* dient dann dem Nachweis, daß das
veranschlagte Problem tatsächlich zu den relevanten Kontexten eines
Textes gehört; die Rekonstruktion der in einem Text vorliegenden Pro-
blem*erklärung* liefert eine vertiefte Analyse der fremden Regelmäßig-

---

[3]   Ebd., S. 319.
[4]   Ebd.
[5]   Ebd., S. 325.
[6]   Karl Eibl: *Kritisch-rationale Literaturwissenschaft. Grundlagen zur erklärenden Literaturgeschichte.* München 1976, S. 83.

keitsannahmen (›Wissen‹[7]); und die Rekonstruktion der (spezifisch literarischen) Problem*lösung* buchstabiert die eigentliche Relation aus, indem sie zeigt, wie und warum die für ein bestimmtes Werk, einen Autor oder eine Epoche spezifische literarische Problembehandlung und -bearbeitung eine plausible[8] Reaktion auf das veranschlagte Problem darstellt.

Vor allem in bezug auf die letzte dieser drei Kategorien möchte ich im folgenden einen etwas älteren Formulierungsvorschlag wieder in Erinnerung rufen, der mir zu Unrecht in Vergessenheit geraten zu sein scheint. Er kann die Weiterentwicklung der geistesgeschichtlichen ›Problemgeschichte‹ zu einer fachwissenschaftlichen Analytik markieren, hinter deren Errungenschaft man nicht mehr zurückfallen sollte.

II. Literarisches ›Verhalten‹

An der Stelle der ›Lösung‹ steht in Paul Böckmanns *Formgeschichte der deutschen Dichtung* (1949) der Begriff der dichterischen Form. Böckmann übernimmt Wilhelm Diltheys Auffassung von Dichtung als einem »*Organ des Weltverständnisses*«, erhebt jedoch die genaue Beschreibung der historisch je spezifischen Beschaffenheit dieses ›Organs‹ zur eigentlichen Aufgabe des Literaturwissenschaftlers (und grenzt sich damit von Diltheys psychologischem Interesse an den »seelischen Bedingungen und Voraussetzungen, die zum dichterischen Gestalten führen,« ab).[9] Die Analyse von Dichtungen in ihrer Rolle als ›Werkzeug‹ ist für ihn gleichbedeutend mit einer Analyse der dichterischen ›Form‹ oder ›Gestalt‹. Damit ist ein integrativer Formbegriff angesprochen, wie er etwa in der Tradition der ›symbolischen Form‹ nach Ernst Cassirer (auf den Böckmann sich bezieht[10]) zum gängigen Ideenhaushalt der Zeit gehörte. In Böckmanns Analysen umschließt er sowohl die ›äußere‹ Form (wie etwa Versmaß, Gattungskonventionen u. ä.) als auch deren konkrete sprachli-

---

[7] Vgl. ebd., S. 50; vgl. auch Eibls Beitrag in diesem Band.

[8] Plausibilität hier als Terminus für ›Angepaßtheit‹ im Rahmen einer evolutionstheoretischen Konzeption von kulturellem Wandel; vgl. Niklas Luhmann: »Gesellschaftliche Struktur und semantische Tradition«, in: ders.: *Gesellschaftsstruktur und Semantik. Studien zur Wissenssoziologie der modernen Gesellschaft.* Frankfurt a. M. 1993, [zuerst 1980], Bd. 1, S. 9–71, hier S. 49.

[9] Paul Böckmann: *Formgeschichte der deutschen Dichtung*, Bd. 1: *Von der Sinnbildsprache zur Ausdruckssprache. Der Wandel der literarischen Formensprache vom Mittelalter zur Neuzeit.* Hamburg 1949, S. 23.

[10] Ebd., S. 27.

che ›Füllung‹ in stilistischer und inhaltlicher Hinsicht.[11] Böckmann bringt dieses holistische Konzept von ›Form‹ mehrfach auf den Begriff eines je spezifischen ›inneren Verhaltens‹, das in den Werken zur Darstellung komme.[12] Und die Rede von einem literarischen ›Verhalten‹ ist bei Böckmann keine Metapher, sondern lediglich eine Generalisierung in einem grundsätzlich als konkret gedachten Modell: Die dichterische Formensprache sei »auf menschliche Grundverhaltungsweisen zurückzubeziehen«;[13] in ihr manifestierten sich »die Auffassungsformen des Menschlichen, in denen sich der Mensch über sich selbst verständigt, indem er die ihm bedeutsamen Züge des Daseins sinnfällig macht und sehen läßt.«[14]

Diese in Dichtung manifesten »Auffassungsformen des Menschlichen« werden von Böckmann radikal geschichtlich und – im Sinne von Werles Konzept der ›Zweigliedrigkeit‹[15] – *korrelativ* gedacht. So steht das ganze Projekt einer Formgeschichte

> unter der Hypothese, daß die Wandlungen des menschlichen Selbstverständnisses zugleich die Wandlungen der Formensprache nötig machen. Wenn die Dichtung nicht in begrifflicher Bestimmtheit, sondern in lebendiger Unmittelbarkeit vom Menschen spricht, dann muß ihre eigentliche Leistung darin bestehen, daß sie Auffassungsformen und Sehweisen entwickelt, mit denen sie die als bedeutsam empfundenen Züge des Daseins zur Darstellung bringen kann. Um das ihr aufgegebene Thema zu bewältigen, muß sie sich gestaltend bewähren. Und sie kann es nur in immer neuen individuellen Verwirklichungen, so daß von hier aus verständlich wird, warum sich alles Dichten in jeweils bestimmten und doch wechselnden Stilformen vollzieht.[16]

Hervorzuheben ist hier besonders der Gedanke der *Bewährung*, in welchem die Zweiheit von literarischem Text und außerliterarischem ›Kontext‹ mitgedacht ist als Zweiheit von fokussiertem ›System‹ und jeweils zu rekonstruierender, Selektionsdruck ausübender ›Umwelt‹. Diesem evolutionstheoretischen Modell entsprechend erschöpfen sich die syn-

---

[11] Werle: »Frage und Antwort« (wie Anm. 1), S. 255f., sortiert Fragen nach der dichterischen Form grundlos aus und ordnet die problemorientierte Analyse einer allgemeinen Ideengeschichte unter, d. h. schränkt sie auf die Befassung mit literarischen ›Themen und Motiven‹ ein; vgl. auch die ähnlich gelagerte Kritik an Werle bei Matthias Löwe: »Implizität. Über ein praktisches Problem von Literaturgeschichte als Problemgeschichte (anhand von drei Beispielen)«, in: *Scientia Poetica* 13 (2009), S. 304–317, hier S. 307.

[12] Vgl. Böckmann: *Formgeschichte* (wie Anm. 9), S. 61–65 u. pass.

[13] Ebd., S. 65.

[14] Ebd., S. 27.

[15] Werle: »Frage und Antwort« (wie Anm. 1), S. 256.

[16] Böckmann: *Formgeschichte* (wie Anm. 9), S. 27f.

chronen Querschnitte durch die deutsche Literaturgeschichte, die Böckmann in seiner *Formgeschichte* vornimmt, nicht in einem Abklatsch üblicher Epocheneinteilung plus Bestimmung des jeweils zeitüblichen Stils, sondern sind darum bemüht, auch und gerade die Entstehung, den Wandel, Umbau oder das Unplausibelwerden einzelner Stile in möglichst kleinen Schritten nachzuvollziehen. Bei der Bestimmung des außerliterarischen Problemdrucks bleibt Böckmann vergleichsweise keusch, versäumt es aber nie, wenigstens durch einige Stichworte den geschichtlichen Rahmen abzustecken, innerhalb dessen er den betrachteten Wandel von Dichtung (und Poetik) motiviert sieht.

Böckmanns reaktives Modell aus literarischem ›Verhalten‹ und historischer ›Situation‹ überwindet – zumindest konzeptionell – den impliziten Mimetismus früherer problemgeschichtlicher Ansätze. Auch Rudolf Unger ging schon von der Diltheyschen Charakterisierung der Dichtung als »Lebensdeutung«[17] aus, führte diesen Gedanken jedoch weiter zur »Auffassung der Literatur als einer *Spiegelung* der Entwicklung sachlicher Probleme, und demgemäß der Literaturgeschichte *als* Problemgeschichte«.[18] Hier also werden System und Umwelt, Text und Kontext als prinzipiell kongruent gedacht; die Welt des Tatsächlichen, Sachlichen, Lebenswirklichen, die ins Konzept mit hinein zu nehmen zu Ungers großen Verdiensten zählt, erscheint hier nur als mimetische (und damit eigentlich redundante) Referenzstruktur. Erst Böckmann stößt zu einem wahrhaft zweigliedrigen Konzept vor, indem er zwischen Text und Kontext etwas abstrakter ein *Passungsverhältnis* postuliert, das nicht notwendig ein Abbildungsverhältnis sein muß. Die Anthropomorphisierung des Textes zum sich (gegenüber bestimmten kontextuellen Rahmenbedingungen) ›verhaltenden‹ Organismus bleibt dabei stets rückbeziehbar auf die tatsächlich hinter dem Text stehenden handelnden Subjekte der literarischen Kommunikation und deren sowohl bewußt intendierte als auch unbewußte oder unkontrollierte kommunikative Handlungen.

Der Anschluß an Diltheys Organon-Konzeption und die Annahme, daß Dichtung generell historisch spezifische »Auffassungsformen des Menschlichen« darstelle, mag freilich gewisse Empfindlichkeiten in unse-

---

[17] Rudolf Unger: »Literaturgeschichte als Problemgeschichte. Zur Frage geisteshistorischer Synthese, mit besonderer Beziehung auf Wilhelm Dilthey [1924]«, in: ders: *Aufsätze zur Prinzipienlehre der Literaturgeschichte*. Berlin 1929, S. 137–170, hier S. 144.

[18] Ebd.; Hervorhebungen K. M.

rem Fach berühren. Denn in einem sind wir uns ja alle einig: Überzeitliches ist pfui! – Aber warum eigentlich?

III. Das Gespenst der Überzeitlichkeit

So mag es z. B. recht schal wirken, wenn eine Interpretation von Gottfried Kellers *Romeo und Julia auf dem Dorfe* mit dem Fazit endet, die Novelle beziehe sich auf das ewige Problem der unbedingten Liebe in einer bedingten Welt.[19] Nicht nur wird allen, die sich einmal mit der Historizität von Liebeskonzeptionen befaßt haben, die pauschale Rede von ›unbedingter Liebe‹ etwas aufstoßen müssen. Auch daß die bis ins konkrete Detail satirisch ausgearbeiteten Verhältnisse in Seldwyla in dieser Interpretation lediglich als kontingente Manifestation einer ›bedingten Welt‹ in den Blick geraten, mag zumindest den Keller-Spezialisten etwas unbefriedigt lassen. Der zitierte Interpret verweist zu seiner Rechtfertigung auf die einleitenden Worte des Erzählers, die uns auf eine Geschichte vorbereiten, die

> zu erzählen [...] eine müßige Erfindung sein [würde], wenn sie nicht auf einem wahren Vorfall beruhte, zum Beweise, wie tief im Menschenleben jede der schönen Fabeln wurzelt, auf welche ein großes Dichterwerk gegründet ist. Die Zahl solcher Fabeln ist mäßig, gleich der Zahl der Metalle, aber sie ereignen sich immer wieder auf's Neue mit veränderten Umständen und in der wunderlichsten Verkleidung.[20]

Ganz ähnlich könnte man Heinrich Heines Gedicht

> Ein Jüngling liebt ein Mädchen,
> Die hat einen andern erwählt;
> Der andre liebt eine andre,
> Und hat sich mit dieser vermählt.
>
> Das Mädchen heiratet aus Ärger
> Den ersten besten Mann,
> Der ihr in den Weg gelaufen;
> Der Jüngling ist übel dran.
>
> Es ist eine alte Geschichte,
> Doch bleibt sie immer neu;

---

[19] Michael Schmitz: »Um Liebe, Leben und Tod. Zur Struktur und Problemreferenz von Gottfried Kellers *Romeo und Julia auf dem Dorfe*«, in: *Wirkendes Wort* 52 (2002), S. 67–80.

[20] Gottfried Keller: *Sämtliche Werke in sieben Bänden*, hg. v. Thomas Böning, Gerhard Kaiser und Dominik Müller. Frankfurt a. M. 1985–96, Bd. 4, S. 69.

Und wem sie just passieret,
Dem bricht das Herz entzwei.[21]

anführen und behaupten, Heine habe damit weiter nichts als das Problem der nichtgarantierten Gegenseitigkeit der Liebesempfindung bearbeitet – in der Tat ein leidiges Problem in allen Zeiten und Kulturen. Und ich glaube durchaus, daß es zahllose Gedichte in allen Sprachen der Welt gibt, über die sich genau dies sagen ließe: daß sie einfach nur das allgemeine ›Liebesglück und Liebesleid‹ besingen; Liebesgedichte, die weiter nichts sind als eben Liebesgedichte. Allerdings sind das in der Regel nicht diejenigen Gedichte, mit denen sich der Literaturwissenschaftler bevorzugt befaßt. Der Grund, weshalb Interpretationen wie die hier angedachten irgendwie inadäquat wirken, liegt nicht darin, daß die damit angenommene Sorte Literatur inexistent oder gar theoretisch ausgeschlossen wäre, sondern darin, daß sie Antworten auf eine nicht gestellte Frage liefern. Den Literatur*historiker* interessiert in der Regel nicht so sehr, warum das Thema Liebe in Literatur überhaupt und zu allen Zeiten auftaucht (das scheint ihm selbstverständlich), sondern eher, welche spezifischen Formen der Thematisierung zu bestimmten Zeiten in die ›gepflegte Semantik‹ eingehen; welche spezifische Funktion das Liebesmotiv innerhalb eines bestimmten Werkzusammenhangs (wie z. B. Kellers Novellen- oder Heines Liedersammlung) erfüllt; oder warum eine bestimmte Form der Thematisierung plötzlich neu erfunden oder besonders populär wird, kurz: er ist in der Regel am Wandel stärker als an der Konstanz interessiert.

Das ist nicht zwingend. Von einem literatur*theoretischen* Standpunkt aus wäre auch eine ganz andere Fragestellung denkbar, etwa: Warum werden (zu allen Zeiten und in allen Kulturen) Lieder und Gedichte über die Liebe gemacht und rezipiert, statt es bei einer sang- und klanglosen Erfüllung der Reproduktionsfunktion zu belassen? Warum z. B. schreiben Pennäler Liebesgedichte, schwelgen (nicht nur) Verliebte in der Liebeslyrik von Volks- und Popmusik, besingt eine Eipo (Neuguinea) eine erotische Erfahrung[22] und ein(e) Gond (Zentralindien) die Sehnsucht nach

---

[21] Heinrich Heine: *Sämtliche Schriften*, hg. v. Klaus Briegleb. 6 Bde. München 1968–76, Bd. 1, S. 90f.

[22] »Bruder des wirye-Vogels, Bruder des cang-Baums, Bruder des dikle-Baums. / Der wirye-Vogel liegt mir nah am Nabel. / Meine Falle ist dabei zu quetschen, meine Falle ist dabei zu fangen. / Der wirye-Vogel bleibt hängen an meinem Nabel, / das cang-Holz liegt auf meiner Scham. / Nachdem ich den toktokana-Frosch [sc. das Grasröckchen] weggenommen habe, / nachdem ich den mokmokana-Frosch [dass.] weggenommen habe. / Auf der Scham liegend, am Nabel festhakend, hakt er sich

der/dem Geliebten?[23] Anders gesagt, warum ist Liebe vielleicht schon auf der biologischen Ebene ein ›Problem‹, dem ein bestimmtes (für den Literaturwissenschaftler nicht ganz uninteressantes) Verhalten korreliert? – Ich will diese Frage hier nicht weiter verfolgen, sondern lediglich deutlich machen, daß das Abstellen auf überzeitliche Probleme nichts an und für sich Unsinniges, sondern lediglich durch die Art, wie heutige literaturhistorische Forschung in der Regel ihr Explanandum bildet, mehr oder weniger ausgeschlossen ist. Wenn Unger meint, es seien »vor allem [...] die elementaren Probleme des Menschenlebens, die großen, ewigen Rätsel- und Schicksalsfragen des Daseins, deren gestaltende Deutung den Kerngehalt alles Dichtens bildet«,[24] dann mag man über seine Begriffe von ›Kerngehalt‹ und ›*alles* Dichtens‹ gewiß noch etwas länger nachdenken wollen, aber man begäbe sich mit diesem Nachdenken keineswegs in den Bereich des Absurden.

Ernster zu nehmende Schwierigkeiten, überzeitliche Bedingungen als beteiligte Faktoren mit in Betracht zu ziehen, scheinen mir eher daraus zu entstehen, daß der Status der historischen Erklärung dadurch unsicher wird bzw. einer genaueren Spezifizierung bedarf. Dazu ein Beispiel.

IV. *Just-so stories* versus Funktionsanalyse

(Das Problem der Beliebigkeit)

Ein kluger Rezensent meines Buches *Emotionalisierung*[25] zeigte Skepsis gegenüber meinem Vorschlag, die scherzhafte Sprechhaltung in der Literatur des deutschen Rokoko als Antwort auf das Problem des exponentialen Wissenszuwachses im Gelehrtenwesen des frühen 18. Jahrhunderts

---

mir fest.« Übers. nach Irenäus Eibl-Eibesfeld: *Biologie des menschlichen Verhaltens. Grundriß der Humanethologie.* 3., überarb. und erw. Aufl. München–Zürich 1995, S. 951f. (nach einem Bericht von Volker Heeschen). Vgl. auch Karl Eibl: *Die Entstehung der Poesie.* Frankfurt a. M.–Leipzig 1995, S. 25, Fn. 44.

[23] »O come, my body is alone, come laugh with me, come talk with me. / Bring mind to mind: clasp heart to heart. / What of the future? I care not for the past. / O come, beloved; come, laugh with me, / Come, talk with me. My body is alone.« Übers. nach: *A World Treasury of Oral Poetry*, ed. with an introduction by Ruth Finnegan. London–Bloomington 1978, S. 20.

[24] Unger: »Literaturgeschichte als Problemgeschichte« (wie Anm. 17), S. 155.

[25] Katja Mellmann: *Emotionalisierung – Von der Nebenstundenpoesie zum Buch als Freund. Eine emotionspsychologische Analyse der Literatur der Aufklärungsepoche.* Paderborn 2006 (Poetogenesis 4).

und des damit verbundenen Professionalisierungsschubes aufzufassen. Er fragt ganz grundsätzlich,

> weshalb es überhaupt eines historischen Bezugsproblems bedarf, um die literarischen Innovationen des 18. Jahrhunderts zu erklären, wenn man doch zuvor plausibel gemacht hat, dass sie auf anthropologischen Dispositionen beruhen. Das wäre so, als wollte man, nachdem man erklärt hat, weshalb wir Fettes und Süßes mögen, nach einem historischen Bezugsproblem suchen, um zu erklären, weshalb unsere Lebensmittelindustrie Fettes und Süßes massenhaft herstellt. Sie kann es einfach.
>
> Ähnliches lässt sich von den Innovationen behaupten, die Mellmanns detaillierte Lektüren als historisch signifikant herausstellt: Nicht die Bedürfnisse haben sich geändert, sondern die kommunikationstechnischen Möglichkeiten ihrer Befriedigung. Eine schriftliche Scherzkultur etabliert sich, weil das Scherzen zu unserem anthropologischen Erbe gehört und in der Schriftkultur des 18. Jahrhunderts einen neuen kulturellen Lebensraum findet.[26]

Mit diesen Einwendungen richtet sich der Rezensent gegen die Wahl meines Explanandums. Die von mir untersuchten literarischen Wandlungsprozesse seien »nicht begründungspflichtig«,[27] sondern erwartbare Manifestationen überzeitlicher Bedürfnisse im Zuge einer zunehmend »medienvermittelten Erlebniskultur«[28] – und meine historischen Erklärungen des Nichterklärungsbedürftigen folglich Scheinkonstruktionen.

Solche Scheinkonstruktionen fallen in den Bereich dessen, was man in der biologischen Evolutionstheorie gerne als *just-so stories* (nach Rudyard Kipling) bezeichnet: ätiologische Ad-hoc-Erklärungen, die entweder falsch oder unüberprüfbar sind, z. B. weil sie schon vom falschen Explanandum ausgehen. Die Adaptivität wird sozusagen generell vorausgesetzt, so daß, egal welches Element jeweils herausgegriffen wird, immer auch die Bestimmbarkeit eines Bezugsproblems erwartet (und dann nach gusto erfüllt) wird. Dasselbe gilt mutatis mutandis natürlich auch für alle Konzepte kultureller Evolution; und Warnungen, daß es zunächst einmal die Unwahrscheinlichkeit des vermuteten Explanandums herauszustellen gilt und daß es der Überprüfung bedarf, ob das Bezugsproblem richtig identifiziert (oder nur ad hoc eines erfunden) wurde, sind deshalb hier wie dort durchaus am Platze. Die biologisch verankerten Bedürfnisstrukturen im Menschen sind – wie die vom zitierten Rezensenten zu Recht beson-

---

[26] Robert Vellusig: »Texte sind auch nur Menschen. Katja Mellmann über emotionale Attrappen und deren kulturelle Evolution«, in: *IASLonline* [15.05.2008], http://www.iaslonline.de/index.php?vorgang_id=2570, par. 38f.

[27] Ebd., par. 39.

[28] Ebd., par. 41.

ders hervorgehobenen medialen Entwicklungen – immer schon als er-
möglichende Faktoren mit im Spiel, wenn der Literaturhistoriker mit der
Arbeit beginnt, und daher bei der Eingrenzung des literaturgeschichtli-
chen Explanandums notwendig mit zu berücksichtigen.

Ich halte es indes noch immer für plausibel, daß der Zuwachs an ver-
fügbarem Wissen eine Kultur der scherzhaften Distanznahme und spiele-
rischen Wissensthesaurierung befördert[29] und die fortschreitende Partiku-
larisierung der individuellen Wissensbereiche eine ostentative Gesellig-
keitskultur unter Gelehrten hervorbringt, innerhalb derer die urplötzlich
massenhaft ansteigende (und dann ebenso plötzlich wieder versiegende)
Produktion scherzhafter Dichtung einen wichtigen, eigens institutionali-
sierten[30] Teil ausmacht. Und mir scheint, daß man mit einer solchen The-
se der Möglichkeit angemessen Rechnung trägt, daß gewisse Motive und
Sprechweisen in der Rokokolyrik eine andere Funktion und Bedeutung
haben als in ihren antiken Vorbildern oder anderen Vorläufern (wie etwa
der mittelalterlichen und spätmittelalterlichen Lyrik oder der Bukolik des
17. Jahrhunderts). Meine Wahl des Explanandums ist also wesentlich
motiviert durch die Intuition eines *Funktionswandels* zum Teil alter, aber
auch erkennbar neu arrangierter und teilweise veränderter Dichtungsfor-
men.

Ob ich mit dem von mir vorgeschlagenen Referenzproblem das richtige
getroffen habe, sei dahingestellt.[31] Wichtiger ist mir an dieser Stelle das
Prinzip des Funktionswandels oder auch: der »Umdeutung«, wie es Mari-
anne Willems (in einer unbedingt zu den ›besten Beispielen‹ einer nach
historischen Bezugsproblemen fragenden Literaturwissenschaft zählen-

---

[29] Vgl. auch Böckmann: *Formgeschichte* (wie Anm. 9), S. 472: Die Übernahme des
›witzigen‹ Stilideals aus Frankreich sei motiviert durch »das neue Erkenntnisideal«
der Aufklärung, durch das »auch die Dichtung sich vor eine neue Verantwortung ge-
bracht sah und dem Anspruch der Erfahrungsnähe und Gedankenklarheit auf ihre
Weise genug zu tun suchte.« Böckmann beschreibt mit diesem ›Formprinzip des
Witzes‹ eine wichtige Vorstufe dessen, was ich unter dem Titel der ›scherzhaften
Sprechhaltung‹ besonders herauszustellen versucht habe.

[30] Vgl. den sehr erhellenden Aufsatz von Wilhelm Voßkamp: »Gattungen als litera-
risch-soziale Institutionen«, in: *Textsortenlehre – Gattungsgeschichte*, hg. v. Walter
Hinck. Heidelberg 1977, S. 27–44.

[31] Einer meiner Anhaltspunkte ist die enge Verzahnung des dichterischen mit dem
medikologischen Diskurs, der m. E. Aufschluß gibt über die (oder zumindest *eine*
wichtige) Funktion der Scherzgedichte für die Zeitgenossen; vgl. Mellmann: *Emo-
tionalisierung* (wie Anm. 25), S. 344–350.

den Studie) sinnfällig beschrieben hat.[32] Die durch die biologische Basis vorgegebenen Möglichkeiten werden nicht nur (gemäß den jeweiligen mediengeschichtlichen Bedingungen) quasi ›im Leerlauf‹[33] aktualisiert – das auch –, sondern müssen auf den jeweiligen soziokulturellen Kommunikationszusammenhang abgestimmt werden, das heißt: sie werden spezifisch *semantisiert*. Und dabei wird in der Regel an vorgängige ›semantische Vorräte‹ umdeutend angeschlossen. Diese kulturellen Anpassungs- oder Semantisierungsprozesse können je nach Fall unterschiedlich gravierender Art – und somit für den Literaturhistoriker unterschiedlich interessant – sein. Z. B. korreliert der Umstand, daß das Lied der Eipo-Frau speziell eine erotische Erfahrung (bzw. sogar nur einen bestimmten Ausschnitt derselben) thematisiert, vielleicht mit einer bestimmten Problemkonstellation (und damit zusammenhängenden erotischen Semantik) ihrer Kultur; zumindest für den völkerkundlichen Laien aber mag es ausreichend erscheinen, das Gedicht einfach als Liebesgedicht (ohne allzu viel soziokulturell bedingten semantischen ›Überschuß‹) zu verstehen.[34] Aber spätestens, wenn z. B. die biologische Basis der ›Limerenz‹[35] zur Codierung und Stabilisierung von Individualität eingesetzt wird, wie dies in den mitteleuropäischen Literaturen seit dem 18. Jahrhundert verstärkt (d. h. ›institutionalisiert‹) der Fall ist, wird es sich für den Literaturwissenschaftler lohnen, in dieser ›Umdeutung‹ von Liebe ein literaturge-

---

[32] Marianne Willems: *Das Problem der Individualität als Herausforderung an die Semantik im Sturm und Drang. Studien zu Goethes* Brief des Pastors zu *** an den neuen Pastor zu ***, Götz von Berlichingen *und* Clavigo. Tübingen 1995 (Studien und Texte zur Sozialgeschichte der Literatur 52).

[33] Vgl. das evolutionspsychologische Konzept des »Organisationsmodus«, in welchem unsere biologische Grundausrüstung in Betrieb gehalten wird, nach John Tooby u. Leda Cosmides: »Does Beauty Build Adapted Minds? Towards an Evolutionary Theory of Aesthetics, Fiction, and the Arts«, in: *SubStance. A Review of Theory and Literary Criticism* 30 (2001), S. 6–27, hier S. 16. Dt. Übers.: »Schönheit und mentale Fitness. Auf dem Weg zu einer evolutionären Ästhetik«, in: *Heuristiken der Literaturwissenschaft. Disziplinexterne Perspektiven auf Literatur*, hg. v. Uta Klein, Katja Mellmann u. Steffanie Metzger. Paderborn 2006 (Poetogenesis 3), S. 217–243, hier S. 230.

[34] Zumal es im Bericht heißt: »Liebeslieder dieser Art singt man auch, wenn man völlig allein ist, aus einer vergnügt-besinnlichen Stimmung heraus. Das Lied erscheint damit von sozialen Funktionen befreit.« Eibl-Eibesfeld: *Biologie* (wie Anm. 22), S. 952.

[35] Begriffsprägung durch Dorothy Tennov: *Love and Limerence. The Experience of Being in Love*. New York 1979; eine gute evolutionspsychologische Bestimmung des psychischen Mechanismus als ›attraction system‹ durch Helen Fisher: *Why We Love. The Nature and Chemistry of Romantic Love*. New York 2004.

schichtlich relevantes Explanandum zu erblicken und die vermutete spezifische Problemkorrelation (Funktion) anhand der literarischen Problemformulierungen zu überprüfen und mit Hilfe außerliterarischer Kontexte genauer auszubuchstabieren.[36]

Die resultierende Erklärung dürfte freilich selten eine ›hinreichende‹ Erklärung sein, denn komplexe Phänomene verdanken sich in aller Regel nicht einer einzigen Ursache, sondern einem ganzen Bündel kausalrelevanter Faktoren. Suspendiert man die verführerische Erwartung von Monokausalität und Nicht/Sondern-Erklärungen jedoch, können Problem/Lösungs-Relationen nach dem beschriebenen Modell – je nach Art des eingegrenzten Problems und der gewählten Kontextwissenschaft (wie beispielsweise Biologie, Gesellschaftsgeschichte, Medienwissenschaft) – durchaus Erhellendes zur Erklärung eines komplexen kulturellen Phänomens (und damit zu einer erklärend vorgehenden Literaturwissenschaft) beitragen.

---

[36] Solch ein Verfahren ist verschiedentlich als zirkulär bezeichnet worden (und wird es wohl noch häufiger werden). Ich erspare mir und meinen Lesern einen Abschnitt »V. Das Gespenst der Zirkularität«, indem ich auf Voßkamp: »Gattungen« (wie Anm. 30), S. 44, verweise: »Die Analyse der *einzelnen* Gattung setzt zugleich ihre genaue Bestimmung im jeweiligen literarischen *Gesamt*system einer Epoche und geschichtlichen Situation voraus. Dies ist methodologisch nur möglich, wenn man sich dem hermeneutischen Zirkel stellt [...].«

Philip Ajouri

Gibt es ewige Probleme in der Dichtung?

Die Anfänge der Problem- und Ideengeschichte in den 1920er und 1930er Jahren sind mit dem Glauben an ewige Probleme oder ewige Ideen verknüpft. Daß sich im Fluß der Literatur- und Philosophiegeschichte etwas gleich bleibe, dem Wandel entzogen sei, war die Auffassung von Rudolf Unger, dem Begründer der Problemgeschichte in der deutschen Literaturwissenschaft, und von Arthur O. Lovejoy, dem Schulhaupt der *History of Ideas*. Unger sah in der Literatur eine »Spiegelung«[1] von elementaren und unlösbaren Menschheitsproblemen wie Liebe, Tod oder das Verhältnis von Freiheit und Notwendigkeit. Literaturgeschichte konnte geschrieben werden, indem die Veränderung in der Behandlung dieser Themen durch verschiedene Texte unterschiedlicher Zeiten untersucht wurde. Es war ein Versuch, eine Literaturgeschichte zu überwinden, die sich an Werk und Autor als wichtigsten Gliederungseinheiten orientierte und Autorenportraits weitgehend unzusammenhängend aneinanderreihte.[2] Der relativ kleine Problemkatalog war geeignet, um Texte nach relevanten Merkmalen zu erschließen, die behauptete Universalität dieser Probleme sicherte, daß man viele Texte mit ihnen interpretieren konnte und die prinzipielle Unlösbarkeit garantierte, daß sie nicht irgendwann aus der Literaturgeschichte verschwanden. Was die Ideengeschichte betrifft, so fand der Philosoph Lovejoy bekanntlich bei der Analyse von verschiedenen Gedankengebäuden stets Elementarideen (›unit ideas‹) vor, die er ebenfalls für ewig hielt. Er verstand unter Elementarideen beispielsweise »unbewußte Gewohnheiten des Denkens«,[3] die vielen Philosophien zugrundelagen, wie die Vorliebe für einfache Erklärungen. Um an eine Unterscheidung zu erinnern, die Louis Mink in die Ideengeschichte einge-

---

[1] Rudolf Unger: »Literaturgeschichte als Problemgeschichte. Zur Frage Geisteshistorischer Synthese, mit besonderer Beziehung auf Wilhelm Dilthey«, in: ders.: *Gesammelte Studien*. Nachdruck der Ausgabe Berlin 1929, 3 Bde., Darmstadt 1966 [zuerst 1924], Bd.1, S. 137–170, hier S. 156.

[2] Unger spricht vom »äußerliche[n] Zusammenschieben von Einzelwürdigungen«, das zugunsten einer »Erfassung oder Herstellung übergreifender Zusammenhänge« zu überwinden sei. Vgl. ebd., S. 137.

[3] Arthur O. Lovejoy: *Die große Kette der Wesen. Geschichte eines Gedankens*. Übersetzt von Dieter Turck. Frankfurt a. M. 1985 [zuerst 1936], S. 16.

führt hat, kann man sagen, daß es sich bei Unger eher um Probleme handelt, über die Menschen nachdenken, während Lovejoy eher mit Ideen befaßt war, mit deren Hilfe Menschen nachdenken.[4]

In der Debatte, wie sie im letzten Jahrbuch von *Scientia Poetica* geführt wurde, stößt der Gedanke an ewige Probleme oder ewige Ideen auf wenig Gegenliebe. Mein Aufsatz ist ein Beitrag zu dieser Diskussion und vertieft sie durch die angesprochene Frage. In Dirk Werles Aufsatz, der die Kontroverse eröffnete, werden Probleme ausschließlich als gebunden an eine jeweilige historische Situation verstanden:

> Probleme sollte man im Sinne historisch spezifischer, wandelbarer Problemlagen verstehen und nicht wie Hartmann und Unger – oder auch Arthur O. Lovejoy mit seiner Konzeption der *unit ideas* – als konstante, objektive Größen, die im Geschichtsverlauf gleich bleiben [...].[5]

Ganz ähnlich äußert Carlos Spoerhase in seinem Beitrag das Bedenken, eine Problemgeschichte, die sich auf eine kurze und geschlossene Liste ewiger Menschheitsprobleme berufe und die schon vor der Lektüre des zu interpretierenden Textes feststehe, sei unhistorisch.[6] Beide wenden sich diesbezüglich gegen Karl Eibl (und gegen Unger, Lovejoy und andere), dessen problemgeschichtlicher Ansatz von Werle sonst als »einer der avanciertesten und besten Anknüpfungspunkte für eine literaturwissenschaftliche Problemgeschichte«[7] bezeichnet wird. In Eibls *Die Entstehung der Poesie* glauben sie jedoch eine Liste mit den Problembereichen Liebe, Tod und Gesellschaft vorgegeben zu finden. Von dieser kurzen und geschlossenen Liste wollen sie sich befreien und so die Problemgeschichte für die Vielfalt der unterschiedlichsten Problemtypen öffnen.[8]

---

[4] Vgl. Louis Mink: »Change and Causality in the History of Ideas«, in: *Eighteenth-Century Studies* 2 (1968), S. 7–25, hier S. 8.

[5] Dirk Werle: »Modelle einer literaturwissenschaftlichen Problemgeschichte«, in: *Jahrbuch der deutschen Schillergesellschaft* 50 (2006), S. 478–498, hier S. 495.

[6] Vgl. Carlos Spoerhase: »Was ist *kein* Problem?«, in: *Scientia Poetica* 13 (2009), S. 318–327, hier S. 324.

[7] Dirk Werle: »Frage und Antwort, Problem und Lösung: Zweigliedrige Rekonstruktionskonzepte literaturwissenschaftlicher Ideenhistoriographie«, in: *Scientia Poetica* 13 (2009), S. 255–303, hier S. 292.

[8] Vgl. ebd., S. 292f. Zudem möchte Werle eine weitere, historische Einschränkung von Eibls Konzeption von Problemgeschichte beseitigen: Problemgeschichte soll sich nicht nur auf die Literatur seit der Sattelzeit beziehen, sondern generell auf die Dichtung aller Zeiten. Beide Erweiterungen der Problemgeschichte beziehen sich auf *Die Entstehung der Poesie*. Aus anderen Aufsätzen Eibls geht klar hervor, daß sein Ansatz einer Ideengeschichte auf der Grundlage der historischen Systemtheorie für

I. Quentin Skinners Kritik an ewigen Problemen

Mit ihrer Ablehnung ewiger Probleme befinden sich Werle und Spoerhase in guter Gesellschaft. Die einflußreiche *Cambridge School* propagierte, die Bedeutung eines Textes aus dem jeweiligen historisch-einmaligen Kontext zu ermitteln. Damit war seine Bedeutung aber auch auf diesen Kontext beschränkt. Einer ihrer Hauptvertreter, Quentin Skinner, wendete sich damit sicher zu Recht gegen eine sorglose Aktualisierung von philosophischen und politischen Gedanken, die dann zur Lösung der eigenen heutigen Probleme verwendet wurden. In seinem Aufsatz *Meaning and understanding in the history of ideas* (1969) leugnete Skinner die Existenz von ewigen Ideen oder Problemen:

> [...] there simply are no perennial problems in philosophy: there are only individual answers to individual questions, and as many different questions as there are questioners. There is in consequence simply no hope of seeking the point of studying the history of ideas in the attempt to learn directly from the classic authors by focusing on their attempted answers to supposedly timeless questions.[9]

Der letzte Satz verdient hervorgehoben zu werden. Skinners Abwehr richtet sich gegen die Praxis, aus klassischen Texten der politischen Theorie für heute lernen zu wollen. Beide Positionen, die Annahme ewiger Probleme und das Lernenwollen aus klassischen Texten, sind für Skinner miteinander eng verbunden.

Für seine Ansicht über ewige Probleme wurde Skinner vielfach kritisiert. David Boucher warf ihm vor, allen Forschern, die an ewige Probleme glauben, zu unterstellen, sie arbeiteten nur textimmanent und wollten zudem direkt aus den klassischen Texten Lehren für die Gegenwart ziehen.[10] Das sei aber nur selten der Fall. Viele Forscher, die langfristige Problemlagen untersuchten, würden sehr wohl sozialgeschichtliche Kon-

---

alle Problemlagen aller Zeiten gelten soll, also lediglich für eine historische Studie eingeschränkt wurde. Jedes System, so Eibl, könne »als ›Basis‹ gesetzt werden, die für andere Systeme Probleme generiert [...].« (Karl Eibl: »Literaturgeschichte, Ideengeschichte, Gesellschaftsgeschichte – und ›Das Warum der Entwicklung‹«, in: *Internationales Archiv für Sozialgeschichte der deutschen Literatur* 21 (1996), S. 1–26, hier S. 13).

[9] Quentin Skinner: »Meaning and understanding in the history of ideas«, in: *Meaning and Context. Quentin Skinner and his Critics,* hg. v. James Tully. Cambridge 1988 [zuerst 1969], S. 29–67, hier S. 65.

[10] Vgl. David Boucher: »The Denial of Perennial Problems: The Negative Side of Quentin Skinner's Theory«, in: *Interpretation* 12 (1984), S. 287–300, hier S. 292–294.

texte berücksichtigen und seien zudem selten so naiv, aus diesen Problemen für die Gegenwart lernen zu wollen. Des weiteren konnte Boucher zeigen, daß Skinner selbst in seinen ideenhistorischen Arbeiten auf Ideen zurückgreift, die zumindest von Autoren unterschiedlicher Zeiten geteilt wurden.[11] Skinner reagierte auf diese Kritik und bezeichnete seine pauschale Ablehnung ewiger (oder doch kontinuierlicher) Probleme als Fehler. Er habe unter allen Umständen Positionen zurückweisen wollen, die Argumente unterschiedlichster Zeiten aus historischen Kontexten lösten und damit eine anachronistische Debatte konstruierten, die in dieser Weise nie stattgefunden habe.[12]

II. Mark Bevirs Kritik an Skinner

Daß Skinner offenbar bei seinem begrüßenswerten Ansinnen über das Ziel hinausgeschossen war, hat der Politikwissenschaftler Mark Bevir gezeigt. Sein Ansatz zeichnet sich dadurch aus, daß er die Frage, ob es ewige (oder doch viele Jahrhunderte währende) Probleme gibt, ohne den Rekurs auf die »permanent features of the human condition«[13] entscheiden möchte. Er orientiert sich an der analytischen Sprachphilosophie und diese Argumentationsweise, so glaubt er, müsse auch die *Cambridge School* akzeptieren.[14] In drei unterschiedlichen Argumentationsanläufen, die die Existenz ewiger Probleme in immer stärkerer Weise behaupten, kommt er zu drei Arten, in denen es ewige Probleme in der politischen Theorie und Philosophie gibt. Seine Grundannahme ist dabei, daß die klassischen Werke politischer Theorie heute angemessen verstanden werden könnten.[15] Wenn das der Fall sei, dann könnten wir auch heute über

---

[11]   Vgl. ebd., S. 296.

[12]   Vgl. Quentin Skinner: »A reply to my critics«, in: *Meaning and Context* (wie Anm. 9), S. 231–288, hier S. 283.

[13]   Mark Bevir: »Are There Perennial Problems in Political Theory?«, in: *Political Studies* 42 (1994), S. 662–675, hier S. 663.

[14]   Vgl. ebd., S. 663. Das oben zitierte Eingeständnis Skinners, er habe die Verdammung von ewigen Problemen in seinem Aufsatz »Meaning and understanding in the history of ideas« (1969) zu weit getrieben, nimmt allerdings Bevirs Aufsatz einen Teil seiner Schlagkraft. Bevir kommt auf Skinners »A reply to my critics« (1988) nur in Fußnoten zu sprechen, wendet sich einleitend jedoch gegen die Argumente aus »Meaning and understanding in the history of ideas«.

[15]   Mit ›angemessenem Verstehen‹ meint Bevir, daß wir ein klassisches Werk der politischen Theorie so in unser eigenes Vokabular übersetzen können, daß wir seinen Inhalt einem unserer Zeitgenossen kommunizieren können. Vgl. Bevir: »Are There Perennial Problems in Political Theory?« (wie Anm. 13), S. 663.

die Probleme nachdenken, die in diesen Texten niedergelegt seien.[16] Das mache sie in einem ersten eingeschränkten Sinn zu ewigen Problemen. Eine zweite Möglichkeit, in der es ewige Probleme gibt, sei gegeben, wenn sich mehrere Autoren in verschiedenen Zeiten auf ein zuvor formuliertes Problem bezögen. So habe sich beispielsweise Karl Marx mit Problemen auseinandergesetzt, die er bei Epikur und Demokrit vorgegeben fand. Auch über diese Probleme könnten wir nachdenken.[17] Drittens gebe es Fälle, in denen verschiedene Problemformulierungen unterschiedlicher Zeiten in »suitably abstract fashion«[18] formuliert werden könnten. Dann könne man ebenfalls sagen, daß die Autoren dieser unterschiedlichen Formulierungen indirekt dasselbe Problem adressiert hätten.[19] Allerdings müsse die Empirie erweisen, ob sich verschiedene Problemformulierungen in dieser Weise auf ein abstrakteres Problem beziehen ließen.[20]

Nicht alle Argumente Bevirs können überzeugen und zumindest die ersten beiden Arten, in denen es für Bevir ewige Probleme gibt, sind schlecht auf den Bereich fiktionaler Literatur übertragbar.[21] Die dritte Variante ist zweifelsohne die interessanteste. Sie kommt dem üblichen Verständnis eines ewigen Problems wohl am nächsten. Sie basiert auf der Annahme eines abstrakt formulierten, überzeitlichen Problems und den jeweiligen kontingenten Formulierungen dieses Problems bei verschiede-

---

[16] Vgl. ebd., S. 664.

[17] Vgl. ebd., S. 669.

[18] Vgl. ebd., S. 671.

[19] Vgl. ebd.

[20] Vgl. ebd., S. 670.

[21] Wenn ein Problem schon dann ewig ist (so könnte man einwenden), wenn es in einem Text niedergelegt wurde und von einem heutigen Leser verstanden werden kann, dann gibt es ausschließlich ewige Probleme (und keine zeitgebundenen mehr). Offenbar ist das mit dem Ausdruck ›ewiges Problem‹ nicht gemeint. Zur Übertragbarkeit auf die Literatur: ›Ein Problem verstehen‹ und ›ein Problem haben‹ scheint nicht das Gleiche zu sein. Diese Frage diskutiert zwar auch Bevir (vgl. Bevir: »Are There Perennial Problems in Political Theory?« [wie Anm. 13], S. 664f.), aber für den Bereich der Dichtung tun sich zusätzliche Fragen auf, weil es dort in der Regel fiktive Figuren sind, die Probleme haben. Ich kann das Problem des Odoardo, daß er seine Tochter Emilia vor dem Prinzen schützen will, verstehen. Vielleicht *habe* ich in einem besonderen Sinn sein Problem sogar während einer Aufführung, aber ohne von Umständen zu abstrahieren, wird man Odoardos Problem wohl kaum als ewig bezeichnen wollen. Sobald man aber ein abstrakteres Problem aus *Emilia Galotti* ableitet (z.B. Wie schützt ein Vater die Unschuld seiner Tochter?), befindet man sich schon in der dritten Art, in der es für Bevir ewige Probleme gibt.

nen Autoren.[22] Es ist aber diejenige Frage, deren Beantwortung Bevir auf dem Weg der analytisch orientierten Philosophie nicht leisten kann. Nur die Empirie helfe hier weiter.

Wenn es also nicht ausgeschlossen ist, daß es ewige Probleme in der politischen Philosophie gibt, so mag sich auch die Frage lohnen, was ein ewiges Problem in der Dichtung sein könnte und ob sie existieren. Die Beantwortung dieser Frage wird ebenfalls zur Empirie führen, was hier nur kurz angedeutet werden kann.

III. Das Problem in der historischen Systemtheorie

Unter einem Problem verstehe ich, Karl Eibl und Michael Titzmann folgend, die Differenz zwischen Ist- und Sollwert eines Systems.[23] Ein System hat empfindliche Grenzen, die die Umwelt beobachten und melden, ob Soll- und Istwert übereinstimmen oder nicht (ob es ein Problem gibt). Liegt ein Problem vor, dann ist die Frage, ob das System Variationen aufweist, die auf die Problemlage passen und deshalb von der Umwelt selektiert werden. Falls keine passenden Variationen vorhanden sind, kann die Zerstörung des Systems die Folge sein. Wird das Problem mit bestimmten Variationen gelöst, das heißt, erweisen sich bestimmte Variationen als funktional (passend) für dieses Problem, dann stabilisieren sich diese Modifikationen und erscheinen als Merkmale des Systems – bis sich die Problemlage verändert und sich das System erneut anpassen muß. Das System hat sich gewandelt und im Nachhinein sieht es so aus, als habe es jemand in seine Umwelt eingepaßt.[24]

Schon seit längerer Zeit bietet sich die Evolutionstheorie als historische Systemtheorie auch für die Erklärung von kulturellem und sozialem Wandel an. Sie liegt auch den hier skizzierten Gedanken zugrunde. Niklas Luhmanns Systemtheorie und spezieller seine Konzeption einer

---

[22] Vgl. ähnlich Carlos Spoerhase: »Dramatisierungen und Entdramatisierungen der Problemgeschichte«, in: *Eine Typologie der Formen der Begriffsgeschichte,* hg. v. Riccardo Pozzo u. Marco Sgarbi. Hamburg 2010, S. 107–123, hier S. 118.

[23] Vgl. Karl Eibl: *Kritisch-rationale Literaturwissenschaft. Grundlagen zur erklärenden Literaturgeschichte.* München 1976, S. 54, Fn. 102. Ferner: Michael Titzmann: »Skizze einer integrativen Literaturgeschichte und ihres Ortes in einer Systematik der Literaturwissenschaft«, in: *Modelle des literarischen Strukturwandels,* hg. v. Michael Titzmann. Tübingen 1991, S. 395–438, hier S. 431.

[24] Vgl. Eibl: »Literaturgeschichte, Ideengeschichte, Gesellschaftsgeschichte« (wie Anm. 8), S. 12f.

Ideenevolution ist wohl der bekannteste Versuch in dieser Richtung,[25] aber die Ansätze von Karl Eibl und Michael Titzmann, auf die sich Dirk Werle beruft, basieren ebenfalls auf der Grundlage der historischen Systemtheorie.[26] Bei den Diskutanten im letzten Jahrbuch von *Scientia Poetica* scheint eine auf die Kultur angewendete Evolutionstheorie auf Vorbehalte zu stoßen. Ein Hauptgrund dafür ist offenbar, daß unklar ist, wie sich die evolutionäre Funktionalität, die durch das zielblinde Wechselspiel von Variation und Selektion entsteht, zur Intentionalität der Autoren verhält.[27] Diese und andere meines Erachtens berechtigte Nachfragen können hier nicht im Detail geklärt werden.[28]

---

[25] Vgl. z. B. Niklas Luhmann: *Ideenevolution. Beiträge zur Wissenssoziologie,* hg. v. André Kieserling. Frankfurt a. M. 2008.

[26] Vgl. z. B. Eibl: *Kritisch-rationale Literaturwissenschaft* (wie Anm. 23), S. 91–108. Karl Eibl: »Zur Funktion hermeneutischer Verfahren innerhalb der Forschungslogik einer empirisch-theoretischen Literaturwissenschaft«, in: *Studien zur Entwicklung einer materialen Hermeneutik,* hg. v. Ulrich Nassen. München 1979, S. 48–61. Ferner: Eibl: »Literaturgeschichte, Ideengeschichte, Gesellschaftsgeschichte« (wie Anm. 8). Titzmann: »Skizze einer integrativen Literaturgeschichte« (wie Anm. 23), S. 428–436.

[27] Vgl. die Erklärungstypen (1) und (2) in der Liste von Spoerhase (Spoerhase: »Was ist *kein* Problem?« [wie Anm. 6], S. 321). Auch in Werles Aufsatz geht es gegen Ende kaum mehr um Evolution von Problemen. Vgl. Werle: »Frage und Antwort« (wie Anm. 7), S. 301.

[28] In der natürlichen Evolution entstehen Variationen ohne Hinblick auf ein Ziel, also zufällig, und erst die Selektion und die anschließende vermehrte Weitergabe der relevanten Eigenschaft sorgen für die Stabilisierung einer Varietät. In der kulturellen Evolution werden Produkte (Texte, Ideen, Artefakte) zweifelsohne intentional hervorgebracht. Daß die Produzenten ein bestimmtes Problem dabei schon im Visier haben können, liegt auf der Hand, ebenso, daß sie die von der Umwelt verworfenen Variationen in ihren Erwartungshorizont einbeziehen. Das unterscheidet natürliche von kultureller Evolution. Trotzdem wird eine evolutionäre Errungenschaft in der soziologischen Systemtheorie als »transintentionales Phänomen« konzipiert (Rainer Schützeichel: *Sinn als Grundbegriff bei Niklas Luhmann.* Frankfurt–New York 2003, S. 172). Rainer Schützeichel spricht in diesem Zusammenhang von »nichtintentionalen Folgen intentionalen Handelns« (ebd.). Wie ist das möglich? Rudolf Stichweh weist darauf hin, daß zwischen variierender und selektierender Instanz »Schwellen, Diskontinuitäten, System/Umwelt-Differenzen« vorlägen, so daß das, was auf der einen Seite variiert wird, auf der Seite der Selektion als zufällig erscheint, und umgekehrt – selbst wenn auf beiden Seiten Intentionen mit im Spiel sind. Vgl. Rudolf Stichweh: »Kultur, Wissen und die Theorien soziokultureller Evolution«, in: *Soziale Welt* 50 (1999), S. 459–470, hier S. 466. Vgl. in diesem Zusammenhang auch Eibls Begriff der »präventive[n] Autoselektion« (Eibl: »Literaturgeschichte, Ideengeschichte, Gesellschaftsgeschichte« [wie Anm. 8], S. 24).

Akzeptiert man trotz dieser Vorbehalte die historische Systemtheorie als universellen Erklärungsrahmen, dann wird man »alles, was ist, als das Ergebnis vorangegangener Selektions- und Bewährungsprozesse [...] begreifen, von der Evolution der Materie bis zur Ideenevolution.«[29] Prinzipiell kann jedes System für das Literatursystem oder eines seiner Teilsysteme Probleme generieren. Da sich Gesellschaften, ihre Überzeugungen und die Stellung von Dichtung in der Gesellschaft wandeln, ist zunächst damit zu rechnen, daß sich ein Literatursystem historisch betrachtet in jeweils speziellen Umwelten befindet, die ebenso unterschiedliche Probleme für das Literatursystem generieren. Die Problemlisten dürften deshalb offen und variabel sein und zunächst ist nicht abzusehen, warum sich ein ›ewiges‹ Problem in verschiedenen Umwelten erhalten sollte. Aber auch falls ewige Probleme vorkämen, hieße das nicht, daß es ausschließlich ewige Probleme gäbe. Problemlisten werden also wohl Probleme verschiedener Dauer und unterschiedlicher Art enthalten. Es kommt hinzu, daß selbst längerfristig stabile Problemlagen keineswegs Probleme *für das Literatursystem* sein müssen. Vielmehr war es wohl häufig die Religion, die ewige Probleme, wie sie Unger verstand, löste und die Lösungen an die Literatur weitergab. Aber selbst wenn Probleme für das Literatursystem generiert wurden, müssen sie keineswegs jeden Text einer fraglichen Zeit prägen.[30] Eine Beantwortung der Frage, welche Kontexte für einen einzelnen zu interpretierenden Text relevant sind, ist deshalb von einer so konzipierten Problemgeschichte nicht zu erwarten. Trotzdem kann Problemgeschichte mehr sein als eine unnötig komplizierte »*Reformulierung* des Text/Kontext-Problems«.[31] Ihre Leistung liegt nicht primär in der Beschränkung der Probleme/Kontexte, sondern in ih-

---

[29] Eibl: »Literaturgeschichte, Ideengeschichte, Gesellschaftsgeschichte« (wie Anm. 8), S. 13.

[30] Nach Michael Titzmann können bei Produzenten und Rezipienten des Literatursystems »jederzeit Ausnahmen und Abweichungen auftreten: kulturelle Systeme sind immer statistische Systeme.« (Titzmann: »Skizze einer integrativen Literaturgeschichte« [wie Anm. 23], S. 431). Für Rudolf Stichweh ist die Modellierung des Verhältnisses von Mikro- und Makroebene gerade ein Vorzug der Evolutionstheorie, »weil sie auf einem Populationskonzept aufruht, das eine Population auf der Basis der Verschiedenheit der zugehörigen Individuen denkt. Makroresultate sind immer Resultate, die sich auf der Basis einer fortdauernden Verschiedenheit in der Population der Individuen errechnen. Modelliert werden Verschiebungen in der Verteilung von Eigenschaften in der Population; aber nie geht es um vollständige Homogenisierung.« (Stichweh: »Kultur, Wissen und die Theorien soziokultureller Evolution« [wie Anm. 28], S. 467).

[31] Spoerhase: »Was ist *kein* Problem?« (wie Anm. 6), S. 324.

rem Vorschlag, den Zusammenhang von textimmanenter Idee und textexternem Problem zu erklären.

IV. Ewige Probleme?

Trotz der Offenheit des problemgeschichtlichen Ansatzes ist es natürlich möglich (und wohl auch nötig), eine Untersuchung auf bestimmte Probleme zu begrenzen, so wie sich auch Text/Kontext-Studien in der Regel auf eine Auswahl von Kontexten konzentrieren. *Eine* Möglichkeit ist es, sich auf die Suche nach ewigen Problemen zu begeben. Die Frage, ob es ewige Probleme in der Dichtung gibt, kann man in die Frage umformulieren, ob es über mehrere Epochen und Gesellschaftstypen konstante Umweltbedingungen gibt, die für das jeweilige Literatursystem oder eines seiner Teilsysteme ein Problem sind und ob im Literatursystem Strukturen entstehen, die dieses Problem ›lösen‹ (darauf antworten) und damit funktional für dieses Problem sind. Diese Strukturen müssen, hinreichend abstrahiert, gleich oder doch zumindest funktionskongruent sein.[32] Ein ganz undramatisches Beispiel: Seitdem Texte schriftlich vervielfältigt werden und unabhängig vom Autor kursieren, gibt es das Problem, woher der Leser wissen soll, ob er den ganzen Text oder nur ein Fragment vor sich hat. Vermutlich mußten Texte erst einmal unvollständig verbreitet werden, bevor man sich des Problems bewußt wurde. Schon in altägyptischen Papyrusrollen finden wir deshalb – leider viel zu selten – den Vermerk (in der englischen Übersetzung): »So it ends, from start to finish, as found in writing.«[33] Diese Problemlösung finden wir auch in gedruckten Büchern (»Finis«, »Ende«, nichtsprachliche Zeichen wie Wappen, Linien, Sterne etc.) und sie blieb sogar bei Computer-Protokoll-Dateien (»End of File«) erhalten.[34] In Bereichen, in denen der Seitenverlust sehr unwahr-

---

[32] Vgl. Patrick Colm Hogan: *The Mind and Its Stories. Narrative Universals and Human Emotion.* Cambridge 2003, S. 32.

[33] So schließt beispielsweise die Sinuhe-Dichtung, die ca. 3900 Jahre alte Geschichte eines ägyptischen Beamten, der aus seinem Heimatland flieht, sich in der Ferne aufhält und schließlich zurückkehrt, um in Ägypten in der Nähe des Pharao begraben zu werden. Es handelt sich also um eine »epische Triade«, die mit der Propp-Sequenz gut beschrieben werden kann. Vgl. die Ausführungen zur abenteuerlichen Suche auf S. 275f. dieses Aufsatzes und den Text in englischer Übersetzung in: *The Tale of Sinuhe and Other Ancient Egyptian Poems 1940-1640 BC*, hg. v. Richard B. Parkinson. Oxford–New York 2009, S. 27–43.

[34] Was so wirkt, als sei es ›erhalten‹ worden, könnte freilich auch immer wieder – ohne Kenntnis der Tradition – neu entdeckt worden sein.

scheinlich wurde (z. B. bei maschinell gebundenen Büchern), kam auch die entsprechende Problemlösung aus der Mode. Das einfache (und vereinfachte) Beispiel zeigt, daß langfristige Problemlagen nichts mit existentiellen Problemen im Sinne Ungers zu tun haben müssen. Es legt aber auch nahe, mit dem Epitheton ›ewig‹ sparsam umzugehen, da sich Problemlagen wandeln können und entsprechend die hierfür vorgesehenen Problemlösungen weniger häufig selektiert werden. Ein so konzipierter Ansatz versteht Probleme in der Dichtung nicht als »Spiegelung« von Menschheitsproblemen (R. Unger) und ist nicht darauf angewiesen, offensichtliche Thematisierungen von Problemen durch eine literarische Figur oder einen Autor zu behandeln.[35] Eine Problemgeschichte ›ewiger‹ Probleme beziehungsweise Problemlösungen im hier angedeuteten Sinn behandelt längerfristig konstante Merkmale des Literatursystems, insofern diese als funktional für eine stabile Problemlage erkannt werden.

Gemäß der »Zweigliedrigkeit« des problemgeschichtlichen Konzepts sollte nun nicht nur nach Ähnlichkeiten in den Literatursystemen verschiedener Epochen und Gesellschaften Ausschau gehalten werden. Damit diese Gemeinsamkeiten als funktionskongruent erkannt werden können, muß der Blick ebenso auf konstante textexterne Probleme gerichtet werden. Das erste Forschungsfeld wurde bislang vor allem als Suche nach literarischen Universalien[36] ausgestaltet und ist reich bestellt. Ausgehend von so verschiedenen Disziplinen wie der Religionswissenschaft, dem russischen Formalismus und der Psychologie haben sich unterschiedliche Traditionen gebildet, die mit Erfolg formale und inhaltliche Gemeinsamkeiten von Mythen, religiösen Texten, Märchen und anderen literarischen Texten erforschen.[37] Insofern liefert die Empirie Hinweise darauf, daß es wiederkehrende Strukturen in den Literatursystemen verschiedener Zeiten gibt. Die Erklärung dieser literarischen Universalien durch konstante

---

[35] Gleichwohl können solche Phänomene darauf hinweisen, daß ein Problem vorliegt. Vgl. auch den Aufsatz von Matthias Löwe zur Implizität von Problemen und zur Frage nach der richtigen Problemreferenz (Matthias Löwe: »Implizität. Über ein praktisches Problem von Literaturgeschichte als Problemgeschichte (anhand von drei Beispielen)«, in: *Scientia Poetica* 13 [2009], S. 304–317).

[36] Zum Begriff der literarischen Universalie vgl. Hogan: *The Mind and Its Stories* (wie Anm. 32), S. 17–30.

[37] Vgl. die einflußreichen Werke von James George Frazer: *The golden bough. A study in magic and religion*. Gekürzte Ausgabe. Oxford 2009 [zuerst 1890]. Vladimir Propp: *Morphologie des Märchens*, hg. von Karl Eimermacher. Frankfurt a. M. 1975 [zuerst 1928]. Carl Gustav Jung: *Die Archetypen und das kollektive Unbewußte*. 7. Aufl. Olten–Freiburg 1989 (Gesammelte Werke 9,1).

textexterne Probleme wurde allerdings nicht selten vernachlässigt. Falls man danach fragte, antwortete man häufig mit dem Blick auf die menschliche Natur.[38] Allerdings urteilte man verschieden darüber, was diese Natur ausmachte. Insbesondere wurden die literarischen Universalien auf eine tiefenpsychologische Schicht des menschlichen Bewußtseins zurückgeführt, in der ein gemeinsamer Mythenschatz mit vergleichbaren Handlungselementen verborgen liege.[39] Einen anderen Weg beschritten Literaturwissenschaftler, die sich an der Gestaltpsychologie orientierten. Hier konnten insbesondere formale Eigenschaften von Dichtung behandelt und durch den Rekurs auf die »Gestalten« unserer »psychological construction«[40] erklärt werden. Ein Beispiel für eine solche »Gestalt« ist die Erwartung eines geschlossenen Endes, die sich in Gedichten in einer weit verbreiteten Schlußgebung (»poetic closure«) beispielsweise durch die Wiederholung von Versen, durch »rhymed couplets« oder durch eine epigrammatische Zuspitzung ausdrückt.[41] Die Erwartung einer geschlossenen »Gestalt« ist es wohl auch, die uns eine unvollständig überlieferte Erzählung erst zum Problem werden läßt. Die Zweigliedrigkeit ist mit diesen Erklärungsversuchen schon gegeben, doch wurde die Korrelation zwischen Universalien und menschlicher Natur nicht im Sinne der historischen Systemtheorie ausgestaltet.

Zur Problemgeschichte im hier dargelegten Sinn können diese Studien führen, wenn gezeigt wird, wie Universalien in der Literatur als funktionale Problemlösungen erklärt werden können. Auch hierfür gibt es schon vielversprechende Ansätze: Der Altphilologe Walter Burkert führte das Schema der abenteuerlichen Reise, das auch der nach Vladimir Propp benannten Propp-Sequenz zugrunde liegt, auf das »Grundprogramm der Futtersuche«[42] zurück, das schon Affen haben. Hunger als Problem stehe

---

[38] Genau diesen Weg wollte Mark Bevir mit seiner Herangehensweise in der Tradition der analytischen Philosophie vermeiden.

[39] Vgl. z. B. Joseph Campbell: *The Hero with a Thousand Faces.* New York 1949 (mit Blick auf Freuds Psychoanalyse) oder Northrop Frye: *Anatomy of Criticism. Four Essays.* 4. Aufl. New York 1967 [zuerst 1957] (mit Blick auf Carl Gustav Jungs Archetypenlehre). Vgl. auch Carl Pietzcker: *Einheit, Trennung und Wiedervereinigung. Psychoanalytische Untersuchungen eines religiösen, philosophischen, politischen und literarischen Musters.* Würzburg 1996.

[40] Barbara Herrnstein Smith: *Poetic Closure. A Study of How Poems End.* Chicago–London 1968, S. 32.

[41] Vgl. ebd., S. 38–40; S. 70–78.

[42] Walter Burkert: *Kulte des Altertums. Biologische Grundlagen der Religion.* München 1998, S. 84.

also am Anfang der Suche und das Handlungsprogramm diene der »Vorbereitung der Bewegung im Denken«, sei also ein »Mittel der Problemlösung«.[43] Karl Eibl führte diesen Gedanken weiter und versuchte, den Problemlösungswert triadischer Geschichten wie diejenige von Auszug und Rückkehr mit Hilfe des Gestaltbegriffs noch weiter zu plausibilisieren.[44]

So betrachtet, zeigt Dichtung Spuren ewiger Probleme: Die in ihrer Umwelt bestehenden langfristigen Problemlagen führen zu einer höheren Wahrscheinlichkeit, daß entsprechende Problemlösungen im Literatursystem selektiert und stabilisiert werden. Formale Merkmale und Handlungsmodelle können sich so über einen längeren Zeitraum erhalten.[45] Es sei angemerkt, daß diese Handlungsstrukturen und andere formale Merkmale nur in bestimmten historischen Erscheinungsweisen sichtbar werden und zahlreiche andere Problemreferenzen haben können. Die Strukturierung der Wirklichkeit nach Zielen mag beispielsweise eine Universalie sein, die schon Affen beherrschen und die ebenso in der Literatur als Handlungsmuster auftaucht.[46] Es dürften aber gesellschaftlich determinierte Plausibilitäten sein, die bestimmen, ob Teleologie intentional oder nicht-intentional, mit oder ohne Stopp-Regel usw. konzipiert wird.[47] Zudem können diese universal zu beobachtenden Problemlösungen selbst wieder zum Problem werden, indem sie zum Beispiel als Konstruktionen

---

[43] Ebd.

[44] Vgl. Karl Eibl: »Epische Triaden. Über eine stammesgeschichtlich verwurzelte Gestalt des Erzählens«, in: *Journal of Literary Theory* 2 (2008), S. 197–208.

[45] Dirk Werle hatte im letzten Jahrbuch von *Scientia Poetica* dafür plädiert, Probleme als inhaltliche Phänomene von literarischen Texten zu deuten (vgl. Werle: »Frage und Antwort« [wie Anm. 7], S. 255f. und die Kritik von Matthias Löwe im selben Band: Löwe: »Implizität« [wie Anm. 35], S. 307f.). Zwar fallen elementare Handlungsmodelle unter das Was der Handlung, doch lassen sie sich besser als allgemeine Formen verstehen, in denen Erfahrung organisiert wird. Auf der Formseite stehen auch viele Charakteristika, die Barbara Herrnstein Smith als Arten der »poetic closure« behandelt (vgl. Herrnstein Smith: *Poetic Closure* [wie Anm. 40]).

[46] In vielen Versuchen, ursprüngliche und elementare Geschichten zu finden, ist ein ›Ziel‹ als Handlungselement zentraler Bestandteil der Erzählung. Der Literaturwissenschaftler Patrick C. Hogan kennt beispielsweise eine »agent/goal-structure« (Hogan: *The Mind and Its Stories* [wie Anm. 32], S. 205), der Kognitionswissenschaftler Mark Turner glaubt an eine universelle Miniaturgeschichte des »planning«. Vgl. Mark Turner: *The literary mind.* New York 1998, S. 20.

[47] Vgl. Niklas Luhmann: »Selbstreferenz und Teleologie in gesellschaftstheoretischer Perspektive«, in: *Gesellschaftsstruktur und Semantik. Studien zur Wissenssoziologie der modernen Gesellschaft,* 4 Bde. Frankfurt a. M. 1980–1995, hier Bd. 2, S. 9–44.

erkannt werden oder mit anderen Wissensbeständen konfligieren. Hier lassen sich dann weitere Problemgeschichten anschließen.[48]

Eine Problemgeschichte, die sich auf diese langfristig stabilen Plotmuster und andere »Gestalten« bezieht und dabei die besondere historische Situation eines Textes berücksichtigt, scheint ein lohnenswertes Unternehmen zu sein. Der Titel einer Problemgeschichte kann dabei an die Zweigliedrigkeit des Unternehmens erinnern, ist aber indes sicher nicht zwingend. Mit einer Problemgeschichte im Sinne Ungers hätte ein solches Projekt kaum etwas zu tun, weil es diesem nicht primär auf Universalien in Form von Problemlösungen basaler Probleme ankam, sondern auf eine »Spiegelung« ungelöster oder sogar unlösbarer Probleme der Menschheit. Die Grenzen zwischen beiden Problemtypen sind wohl schwer zu ziehen, doch ist zu vermuten, daß sich die gelösten Probleme auf basale handlungs- und überlebensrelevante Problemlagen zurückführen lassen oder für das Literatursystem selbst bestandserhaltend sind, was der Grund ihrer Stabilität ist. Eine Problemgeschichte ewiger Probleme in der Dichtung behandelt also vielleicht eher Ideen, mit denen wir Probleme lösen, mit deren Hilfe wir schreiben und denken, und nicht so sehr die Spiegelung ›ewiger‹ Menschheitsprobleme in der Literatur.

---

[48] Ein Beispiel bei Philip Ajouri: *Erzählen nach Darwin. Die Krise der Teleologie im literarischen Realismus: Friedrich Theodor Vischer und Gottfried Keller*. Berlin–New York 2007.

Jochen Hörisch

»Alt und jung bestürmt mich mit Problemen«

Literatur(wissenschaft) als Medium unreinen Wissens

> Der denkende Mensch hat die
> wunderliche Eigenschaft, daß er
> an die Stelle, wo das unaufgelö-
> ste Problem liegt, gerne ein
> Phantasiebild hinfabelt, das er
> nicht loswerden kann, wenn das
> Problem auch aufgelöst und die
> Wahrheit am Tage ist.
> Goethe: *Wilhelm Meisters Wan-*
> *derjahre*

Wissenschaften suchen nach Antworten auf offene Fragen. Ist Fermats
Vermutung beweisbar; ist die Kantsche Kategorientafel vollständig; ist
der gegenwärtige Klimawandel (gibt es ihn überhaupt?) kausal auf durch
Menschen zu verantwortende Luftverschmutzung zurückzuführen; wie
sieht die Genomsequenz aus, die für die Alzheimer Erkrankung (mit-)
verantwortlich ist; ist diese historische Quelle echt; warum lächelt die
Mona Lisa? Auf diese und unzählige weitere Fragen suchten und suchen
Wissenschaften Antworten. Wissenschaften gelten als um so präziser, je
genauer die Fragen sind, auf die sie Antworten (ver-)suchen und je ge-
nauer sie ihre Fragestellungen kennen. Kippt das Weltklima, droht Glet
scherschmelze im Himalaya und der Untergang der Niederlande, wenn es
bis zum Jahr 2050 einen globalen Temperaturanstieg von 2,6 Grad im
Vergleich zum Jahr 1950 gibt oder müssen es schon 3,7 Grad sein? In
eben dem Maße, in dem Fragen präzise gestellt und eingegrenzt werden
können, ist es möglich, Wissenschaften mit Institutionen und Techniken
zu koppeln und d. h. das ernste Spiel von Fragen und Antworten hinter
sich zu lassen, um sich dem pragmatischen Schema ›Problem erkannt,
Problem gebannt‹ anzunähern.

   ›Frage und Antwort‹ – das klingt nach Ernst und Tiefsinn. ›Problem
und Lösung‹ – das klingt nach Pragmatik, Technik und Institutionen.
Beide Begriffspaare sind wahlverwandt und doch gründlich voneinander
geschieden. Man geht kein hohes Risiko ein, wenn man vermutet, daß das
erste Begriffspaar den Geisteswissenschaften, das zweite hingegen den
Natur-, Sozial- und Technikwissenschaften angenehmer und vertrauter

ist. Fragen, das Fragliche, das Allerfraglichste haben in der Philosophie einen guten Klang und ein hohes Prestige. Antworten genießen im Vergleich zu Fragen hingegen weniger Respekt.

> Jedes Fragen ist ein Suchen. [...] Fragen ist erkennendes Suchen des Seienden in seinem Daß- und Sosein. Das erkennende Suchen kann zum ›Untersuchen‹ werden als dem freilegenden Bestimmen dessen, wonach die Frage steht. Das Fragen hat als Fragen nach [...] sein *Gefragtes*. Alles Fragen nach [...] ist in irgendeiner Weise Anfragen bei [...]. Das Fragen selbst hat als Verhalten eines Seienden, des Fragers, einen eigenen Charakter des Seins. [...] Das Gesuchte im Fragen nach dem Sein ist kein völlig Unbekanntes, wenngleich zunächst ganz und gar Unfaßliches.[1]

Solche tiefsinnigen Wendungen können sich Köpfe, die nach handfesten Lösungen von Problemen forschen, nicht leisten.

Fragen ist, so lautet eine berühmte bis berüchtigte Wendung Heideggers, »die Frömmigkeit des Denkens«.[2] Antworten sind die Profanierung des Denkens. Angst vor dem Gefälle Frömmigkeit – Profanität braucht erst gar nicht zu haben, wer nach der Lösung eines Problems sucht. Denn Probleme sind immer schon profaner Natur. Das belegt auch die Begriffsgeschichte, die darauf verweisen kann, daß das griechische Wort πρόβλημα ursprünglich ein militärisch zu überwindendes Hindernis bezeichnete. Der Eintrag ›Problem‹ im *Historischen Wörterbuch der Philosophie* beginnt denn auch mit nüchternen Hinweisen.

> Problem (griech. πρόβλημα, von προβάλλειν hinwerfen; lat. problema; engl. problem; frz. problème; ital. problema). Der ausufernde Gebrauch, den man heute vom Wort ‹P.› macht, ist – begriffsgeschichtlich gesehen – das Resultat der Nivellierung eines lange wohldefinierten Begriffs, der jüngst noch, innerhalb des Neukantianismus, eine systematisch-philosophische Grundeinstellung ausdrückte. Im Zuge dieser Nivellierung wird nun mit ‹P.› eine beliebige Schwierigkeit, Aufgabe oder Frage bezeichnet, die es zu lösen bzw. zu beantworten gilt. In der Tradition wurde demgegenüber mit ‹P.› eine bereits elaborierte, in einem wissenschaftlichen Kontext gestellte Aufgabe mit einem gewissen Schwierigkeitsgrad angesprochen. Πρόβλημα [π.], ursprünglich vermutlich ein militärsprachlicher Ausdruck – etwa zur Bezeichnung eines Schutzwalles, den man vor sich aufwirft – und so bei HERODOT, AISCHYLOS, EURIPIDES und PLATON belegt, wird

---

[1]   Martin Heidegger: *Sein und Zeit*. 11. Aufl. Tübingen 1967, S. 5f.
[2]   Martin Heidegger: »Wissenschaft und Besinnung«, in: ders.: *Vorträge und Aufsätze Teil I*. 3. Aufl. Pfullingen 1967, S. 44.

später im 4. Jh. v. Chr. als Terminus technicus in drei unterschiedlichen theoretischen Kontexten verwendet: in der Geometrie, der Logik und der Physik.[3]

Schutzwälle, Lecks in Leitungen, Epidemien, finanzielle Engpässe etc. stellen profane Probleme dar, die durch technische (militärische, geometrische, logische, physikalische, medizinische etc.) Interventionen gelöst werden können. Sein und Zeit, das Verhältnis von Leib und Seele, Willensfreiheit und Geschick, Anfang und Ende, Sinn und Bedeutung all dessen, was es gibt, etc. sind das Fraglichste. Wer ein Leck in einer Leitung zu versiegeln vermag, wer ein erfolgreiches Impfmittel gegen eine Krankheit entwickelt oder wer ein funktionierendes Steuersystem in Kraft setzt, wird als Problemlöser geschätzt und gefeiert; wer eine verbindliche Antwort auf Fragen nach den letzten Dingen[4] versucht, steht hingegen schnell im begründeten Verdacht, sich zu übernehmen oder unernst zu sein. So muß Fausts Famulus Wagner indigniert zur Kenntnis nehmen, daß Mephisto die ganz großen Fragen auf das Niveau lösbarer Probleme herunterzieht. Daran ist Wagner allerdings selbst nicht unschuldig. Denn er hat den Begriff ›Problem‹ fahrlässig verwendet, als er ihn auf letzte Fragen bezog, was Mephisto seinerseits Gelegenheit gibt, den Komplementär- bzw. Kontrastbegriff ›Frage‹ auf den Inbegriff profaner Probleme zu beziehen – ein buchenswerter Chiasmus, der ein indirektes Licht auf den Prozeß wirft, den man gemeinhin Säkularisierung nennt.

> WAGNER.
> Nur noch ein Wort! Bisher mußt' ich mich schämen,
> Denn alt und jung bestürmt mich mit Problemen.
> Zum Beispiel nur: noch niemand konnt' es fassen,
> Wie Seel' und Leib so schön zusammenpassen,
> So fest sich halten, als um nie zu scheiden,
> Und doch den Tag sich immerfort verleiden.
> Sodann –
>
> MEPHISTOPHELES.
> Halt ein! ich wollte lieber fragen:
> Warum sich Mann und Frau so schlecht vertragen?[5]

Mephisto, der sich doch in metaphysischen Sphären auskennt, fragt nach der Lösung profanster Probleme; Wagner, der eben noch die Homuncu-

---

[3] Helmut Holzhey: Art. »Problem«, in: *Historisches Wörterbuch der Philosophie*, hg. v. Joachim Ritter u. a. Bd. 7. Darmstadt 1989, Sp. 1397–1408, hier Sp. 1397.

[4] Jochen Hörisch: *Vorletzte Fragen*. Stuttgart 2007.

[5] Johann Wolfgang von Goethe: »Faust II«, in: ders.: *Werke*, Hamburger Ausgabe Bd. 3, München 1986, S. 211, V. 6891–6898.

lus-Technologie verbessern wollte, problematisiert erhabenste Fragestellungen. In der Goethezeit hat es sich – Kant sei Dank – herumgesprochen, daß letzte Fragen überwältigend unbeantwortbar, deshalb aber noch nicht und wohl nie überwunden sind. Kant hatte dafür eine großartige Formel gefunden, als er das Charakteristikum der menschlichen Vernunft herausstellte: »daß sie durch Fragen belästigt wird, die sie nicht abweisen kann; denn sie sind ihr durch die Natur der Vernunft selbst aufgegeben, die sie aber auch nicht beantworten kann.«[6] Daß Fragen nach den letzten und wohl auch vorletzten Dingen nicht verbindlich beantwortbar sind, wird in den Jahren nach Kant und Goethe zur gehobenen aufgeklärten Alltagsweisheit. Heinrich Heine hat ihr zu schlagendem Ausdruck verholfen, als er beredt darüber dichtete, wie das Problem ständiger Fragen, die keine Aussicht auf befriedigende Antworten haben, gelöst werden kann: indem man fragende Münder zu gestopften Mäulern macht.

Zum Lazarus

Laß die heil'gen Parabolen,
Laß die frommen Hypothesen –
Suche die verdammten Fragen
Ohne Umschweif uns zu lösen.

Warum schleppt sich blutend, elend,
Unter Kreuzlast der Gerechte,
Während glücklich als ein Sieger
Trabt auf hohem Roß der Schlechte?

Woran liegt die Schuld? Ist etwa
Unser Herr nicht ganz allmächtig?
Oder treibt er selbst den Unfug?
Ach, das wäre niederträchtig.

Also fragen wir beständig,
Bis man uns mit einer Handvoll
Erde endlich stopft die Mäuler –
Aber ist das eine Antwort?[7]

Im Streit der Fakultäten und im Prozeß der funktionalen Ausdifferenzierung moderner Gesellschaften wie auch des Wissens(chafts)betriebs hat sich im 19. Jahrhundert eine Konstellation ausgebildet, die sich bei allen obligatorischen Modifikationen bis heute durchgehalten hat. Danach ar-

---

[6]   Immanuel Kant: *Kritik der reinen Vernunft* A 11.
[7]   Heinrich Heine: *Werke und Briefe in zehn Bänden*, hg. v. Hans Kaufmann. 2. Aufl. Berlin–Weimar 1972, S. 209.

beiten mathematiknahe sowie naturwissenschaftlich und technologisch orientierte Disziplinen an der Lösung von Problemen, die im deutschen und nur im deutschen Sprachraum so genannten Geisteswissenschaften suchen hingegen Antworten auf große Fragen. Und die eingespielte, fast allgemein akzeptierte Antwort auf letzte Fragen und Fragen nach den letzten Dingen ist, daß diese Fragen ewig offen bleiben, es aber gut sei, daß man offen darüber gesprochen habe und daß es noch vieler offener Symposien, Kolloquien und (heutzutage) Drittmittelanträge bedürfe, um sie weiter zu erhellen und offen zu halten. Dieser Befund und seine fast allgemeine Akzeptanz ist gerade in deutschsprachigen Wissenschaftskonstellationen auch deshalb seltsam, weil die Geisteswissenschaften durchweg auf den zweiten Teil ihres Kompositumbegriffs Wert legen. Sie wollen Wissenschaften sein. Wer wie z. B. Friedrich Nietzsche, Jacques Derrida oder Peter Sloterdijk die Grenzen zwischen essayistischen und philosophischen Diskursen überschreitet, muß sich deshalb strenge Rügen aus geisteswissenschaftlichem Mund und Charakterisierungen wie ›frivoler Denker‹ gefallen lassen. Das gilt gerade auch im Hinblick auf Literaturwissenschaftler; sie achten zumeist sorgsam darauf, so zu schreiben, daß alle Leser merken: hier geht es wissenschaftlich und nicht etwa literarisch zu.

Literaturwissenschaft – das seltsame Kompositum ist nicht nur in sprachlicher Hinsicht eine deutsche Besonderheit. Im Englischen von ›science of literature‹ oder im Französischen von ›science de la littérature‹ zu sprechen, würde einfach nur Kopfschütteln provozieren – was aber gerade nicht ausschließt, daß Vertreter der angelsächsischen ›Humanities‹ oder der französischen ›Critique‹ bei der Erörterung nicht nur großer und ewiger Fragen, sondern auch bei der Lösung von (politischen, ökonomischen, infrastrukturellen, psychologischen, semiotischen und durchaus auch wissenschaftsnahen, etwa volkswirtschaftlichen) Problemen mitreden. Gerade weil sich die deutschsprachige Literaturwissenschaft so offensiv als Wissenschaft bezeichnet, vorstellt und begreift, ist es auffällig, daß sie zumeist nicht einmal angibt, auf welche konkrete Frage oder auf welches spezifische Problem sie überhaupt reagiert. In seiner anregenden Studie *Die poetische Erkundung der wirklichen Welt* stellt Christian Kohlroß bündig fest: »Philologen kümmerten sich hinfort (seit Beginn des 19. Jahrhunderts; J. H.) mehr um die Generierung eines Wissens *über* Literatur, als dass sie sich für das Wissen *der* Literatur interessierten.«[8]

---

[8]   Christian Kohlroß: *Die poetische Erkundung der wirklichen Welt. Literarische Epistemologie (1800–2000)*. Bielefeld 2010, S. 8.

Die deutsche Literaturwissenschaft ist tatsächlich bis heute an Problemen, die mehr als nur binnenliterarische Probleme sind, geradezu systematisch desinteressiert. Auf tausend Abhandlungen zu Themen wie Neudatierung eines Manuskripts, der Einfluß von x auf y, Hölderlins Modifikation der Odenform, Ironie bei Thomas Mann oder die Differenzen zwischen der Erst- und der Zweitfassung des *Grünen Heinrich* kommt eine Untersuchung, die sogenannte schöne Literatur, Belletristik, Dichtung, Poesie als ein Medium versteht, das Lösungsvorschläge für Sachprobleme bereithält.

Das Verhältnis der Literaturwissenschaft zu den großen Menschheitsfragen ist vergleichsweise entspannt; über das Wesen der Zeit, des Todes oder der Liebe, über den Sinn von Sein, Recht und Ordnung, über den Dichter als Führer durchs Lebensgeschick ließ sich z. B. die deutsche Literaturwissenschaft der ersten Hälfte des zwanzigsten Jahrhunderts einigermaßen enthemmt aus. Konkrete Fragestellungen, spezifische Problemlagen lagen ihr hingegen weniger am Herzen – seltsamerweise auch nach den Ausnüchterungen, die zuerst als modisch beargwöhnte Theorien wie Psychoanalyse, Soziologie, Strukturalismus, Diskursanalyse oder Dekonstruktion der Sphäre der sogenannten Geisteswissenschaften zugemutet haben. Nicht alle, aber doch allzu viele theoretisch ambitionierte Abhandlungen liefen auf das hinaus, was Angelsachsen zu Recht ›underreading‹ nennen. Man bemüht dann etwa Theoreme der Psychoanalyse, um festzustellen, daß nicht nur Ödipus und Narziß, sondern auch andere literarische Figuren einen Ödipus-Komplex haben oder narzißtisch sind; man beruft sich auf Einsichten der Dekonstruktion, um mit ihr und Hölderlins oder Kafkas Texten festzustellen, daß Sprache ein unverläßliches bis aporetisches Medium ist; man rekurriert auf sozialhistorische Studien, um feststellen zu können, daß nicht nur historisch bezeugte, sondern auch literarische Adelige Probleme mit dem aufstrebenden Bürgertum und seinem Finanzmarkt haben; frau beruft sich auf feministische Theoreme, um interpretatorisch darzulegen, daß nicht nur real existierende Frauen, sondern auch Gretchen, Effi Briest und die heilige Johanna der Schlachthöfe von der patriarchalischen Ordnung unterdrückt werden.

Dem kritischen Blick auf die bis heute anhaltende Tradition literaturwissenschaftlicher Üblichkeiten präsentiert sich somit eine leicht überschaubare Dreierkonstellation. Literaturwissenschaft beschäftigt sich, von wenigen, dafür um so bemerkenswerteren Ausnahmen abgesehen, erstens mit innerliterarischen Konstellationen (und stellt dann z. B. fest, daß Jean Paul anderen Stilidealen verpflichtet ist als Goethe), zweitens mit übergroßen Menschheitsfragen (und stellt dann z. B. fest, daß diese ewig offen bleiben) und drittens mit theoriegeleiteten Lektüren, die in aller Regel die Gültigkeit dieser Theorien auch im Hinblick auf fiktive Gestalten und Gestaltungen bestätigen. LiteraturwissenschaftlerInnen, die solchen Umgang mit poetischen Texten pflegen, sollten deshalb nicht allzu überrascht sein, wenn sie außerhalb ihrer eigenen Disziplin nur wenig Aufmerksamkeit finden. Warum auch sollte ein lesewilliger Politologe, Soziologe, Psychologe, Mediziner, Jurist, Logistiker, Journalist, Techniker, Konfliktmanager, Kommunikationsanalytiker, Betriebs- oder Volkswirt literaturwissenschaftliche Studien zur Kenntnis nehmen, statt seine knapp bemessene Lebens- und Lesezeit in bester Horaz-Tradition genußvoll zu nutzen, um Primärliteratur zu lesen? Denn in zu Recht sogenannter Primärliteratur wird er neben erhellenden Hinweisen auf allgemeinmenschliche Fragen (Liebe, Tod und Teufel betreffend) reichlich Auskünfte über Probleme finden, die ihn fachwissenschaftlich interessieren – in literaturwissenschaftlichen Abhandlungen wird das hingegen kaum jemals der Fall sein.

Die Konstellation könnte irritierender kaum sein: Themen-, motiv- und problemorientierte Studien haben in der Literaturwissenschaft von ihren Anfängen bis heute einen Außenseiterstatus, die Primärliteratur aber hat seit jeher das lebhafteste Interesse eben nicht ›nur‹ an ewigen Menschheitsfragen, sondern auch an Themen und Problemen wie – um Beispiele aus Platons Dialog *Ion* zu bemühen – der Kunst des unfallfreien Wagenlenkens, der Heilung von Krankheiten, der erfolgreichen Kriegsführung, dem Bau von Gebäuden aller Art oder der Schlichtung von Konflikten. Interesse an Problemen aller Art ist, wie schon Platon weiß, nicht mit Fachkompetenz im Hinblick auf Einzelprobleme zu verwechseln. Dichtung mußte sich schon von Hesiod und Platon den Vorwurf gefallen lassen, ein Medium unsicheren Wissens bzw. ein unsicheres Wissensmedium zu sein.[9]

Dieser Vorwurf ist bzw. wäre berechtigt, wenn poetische Werke denn mit dem Anspruch präsentiert würden, in fachlicher Hinsicht überlegenes Wissen[10] bereit zu halten – also etwa besser als medizinische Fachliteratur zu wissen, wie Krebserkrankungen zu therapieren seien, bessere Stati-

---

[9]   Heinz Schlaffer: *Poesie und Wissen. Die Entstehung des ästhetischen Bewußtseins und der philologischen Erkenntnis.* Frankfurt a. M. 1990.

[10]   ›Wissen‹ soll hier im halbwegs umgangssprachlichen Sinn von ›sachlich begründeter, intersubjektiv geteilter Überzeugung‹ verwendet werden. Über die Subtilitäten der Diskussion um den Begriff ›Wissen‹ unterrichtet der einschlägige Eintrag im *Historischen Wörterbuch der Philosophie*.

ken entwerfen zu können, als Architekten es vermögen, oder mehr von Biogenetik zu verstehen als Biologen. Dies aber ist nicht der Fall. Keiner, der auch nur einigermaßen bei Trost ist, wird von schöner Literatur erwarten, daß sie im Wettstreit mit der Mathematik obsiegt, weil sie eine überzeugende Alternative bei der Berechnung der Zahl π präsentieren kann oder weil sie die Historizität der Zahl 3,14.... plausibel machen kann. Zugleich aber ist unverkennbar, daß die Kategorie ›sicheres Wissen‹ zunehmend erodiert. Es ist eine mittlerweile schon fast triviale, weil kaum von irgend jemandem bestrittene Feststellung, daß die Expansion des Wissens in der Wissensgesellschaft obligatorisch mit der Zunahme von Unsicherheit in der Sphäre des Wissens einhergeht. Je mehr wir wissen, desto gründlicher wissen wir, wie wenig wir wissen und wie unsicher unser Wissen in vielen und gerade in dramatisch relevanten Fällen ist. Die Unterscheidung zwischen harter oder weicher, an Zahlen oder Erzählungen orientierter, zustimmungspflichtiger oder diskussionsfreudiger, Natur- oder Geistes-Wissenschaft bewährt sich immer seltener. Denn es ist ja ersichtlich nicht so, daß rechenintensive Aussagen z. B. über den Klimawandel und seine Gründe, die gesundheitlichen Auswirkungen von Elektrosmog, die Sicherheit von Atomkraftwerken oder die Zukunft der Volkswirtschaft unter Fachleuten und in der informierten Öffentlichkeit unstrittig wären. Probleme wie die soeben evozierten haben, um neudeutsch zu formulieren, ein eigentümliches Design. Sind sie doch handfest und abstrakt zugleich. Elektrosmog und atomare Strahlung lassen sich nicht so handgreiflich registrieren wie ein Knochenbruch, erfahrbare Wetterlagen wie eine Folge heißer Sommer und heftiger Stürme lassen sich nun eben den Wetterkapriolen oder aber dem Klimawandel zurechnen, die Schließung des Luftraums für den Flugverkehr nach einem Vulkanausbruch aufgrund von Computersimulationen ist für Flugreisende wie für Vorstandssprecher der Lufthansa nicht nachvollziehbar, der Zusammenbruch einer Bank oder die Zahlungsunfähigkeit eines überschuldeten Staates läßt nicht sofort die von der Bank finanzierten Güter oder die Akropolis verschwinden. Dennoch ›wissen‹ wir, daß Klimawandel, Elektrosmog, atomare Verstrahlung, langfristige Einstellung des Flugbetriebs oder ein Beben an den Finanzmärkten uns peinigend direkt betreffen können.

Literatur ist nun ein Medium, das sich auf unsichere Wissenslagen spezialisiert, ohne Wissenschaft sein zu wollen. Denn Poesie macht »ernst mit dem eigentlich erkenntnistheoretischen Programm einer nicht-empirischen Epistemologie, deren Gegenstand die Formen der Weltdarstellung sind.«[11] Von wissenschaftlichen Texten ist Literatur meist schon dadurch abgegrenzt, daß sie in vollendeter Aufrichtigkeit auf der ersten Buchseite kundtut, hier liege kein Sachbuch, sondern ein Roman, eine Erzählung, ein Drama oder ein Gedichtband vor. Alle wissen oder können doch wissen, daß die Unterscheidung von Belletristik und Sachbuch zu reizvollen Nachfragen Anlaß gibt; dennoch funktioniert diese Unterscheidung nicht nur bei der Einrichtung von Bibliotheken und Buchhandlungen einigermaßen verläßlich. Ägyptologie-Studenten wissen, daß sie nach Thomas Manns *Josephs*-Roman in einer anderen Abteilung Ausschau halten müssen als nach Jan Assmanns ägyptologischen Abhandlungen. Auch aus der Perspektive der schönen Literatur lohnt sich die Erkundung der Grenze, die den priesterlich raunenden ›poeta vates‹ vom professionell informierten ›poeta doctus‹ trennt. Doch selbst der ›poeta doctus‹ wird nicht mit dem Anspruch auftreten, in seinen literarischen Werken den Fachwissenschaften direkt Konkurrenz zu machen. Niemand liest Arno Schmidt, weil er in seinen Werken die bessere Logarithmustafel erwartet. Gerade wenn man all dies konzediert und auf allzu steile Thesen über das Wissen bzw. die Problemlösungskompetenz der Literatur verzichtet, lohnt sich eine Befragung der spezifischen Fach-Kompetenz des Mediums Literatur.

Die Antwort auf diese Frage läßt sich bündig geben: Literatur ist das Medium unreinen Wissens und der unreinen Vernunft. Sie verunsichert systematisch ein sich allzu rein gerierendes und von sich selbst überzeugtes Fach-Wissen und kann eben deshalb wissen, wie prekär es um das Wissen bestellt ist. Um das drastisch zu illustrieren: Physiker mögen wissen, wie Atomkraftwerke funktionieren, aber erstaunlich viele Atomphysiker waren von den Katastrophen, die mit den Namen Tschernobyl oder Harrisburg verbunden sind, überrascht – viele Literaten nicht; viele und darunter durchaus renommierte Politikwissenschaftler werden nicht gerne an die völlig verfehlten Einschätzungen erinnert, die sie von den beiden jüngeren US-Kriegen im Irak abgegeben haben – viele Schriftsteller brauchen sich nicht zu schämen, wenn sie an ihre Einschätzungen der Lage erinnert werden; irritierend viele kluge Volkswirte (die deutschen Wirtschaftsweisen inklusive), deren rechenintensive Studien kaum ein Belletrist (oder Geisteswissenschaftler!) lesen kann, haben sich nicht mit Ruhm bekleckert, was Prognosen und Diagnosen der jüngsten globalen Finanz- und Bankenkrise angeht – Leser von Goethes *Faust* oder Thomas Manns Roman *Königliche Hoheit* waren von den Ereignissen weniger überrascht als die meisten Ökonomen. Um erneut schlimmste Mißver-

---

[11] Kohlroß: *Die poetische Erkundung der wirklichen Welt* (wie Anm. 8), S. 27.

ständnisse zu vermeiden: die Vermutung wäre völlig abwegig, eine quantitative Untersuchung könne darlegen, daß ein repräsentatives Sample von Schriftstellern bei Problemen wie den eben evozierten systematisch besser läge als ein repräsentatives Sample von Fachwissenschaftlern.[12] Die hier zu vertretende These lautet vielmehr, daß Literatur ein geeignetes, ja das genuine Medium ist, um im Hinblick auf spezifische Probleme und Lösungsstrategien die produktiven Fragen zu stellen – z. B. die, ob die fachwissenschaftlich vorgeschlagene Lösung eines Problems nicht das Problem statt der Lösung sein könnte. Um ebenso konkrete wie groß dimensionierte Fälle zu evozieren: stimmt die von vielen Ökonomen (darunter Nobelpreisträgern) lancierte und in A-Journals publizierte Theorie, daß Derivate Risiken streuen und deshalb helfen, einen Kollaps der Finanzmärkte zu vermeiden, sind sie nicht vielmehr monetäre Massenvernichtungswaffen; stimmt es, daß Atomkraftwerke umweltfreundlich Energie produzieren, kontaminieren sie nicht vielmehr die Umwelt auf Jahrtausende; stimmt es, daß Reformpädagogen mehr Achtung vor der Persönlichkeit von Schülern kultivieren als der gängige Schulbetrieb, ziehen Reform- ebenso wie outriert konservative Klosterschulen nicht vielmehr übergriffige Pädophile an?

Eine Anekdote, also eine protoliterarische, Fakten und Fiktionen mischende, demnach unreine Gattung, mag das Argument verdeutlichen, daß eine Literaturwissenschaft, die schöne Literatur als ein Erkenntnismedium ›sui generis‹ ernst nimmt, neue und erhellende Konstellationen von Fragen und Lösungen, Problemen und Antworten zu evozieren vermag. Hartnäckig wird kolportiert, daß beschwingte Wissenschaftler in Oxford den Gehalt des berüchtigten Murphy-Gesetzes überprüfen wollten, demzufolge gilt, daß das, was schiefgehen kann, häufiger schiefgeht, als es plausibler, etwa statistischer Weise zu erwarten wäre (»Whatever can go wrong, will go wrong« oder in elaborierter Fassung: »If there's more than one possible outcome of a job or task, and one of those outcomes will result in disaster or an undesirable consequence, then somebody

---

[12] Man kann deshalb die Argumentationsrichtung auch umdrehen und Fehleinschätzungen aus literarischer Sicht auflisten. Wie viele z. T. abenteuerliche Stellungnahmen von Schriftstellern zur politischen Konstellation in Deutschland nach 1945 es gegeben hat, legt z. B. Peter Graf Kielmansegg: *Nach der Katastrophe – Deutschland 1945–1990*. Berlin 2004 (Kap. 16: »Nachdenken über Deutschland«) dar; über Komponisten, Dichter und Maler, die unterhalb ihrer intellektuellen Möglichkeiten bleiben, unterrichtet aufschlußreich Christian Bauer: *Sacrificium intellectus. Das Opfer des Verstandes in der Kunst von Karlheinz Stockhausen, Botho Strauß und Anselm Kiefer*. München 2008.

will do it that way.«). Um die Gültigkeit dieses Gesetzes zu überprüfen, warfen die Wissenschaftler mehrmals hundert mit Marmelade bestrichene Toastbrotscheiben in die Luft, um zu kontrollieren, ob sie mit der trockenen oder aber mit der feuchten Seite zu Boden fallen würden. Und siehe da: in der signifikanten, statistisch belastbaren Mehrzahl der Fälle landeten die mißbrauchten Brotscheiben auf der trockenen Unterseite. Womit Murphys Gesetz als falsifiziert galt – bis ein geistreicher Kopf genau das Gegenteil behauptete. Denn Murphys Gesetz besagt ja eben gerade, daß etwas häufiger schiefgehe, als plausibler Weise zu erwarten sei – und das gilt noch von Murphys Gesetz selbst. Es bewährt sich nicht, wenn es empirisch-statistisch getestet wird, und eben damit erfährt es wieder einmal eine Bestätigung: erneut ist etwas in unerwarteter Weise schlecht gelaufen.[13]

Tiefe Irritationen im Verhältnis von Problem und Lösung sind heute keine Einzelfälle mehr, die nur bei sophistisch disponierten Gemütern Aufmerksamkeit erregen. Sie sind vom Normalfall kaum noch zu unterscheiden. Eine Prüfung der Sicherheitssysteme im Atomkraftwerk von Tschernobyl löste die ›Havarie‹ bzw. den GAU (Größten anzunehmenden Unfall) aus; Versicherungen gegen Kreditausfälle und Finanzmarktturbulenzen verursachen, was sie verhindern sollen; es soll sogar Leute geben, die Religion bzw. Religiosität nicht für ein Antidot gegen Aggressionen, sondern als Konflikt-Stimulanz verstehen; und man muß nicht polemisch begabt sein, um die Frage für zulässig zu halten, ob die vatikanische Institution, die die Diktatur des Relativismus beklagt, nicht sehr versucht ist, eigene Systemfehler zu relativieren, ja sich als Souverän der Diktatur des Relativismus zu diskreditieren (nach der Devise: Kindesmißbrauch – das machen andere doch auch). Die Liste der Probleme, deren Existenz sich dem Versuch einer Problemlösung verdankt, ist überlang. In aller Regel streifen die auf einer solchen Liste verzeichneten Probleme bzw. Lösungen überkomplexe Konstellationen. Eine physikalische Studie über die Sicherheitstechnik von Atomkraftwerken ist nun eben eine physikalische Studie; auf nichtphysikalische Daten wie etwa den Alkoholismus oder den Ehekrisen-Hintergrund der Leute, die stundenlang vor Kontrollmonitoren sitzen müssen, ist sie, anders als Literatur, nicht geeicht. Man kann das auf einen schlichten Nenner bringen: Literatur hat, anders als ›normale‹ Wissenschaft, ein entspanntes Verhältnis auch zu abwegig scheinen-

---

[13] Als weitere Bestätigung von Murphys Gesetz kann man selbstredend auch den Umstand verstehen, daß sich keine verläßliche Quelle für diese Anekdote namhaft machen läßt.

den Phantasien. Und eben diese können, müssen jedoch nicht ›richtig‹ bzw. angemessen sein – der Diskussion wert sind sie häufig.

Es fällt leicht, die unterschiedliche Einstellung von Wissenschaft(en) und Literatur(en) zu Problemen zu charakterisieren. Literatur hat ein intimes Verhältnis zu Problemen aller Art, einfach deshalb, weil sie faszinierende, überraschende, interessante und unerwartbare Motive, Konstellationen und Handlungssequenzen entfalten muß, um Leser zu gewinnen (je anspruchsvoller diese Leser sind, desto subtiler und komplexer müssen die literaturwürdigen Probleme sein). Wissenschaften haben hingegen ein intimes Verhältnis zu Lösungen; der Ruf ›heureka‹ ist ihr Signalwort. Aus wissenschaftlicher Sicht wird Literatur deshalb zumeist als überalarmistisches und problemverliebtes Medium wahrgenommen. Beliebte Illustrationen für literarische Fehlalarme sind z. B. die Abwehrhaltungen gegenüber dem neuen Verkehrsmittel Eisenbahn, dessen Geschwindigkeit der Mensch nicht gewachsen und das einfach dazu disponiert sei, aus festen Gleisen zu springen.[14] Heute gilt die Bahn bekanntlich als ein vergleichsweise sicheres Verkehrsmittel. Nun ist nichts leichter, als andere (intuitive, kryptoliterarische) Problemmeldungen als bemerkenswert korrekt zu verbuchen. Chemie-, Pharmazie- oder Atomkraftkatastrophen wie die in Seveso, Bhopal oder Tschernobyl bzw. Mißbildungsfälle wie die durch Contergan ausgelösten belegen in trostloser Weise, daß nicht jede Katastrophenphantasie von der Realität dementiert wird und daß nicht jeder einschlägige Alarmruf ein Fehlalarm sein muß. An die Millionen Leichen und Schwerverletzten, die der sogenannte Individualverkehr produziert hat, haben sich viele gewöhnt; Juristen pflegen in solchen Zusammenhängen vom ›allgemeinen Lebensrisiko‹ zu sprechen; die Literatur ist hingegen auf individuelle Lebensrisiken fokussiert – und sieht eben deshalb vieles anders als Wissenschaften, die per definitionem sich mehr fürs Allgemeine als für das Besondere interessieren.

So verwunderlich ist es deshalb nicht, daß eine thematologisch und problemlogisch orientierte Literaturwissenschaft in den letzten Jahren eine gewisse Renaissance erfährt (vgl. dazu den instruktiven Beitrag von Dirk Werle »Frage und Antwort, Problem und Lösung – Zweigliedrige Rekonstruktionskonzepte literaturwissenschaftlicher Ideenhistoriographie« im letzten Band dieses Jahrbuchs). Sind doch gerade die letzten Jahre durch eine sinn(en)fällige Erosion klassischer Wissens(chafts)ord-

---

[14] Wolfgang Schivelbusch: *Geschichte der Eisenbahnreise. Zur Industrialisierung von Raum und Zeit im 19. Jahrhundert.* Frankfurt a. M. 1977.

nungen geprägt.[15] Neue, z. T. hochausdifferenzierte Studiengänge wie der Bachelor, neue Organisationsformen wie Doktorandenkollegs und Forschungszentren, neue Publikationsformen wie das Internet (aber auch ›Peer-review‹-Zeitschriften der A-Klasse als angeblich wissenschaftlich einzig relevante Formate), neue Finanzierungsmodelle (Stichwort Drittmittelforschung), neue Leitsemantiken (die ›phony‹ sein können wie die Umstellung von Inter- auf Meta- und Transdisziplinarität), neue Kontrollinstanzen (die ihrerseits kaum einer Kontrolle unterliegen wie Akkreditierungs- und Evaluationsbüros), neue Modelle universitärer Selbstverwaltung (Stärkung der Exekutive, Einrichtung von Universitätsräten nach dem Modell der Aufsichtsräte in großen Firmen), durchaus auch neue Besoldungsordnungen für Professoren und neue Bewertungslogiken (z. B. Ranking von Forschungsqualität nach Drittmittelquote) – um nur einige Stichworte zu nennen – sorgen nicht ›nur‹ für eine neue Wissenschaftspragmatik, sondern auch für neue inhaltliche Konstellationen im alten Streit der Fakultäten.[16] Z. B. treffen sie ungemein konsequenzenreiche Vorentscheidungen bei der elementaren Frage, was denn überhaupt als ›wissenschaftlich‹ gelten soll. Da wissenschaftswissenschaftliche Diskussionen über diese Frage als problematisch gelten, haben pragmatische Antworten ihren profanen, aber eben auch abgründigen Charme. Als wissenschaftlich gelten dann nämlich die und nur die Arbeiten, die in englischsprachigen ›Peer-review‹-Zeitschriften erscheinen, mit Drittmitteln gefördert wurden und für ein gutes ranking sorgen. Höfliche Nachfragen, wie man denn mit dem Umstand umgehen solle, daß vieles, was z. B. in ökonomischen ›Peer-review‹-Jounals der letzten Jahre publiziert wurde, sich als nachweislich falsch erwiesen hat, vermögen da kaum mehr zu irritieren. Das Poppersche Falsifikationstheorem hat häufig gerade in den Sphären ausgedient, in denen es hochgehalten wird. Weite Teile des Wissenschaftsbetriebs schotten sich faktisch, munter das Gegenteil verkündend, von interdisziplinären Zwischenfragen ab und werden zu irritationsfreien, inzestuösen Sphären.

Kurzum: gerade auch in der Sphäre von Wissenschaft, Forschung und Universität läßt sich die dunkle Vermutung nicht ganz unterdrücken, daß die meisten Lösungskonzepte (wie der Bologna-Prozeß, der Drittmittel-

---

[15] Olaf Breidbach: *Wie aus Informationen und Nachrichten kulturelles Wissen entsteht.* Frankfurt a. M. 2008.

[16] Richard Münch: *Globale Eliten, lokale Autoritäten. Bildung und Wissenschaft unter dem Regime von PISA, McKinsey & Co.* Frankfurt a. M. 2009 und Jochen Hörisch: *Die ungeliebte Universität – Rettet die Alma mater!* München 2006.

hype oder der International-Journal-Fetischismus) die Probleme verstär-
ken, von denen zu erlösen sie versprechen. Die gängige Inter-, Meta- und
Transdisziplinaritätsrhetorik hat ersichtlich eine apotropäische Funktion.
Viele Festredner propagieren mantraartig wechselseitig befruchtende Ko-
operationen, um genau die Irritationen zu verhindern, die mit wirklich
interdisziplinärer Zusammenarbeit nun einmal untrennbar verbunden
sind. Wer schöne Literatur als Medium der Erkenntnis ernst nimmt, wer
literarische Werke problem- und themenfokussiert liest, macht genau die-
se Paradoxie, Inter-, Meta- und Transdisziplinarität zu fordern und zu
verhindern, nicht mit. Denn schöne Literatur ist interdisziplinär per se.
Sie zahlt dafür einen hohen Preis, der sie jedoch auch wiederum um so
wertvoller machen kann.

Schöne Literatur macht aus wissenschaftlicher Sicht so gut wie alles
falsch. Um nur ihre wichtigsten Verfehlungen und Unreinheiten zu nen-
nen: Literatur koppelt sich (erstens) von rudimentären Ansprüchen an
Wahrheit und Richtigkeit ab. Gibt sie doch noch nicht einmal vor, sach-
lich angemessene Aussagen aneinanderzureihen. Sie hält sich an Fiktio-
nen statt an Fakten; die Daten, die sie interessieren, müssen nicht empi-
risch gesichert sein, sie dürfen durchaus auch eine phantasmatische
Herkunft haben. Literatur lügt sich, nur um Aufmerksamkeit zu erregen,
Geschichten zusammen, die ausgedacht oder zurechtgemodelt sind. Wer
diese Geschichten auf ihren Realitätsgehalt überprüft, muß unangenehmer
Entdeckungen gewärtig sein wie der, daß Schillers Darstellung des Le-
bens der Jeanne d'Arc hochgradig fehlerhaft ist, daß das kurze Leben Effi
Briests, von dem Fontanes Roman erzählt, kaum etwas mit dem langen
Leben der Frau von Ardenne zu tun hatte, das dem Roman als Vorlage
dient, oder daß Gottfried Benns Satz, der soziologische Nenner, der hinter
Jahrtausenden schlief, ein paar große Männer seien (»und die litten tief«),
sachlich kaum haltbar sein dürfte. Kluge Köpfe wie Hesiod und Platon
haben diesen Mangel der Literatur schon früh erkannt und sie mit dem
plausiblen Argument bekämpft, daß sie systematisch lüge und desorien-
tiere.[17] Das Eigentümliche ist nun allerdings, daß Literatur genau dies
nicht abstreitet. Sie gesteht ein, ein eigentümliches Verhältnis zu richti-
gen = sachverhaltsgemäßen Aussagen zu pflegen. So wie sich niemand
ernsthaft Illusionen über die Funktion der Aussagen von Werbung macht,
weil alle wissen, daß diese nur unser Bestes, also unser Geld, will, so

---

[17] Vgl. dazu Jochen Hörisch: »Warum lügen und was wissen die Dichter? Plädoyer für
eine problem- und themenzentrierte Literaturwissenschaft«, in: ders.: *Das Wissen
der Literatur*. München 2007, S. 15–42.

dürfte sich niemand Illusionen über die faktische Belastbarkeit von poetischen Fiktionen machen. Schon der Begriff ›Poesie‹ (von griech. ποιεῖν = machen) weist darauf hin, daß in der literarischen Sphäre Sätze gemacht, fabriziert, konstruiert, gebaut werden, die kein Hehl daraus machen, daß sie keine Protokollsätze sind. Literatur ist auf zweideutig unzweideutige Weise geständig: sie erklärt wahrheitsgemäß, ein gebrochenes Verhältnis zur Wahrheit zu haben.

Damit nicht genug. Denn Literatur kompensiert ihren Mangel, eigentümlich wahrheitsindifferent zu sein, (zweitens) in geradezu frivoler Weise – indem sie Formaspekte gegenüber Inhaltsaspekten übermäßig privilegiert. Sie nimmt nicht nur in Kauf, daß ihre Aussagen unzutreffend sind, weil das, wovon sie berichtet, bestenfalls gut erfunden ist, sondern sie akzeptiert auch billigend, daß der wahrheitsindifferenten Rede Sinn ein dunkler sein kann, wenn dieser dunkle Sinn denn brillant (etwa metrisch faszinierend, mit überraschenden Reimen, voll bannender Leitmotive) formuliert wird. Nur Exzentriker würden es goutieren, wenn wissenschaftliche Abhandlungen gereimt und metrisch regelmäßig daherkämen; bei Poesie erwartet jeder Leser hingegen ein im Vergleich zu alltäglicher, wissenschaftlicher, journalistischer, politischer etc. Sprache deutlich höheres Maß an formaler Kohärenz. Man kann diese poetische Leistung, etwas brillant auszudrücken, was dennoch (oder deshalb!) sachlich dunkel bleibt, als Blendwerk geißeln; man kann aber auch den damit verbundenen Überraschungswert hochschätzen. Literatur ermöglicht es, sachlich hochgradig Unplausibles, Kontraintuitives, von der herrschenden Lehre kraß Abweichendes nicht reflexhaft sofort zu verwerfen, sondern doch (reflexiv ausbaufähig) zur Kenntnis zu nehmen – einfach deshalb, weil es so verführerisch elegant, frivol oder blendend formuliert ist.

Literatur blendet – oder erhellt (drittens) auch deshalb, weil sie anders als Wissenschaft keine Scheu vor dem hat, was man literarische Bildlichkeit nennt. Ihr Verhältnis zu Metaphern, Symbolen, Metonymien, Allegorien, ja selbst zu Oxymora ist ein bemerkenswert entspanntes. Literatur ist nicht nur nicht verpflichtet, sich so klar und unmißverständlich wie nur irgend möglich auszudrücken; schöne Literatur bemüht sich vielmehr geradezu systematisch darum, verblümt zu formulieren, Hintersinn zu evozieren und Vieldeutigkeiten auch da herzustellen, wo andere Diskurse sich aufrichtig und redlich um Klarheit und Eindeutigkeit bemühen. ›Literarische Bildlichkeit‹ ist eine so traditionelle wie angemessene Formel, um diese Eigentümlichkeit poetischer Sätze zu charakterisieren. Bringt sie doch Anschauung (Bilder) und Aussagen (Literatur) zusammen. Dies ist nun aber ein ausgesprochen heikles Unternehmen. Wer einmal auch nur ansatzweise versucht hat, seine visuellen Wahrnehmungen (etwa einer Landschaft, einer Gebäudefassade, eines Teppichmusters oder eines Gesichts) – wie es so schön heißt – ›in Worte zu kleiden‹, weiß, wie schwierig, ja wie unmöglich dieses Geschäft ist. Sprache ist Sprache ist Sprache, Wahrnehmungen sind Wahrnehmungen sind Wahrnehmungen, und zwischen beiden Sphären gibt es (auch neurophysiologisch gesehen bzw. beschrieben) keine verläßlichen Algorithmen.[18] Schöne Literatur kapriziert sich jedoch eigenwillig bis stur auf die Unmöglichkeit, Wahrnehmungen und Aussagen zusammenzubringen. Sie versucht sich, wenn sie, um bewußt klischeehafte Beispiele zu evozieren, sagt, dieses Mädchen sei schön wie eine Rose, ja sie sei eine Rose und heiße zurecht Rosa, oder wenn sie behauptet, dieser Staatsmann sei in stürmischen Zeiten ein guter Lotse des schlingernden Staatsschiffs gewesen, Literatur versucht sich daran, Wahrnehmungen bzw. Bilder, die wir uns von Sachverhalten machen, zu versprachlichen. Was nichts anderes heißt als dieses: daß Literatur systematisch das Spiel ›Ich sehe was, was du nicht siehst‹ spielt. Literatur evoziert buchstäblich andere Sichtweisen, kultiviert Visionen, sorgt für alternative Evidenzen; sie ermöglicht demnach seriöse wie unseriöse Erleuchtungen.

Das verweist auf den – aus wissenschaftlicher Sicht – vierten Mangel der Literatur, der sogenannten Höhenkamm-Literatur zumal. Sie dient verbreiteten anderslautenden Gerüchten zum Trotz nicht der Verständigung, sie erschwert vielmehr Verständigung. Wer sich allgemein verständlich machen möchte, sollte sich nicht an der formal und stilistisch zwar kohärenten, ja überkohärenten, aber sachlich-inhaltlich erst einmal gründlich bzw. abgründig verwirrenden, weil dunklen und bildreichen Sprache von Pindar oder Empedokles, von Hölderlin oder Celan, von Mallarmé oder Joyce orientieren. Denn die von diesen und anderen Vertretern der Hochliteratur gepflegten Ausdrucksweisen sind unüblich, überraschend, irritierend, mitunter gar schockierend – und machen häufig auch kein Hehl daraus, daß sie irritieren, schockieren und eingängige Verständigungsfiguren in Frage stellen wollen. Kaum etwas ist unplausibler als der gängige Satz in geisteswissenschaftlicher Drittmittelantrags-

---

[18] Vgl. dazu Niklas Luhmann: *Die Kunst der Gesellschaft*. Frankfurt a. M., S. 82: »Das Bewußtsein kann nicht kommunizieren, die Kommunikation kann nicht wahrnehmen […]. (Kunst) kann die Trennung von psychischen und sozialen Systemen nicht aufheben. Beide Systemarten bleiben füreinander operativ unzugänglich. *Und gerade das gibt der Kunst ihre Bedeutung.* Sie kann Wahrnehmung und Kommunikation integrieren, ohne zu einer Verschmelzung der Operationen zu führen.«

prosa, das Projekt wolle diese oder jene poetischen Texte analysieren, weil sie der zwischenmenschlichen oder interkulturellen Verständigung dienten. Das dürfte für die *Ilias* so wenig stimmen wie für die *Satanischen Verse*, für die *Winterliche Reise nach Serbien* so wenig wie für den *Anschwellenden Bocksgesang*, für *Voyage au bout de la nuit* so wenig wie für den *Stellvertreter*. Literatur erschwert Verständigung und Kommunikation ungemein, und sie sorgt geradezu systematisch für Streit; denn das banal Zustimmungspflichtige und allgemein Akzeptierte ist ihre Sache nicht. Wer mit Kopfschütteln die Lektüre einer Ode Pindars, einer Hymne Hölderlins oder eines Gedichts von Celan beschließt, hat nicht etwa unter Beweis gestellt, daß er ein Banause ist, sondern daß er ein Problem erkannt hat. Und das lautet: Literatur hat eine diabolische Lust an Irritationen eingefahrener Verständigungsmuster.[19]

Kurzum: Literatur ist ein hochheikles und nicht nur in vier-, sondern in vielfacher Hinsicht hochproblematisches, weil unreines Wissensmedium. Zu Wissenschaften steht sie in einem systematischen Spannungsverhältnis. Eine problemlogisch orientierte Literaturwissenschaft verfügt angesichts dieser Konstellation über eine nur selten ergriffene, aber diskussionswerte Option. Sie kann nämlich versuchen, – in wissenschaftlicher Hinsicht – Heikles und Problematisches in Produktives zu konvertieren; sie kann sich nämlich an ihren eigentümlich zwitterhaften Begriff (›Literatur-Wissenschaft‹) und also daran erinnern lassen, daß sie eine Wissenschaft von den Diskursen ist, die – höflich formuliert – wissenschaftsfern sind und die dennoch seltsam hartnäckig darauf bestehen, etwas sachlich Relevantes mitteilen zu können. Literaturwissenschaft kann also die Anstrengung unternehmen, die faszinierenden, aber fachwissenschaftlich erst einmal unplausiblen Beobachtungen, Thesen, Fragen und Modelle des Mediums Literatur in eine Sprache zu übersetzen, die zumindest theorie- und wissenschaftsnah ist, um so für produktive und anschlußfähige Irritationen im Wissenschaftssystem (et vice versa, wenn Schriftsteller denn literaturwissenschaftliche Arbeiten zur Kenntnis nehmen) zu sorgen. Solche Literaturwissenschaft wäre tatsächlich interdisziplinär – sie säße zwischen allen Disziplin-Lehrstühlen und würde sich dabei auch noch wohl fühlen. Um es nochmals zu wiederholen: Forschungsbeiträge zur Nanotechnologie, zu mikroinvasiven Operationsverfahren, zur String- und Quarkphysik oder zur Dechiffrierung des humangenetischen Codes sind von einer sich so verstehenden Literaturwissenschaft nicht zu erwar-

---

[19] Vgl. dazu Werner Hamacher: *Entferntes Verstehen. Studien zu Philosophie und Literatur von Kant bis Celan.* Frankfurt a. M. 1998.

ten. Durchaus aber Beiträge aus der Sphäre unreinen Wissens über den Umgang mit dem ganz Kleinen, das ganz große Effekte freisetzen kann, zu Erfahrungen mit Phantomschmerzen, zum Wandel des Naturverständnisses oder zur überraschend realistischen Qualität des ›natura-loquitur‹-Topos.

Für Einzelwissenschaften sachlich hochrelevant könnten darüber hinaus Diskussionsbeiträge sein, die poetische Intuitionen, kohärente Motivkonstellationen oder auch abwegig scheinende Randgedanken literaturwissenschaftlich reformulieren und dadurch für Fachdiskussionen anschlußfähig machen. Um das so klar wie möglich mit fünf knappen Beispielen zu erhellen: Literarische Schilderungen von Anorexien wie der von Ottilie in Goethes Roman *Die Wahlverwandtschaften* können die psychosomatische Forschung für den eigentümlichen Umstand sensibilisieren, daß man/frau wohl den Mund verschließen und also im vielfachen Wortsinne entsagen, nicht aber das Ohr schließen kann. Ottilie ist zum Zu-Hören verdammt, kann aber, ihren Mund verschließend und Kommunikation verweigernd, ihr Schweigen und ihren anorektischen Körper zum superkommunikativen Zeichen machen. Nicht auszuschließen, daß die Anorexie-Forschung mit literaturwissenschaftlichen Rekonstruktionen dieser komplexen Hinweise von Goethes Texten etwas Produktives anfangen kann.[20] Zweitens und nur andeutungsweise: Literatur hält ein nicht einmal ansatzweise ausgeschöpftes Wissen über die Probleme der Finanzsphäre bereit. Es zielt verletzend genau auf vieles, was die derzeitige Volkswirtschaftslehre zumeist schlicht ausblendet – etwa wenn Literatur wie Goethes *Faust* vermutet, daß die unsichtbar Hand unsichtbar ist, weil es sie nicht gibt, wenn Thomas Manns Roman *Königliche Hoheit* darauf aufmerksam macht, daß den Schulden der öffentlichen Hand immer auch Guthaben in privaten Händen entsprechen, oder wenn Literatur darauf hinweist, daß Volkswirtschaftslehren fast systematisch Glaubensoptionen mit Wissensdaten verwechseln. Drittens: Literatur kennt unübersehbar viele Konfliktszenarios. Und häufig arbeitet sie mit der literaturwissenschaftlich zu rekonstruierenden Einsicht, daß gelingende Konfliktlösungen sich nicht der Kraft besserer Waffen oder besserer Argumente, sondern vielmehr der Kunst verdanken, sich auf die Leitvorstellungen und -werte des Gegners einzustellen. Viertens: Nicht Konsens,

---

[20] Vgl. dazu Angela Wendt: *Essgeschichten und Es(s)kapaden im Werk Goethes.* Würzburg 2006 und Jochen Hörisch: »Die Himmelfahrt der bösen Lust!« Ottiliens Anorexie, Ottiliens Entsagung«, in: ders.: *Die andere Goethezeit. Poetische Mobilmachung des Subjekts um 1800.* München 1992, S. 149–160.

sondern Dissens ist die regulative Idee von Kommunikation – das zeigen in phänomenologischer Fülle zahlreiche poetische Szenen. Wir kommunizieren, wir diskurrieren, weil wir Differenzen haben; Konsens ist zwar nicht in lebenspragmatischer, aber gerade in kommunikationslogischer Hinsicht Nonsens – eine poetische Intuition, deren literaturwissenschaftliche Rekonstruktion lohnt, weil sie für produktiven Dissens sorgen wird.

Fünftens: Paradoxien gelten in vielen Disziplinen und Theorien als Index des Falschen und Unhaltbaren. Da liege ein pragmatischer Selbstwiderspruch vor, also lohne es nicht, dem Argumentierenden zuzuhören – so funktioniert eine weitverbreitete wissenschaftliche Geste. Paradoxien sind nun das Lebenselixier des Mediums Literatur, die fast systematisch von Fällen berichtet, in denen es um eine Ausnahme von der Regel (etwa um ein unerhörtes Schicksal oder um einen unerhörten Reim) geht – und die darüber hinaus die Vermutung stärkt, es müsse, eben wenn die Regel stimme, daß es keine Regel ohne Ausnahme gebe, eine Ausnahme von der Regel geben, daß es keine Regel ohne Ausnahme gebe.

Literaturwissenschaft kann das Weltkind in der Mitten zwischen dem Experten(wissen) und dem Laien(wissen) sein, der/das manchmal (aber eben nicht immer!) im Verdacht steht, so weise zu sein wie das Kind, das sich einen Kommentar über des Kaisers neue Kleider erlaubt. Für Wissenssoziologen ist die Figur des informierten Bürgers aufschlußreich, der sich weder von Expertenwissen einschüchtern noch von Laien-Ressentiments gegen Experten umtreiben läßt, sondern sich vielmehr mit Grundlagenwissen zu einer Problemlage vertraut macht und dann keine Angst vor Fragen hat, die Experten für abwegig halten. Eine Literaturwissenschaft, die keine Angst vor der Berührung mit den Sach-Problemen hat, von denen Literatur handelt, muß sich nicht in die Regionen der übergrossen, weil immer offen bleibenden Fragen flüchten, um ihr Tun und ihre Existenz zu rechtfertigen.

»Man kann sagen ›Er glaubt es, aber es ist nicht so‹, nicht aber ›Er weiß es, aber es ist nicht so‹«,[21] heißt es in Wittgensteins Notizen *Über Gewißheit*. Literatur als Medium des unreinen Wissens weiß: Es ist nicht so, daß die Grenze, die das Wissen vom Glauben scheidet, eindeutig und scharf konturiert ist. Gewiß ist nur, daß es letzte Gewißheiten nicht gibt. Weil sie dessen gewiß ist, kann sich Literatur Texte leisten wie diese aus der Feder Goethes:

---

[21] Ludwig Wittgenstein: *Über Gewissheit*, hg. v. G. E. M. Anscombe u. G. H. von Wright, § 42. Frankfurt a. M. 1994 (Werkausgabe, Bd. 8.), S. 128.

Problem

Warum ist alles so rätselhaft?
Hier ist das Wollen, hier ist die Kraft;
Das Wollen will, die Kraft ist bereit
Und daneben die schöne lange Zeit.
So seht doch hin, wo die gute Welt
Zusammenhält!
Seht hin, wo sie auseinanderfällt![22]

Je mehr man kennt, je mehr man weiß,
Erkennt man, alles dreht im Kreis;
Erst lehrt man jenes, lehrt man dies,
Nun aber waltet ganz gewiß
Im innern Erdenspatium
Pyro-Hydrophylacium,
Damit's der Erden Oberfläche
An Feuer und Wasser nicht gebreche.
Wo käme denn ein Ding sonst her,
Wenn es nicht längst schon fertig wär?
So ist denn, eh man sich's versah,
Der Pater Kircher wieder da.
Will mich jedoch des Worts nicht schämen:
Wir tasten ewig an Problemen.[23]

---

[22] Johann Wolfgang von Goethe: *Gedichte 1800–1832*, hg. v. Karl Eibl. Frankfurt a. M. 1988 (Frankfurter Ausgabe Abt. I/Bd. 2), S. 417.

[23] Johann Wolfgang von Goethe: »Zahme Xenien VI, Sammlung von 1827«; in: ders.: *Gedichte 1800–1832* (wie Anm. 22), S. 679.

Michael Titzmann

›Problem – Problemlösung‹ als literarhistorisches und denkgeschichtliches Interpretationsinstrument

Wenn man sich – wie ich – erst in der zweiten Runde an einer theoretisch-methodologischen Diskussion beteiligt,[1] genießt man unschätzbare Vorteile. Ein kritischer Forschungsüberblick ist schon geschrieben (Dirk Werle);[2] eine Reihe von Problemen ist schon formuliert (Matthias Löwe, Carlos Spoerhase, Marcel Lepper).[3] Ich bin also in der komfortablen Situation, auf diesen Beiträgen aufbauen zu können und nur mehr meine eigene Position teils wiederholen,[4] teils ausbauen zu dürfen.

Von den beiden Begriffspaaren, die Dirk Werle angeboten hat, konzentriere ich mich auf ›Problem – Lösung‹; für ›Frage – Antwort‹ sehe ich

---

[1] Ich danke Dirk Werle für die Einladung, bei dem spannenden Thema mitzudiskutieren.

[2] Dirk Werle: »Frage und Antwort, Problem und Lösung. Zweigliedrige Rekonstruktionskonzepte literaturwissenschaftlicher Ideenhistoriographie«, in: *Scientia Poetica* 13 (2009), S. 255–303.

[3] Matthias Löwe: »Implizität. Über ein praktisches Problem von Literaturgeschichte (anhand von drei Beispielen)«, in: *Scientia Poetica* 13 (2009), S. 304–317; Carlos Spoerhase: »Was ist *kein* Problem?«, in: ebd., S. 318–328; Marcel Lepper: »Heuristikgeschichte: ein zweigliedriges Rekonstruktionskonzept«, in: ebd., S. 329–338.

[4] Falls ich nichts Wesentliches übersehen habe, waren die ersten Autoren in der deutschen Literaturwissenschaft, die mit dem Begriffspaar ›Problem – Lösung‹ operierten: Marianne Wünsch: *Der Strukturwandel in der Lyrik Goethes.* Stuttgart 1975 (hier angewandt auf den Wandel innerhalb eines Autorenœuvres); und Karl Eibl: *Kritisch-rationale Literaturwissenschaft.* München 1976 (hier als allgemein literaturwissenschaftliche Kategorien vorgeschlagen). Meine eigenen früheren Beiträge dazu: Michael Titzmann: »Probleme des Epochenbegriffs in der Literaturgeschichtsschreibung«, in: *Klassik und Moderne*, hg. v. Karl Richter u. Jörg Schönert. Stuttgart 1983, S. 98–131; ders.: »Skizze einer integrativen Literaturgeschichte und ihres Ortes in einer Systematik der Literaturwissenschaft«, in: *Modelle des literarischen Strukturwandels*, hg. v. Michael Titzmann. Tübingen 1991, S. 395–438; ders.: »Semiotische Aspekte der Literaturwissenschaft: Literatursemiotik«, in: *Semiotik/Semiotics. Ein Handbuch zu den zeichentheoretischen Grundlagen von Natur und Kultur*, hg. v. Roland Posner, Klaus Robering u. Thomas A. Sebeok. Bd. 3. Berlin–New York 2003, S. 3028–3103. Explizit oder implizit teilen Wünsch, Eibl und Titzmann die Orientierung an den Normen der analytischen Wissenschaftstheorie.

keine rechte Verwendungsmöglichkeit. Denn wenn wir z. B. sagen wür-
den, ein Text(korpus) ›beantworte‹ eine ›Frage‹, suggerieren wir zu-
gleich, Frage wie Antwort seien ein Produkt intentionalen Handelns; und
ich sehe nicht, warum man sich ohne Notwendigkeit auf die Probleme der
›Intention‹ und ihrer Rekonstruierbarkeit einlassen sollte, wo man doch,
meiner Meinung nach, in Literatur- wie Denkgeschichte bei allen relevan-
ten Fragen bestens mit den nachweisbaren Textbedeutungen als empiri-
scher Materialbasis auskommt. ›Problem – Lösung‹ scheint mir diesbe-
züglich neutral: Die biologische Evolution etwa liefert unzählige Beispie-
le, wo die Veränderung eines Organismus oder seiner Umwelt diesen in
einen Zustand versetzt, der sich sinnvoll als Entstehung oder Lösung ei-
nes Problems beschreiben läßt, ohne daß ein Bewußtsein und eine Inten-
tion seitens des Organismus daran beteiligt wären. Natürlich sind die Pro-
duzenten (und Rezipienten) von Texten bewußtseinsfähige Wesen, die
auch Intentionen verfolgen; aber das bedeutet bekanntlich nicht notwen-
dig, daß ihnen bewußt sein müßte, was ihre Produktionsakte semantisch
vermitteln und kognitiv, affektiv, evaluativ bewirken. Soweit diese – ich
gebe zu: ein wenig abgestandene – Trivialität. Natürlich kann ich nicht
hoffen, das Problem ›Problem – Lösung‹ hier befriedigend zu lösen; aber
vielleicht lassen sich wenigstens einige seiner möglichen Aspekte soweit
präzisieren, so daß das Problem einer Lösung näher kommt.

Theoriebildung – so notwendig und unvermeidlich sie ist – scheint mir
nur relevant, wenn sie möglichst so konkret und präzise formuliert ist,
daß sie auch absehbare praktische Folgen für die interpretatorische Tätig-
keit des Historikers der Literatur, des Denkens, des Wissens, der Wissen-
schaft hat; anderenfalls ist sie eine scholastische Spielwiese ohne Nutzen
– ich denke, jede(r) kennt Beispiele dafür. Gute Theoriebildung wird zu-
nächst von den einfachen Fällen ausgehen; nur dann kann sie irgendwann
auch der Komplexität ausdifferenzierter Systeme gerecht werden. Und
gute Theoriebildung kann – im Bereich der Literatur-/Denk-/Wissensge-
schichte – nur in der Interaktion mit guter interpretatorischer Praxis ent-
stehen, so daß sich beide immer wieder von neuem wechselseitig anre-
gen.[5]

Für meine folgenden Ausführungen bedarf ich einiger Begriffe, deren
hier vorausgesetzte Bedeutung ich nur grob skizziere, da ich hoffe, sie

---

[5] Meine folgenden historischen Beispiele dienen nur der Illustration; wer sie für falsch
hält, mag sie durch andere ersetzen. Selbstverständlich muß ich bei komplexen Bei-
spielen im gegebenen Kontext vereinfachen und wäre dankbar, wenn mir das nicht
vorgeworfen würde.

anderenorts hinreichend präzisiert zu haben. Unter ›Text‹ verstehe ich im folgenden jede sprachliche – literarische oder nicht-literarische – Äußerung, also im Normalfalle eine geordnete Menge von Sätzen. ›Kulturelles Wissen‹ sei die Gesamtmenge aller in einem bestimmten Raumzeitsegment von allen Kulturteilnehmern (allgemeines kW) oder von spezifischen Gruppen (gruppenspezifisches kW) für wahr gehaltenen Propositionen (also unabhängig von ihrer tatsächlichen Wahrheit);[6] dieses Wissen können wir historisch selbstverständlich nur aus Texten/Textkorpora rekonstruieren. Die Gesamtmenge dieses Wissens ist natürlich in sich strukturiert. Wie für literarhistorische bedarf es auch für denk- und wissensgeschichtliche Hypothesen jeweils eines (auch im statistischen Sinne) ›repräsentativen Textkorpus‹,[7] das die empirische Basis bildet. Solche Textkorpora sind Basis sowohl für die Rekonstruktion von ›kulturellem Wissen‹ als auch von ›Diskursen‹ und ›Theorien‹ als auch von ›Epochen‹ und ›Literatursystemen‹. ›Diskurs‹ soll ein aus einem solchen Korpus ableitbares System heißen, das der Produktion/Verbreitung/Verhinderung von Wissen dient und erstens durch einen – im jeweiligen kulturellen Wissen unterschiedenen – ›Gegenstand‹ (einen kulturell anerkannten Realitätsbereich: z. B. ›menschliche Psyche‹, ›juristische Normen‹, ›Elementarteilchen‹, ›Geisterwelt‹, …), zweitens durch Regeln des Erkenntnisgewinns, der Argumentation, der Folgerung bezüglich dieses Gegenstands und drittens durch Regeln der Formulierung, der Versprach-

---

[6] Zum Thema ›kulturelles Wissen‹ vgl. Michael Titzmann: *Strukturale Textanalyse.* München 1977, S. 263–380; ders.: »Skizze einer integrativen Literaturgeschichte und ihres Ortes in einer Systematik der Literaturwissenschaft« (wie Anm. 1); ders.: »Semiotische Aspekte der Literaturwissenschaft« (wie Anm. 4); ders.: »Propositionale Analyse – kulturelles Wissen – Interpretation«, in: *Medien und Kommunikation,* hg. v. Hans Krah u. Michael Titzmann. Passau 2006, S. 67–92; ders.: »Strukturalismus. Was bleibt«, in: *Strukturalismus in Deutschland. Literatur- und Sprachwissenschaft 1910–1975,* hg. v. Hans-Harald Müller, Marcel Lepper u. Andreas Gardt. Göttingen 2010, S. 371–411. Das Thema ›Wissen‹ hat ja inzwischen eine erstaunliche Konjunktur in der Literaturwissenschaft – vgl. dazu z. B. Ralf Klausnitzer: *Literatur und Wissen. Zugänge – Modelle – Analysen.* Berlin–New York 2008. Zur Ergänzung und Kritik der literaturwissenschaftlichen Perspektive durch die soziologische vgl. Claus-Michael Ort: »Vom ›Text‹ zum ›Wissen‹«, in: *Vom Umgang mit Literatur und Literaturgeschichte,* hg. v. Lutz Danneberg u. Friedrich Vollhardt. Stuttgart 1992, S. 409–441; ders.: »Das Wissen der Literatur. Probleme einer Wissenssoziologie literarischer Semantik«, in: *Literatur und Wissen,* hg. v. Tilmann Köppe. Berlin–New York [erscheint 2011].

[7] Vgl. Titzmann: »Probleme des Epochenbegriffs in der Literaturgeschichtsschreibung« (wie Anm. 4).

lichung von Aussagen über diesen Gegenstand charakterisiert ist.[8] Auch nicht-wissenschaftliche Diskurse produzieren ›(Quasi-)Theorien‹, also (logisch konsistente oder nicht konsistente) Mengen von mehr oder weniger systematisierten und hierarchisierten Wissensbehauptungen über einen solchen kulturellen Gegenstand (z. B. ein theologischer Diskurs über ›Gott‹ usw.), die im gegebenen Zeitraum entweder schon Teil des kulturellen Wissens sind oder noch nicht bzw. nicht mehr als solches anerkannt werden. ›Epochen‹ sind raumzeitliche Systeme, in denen jeweils ein Literatursystem dominiert; im theoretisch denkbaren Grenzfall könnten auch zwei oder mehr Literatursysteme in diesem Raumzeitsegment konkurrieren. Das ›Literatursystem‹ einer Epoche ist die Gesamtmenge der Regularitäten, die sich aus einem repräsentativen Textkorpus dieses Raumzeitsegments ableiten läßt, und zwar sowohl die Regularitäten – um die Terminologie der französischen strukturalen Narratologie zu verwenden – auf der Ebene des ›discours‹ der Texte, also der Gesamtmenge der Darstellungsmodi, deren sich die Texte bedienen, als auch auf der Ebene der ›histoire‹, also der mit Hilfe dieser semiotischen Techniken vermittelten Geschichte bzw. – generalisiert auch für nicht-narrative Texte – der dargestellten Welt dieser Texte.[9] Teilmengen solcher Literatursysteme sind etwa ›Gattungen‹, soweit solche im kulturellen Wissen der Epoche eine Rolle in Produktion bzw. Rezeption von Texten spielen. Literatursysteme können einheitlich und statisch sein, folglich im Verlauf ihrer Existenz weitgehend invariant (z. B. ›Realismus‹), oder aber in sich dynamisch, so daß in ihnen ›Subsysteme‹ entweder simultan koexistieren oder sukzessiv auf einander folgen (z. B. in der ›Goethezeit‹: ›Sturm und Drang‹, ›Klassik‹, ›Romantik‹).

Die Probleme der Methodologie einer Rekonstruktion dieser hier unterschiedenen historisch relevanten Größen können im gegebenen Kontext selbstverständlich nicht erörtert werden. Wenn ich im folgenden ohne zusätzliche Spezifizierung von ›System‹ rede, sollen darunter sowohl Einzeltexte (die ja extrem komplexe semantische Systeme sein können) als auch solche von Textkorpora abstrahierte Größen (Wissensmengen, Theorien, Diskurse, Literatur(sub)systeme, Gattungen, usw.) subsumiert

---

[8] Für einen Theologen ist die *Bibel* ein von einem Gott geoffenbartes Buch, für einen Literaturwissenschaftler ein Korpus auch ideologisch heterogener Texte aus kulturell verschiedenen Epochen: also jeweils ein durchaus anderer Gegenstand, wenngleich dieselbe Textmenge: beide hätten ganz andere Interpretationsregeln und kämen zu sehr verschiedenen Interpretationsergebnissen, formuliert in sehr verschiedenen theoretischen Sprachen.

[9] Vgl. z. B. Titzmann: »Semiotische Aspekte der Literaturwissenschaft« (wie Anm. 4).

sein; die Umwelt eines solchen Systems S_i ist eine Menge anderer Systeme ($S_x = S_j$, S_k, …). Das in einem gegebenen Raumzeitsegment übergeordnete System aller Systeme, das System, das alle Literatur(sub)systeme, Wissensmengen, Diskurse, usw. und deren Relationen umfaßt, soll ›Kultursystem der Epoche‹ heißen.

Eine grundsätzliche Bemerkung sei zur Vermeidung von Mißverständnissen noch vorangeschickt: Ich werde im folgenden anthropomorphisierend von Systemen reden, indem ich ihnen Aktivitäten zuschreibe; das ist selbstverständlich nur eine verkürzende Redeweise, da anderenfalls umständlich-ausführliche Formulierungen erforderlich wären.[10]

Ich halte eine erste Prämisse meiner folgenden Argumentation fest:

(1) Basis aller Literatur-, Wissens-, Wissenschafts-, Denkgeschichtsschreibung muß ein – für die jeweilige Zielsetzung relevantes – quantitativ wie qualitativ repräsentatives Korpus ›interpretierter‹ Texte[11] sein. Unter der – wie mir scheint: bislang nicht widerlegten – Annahme, daß es eine empirisch fundierte, intersubjektive Interpretation von Texten geben kann, kann und muß es dann auch eine ›Interpretationstheorie‹[12] geben, die Regeln für die interpretatorischen Operationen formuliert.

Beginnen wir mit einem kleinen Beispiel: mit Christian Hofmann von Hofmannswaldaus (1617–1679) hübsch-frechem Gedicht *Albanie / gebrauche deiner zeit*, posthum 1695 in Benjamin Neukirchs Anthologie *Herrn von Hofmannswaldau und andrer Deutschen auserlesene und bißher ungedruckte Gedichte*[13] erschienen. Wir haben hier zunächst einen der Texte des 17. Jahrhunderts, der das ›Carpe diem‹ des Horaz[14] erotisch interpretiert. Der männliche Sprecher des Textes wendet sich an eine weibliche Adressatin, Albanie, die er zum Sexualakt zu überreden sucht; darin hat der Text nun eine ganze Serie von Vorgängern, angefangen vielleicht von Opitz' ›Liedt‹ *Ach Liebste laß vns eilen* (1624) bis zu Stielers Gedichtsammlung *Die Geharnschte Venus* (1660) und vielen anderen

---

[10] Beispiele dafür in Titzmann: »Skizze einer integrativen Literaturgeschichte und ihres Ortes in einer Systematik der Literaturwissenschaft« (wie Anm. 4), S. 430f.

[11] Vgl. z. B. ebd.; so auch Löwe: »Implizität« (wie Anm. 3), S. 307.

[12] Vgl. z. B. Titzmann: *Strukturale Textanalyse* (wie Anm. 6); so auch Löwe: »Implizität« (wie Anm. 3), S. 316.

[13] Dort Bd. 1, 1695, S. 35f. Hier zitiert nach: *Epochen der deutschen Lyrik*, hg. v. Walther Killy, hier Bd. 4: *Gedichte 1600–1700*, hg. v. Christian Wagenknecht. München 1976, S. 327f.; auch in: *Gedichte des Barock*, hg. v. Ulrich Maché u. Volker Meid. Stuttgart 1980, S. 275f.

[14] Carmen 1, 11: *Tu ne quaesieris*, dort V. 8; z. B. in: Horaz: *Oden und Epoden*, hg. u. übs. v. Bernhard Kytzler. Stuttgart 1978, S. 24.

mehr. Indem solche Texte, eher verschleiert oder eher deutlich, die fiktive Adressatin zu Erotik auffordern, geraten sie in Kollision mit einer Teilmenge des kulturellen Wissens, nämlich dem System der Sexualnormen, das der theologische Diskurs der Epoche als ›gottgewollt‹ ausgibt. Dieser Diskurs aber beansprucht in der Epoche Dominanz über alle anderen Diskurse, und natürlich auch über das Literatursystem, und kann die Einhaltung der von ihm gesetzten Normen mit Unterstützung der staatlichen Gewalt und ihres brutalen Strafrechts einfordern und erzwingen. Die Texte setzen sich also in Opposition zur ranghöchsten Redeform der Zeit. Auffällig ist zunächst, daß sie diese Opposition im Regelfalle nicht zu thematisieren scheinen; sie verhalten sich, als gäbe es dieses theologische System nicht. Stieler z. B. läßt zwar seine Textsprecher soziale Hindernisse thematisieren, nicht aber religiöse bzw. theologische. Solcher Dissens zwischen Gedicht und Normensystem kann in dieser Epoche wohl als Problem betrachtet werden, das aber latent bleibt. Daß die Texte nicht verboten und ihre Autoren nicht verfolgt werden, dürfte darauf basieren, daß sie sich als humanistisch-literarisches Spiel, wohl auch durch vergleichbare Texte der Antike legitimiert, präsentieren. Anders nun in Hofmannswaldaus Text: Aus der Argumentation von Hofmannswaldaus männlichem Ich-Sprecher sei hier die vierte Strophe herausgegriffen:

> Albanie / soll denn dein warmer schooß
> So öd und wüst / und unbebauet liegen?
> Im paradieß da ging man nackt und bloß /
> Und durffte frey die liebes-äcker pflügen /
> Welch menschen-satz macht uns diß neue weh?
> Albanie.

Hier wird das Problem der Opposition zwischen ›Carpe diem‹-Lyrik und theologischem Normensystem manifest. Denn der Autor referiert explizit auf einen ›heiligen Text‹ des Christentums, die *Genesis*, und deren theologische Interpretationen. Er behauptet, was aus dem Text der Genesis nicht folgt (und der theologischen Exegese widerspricht): Im »Paradiese« vor dem ›Sündenfall‹ habe man sich nach Belieben der Sexualität hingeben dürfen. Direkt provokant ist aber V. 5: Wo die christliche Theologie in ihren Sexualitätsverboten sich auf eine ›gottgewollte‹, somit unter allen Umständen außerzeitlich verbindliche Normsetzung beruft, negiert der Sprecher den göttlichen Ursprung der Norm und erklärt sie zu willkürlicher menschlicher Setzung, die zudem im weiteren Gedichtkontext für praktisch widernatürlich erklärt wird. Wenn wir den Fall im Rahmen des Begriffspaars ›Problem – Lösung‹ betrachten, wird also in unserem Text einerseits ein vorher latentes Problem, das in der Opposition zwischen erotischen Wünschen im Text und einem zum kulturellen Wissen gehörenden, in unzähligen Texten des theologischen Diskurses als zwingend verbindlich gesetztes Normensystem außerhalb des Textes gelöst, indem die Opposition durch Leugnung der Verbindlichkeit der Norm beseitigt wird.

Andererseits wird eben dadurch aus einem latenten Problem ein manifestes, insofern das Normensystem thematisiert und explizit negiert wird, und aus einem Problem, das sich aus der Relation verschiedener Systeme – Gedichten einerseits, theologischen Texten andererseits – ergibt, ein systeminternes Problem, das im Gedicht selbst abgehandelt wird, wobei sich der Text durch seine Lösung des Problems nun explizit in eine Opposition zur Theologie setzt, die vorher implizit blieb. Die textinterne Problemlösung schafft geradezu ein Problem, insofern jetzt die Opposition zur textexternen theologischen Norm nicht mehr übersehen werden kann, die vorher verschleiert und ignoriert werden konnte; insofern die früheren ›Carpe diem‹-Texte die Norm zwar zu verletzen strebten, sie aber nicht infrage stellten, konnten sie einen spielerisch-unverbindlichen Status des Dargestellten beanspruchen, was nicht mehr möglich ist, wenn der Text den Konflikt explizit macht und durch Tilgung der Norm für sich löst, die außerhalb seiner natürlich erhalten bleibt. Unser Text löst, thematisiert, schafft nicht nur ein Problem: er hat bzw. ist selbst auch ein Problem: Mitsamt seinem Autor setzt er sich der Verfolgung aus, und der Autor tat sicherlich gut daran, den Text zu Lebzeiten nicht zu publizieren. In der letzten – von ihren Konnotationen her einigermaßen obszönen[15] – Strophe bittet der Sprecher seine Albanie:

> So laß doch zu / daß auff der Venus-au
> Ein brünstger geist dir kniend opffer bringet /
> Daß er vor dir in voller Andacht steh.
>   Albanie.

Die Provokation des theologischen Diskurses und des von ihm behaupteten Wissens ist extrem: Vor dem Körper der begehrten Frau, genauer: ihrem Schoß, Andacht zu empfinden und Opfer zu bringen, setzt die Frau der Gottheit gleich, der allein Opfer und Andacht im christlichen kulturel-

---

[15] So ist in VI, 1 die Rede vom »wollust-thau«, der »die Glieder netzet«; die »Venus-au« (VI, 3) – offenbar in Opposition zum »Venusberg« ≈ »mons Veneris« – wird ja wohl die weiblichen Genitalien bezeichnen; und wenn das Ich »kniend« (VI, 4) verehrt, aber zugleich dabei »steht« (VI, 5), wird man sich fragen müssen, worauf sich das »Stehen« bezieht...

len Wissen zustünden; sexuelles Begehren wird zum ›Gottesdienst‹, das Lustobjekt zur Gottheit.

Nach dieser kleinen Illustration darf ich vielleicht einige theoretische Positionen festhalten:

(2) Was soll überhaupt ›Problem‹ heißen? Ich denke, ›Problem‹ kann vorläufig umschrieben werden als eine ›Unvereinbarkeit (mindestens) zweier systemrelevanter Größen‹,

(a) die sich beide im selben gegebenen System S_i (= ›systemintern bedingtes Problem‹) befinden; oder aber

(b) deren eine S_i, die andere aber S_j ($S_j \in S_x$) angehört (= ›interaktiv bedingtes Problem‹).

Hofmannswaldaus Text illustriert beide Möglichkeiten: Indem er ein interaktiv bedingtes Problem im Text thematisiert, macht er daraus ein systeminternes.

Die Unvereinbarkeit mag eine zwischen zwei Behauptungen über eine Größe der (tatsächlichen oder imaginierten) ›Realität‹ sein, zwischen zwei Werten oder Normen, zwischen Werten/Normen und tatsächlichem Verhalten, zwischen Bedürfnis und Befriedigungsmöglichkeit, zwischen wünschenswertem, aber nicht gegebenen und tatsächlichem, aber unbefriedigenden Zustand, zwischen Soll- und Ist-Wert, zwischen was auch immer. Alle diese Fälle, scheint mir, lassen sich als Widerspruch zwischen zwei Propositionen (p vs. non-p) abbilden, die sich aus dem Text(korpus) S_i bzw. deren eine sich aus S_i und die andere aus S_j interpretatorisch folgern lassen.

(3) Sofern man diese vorläufige Festlegung von ›Problem‹ akzeptiert, folgt daraus, daß der Begriff interpretatorisch nur angewendet werden kann, wenn man die Texte – seien sie theoretische oder literarische – einer ›propositionalen Analyse‹[16] unterzieht, d. h. aus der geordneten Menge der Sätze des Textes (bzw. der für das Problem relevanten Teilmenge dieser Sätze) alle von ihm explizit behaupteten und alle implizit von ihm vorausgesetzten bzw. aus ihm folgenden Propositionen rekonstruiert. Denn nur zwischen Sätzen – hier den ableitbaren Propositionen – kann es Widersprüche geben, und nicht jede der zur Textbedeutung gehörenden Propositionen ist explizit in Gestalt eines Satzes, eines Satzteils, einer Satzmenge an der Textoberfläche gegeben.

---

[16] Vgl. z. B. Titzmann: *Strukturale Textanalyse* (wie Anm. 6); ders.: »Semiotische Aspekte der Literaturwissenschaft« (wie Anm. 4); ders.: »Propositionale Analyse« (wie Anm. 6).

(4) Kein Widerspruch muß, aber jeder kann zum ›Problem‹ werden. Daraus folgt erstens:

(a) Damit ein Widerspruch ein Problem wird, müssen somit weitere Bedingungen erfüllt sein. Zumindest eine kann hier schon festgehalten werden: Im System muß der Widerspruch als unzulässig gelten.

In unserer heutigen Kultur ist eine Opposition zwischen eigenen erotischen Wünschen und christlichen Normen für kaum jemanden mehr ein Problem, Fundamentalisten ausgenommen; in der Kultur Hofmannswaldaus war sie ein zentrales Problem. In der christlichen Theologie gilt z. B. auch 3 = 1, ohne daß dies dem System ein Problem wäre, das gelöst werden müßte; in der Mathematik, wo an sich $3 \neq 1$ gilt, wäre eine solche Behauptung ein echtes Problem. Und zweitens:

(b) Was eine unzulässige Unvereinbarkeit ist, also ein Systemproblem, ist somit systemrelativ. Es gibt folglich keine Probleme, die solche aller Systeme/Kulturen wären, woraus wiederum folgt:

(c) Die Liste der möglichen Probleme ist weder außerzeitlich noch abschließbar:[17] was für ein System Problem ist, ist für jedes System S_i gesondert zu rekonstruieren, und daß etwas für S_i ein Problem ist, muß an S_i (und ggf. dessen Umweltrelationen zu den potentiell für S_i relevanten Systemen $S_x = S_j, S_k, \dots$) nachgewiesen werden.

Zurecht ist angemerkt worden, daß man im Grunde jede verbale oder non-verbale Tätigkeit als Lösung von Problemen beschreiben könne.[18] Wichtig ist natürlich nicht, ob ich etwas als Problem beschreiben kann, sondern ob es ein Problem ist. Nehmen wir an, ich habe eine Aufgabe zu erfüllen; zum Problem im Sinne von (2) wird das erst dann, wenn ich z. B. die Mittel dazu nicht kenne oder über sie nicht verfüge und die Aufgabe nicht ablehnen kann, ohne daß mich Sanktionen treffen. Wir benötigen also weitere Kriterien, wenn wir etwas als Systemproblem identifizieren wollen. Denn natürlich kann es nicht angehen, etwas willkürlich zum Problem oder zur Lösung eines solchen zu erklären.[19]

(5) Ein Problem kann manifest oder latent sein. ›Manifest‹ soll ein Problem heißen, wenn die sich widersprechenden Propositionen im System explizit gegeben sind; in diesem Falle darf auch Bewußtheit oder zumin-

---

[17] So auch Spoerhase: »Was ist *kein* Problem?« (wie Anm. 3), S. 323.

[18] Spoerhase (ebd.) führt das in seinem Beitrag eingangs an einer Serie von Alltagshandlungen vor.

[19] So auch Löwe: »Implizität« (wie Anm. 3) und Spoerhase: »Was ist kein Problem?« (wie Anm. 3).

dest Bewußtseinsfähigkeit des Problems angenommen werden; die Produzenten und/oder Rezipienten des Systems können es wahrnehmen.

(a) Der einfachste Fall eines manifesten Problems ist natürlich der, wo die unvereinbaren, aber explizit gegebenen Propositionen im selben Text oder

(b) in verschiedenen Texten, die demselben S_i angehören, koexistieren.

(c) Im ersten Falle (a) haben wir ein faktisches Problem, im zweiten (b) ein potentielles. Ob aus einem manifesten potentiellen Problem ein faktisches wird, hängt von der Art der Relation zwischen S_i und S_j ab. Sind beide Systeme im Kultursystem voneinander unabhängig, bleibt das Problem potentiell. Die Unterscheidung ›faktisch vs. potentiell‹ trennt folglich zwei Klassen manifester Probleme, während alle latenten Probleme immer nur potentielle sind.

Denn wenn der eine Text, der z. B. p vertritt, repräsentativ für das Korpus ist, der andere, der non-p vertritt, hingegen ein abweichend-singulärer Text ist, hat das S_i erst dann ein faktisches Problem, wenn weitere Texte sich non-p zu eigen machen: Dann würden in S_i gewissermaßen zwei Wissensbehauptungen, zwei Wahrheitsansprüche, zwei ›Theorien‹ konkurrieren. Im Falle der erotischen ›Carpe-diem‹-Lyrik des 17. Jahrhunderts vor Hofmannswaldau würden sich p in S_i und non-p in S_j widersprechen: Da S_i (= Literatur) aber S_j (= Theologie) in diesem Kultursystem untergeordnet ist, hätte nur S_i, nicht aber S_j ein Problem, da S_j jederzeit die Möglichkeit der Äußerung von p unterdrücken kann. Solange die Texte aus S_i hier aber die Opposition von p vs. non-p, also die Opposition von S_i und S_j, verschleiern und abmildern, indem sie die Opposition von p zu non-p nicht thematisieren und indem sie p als rein fiktives literarisches ›Spiel‹ ohne Anspruch auf ideologische Verbindlichkeit, ohne Anspruch auf praktische Realisation präsentieren, und solange das übergeordnete System S_j keinen Einspruch gegen die Praxis von S_i erhebt, bleibt das Problem ein potentielles und latentes.

(6) ›Latent‹ sollen hier Probleme heißen, wenn – sei es innerhalb desselben S_i, sei es verteilt auf ein S_i und ein S_j –

(a) die Propositionen p und non-p nur implizit, also als unausgesprochene logische Voraussetzungen oder Folgerungen aus den Sätzen der Textoberfläche gegeben sind, oder

(b) eine der beiden Propositionen explizit, die andere nur implizit gegeben ist.

Daß das Problem der erotischen Lyrik vor Hofmannswaldau ein nur latentes und potentielles ist, obwohl p in S_i und non-p in S_j explizit gegeben ist, basiert darauf, daß p in S_i und non-p in S_j epistemisch unterschiedlich modalisiert sind: non-p beansprucht den epistemischen Modus der Wahrheit und der Verbindlichkeit, während p als nicht ernst gemeintes Spiel, weder Wahrheit noch Verbindlichkeit beanspruchend, modalisiert wird.

(7) Wir können somit zwei weitere Folgerungen ziehen:

(a) Was Manifestheit bzw. Latenz von Problemen anlangt, folgt aus dem oben Gesagten, daß es sich um eine Skala qualitativ unterscheidbarer Grade zwischen totaler Latenz und Nicht-Latenz handelt.

(b) Für die Beurteilung, ob etwas ein potentielles oder faktisches, ein latentes oder manifestes Problem ist, muß, wenn p und non-p explizit gegeben sind, der ›epistemische Modus‹, der p bzw. non-p in den Systemen, in denen sie auftreten, zugeschrieben wird, rekonstruiert werden.

Nur weil ein Text ein literarischer, also eine fiktive Welt entwerfender ist, folgt daraus nicht, daß eine Proposition p in ihm nicht – als Aussage über die Welt – ›Wahrheit‹ oder – als Aussage über eine Norm – ›Verbindlichkeit‹ beanspruchen würde.

Indem Hofmannswaldaus Text explizit non-p aus dem ebenso Wahrheit wie Verbindlichkeit beanspruchenden theologischen Diskurs negiert, begibt er sich auf dieselbe Ebene wie dieser Diskurs und erhebt somit für p denselben (epistemischen bzw. deontischen) Anspruch.

Ein Text(korpus) kann nun ein bislang nicht vorhandenes Problem schaffen, ein vorhandenes thematisieren, eines zu lösen versuchen. Diese Aktivitäten können einzeln auftreten oder auch in allen logisch möglichen Kombinationen. Newtons *Principia mathematica philosophiae naturalis* (1687) lösen zunächst eine Vielzahl von Problemen bisheriger physikalischer Theoriebildung zum Thema der Bewegung von Körpern im Raum, indem sie die Gesetze der Gravitation formulieren. Damit aber führen sie eine neue Kraft ein, eine Fernwirkung zwischen Körpern, die ein neues Problem schafft: Eine solche Größe kollidiert mit den Vorstellungen von möglichen Ursachen und Wirkungen im gegebenen Denksystem, was z. B. Leibniz kritisieren wird (vgl. *A Collection of Papers which passed between the late Learned Mr. Leibnitz* [sic!] *and Dr. Clarke*, 1717). Das Problem, das er geschaffen hat, wird Newton im »Scholium« zur zweiten Auflage der *Principia* selbst thematisieren, es aber nicht lösen können. Dank der Effizienz der Newtonschen Gesetze gewöhnt man sich in der Folge an die Gravitation, also an das ungelöste Problem, wie sie zustande kommt, das erst Einsteins Allgemeine Relativitätstheorie 1915 lösen wird (vgl. z. B. Einstein: *Über die spezielle und die allgemeine Relativitäts-theorie*, 1917). Wenn eine sonst bewährte Theorie ein ungelöstes und mit den Mitteln der Epoche nicht lösbares Problem hat, kann die Theorie trotz ihres Problems also viele Epochen überleben.

Hofmannswaldaus Text schafft ein Problem, indem er aus einem potentiellen und latenten ein faktisches und manifestes macht, das er explizit thematisiert und das er auf eine Weise löst, die freilich im Kultursystem der Zeit inakzeptabel ist und folglich fürs erste eher singulär bleibt: Seine Problemlösung wäre nur dann konsensfähig und durchsetzbar, wenn der Wahrheitsanspruch der Theologie nicht mehr akzeptiert und dessen Durchsetzung nicht mehr vom politisch-juristischen System garantiert wird. Werfen wir einen Blick auf die weitere Entwicklung des Konflikts zwischen sexuellem Begehren und christlicher Sexualmoral. Wenn die Aufklärung eine neue Größe, das Gefühl, in ihre Anthropologie integriert und in der Literatur der ›Empfindsamkeit‹ die erotische Partnerwahl emotionalisiert, also eine (neuartige und irrationale) affektive Besetzung der Partner fordert, handelt sie sich ein potentielles Problem ein, wenn sie, wie sie dies tut, gleichzeitig das Normensystem invariant halten will: Denn je intensiver das Gefühl ist, desto leichter kommt es zur Verletzung sexueller Normen. Dieses potentielle Problem versucht das Literatursystem zu lösen, indem es die Intensität der Liebesgefühle quantitativ begrenzt, so daß das Gefühl jederzeit von der ›Vernunft‹, die angeblich für die Normen der tradierten Sexualmoral spricht, kontrolliert werden und vom Normverstoß abgehalten werden kann. ›Leidenschaft‹ darf somit nicht sein. Schon die Fülle der Verstöße, die sich dennoch in der Literatur ereignen, wo ›tugendhafte‹ Mädels aufgrund ihrer Gefühle der ›Verführung‹ erliegen, zeigt, daß diese quantitative Grenzziehung eine wesentlich schlechtere Problemlösung ist als eine durch qualitative Kriterien. Denn es gibt keinen eindeutigen Maßstab dafür, ab welcher Intensität wünschenswerte Gefühle zu nicht-wünschenswerten werden; auf die vielen Hilfskonstruktionen der Literatur zur Behebung dieses Defizits gehe ich hier nicht ein. Neben diesen Dramen und Romanen gibt es nun aber, vor allem in Frankreich, eine komplementäre Menge von Texten: ein literarisches Teilsystem, das man philosophisch-pornographische Romane nennen kann. In diesen wird zwar weitgehend auf Emotionalisierung der erotischen Beziehungen verzichtet, dafür aber so ziemlich jede erdenkliche christliche Sexualnorm verletzt, ohne daß die Täter – wie im empfindsamen Roman – moralisch negativ gewertet würden: Statt dessen wird explizit das christliche Normensystem mit theoretischen Begründungen ausser Kraft gesetzt. Hier haben wir nun eine effektive Problemlösung, die freilich im 18. Jahrhundert zwar nicht mehr singulär ist, aber noch minoritär bleibt (der dann freilich in der zweiten Hälfte des 20. Jahrhunderts noch eine große Zukunft beschieden sein wird). Diese Lösung ist innerhalb des Denksystems der Aufklärung eine besonders radikale Konsequenz aus der Emanzipation der Aufklärungsdiskurse von der Dominanz des theologischen Diskurses; sie führt zur Ausdifferenzierung in zwei konkurrierende Subsysteme der Literatur, ein majoritäres und ein minoritäres. Denkbar sind in diesem Literatursystem aber auch Kompromißbildungen zwischen sexuellen Wünschen und Normensystem: Problemlösungen also, die sowohl Sexualität zulassen als auch das Normensystem aufrecht erhalten – was natürlich für beide Komponenten Einschränkungen bedeutet, so daß diese Lösung logisch nicht sehr befriedigend ist; gleichwohl wird sie im 18. Jahrhundert, noch in der ersten Hälfte der Goethezeit, in vielen Texten praktiziert. Sofern die Figuren, an denen sie dargestellt wird, positiv bewertet werden sollen, gilt diese Kompromißmöglichkeit nur für junge Männer, nicht für junge Frauen, und sie besteht darin, daß der ›Jüngling‹ zunächst ein außereheliches Sexualleben haben darf (mit Frauen, die er nicht heiraten wird), anschließend aber eine Frau heiratet, mit der er bis dahin keine Sexualität hatte (vgl. z. B.: Goethe: *Wilhelm Meisters Lehrjahre*, 1795/96). (Daneben existiert noch eine andere Kompromißbildung: Normverletzende Sexualität wird anhand von Figuren dargestellt, die in einer Kultur angesiedelt werden, in denen die christlichen Sexualnormen nicht gelten, so z. B.: Wieland: *Geschichte des Agathon*, 1766/67).

Jene Ausschließung von ›Leidenschaft‹, also von sehr intensiven erotischen Gefühlen, die die ›Empfindsamkeit‹ um der Rettung des Normensystems willen praktiziert, praktiziert auch die Literatur des ›Realismus‹ im deutschen Sprachgebiet: einerseits aus eben diesem Grunde, andererseits um der Lösung eines ganz anderen potentiellen Problems willen. Denn in diesem Literatursystem gibt es eine zentrale asymmetrische Opposition zwischen zwei hochrangigen Werten, die beide für positiv bewertete Figuren der Texte von größter Relevanz sind. Auf der einen Seite steht der Wert ›Liebe‹, auf der anderen der Wert ›Selbsterhaltung‹; mit dem ersteren verbindet man die Merkmale der ›Öffnung des Subjekts‹ und der ›Abhängigkeit‹, den Verlust der Autarkie, den potentiellen Selbstverlust, mit letzterem die Merkmale der Abgrenzung des Subjekts nach außen (und nach innen: gegen das eigene ›Unbewußte‹) zwecks Erhaltung der Autarkie, womit die Unmöglichkeit von Liebe riskiert wird.

Die Problemlösung ist wiederum eine an sich instabile, aber für einige Jahrzehnte konstante Kompromißbildung: Die Opposition ›Liebe ($\approx$ Selbstverlust)‹ vs. ›Selbsterhaltung ($\approx$ Liebesverzicht)‹ wird als quantitative Skala eines Mehr oder Weniger am einen bzw. am anderen Wert gedacht, und ein lebbarer mittlerer Wert zwischen den Extremen muß gefunden werden: jede als ›leidenschaftlich‹ klassifizierte Beziehung wird in den Texten durch definitiven Liebesverlust oder Tod sanktioniert.

Doch zurück zum Versuch der Präzisierung der theoretischen Begriffe.

(8) Wenn ein System S_i aufgrund seiner eigenen Strukturen oder aufgrund seiner Relation zu einem anderen System S_j – R (S_i, S_j) – ein Problem P hat, kann es das Problem entweder lösen oder nicht lösen. In letzterem Falle gibt es zwei Möglichkeiten:

(a) Das Problem P_i *kann* nicht gelöst werden, weil keine Lösungsmöglichkeit LM_i zu Verfügung steht.

(b) Das Problem P_i *muß* nicht oder *darf* nicht gelöst werden, obwohl mindestens eine LM_i denkbar ist.

Den Fall (8a) kann mein Newton-Beispiel illustrieren: Die neue physikalische Theorie basiert zentral auf der im mechanizistischen Denksystem problematischen Größe ›Gravitation‹, für die in der Physik des 17. und 18. Jahrhunderts keine mögliche als ›rational‹ akzeptable Erklärung denkbar ist; andererseits ist die Leistungsfähigkeit der Newtonschen Theorie so groß und keine vergleichbar leistungsfähige Theorie verfügbar, daß man das empfundene Defizit in Kauf nimmt. Der Fall (8b) läßt sich hübsch an der Theologie der Frühen Neuzeit illustrieren, die Unmengen an systeminternen logischen Problemen aufweist. Eine Andeutung mag in diesem Kontext genügen: Der christliche Gott ist einerseits angeblich ein monotheistischer, es gibt also nur genau ein Exemplar dieser Klasse; er besteht aber andererseits zugleich aus drei unterscheidbaren ›Personen‹ (›Vater‹, ›Sohn‹, ›Geist‹),[20] wobei der ›Sohn‹ zudem gleich alt mit dem ›Vater‹ sei – Argumentationen dieser Art würden theoretische Diskurse der Epoche (sich) sonst nirgendwo erlauben; man hat schließlich seine Logik bei Aristoteles gelernt. Das Problem (das im übrigen theologisch nur als eines des ›beschränkten menschlichen Geistes‹ gilt) *darf* aber nicht gelöst werden: Denn angeblich hat dieser Gott diese Annahmen den Seinen geoffenbart; jede rationale Problemlösung[21] ist folglich

---

[20] Die dominant deistische Religionsphilosophie der Aufklärung wird ›Gott‹ dann von diesem Identitätsproblem befreien.

[21] Wie sie etwa die ›Sozinianer‹ und ›Unitarier‹ (in Opposition zu ›Trinitarier‹) in der Frühen Neuzeit praktizieren, die den ›Sohn‹ und den ›heiligen Geist‹ als mit der Bi-

häretisch. Die Problemlösung ist von den Regeln des Systems selbst verboten. Jede rationale Problemlösung hätte auch an anderer Stelle des Systems gravierende Konsequenzen. Denn sie schafft ein Folgeproblem, wie etwa der ›Sozinianismus‹ belegt, der die ›Trinität‹ abschafft, weil mit dem als *Bibel* benannten Textkorpus inkompatibel: Dann aber ist jener Jesus nicht mehr ›Gottes Sohn‹, sondern allenfalls ein ›Prophet‹ etc., der vielleicht zwar Meinungen eines Gottes verkündet – dann ist zugleich aber das christlich immerhin zentrale Dogma einer ›Erlösung‹ durch den Tod eines Gottes ebenfalls erledigt. Das Problem *muß* auch nicht gelöst werden: Diese Widersprüche sind nicht für das praktische Überleben der Gesellschaft relevant, wie es etwa manifeste Widersprüche im Normensystem der Epoche wären.

Das Problem der ›Gravitation‹ wird nun aber über zwei Jahrhunderte später von der Relativitätstheorie gelöst; es gibt also (mindestens) eine mögliche Problemlösung LM. Daraus folgt offenkundig:

(9) Die Menge der zu einem Zeitpunkt t_i möglichen Problemlösungen ist nicht identisch mit der Menge der theoretisch möglichen Problemlösungen. Welche Lösungsmöglichkeiten $LM_1, LM_2, \ldots, LM_n$ zu einem Zeitpunkt t_i überhaupt denkbar sind, ist offenbar eine Funktion des Systems S_i, das das Problem hat, bzw. seiner Relationen zu anderen Systemen $S_j, S_k, \ldots$ derselben Kultur. Die Struktur des Systems S_i selbst und die seiner eventuell relevanten Kontexte, also anderer Systeme, seligiert also aus der Menge der theoretisch möglichen die historisch möglichen/historisch denkbaren Problemlösungen.

Einsteins Erklärung der ›Gravitation‹ ist im 17. oder 18. Jahrhundert völlig undenkbar. Natürlich könnte ein ›Genie‹ oder ein ›Wahnsinniger‹ in seiner Epoche auf eine für diese – systembedingt nicht denkbare – abweichende Problemlösung verfallen: Seine Position bliebe singulär und würde nicht rezipiert bzw. als ›unsinnig‹ verworfen. Daß der Raum sich durch die Masse eines in ihm präsenten Körpers transformiert, wäre vor der Erfindung nicht-euklidischer Geometrien um die Mitte des 19. Jahrhunderts schwerlich vorstellbar und sicher nicht im kulturellen Wissen akzeptabel: Zu viele als gesichert geltende Wissensbehauptungen stehen dem entgegen. Die Auswahl möglicher Problemlösungen wird noch kompliziert bzw. eingeschränkt durch:

(10) Die Menge der zu einem Zeitpunkt t_i erlaubten Problemlösungen ist nicht notwendig identisch mit der Menge der zu t_i denkbaren Problem-

---

bel inkompatibel weginterpretieren und damit auch den monotheistischen Anspruch des Christentums ernst nehmen.

lösungen. Bestimmte denkbare Lösungsmöglichkeiten LM_i können explizit oder implizit verboten und ihre Wahl folglich von Sanktionen gegenüber ihren Urhebern bedroht sein.

So würde z. B. natürlich ein Atheismus oder Agnostizismus die systeminternen Probleme des Christentums in der Frühen Neuzeit – freilich auf recht radikale Weise: durch Beseitigung des Christentums selbst – tilgen. Diese Problemlösung verbietet aber die Theologie und sie verlangt von der Justiz den quasi legalisierten Mord an denen, die solche Propositionen vertreten. So wird z. B. der – durchaus zu Unrecht des Atheismus bezichtigte – Giulio Cesare Vanini 1619 verurteilt: Ihm wird zunächst der Henker die Zunge herausreißen, bevor er verbrannt wird ... Die Propositionen des theologischen Diskurses werden hier also durch die politische Macht juristisch gestützt und ihre Akzeptanz erzwungen, insofern juristisch ermordet wird, wer ihnen widerspricht. Damit wäre nun eine Frage berührt, die ich hier nicht behandeln werde, weil sie ein sozialwissenschaftliches/sozialgeschichtliches Problem ist: die institutionelle Basis von Diskursen und Wissensbehauptungen – um die meine Ausführungen folglich zu ergänzen wären. Angemerkt sei freilich, daß wir von Institutionen und ihren Praktiken im Umgang mit ideologischen Systemen (im weitesten und wertfreien Sinne) wiederum nur aus Texten (und – in Grenzen – nonverbalen Objekten) wissen, also auch bei deren Rekonstruktion weitestgehend im ›Universum der Texte‹ bleiben, und das heißt wiederum: bei interpretatorischen Aufgaben.

Woher wissen wir nun aber, daß eine Lösungsmöglichkeit in der Epoche zwar verboten, aber denkbar ist?

(11) Daß eine Lösungsmöglichkeit in einer Epoche denkbar oder verboten ist, folgt daraus, daß sie in einer Menge von Texten vertreten bzw. ausgeschlossen wird. Denkbarkeit wie Verbotenheit lassen sich also qua kulturellem Wissen belegen.

So gibt es eine Unzahl von Texten in der Frühen Neuzeit, die entweder die Unmöglichkeit eines Atheismus behaupten oder ihn zum Ausnahmefall eines intellektuell gestörten oder moralisch verworfenen Individuums erklären: Und diese rekurrenten Ausschließungen bezeugen zugleich auch, daß er denkbar ist.

(12) Wenn nun aber sowohl für die Frage, ob ein System S_i – zur Erinnerung: sei es ein Einzeltext, sei es ein Literatursystem, sei es eine Theorie, sei es ein Diskurs – ein Problem P_i hat (sofern es nicht ein S_i-internes ist, das sich z. B. aus Widersprüchen in S_i selbst ergibt: wenn sich das Problem also aus R (S_i, S_x) ergibt), als auch für die Frage, ob eine Lö-

sungsmöglichkeit LM_i denkbar und nicht verboten ist und in Betracht kommt (gleichgültig, ob das Problem aus S_i selbst oder aus R (S_i, S_x) resultiert), eventuell die Kontexte S_x von S_i (also S_j, S_k, ...) und die Relation von S_i zu diesen entscheidend sind, dann fragt sich in der Tat, wie sich die relevanten Kontexte identifizieren lassen.[22] Beides kann wiederum mittels kulturellen Wissens beantwortet werden.

(a) Da eine Proposition p aus S_i (vom Falle des S_i-internen Widerspruchs p vs. non-p also abgesehen) nur genau dann ein Problem konstituiert, wenn aus einem für S_i relevanter Kontext, also etwa S_j, non-p folgt, kann der relevante Kontext also durch kulturelles Wissen identifiziert werden. Gefragt werden muß somit: Gibt es in der Epoche ein System S_j, in dem non-p als Element des kulturellen Wissens behauptet wird? Wenn ja, gibt es folglich auch ein potentielles Problem.

(b) Wenn ein System S_i für die Lösung eines Problems P über die historisch denkbaren, also mit S_i kompatiblen Alternativen LM_1 vs. LM_2 vs. ... LM_n verfügt, dann mag z. B. LM_i, also etwa eine Proposition q, ausscheiden, weil sie mit der Wissensbehauptung non-q des Systems S_j unvereinbar ist, ebenso wie LM_j, etwa eine Proposition r, weil sie mit non-r aus S_k unvereinbar ist. Ob es in anderen Systemen solche Propositionen non-q bzw. non-r gibt, kann wiederum über kulturelles Wissen entschieden werden. Wenn also ein System die Problemlösungen q bzw. r nicht wählt, obwohl sie für das System aufgrund seiner Strukturen möglich wären, ist somit zu fragen: Gibt es in der Kultur Systeme, die zu den Gegenstandsbereichen über die q bzw. r Behauptungen aufstellen würden, ihrerseits Wissensbehauptungen non-q bzw. non-r aufstellen?

Damit nun aus einer Relation der Behauptung eines S_i zu einer Behauptung aus einem anderen System S_x ein Problem folgt bzw. eine historisch denkbare Problemlösung ausgeschlossen oder umgekehrt bevorzugt wird, reichen diese Kriterien offenkundig nicht aus: Sie sichern noch nicht die Relevanz der Kontexte S_j, S_k, ...; denn in einer ausdifferenzierten Kultur wie z. B. der heutigen können unterschiedliche kulturelle Systeme koexistieren, die einander Widersprechendes behaupten, z. B. eben ein theologischer und ein wissenschaftlicher Diskurs, ohne daß die Problemlösungen des letzteren in irgendeiner Form von den Behauptungen des ersteren abhingen. Somit muß eine weitere Bedingung erfüllt sein, die für beide Fälle (12a) und (12b) gilt, nämlich

---

[22] Die Frage stellt z. B. auch Spoerhase: »Was ist *kein* Problem?« (wie Anm. 3), S. 323.

(c) Das System S_i und die Systeme S_x, die im Falle von (12a) non-p bzw. im Falle von (12b) non-q oder non-r behaupten, müssen in einer Relation derart stehen, daß in der Epoche im kulturellen Wissen die Übereinstimmung von S_i und S_x gefordert wird; das mag auch eine nur partielle Übereinstimmung, etwa nur von im kulturellen Wissen als zentral geltenden Propositionen sein. Jedenfalls bedeutet das eine Abhängigkeit der Systeme voneinander, sei es, daß sie dabei gleichrangig sind (S_i = S_x), sei es, daß das eine das andere dominiert ($S_i < S_x$ oder $S_i > S_x$). Im letzteren Falle gibt das eine dem anderen zu erfüllende Bedingungen vor, im ersteren muß, wenn eines der Systeme ein Problem hat, eine komplexe Abstimmung stattfinden, z. B. mehr oder minder synchrone, korrelierte Transformationen in beiden.

Eine denkbare, aber radikale Problemlösung ist es dann, diese Abhängigkeit in der Relation R (S_i, S_x) aufzuheben: So werden sich z. B. die Diskurse der Philosophie und der neuen Naturwissenschaft spätestens im Verlaufe des 17. und 18. Jahrhunderts von der bisherigen Dominanz der theologischen Diskurse emanzipieren (womit ein Prozeß radikaler Umstrukturierung des gesamten Kultursystems einsetzt). Widersprüche zum theologischen Diskurs sind damit zwar kein theoretisches Problem mehr (wohl aber u. U. noch ein juristisches, solange die theologischen Normen noch von den juristischen gestützt werden, wie etwa die Verfolgungen Kants und Fichtes belegen).

Denken wir uns nun ein System S_i, das aus sich heraus oder aus seiner Relation zu einem S_x ein oder mehrere Probleme hat: welche Fälle können eintreten? Die Fälle, daß das Problem in der Epoche nicht gelöst werden kann oder nicht gelöst werden darf, habe ich schon abgehakt. Ich mache im folgenden eine heuristische Prämisse: Und da sie nur eine heuristische ist, kann sie sich jederzeit an einem oder mehreren Objekten einer historischen Rekonstruktion als falsch erweisen, wobei solche partielle Falsifikation nicht bedeuten würde, daß auf die Prämisse generell verzichtet werden muß: ich denke, man sollte auf jeden Fall von ihr ausgehen, eben auf das Risiko hin, daß sie sich in diesem oder jenem konkreten Falle als unbrauchbar erweist.

(13) Heuristisch sollte davon ausgegangen werden, daß ein System S_i – wie ›irrational‹ auch seine fundamentalen Basisannahmen sein mögen – alle Probleme, die sich in ihm oder aus seiner Relation zu einem S_x ergeben, ›rational‹ zu lösen versucht, solange dabei diese Basisannahmen nicht tangiert sind. Heuristisch ist es also sinnvoll, bis zum Erweis des Gegenteils eine ›Systemrationalität‹ zu unterstellen. Es dürfte im übrigen

der Grad dieser Rationalität und die Anforderung an logische Konsistenz des S_i systemspezifisch sein: Er wird z. B. wohl in der Naturwissenschaft seit der Frühen Neuzeit wesentlich höher als in der Theologie sein; die Literatur mag irgendwo dazwischen liegen. Je ›rationaler‹ ein S_i ist, desto eher räumt es auch die Möglichkeit der Falsifikation einer seiner Propositionen ein.

Das entspricht z. B. auch dem Anspruch der Diskurse der Aufklärung an sich selbst, während etwa die Theologie eine ›absolute Wahrheit‹ für sich in Anspruch nimmt und folglich, insbesondere in der katholischen, bekanntlich besonders wandlungsresistenten Variante, eigenen Wandel sogar zu bestreiten tendiert, wo er nachweisbar ist.

Wenn das Problem gravierend ist, nimmt ggf. zwar vielleicht nicht das System, wohl aber einer der Texte, der ihm ›angehört‹, sogar die logische Inkonsistenz in Kauf; ein hübsches Beispiel bietet Schillers *Wilhelm Tell* (1804). Der Text beschäftigt sich natürlich, wenn auch am Beispiel der Schweiz, mit den ideologischen Problemen, die die Französische Revolution für das Denksystem der (Spät-)Aufklärung und das Literatursystem der Goethezeit aufwirft. Obwohl, Goethe ausgenommen, die meisten bedeutenden Intellektuellen der Goethezeit nach Ausweis ihrer Texte zunächst mit der Revolution sympathisieren, wirft natürlich die Phase der ›terreur‹ ein Problem für sie auf: Sind Revolutionen, selbst wenn die Verhältnisse unerträglich sind, aber das Neue, das aus ihnen resultieren wird, unabsehbar und ggf. eben moralisch problematisch ist, auf dieses Risiko hin in Kauf zu nehmen? Schiller löst zunächst dieses Problem, indem die Revolution, die er zuläßt, eine konservative ist, die nicht einen neuen Zustand anstrebt, sondern ›alte verbürgte Rechte‹ wieder herstellen will, deren Positivität vorausgesetzt wird. Aber das eigentliche Problem ist ein anderes. Denn das Denken des 18. Jahrhunderts kann sich komplexe Transformationen, komplexe Strukturen nicht anders vorstellen als durch einen personalen Urheber intentional bedingt (weshalb ja auch die Mehrheit der Aufklärungstheoretiker an zumindest einem deistischen Gott festhält und agnostizistische oder atheistische Positionen minoritär bleiben): Eine Revolution kann nun aber nicht einem Individuum als Urheber zugeschrieben werden, sondern ist ein nicht-intentionales Kollektivprodukt (weshalb denn auch reaktionäre Revolutionsgegner Verschwörungstheorien produzieren und Geheimbünde als Ursache erfinden). Unser Schiller nun garantiert eine Intentionalität des revolutionären Vorgangs, indem er seine Rütli-Verschwörer konsensuell planen läßt, d. h. sie bilden von vornherein kein unorganisiertes Kollektiv, sondern einigen sich auf eine gemeinsame Intention. Dem Handeln des Kollektivs stellt er aber das seines Titelhelden entgegen, dem das Kollektiv am Ende huldigen darf: »Es lebe Tell! der Schütz und der Erretter!« Tell hat nur aus Rache einen Landvogt umgebracht, was die politischen Verhältnisse keineswegs verändern würde: Die anderen haben die Festungen erstürmt und die Revolution vollbracht. Schillers Text stellt also zwei unvereinbare Interpretationen des Geschehens (›Kollektivhandeln‹ vs. ›Individualhandeln‹) nebeneinander und läßt dabei, sozusagen gegen das empirisch begründete Wissen, das sich aus den Daten der dargestellten Welt ergibt, das völlig fiktive Modell des individuellen Urhebers gewinnen – das konnte keine Lösung sein, die sich das Literatursystem hätte zu eigen machen können. Immerhin hat Schiller – denken konnte der Mann! – ein Systemproblem thematisiert, auch wenn er eine Lösung vorschlägt, die dem eigenen Text widerspricht.

Wann aber muß unter der Bedingung einer (wenn vielleicht auch relativen) Systemrationalität ein Problem denn überhaupt – sofern systemintern möglich und zulässig – gelöst werden?

(14) Unter der heuristischen Annahme einer Systemrationalität muß ein Problem spätestens dann gelöst werden, wenn es als solches wahrgenommen werden muß. Der Fall liegt notwendig vor, wenn das Problem ein manifestes und faktisches ist; sofern es nur ein potentielles ist, müßten wohl Zusatzbedingungen eintreten, damit ein Lösungsversuch nicht nur möglich, sondern auch notwendig wird.

Mit letzterem Fall werde ich mich hier nicht weiter beschäftigen. Generell sei angemerkt, daß wir – wenn das System, das ein Problem hat und dieses Problem zu lösen versucht, auf vielen Texten unterschiedlicher Autoren basiert – mit einer Vielzahl verschiedener Bewußtseinszustände der beteiligten Individuen zu rechnen haben, so daß es auf dieser Ebene ohnedies keinen Sinn mehr hat, von ›Intentionen‹ der Beteiligten zu reden, da diese absolut heterogen sein mögen, obwohl die Problemlösungen durchaus konvergieren mögen. Denn jede(r) ist auch ein Produkt überindividueller Systeme in seiner/ihrer Sozialisation: und das beschränkt für alle, wie unterschiedlich auch ihre ›Intentionen‹ sein mögen, die in Frage kommenden Problemlösungen. Ein schönes Beispiel liefert der ›Sturm und Drang‹ in der Goethezeit: Sehr unterschiedliche Autoren, die die neue Norm der ›Originalität‹ vertreten, produzieren faktisch Dramen, die eine bemerkenswerte Menge gemeinsamer Regularitäten aufweisen: was ganz offenkundig nur bedingt durch übergeordnete Systemregularitäten sein kann, die jenseits aller individuellen ›Intentionen‹ liegen.

Bei allen ihren internen Differenzen (katholisch vs. protestantisch, lutherisch vs. calvinistisch, jesuitisch vs. jansenistisch usw.) haben nun etwa die theologischen Diskurse des 17. Jahrhunderts Gemeinsamkeiten, was ihre Probleme anlangt: Sie alle müssen damit kämpfen, daß sich in ihnen wesentliche Konzepte – z. B. ›göttliche Allwissenheit und Allmacht‹ vs. ›Sündenfall‹, ›Prädestination‹ vs. ›menschliche Freiheit‹, ›göttliche Gnade‹ vs. ›menschliches (Nicht-)Verdienst‹ – widersprechen; alle diese Diskurse versuchen auf verschiedene Weise, diese Probleme zu lösen. Eine erste Möglichkeit ist die Scheinlösung, die nur genannt sei; ich werde mich nicht weiter mit ihr beschäftigen, obwohl sie sich bis heute – z. B. auch im politisch-ökonomischen Diskurs – höchster Beliebtheit erfreut:

(15) Wenn Probleme nicht gelöst werden können oder sollen oder dürfen, bietet sich die Verschleierung des Problems an. Dafür gibt es diskursive Praktiken der Scheinrationalität, die das Problem zu behandeln und zu lösen vorgeben. Die denkbaren Varianten seien hier nicht weiter diskutiert.

Diese Techniken beherrscht nicht nur der theologische Diskurs der Frühen Neuzeit: er erfindet dunkle Begriffe, die er in rational unverstehbare Zusammenhänge setzt;[23] man könnte Verschleierungstechniken problemlos auch am ökonomischen Diskurs der Gegenwart (›Banken-Krise‹, ›Euro-Krise‹) nachweisen (wo z. B. Systemprobleme des Kapitalismus in solche individuellen Fehlverhaltens – ›Spekulanten‹, ›faule/korrupte Griechen‹ – umgedeutet werden; hier handelt es sich freilich oft um ganz bewußte funktionale Manipulationstechniken – ich glaube, man nennt das ›Wirtschaftswissenschaft‹).

Nehmen wir nun an, gegeben sei ein System S_i, das eine bestimmte Menge von Problemen Pr_1, Pr_2, …, Pr_m aufweist. Für eines dieser Probleme, Pr_i, gebe es eine Menge von Lösungen LM_1, LM_2, …, LM_n, die theoretisch möglich sind. Von diesen sollen LM_n, weil historisch nicht möglich, also in der Epoche nicht denkbar, und LM_{n-1}, weil zwar denkbar,

---

23 Da werden etwa im Streit der Jesuiten und Jansenisten, an dem sich auch protestantische Philosophen wie z. B. Leibniz (*Principes de la nature et de la grâce fondés en raison*, 1714) und katholische wie Malebranche (*Traité de la nature et de la grâce*, 1681) beteiligen, unterschiedliche Formen der ›göttlichen Gnade‹ und unterschiedliche Wirkungsweisen dieser ›Gnade‹ scholastisch ausdifferenziert, natürlich ohne daß derlei noch durch einen der ›heiligen Texte‹ dieses Systems gestützt wäre. Die Parodie auf dieses – Entschuldigung! – pseudointellektuelle ›Geschwurbel‹ schreiben z. B. Voltaire im *Dictionnaire philosophique* (1764) und d'Holbach in der *Théologie portative* (1767), jeweils im Artikel »Grâce«.

aber in der Epoche verboten, ausscheiden. Alle anderen – LM_1, LM_2, …, LM_{n-2} – sollen geeignet, also denkbar und zulässig sein, Pr_i zu lösen. Spielen wir einige der theoretisch denkbaren Alternativen durch. Wir denken uns dabei das S_i als eine Menge logisch geordneter und hierarchisierter Propositionen p_1, p_2, … , p_z abgebildet.

(16) Unter der Bedingung der Systemrationalität sollte nun gelten:

(a) Ein manifestes Problem muß eher als ein latentes, ein faktisches eher als ein potentielles gelöst werden.

(b) Ein ranghöheres Problem muß eher als ein rangniederes gelöst werden; der Rang des Problems hängt von hierarchischen Platz der betroffenen Proposition p_i in S_i ab.

(17) Für die denkbaren und zulässigen Lösungsmöglichkeiten sollte gelten:

(a) Die ideale Lösungsmöglichkeit LM_i ist natürlich die, die an keiner anderen Stelle des S_i ein neues Problem schafft.

(b) Falls es unvermeidlich ist, daß jede LM_i anderswo ein neues Problem schafft, ist die LM_i zu bevorzugen, bei der das neue Problem Pr_j von geringerem Rang ist als das durch LM_i lösbare Pr_i.

(c) Wenn eine LM_i an (mindestens) einer anderen Systemstelle ein neues Problem Pr_j schafft, können solche Folgeprobleme im Idealfalle durch die Kombination mehrerer korrelierter Transformationen, die sowohl Pr_i als auch Pr_j lösen, beseitigt werden (sozusagen ›Ko-Variation‹).

(d) Eine LM_i, die mehr als eines der Probleme des S_i löst, ist gegenüber einer, die nur ein Problem löst, zu bevorzugen.

In Cronegks Komödie *Der Mißtrauische* (1760) liebt Timant zuerst Climene, die nicht ihn, sondern heimlich Damon liebt, der sie ebenso heimlich wiederliebt, aber mit Timant befreundet ist. Climenens Vater will sie an Timant verheiraten. Nach den Regeln des Literatursystems der ›Empfindsamkeit‹ gilt nun erstens, daß nur wechselseitige Liebe als Basis für akzeptable Eheschließung in Betracht kommt (also nur die Liebe Damons und Climenens), zweitens, daß Rivalität zu vermeiden ist und der zuerst angemeldete Anspruch (also der Timants) als berechtigt gilt, drittens, daß eine ›tugendhafte‹ Tochter (also Climene) sich dem Willen ihres Vaters möglichst klaglos zu unterwerfen hat,[24] viertens, daß ›tugendhafte‹ Protagonisten immer verzichtbereit zu sein haben, wenn ihre Wünsche mit einer Systemnorm kollidieren (wie bei Damon). Die Konflikte werden nun zweifach radikalisiert: Damon muß nicht nur wegen der angeblich

---

[24] Besonders schön pervers in Rousseaus *Julie, ou la nouvelle Héloise* (1761) durchgespielt.

älteren Ansprüche Timants, sondern zudem wegen seiner Freundschaft mit diesem und der im System daraus resultierenden normativen Anforderungen auf Climene verzichten, wobei diese von der ›Tugend‹ geforderte Opferbereitschaft ebenfalls ins Extreme gesteigert wird, da Damon Climene nicht mehr mit der für die ›Empfindsamkeit‹ typischen lauwarmen Liebe, sondern mit ›Leidenschaft‹ liebt; die ›göttliche‹ Climene wird von ihm ›angebetet‹ – Liebe ist zum höchstrangigen Wert und die Partnerin zum Äquivalent der Gottheit geworden, auf die verzichten zu müssen, nunmehr ein sinnleeres tragisches Leben bedeuten würde. Nachdem sich Damon und Climene dann doch, überwältigt von ihren Gefühlen, ihre Liebe gestanden haben, im Bewußtsein, aus Gründen der ›Tugend‹ auf sie verzichten zu müssen, sie wegen des Gehorsams gegen den Vater, er wegen der Freundschaft zu Damon, ergibt sich aufgrund von Timants Fehlverhalten die positive Problemlösungsmöglichkeit: Die Väter wollen nun Climene und Damon verheiraten. Die Komödie scheint der Tragödie entronnen: Aber Damon ist so entsetzlich ›tugendhaft‹, daß er um Timants willen auch jetzt auf Climene verzichten will, obwohl sie höchster und sinngebender Wert in seinem Leben ist. Erneut zeichnet sich die Möglichkeit der Tragödie ab; doch Timant kommt, zumindest befristet, zur Einsicht und verzichtet seinerseits zugunsten von Damon: ein unvorhersehbares ›Wunder‹ – das vom Text signifikant wenig motiviert wird. Die vom System geforderte ›Tugendhaftigkeit‹ führt hier durch ihre Erfüllung zum Problem. Wenn Damon auf seinen in diesem System vorgesehenen Glücksanspruch verzichtet, wäre das nur seine freiwillig auf sich genommene Selbstquälerei: aber seine ›Tugend‹ zwänge auch Climene nicht nur zum Verzicht auf ihre Liebe, sondern sogar in eine unerwünschte Ehe, weshalb sie denn auch vor dem ›happy end‹ zeitweilig an der Liebe Damons zweifelt. Damons ›Tugend‹ ist also brutal gegenüber der Geliebten: Aber dieses neue Problem wird quasi nur angedeutet – weder wirklich thematisiert noch gelöst, sondern durch Timants Verzicht folgenlos gemacht. Ob intendiert oder nicht: Der Text führt vor, daß es im Wert- und Normensystem der ›Empfindsamkeit‹ zu gravierenden Problemen kommt, sobald Liebe zur ›Leidenschaft‹ gesteigert wird.

Die Bedingung (17d) erfüllt etwa die Geschichtsphilosophie, die der Diskurs der Aufklärung um die Mitte des 18. Jahrhunderts erfindet und die bekanntlich postuliert, ›Geschichte‹ sei ein teleologischer Prozeß des ›Fortschritts‹ und der ›Vervollkommnung‹. Diese Theorie löst zugleich drei Probleme des Aufklärungsdiskurses:

1) Der neue – nicht biblisch-theologische, im Regelfalle deistische – Gott der Aufklärung wird als Maximum vernünftiger Rationalität gedacht. Folglich muß auch die von ihm geschaffene Welt durchgehend ›vernünftig‹ organisiert sein; für die ›Natur‹ glaubt man das zeigen zu können (z. B. in der Physico-Theologie), nur auf die ›Geschichte‹ muß noch eine ›vernünftige‹ Ordnung projiziert werden, was hiermit geleistet scheint. Denn in dieser Welt muß alles eine Funktion, einen ›vernünftigen Zwecke‹ haben, für irgend etwas ›gut‹ sein,[25] damit das Postulat eines ›Sinns‹ aufrechterhalten werden kann.

2) Dieser neue Gott will das Glück seiner Geschöpfe schon im ›Diesseits‹, womit sich das Problem stellt, das seit Leibniz 1710 ›Théodicée‹ heißt. In eben dem Ausmaß, in dem Daten sich häufen, die gegen das Konzept einer ›gerechten‹ und ›gütigen‹ Weltordnung sprechen, gerät das ›Théodicée‹-Postulat um die Jahrhundertmitte in eine Krise, aus der es die Geschichtsphilosophie vorläufig zu retten scheint: Die Welt ist zwar noch nicht ›le meilleur des mondes possibles‹, aber sie wird es werden.

3) Der Aufklärungsdiskurs versucht im Regelfalle das tradierte Normensystem konstant zu halten; da sie nicht mehr geoffenbarte ›Gebote‹ sind, müssen die Normen neu begründet werden: ›rationalistisch‹, als durch den menschlichen Verstand einsehbare, oder ›emotionalistisch‹, als im menschlichen Gefühl verankerte. Dem widerspricht nun das ethnohistorische Wissen der Aufklärung über die Heterogenität der Normensysteme anderer Kulturen. Wiederum rettet die Geschichtsphilosophie: die anderen Kulturen sind eben im Prozeß der ›Entwicklung‹ und des ›Fortschritts‹ noch nicht so weit wie die europäischen (so wie hier die protestantischen und die ›aufgeklärten‹ als höher entwickelt gelten als die katholischen und ›unaufgeklärten‹).

An diesem Beispiel können wir noch etwas festhalten, was natürlich trivial ist: Eine LM_i muß selbstverständlich nicht nur aus einer Proposition p_i bestehen, sondern kann auch eine Menge P_i solcher Propositionen, also im Extremfall selbst eine eigene ›Theorie‹ (im weitesten Sinne), sein.

Wenn nun in einem System verschiedene Problemlösungen akzeptabel sind, weil jede von ihnen denkbar und zulässig ist und keine ein neues Problem schafft, können sie natürlich alle in verschiedenen Texten dieses Systems nebeneinander realisiert werden. Solange die Basisannahmen des

---

[25] In Johann Karl Wezels *Belphegor oder die wahrscheinlichste Geschichte unter der Sonne* (1776), bekanntlich eine sehr hübsche Auseinandersetzung mit Ideologemen der Epoche, haben wir die Figur des Medardus, der – welche Katastrophen auch immer eintreten mögen – nur einen Kommentar kennt: ›Wer weiß, wozu das gut ist?‹

Systems, also die systemkonstitutiven Propositionen[26] nicht betroffen sind, ist in diesem Rahmen – Literatur- und Denkgeschichte belegen es – ein wiederum systemspezifisches Ausmaß an Variation möglich, von dem die Texte Gebrauch machen können und in dessen Umfang sie ›originell‹ sein dürfen, ohne das System zu transformieren.

(18) Halten wir zunächst noch einmal die Klassen des möglichen Umgangs mit Systemproblemen fest:

(a) Das Problem wird nicht wahrgenommen: dann ist es im System kein Problem (selbst wenn es logisch – aus der Sicht eines systemexternen Betrachters – eines ist).

(b) Das Problem wird wahrgenommen, aber

1) Das Problem wird nicht thematisiert und/oder, so gut es gehen mag, verschleiert.

2) Das Problem wird thematisiert, aber nicht gelöst (weil es in der Epoche nicht gelöst werden kann oder darf).

(c) Es wird versucht, das Problem zu lösen; das Problem, das eine Proposition p_i bzw. Propositionsmenge P_i aufwirft, wird entweder

1) durch Tilgung der Proposition(smenge) p_i bzw. P_i beseitigt; d.h. das System äußert sich zum fraglichen Themenkomplex gar nicht mehr; oder

2) durch Substitution der Proposition(smenge) durch eine andere p_j bzw. P_j beseitigt; oder

3) durch systeminterne Umstrukturierung beseitigt, z. B. durch Veränderung des hierarchischen Ranges der Proposition(smenge); aus einem zentralen Problem kann dann etwa ein Randproblem werden; oder

4) durch Veränderung der Relation von S_i zu anderen Systemen S_x (falls das Problem ein interaktiv bedingtes ist); oder gar

5) durch Substitution des Systems S_i selbst durch ein Folgesystem S_{i+1}, in dem das fragliche Problem nicht mehr existiert (sei es, daß es gelöst ist, sei es, daß es zwar ungelöst ist, aber im neuen System nicht mehr als lösungsbedürftig gilt).

Erläuterungsbedürftig wird wohl nur noch die Variante (18 c 3) sein (bevor ich zu [18 c 5] komme); ich skizziere sie an einem Beispiel: Schillers Gedicht *Freigeisterei der Leidenschaft. Als Laura vermählt war im Jahre 1782* (1786). Seit die ›Empfindsamkeit‹ alle sozialen Beziehungen emo-

---

[26] Wie diese zu rekonstruieren sind, wäre wiederum ein anderes (interpretationstheoretisches) Thema, das ich hier nicht behandeln kann.

tionalisiert und dabei auch die neue Konzeption von ›Liebe‹ erfunden hat, ist diese zugleich auch mit der (schon vorangehenden) aufklärerischen Neukonzeption eines ›Gottes‹, der das Glück seiner Geschöpfe will, korreliert. Dieses System postuliert, daß erstens ›Liebe‹ der ranghöchste private Wert für jedes Subjekt sei, daß es zweitens genau eine(n) von der Weltordnung vorgesehene(n) erotische(n) Partner(in) für jedes Individuum gäbe, daß drittens das Individuum Anspruch darauf habe, diese(n) Partner(in) zu erhalten. Genau diese Prämissen setzt Schillers Text als zutreffend. Nun erhält das sprechende männliche Ich diese Partnerin, Laura, nicht; aus ungeklärten Ursachen (freiwillig? zwangsweise?) ist die ihm von der Weltordnung ›bestimmte‹ Frau mit einem anderen verheiratet. Das Ich erwägt die Auflehnung gegen das – in der Logik dieses Systems gottgewollte – Normensystem; sein Ehebruchsversuch scheitert aber, trotz Entgegenkommens der Partnerin, an seiner Verinnerlichung eben dieser Norm. Daraufhin lehnt es sich gegen diesen Gott (bzw. diese Gottesvorstellung) auf und verwirft ihn (bzw. sie) als inhuman. Zwar hat sich Schiller in einer Fußnote von seinem Sprecher distanziert; was sein Text aber faktisch macht, ist eine – ideologisch radikale – Umstrukturierung der Propositionshierarchie im Denksystem (die in dieser Form vermutlich nur von einer Minorität der Aufklärer als Problemlösung akzeptabel gewesen sein dürfte). Denn wo es im gegebenen System an hierarchisch höchster Stelle erst einmal ›Gott‹ gibt, dessen Existenz als gesichert gilt, und erst sehr viel tiefer in der Hierarchie menschliche Glücksansprüche durch ›Liebe‹ situiert sind (die nicht notwendig erfüllt werden), also den Interessen der ranghöheren Größe die der rangniederen geopfert werden müßten, kehrt der Text diese Hierarchie um: Wenn der Liebesanspruch nicht erfüllt wird, wird ggf. der ›Gott‹ geleugnet, dem dieses Scheitern angelastet wird.

Doch nun zum Fall (18 c 5). 1543 erscheint des Copernicus *De revolutionibus orbium coelestium*, der ein heliozentrisches Weltmodell in der doppelten – fundamentalen – Opposition zum tradierten geozentrischen Weltbild sowohl der Bibel als auch der ptolemäisch-aristotelischen Astronomie entwirft; da die Kopernikaner behaupten, ihr Modell käme mit weniger Annahmen aus als das ptolemäisch-aristotelische (das schon Ptolemaios nur mit vielen Zusatzannahmen verteidigen konnte), leiste aber dasselbe, wäre es nach einer schon auf Aristoteles zurückgehenden heuristischen Regel der Theorieökonomie vorzuziehen. Somit wäre also ein System S_i durch ein System S_{i+1} zu substituieren, zumal sich in der Folge Daten häufen (nicht zuletzt durch die Beobachtungen Galileis), die zwar nicht ausreichen, das neue Modell zu verifizieren, wohl aber, das alte zu falsifizieren. Da aber nicht wahr sein könne, was der Bibel widerspricht, wird das neue Modell 1616 (und Galilei 1633) von der katholischen Kirche verurteilt und verboten. Zumindest im katholischen Raum kann man das Problem eine Zeit lang vertagen bzw. verdrängen, indem man das Kompromißmodell Tycho Brahes zuläßt, demzufolge sich außer Erde und Mond alle Planeten unseres Sonnensystem zwar um die Sonne drehen, diese aber samt ihren Anhängseln um die Erde: Durch diese Zusatzannahmen scheint das alte Modell vorerst gerettet. Erst wenn Galilei (in den *Discorsi e Dimostrazioni matematiche intorno à due nuoue scienze* 1638) und Newton (in den *Philosophiae naturalis principia mathematica* 1687) die dem ptolemäischen Modell zugrunde liegende aristotelische Physik definitiv zerstört haben und bestimmte physikalische Probleme lösen können, die bislang gegen das Modell des Copernicus sprachen, ist auch das definitive Ende der Modelle von Ptolemaios und Brahe erreicht (obwohl das Modell des Copernicus immer noch nicht empirisch bestätigt ist – was erst im 19. Jahrhundert eintreten wird).

Wir haben hier also erstens den Fall der Konkurrenz zweier (›naturphilosophischer‹) Systeme S_i und S_{i+1}: ein altes, das eine Menge interner Probleme aufwirft; ein neues, das behauptet, diese Probleme zu beseitigen. Wir haben zweitens den Fall, daß das neue System S_{i+1} zudem in Opposition zu dem absoluten Wahrheitsanspruch eines dritten und – weil machtgestützt – im Kultursystem sowohl S_i als auch S_{i+1} übergeordneten (theologischen) Systems S_j steht, das durch S_{i+1} ebenfalls partiell falsifiziert wird. (Letzteres wird sich historisch wiederholen: etwa wenn Darwins *On the origin of species*, 1859, die *Genesis* falsifiziert).

Worum es sich handelt, ist also eines jener Phänomene, die Thomas S. Kuhn für die Wissenschaftsgeschichte als ›wissenschaftliche Revolutionen‹ durch ›Paradigma‹-Wechsel beschrieben hat:[27] Sein Modell des wissenschaftlichen Systemwandels läßt sich, denke ich, mindestens partiell für beliebige andere Systeme generalisieren.

Wann wird nun ein System $S_i^{(')}$ nur zu einem anderen Systemzustand $S_i^{''}$ modifiziert, wann bilden sich in ihm – simultane oder sukzessive – Subsysteme $S_i^1, S_i^2, \ldots$, aus (z. B. ›Sturm und Drang‹, ›Klassik‹, ›Romantik‹ innerhalb des Literatursystems ›Goethezeit‹), wann wird es durch ein Folgesystem S_{i+1} substituiert (z. B. die ›Goethezeit‹ durch ›Biedermeier‹ und dies durch den ›Realismus‹)? Wenigstens einige vorläufige, noch ungenaue Spielregeln sollten sich formulieren lassen.

---

[27] Thomas S. Kuhn: *The Structure of Scientific Revolutions*. Chicago 1962.

(19) Heuristische Annahme: Ein System S_i wandelt sich allenfalls, wenn es in eine *Krise* geraten ist. Ob Probleme in einem System innerhalb seiner oder nur durch seine Transformation bzw. Substitution gelöst werden können, also eine ›Systemkrise‹ vorliegt, hängt erstens offenkundig

(a) von der Menge der Probleme,

(b) vom Rang der Probleme ab.

Je mehr Propositionen des Systems betroffen sind und je fundamentaler sie für das System sind, so daß also keine S-interne Problemlösung möglich ist, weil das System selbst zur Diskussion steht, desto eher kann von einer ›Krise‹ gesprochen werden. Um eine Krise in diesem Sinne handelt es sich zweifellos bei der Kollision des ptolemäisch-aristotelischen und des kopernikanischen Weltmodells (die freilich – siehe unten – erst mit einiger Verzögerung eintritt). Zweitens aber gilt eben (14): Damit von einer ›Krise‹ gesprochen werden kann, müssen die Probleme als solche wahrgenommen werden. Daß diese Bedingung erfüllt ist, bedarf des Nachweises:

(20) Indikator dafür, daß sich ein System in einer Krise befindet, kann es sein,

(a) wenn sich abweichende Texte häufen, die fundamentale Propositionen des Systems in Frage stellen, also das System selbst partiell oder total negieren;

(b) wenn das System sich reaktiv zu verhalten beginnt, also systemnegierende Texte durch systemaffirmierende Texte bekämpft.

So häufen sich zwischen ca. 1580 und 1620 Texte, die das kopernikanische System vertreten, das jetzt – mit Verzögerung – von einer relevanten Minorität (darunter immerhin u. a. Kepler und Galilei), aus welchen Gründen auch immer, als überlegen wahrgenommen wird. Auch Reaktivität des bisherigen Systems, und zwar sowohl des philosophischen als auch des theologischen, zeigt sich, insofern etwa die Inkompatibilität des Neuen mit der Bibel thematisiert und das Neue der Inquisition zwecks Bekämpfung denunziert wird.

Wieder einmal stellt auch die christliche Theologie einen interessanten Fall dar. Seit ihrer Konstituierung auf den Konzilen des 4. und 5. Jahrhunderts ist sie – von außen gesehen – eigentlich in einer Dauerkrise: Ihre zentralen Dogmen weisen Mengen von innersystematisch unlösbaren Problemen auf. Das System hat sich aber immunisiert, indem es seine Dogmen einer ›Offenbarung‹ seines Gottes zuschreibt, womit eine systeminterne Problemlösung ausgeschlossen wird: Texte, die auch nur ei-

325

nes dieser Probleme thematisieren – und ihre Autoren – werden ausgerottet. Nach der Reformation funktionieren diese Tilgungsoperationen nur noch partiell. Es treten zunehmend (nicht nur antikatholische, sondern auch antiprotestantische) Texte ab dem späten 16. Jahrhundert auf (nicht zufällig auch der Zeitraum, ab dem der Kopernikanismus gehäuft vertreten wird), als klandestine Manuskripte vervielfältigt, ab dem 18. Jahrhundert auch in ›illegalen‹ Drucken, die entweder als innerchristliche ›Häresie‹ zentrale Dogmen negieren oder außerchristlich das Christentum durch eine neue Religion (Deismus) substituieren oder jede Religion negieren (Atheismus); hinzu kommen noch die Texte, die die Bücher der Bibel einer historisch-kritischen Untersuchung unterziehen. Das theologische System erfüllt in diesem Zeitraum denn auch das zweite mögliche Krisenkriterium der Reaktivität: Es werden Unmengen apologetischer Schriften produziert, um die vergleichsweise sehr wenigen abweichenden Texte zu bekämpfen. Aus der Außenperspektive der Abweichungen ist das theologische System in einer tiefen Krise, die man aus dessen Innenperspektive naturgemäß zu leugnen bestrebt ist.

Zurück zum Beispiel des Kopernikanismus, an dem sich noch Weiteres illustrieren läßt. Je umfänglicher und fundamentaler die Propositionsmenge ist, die in eine Krise geraten ist, desto intensiver und länger wird sich das System S_i verteidigen. Schon Ptolemaios konnte den Geozentrismus, den die ideologisch übergeordnete Physik des Aristoteles forderte, nur mit Hilfe von Zusatzannahmen (›Epizykel‹ etc.) gegen die Beobachtungsdaten der Gestirnbewegungen verteidigen; und das Modell Brahes versucht noch einmal, die traditionelle Astronomie zu retten, indem es eine Kompromißbildung zwischen dem ptolemäischen und dem kopernikanischen Modell konstruiert. Thomas S. Kuhn hat beschrieben, was passiert, wenn ein bislang bewährtes System, vertreten durch modellbildende Texte, ein ›Paradigma‹ in seinem Sinne, in eine solche Krise gerät:

(21) Ein System in Krise wird sich zunächst zu retten versuchen, indem arbiträre Zusatzannahmen, willkürliche Hilfskonstruktionen entworfen werden, die das System gegen die neuen Einwände zu immunisieren trachten.

Nun ist das ptolemäische System S_i durch seine doppelte Relation zu übergeordneten Systemen – zur aristotelischen Philosophie bzw. ›Physik‹ (S_j) und zur christlichen Theologie (S_k) – zunächst einmal geschützt. Folglich kann sich das kopernikanische System erst dann auf breiter Basis durchsetzen und dominant werden, wenn diese beiden Relationen transformiert werden (= 18 c 4). Das geschieht, indem zum einen im Verlaufe des 17. Jahrhunderts von Galilei bis Newton die aristotelische Naturphilosophie durch die neue Naturwissenschaft substituiert wird, die mit dem Kopernikanismus kompatibel ist, und indem zum anderen die neue Naturwissenschaft sich von der Unterordnung unter den theologischen Diskurs emanzipiert (einsetzend etwa mit Galileis *Lettera a Cristina di Lorena*, 1615), wobei diesem Diskurs das bislang angemaßte Recht, über die Wahrheit naturphilosophischer/-wissenschaftlicher Propositionen zu entscheiden, abgesprochen wird.[28] (Diese Emanzipation wird interessante Folgeprobleme aufwerfen: Sobald der neue wissenschaftliche Diskurs sich durchgesetzt, also seinen Propositionen zumindest von einer intellektuelle Elite ›Wahrheit‹ zugeschrieben wird, gerät nun seinerseits der theologische Diskurs unter Druck und sieht sich gezwungen, seine ›heiligen Texte‹ gewaltsam umzuinterpretieren, d. h. für sie quasi eine neue ›Hermeneutik‹ zu entwickeln;[29] auch das wird sich im Gefolge der Evolutionstheorie wiederholen.)

Wenn nun also ein – literarisches, theologisches, philosophisches, wissenschaftliches – System S_i im Rahmen seiner Basisprämissen, seiner fundamentalen Propositionen, Probleme hat, die in diesem Rahmen als zu lösende anerkannt werden müssen, z. B. weil sich das System bestimmten Normen von ›Rationalität‹ verschrieben hat und Vereinbarkeit mit der ›Empirie‹, den jeweils als beobachtbar geltenden Daten der ›Realität‹ fordert, die Probleme aber in diesem Rahmen nicht gelöst werden können, folglich das System transformiert bzw. durch ein anderes substituiert werden muß: wie vollzieht sich ein solcher Wandel zu einem S_{i+1}? Die Frage ist zunächst: Ist es beliebig, welche von einem Text oder einer Textmenge vorgeschlagene Alternative (also ein S_{non-i}) als neues S_{i+1} in Betracht kommt? Wovon hängt es also ab, welches aus der Menge der theoretisch vielleicht denkbaren, möglichen S_{non-i} als neues S_{i+1} akzeptiert wird?[30]

---

[28] Die historischen Bedingungen für diese beiden Prozesse kann ich hier nicht diskutieren. Vgl. dazu etwa die Überlegungen in Michael Titzmann: »Die Emanzipation der Wissenschaft im denk- und wissensgeschichtlichen Kontext«, in: *Galileo Galilei: Lettera a Cristina di Lorena / Brief an Christine von Lothringen*, hg. v. Michael Titzmann u. Thomas Steinhauser. Passau 2008, S. 213–550.

[29] Vgl. z. B. Michael Titzmann: »Herausforderungen der biblischen Hermeneutik in der Frühen Neuzeit: Die neuen Diskurse der Wissenschaft und der Philosophie«, in: *Geschichte der Hermeneutik und die Methodik der textinterpretierenden Disziplinen*, hg. v. Jörg Schönert u. Friedrich Vollhardt. Berlin–New York 2005, S. 119–156.

[30] Wenn ich recht sehe, hat Kuhn (*The Structure of Scientific Revolutions* [wie Anm. 27]) diese Frage nicht beantwortet; mit einem Lösungsvorschlag für wissen-

Nochmals zurück zum Beispiel der Entstehung einer neuen Astronomie bzw. Physik in der Frühen Neuzeit: Mir scheint, daß es nicht beliebig war, welche neue Theorie hier als neues ›Paradigma‹ fungieren und ptolemäische Astronomie und aristotelische Physik substituieren konnte; wiederum muß ich mich auf einige Andeutungen beschränken. Aus der aristotelischen Philosophie bleiben die Anforderungen an ›Logik‹ und ›Rationalität‹ und ›Ökonomie‹ (›Erklärungen‹ mit möglichst wenigen Annahmen) für Theoriebildungen erhalten. Auf der Suche nach Wahrheitskriterien hat sich, in Opposition zur humanistischen ›Buchwissenschaft‹, im 16. Jahrhundert eine neue Relevanz der Forderung nach ›Empirie‹, also nach Übereinstimmung mit und Bestätigung durch die als beobachtet bzw. beobachtbar geltenden Daten der ›Realität‹ durchgesetzt (abgesegnet z. B. in Bacons *Novum Organum*, 1620). Und als ideale Theoriestruktur erscheint im 17. Jahrhundert das Modell der Mathematik, insbesondere der euklidischen Geometrie, wozu noch das Bedürfnis kommt, qualitative Kategorien durch Quantifizierung zu präzisieren. Als wünschenswertes neues System S_{i+1} konnte also nur eine Theoriebildung in Betracht kommen, die diese drei Bedingungen möglichst optimal erfüllte. Auch das Modell des Copernicus ist nur scheinbar ein unerwartetes Ereignis:[31] Im Kontext der Re-Lektüre der Antike durch die Renaissance stieß man natürlich auch auf die in der Antike zwar extrem minoritäre, aber belegte heliozentristische Hypothese des Aristarchos.[32] Daß Copernicus sich freilich davon zu eigener Theoriebildung anregen ließ, ist aus der Perspektive der Systembeschreibung natürlich ein ›Zufall‹: eine Funktion des neurologischen Systems des Copernicus, und insofern nicht vorhersagbar. Aber auch dieses Ereignis wird erst dann wirklich relevant, wenn die oben genannten drei Bedingungen für Theoriebildung sich zumindest bei Eliten durchgesetzt haben. Versuchsweise generalisiere ich also zur folgenden – wiederum heuristischen – Hypothese:

---

schaftliche Theorien hat auf Kuhn geantwortet Wolfgang Stegmüller: *Theorienstrukturen und Theoriendynamik*. Berlin–Heidelberg 1985; dieser Konzeption verdanke ich wesentliche Anregungen. Jurij M. Lotmans *Semiosfera*. St. Petersburg 2000 (dt. in zwei Teilbänden: *Kultur und Explosion* und *Die Innenwelt des Denkens*, beide hg. v. Susi K. Frank, Cornelia Ruhe u. Alexander Schmitz. Frankfurt a. M. 2010), entwickelt für die Literatur das Konzept der ›Explosion‹, das mir – nach freilich noch sehr kursorischer Lektüre – präzisierungsbedürftig scheint und möglicherweise impliziert, daß die Systemtransformation eine beliebige Richtung einschlagen könne.

[31] Wäre das eine ›Explosion‹ im Sinne Lotmans?

[32] Bezeugt im *Arenarius* des Archimedes und in *De facie in orbe lunae* des Plutarchos.

(22) Wenn in einer Krise eines Systems S_i zu dessen Substitution mehrere Alternativen S_{i+1}^a, S_{i+1}^b,..., S_{i+1}^x historisch zu Verfügung stehen, wird in dem Kultursystem nur die Teilmenge (im Idealfall: genau eine) dieser Alternativen realisiert (d. h. nicht nur in diesem oder jenem Text vertreten, sondern als alleiniges neues System oder eben auch als Menge neuer konkurrierender Systeme akzeptiert), für die gilt:

(a) Die Menge der möglichen Alternativen wird erstens eingeschränkt durch die Menge an Propositionen aus S_i, die invariant bleiben, also aus dem Vorgängersystem in das Folgesystem übernommen werden (sollen).

(b) Die Menge der möglichen Alternativen wird zweitens eingeschränkt durch die Propositionsmengen aller anderen Systeme S_x des kulturellen Kontextes, die

    1) invariant bleiben, und

    2) für ein mögliches S_{i+1} noch relevant sind oder relevant werden.

Mit anderen Worten: Das Vorgängersystem S_i und seine kulturellen Kontexte S_x stellen die Rahmenbedingungen dar, die seligieren, welche Klasse von S_{i+1} als Lösung der Probleme von S_i im Kultursystem akzeptiert werden kann. Theoretisch können dabei natürlich – befristet oder dauernd[33] – ihrerseits unvereinbare Problemlösungen S_{i+1}^a, S_{i+1}^b, ..., koexistieren. Nur der Vollständigkeit halber sei angemerkt:

(23) Bei der Ablösung eines Systemzustands/Subsystems/Systems durch ein anderes können im übrigen

(a) eine Teilmenge der Probleme von S_i ungelöst bleiben,

(b) potentielle Probleme aus S_i zu faktischen werden,

(c) neue Probleme generiert werden (z. B. durch unvorhergesehene Implikationen des Neuen, also Folgerungen aus den S-Propositionen, die zu einem systemintern oder interaktiv bedingten Problem führen; so kann eine ganze Serie sukzessiver Wandlungsprozesse initiiert werden).

---

[33] So koexistieren seit Jahrzehnten die Relativitätstheorie und die Quantenmechanik, beide in den Realitätsbereichen, die sie beschreiben, gut bestätigte Theorien, die aber in einem bestimmten Teilbereich unvereinbar zu sein scheinen. Von den bisherigen Lösungsversuchen dieses neuen Problems – den String- bzw. M-Theorien einerseits, der Schleifenquantengravitation andererseits, die beide im übrigen durchaus radikal verschiedene Weltmodelle implizieren würden – scheint noch keiner hinreichend präzisierbar und durchsetzbar. Vgl. z. B. Lee Smolin: *Die Zukunft der Physik*. München 2009. Speziell zu den String-Theorien vgl. auch: Lisa Randall: *Verborgene Universen*. Frankfurt a. M. 2006; Brian Greene: *Der Stoff, aus dem der Kosmos ist*. 2. Aufl. München 2008. Speziell zur Schleifenquantengravitation vgl. z. B. Martin Bojowald: *Zurück vor den Urknall*. Frankfurt a. M. 2009.

Nun habe ich zwar meine Unterscheidungen aus Gründen der Einfachheit gern an Beispielen aus theoretischen Diskursen illustriert: Die Kategorien sollen aber selbstverständlich auch auf literarische Texte bzw. auf – aus repräsentativen Korpora solcher Texte abstrahierte – Literatursysteme anwendbar sein. Das funktioniert, um es noch einmal zu sagen, unter der Bedingung, daß ein Text bzw. ein Literatursystem als geordnete Menge von Propositionen – und das heißt im Falle eines Literatursystems: als Menge von dessen Regularitäten, analysiert wird. In der ersten Diskussionsrunde 2009 wurde ein Aspekt von Literatur thematisiert, der traditionell als Relation von ›Form‹ und ›Inhalt‹ bekannt ist:[34] ein Problem, das zwar in Literatur besonders auffällig und relevant ist, aber, in vielleicht geringerem Grade, ebenso in allen theoretischen Diskursen existiert; auch z. B. theologische oder wissenschaftliche Diskurse bedürfen semiotischer Praktiken zur Darstellung ihrer Wissensbehauptungen usw. Aus Gründen, die hier nicht erörtert werden müssen, würde ich es vorziehen, von einer Relation zwischen ›discours‹ und ›histoire‹ bzw. den semiotischen Modi der Vermittlung einer ›Welt‹ und dieser vom Text entworfenen ›Welt‹ in dem Text(korpus) zu sprechen. Die semiotischen Praktiken lassen sich als ›strukturbeschreibende‹ Propositionen, die ›dargestellte Welt‹, das entworfene ›Modell einer Welt‹,[35] als eine Menge ›bedeutungsabbildender‹ Propositionen repräsentieren.[36] Für die Textsemantik werden strukturbeschreibende Propositionen genau insoweit relevant, als ihnen aus dem kulturellen Kontext – d. h. über kulturelles Wissen – oder aus dem textuellen Kotext eine Bedeutung zugeordnet werden kann, also genau insoweit, als die Darstellungstechnik semantisch funktionalisiert wird: Dann und nur dann ergänzen oder modalisieren sie die Menge der bedeutungsabbildenden Propositionen. Wenn etwa auf dem Titelblatt eines Textes ein Name auftaucht, der mit einer textinternen Ich-Sprechinstanz eindeutig nicht identisch ist, kann dieser als ›Autor‹ (z. B. Thomas Mann: *Doktor Faustus*, 1947) oder als ›Herausgeber‹ (z. B. Goethe: *Die Leiden des jungen Werthers*, 1774) spezifiziert werden, womit im ersten Falle ›Fiktivität‹, im zweiten ›Historizität‹ des Dargestellten signalisiert wird; in beiden Fällen wird damit die Textsemantik modalisiert, was sich wiederum als bedeutungsabbildende Proposition(smenge) darstellen läßt. Wenn in einem Text eine als quasi-autobiographische und

---

[34] So etwa im Beitrag von Löwe: »Implizität« (wie Anm. 3).

[35] Vgl. Jurij M. Lotman: *Die Struktur literarischer Texte*. München 1972.

[36] Titzmann: »Skizze einer integrativen Literaturgeschichte und ihres Ortes in einer Systematik der Literaturwissenschaft« (wie Anm. 4).

somit für die dargestellte Welt extratextuelle ›Realität‹ beanspruchende Sprechsituation gegeben ist, der textinterne Sprecher aber Phänomene der dargestellten Welt behauptet, die einander widersprechen oder im Rahmen des kulturellen Wissens unglaubwürdig sind, der Sprecher also eindeutig vom Text implizit als nicht ›vertrauenswürdig‹ charakterisiert wird, kompliziert sich notwendig die Frage der Textbedeutung. Wenn in einem theoretischen Text eine Menge von Textbedeutungen nicht von einem (potentiell mit dem Autor identischen) Sprecher eines Textes vermittelt wird, sondern, wie in vielen Texten der Renaissance, sich aus dem Dialog verschiedener Sprecher ergibt, dann ist damit nicht eine autoritative Setzung eines Wahrheitsanspruches verknüpft, sondern – wenn auch möglicherweise als bloße Fiktion – eine Konzeption, bei der ›Wahrheit‹ ein erst in sozialen Prozessen auszuhandelnder Wert ist.[37] Doch genug dieser Trivialität.

Es ließen sich vermutlich noch viele wichtige Aspekte des Themas anfügen und diskutieren; ich beschränke mich auf einige Bemerkungen dazu, was meines Erachtens das Begriffspaar ›Problem – Problemlösung‹ in der interpretatorischen bzw. historiographischen Tätigkeit leisten kann. Obwohl ich es hier selbst auch auf literarische Einzeltexte, allerdings immer in Hinblick auf den Systemkontext, dem sie angehören, angewendet habe, lasse ich die Frage beiseite, was der Einsatz des Begriffspaars in der Interpretation einzelner Texte erbringen kann und ob es hier gegenüber dem, was jede Interpretation des Textes ohnedies zu Tage förderte, einen Mehrwert erbringt. Fruchtbar schiene mir aber in jedem Falle der Versuch der Anwendung des Begriffspaars auf den Wandel von Systemen, seien sie literarische, theologische, philosophische, wissenschaftliche usw. Die erste Frage wäre somit, inwieweit sich Transformationen eines Systems S_i zu einem System S_{i+1} bzw. eines Subsystems S_i^a zu einem Subsystem S_i^b als ›Lösungen‹ von ›Problemen‹ des jeweiligen Ausgangs(sub)systems auffassen lassen. Was die erste Frage betrifft, liegt auf der Hand, daß nur in der historiographischen Praxis ausprobiert werden kann, wieweit die Anwendung des Begriffspaars trägt; und das mag bei unterschiedlichen Systemen unterschiedlich sein. Selbstverständlich können wir nicht a priori ausschließen, daß es anders motivierte Typen von Wandel geben mag, die sich nicht mit Hilfe dieses Begriffspaars beschreiben bzw. erklären lassen: Aber es wäre den Versuch wert auszupro-

---

[37] Vgl. Klaus W. Hempfer: »Die Poetik des Dialogs im Cinquecento und die neuere Dialogtheorie: zum historischen Fundament aktueller Theorie«, in: *Poetik des Dialogs*, hg. v. Klaus W. Hempfer. Stuttgart 2004, S. 67–96.

bieren, in welchem Umfang sich – auch literarischer – Wandel mit diesem Begriffspaar rekonstruieren läßt; wir haben ja bislang kaum brauchbare Beschreibungen solcher Prozesse für Literatursysteme (während es hier für Phänomene der Geschichte des theoretischen Denkens sicherlich viel besser aussieht).

Die zweite Frage wäre, inwieweit eine solche Darstellung eines Wandlungsprozesses nicht nur als dessen ›Beschreibung‹, sondern auch als dessen ›Erklärung‹ akzeptiert werden kann; und ich denke, das wäre der Fall.[38]

---

[38] Für Kritik und Anregungen jeder Art wäre ich dankbar: michael.titzmann@uni-passau.de.

Benjamin Gittel

Zum explanatorischen Gehalt von Problem-Lösungs-Rekonstruktionen in Literatur- und Wissenschaftsgeschichte[1]

Ein nicht geringer Teil der Attraktivität der Problem-Lösungs-Figur als Vokabular der literatur-, aber auch der wissenschaftsgeschichtlichen Rekonstruktion beruht darauf, daß sie es erlaubt, Beziehungen zwischen Text und historischer Wirklichkeit herzustellen.[2] Solche »realweltliche[n] Zusammenhänge«[3] spielen auch in der von Dirk Werle konturierten »literaturwissenschaftlichen Problemgeschichte« eine prominente Rolle. Wie von Carlos Spoerhase herausgestellt, scheinen problemgeschichtliche Studien mit der Herstellung solcher Bezüge auf jeweils mehr oder minder

---

[1] Dieser Beitrag reagiert auf die folgenden Texte von Dirk Werle: »Frage und Antwort, Problem und Lösung. Zweigliedrige Rekonstruktionskonzepte literaturwissenschaftlicher Ideenhistoriographie«, in: *Scientia Poetica* 13 (2009), S. 255–303; ders.: »Modelle einer literaturwissenschaftlichen Problemgeschichte«, in: *Jahrbuch der deutschen Schillergesellschaft* 50 (2006), S. 478–498; ders.: *Copia librorum. Problemgeschichte imaginierter Bibliotheken 1580–1630*. Tübingen 2007, bes. S. 28–36. Er steht ferner in engerem Zusammenhang mit den folgenden auf die Texte Werles Bezug nehmenden Beiträgen: Marcel Lepper: »Heuristikgeschichte. Ein zweigliedriges Rekonstruktionskonzept«, in: *Scientia Poetica* 13 (2009), S. 329–338; Matthias Löwe: »Implizität. Über ein praktisches Problem von Literaturgeschichte als Problemgeschichte (anhand von drei Beispielen)«, in: ebd., S. 304–317; Carlos Spoerhase: »Was ist *kein* Problem?«, in: ebd., S. 318–328. – Für konstruktive Kritik danke ich den Teilnehmern des Methodologisch-wissenschaftshistorischen Oberseminars am Institut für deutsche Literatur der Humboldt-Universität zu Berlin.

[2] Als Vorzüge der »wissenschaftsgeschichtlichen Problemgeschichte« nennt Oexle u. a. die durch sie eröffneten integrativen und komparatistischen Perspektiven. Vgl. Otto G. Oexle: *Krise des Historismus – Krise der Wirklichkeit. Wissenschaft, Kunst und Literatur 1880–1932*. Göttingen 2007, bes. S. 21–26.

[3] Werle: »Frage und Antwort, Problem und Lösung« (wie Anm. 1), S. 256. In »Modelle einer literaturwissenschaftlichen Problemgeschichte« (wie Anm. 1) setzt Werle »realweltlich« mit der Begründung, »dass sich die Probleme an der Schwelle der realen Welt, nämlich im Kopf des Autors, befinden« (S. 480), in einfache Anführungszeichen. Obwohl Probleme nicht in der Welt seien, dienten sie doch der Herstellung eines »vermittelnden Bezug[s] zwischen Text und Welt« (S. 481). Es gehe um die Frage: »Wie beziehe ich Texte auf Realität und erhalte so Evidenzen für das Warum literaturhistorischer Entwicklung?« (S. 478).

explizite Weise einen explanatorischen Anspruch zu erheben, der ferner durch bestimmte Wendungen nahegelegt wird, die in verdeckt oder dezidiert problemgeschichtlichen Studien häufig auftreten: Texte reagieren auf realweltliche Probleme, Texte antworten auf Probleme und Texte verhandeln mögliche Lösungen solcher Probleme.[4] Kurzum, die Problem-Lösungs-Figur scheint eine Antwort auf die Frage zu versprechen, *warum* ein bestimmter Text bzw. bestimmte Typen von Texten zu einer bestimmten Zeit entstanden. Dieses Versprechen transportieren insbesondere historistische Konzeptionen der Problemgeschichte, die nicht länger von einer fixen, ahistorischen Liste potentieller Grundprobleme, sondern von deren grundsätzlicher Offenheit und Variabilität ausgehen.[5] Es scheint daher lohnenswert, Problem-Lösungs-Rekonstruktionen auf ihren Zusammenhang mit verschiedenen Erklärungstypen zu befragen. Die folgenden Überlegungen explorativen Charakters unternehmen dies für den Typus der so genannten mentalen bzw. intentionalen Erklärungen. Nach einer kurzen Einordnung des Vorhabens in die Debatte um den Erklärungsbegriff (I) steht zunächst die Frage im Mittelpunkt, welches die Struktur einer mentalen Erklärung mit Hilfe der Problem-Lösungs-Figur ist (II), im Anschluß das Verhältnis zwischen der ›hermeneutischen‹ und der ›explanatorischen‹ Verwendung der Problem-Lösungs-Figur (III), und zu guter Letzt werden zwei damit zusammenhängende, strategische Optionen für problemgeschichtliche Ansätze umrissen (IV).

---

[4] Vgl. Spoerhase: »Was ist *kein* Problem?« (wie Anm. 1), S. 319–322. Spoerhase spricht von einem »explikative[n] Anspruch«, ich verwende demgegenüber den Begriff ›explanatorisch‹, da das Verhältnis von Explikation im Sinne von Begriffsexplikation und Erklärung teilweise selbst Gegenstand der Debatte ist: Gegen die Auffassung intentionaler Erklärungen als Kausalerklärungen wird vorgebracht, die ihnen zugrunde liegenden Gesetzmäßigkeiten seien nicht empirischer Natur, sondern aufgrund der in ihnen vorkommenden Begriffe wahr. Vgl. Ansgar Beckermann: »Handlungen und Handlungserklärungen«, in: *Analytische Handlungstheorie*, hg. v. dems. 2 Bde. Frankfurt a. M. 1985, Bd. 2, S. 7–84, hier S. 38–48.

[5] Vgl. etwa das Plädoyer in: Werle: »Modelle einer literaturwissenschaftlichen Problemgeschichte« (wie Anm. 1), S. 495f. Zur Unterscheidung historistische vs. ahistorische Problemgeschichte s. a. Carlos Spoerhase: »Dramatisierungen und Entdramatisierungen der Problemgeschichte«, in: *Begriffsgeschichte und Problemgeschichte*, hg. v. Marco Sgarbi. Hamburg 2009 (Archiv für Begriffsgeschichte, Sonderheft), S. 107–123, hier S. 112f.

I.

Über Jahrzehnte hinweg dominierte Hempels deduktiv-nomologisches bzw. sein später entwickeltes induktiv-statistisches Erklärungsmodell die Debatte. In Folge der erbitterten Kritik, die der Alleingeltungsanspruch dieses Modells angesichts der Vielzahl von Disziplinen, in deren Erklärungspraktiken Naturgesetze oder statistische Gesetzmäßigkeiten keine oder nur teilweise eine Rolle spielen, heraufbeschwor, liegen seine Schwächen heute offen zutage.[6] Nicht vollends verabschiedet scheint jedoch der schon Hempel leitende einheitswissenschaftliche Gedanke, der in neueren philosophischen Erklärungstheorien fortlebt.[7] Gleichzeitig gibt es jedoch verschiedene Tendenzen zugunsten einer Pluralität von Erklärungsmodellen:[8] die stärkere Berücksichtigung der normativen Komponenten bei der Explikation des Erklärungsbegriffs sowie der Beziehung zwischen explanatorischen Zielen einerseits und anderen Wissenschaftszielen andererseits,[9] das stärkere Einräumen disziplin- bzw. kontextspezifischer Anforderungen an Erklärungen, die im jeweiligen Bereich wenigstens grundsätzlich erreichbar scheinen sollten[10] oder gar die Annahme mehrerer Arten von Kausalrelationen.[11] Es käme jedoch einer pragmatistischen Überbeanspruchung des Erklärungspluralismus gleich, wollte

---

[6] Für einen Überblick vgl. Wesley Salmon: *Four Decades of Scientific Explanation.* Minneapolis 1989, S. 11–60 und James Woodward: *Making Things happen. A Theory of Causal Explanation.* Oxford–New York 2003, S. 152–186. Eine lesenswerte, ältere Darstellung: Arthur Danto: *Analytical Philosophy of History.* Cambridge 1965, S. 201–232.

[7] Zu nennen wären hier v. a. der »Unificationist Account« (Michael Friedmann u. Philip Kitcher) und das »Causal Mechanical Modell« der Erklärung (Wesley Salmon).

[8] Vgl. Robrecht Vanderbeeken: »Models of Intentional Explanation«, in: *Philosophical Explorations* 7 (2004), S. 233–246, hier S. 234. Vanderbeeken unterscheidet noch zwischen einem Pluralismus bezüglich von Forschungsprogrammen, Erklärungsarten (»sorts of explanation«) und Erklärungsmodellen (»model«), wobei die letzte Unterscheidung leider unscharf bleibt.

[9] Vgl. Noretta Koertge: »Explanation and its Problems«, in: *British Journal of Philosophy of Science* 43 (1992), S. 85–98.

[10] Vgl. Woodward: *Making Things happen* (wie Anm. 6), S. 162f. u. 179–181; Harold Kincaid: »Contextualism, Explanation and the Social Sciences«, in: *Philosophical Explorations* 7 (2004), S. 201–218; Jon Elster: *Explaining Social Behavior. More Nuts and Bolts for the Social Sciences.* Cambridge u. a. 2007, bes. S. 32–51.

[11] Vgl. Nancy Cartwright: »From Causation to Explanation and Back«, in: *The Future for Philosophy*, hg. v. Brian Leiter. Oxford–New York 2004, S. 230–245, hier S. 241–243.

man sich einfach damit zufriedengeben, daß Problem-Lösungs-Rekonstruktionen etwas zu erklären scheinen. Eine angemessene Reaktion auf die beschriebene Debattenlage besteht darin zu untersuchen, ob bzw. unter welchen Bedingungen problemgeschichtlichen Rekonstruktionen ein plausibler, etablierter Erklärungstypus (mentale Erklärung) zugrunde liegt, die aus einheitswissenschaftlicher Perspektive relevante Frage der Reduzierbarkeit dieser Erklärungen auf kausale Erklärungen hingegen auszuklammern.[12]

Da problemgeschichtliche Studien in aller Regel eine Mehrzahl von Texten auf bestimmte Probleme beziehen, mag die Untersuchung von mentalen Erklärungen, also Handlungserklärungen, die auf geistige Zustände des einzelnen Akteurs Bezug nehmen, möglicherweise zunächst abwegig wirken. Läge es nicht näher, das Explanandum als Entstehung von Texten eines bestimmten Typs zu bestimmen, die mit dem Vorhandensein eines Problems korrelieren? Dieser Weg scheint aus zweierlei Gründen schwierig. Erstens ist es sehr aufwendig, eine solche Korrelation durch diachrone oder kulturraumvergleichende Studien glaubhaft zu machen, und zweitens ist eine Korrelation noch keine Erklärung, da sie immer darauf beruhen kann, daß die korrelierten Größen häufige Nebeneffekte einer dritten Größe sind.[13] Soweit ich sehe, hilft also eine generische Bestimmung des Explanandums nicht weiter. Um zu zeigen, daß Textgruppen auf Probleme reagieren, sollte man zunächst zeigen, daß ein Einzeltext dieser Gruppe auf ein Problem reagiert. Dafür aber sind mentale Erklärungen ›prima facie‹ der plausibelste Kandidat.[14]

---

[12] Letzteres Ziel verfolgt unabhängig von der Problem-Lösungs-Figur: Christoph Lumer: »Handlungstheoretisch erklärende Interpretationen als Mittel der semantischen Bedeutungsanalyse«, in: *Vom Umgang mit Literatur und Literaturgeschichte. Positionen und Perspektiven nach der ›Theoriedebatte‹*, hg. v. Lutz Danneberg u. a. Stuttgart 1992, S. 75–113, bes. S. 80f. Vgl. Christoph Horn: »Ziele und Zwecke: Sind teleologische Begriffe unverzichtbar für die Beschreibung unserer Handlungen?«, in: *Internationale Zeitschrift für Philosophie* 17 (2008), S. 101–122.

[13] Vgl. Elster: *Explaining Social Behavior* (wie Anm. 10), S. 21–23.

[14] Die nähere Untersuchung gerade dieses Erklärungstyps wird ferner durch Dirk Werles plausible Auffassung von Problemen als Problemwahrnehmungen des Autors nahe gelegt. Vgl. Werle: »Modelle einer literaturwissenschaftlichen Problemgeschichte« (wie Anm. 1), S. 480.

II.

Größere Klarheit über ein mögliches Erklärungspotential der Problem-Lösungs-Figur durch mentale Erklärungen läßt sich gewinnen, indem man in einem ersten Schritt verschiedene Typen mentaler Erklärungen unterscheidet und in einem zweiten Schritt untersucht, ob und auf welche Weise ein bestimmter Typ mentaler Erklärung Problem-Lösungs-Rekonstruktionen zugrunde liegen könnte. Mentale Erklärungen sind Erklärungen, die auf geistige Zustände des Handelnden, wie Meinungen, Gefühle, Absichten etc. rekurrieren.[15] Heuristisch wertvoll ist die Unterscheidung drei verschiedener Typen: Zweck-Mittel-Erklärungen, Eigenschaftserklärungen und Charakter-Gefühls-Erklärungen. Lediglich die ersten beiden sind intentionale Erklärungen, die auf ein Ziel bzw. eine Absicht des Handelnden rekurrieren. Jeweils ein Beispiel soll diese drei Typen illustrieren, wobei *S* das handelnde Subjekt bezeichnet:

Zweck-Mittel-Erklärung	*Eigenschaftserklärung*	*Gefühls-Charakter-Erklärung*
S geht einkaufen, weil (1) *S* das Ziel hat, seinen Kühlschrank zu füllen und (2) *S* glaubt, daß Einkaufen unter den gegebenen Umständen ein adäquates Mittel bzw. ein geeigneter Beitrag zum Füllen des Kühlschranks ist.	*S* streckt beim Fahrradfahren seinen rechten Arm aus, weil (1) *S* etwas tun will, daß die Eigenschaft hat, anzuzeigen, daß er rechts abbiegen will und (2) *S* glaubt, daß das Ausstrecken seines rechten Arms unter den gegebenen Umständen die Eigenschaft hat, anzuzeigen, daß er rechts abbiegen will.	*S* pfeift ein Lied, weil (1) *S* ein Gefühl der Freude empfindet und (2) Menschen, die sich freuen, unter bestimmten Umständen ein Lied pfeifen.

Eigenschaftserklärungen zeichnen sich dadurch aus, daß sie kein von der Handlung selbst unterschiedenes Ziel haben, sondern daß ihr Ziel im Vollzug einer bestimmten Art von Handlung, einer Handlung mit einer bestimmten Eigenschaft besteht. In oben stehendem Beispiel handelt es sich um eine Handlung, der die konventionelle Bedeutungseigenschaft ›Rechtsabbiegen‹ zukommt.[16] Jeder dieser Erklärungstypen läßt sich

---

[15] Vgl. hierzu und zum Folgenden: Ansgar Beckermann: *Gründe und Ursachen*. Kronberg/Ts. 1977 (Wissenschaftstheorie und Grundlagenforschung 6), S. 45–57.

[16] Oben stehende Schemata sind Vereinfachungen komplexer Schemata, die weitere hier vernachlässigbare Randbedingungen umfassen. Für ein solches Schema s. Paul

prinzipiell auch mit der Problem-Lösungs-Figur verwenden. Intentionale Erklärungen lassen sich ohne weiteres in diesem Vokabular formulieren, da das Ziel von *S* eine Sein-Sollens-Differenz für *S*, also ein Problem für *S* darstellt, das er zu lösen anstrebt: *S* geht einkaufen, weil er das Problem des leeren Kühlschranks lösen möchte. Gefühls-Charakter-Erklärungen erfordern hingegen einen Problembegriff, der nicht an die Akteurswahrnehmung gebunden ist, etwa: »*S* pfeift, weil er das Problem hat, seiner Freude Ausdruck zu verleihen.« Inwiefern eine solche Liberalisierung der Verwendung des Problembegriffs sinnvoll ist, werde ich im letzten Abschnitt diskutieren.

Aber welche Handlung soll bei problemgeschichtlichen Rekonstruktionen überhaupt erklärt werden? Plausibelster Kandidat ist die Erschaffung eines sprachlichen Artefakts, eines Textes *T*. Setzt man voraus, daß in diesem Fall die Bedeutungseigenschaften des sprachlichen Artefakts ›a fortiori‹ auch Bedeutungseigenschaften der Handlung sind, durch die es erschaffen wird, läßt sich das Schema der Eigenschaftserklärung folgendermaßen spezifizieren:

(EigErkl) *S* erschafft einen Text *T*, weil
    (1) *S* das Problem hat, einen Text mit der Bedeutung *b* zu erschaffen und
    (2) *S* meint, daß *T* unter den gegebenen Umständen *b* ausdrückt.

Obwohl es hier ein außerliterarisches Problem gibt, auf das die Erschaffung des Textes antwortet, scheint eine solche Erklärung zunächst wenig gehaltvoll. Das täuscht jedoch. Während die Antwort auf die Frage, warum der Radfahrer seinen Arm ausstreckt – »weil er anzeigen will, daß er abbiegt« –, banal erscheinen kann, ist eine Antwort auf die Frage, warum ein bestimmter Text geschrieben wurde, keineswegs banal, sie erfordert nämlich eine Bedeutungszuweisung an diesen Text. Generell scheint zu gelten, daß der Wert solcher Erklärungen desto größer ist, je weniger offensichtlich die Beschreibung einer Handlung bzw. eines Verhaltens ist.[17] Ist jedoch die Ausgangsbeobachtung richtig, daß gerade Problem-Lö-

---

    M. Churchland: »Der logische Status von Handlungserklärungen«, in: *Analytische Handlungstheorie* (wie Anm. 4), Bd. 2, S. 313.

[17] Deutlich wird dies bei Fällen, in denen wir nicht sicher sind, als welche Handlung wir bestimmte Bewegungen beschreiben sollen, etwa wenn es so aussieht, als habe der Radfahrer sich eventuell nur den rechten Arm gelockert. In diesem Zusammenhang unterscheidet v. Wright das Verstehen eines Verhaltens als Handlung (»*understanding of behavior as action*«) von Zweck-Mittel-Erklärungen, die er teleologische Erklärungen nennt. Vgl. Henrik G. v. Wright: *Explanation and Understanding*. Ithaka u. a. 1971, S. 124.

sungs-Rekonstruktionen einen explanatorischen Anspruch transportieren, scheint der Rekurs auf das Schema *(EigErkl)* wenig hilfreich, da aus jeder autorintentionalen Interpretation, sofern sie davon ausgeht, daß die in Frage stehende Bedeutung vom Autor intendiert war, eine Erklärung nach diesem Schema ableitbar ist. *(EigErkl)* kann demnach nicht für den spezifischen Erklärungswert von problemgeschichtlichen Rekonstruktionen verantwortlich zeichnen. Das Problem darf offenbar nicht durch die Textproduktion allein gelöst werden, aussichtsreicher scheint daher die klassische Zweck-Mittel-Erklärung:

(ZwMit) S erschafft einen Text *T*, weil
    (1) *S* das Ziel hat, das Problem *P* zu lösen und
    (2) *S* meint, daß die Erschaffung von *T* unter den gegebenen Umständen ein
    adäquates Mittel bzw. ein geeigneter Beitrag zur Lösung von *P* ist.

Daß dieses Schema noch nicht spezifisch genug ist, um problemgeschichtliche Erklärungen abzubilden, wird anhand von Fällen wie dem folgenden deutlich: Ein Dichter produziert ein Sonett als Auftragswerk, um seine finanziellen Probleme zu lösen. Die entsprechende Erklärung nach *(ZwMit)* ist offenbar noch zu unspezifisch. Da die Bedeutung des Textes in *(ZwMit)* überhaupt keine Rolle spielt, läßt es Erklärungen zu, die sich darauf beziehen, daß überhaupt ein Text bzw. ein Text einer bestimmten Form entstand, nicht aber darauf, warum gerade dieser Text entstand. Dies legt folgende Abwandlung von *(ZwMit)* nahe:

(ZwMit₂) S erschafft einen Text *T* mit der Bedeutung *b*, weil
    (1) *S* das Ziel hat, das Problem *P* zu lösen und
    (2) *S* meint, daß das Erschaffen von *T* qua seiner Bedeutung *b* unter den gegebenen Umständen ein adäquates Mittel bzw. ein geeigneter Beitrag zur Lösung von *P* ist.

Das Schema *(ZwMit₂)* stellt eine plausible Struktur intentionaler Erklärungen von Textproduktionshandlung im Problem-Lösungs-Vokabular dar. Im nächsten Abschnitt ist nun zu fragen, in welchem Verhältnis Erklärungen dieser Art zu Problem-Lösungs-Rekonstruktionen stehen, die auf eine Ausdrucksbeziehung zwischen Text und Problem bzw. Problemlösung referieren.

III.

Von heuristischem Wert erscheint mir die Unterscheidung folgender Fragen:

Explanatorische Frage: Unter welchen Umständen kann man davon sprechen, daß ein Problem bzw. die Wahrnehmung eines Problems ein erklärungsrelevanter Faktor bei der Entstehung eines Textes war?

Hermeneutische Frage: Unter welchen Umständen kann man davon sprechen, daß ein Text ein Problem oder eine Lösung für ein Problem ausdrückt?

Die Krux der Redeweise, der Text antworte auf das Problem, besteht darin, daß sie zwischen den jeweiligen, diesen Fragen entsprechenden Lesarten changiert. Sie kann entweder meinen, der Text steht in einem erklärungsrelevanten Zusammenhang mit einem Problem oder der Text artikuliert ein Problem bzw. einen Lösungsvorschlag für ein Problem, d. h. das Bestehen einer Ausdrucksbeziehung zwischen Text und Problem behaupten.[18] Das Verhältnis beider Fragen betrifft ihre gegenseitige Abhängigkeit bzw. ihre Unabhängigkeit und stellt sich in beide Richtungen. Beschränkt man sich auf intentionale Erklärungen, ergeben sich folgende Fragen:

(a) Drückt ein Text jedes Problem bzw. einen Lösungsvorschlag für jedes Problem aus, das in einer gültigen intentionalen Erklärung seiner Entstehung figuriert?

(b) Gibt es für jeden Text, der ein Problem bzw. einen Lösungsvorschlag ausdrückt, eine gültige intentionale Erklärung seiner Entstehung, in der dieses Problem figuriert?

Zu (a): Diese Frage ist zu verneinen. Es gibt durchaus Fälle, in denen plausible intentionale Problem-Lösungs-Erklärungen vorliegen, ohne daß aus den Prämissen dieser Erklärungen folgt, daß der Text auch das betreffende Problem ausdrückt. Ein solcher Fall wäre etwa der folgende:

---

[18] Daß diese Ausdrucksbeziehung, insofern sie sich keineswegs auf die Berücksichtigung propositionaler Gehalte oder im Text ›vorfindlicher‹ Ideen beschränken muß, einen äußerst komplexen Charakter annehmen kann, hat die bisherige Debatte zur Problemgeschichte bereits vor Augen geführt. Vgl. bes. Löwe: »Implizität« (wie Anm. 1). Eine kognitionstheoretische Modellierung der Abbildung narrativer Strukturen auf textexterne Problemkonstellationen als »analoge Projektion« liefert Michael Richter: *Das narrative Urteil. Erzählerische Problemverhandlungen von Hiob bis Kant.* Berlin–New York 2008. Grundlegend ist hier die Unterscheidung eines ›textinternen‹, narrativen »Quellproblems« von einem analogen, textexternen »Zielproblem«, auf das narrative Lösungen projiziert werden. Vgl. ebd., bes. S. 97–101.

(Armer Dichter) Ein Dichter befindet sich in einer schweren finanziellen Notlage und erhält das Angebot, gegen Bezahlung ein Gedicht in einer in Kürze erscheinenden Anthologie zur Großstadtlyrik der Gegenwart zu veröffentlichen. Da er noch nie ein Gedicht mit der Thematik Großstadt geschrieben hat, macht er sich sogleich daran, ein solches zu schreiben.

Obwohl in diesem Fall offenkundig eine Erklärung nach dem Schema *(ZwMit₂)* durchaus zutreffend wäre, folgt *aus den Prämissen dieser Erklärung* keineswegs, daß das entstandene Großstadtgedicht das Problem, daß der Dichter Geld benötigte oder gar eine Lösung für dieses Problem *ausdrückt*. Gewiß läßt sich »[...] aufgrund der Beliebigkeit der Kontextzuweisung [...] jedem Text über seine Interpretation eine Antwort auf jede Frage abpressen«,[19] also wohl auch eine Lösung für jedes Problem attestieren, hier geht es indes darum, ob aus der Antwort auf die explanatorische Frage (II) schon eine Antwort auf die hermeneutische Frage (I) folgt, und das ist offenbar nicht der Fall.

Zu (b): Hier besteht eine *bedingte* Abhängigkeit: Aus der Tatsache, daß ein Text gemäß einer bestimmten Art von autorintentionaler Bedeutungskonzeption einen Lösungsvorschlag für ein Problem ausdrückt, läßt sich unter Hinzuziehung weiterer relativ unkontroverser Prämissen eine intentionale Problem-Lösungs-Erklärung ableiten. Dabei sind drei Schlüsse maßgeblich:

(i)   Jede höherstufige, globale Bedeutungseigenschaft von *T* ist von seinem Autor *S* intendiert.
        Der Text *T* hat die höherstufige, globale Bedeutungseigenschaft, das Problem *P* oder einen Lösungsvorschlag für *P* auszudrücken.

        S hat die Intention, mittels *T* das Problem *P* oder einen Lösungsvorschlag für *P* auszudrücken.

Es gibt, soweit ich sehe, zwei gängige Bedeutungskonzeptionen, aus denen der Obersatz dieses Schlusses folgt, wobei die erste äußerst unplausibel ist. Es handelt sich dabei um einen extremen aktualen Intentionalismus (›actual intentionalism‹), der annimmt, daß die Intentionen des empirischen Autors die Textbedeutung determinieren, auch wenn diese Intentionen nicht erfolgreich realisiert wurden, also nicht in Einklang mit dem Text gebracht werden können.[20] Eine deutlich plausiblere Position

---

[19] Lutz Danneberg u. Friedrich Vollhardt: »Sinn und Unsinn literaturwissenschaftlicher Innovation. Mit Beispielen aus der neueren Forschung zu G. E. Lessing und zur ›Empfindsamkeit‹«, in: *Aufklärung* 13 (2001), S. 33–69, hier S. 49f.

[20] Zu Darstellung und Kritik vgl. u. a. Paisley Livingston: *Art and Intention. A Philosophical Study.* Oxford 2005, S. 139f. u. 144–147 (unter dem Begriff »absolute in-

bietet der *moderate* aktuale Intentionalismus, für den nur die Autorintentionen bedeutungsbestimmend sind, die auch erfolgreich realisiert wurden, wobei unterschiedlich anspruchsvolle Bedingungen für letzteres diskutiert werden.[21] Unter diese minimale Charakterisierung fallen allerdings auch bestimmte Formen der gemeinhin als »hypothetischer Intentionalismus«[22] (›hypothetical intentionalism‹) bezeichneten Position, insofern sich das ›hypothetisch‹ als epistemologische Qualifizierung der Intentionszuschreibung auffassen läßt. Intentionszuschreibungen sind dann mehr oder weniger gewiß, beziehen sich jedoch letztlich auf die Intention des empirischen Autors, nicht auf ein hypothetisches Autorkonstrukt.[23]

Wesentlich ist, daß gemäß des moderaten aktualen Intentionalismus nicht jede Textbedeutung eine intendierte Textbedeutung ist. Um den Obersatz von (i) zu erhalten, bedarf es daher der ergänzenden Annahme, daß wenigstens höherstufige, im Sinne von: voraussetzungsreiche, weil spät im Interpretationsprozeß zugeschriebene, und globale, also die Textganzheit betreffende Bedeutungseigenschaften immer intendiert sind.[24] Eine solche Zusatzannahme wird von bestimmten Vertretern des modera-

---

tentionalism«); Carlos Spoerhase: *Autorschaft und Interpretation. Methodische Grundlagen einer philologischen Hermeneutik.* Berlin u. a. 2007 (Historia Hermeneutica 5), S. 69f.; Robert Stecker: »Interpretation and the Problem of the Relevant Intention«, in: *Aesthetics and the Philosophy of Art,* hg. v. Matthew Kieran. Malden 2006, S. 269–81, hier S. 272f.

[21] Vgl. etwa Stecker: »Interpretation and the Problem of the Relevant Intention« (wie Anm. 19). Anspruchsvoll ist die sogenannte »uptake condition«, wonach die Autorintention durch eine angemessene Leserschaft mit einem bestimmten Wissen erkennbar ist. Schwächer die Bedingung, daß das Werk im Einklang mit der Intention gelesen werden kann. Vgl. Stephen Davis: »Author's Intentions, literary Interpretation, and literary value«, in: *British Journal of Aesthetics* 46 (2006), S. 223–247, hier S. 238.

[22] Für eine knappe Darstellung und Verteidigung gegen neuere Einwände, insbes. von Stecker, vgl. Jerrold Levinson: »Defending Hypothetical Intentionalism«, in: *British Journal of Aesthetics* 50 (2010), S. 139–150.

[23] Vgl. Spoerhase: *Autorschaft und Interpretation* (wie Anm. 20), S. 106–144, bes. S. 131–134 sowie S. 144, Anm. 392, wo ein solcher hypothetischer Intentionalismus auch als »konjektural« bezeichnet wird.

[24] Für ein Sechs-Stufen-Modell der Interpretation vgl. Werner Strube: *Analytische Philosophie der Literaturwissenschaft. Untersuchungen zur literaturwissenschaftlichen Definition, Klassifikation, Interpretation und Textbewertung.* Paderborn u. a. 1993, S. 97–112.

ten aktualen Intentionalismus zumindest nahegelegt,[25] kann aber in ihren Implikationen im hier gegebenen Rahmen nicht diskutiert werden.

Zieht man eine unkontroverse Zusatzannahme, die aus der Semantik von ›Problem‹ und ›Lösung‹ zu folgen scheint, hinzu, gewinnt man die erste Prämisse des Explanans nach *(ZwMit₂)*:

(ii)   Jeder, der einen Lösungsvorschlag für *P* ausdrücken möchte, hat das Ziel, dieses Problem zu lösen. (Zusatzannahme 1)
         S hat die Intention, mittels *T* einen Lösungsvorschlag für *P* auszudrücken. (aus (i))

<hr>

         S hat das Ziel das Problem *P* zu lösen.

Mit einer ähnlich unkontroversen Zusatzannahme läßt sich auch die zweite Prämisse des Explanans nach *(ZwMit₂)* gewinnen:

(iii)   Jeder, der einen Lösungsvorschlag für das Problem *P* ausdrücken möchte, meint, daß dies unter den gegebenen Umständen ein Mittel bzw. ein geeigneter Beitrag zur Lösung von *P* ist. (Zusatzannahme 2)
         S hat die Intention, mittels *T* einen Lösungsvorschlag für *P* auszudrücken. (aus (i))

<hr>

         S meint, daß es unter den gegebenen Umständen ein Mittel bzw. ein geeigneter Beitrag zur Lösung von *P* ist, mittels *T* einen Lösungsvorschlag für das Problem *P* auszudrücken. (≈ *S* meint, daß das Erschaffen von *T* qua seiner Bedeutungseigenschaft, einen Lösungsvorschlag für das Problem *P* auszudrücken, unter den gegebenen Umständen …)

Auf diese Weise läßt sich aus der Tatsache, daß *T* einen Problemlösungsvorschlag ausdrückt, eine Problem-Lösungs-Erklärung nach *(ZwMit₂)* gewinnen. In den Schlüssen (ii) und (iii) ist, was die Ausdrucksbeziehung angeht, bewußt nur noch die Rede von Lösungsvorschlägen, da beide Zusatzannahmen problematisch werden, wenn man sie auf die Artikulation eines Problems ›tout court‹ bezieht. Aus der Absicht, ein Problem zu artikulieren, folgt weder die Absicht, es zu lösen, noch die Überzeugung, daß man durch seine Artikulation zu seiner Lösung beiträgt. Beziehen sich die oben stehenden Überlegungen also lediglich auf die Fälle, in denen Texte sich als Ausdruck eines Lösungsvorschlags begreifen lassen? Nicht unbedingt, denn die Zusatzannahmen werden wieder entproblematisiert, sobald man davon ausgeht, daß es sich um eine *elaborierte* Artiku-

---

[25] Vgl. Robert Stecker: »Intention and Interpretation«, in: *Journal of Literary Theory* 2 (2008), S. 35–50, hier S. 39: »[…] it would be incredible if much of what an author does in a work were not intended.«.

lation eines Problems handelt, eine Annahme, die gerade bei hinreichend komplexen literarischen und wissenschaftlichen Texten nahe liegt.[26]

Zusammenfassend kann man sagen, daß eine gemäß des aktualen Intentionalismus erfolgte Bedeutungszuschreibung mit Hilfe der Problem-Lösungs-Figur schon eine intentionale Erklärung enthält, allerdings nicht in dem trivialen Sinn, in dem jede autorintentionale Interpretation schon eine Erklärung nach *(EigErkl)* enthält. Da die beiden angeführten Zusatzannahmen hinzugezogen werden müssen, um eine intentionale Zweck-Mittel-Erklärung zu gewinnen, sind die gewonnenen Erklärungen nicht in derselben Weise trivial wie die oben angeführten Eigenschaftserklärungen. Ist also jede Problem-Lösungs-Rekonstruktion unter Voraussetzung einer aktual-intentionalistischen Bedeutungskonzeption gleichzeitig eine intentionale Erklärung nach *(ZwMit₂)*? Einer positiven Antwort stehen drei mögliche Einwände entgegen:

Der erste Einwand speist sich aus einer Gegenüberstellung mit dem literaturwissenschaftlichen Thema-Konzept: Warum sollte etwa eine Interpretation, die zu dem Ergebnis kommt, Goethe habe *Wilhelm Meisters Lehrjahre* geschrieben, um einen Lösungsvorschlag für die Widersprüchlichkeit der bürgerlichen Emanzipation zu unterbreiten,[27] einen explanatorischen Gehalt haben, während eine Untersuchung, die die Widersprüchlichkeit der bürgerlichen Emanzipation als *Thema* dieses Werks identifiziert, diesen nicht hat? Könnte man angesichts derselben Befunde nicht vom Thema zum Problem-Lösungs-Vokabular übergehen? Eine Pointe der obigen Ausführungen besteht darin, daß dies nicht ohne weiteres möglich ist. Denn unter den genannten autorintentionalen Vorzeichen sind die Bedingungen für Bedeutungszuschreibungen mit dem Thema-Begriff weiter als für solche mit dem Problembegriff: Nicht jeder Autor, der ein Thema bearbeiten möchte, intendiert die Artikulation eines Problems oder gar eines Lösungsvorschlags. Der explanatorische Gehalt aber steht und fällt mit der Rechtfertigung der Bedeutungszuschreibung.[28]

Der zweite Einwand ist ein Zirkularitätseinwand. Die globale, höherstufige Bedeutungszuschreibung, *T* artikuliere auf elaborierte Weise ein

---

[26] Eine Ausnahme bilden natürlich Probleme, die als unlösbar gelten.

[27] Ich greife hier der Einfachheit halber auf das von Löwe eingebrachte Beispiel zurück, dessen sachliche Richtigkeit hier keine Rolle spielen soll. Vgl. Löwe: »Implizität« (wie Anm. 1), S. 309f.

[28] Ein zusätzlicher Aspekt der ›Binnenlogik‹ von problemgeschichtlichen Interpretationen, der der Aufklärung bedarf, ist, inwiefern die Annahme, ein Text artikuliere ein Problem im Unterschied zur Behandlung eines Themas, eine bedeutsame *heuristische* Rolle spielt, insofern sie die Suche nach Lösungen anreizt.

Problem bzw. einen Lösungsvorschlag, ist Ergebnis einer Interpretation, die dieses Problem als privilegierten Kontext behandelt. Wenn jedoch das Wissen um das jeweilige Problem bzw. das Wissen um die Problemkenntnis des Autors Voraussetzung der Bedeutungszuweisung ist, wie kann dann der Verweis auf den Problemkontext noch *erklären*, daß der Text dieses Problem verhandelt?[29] Es scheint, als griffe man zur Beschreibung der (artefakterzeugenden) Handlung auf dasselbe Wissen zurück wie zu ihrer Erklärung. Dieser Einwand ist jedoch nur scheinbar triftig, denn die maßgebliche Frage ist nicht, ob, nachdem die Beschreibung bzw. die Bedeutungszuweisung erfolgt ist, eine Erklärung noch *sinnvoll* ist, sondern ob diese Beschreibung selbst einen explanatorischen Gehalt hat. Der Zirkularitätseinwand wird vermutlich durch ein pragmatisches Phänomen hervorgerufen: Sobald man davon überzeugt ist, daß der Text (qua aktual-autorintentionaler Bedeutungskonzeption) eine Lösung für das Problem *P* ausdrückt, ist es uninformativ, eine entsprechende intentionale Erklärung *zu geben*, da diese ja nur durch die unkontroversen ahistorischen Zusatzannahmen ableitbar ist. Dieses Phänomen, das sich auch als ein Einsickern von Hintergrundwissen in Beobachtungswissen beschreiben ließe und *nicht* gegen die Triftigkeit der Erklärung selbst spricht,[30] hat bemerkenswerte Konsequenzen, was den wahrgenommenen

---

[29] Dieser Einwand spiegelt ein Argument wider, das jüngst gegen den (moderaten) aktualen Intentionalismus generell erhoben wurde. Um zu wissen, welche Intentionen erfolgreich realisiert wurden, müsse man unabhängig voneinander erstens die Bedeutung des Textes bestimmen und zweitens die jeweiligen Autorintentionen. Es ergibt sich folgendes Dilemma: Entweder man kann die Bedeutung eines Textes bestimmen, ohne auf die Autorintentionen zu referieren, oder man kann die Bedeutung eines Textes nicht unabhängig davon bestimmen. Im ersten Fall sind die Autorintentionen überflüssig zur Bedeutungsbestimmung, der aktuale Intentionalismus ist also falsch; im zweiten Fall kann man nie wissen, welche der Intentionen realisiert wurden, d. h. welche der Intuitionen für die Bedeutungsbestimmung ausschlaggebend sind und welche nicht. Vgl. Saam Trivedi: »An Epistemic Dilemma for Actual Intentionalism«, in: *British Journal of Aesthetics* 41 (2001), S. 192–206. Zur Kritik dieses Arguments vgl. v. a. Robert Stecker: *Aesthetics and the Philosophy of Arts. An Introduction.* Lanham 2005, S. 135–137.

[30] Ein literaturfernes, aber analoges Beispiel: Man beschreibt S's Ausstrecken des Arms in Richtung des Schlüssels als Greifen nach dem Schlüssel, weil man das Wissen um das Motiv voraussetzt, daß er den Schlüssel nehmen will. Auf die Frage »Warum *griff* S nach dem Schlüssel?« ist die Antwort »Er wollte den Schlüssel nehmen« wenig informativ. – Dafür, daß es auch »nach Quine« sinnvoll ist, Beobachtungswissen und Hintergrundwissen *kontextuell* je nach Untersuchungszusammenhang zu trennen, plädiert etwa Wolfgang Stegmüller: »Walther von der Vogelweides Lied von der Traumliebe und Quasar 3 C 273. Betrachtungen zum soge-

Erklärungswert von problemgeschichtlichen Untersuchungen angeht: Angenommen, es gibt einen nicht-fiktionalen, argumentativen Text T_W, der sein Bezugsproblem selbst so glasklar exponiert, daß keinerlei Zweifel daran besteht, daß er einen Lösungsvorschlag zu diesem Problem unterbreitet, alle seine propositionalen Gehalte lassen sich sinnvoll als Teil dieses Lösungsvorschlags auffassen.[31] Angenommen, sein Problem ist die Widersprüchlichkeit der bürgerlichen Emanzipation im 18. Jahrhundert. Der Eindruck, daß man *nichts* erklärt, wenn man sagt, sein Autor habe T_W verfaßt, um einen Lösungsvorschlag für die Widersprüchlichkeit der bürgerlichen Emanzipation zu unterbreiten und daß man demgegenüber *viel* erklärt, wenn man sagt, Goethe habe *Wilhelm Meisters Lehrjahre* geschrieben, um einen Lösungsvorschlag für die Widersprüchlichkeit der bürgerlichen Emanzipation zu unterbreiten, scheint kaum zu leugnen. Der wahrgenommene Erklärungswert von Problem-Lösungs-Rekonstruktionen ist je größer, desto weniger offensichtlich die vorgenommene Bedeutungszuschreibung ist. Daß darin ein Anreiz zur Überinterpretation besteht, ist offenkundig.

Der dritte Einwand betrifft den Zusammenhang von Kontextbildung und Erklärung. Geht man davon aus, daß jede Kontextbildung den »Charakter einer regulativen Idee«[32] hat, also die Untersuchung nur gemäß bestimmter Vorannahmen, Suchroutinen und Erkenntnisinteressen anleitet, so scheint zu einem konkreten Text selbst unter den Vorzeichen einer autorintentionalen Bedeutungskonzeption oft eine Vielzahl von Problemkontexten denkbar. Jedem dieser Problemkontexte respektive der von ihnen angeleiteten Interpretation würde nach oben stehenden Überlegungen auch eine Erklärung entsprechen. Dies kollidiert jedoch mit starken Intuitionen über Erklärungen bzw. über Kausalität, wonach es *ex post* nur eine richtige Erklärung bzw. Kausalkette gibt. Indes scheint auch dieser Einwand nicht stichhaltig. Zum einen lassen wir, gerade was intentionale Erklärungen angeht, häufig auch die Angabe von mehreren Gründen bzw.

---

nannten Zirkel des Verstehens und zur sogenannten Theoriebeladenheit der Beobachtungen«, in: *Rationale Rekonstruktion von Wissenschaft und ihrem Wandel*, hg. v. dems. Stuttgart 1979, S. 27–86, bes. S. 79f.

[31] Selbstverständlich stellt ein solcher Text eine Idealisierung dar, für die die Wissenschaftsgeschichte, wenn überhaupt, nur wenige Beispiele nennen könnte.

[32] Werle: »Modelle einer literaturwissenschaftlichen Problemgeschichte« (wie Anm. 1), S. 481.

Intentionen zu (»Ich habe sie aus mehreren Gründen geheiratet«).[33] Zum anderen findet Kontextbildung, wenngleich nicht methodisch angeleitet, auch bei alltäglichen Handlungserklärungen statt.[34] Der Unterschied zur Kontextbildung in den textinterpretierenden Wissenschaften beruht dabei wesentlich auf der hohen Komplexität der zu erklärenden Handlung und der häufig vergleichsweise epistemisch defizitären Situation, in der sich der Interpret befindet.

Es spricht, so läßt sich das Ergebnis dieses Abschnitts zusammenfassen, nichts *kategorisch* dagegen, aktual-autorintentionalen Problem-Lösungs-Rekonstruktionen einen nicht-trivialen, explanatorischen Gehalt zuzusprechen.

IV.

Was die Bestimmung des Verhältnisses von hermeneutischer und explanatorischer Frage angeht, scheint es mir zwei grundlegende, strategische Optionen für problemgeschichtliche Konzeptionen zu geben: Entweder man strebt eine enge Bindung der hermeneutischen Frage an die artefakt-genetische Frage an. Hier ergäbe sich dann wohl eine Minimalbedingung für die Rede von Problemen bzw. Lösungen in Texten: Einem Text kann nur dann die Bedeutung zugeschrieben werden, ein Problem oder einen Problemlösungsvorschlag zu artikulieren, wenn es mindestens ein akzeptables Erklärungsschema gibt, in dem das jeweilige Problem figuriert. (Option 1)

Die andere Option entkoppelt die hermeneutische Frage von der explanatorischen. Ob entsprechende Problem-Lösungs-Rekonstruktionen dann als Surplus einen explanatorischen Gehalt haben, wird zu einer kontingenten, für jeden Einzelfall durch weitere Untersuchungen gesondert zu entscheidenden Frage. (Option 2)

Es spricht also nichts *per se* gegen eine Liberalisierung der Verwendung der Problem-Lösungs-Figur zur Interpretation von Texten: Ein Text kann dann auch Probleme artikulieren oder Lösungsvorschläge für Probleme enthalten, die ein Autor entweder für unlösbar hielt bzw. nicht lösen wollte, die er hinsichtlich ihrer deskriptiven Basis kannte, aber nicht als Problem wahrgenommen hat, oder Probleme, die er überhaupt nicht

---

[33] Andererseits gibt es auch Kontexte, etwa kriminalistische, in denen *die* Absicht des Angeklagten vorausgesetzt wird. Unsere Anforderungen an intentionale Erklärungen scheinen mir daher nicht ganz eindeutig.

[34] Dies wird besonders deutlich bei Handlungen, die ›prima facie‹ unverständlich sind.

kannte, etwa weil sie vollkommen jenseits des Horizonts seiner historischen, epistemischen Situation lagen. Da in all diesen Fällen indes offenbar keine aus der Bedeutungszuschreibung ableitbare intentionale Erklärung gegeben ist, steht – will man sich nicht explizit vom explanatorischen Anspruch verabschieden – die Frage im Raum, welcher Erklärungstyp statt dessen vorliegt.

REZENSIONEN

de Dánann, Alexandre: Un rose-croix méconnu entre le XVIIe et le XVIIIe siècles: Federico Gualdi ou Auguste Melech Hultazob prince d'Achem. Archè, Milano 2006 (Itinéraires 13), 704 S., Abb., 58 €.–.

Humbertclaude, Eric: »Luci su di un maestro minore: Federico Gualdi – Su due aspetti dell'opera in versi di Federico Gualdi«, in: *Alchimia*, a cura di Andrea De Pascalis e Massimo Marra. Mimesis, Milano 2007 (Quaderni di Airesis), S. 63–116.

Gualdi, Federico: *Philosophia hermetica*. A cura di Alessandro Boella e Antonella Galli. Mediterranee, Roma 2008 (Biblioteca Ermetica 30), 238 S., Abb., 24,50 €.–.

Laveder, Francesco: »Un'inedita pagina di storia delle miniere di Valle Imperina: Federico Gualdi ad Andreana Crotta, sui metodi di fusione dell'argento e del rame (18 dicembre 1663)«, in: *Archivio Storico di Belluno Feltre e Cadore* 80 (2009), Heft 1, S. 19–36.

So geheimnisvoll die Gestalt des Dichters und Alchemikers Federico Gualdi jahrhundertelang bleiben konnte, um so intensiver haben Forscher und Wissenschaftler in den letzten Jahren versucht, sein Geheimnis zu enthüllen. Um die Mitte des 17. Jahrhunderts zum ersten Mal in Venedig aufgetaucht, hatte Gualdi das Aussehen eines 50-Jährigen, obwohl schon damals das Gerücht umlief, er sei weit über 150 Jahre alt, so wie es sich für den Besitzer des Steins der Weisen gehörte. Plötzlich und unbemerkt verließ er die Stadt; von Zeit zu Zeit wurde er unter anderer Identität in unterschiedlichen europäischen Städten gesichtet, um jedes Mal wieder spurlos zu verschwinden; einmal sollte er in der Schelde ertrunken sein, ein anderes Mal sollte er auf Anstiftung seiner Frau erwürgt worden sein; in hermetischen Kreisen wird er sogar weiterhin für lebendig gehalten und als Meister geehrt. In einer Fülle handschriftlicher und gedruckter Schriften kommt Federico Gualdi vor: Manchmal werden ihm mehrere Seiten gewidmet, manchmal wird nur sein Name zusammen mit anderen sagenhaften Alchemisten erwähnt. Ihm wurden Sonette, alchemische Lehrgedichte, Briefe und medizinische Rezepte zugeschrieben, deren Entstehung und Überlieferungsgeschichte sich meistens schwer nachvollziehen läßt.

In jeder Epoche haben Gelehrte und Neugierige immer wieder versucht, ihm auf die Spuren zu kommen. Eric Humbertclaude, Verfasser einer der hier zu besprechenden Studien, unterscheidet vier Phasen in Gualdis Rezeptionsgeschichte: die Zeit der historischen Wirklichkeit, die durch Archivalien dokumentiert ist; die Zeit der Sage und der Leichtgläubigkeit (18. Jahrhundert), als viele Gerüchte in Umlauf gesetzt wurden, und die Zeit des Mythos (19.-20. Jahrhundert). Im 21. Jahrhundert hingegen sei nun die Phase der Wissenschaft angebrochen.

Wegbereitend wirkte die Doktorarbeit von Federico Barbierato, der sich mit der Verbreitung und Zirkulation von Magiebüchern im 17. und 18. Jahrhundert in Venedig beschäftigte. In diesem Zusammenhang stieß Barbierato auf Gualdi, der 1676 als Anhänger der magischen Künste und Besitzer von verbotenen Büchern das Augenmerk der Inquisition auf sich lenkte, und widmete ihm ein Kapitel seiner Dissertation.[1] Ein Jahr später fand in Venedig eine Ausstellung statt, welche die komplexen Begriffsbereiche Magie, Alchemie und Wissenschaft unter dem Einfluß von Hermes Trismegistus zum Thema hatte. Unter den Exponaten fielen das Protokoll eines Inquisitionsverfahrens und einige alte Drucke auf, die auf Gualdi und seinen Kreis eng bezogen waren.[2]

Nach einer Pause kamen dann die vier vorliegenden Studien heraus. Mit ihren unterschiedlichen Ansätzen und Fragestellungen spiegeln sie die Vielseitigkeit der Gestalt von Federico Gualdi und den Reichtum an Quellen, Dokumenten und Materialien wider, mit denen sich der Gualdi-Forscher auseinandersetzen muß. Bei solcher Fülle ist oft die Grenze zwischen literarischer Fiktion und historischer Wirklichkeit, zwischen Biographie und Projektion schwer zu erkennen und in genau dieser Problematik einer ernsthaften historischen Rekonstruktion unterscheiden sich die vier Studien, die hier zur Besprechung stehen, grundsätzlich voneinander.

Alessandro Boella und Antonella Galli, die sich in ihrer ersten Publikation hinter dem Pseudonym Alexandre de Dánann versteckten, nehmen gleich Stellung dazu und plädieren für eine Rekonstruktion, die sich nach der Logik des Mythos (›mytho-logisch‹) orientiert: Ihrer Meinung nach sei diese die einzige ertragreiche Vorgehensweise (De Dánann, »Avant-Propos«, S. 13). Zeitgenössische, archivalische Urkunden werden so den wesentlich späteren, literarischen Quellen gleichgesetzt, und es bleibt ganz dem Leser überlassen, »das Unkraut

---

[1] Federico Barbierato: *Nonconformismo religioso, sette e circolazione delle idee a Venezia fra '600 e '700*. Milano 2001 (Dissertation, Università Cattolica del Sacro Cuore). Das Kapitel über Gualdi wurde aber in der Druckfassung nicht beibehalten: ders.: *Nella stanza dei circoli. Clavicula Salomonis e libri di magia a Venezia nei secoli XVII e XVIII*. Milano 2002.

[2] *Magia, alchimia, scienza dal '400 al '700. L'influsso di Ermete Trismegisto*, a cura di Carlos Gilly e Cis van Heertum (Ausstellungskatalog). Firenze 2002 (über Gualdi und seinen Kreis: Bd. II, S. 207–221).

vom Weizen zu trennen«.[3] Demzufolge wird nicht so sehr die historische Persönlichkeit, sondern eher ihre Mythisierung zum Gegenstand der Forschung.

Der imponierende Band stellt eine richtige Fundgrube für den Forscher dar. Es werden hier nämlich zahlreiche edierte und nicht edierte, schon verbreitete sowie kaum bekannte Texte vorgestellt, welche die Verfasser in jahrelanger Suche gesammelt haben. Die Materialien werden in 13 Kapitel organisiert, die abwechselnd Abschnitte aus Gualdis Leben und historische Themen der rosenkreuzerischen Bewegung behandeln; dadurch möchten die Autoren nicht nur einen innovativen Beitrag zur Geschichte dieser Sozietät schreiben, sondern auch beweisen, daß Gualdi enger Freund von St. Germain und Meister von Cagliostro war, also zur gleichen rosenkreuzerischen ›Familie‹ gehörte – ein Ziel, das den historisch interessierten Leser faszinieren, aber auch zugleich befremden kann.

Aus der Lektüre merkt man die Wege und Umwege der Forschungsarbeit: die hartnäckige Suche nach einer Information und die falschen Spuren, denen man nachgehen muß, bis man die richtige findet. Sackgassen und fehlgeschlagene Versuche gehören zum Alltag der Forschungsarbeit, manchmal schimmern sie durch eine Anmerkung oder im Apparat; eher ungewöhnlich ist es, daß sie ganze Kapitel ausfüllen. Nur zwei Beispiele: Das erste Kapitel ist einem 1773 gedruckten Werk gewidmet, das aber in keiner Weise auf Gualdi zu beziehen ist, wie die Verfasser selbst ungern zugeben müssen;[4] als dann, im zweiten Kapitel, Gualdis Herkunft thematisiert wird, wird der Stammbaum einiger italienischer Adelsfamilien bis in alle Einzelheiten beschrieben, aber nur um festzustellen, daß Federico Gualdi von diesen nicht abstammte. Durch viele Exkurse verwirrt, durch ausgiebige Zitate abgelenkt, verliert der Leser schnell den Überblick; aber auch der schon eingeweihte Forscher muß sich Mühe geben, um Schritt zu halten. Die Fülle der gesammelten Materialien ist so überwältigend, daß nicht nur die Leser, sondern die Autoren selbst ihr zum Opfer fallen. Fasziniert durch die Texte schreiben sie zahlreiche lange Passagen von den Quellen ab, obwohl viele Texte im Anhang abgedruckt sind, und auch die Zitate aus der Sekundärliteratur, die sich oft über mehrere Seiten ausdehnen, sind so dicht aneinander gereiht, daß die Verfasser oft an den Rand gedrängt werden und ihren Beitrag auf wenige Zeilen beschränken, die von einem Zitat zum nächsten hinüberleiten.

---

[3] »Nous souhaitons de tout notre coeur que le lecteur, suivant une correcte ›inclination d'esprit‹, sépare l'ivraie du bon grain« (De Dánann: Un rose-croix, S. 16).

[4] Es handelt sich um die Schrift: »Friedrich Galli Reise nach der Einöde Sanct Michael, und wie er sich daselbst anno 1602 mit einem Adepto in Unterredung eingelassen«, in: *Theoretisch- und Practischer Wegweiser zur höheren Chemie.* Breslau–Leipzig 1773. Eine gewisse Ähnlichkeit in den Namen der Hauptfiguren (Gallus – Gualdi) und der Bericht über einen alchemischen, paracelsisch inspirierten »Universal-Process« verleiteten die Verfasser zu einem Identifizierungsversuch, der zu keinem positiven Ergebnis führte (De Dánann: Un rose-croix, S. 31).

Obwohl die Tätigkeit von Federico Gualdi in Agordo, Belluno und Venedig archivarisch gut belegt ist, wird diese Epoche aus seinem Leben nur flüchtig erörtert, und der historische Gualdi gerät mit dem dritten Kapitel schon aus dem Blick. Die weiteren zehn Kapitel beschäftigen sich vorwiegend mit seiner Legende, mit der späteren rosenkreuzerischen Bewegung, mit den Freimaurerlogen und anderen hermetischen Bruderschaften – Ursprung, Eigenschaften, Kontinuität und Diskontinuität.

Kohärent mit der Intention, die Geschichte des Rosenkreuzertums zurückzuverfolgen, wird den ersten Satzungen der Bruderschaft große Aufmerksamkeit geschenkt, die mit späteren Fassungen verglichen werden. In dieser Hinsicht wird mehrfach auf die Studien von Carlos Gilly Bezug genommen, der ein frühes handschriftliches Zeugnis der Statuten in Neapel ausfindig gemacht hatte. Dadurch war es möglich, ihre Datierung von 1710 (Druck durch Sincerus Renatus, alias Samuel Richter: *Gesetz oder Regul, welche die Brüderschafft des göldnen Creutzes observiren müssen* [...]. Breslau 1710) auf die zweite Hälfte des 17. Jahrhunderts zurückzuverlegen. Alessandro Boella und Antonella Galli gehen aber wesentlich weiter und im Nachwort behaupten sie, daß das Rosenkreuz nicht auf die Manifeste von Johann Valentin Andreae zurückzuführen sei. Andreae sei im Gegenteil nur ein Glied einer langen Kette, ein Glied, das die Verschwiegenheit nicht bewahrt und das rosenkreuzerische Wesen der Öffentlichkeit preisgegeben habe. Seine Existenz sei aber sogar weit früher als das Leben des Christian Rosenkreuzes selbst (1378 geboren und 1484, im Alter von 106 Jahren, gestorben – wie in einer Anmerkung präzisiert wird) anzusetzen (De Dánann, »Postface«, S. 354 u. 370). Historische Beweise dafür werden durch die Analyse mancher Handschrift geliefert, wo die durchaus üblichen literarischen Strategien, durch die man den Texten als auch den hermetischen Kreisen größeres Ansehen und Würde zu verleihen suchte (wie z. B. die Rückdatierung), ohne Zögern ernst genommen werden.[5] Wirklichkeit und Fiktion, Unkraut und Weizen sind immer enger miteinander verwoben.

Wertvoll sind die zahlreichen Texte, die im Anhang (etwa 270 Seiten insgesamt) abgedruckt werden. Einige stammen aus Handschriften, die hier zum ersten Mal ediert werden, andere aus seltenen Drucken aus dem 17. und 18. Jahrhundert. Nach den Quellen in der Originalsprache (»Annexe A«) werden fran-

---

[5]   Carlos Gilly in seinen von den Verfassern oft zitierten Studien hatte ausdrücklich davor gewarnt: *Magia, alchimia, scienza dal '400 al '700. L'influsso di Ermete Trismegisto*, a cura di Carlos Gilly e Cis van Heertum. Firenze 2002, Bd. II, S. 221–237, Zitat auf S. 229: »Es wurden merkwürdige Gerüchte in Umlauf gesetzt, u. a. daß Rosenkreuzer schon im alten Ägypten lebten, oder daß sie von den älteren Ritterorden wie dem Templer- oder Johanniterorden entstanden seien. Im Wettkampf mit den Legenden, die die Ursprünge der Freimaurerei umgaben, versuchten die Rosenkreuzer ihre eigene Entstehung immer früher zu datieren« [Übersetzung der Rezensentin].

zösische Texte (»Annexe B«) und die Schriften einiger unbekannter Rosenkreuzer (»Annexe C«) aufgenommen. Nirgendwo sind aber Editions- bzw. Transkriptionskriterien angegeben, so daß man nicht genau weiß, nach welchen Richtlinien z. B. Handschriften ediert wurden.

Das Buch, das dieselben Autoren 2008 beim Verlag Mediterranee drucken ließen, gibt sich als ein Auszug aus der französischen Studie zu erkennen. Selektiert und übersetzt wurden die Informationen und Materialien, die das italienische Publikum interessieren könnten, Perspektive und Verfahrensweise bleiben aber die gleichen.

Die einleitenden Kapitel beschäftigen sich eingehender mit den archivalischen Quellen: Unterschiedliche Zeugnisse aus den Stadtarchiven in Venedig, Agordo und Belluno beweisen Gualdis Beziehungen zur adligen Familie Crotta in Agordo, seinen Vitriolhandel und seine Tätigkeit bei den Bergwerken in Südtirol in den Jahren von 1660 bis 1676. Anhand des Protokolls vom Inquisitionsverfahren wird auch versucht, Personen und Orte zu identifizieren,[6] um Gualdis Alltag in Venedig detailliert zu rekonstruieren. Aber auch in diesem Fall schaltet sich die Fiktion ein, indem auch spätere Texte als genauso glaubwürdig anerkannt werden, wie z. B. die *Dreyzehn geheime Briefe*[7] (1788 gedruckt, aber angeblich 1722 datiert) oder die Berichte über Gualdis späteres Auftauchen in Den Haag, Augsburg, Wien, Nürnberg, Biberach, Danzig usw. Wenn Gualdi schon vor 1649 in Agordo als Vermögensverwalter der Familie Crotta tätig war, wie die Verfasser richtig feststellen, kann man sich ihn schwerlich in der Verkleidung des jungen (sei es amerikanischen oder orientalischen oder auch afrikanischen) Prinzen Auguste Melech Hultazob vorstellen, der um 1720 Aufsehen erregte oder 1740 Friedrich dem Großen in Danzig begegnete, wie die Autoren ausführlich berichten.

Im zweiten Teil der Publikation werden zwei Fassungen der *Philosophia hermetica* wiedergegeben, der einzigen Schrift, die man Federico Gualdi mit einiger Wahrscheinlichkeit zuschreiben darf. Ediert (immer ohne Angabe der Kriterien) werden die italienische Fassung des alchemischen Lehrgedichts aus der Yale University Library (Ms Mellon 131) und eine parallele italienische Fassung aus der Leopold-Sophien-Bibliothek (Überlingen, ms. 159). Die erste Handschrift ist im Original mit Bildern in Wasserfarben versehen, die aber nicht reproduziert werden; statt dessen werden Illustrationen aus einer anderen deutschen Handschrift benutzt (Überlingen, ms. 185). Eine weitere interessante (lateinische) Übertragung des Gedichtes befindet sich in der Handschrift M129 der

---

[6]   Ich weise nur darauf hin, daß Campalto ein sumpfiger Ort der Lagune ist, der etwa vier Kilometer nördlich von Mestre liegt; wegen einer falschen Lesung des Verhörprotokolls wird dahinter hingegen ein Ort im spanischen Galicien vermutet (Federico Gualdi: *Philosophia hermetica*, S. 60).

[7]   *Dreyzehn geheime Briefe von dem grossen Geheimnisse des Universals und Particulars der goldenen und Rosenkreutzer, an J.L.V.* Leipzig 1788.

Bibliotheca Philosophica Hermetica in Amsterdam, sie wird aber in keiner der Studien berücksichtigt. Es wäre weiterhin interessant gewesen, auf die verzwickte Überlieferungsgeschichte der Handschriften einzugehen, um ihre Bezüge zueinander zu klären; eine spannende Aufgabe, die noch zu den Desiderata der Gualdi-Forschung zählt.

Anders ist die Perspektive von Eric Humbertclaude und Francesco Laveder, die sich die Grundsatzfrage nach dem Wahrheitsgehalt der Texte stellen. Beide Verfasser übernehmen die Aufgabe einer kritischen Auswertung der Quellen, so »trocken und verkopft« (»aride et cérébrale«, De Dánann, S. 11) diese Arbeit auch im Vergleich zur esoterischen, mythologisierenden Denkweise scheinen mag. Ihr Vorhaben ist es, Federico Gualdi in Fleisch und Blut historisch faßbar zu machen.

Im ersten Teil seines nicht immer flüssig und korrekt übersetzten Aufsatzes[8] (»Luci su di un maestro minore«) setzt sich Eric Humbertclaude ein scheinbar bescheidenes Ziel: die zahlreichen, sich widersprechenden Aussagen über Gualdi miteinander zu vergleichen und womöglich Klarheit zu schaffen. Er konzentriert sich auf zeitgenössische Quellen und durchsucht sie gezielt nach Informationen, die einige kontroverse Punkte betreffen (richtige Schreibung des Namens, Herkunft, Alter, Ankunft in Venedig, Todesdatum usw.). Aus der vergleichenden Analyse dieses Materials werden an einigen Stellen weitere Fragen aufgeworfen, die ohne Scheu (nicht selten) auch vom Verfasser offen gelassen werden; manchmal kommt er hingegen zu historisch plausiblen Schlüssen. Erst in einem zweiten Schritt werden spätere Berichte untersucht. Diese zweite Gruppe von Texten, die meistens aus dem 18. Jahrhundert stammen, wird im Lichte der aufklärerischen Auseinandersetzung der Vernunft gegen die esoterisch-alchemischen Strömungen interpretiert, die den noch lebendigen Gualdi als 300- bzw. 500-Jährigen feiern. Bei den neuen Rosenkreuzern des späten 19. und 20. Jahrhunderts gleitet dann die sagenhafte Gestalt des noch lebendigen venezianischen Meisters in den Mythos hinüber.

Zweierlei verdient erwähnt zu werden: erstens die im Stadtarchiv Venedig entdeckten Akten, in denen Gualdi dem venezianischen Senat ein Projekt zum Schutz der Stadt vor dem Hochwasser vorlegte;[9] zweitens die Festlegung von Gualdis Todesdatum auf das Jahr 1682. Der archivalische Fund ist bemerkenswert, weil man dadurch unerwartete hydraulische Kenntnisse aufspürt, die Gualdi höchstwahrscheinlich während seiner bergbaulichen Tätigkeit erworben hatte;

---

[8]   In der italienischen Übersetzung, zum Beispiel, kommt Gualdi nicht aus Augsburg, sondern ist ein gebürtiger Habsburger!

[9]   Stadtarchiv Venedig, *Savi ed esecutori alle acque*; *Senato, Terra*. Durch seine geduldige Archivarbeit hat der Verfasser diese bemerkenswerte Angelegenheit entdeckt und rekonstruiert. Gualdi dachte, der Republik einen großen Dienst zu erweisen, um dadurch den venezianischen Adelstitel zu erhalten; sein Versuch schlug aber fehl.

und er war so kühn und seiner selbst sicher, daß er sie auf die Lagune anzuwenden trachtete. Daraus schließt man auch, daß er die Öffentlichkeit nicht besonders scheute und seine Beziehungen zur venezianischen Republik enger waren, als vermutet. Dieser Fund ist aber auch deswegen wichtig, weil er einen weiteren Beweis dafür liefert, daß die älteste Quelle, die über Gualdis Lebenszeit in Venedig informiert, zuverlässig ist. Ihre Anonymität, der literarische Kontext sowie einige verschleierte oder beim ersten Blick ›phantasievolle‹ Angaben hatten bisher Zweifel an manchen der Punkte bestehen lassen.[10]

Die Festlegung des Todesdatums trägt zudem dazu bei, den Mythos des 400-Jährigen, sich periodisch verjüngenden Gualdi beiseite zu schieben. Humbertclaude interpretiert nämlich das zurückhaltende Verb ›disparuit‹ auf dem berühmten Gualdi-Kupferstich nicht als ›verschwand unbemerkt, verjüngte sich durch sein Elixier, wechselte Name und Aussehen und tauchte wieder anderswo auf‹ (wie in den oben erwähnten Statuten des Goldenen Rosenkreuzes vorgesehen), sondern nüchtern als ›starb‹. Eine Hypothese, die noch einer offiziellen Bestätigung bedarf (ein Todeszeugnis konnte bisher nicht ausfindig gemacht werden), die aber mit Gualdis vermutlichem, in den Akten und Verhörprotokollen angegebenem Alter im Einklang ist.

Der zweite Teil des Aufsatzes (»Su due aspetti dell'opera in versi di Federico Gualdi«) wirkt weniger überzeugend. Er konzentriert sich auf zwei Aspekte aus den Gualdi zugeschriebenen Werken, und zwar auf eine Handschrift der Wellcome Library (London, Ms 4856) und auf eine andere aus der Leopold-Sophien-Bibliothek in Überlingen (Ms 159). Die Londoner Handschrift beinhaltet eine deutsche Fassung von Gualdis alchemischem Lehrgedicht »De lapide philosophorum«, die aber hier völlig unberücksichtigt bleibt, denn Humberclaude ediert nur den lateinischen Anhang (»auctarium«), ohne jedoch seinen Bezug zum vorhergehenden Text zu klären. Auch der Versuch, die Geschichte eines hier wiederaufgenommenen alchemischen Rätsels nachzugehen, wird der vertrackten Überlieferung nicht gerecht. Ähnlich geht es mit der Überlingener Handschrift: Auch in diesem Fall wird nicht der Haupttext (d. i. die italienische Fassung von Gualdis Dichtung), sondern nur der darauffolgende Prosa-Kommentar ediert – Entscheidungen, die wohl eine Begründung verdient hätten.

---

[10] Der italienischen Übertragung der *Médecine Universelle* von Claude Comiers (Paris–Bruxelles 1687), wo Gualdi unter den außergewöhnlich lang lebenden Menschen aufgelistet wurde, hat der unbekannt gebliebene Übersetzer einen Bericht hinzugefügt (»Racconto intorno ai successi del Signor Federico Gualdi«, in: *La critica della Morte overo l'apologia della vita*. Venezia 1690). Er soll den von Comiers nur erwähnten Gualdi persönlich gekannt haben, und erzählt von seiner Zeit in Venedig. Viele der hier angedeuteten Ereignisse konnten, wie gesagt, durch Archivalien bestätigt werden, so daß man der literarisch gehaltenen Erzählung einen immer größeren historischen Wert zuschreiben kann.

Historisch und philologisch fundiert berichtet Francesco Laveder in seiner neulich erschienenen Studie von Gualdis Tätigkeit im Imperina-Tal, wo sich die Silber- und Kupferbergwerke der Familie Crotta befanden. In der Bibliothek der kleinen Stadt Agordo stöbernd, hat der Verfasser eine Mappe mit 33 Briefen gefunden, die aus Gualdis Hand stammen und vom 8.1.1663 bis 19.3.1666 datieren. Sie dokumentieren einen technischen Aspekt der Arbeit von Federico Gualdi im Dienst der adligen Andreana Crotta. Nach dem Tod ihres Mannes hatte die Witwe die Verwaltung der Bergwerke übernommen; in Schwierigkeit geraten, vertraute sie Gualdi die Aufsicht der Bergwerke an und ließ sich auch finanziell mehrmals helfen, wie die Akten im Stadtarchiv Venedig und Belluno bezeugen. Die knappen biographischen Informationen über Gualdi entnimmt Laveder den bereits erschienenen Publikationen, wobei er, wie schon Humbertclaude, die archivalischen Quellen von den legendären Berichten unterscheidet und dementsprechend auswertet. Dann werden die Briefe vorgestellt, die um drei Schwerpunkte kreisen: die persönlichen Beziehungen zur Familie Crotta (insbesondere das Heiratsversprechen in Bezug auf die dreizehnjährige Isidora); finanzielle Angelegenheiten (die der Witwe geliehenen Geldbeträge und die daraus entstehenden Zwistigkeiten); das technisch-metallurgische Anliegen (Briefe über den Bergbau).

Auf dieses letzte Thema konzentriert sich dann der Verfasser, denn in der kurzen Zeit, in der Gualdi als Vermögensverwalter von Andreana Crotta wirkte, hatte er versucht, effizientere Techniken zur Kupferverarbeitung einzuführen. Ihm sind tatsächlich einige wichtige Neuerungen in diesem Bereich zu verdanken, die durch die Briefe und andere parallele Quellen rekonstruiert und in ihrem historischen Kontext eingebettet werden, auch im Hinblick auf die spätere Entwicklung des Südtiroler Bergbaus. Der Anhang bietet eine philologisch gepflegte Transkription des in diesem Zusammenhang wichtigsten Gualdi-Autographs sowie ein Glossar der im Brief vorkommenden Fachtermini.

Zusammenfassend läßt sich feststellen, daß diese Blüte von Studien über Federico Gualdi überraschend ist. Nachdem man sich Jahrhunderte lang über ihn gewundert, aber nur ›nebenbei‹ für ihn interessiert hatte, kommen nun fast gleichzeitig vier einschlägige Studien heraus. Aus ganz unterschiedlichen Perspektiven tragen die Autoren entscheidend dazu bei, sein historisches Tun und Treiben ans Licht zu bringen und das Entstehen seiner Legende zu rekonstruieren.

Mit fachlicher und historischer Kompetenz hebt Laveder Gualdis überdurchschnittliche, innovative Fachkenntnisse hervor; Humbertclaude stützt seine Darlegungen auf neue archivalische Quellen und versucht, anhand der traditionellen historiographischen Kategorien einen roten Faden in Gualdis Rezeptionsgeschichte zu finden. In dieser Hinsicht problematischer sind die Arbeiten von Alessandro Boella und Antonella Galli (alias Alexandre de Dánann), da sie einerseits von vornherein auf eine geschichtswissenschaftlich orientierte Vorgehensweise verzichten und andererseits immer wieder in die Versuchung verfallen, literarische und legendäre Berichte als historische Urkunden zu behandeln. Ihr Verdienst liegt hingegen vor allem darin, zahlreiche Materialien gesammelt und zugänglich gemacht zu haben. Auf diese Weise üben ihre Studien die gleiche Faszination der barocken Kompilationen aus, in denen bewanderte Verfasser aus einer bewundernswerten Quellenvielfalt schöpfen und Altes und Neues, Erwartetes und Unerwartetes kunstvoll zusammenflicken.

Laura Balbiani

van Geuns, Steven Jan: Tagebuch einer Reise mit Alexander von Humboldt durch Hessen, die Pfalz, längs des Rheins und durch Westfalen im Herbst 1789, hg. v. Bernd Kölbel und Lucie Terken unter Mitarbeit v. Martin Sauerwein, Katrin Sauerwein, Seffen Kölbel und Gert Jan Röhner. Akademie Verlag, Berlin 2007 (Beiträge zur Alexander-von-Humboldt-Forschung, Bd. 26), 587 S., gb., 89,80 €.–.

von Humboldt, Alexander: Ueber einen Versuch den Gipfel des Chimborazo zu ersteigen. Mit dem vollständigen Text des Tagebuches »Reise zum Chimborazo«, hg. und mit einem Essay versehen v. Oliver Lubrich und Ottmar Ette. Eichborn, Berlin 2006, 196 S., gb., 19,90 €.–.

Hey'l, Bettina: Das Ganze der Natur und die Differenzierung des Wissens. Alexander von Humboldt als Schriftsteller. de Gruyter, Berlin–New York 2007 (Quellen und Forschungen zur Literatur- und Kulturgeschichte, Bd. 47 [281]), 523 S., gb., 98,00 €.–.

Eine der seltenen Möglichkeiten, den frühen, hier 20-jährigen Humboldt zu Gesicht zu bekommen, verspricht das unlängst veröffentlichte Reisetagebuch des Botanikers und Mediziners Steven Jan von Geuns (1767–1795), der zusammen mit seinem Göttinger Kommilitonen Alexander von Humboldt 1789 eine zweimonatige Reise durch Hessen, die Pfalz, den Niederrhein und durch Westfalen unternimmt.

1788 hat sich Humboldt in Berlin von Karl Ludwig Willdenow in die Botanik einführen lassen und so steht seine erste Studienreise von Göttingen aus auch unter botanischen Vorzeichen. Er besucht mit van Geuns in Marburg, Frankfurt a. M., Darmstadt, Heidelberg und Mannheim die botanischen Gärten, untersucht die Pflanzenwelt beim Heidelberger Schloß und die Bodenbeschaffenheit der Weingärten am Rhein.[1] Einige der botanischen Ergebnisse finden sich in der 1793 erschienenen Schrift *Florae Fribergensis specimen* wieder. Doch bereits auf dem Weg nach Kassel (am Dransberg) wendet sich Humboldt mit stetig wachsendem Eifer geognostischen und mineralogischen Studien zu. Aufzeichnungen von Humboldts eigener Hand hierüber sind nicht überliefert, und so war man bisher auf sein erstes Buch, *Mineralogische Beobachtungen über einige Basalte am Rhein* (1790), angewiesen, um zu sehen, daß er sich nicht erst 1791, bei Abraham Gottlob Werner an der Bergakademie in Freiberg, sondern schon weitaus früher umfangreiche geognostische Kenntnisse erworben hatte. Das sorgfältig edierte, zweisprachig präsentierte Reisetagebuch Steven Jan van

---

[1] Hier lassen sich bereits die ersten Schritte auf dem Weg zur später dann entwickelten Pflanzengeographie erkennen.

Geuns', ergänzt durch ausgewählte Briefe von und an ihn (darunter auch z. T. noch unpublizierte Briefe Humboldts) sowie sein ›liber amicorum‹, macht diesen Umstand nochmals auf eindrückliche Weise deutlich. Denn die umfangreichen Darlegungen zu geognostischen und mineralogischen Beobachtungen und Sachverhalten im Tagebuch gehen kaum auf van Geuns selbst zurück, sondern müssen Humboldt zugeschrieben werden. Für diese These, die von den Herausgebern zwar offenkundig vertreten, auf die jedoch leider nicht genauer eingegangen wird, spricht zunächst, daß sich van Geuns während seiner Studien in Harderwijk und Leiden kaum mit Mineralogie beschäftigt hat und auch in Göttingen der Medizin und der Botanik treu bleibt. Sodann weist der Umstand, daß im Tagebuch – und nicht nur mit Blick auf die Geognosie – überwiegend deutschsprachige Forscher und Abhandlungen genannt werden, auf den entscheidenden Einfluß Humboldts hin. Auf ihn geht schließlich auch die im Text zum Ausdruck kommende genaue Kenntnis der jeweiligen Lokalität zurück, die der erst Ende Juli 1789 in Deutschland eintreffende van Geuns sicher nicht hatte.

Humboldts geognostischen Kenntnisse, darauf machen die Herausgeber nachdrücklich aufmerksam, entwickeln und vertiefen sich entscheidend in Göttingen, in den Monaten vor der Reise mit van Geuns. Es ist Johann Friedrich Blumenbach (und wohl auch Heinrich Link), der Humboldt mit dieser Materie, insbesondere mit dem von ihm favorisierten neptunistischen Ansatz vertraut macht (S. 13f.). Daß sich Humboldt nicht einfach für diese Ansicht entscheidet, sondern seine Aufgabe darin sieht, das Für und Wider abzuwägen, diese für ihn so charakteristische Position ist aus den *Mineralogischen Beobachtungen* zwar schon bekannt, zeigt sich in den der Öffentlichkeit entzogenen Aufzeichnungen seines Reisebegleiters aber offener für die Argumente der Vulkanisten. Es hätte der ohnehin etwas kurz geratenen und z. T. schweigsamen Einleitung gut getan,[2] Humboldts Abwägungsprozeß aus den ihm bekannten Quellen (zu denen neben Blumenbachs *Handbuch der Naturgeschichte* [1779f.] und den Arbeiten Abraham Gottlob Werners auch Kants *Entwurf und Ankündigung der physischen Geographie* [1757] gehört haben dürfte) ausführlicher darzustellen. Der von den

---

[2] Eine editorische Vorbemerkung zum Tagebuch fehlt ebenso wie Hinweise zu den Grundsätzen seiner Kommentierung. So erfährt der Leser zwar viel über nahezu jedes auf dem Reiseweg aufgesuchte Gasthaus (z. B. S. 285, Anm. 554), nichts Näheres jedoch über den immerhin bis Frankfurt a. M. mitreisenden Johann Georg Arnold Jacobi (den Sohn von Friedrich Heinrich Jacobi). Gänzlich unkommentiert bleibt auch die sich über 27 Seiten des Tagebuchs hinziehende Schimpfrede van Geuns' über die Deutschen, die als Dokument des zur damaligen Zeit überaus angespannten deutsch-niederländischen Verhältnisses angesehen werden muß. So sind die Deutschen für van Geuns u. a. habgierig, betrügerisch, mißtrauisch, voreingenommen, graphoman, übermäßig arbeitssam, raffsüchtig, mißgünstig und neidisch; Prahlhänse, feige und gemein, Angeber und Spione, die sich in holländische und englische Fabriken einschleichen, um dort Geheimnisse zu entdecken etc. (S. 219–243).

Herausgebern ergänzte Titel des Tagebuchs, »Reise mit Alexander von Humboldt«, bei gleichzeitiger Streichung der ausdrücklich genannten Adressaten, »für sich selbst und für seine Eltern aufgezeichnet«,[3] rechtfertigt sich ja gerade dadurch, daß der zum Zeitpunkt der Reise ältere und in der Wissenschaft bereits erfolgreiche van Geuns sich die Interessen und Fragestellungen Humboldts zu eigen macht, in Spuren zu gehen vermag.[4]

Interessant und von hohem Wert ist das Tagebuch von van Geuns aber noch in einer anderen Hinsicht: Aus dem Blickwinkel eines sichtlich faszinierten Beobachters zeigt sich der Netzwerker Humboldt erstmals bei der Arbeit (vgl. S. 25f.). Zielgerichtet und diszipliniert werden die Plätze in der Natur aufgesucht, die wissenschaftliche Erkenntnisse versprechen; in den Städten läuft dann jedoch ein anderes ›Programm‹ ab: Bibliotheken, Sammlungen, Gärten und Museen werden systematisch besucht und die Verantwortlichen befragt, angekündigte und unangekündigte Besuche werden gemacht, Verbindungen zu bedeutenden Persönlichkeiten werden geknüpft, die Möglichkeit einer Mitarbeit an Publikationen eruiert, Empfehlungsschreiben abgegeben und neue entgegengenommen. Somit ist das Reisetagebuch Steven Jan van Geuns' ein eindrückliches Zeugnis für das von Humboldt so geschätzte Mobile des Wissens in Theorie und Praxis.[5] Daß dieses Wissen eines von Menschen ist und bleibt, verbunden also stets mit Empathie und Geselligkeit, auch das machen die Schilderungen von Humboldts Reisebegleiter auf lesenswerte, bisweilen witzige Weise deutlich.

Spätestens in Ecuador, angesichts zahlreicher feuerspeiender Berge, wendet sich Humboldt verstärkt den Ansichten der Vulkanisten zu. Doch nicht darum geht es Ottmar Ette und Oliver Lubrich in ihrer Edition der Texte Humboldts, in denen dieser seinen legendären Versuch, den Chimborazo zu besteigen, thematisiert, sondern um die Frage, wie er seinem Scheitern am Berg begegnet. Er tut es schreibend, also mit Kunst.

Der bibliophil gestaltete Band enthält das Reisetagebuch vom 23. Juni 1802, dem Tag des Aufstiegs, auf der Grundlage des Originalmanuskripts, sorgfältig transkribiert und übersetzt, nebst drei Faksimileseiten, die verdeutlichen, wie schwierig die Edition eines Humboldt-Textes aus der Handschrift ist: eine kleine, teilweise schlecht lesbare Schrift, Einschübe, Ergänzungen, Streichungen,

---

3   Der Originaltitel lautet: *Dagverhaal eener Reize door Hessen, de Palts, langs den Rhijn en Westphalen in de Herfst van 1789 door S. J. van Geuns voor zich zelven en voor zijne Ouders opgetekend* (S. 67).

4   Humboldt ist – in der Regel ungenannt – der entscheidende Anreger. Ansonsten ist das Tagebuch ein im Ton der Zeit verfaßtes, hauptsächlich berichtendes, kaum reflektierendes, überaus detailreiches, zuweilen amüsantes, oft aber auch langweiliges Dokument, geschrieben, um sich der »Güte und Nachsicht« der Eltern zu versichern (S. 354).

5   Vgl. dazu Ottmar Ette: *Alexander von Humboldt und die Globalisierung. Das Mobile des Wissens*. Frankfurt a. M. 2009.

eingeklebte Zettel, Zeichnungen. Ein Brief an Bruder Wilhelm den Aufstieg betreffend, ein Essay zum Chimborazo aus den *Ansichten der Kordilleren* sowie der Bericht über die Besteigung, einmal in der Version des *Jahrbuch für 1837*, einmal in der aus den *Kleineren Schriften* (1853), runden den Band ab, den Ette und Lubrich mit einem lesenswerten Essay versehen haben, der einen Schlüssel nicht nur zu den beigegebenen Texten, insbesondere zum Tagebuch, sondern auch zum Verständnis des Humboldtschen Denkens insgesamt bietet.

Eine unüberwindliche Spalte macht Humboldts Hoffnung, den Gipfel des Chimborazo doch noch erreichen zu können, zunichte, wobei dieses Hindernis im Text auf signifikante Weise inszeniert wird: Über das zweisilbige Wort ›crevasse‹ (Spal-te) öffnet Humboldt im Text seinerseits einen Abgrund (S. 87), indem er zwischen ›cre-‹ und ›-vasse‹ eine Lücke von 6 Seiten einfügt, die jedoch nicht, wie am Chimborazo selbst, ein Blick in die Leere bedeutet, sondern in die etwas eingeschrieben wird: »und zwar eine Miniatur seiner Forschungstätigkeit, die sich in charakteristischer Weise zwischen den Disziplinen hin und her bewegt« (S. 17).[6]

Hier tritt ein grundlegendes Verfahren Humboldts, mit der ihm begegnenden Natur umzugehen, in plastischer Weise hervor: Im Moment des Scheiterns in oder an der Natur erweist sich das Schreiben und Beschreiben als eine Möglichkeit, den Abgrund als überbrückbar vorzustellen, d. h. der Natur auch weiterhin in »Würde und Freiheit« zu begegnen und sie für sich selbst als »Reich der Freiheit« behalten zu können.[7] Dabei überbrückt das Schreiben nicht im Sinne eines schlichten, festsetzenden Hinübergehens, sondern im Sinne eines unablässigen Unterwegsseins zwischen Anschauungsweisen und ist insofern symbolisch. Zu denken ist bei diesem Umgang mit dem Scheitern natürlich an die Überlegungen zum Erhabenen in Kants *Kritik der Urteilskraft*, wobei Humboldt weniger die Vernunftideen als die unterschiedlichen Möglichkeiten schreibender Formung und Überformung im Blick hat. Mag sich die Natur auch in gestaltlosen Nebel und »undurchsichtige[s] Schneeweiß« hüllen (S. 98) – Humboldt setzt seine gestaltende, das Weiß des Papiers beschreibende Tätigkeit fort. In diesem Zusammenhang zeigen Ette/Lubrich auch auf, daß Humboldt sein überbrückendes, weil wissenschaftliches *und* kunstvolles Schreiben am Chimborazo oder am Rucupichincha, wo sich eine Schneebrücke als brüchig erweist (S. 45f.), nicht abgehoben von der abgründigen Realität denkt, sondern mit dieser verflochten bleibt, derart »Zeichen und Beleg nicht nur eines Überlebenswillens, sondern eines Überlebenswissens« ist (S. 47). So öffne sich die Kunst des Scheiterns auf eine Lebenskunst (S. 59), für die auch der Verzicht, so etwa Humboldts langes

---

[6] Bemerkungen zu Gesteinen, zur geometrischen Vermessung, zum Ausbruch des Moya de Pelileo sowie eine kleine ethnologische Miniatur über den Zustand der Provinz Quito vor der Conquista (S. 87–96).

[7] Alexander von Humboldt: *Kosmos. Entwurf einer physischen Weltbeschreibung.* 5 Bde. Stuttgart 1845–1860, hier Bd. 1, S. 4.

öffentliches Schweigen über sein Chimborazo-Erlebnis, zum Ausdruck indivi-
dueller Freiheit und nicht des Scheiterns werde (S. 39). Einher gehe diese Le-
benskunst, auch darauf weisen Ette/Lubrich hin, mit einem Verständnis von
Wissenschaft als eines offenen und dynamischen Prozesses, als »Fruchtbar-
machung fortgesetzter und niemals stillzustellender Dynamik« (S. 58).

Die Euphorie der Herausgeber, die, so betrachtet, in Humboldt das Musterbei-
spiel eines glücklichen Menschen *und* Wissenschaftlers sehen wollen, sollte nun
jedoch nicht darüber hinwegtäuschen, daß der preußische Naturforscher zu sei-
ner Zeit in vielerlei Hinsicht als einer der letzten seiner Art angesehen werden
muß, ein Umstand, der ihm sehr wohl bewußt war und sein Werk ab 1807, mit
seinem Seßhaftwerden in Paris, und verstärkt ab 1827, seiner Rückkehr nach
Berlin, mit einer unüberhörbaren Melancholie durchsetzt.

Im Unterwegssein in Südamerika hatte sich für Humboldt der ›Traum seines
ganzen Lebens‹ erfüllt.[8] Mit der Rückkehr nach Europa verengen sich die Per-
spektiven wieder. Werner Biermann hat in seinem Buch[9] gezeigt, wie sehr
Humboldt auf seine Amerikareise zugelebt und im Nachhinein von ihr gezehrt
hat. Die Schilderung der Reise selbst, sorgfältig aus den Quellen und vor Ort
recherchiert und spannend erzählt,[10] macht deutlich, wie das mittelbare Mobile
des Wissens bei Humboldt zusammenhängt mit der unmittelbaren Mobilität des
Unterwegsseins, der Ortsveränderung, der Einnahme neuer Blickwinkel. Die
Zusammenfassung und Auswertung des Gesehenen, Gesammelten, Notierten,
Gehörten und Erinnerten in Paris und Berlin erweist sich hingegen als ebenso
unbewältigbar wie die am Lebensende unternommene Beschreibung des Kos-
mos, ausgehend von der »Region der fernsten Nebelflecke«.[11] Das Ganze der
Natur als Symbol für die Reflexion, ein in jeder Hinsicht idealistischer Denkan-
satz, gerät in einen verständlichen Konflikt mit dem von Humboldt selbst uner-
müdlich vorangetriebenen Empirismus, der seinerseits bereits abgelöst wird von
einer Wissenschaft, die nicht mehr der Idee oder dem empirischen Material,
sondern dem Prinzip verpflichtet ist. So ist Humboldt zwar sicher nicht geschei-
tert, selbst der unvollendet gebliebene *Kosmos* kann, mit Ette/Lubrich, als Zeug-

---

[8] Dies wird auch deutlich, wenn man Humboldts 1843 erschienenes Werk *Asie Cen-
trale* liest (vgl. dazu die Neuedition hg. v. Oliver Lubrich. Frankfurt a. M. 2009):
Seine Schilderungen der 1829 bereisten Landschaften Zentralasiens erinnern frap-
pant an jene Neu-Granadas und die Ausführungen zum asiatische Hochgebirge las-
sen an die Andenkette denken.

[9] Werner Biermann: *»Der Traum meines ganzen Lebens«. Humboldts amerikanische
Reise.* Hamburg 2008.

[10] Dankbar kann man auch über die auf den Vorsatzblättern abgedruckte Karte sein, die
die in der Tat ungeheuerlichen Distanzen plastisch vor Augen führt und nachvoll-
ziehbar macht, die Humboldt in und zwischen Südamerika, Mexiko und Kuba zu-
rückgelegt hat.

[11] Humboldt: *Kosmos* (wie Anm. 7), Bd. 1, S. 80.

nis der Freiheit gelten, er erfährt jedoch das einst harmonische Zusammenspiel von Ganzheit und Differenz (im Gegensatz etwa zu Goethe) zunehmend in seiner Polarität, ja Unvereinbarkeit. Diese läßt sich nicht einfach in einer Kunst des Scheiterns oder des Nicht-Ankommens aufheben, sondern wirft die Frage nach den Grundlagen und Entwicklungen des einstigen Zusammenspiels auf. Erst von dort aus kann es möglich sein, im Rückblick auf Humboldt das Mobile des Wissens transparent zu machen und einordnen zu können.

Einen wichtigen Beitrag zu dieser Fragestellung liefert die umfangreiche Studie von Bettina Hey'l, die sich mit Humboldts schriftstellerischer Tätigkeit im Spannungsfeld von Naturforschung und Literatur bzw. Bildung beschäftigt. Ausgehend von seiner Erziehung zum Literaten (endend nach der Zeit in Göttingen) und den ersten Gehversuchen im Grenzgebiet zwischen Literatur und Naturwissenschaft, etwa mit seinem Beitrag zu Schillers *Horen* (1795) und den *Versuchen über die gereizte Muskel- und Nervenfaser* (1797), konzentriert sich Hey'l sodann auf Humboldts Verarbeitung und Veröffentlichung seiner Amerikareise im Rahmen der *Ideen zu einer Geographie der Pflanzen* (1807) und den *Ansichten der Natur* (1808), um schließlich sein *Kosmos*-Projekt, ausgehend von den legendären Vorlesungen in Berlin (1827/28), in den Blick zu nehmen.

Im Mittelpunkt der überaus materialreichen, ausgewogenen und umsichtig strukturierten Arbeit steht die Frage, wie Humboldt zum Nationalautor und zum Repräsentanten seiner Zeit werden konnte, wobei mit der Beantwortung dieser Frage indirekt auch die gegenwärtige Humboldt-Renaissance verständlicher wird, was den Reiz der Lektüre noch erhöht.

Der gesellschaftliche und wissenschaftliche Modernisierungsprozeß um 1800 geht einher mit dem Verlust des lebensweltlichen Halts und macht eine Neuorientierung im Wissen notwendig, das zu einem kulturellen werden soll. Die Schriftstellerei Humboldts stellt sich nach Hey'l nun in exemplarischer Weise in den Dienst dieser Neuorientierung, indem sie zwischen den historischen sowie aktuellen Wissensbeständen und den sozialen Handlungsräumen, in denen Wissen und Literatur eine Rolle spielen, vermittelt, womit erneut das überbrückende, derart symbolische Schreiben angesprochen ist. Es wirkt in den Symbolisierungs- und Legitimierungsprozeß einer von Ungleichzeitigkeiten umstellten Gesellschaft hinein und findet eben deshalb ihre Adressaten, weil es diese Ungleichzeitigkeiten aufnimmt, nicht nur von der Höhe der Zeit her spricht, sondern immer auch, im Schreiben entwickelt, die Beziehung zur Vergangenheit erkennt und ausnutzt, wohlgemerkt nicht als Kuriosum oder schlichte Archivale, sondern als erhellend und wirksam – sowohl wissenschaftlich als auch sozial – für die gegenwärtige Situation. Ausschließlich als Naturforscher betrachtet, so Hey'l, fällt Humboldt zwar hinter die ›moderne‹ Naturwissenschaft seiner Zeit zurück, als Historiker und Philologe der Natur und Naturwissenschaft hingegen gelingt ihm der Sprung, »erscheint der überkommene aufklärerische Universalismus als Prämisse einer globalen Formulierung empirischer Befunde« (S. 114).

Humboldts Erfolg als Schriftsteller (und Vortragender) beim Publikum geht maßgeblich auf seine unausgesetzte geschichtliche Betrachtung und Rekonstruktion zurück, mit der auf die Kontinuität des Wissens, damit aber auch auf die Einbezogenheit des erkennenden Subjekts in das Wissen abgehoben wird. Humboldts Schreiben ist derart verortendes Schreiben, das auch heute wieder als attraktiv empfunden wird, in einer Zeit des explodierenden Wissens und der kaum noch zu überblickenden Netzwerke des Wissens. Daß dabei selten über Humboldts eigene Verortung in der Welt des 19. Jahrhunderts gesprochen wird, d. h. über seine in der Jugend erworbene umfassende Bildung, von der er sein Leben lang profitiert und die sein Werk überhaupt erst ermöglicht, ist bedauerlich, da damit ein entscheidender, für uns Heutige freilich fremder Hintergrund vernachlässigt wird. Um so wichtiger sind deshalb die Darlegungen zu Humboldts Erziehung zum Literaten im ersten Teil der Studie. Es wird gezeigt, wie Humboldt seine umfassende (klassische) Bildung und seine Interessen in den sozialen Raum einzuspeisen beginnt und wirksam werden läßt. So lernt Humboldt in den Gesellschaften und literarischen Salons der Hauptstadt, Bildung im kleinen, privaten Kreis zu kommunizieren und von dort aus auf eine öffentliche Präsentation hin zu transformieren. Diese Prägung wirkt in seinem Werk weiter. So vollzieht sich für ihn Wissenschaft und ihre Kommunikation nicht anonym, sondern basiert auf persönlichen, ja freundschaftlichen Beziehungen; sie ist keine Angelegenheit nur von Experten oder nur bestimmter sozialer Schichten, sondern bedarf der Beteiligung aller am Gespräch; sie schließt Empfindungen und Gefühle nicht aus, sondern begreift diese als historische Vorstufen der Wissenschaft, als Dreh- und Angelpunkte des Zueigenmachens. Um die ganze äußere Welt reflektieren zu können, bedarf es stets des ganzen Subjekts mit seiner Erlebnis-, Erfahrungs- und Bildungsgeschichte. Insofern geht es Humboldt auch nicht um die Herstellung streng logischer oder methodischer Zusammenhänge, sondern er erkennt und akzeptiert stets Unschärfen als anthropologische Gegebenheit, die letztlich nur ›menschlich‹ aufgehoben werden können, etwa dadurch, daß Wissen immer in die Geschichte des Wissens, aber auch in die Geschichte der Literatur oder des Mythos eingebunden und damit legitimiert wird oder dadurch, daß es rhetorisch untermauert wird. Immer wieder kommt die Studie auf den zuletzt genannten, in der Forschung bislang jedoch merkwürdigerweise vernachlässigten, dabei äußerst aufschlußreichen Aspekt zu sprechen. Von Humboldts Erfolgen als Redner (etwa im Rahmen der Kosmosvorlesungen) oder ›redender Gesellschafter‹ (in den Salons oder im Gefolge des Königs) einmal abgesehen, ist die Funktion, die er der Rhetorik zuweist, von besonderem Interesse. Sie steht nicht im Dienst einer Vereinfachung und von dort aus im Dienst einer kruden Popularisierung des Wissens, sondern sie überbrückt in der bereits mehrfach beschriebenen Weise den Abgrund, der sich zwischen Natur und Mensch immer stärker auftut. So wird die Beschreibung des

Kosmos nicht im Sinne der exakten Wissenschaft betrieben, sondern *über* die Beschreibung *als* Kosmos, *als* Geordnetes vorgestellt.

Erst wenn Natur rhetorisch zum Kosmos wird und damit zugleich Wahrheit und Schönheit für sich in Anspruch nimmt, wird Naturforschung zur Bildung. Bildung aber ist nicht als ein beliebiges Wissen zu verstehen, sondern als idealer Zusammenhang zwischen einem Sachbereich, der geistigen Beschäftigung damit, den einzelnen Subjekten dieser Beschäftigung, ihrer Gemeinschaft. Und dieser Zusammenhang ist, wie Humboldt wußte, ein vitales Motiv öffentlicher Symbolisierung und gesellschaftlicher Modernisierung (S. 354).

Humboldts Rhetorik, von Hey'l zutreffend als »Rhetorik der Subjektivität« (S. 169) beschrieben, bildet somit die Objektivität der Phänomene und die Wirkung auf das Gemüt sprachlich ab. Ihre Wurzeln hat sie in der am Ideal des ›poeta doctus‹ und des ›honnête homme‹ orientierten Erziehung des Naturforschers, die es ihm ermöglicht, den Abgrund in den Blick zu nehmen, d. h. nicht in der Verhärtung von Hypothese und Terminologie zu verbleiben, sondern mit bildkünstlerischen und topischen Mitteln Wissen auf den Menschen hin durchsichtig zu machen. Wie er dabei vorgeht, zeigt Hey'l anhand von Humboldts Aufsatz *Die Lebenskraft oder Der rhodische Genius* (1795), der bereits im Titel die Verbindung von Naturwissenschaft und Kunst aufruft, die, zumal in ihrer literarischen Vermittlung, Schiller suspekt blieb, in ihrer Analyse der *Versuche über gereizte Muskel- und Nervenfaser* (1797), wo die Analogie- und Metaphernbildung wissenschaftliche Hypothesen geradezu ersetzt oder mit Blick auf die Kosmosvorlesungen, in denen die ganze Natur zum Gegenstand der Bildung in dem Sinn wird, daß sich mit ihr andere Totalitäten (Nation, Menschheit, Geschichte, Sprache, Kunst etc.) verbinden lassen, um von dort aus auf eine ganz andere Einheit zu verweisen, die Humboldt in *Kosmos*, fast schon Kantisch, als »Sphäre ideeller Subjektivität« beschreibt,[12] und zu der etwa Freiheit gehört oder Schönheit (deren ›Vorschein‹ der Kosmos als schön Geordnetes ja sein soll).

Daß Humboldt in der Verarbeitung seiner amerikanischen Reise nicht nur auf Gesehenes, Erforschtes und Erlebtes rekurriert, sondern seine Berichte vielfach angereichert und ausgeschmückt hat – etwa mit nicht von ihm selbst stammenden Berichten und Fakten oder mit eindeutig an literarischen Vorbildern oder ästhetischen Konzepten orientierten Schilderungen – steht ganz im Zeichen seiner Auffassung, daß Natur und Mensch um so enger kommunizieren können, je größer das Spektrum der aufgerufenen Wissens- und Darstellungsbereiche sowie der ins Spiel gebrachten Kulturtechniken ist. Dabei ging es Humboldt nicht um eine transkulturelle, sondern immer um eine interkulturelle Öffnung, nicht um das ihm begegnende Fremde als solches, sondern um die Weitung der eigenen, (europäischen) Perspektive. Derart ist Humboldts Amerikareise eine »giganti-

---

[12] Humboldt: *Kosmos* (wie Anm. 7), Bd. 1, S. 21.

sche Individualveranstaltung« (S. 191) im engen (subjektiven) wie im weiten (europäisch-gesellschaftlichen) Sinn.

Welche Probleme bei der Umsetzung und Ausgestaltung dieser Konzeption entstehen, wird beim Blick auf die Veröffentlichungsgeschichte der *Voyage* deutlich, die Hey'l ausführlich nachzeichnet. So zeigt sich, daß Humboldt zwar versucht, die von ihm selbst beanspruchte, nicht zuletzt aber auch von außen an ihn herangetragene Rolle des einerseits alle Phänomene überblickenden Asketen und andererseits des Begründers und Beherrschers einzelner Disziplinen auszufüllen, doch zusehends an der schlichten Quantität des zu organisierenden Materials scheitert (S. 195). Gleiches gilt auch für den Fragment gebliebenen *Kosmos*, dessen kosmische Weitung (jenseits wissenschaftlicher Erfahrungen) auch unter Rückgriff auf poetische und rhetorische (also ›kosmetische‹) Mittel nicht mehr befriedigend dargestellt werden kann. Sein Erfolg (gestern wie heute) ist deshalb auch nicht auf die Darlegung der objektiven empirischen Natur oder die Naturgemälde zurückzuführen, sondern auf seine »kulturgeschichtliche Sinnstiftung« (S. 394). Humboldt selbst hat auf diese Perspektive seiner Arbeit in einem Brief an Bessel ausdrücklich hingewiesen:

> Ich aber habe […] die Natur nie allein objectiv vorstellen können, sie erscheint mir immer zugleich als in dem Menschen reflectirt, *in dem Einzelnen* seine Einbildungskraft belebend, sich im Inneren abspiegelnd, Kunst erzeugend, verschieden nach dem Naturgefühl der Volksstämme, *in der ganzen Menschheit* durch Weltbegebenheiten […] modificirt.[13]

Daniel Tobias Seger

---

[13] Zitiert nach Hey'l, S. 391f.

Bendels, Ruth: Erzählen zwischen Hilbert und Einstein: Naturwissenschaft und Literatur in Hermann Brochs »Eine methodologische Novelle« und Robert Musils »Drei Frauen«. Königshausen und Neumann, Würzburg 2008, 480 S., geheftet, 68 €.–.

Obwohl Bendels' *Erzählen zwischen Hilbert und Einstein* nicht die erste Studie ist, die Zusammenhänge zwischen den Naturwissenschaften und der Literatur von Hermann Broch und Robert Musil untersucht, bietet der umfangreiche Text dem Leser wichtige neue Einblicke in diese Verbindung an. Vor allem liefert Bendels eine Analyse davon, wie sich die Gattung ›Novelle‹ als Resultat der Aufnahme und Integration von philosophischen Folgen der entstehenden physikalischen Theorien und der sogenannten Grundlagenkrise in der Mathematik am Anfang des zwanzigsten Jahrhunderts entwickelte. Wo andere Wissenschaftler sich auf die Rolle der Naturwissenschaften und der Mathematik hauptsächlich in den längeren Werken der zwei Autoren konzentriert haben, nimmt Bendels als Objekt ihrer Untersuchung eine frühe Novelle von Broch, deren spätere Version in dem Roman *Die Schuldlosen* wesentlich mehr Aufmerksamkeit in der Literaturkritik als diese originale erregt hat, und einen Novellenzyklus von Musil, der neben den *Verwirrungen des Zöglings Törleß* und dem *Mann ohne Eigenschaften* im Forschungsbereich ›Naturwissenschaften‹ leicht übersehen wird.

Bendels Buch beginnt mit einem gründlichen und hilfreichen Überblick über die Geschichte und die philosophischen Folgen der Grundlagenkrise in der Mathematik, der Relativitätstheorie und der Quantenmechanik, deren geistige Beschäftigung, Popularisierung, beziehungsweise Entwicklung zur Entstehungszeit der Novellen zeitgenössisch waren und von denen Broch und Musil eine in der Literaturkritik mehrfach bewiesene Kenntnis besessen haben. In der Grundlagenkrise versuchten Mathematiker, bestimmte Paradoxe aus dem axiomatischen System auszutilgen und das System von neuem komplett und ohne Widersprüche aufzubauen. Die Relativitätstheorie verband Beobachter und Beobachtete. Nicht mehr waren Zeit und Raum objektive Kategorien; statt dessen hingen sie von der Position des beobachteten Subjekts und voneinander ab. Das Auftauchen der Quantenphysik entwickelte diese Verbindung weiter; wohin die Quanten sich bewegen und was sie machen, hängen von der Beobachtungsweise des Beobachtenden ab. Zusätzlich dazu stellte die Quantenmechanik das Kausalprinzip in Frage. Während die Newtonsche Physik annimmt, daß bestimmte mechanistische Ursachen ein physikalisches Ereignis determinieren und eine am Ende allumfassende Kenntnis dieser Ursachen das Ereignis voraussehen könnte, brachte die Quantenmechanik zum Vorschein, daß Ereignisse des sehr kleinen physikalischen Niveaus nicht determiniert werden können und mit statistischer Wahrscheinlichkeit vorhergesagt werden müssen. Für Bendels haben diese Entwicklungen philosophische und ästhetische Folgen für die Literatur, besonders für die Novelle.

Nach Bendels hat sich die Novellenform am Ende des 19. Jahrhunderts erschöpft. Um die Spannung zwischen dem Darstellen des Alltäglichen und der Einführung des Unerhörten, die die stark konventionalisierte Novelle der Zeit charakterisiert, zu unterstützen, haben Novellenautoren wie Heyse und Ernst die Naturwissenschaften als formalistische Modelle genommen. Aber der Positivismus sei mit einigen Eigenschaften der Novelle nicht übereinstimmend gewesen:

> Einerseits werden deren leitende Prinzipien der Kausalität, Regelhaftigkeit und Wiederholbarkeit der Literatur der Intention nach implementiert. Andererseits bedeutet dies für das Modell der Novelle, das auf den Faktor der Diskontinuität angewiesen ist, Legitimationsschwierigkeiten, die letztlich nicht mehr zu lösen sind (S. 51).

Aber mit dem Anbruch der Grundlagenkrise und der Erfindung der Relativitätstheorie und der Quantenmechanik sei die Gelegenheit gekommen, die Verbindung zwischen der Literatur und den Naturwissenschaften zu fördern, ohne die Integrität der Literatur zu opfern:

> [Die Novellen Brochs und Musils] nehmen das Postulat, die Novellenform müsse als Form experimentellen Geschehens verstanden werden, ausdrücklich auf. Sie lösen es aber aus der positivistisch-szientistischen Vereinnahmung und erneuern es […] Die Novellen nutzen die Chance, Aspekte wie Instabilität und Ereignishaftigkeit […] für das novellistische Erzählen zurückzugewinnen […] Die Spannung zwischen Krisenhaftem, Diskontinuierlichem und dem Bemühen um Strukturierung und Bedeutungskonstitution wird für diese Texte wieder zentral (S. 55).

Anders gesagt habe die Erneuerung der Naturwissenschaften am Anfang des 20. Jahrhunderts die Erneuerung einer literarischen Form, deren Nutzbarkeit veraltet schien, erlaubt.

Durch ein satirisches Spiel mit der novellistischen Erzählform, eine Innovation der traditionellen mystischen Ekstaseszene und ein wegen mehrerer möglicher Ergebnisse undeterminiertes Ende enthülle Brochs *Eine methodologische Novelle*, so Bendels, die Möglichkeit erkenntnistheoretischer Modelle, die sich vom auf Determinismus und Kausalität angewiesenen Positivismus und also von der novellistischen Erkenntnisweise des späten 19. Jahrhunderts unterschieden. Broch nehme »in einer Art Bestandsaufnahme verschiedenste Bruchstücke des vormals gültigen Weltbildes auf und trägt, indem sie sie in ihrer Krisenhaftigkeit vorführt, dieses Krisenhafte in die Novelle hinein« (S. 423). Die Konstruiertheit der Form, die der eigentliche Inhalt der Novelle sei, impliziere das Privilegieren von Eigenschaften der klassischen Naturwissenschaften wie Determinismus und Kausalität, Wiederholbarkeit und Kontinuität, aber unter der Textoberfläche »lauern die Unsicherheiten und Unstimmigkeiten überall, festgemacht gerade an den Neuerungen der Naturwissenschaft« (S. 145). Am Ende herrschen Diskontinuität, Unwiederholbarkeit und Einmaligkeit.

Mit Musils Novellenzyklus *Drei Frauen* unternimmt Bendels den Versuch, die oft diametral gesetzte Opposition ›Wissenschaft‹ – ›Literatur‹ aufzulösen. Anders als bei Brochs Novelle, deren Beziehung auf die Naturwissenschaften immer deutlich und oft explizit sei, bleibe diese Beziehung in Musils Novellen, besonders in den ersten beiden, meistens implizit; deswegen bezieht sich Bendels in erster Linie auf die tiefer liegenden Erkenntnisereignisse der Texte. In der ersten Novelle des Zyklus, »Grigia«, bedeute der Tod der Hauptfigur – eines tatsachendenkenden Jedermann namens ›Homo‹ – den Sieg alternativer, als exotisch oder unmodern bezeichneter Erkenntnisweisen wie der Ästhetik, des Mythos oder der Religion, über eine geistige Haltung, die sich an »Technik, Beherrschung, Funktionalismus und Gewinn« orientiere (S. 281). In der zweiten Novelle, »Die Portugiesin«, vereinigen sich utopisch das in der klassischen Naturwissenschaft angewandte Tatsachendenken und eine »in sich abgeschlossen bleibende Ästhetik« (S. 356). In Form und Inhalt zeige die dritte und letzte Novelle, »Tonka«, eine Verwendung bestimmter philosophischer Folgen der neuen Naturwissenschaften:

> die gleichzeitige Existenz widersprüchlicher Deutungen läßt sich analogisch auf die Quantentheorie beziehen, die Hervorhebung der subjektiven und unzuverlässigen Qualität der Zeit auf die Relativitätstheorie, das Problem von Kontinuität und Diskretheit von Wahrnehmungen auf die Antinomien des mathematischen Unendlichen (S. 411).

Nach Musils eigener Erkenntnistheorie lassen sich das ›Ratioïde‹ und das ›Nicht-Ratioïde‹ nicht mehr für einander ausschließend gehalten werden. Als Zyklus seien die *Drei Frauen*, so Bendels, eine literarische Unterminierung der häufigen Opposition von Tatsachendenken und Gefühl, von dem ›Ratioïden‹ und dem ›Nicht-Ratioïden‹, von den Naturwissenschaften und der Kunst.

Bendels erkennt in allen untersuchten Novellen eine Art Erzählen, das auf der einen Seite die Diskontinuität, Dynamik, Beobachterabhängigkeit und Relativität der neuen Naturwissenschaften reflektiere und das auf der anderen Seite die Sicherheit, Eindeutigkeit und Objektivität der klassischen Naturwissenschaften als Fiktion enthülle. Im Prozeß werde auch die Gattung Novelle durch innovative Erzählstrukturen, mehrere schwer determinierbare Wendepunkte und die gemeinsame Abhängigkeit von Beobachter und Beobachtetem erneuert. Nicht länger müsse das Verhältnis zwischen der Literatur und den Naturwissenschaften eine positivistische Unterwürfigkeit der Ästhetik und der Mehrdeutigkeit gegenüber Tatsache und Eindeutigkeit bedeuten. Das moderne Erzählen könne jetzt unterschiedliche Erkenntnisweisen kombinieren und integrieren und dabei subtiler, wirklichkeitsnäher und der Kunst treuer sein.

Bendels Studie trägt sowohl zur Kritik an Broch und Musil als auch zum Verständnis des Verhältnisses zwischen der modernen Literatur und den Naturwissenschaften auf verschiedenen wichtigen Wegen bei. Obwohl sie den schon gut ausgetretenen Pfad der Novellenanalyse bei Broch und Musil betritt, schafft sie es trotzdem, eine neue nutzbare Perspektive zu finden, und zwar diejenige, daß viele innovative Elemente der Novellenform bei den Autoren teilweise Resultat einer Beschäftigung mit den neuen Theorien der Naturwissenschaften und der Grundlagenkrise in der Mathematik seien. Zweitens vertieft Bendels die Methode der Analyse naturwissenschaftlicher Themen bei Broch und Musil, indem sie Texte untersucht, die oft übersehen oder auch ignoriert wurden, weil sie sich wenig explizit auf diese Themen beziehen. Obwohl ihre Argumentation aus diesem Grund manchmal – aber auch sehr selten – etwas überzogen und ihre Auslegung der philosophischen Folgen der neuen Naturwissenschaften und Mathematik etwas überfordert scheinen, bleibt der Kern überzeugend, originell und sehr wertvoll. Bendels erklärt geschickt, wie Broch und Musil vom naturwissenschaftlichen Klima beeinflußt wurden, auch wenn dieser Einfluß nicht immer sofort erkennbar sei. Jeder Wissenschaftler, der sich der Beziehung zwischen den Naturwissenschaften und der Literatur bei Broch und Musil widmet, wird sich nach Bendels ernsthaft überlegen müssen, den Umfang seiner Studien zu erweitern. Und weil Bendels noch dazu einen vorzüglichen Überblick über die Forschung zur Verfügung stellt, wird ihr Buch ohne Frage vorbildhaft für alle zukünftigen Forscher dieser Beziehung sein.

Gwyneth E. Cliver

370

Dittrich, Andreas: Glauben, Wissen und Sagen. Studien zu Wissen und Wissenskritik im ›Zauberberg‹, in den ›Schlafwandlern‹ und im ›Mann ohne Eigenschaften‹. Niemeyer, Tübingen 2009 (Studien zur deutschen Literatur, Bd. 188), IX, 365 S., kart., 79,95 €.–.

Zu den vielfältigen Fragen, die im Hinblick auf das Verhältnis zwischen Literatur, Wissen und Wissenschaften gestellt werden können, gehört auch die nach Beziehungen zwischen der Literatur einer Epoche und der zeitgenössischen institutionalisierten Reflexion über Wissen, wie sie von der philosophischen Erkenntnistheorie geleistet wird. Die Jahrzehnte zwischen 1890 und 1940 bieten für Fragen nach solchen Beziehungen ein besonders ergiebiges Betätigungsfeld, da in diesem Zeitraum die Philosophie zahlreiche neue erkenntnistheoretische Ansätze hervorgebracht und die Literatur sich intensiv mit diesem pluralisierten Diskurs auseinandergesetzt hat – so lautet zumindest die leitende Hypothese eines einschlägigen, 2004 erschienenen und von Christine Maillard herausgegebenen Sammelbandes,[1] die von den Beiträgen denn auch in erheblichem Maße bestätigt wird. Die Dissertation von Andreas Dittrich, in der die Relationen zwischen Literatur und Erkenntnistheorie jener Zeit anhand von besonders prominenten Texten untersucht werden, geht von ähnlichen Grundannahmen aus wie der Band von Maillard, bedient sich aber in methodischer Hinsicht eines ganz eigenständigen Ansatzes und gelangt zu zahlreichen neuen Perspektivierungen und Einsichten.

Die Absicht der Untersuchung ist es, »erkenntnistheoretisch relevante Aspekte der drei großen Metaromane der Frühen Moderne, Thomas Manns ›Der Zauberberg‹, Hermann Brochs ›Die Schlafwandler‹ und Robert Musils ›Der Mann ohne Eigenschaften‹, vor dem Hintergrund zeitgenössischer Erkenntnistheorien zu rekonstruieren« (S. 24).[2] Der methodische Ansatz der Arbeit könne als »eine sprachanalytisch orientierte Form der *intellectual history*« bezeichnet werden (S. V). Sprachanalytisch orientiert ist Dittrichs Vorgehen, insofern er den Ge-

---

[1] Vgl. *Littérature et théorie de la connaissance 1890–1935. Literatur und Erkenntnistheorie 1890–1935*, hg. v. Christine Maillard. Straßburg 2004. Zu den genannten Grundthesen vgl. vor allem: Christine Maillard: »Introduction. Problèmes et perspectives d'une épistémologie littéraire dans le premier tiers du XXe siècle«, in: ebd., S. 7–23, hier S. 7.

[2] Die Charakterisierung dieser drei Romane als ›Metaromane‹ oder ›Metatexte‹ der Frühen Moderne wie auch diesen Epochenbegriff selbst übernimmt Dittrich von: Christine Maillard u. Michael Titzmann: »Vorstellung eines Forschungsprojekts: ›Literatur und Wissen(schaften) in der Frühen Moderne‹«, in: *Literatur und Wissen(schaften) 1890–1935*, hg. v. Christine Maillard u. Michael Titzmann. Stuttgart–Weimar 2002, S. 7–37, hier S. 10. Die Bezeichnung als ›Metatexte‹ soll ausdrücken, daß in diesen Texten »die Epoche sich selbst und ihren internen Wandel reflektiert« (ebd.).

brauchsweisen epistemischer Ausdrücke in den Romanen und generell der sprachlichen Verfaßtheit von Äußerungen über Wissen und Glauben besondere Aufmerksamkeit schenkt; damit will er Verfahren der »(sprach)analytischen Erkenntnistheorie, also der Analyse von Aspekten von Glauben und Wissen über ihr sprachliches Ausgedrückt-Sein«, für die Untersuchung literarischer Texte fruchtbar machen (S. 5). Die ›erkenntnistheoretisch relevanten Aspekte‹ der Romane, die auf diese Weise herausgearbeitet werden sollen, umfassen zum einen explizite Aussagen zu epistemologischen Fragen, zum anderen die Verwendungsweisen von epistemischen Ausdrücken wie ›Wissen‹ und ›Glauben‹ sowie schließlich verschiedene Aspekte der narrativen Gestaltung, die von der Fokalisierung über die »versprachlichte Raum-, Zeit- und Objektwahrnehmung« bis zu Handlungs-, Denk- und Redeweisen der Figuren reichen können (S. 25). Zusammen ergeben diese Strukturen die »Text-*epistêmê*«, aus der sich die »›implizite Epistemologie‹« des Textes oder die »›textinterne Epistemologie‹« ableiten lasse (S. 24–26; vgl. auch S. VI).

Indem er die textinternen Epistemologien der drei Romane vor dem Hintergrund zeitgenössischer philosophischer Erkenntnistheorien situiert, will Dittrich einen Beitrag zur »Wissensgeschichte der Erkenntnistheorie« leisten (S. 18). Für sein Vorgehen in dieser Hinsicht ist der Gedanke grundlegend, daß Erkenntnistheorien immer eine systematische Dimension besitzen, die sich in dem Bezug auf bestimmte Grundbegriffe und Grundfragen zeige und die auch in einer wissenshistorisch ausgerichteten Analyse solcher Theorien zu berücksichtigen sei. Die Grundprobleme der Erkenntnistheorie weisen, so Dittrich, »zumindest seit der Frühen Moderne eine gewisse Stabilität auf« (S. V). Zu ihnen gehören ihm zufolge vier Probleme, die er so formuliert:

»(a) Die historische Semantik, die Verwendungskontexte und die Relationen der Ausdrücke ›Glauben‹, ›Wissen‹ und ›Erkenntnis‹ (Inwieweit setzen ›Wissen‹ und ›Erkenntnis‹ ein ›Glauben‹ voraus?).

(b) Der Zusammenhang von Wissen, Für-Wahr-Halten und Wahrheit (Welchen Wahrheitsbegriff impliziert Wissen im Gegensatz zu Für-Wahr-Halten?).

(c) Die Relation von Wissen, Rationalität und Rechtfertigung (Wie lassen sich Überzeugungen rational rechtfertigen?).

(d) Das Verhältnis von Wissen, Bewusstsein und Selbstwissen (Weiß diejenige Person, die etwas glaubt oder weiß, dass sie sich in diesen kognitiven Modi befindet?).« (S. 5)

Den Hauptteil der Arbeit bilden die Kapitel 2 und 3. Das 2. Kapitel präsentiert vier ›Lektüren‹ der drei Epochenromane, die jeweils eines dieser Grundprobleme zum Ausgangspunkt nehmen und jeden der drei Romane unter der Perspektive dieses Problems analysieren. Während Bezüge zum philosophiegeschichtlichen Kontext hier nur in Fußnoten angedeutet werden, rücken sie in Kapitel 3 in den Fokus: Dort werden die drei Romane jeweils mit »einem der paradigmatischen erkenntnistheoretischen Texte« (S. VI) der Epoche konfrontiert, und zwar

Manns *Der Zauberberg* mit Ernst Haeckels *Die Welträtsel*, Brochs *Die Schlaf-wandler* mit Hermann Cohens *Logik der reinen Erkenntniss* und Musils *Der Mann ohne Eigenschaften* mit Ludwig Wittgensteins *Tractatus logico-philoso-phicus*.[3] Diese Vergleichsstudien sind in sich wiederum anhand von »sieben erkenntnisphilosophisch einschlägigen Kernaspekten« strukturiert; zu ihnen gehören etwa: »das Verhältnis von Erkenntnislogik, Erkenntnistheorie und Er-kenntnispsychologie«; »die Relationen von Erkenntnissubjekt und -objekt, von ›Denken‹ und ›Welt‹«; »die Frage nach dem Status von personaler Identität, Bewusstsein und Selbstwissen« (S. 138).

Eine Auseinandersetzung mit der Forschung findet in der Arbeit nur in gerin-gem Umfang statt; der Verfasser teilt in der Vorbemerkung mit, seine Studie diene »der Ergänzung bereits vorliegender erkenntnisphilosophisch geprägter Interpretationen«, deren Resultate er »als gesichert ansehe und daher nicht er-neut zusammentrage« (S. VI).[4]

In Kapitel 2 bekundet sich das Streben nach einer systematischen Gliederung der Untersuchung besonders deutlich darin, daß die einzelnen Abschnitte der ›Lektüren‹ stets mit der Exposition grundsätzlicher erkenntnistheoretischer Pro-bleme beginnen, um dann Teile oder Aspekte der Romane gleichsam als Beiträ-ge zur Diskussion dieser Probleme zu interpretieren. Eine dieser Fragen lautet, ob Wissen tatsächlich, wie es der klassische Wissensbegriff der Erkenntnistheo-

---

[3] Vorarbeiten zu bzw. Auszüge aus diesen Vergleichsstudien hat der Verfasser in Aufsatzform veröffentlicht. Vgl. Andreas Dittrich: »Schweigen, wo man nichts zu sagen hat? Sprachanalyse in Ludwig Wittgensteins ›Tractatus logico-philosophicus‹ und Robert Musils ›Der Mann ohne Eigenschaften‹«, in: *Zeitschrift für Germanistik* N. F. 16 (2006), S. 537–554; ders.: »Vom In-Dividuum. Personalität und Selbstwis-sen in Hermann Brochs *Die Schlafwandler* und Hermann Cohens *Logik der reinen Erkenntniss*«, in: *Scientia Poetica* 11 (2007), S. 137–159; ders.: »»Ich bin weder Monist, noch Esperantist, noch ein Freund von Welträtsel-Lösungen‹. Bewusstsein und personale Identität in Thomas Manns *Zauberberg* und Ernst Haeckels *Welträt-seln*«, in: *Thomas Manns kulturelle Zeitgenossenschaft*, hg. v. Tim Lörke u. Christi-an Müller. Würzburg 2009, S. 133–148.

[4] Man erfährt leider nicht viel darüber, welche Interpretationen das sind. Zu Beginn der Analysekapitel führt Dittrich in Fußnoten jeweils eine Reihe von Untersuchun-gen zu erkenntnistheoretischen Konzepten in den Romanen und ihren philosophi-schen Einflußquellen an, läßt diese Arbeiten aber größtenteils unkommentiert (vgl. die Fußnoten auf S. 33, 45, 55f., 66, 74f., 84f.). Mit ausdrücklicher Zustimmung werden ein Buch zu Broch und eines zu Musil zitiert: Friedrich Vollhardt: *Hermann Brochs geschichtliche Stellung. Studien zum philosophischen Frühwerk und zur Ro-mantrilogie ›Die Schlafwandler‹ (1914–1932).* Tübingen 1986 (Studien zur deut-schen Literatur, Bd. 88); Sabine A. Döring: *Ästhetische Erfahrung als Erkenntnis des Ethischen. Die Kunsttheorie Robert Musils und die analytische Philosophie.* Pa-derborn 1999. – Forschungsliteratur zu den in Kapitel 3 behandelten philosophischen Texten von Haeckel, Cohen und Wittgenstein wird nicht erwähnt.

rie besage, stets propositionaler Natur (ein ›Wissen-daß‹) sei und außerdem ein ebenfalls propositional verfaßtes Glauben (›Glauben-daß‹) impliziere. Die Analyse der drei Romane unter diesem Gesichtspunkt führt zu dem Ergebnis, daß sie alle diese traditionelle Auffassung zurückweisen, indem sie den engen propositionalen Wissensbegriff um epistemische Einstellungen wie die der ›Kenntnis‹ oder ›Vertrautheit‹ sowie um »eine Form des Objektwissens (Wissen-um/von)«, die »in einem Objektglauben (Glauben-von/an) fundiert ist«, erweitern (S. 58f.; vgl. auch S. 33, 45f., 337). Diese Parallelen zwischen den literarischen Texten seien um so bemerkenswerter, als sie »nur bedingt Entsprechungen in den philosophischen Erkenntnistheorien der Frühen Moderne haben« (S. 59). Das ›Objektwissen‹ oder ›Wissen-um/von‹ sowie die damit verbundenen Arten des ›Glaubens‹ sowie der ›Kenntnis‹ werden in den drei Romanen allerdings unterschiedlich konturiert: Im *Zauberberg* werde eine Art des ›Erkennens‹ gestaltet und thematisiert, die auf der Einordnung von Gegenständen oder Ereignissen in etwas Bekanntes beruhe; die dazu erforderlichen Kategorienraster und Überzeugungssysteme variieren zwischen verschiedenen Sphären wie denen der ›Zauberberg‹-Bewohner und des ›Flachlands‹, da sie mit deren gesamten Lebensweisen verwoben sind (vgl. S. 35f.). Brochs *Schlafwandler*-Trilogie dagegen präsentiert als Grundlage des Wissen-um eine Form des Glauben-an, die aus einer halb- oder teilbewußten Einstellung des Subjekts hervorgeht, wie sie vor allem den Zustand des ›Schlafwandelns‹ kennzeichnet (vgl. S. 47–49). In Musils *Mann ohne Eigenschaften* schließlich erscheint die nicht-propositionale Einstellung des Glauben-an meist in Gestalt des »mystischen ›Ahnens‹«, das »emotive wie epistemische Komponenten« aufweise (S. 60).

Auch die Stellungnahmen der drei Texte zur Frage nach der adäquaten Rechtfertigung von Überzeugungen weisen strukturelle Ähnlichkeiten auf: Alle drei Romane, so Dittrich, unterziehen geläufige philosophische Positionen zu dieser Frage einer mehr oder weniger weitreichenden Kritik und definieren auf dieser Grundlage neue Aufgaben des Erkenntnisstrebens. *Der Zauberberg*, so Dittrich, lege die Auffassung nahe, daß Antworten auf metaphysische und erkenntnistheoretische Kernfragen sich stets auf nicht mehr begründbare Grundannahmen stützen und daß diese Fragen somit letztlich unentscheidbar seien; aus dieser Feststellung leite die auktoriale Instanz eine »ethisch fundierte Vernunft- und Erkenntniskritik« (S. 101) ab, die auch die Aufgabe der Erkenntnistheorie neu bestimmt: Sie soll die Grenzen der zulässigen philosophischen Spekulation so festlegen, daß sie mit den »ethischen Forderungen der praktischen Vernunft« vereinbar bleibt (S. 43). – Brochs *Schlafwandler*-Trilogie stelle zum einen die Abfolge mehrerer wissensgeschichtlicher Phasen dar, die jeweils auch durch spezifische erkenntnistheoretische Positionen gekennzeichnet seien, und lasse zum anderen den Verfasser der essayistischen Exkurse des *Huguenau*-Teils den Versuch unternehmen, in einer Erkenntnislogik die Bedingungen der Möglichkeit dieses wissenshistorischen Prozesses festzuhalten (vgl. S. 52, 78–80). Diese

Erkenntnislogik soll ihrem Anspruch nach alle in den narrativen Romanpartien dargestellten Formen der Erkenntnistheorie transzendieren und selbst nicht mehr historisierbar sein; die platonistischen und idealistischen Setzungen, auf denen sie beruht, werden nicht hinterfragt (vgl. S. 53, 109–111). – Anders als in den Romanen Manns und Brochs gebe es in Musils *Der Mann ohne Eigenschaften* »keine genuin philosophische Behauptung der auktorialen Instanz, die als solche unbezweifelt bliebe« (S. 116). Aber auch wenn Musils Roman damit die Kritik der Philosophie und der Erkenntnistheorie noch weiter treibe als die Texte von Mann und Broch (vgl. S. 63f., 90f., 115f.), so propagiere er doch ebenso wenig wie diese einen umfassenden Skeptizismus (vgl. S. 58, 92), sondern bekenne sich vielmehr zu dem naturwissenschaftlichen Erkenntnismodell des »hypothetischen Wissens« (S. 63). Die »zentrale Perspektive der Text-*epistêmê* des ›Mann ohne Eigenschaften‹« bestehe in der Forderung, die naturwissenschaftliche Methode des Aufstellens und Testens von Hypothesen auf das Gebiet des ›Glaubens‹ und ›Ahnens‹ zu übertragen (S. 64).

Die im 3. Kapitel präsentierten Vergleichsstudien sollen die Interpretation der textinternen Epistemologien der Romane durch die Kontrastierung mit zeitgenössischen Erkenntnistheorien vertiefen. Dabei sucht Dittrich in jedem der Vergleiche zu zeigen, daß die Romane bestimmte Auffassungen der jeweils herangezogenen philosophischen Theorien voraussetzen, sich aber auch in vielen Hinsichten kritisch gegen diese Theorien wenden. Manns *Zauberberg* und Haeckels unter dem Titel *Die Welträtsel* veröffentlichte »[g]emeinverständliche Studien über monistische Philosophie« erscheinen vor allem deshalb als vergleichbar, weil zu den zwischen Naphta und Settembrini ausgefochtenen Konflikten auch der zwischen Dualismus und Monismus gehört und weil in Manns Roman die Frage, ob Leben, Bewußtsein und Erkenntnis einer naturalistischen Erklärung etwa nach dem Muster der *Welträtsel* zugänglich seien, eine zentrale Rolle spielt. Den einschlägigen Partien des Romans lasse sich eine Kritik an Haeckel entnehmen, die nicht nur auf einzelne Thesen, sondern auf Grundzüge seiner Argumentationsweise ziele: Haeckel ergänzt die empirischen Ergebnisse der Einzelwissenschaften explizit um hypothetische ›Glaubensannahmen‹ wie die einer ›Urzeugung‹, wobei er diese Formen des ›vernünftigen‹, wissenschaftlichen Glaubens scharf von dem ›unvernünftigen‹ Glauben religiöser Art abgrenzt. Der Roman mache auf die Problematik einer solchen Abgrenzung aufmerksam, indem er in den Streitgesprächen zwischen Naphta und Settembrini nicht nur Haeckel und seine Hypothesen dem zielsicheren Spott des Jesuiten aussetzt, sondern allgemeiner den Schluß nahelegt, daß die Bewertung solcher hypothetischen Hilfsannahmen als legitim oder illegitim selbst schon eine ›Glaubensfrage‹ darstelle (vgl. S. 139–145, 160–169). Außerdem weisen die romaninternen Erörterungen über die Frage der Entstehung des Lebens darauf hin, daß es hier neben empirischen auch begriffliche Probleme gebe und daß Haeckels Antwort auf die Frage an einer mangelnden Differenzierung dieser

Problemarten leide (vgl. S. 161–166). Die Darstellung von Naphtas und Settembrinis Diskussionen um Dualismus und Monismus besitze eine ähnliche kritische Stoßrichtung, insofern sie vorführt, »dass die in den ›Welträtseln‹ vorgenommene Trennung von Monismus und Dualismus, von Immanenz und Transzendenz [...], mit der kontextuellen Einbettung der jeweiligen Begriffe variiert« (S. 149).

Die werttheoretischen Grundlagen der in der *Schlafwandler*-Trilogie vorgestellten Geschichtsphilosophie wurden von Broch, wie Friedrich Vollhardt dargelegt hat, in intensiver Auseinandersetzung mit der Philosophie des Neukantianismus und insbesondere Heinrich Rickerts entwickelt.[5] Dittrich sucht nun zu zeigen, daß auch ein Hauptwerk aus der sogenannten Marburger Schule des Neukantianismus einen wichtigen Platz im philosophiehistorischen Kontext der Brochschen Romantrilogie einnimmt, nämlich Hermann Cohens *Logik der reinen Erkenntniss*. Eine augenfällige Parallele zwischen dem Werk Cohens und den erkenntnistheoretischen Ausführungen in den Exkursen des *Huguenau*-Teils bestehe zunächst darin, daß beide Texte einerseits auf Kant, andererseits auf platonische Konzepte wie ›Idee‹ und ›Logos‹ rekurrieren (vgl. S. 224f., 245f.). Außerdem wolle Cohen, ähnlich wie der Verfasser der essayistischen Exkurse, das Wesen der menschlichen Erkenntnis in einer Weise erhellen, die den historischen Wandlungen des wissenschaftlichen Wissens und der Unabgeschlossenheit und Revisionsoffenheit dieses geschichtlichen Prozesses Rechnung trägt (vgl. S. 222f., 250, 262f.). Die Konzeptionen, die bei Broch und bei Cohen auf dem Hintergrund dieser ähnlichen Voraussetzungen entwickelt werden, weichen dann aber in entscheidenden Punkten erheblich voneinander ab. Für Cohen sind die logischen Grundlagen des wissenschaftlichen Wissens, die er unter dem Titel der ›reinen Erkenntnis‹ analysiert, gänzlich unabhängig von allen Merkmalen empirischer Erkenntnisprozesse qua Bewußtseinsvorgänge; folglich müssen sie auch unter Ausblendung von psychologischen Erwägungen untersucht werden (vgl. S. 211f.). Außerdem lautet eine der zentralen Annahmen von Cohens Logik, daß das Denken nicht, wie Kant meinte, ein Bearbeiten des von der Sinnlichkeit gelieferten Materials darstelle, sondern ein Erzeugen sei, das seine Gegenstände gewissermaßen aus sich selbst heraus konstituiere; diese Annahme wurde von Cohen pointiert in der Formel von der ›Identität von Denken und Sein‹ zusammengefaßt (vgl. S. 219, 226–228). Der Verfasser der essayistischen Exkurse in Brochs *Huguenau*-Roman hingegen lehnt die Annahme einer Identität von Denken und Sein ebenso ab wie die scharfe Trennung zwischen einer ›reinen Erkenntnis‹ und den empirischen Erkenntnisprozessen als Bewußtseinsvorgängen. Seine Theorie des Erkenntnisakts, nach der dieser die Struktur einer ›Setzung der Setzung‹ habe, ist gerade darauf angelegt, die Bedingtheit und Variabilität der psychischen Erkenntnisvorgänge mit der Absolutheit des Logos zu vermitteln (vgl. S. 212–216, 222–225).

---

[5] Vgl. Vollhardt: *Hermann Brochs geschichtliche Stellung* (wie Anm. 4).

Musils *Der Mann ohne Eigenschaften* und Wittgensteins *Tractatus logico-philosophicus* treffen sich Dittrich zufolge in der kritischen Distanz gegenüber der traditionellen Systemphilosophie, in der Annahme, daß viele ehrwürdige philosophische Probleme unsinnig und allein aus Mißverständnissen der Sprache hervorgegangen seien, sowie in der Auffassung, daß die Aufgabe der Philosophie darin bestehe, auf dem Wege der Sprachanalyse solche Mißverständnisse zu beseitigen und Gedanken zu klären (vgl. S. 304, 308f.). Aber dem *Tractatus* zufolge sollen sich die sprachlichen Klärungen an einer eindeutigen Idealsprache auf der Basis der formalen Logik orientieren, während in *Der Mann ohne Eigenschaften* ein alternatives Analyseverfahren gesucht werde, das sich »zwischen formaler Logik und praktischer Syllogistik, zwischen idealsprachlicher Klärung und normalsprachlicher Praxis« bewegen solle (S. 309). Generell stehe den »fundamentalen Setzungen«, mit deren Hilfe der *Tractatus* die Strukturen der Welt, des Denkens und der Sprache koordiniert, auf Seiten von Musils Roman eine »ebenso fundamentale Skepsis« gegenüber (S. 286): Dieser lasse es durch den Verweis auf die begrenzten kognitiven Kapazitäten des Subjekts als zweifelhaft erscheinen, ob begrifflich exakte Abbildungen von Weltausschnitten, wie sie im *Tractatus* als möglich behauptet werden, tatsächlich herstellbar seien (vgl. S. 283), und plädiere im Gegenzug für einen ›analogischen‹ und ›essayistischen‹ Analysemodus, der verschiedene Perspektiven auf die Welt miteinander zu verbinden versuche und dabei den Anspruch auf ›logisch-linguistische Bestimmtheit‹ aufgebe (vgl. S. 286f.). Schließlich spiele in Musils Roman wie in Wittgensteins Abhandlung die Frage nach einer Abgrenzung der Sphären des Sagbaren und des Unsagbaren eine wichtige Rolle, und in beiden Texten werden vergleichbare Sinn- bzw. Abgrenzungskriterien formuliert (vgl. S. 310f.); aber während der *Tractatus* das Gebiet dessen, worüber man nicht sprechen kann, einem Schweigegebot unterstellt, ziele der utopische Impetus des *Mann ohne Eigenschaften* gerade darauf, eine Sprache für das im strengen Sinne Unsagbare zu finden (vgl. S. 313f.) und darüber hinaus eine dem naturwissenschaftlichen Verfahren der Hypothesenbildung nachgebildete »Methodologie« für diese Sphäre, also für den Bereich des Erlebens und Fühlens, zu entwickeln (vgl. S. 318, 333).

Andreas Dittrich hat mit *Glauben, Wissen und Sagen* eine innovative und anspruchsvolle Studie vorgelegt, die die Beziehungen zwischen den Romanen von Mann, Broch und Musil und den zeitgenössischen erkenntnistheoretischen Diskussionen in der Philosophie mit einem ungewöhnlichen Maß an Gründlichkeit wie an systematischer Ordnung analysiert und viele instruktive Einsichten über die in den Romanen entfalteten Erkenntniskonzeptionen zutage fördert. Die Arbeit ist nicht zuletzt wegen des spezifischen Zuschnitts der Fragestellung und des eigenständigen methodischen Ansatzes von grundsätzlichem Interesse auch über die Forschung zur Frühen Moderne hinaus. Im folgenden sollen daher vor allem einige Aspekte des Ansatzes und der Vorgehensweise der Untersuchung eingehender diskutiert werden.

Dittrichs Vorschlag, das textanalytische Begriffsrepertoire um das Konzept der ›textinternen Epistemologie‹ zu erweitern (vgl. S. 24, Anm. 14), ist prinzipiell einleuchtend, ebenso wie der damit verbundene Hinweis, daß die Untersuchung der Wissenskonzepte in literarischen Texten auf Anregungen der sprachanalytisch orientierten Erkenntnistheorie zurückgreifen könne. Unter dem Begriff der textinternen Epistemologie sollen, wie oben erwähnt, erkenntnistheoretische Aussagen versammelt werden, die sich einerseits expliziten Erörterungen epistemologischer Fragen, andererseits der spezifischen Verwendungsweise epistemischer Ausdrücke sowie verschiedenen Merkmalen der Erzählweise entnehmen lassen. In den Textanalysen selbst allerdings bezieht sich Dittrich in erster Linie auf die expliziten Diskussionen über Erkenntnis, Wissenschaft, Wahrheit und Logik, die in den Romanen von Mann, Broch und Musil entfaltet werden, sowie an zweiter Stelle auch auf die textspezifischen Gebrauchsweisen von Ausdrücken wie ›Wissen‹, ›Glauben‹ und ›Kenntnis‹. Wie sich andere von Dittrich als epistemisch relevant bezeichnete Aspekte der Erzählweise – etwa die Fokalisierung oder die Raum- und Zeitgestaltung – für die Rekonstruktion der textinternen Epistemologie auswerten lassen, das im Einzelnen zu klären bleibt weiteren theoretischen Ausarbeitungen und Anwendungen dieses Konzepts vorbehalten.

Das konkrete Vorgehen der Untersuchung ist letzlich weniger durch ein spezifisches Konzept der textinternen Epistemologie geprägt als durch die Absicht, die historische Analyse mit einer systematischen Perspektive zu verbinden, also die erkenntnistheoretisch relevanten Strukturen der Romane nach Grundproblemen zu sortieren, die für die philosophische Erkenntnistheorie seit der Frühen Moderne bestimmend seien. Die Prämissen, daß es ein solches Set von gemeinsamen Grundfragen gebe und daß dazu die vier von ihm angegebenen Probleme gehören, werden von Dittrich gesetzt, ohne ausführlicher begründet zu werden; dabei erscheint zumindest die Auswahl und Formulierung der vier Grundprobleme als durchaus anfechtbar.[6] Für das zentrale Anliegen der Arbeit kommt es

---

[6] Unstrittig dürfte sein, daß die Frage nach der rationalen Rechtfertigung von Wissen, in Dittrichs Liste also Frage (c), zu den Grundproblemen der Erkenntnistheorie seit der Frühen Moderne zählt. Weniger eindeutig scheint mir das bei den Fragen (a) und (b) zu sein, was allerdings auch daran liegt, daß mir diese Probleme bzw. Fragen selbst etwas unklar formuliert zu sein scheinen (etwa die Frage »Welchen Wahrheitsbegriff impliziert Wissen im Gegensatz zu Für-Wahr-Halten?«). – Dittrich legt im übrigen nicht offen, woher er diesen Katalog von erkenntnistheoretischen Grundproblemen bezieht. Er weist nur einmal darauf hin (vgl. S. 1, Anm. 1), daß sich seine Ausführungen zur Erkenntnistheorie im allgemeinen vielfach an den folgenden zwei Darstellungen orientieren, die aber (zumindest auf den ersten Blick) keine Vorlagen für seine Formulierung der Grundprobleme liefern: Peter Baumann: *Erkenntnistheorie*. Stuttgart–Weimar 2002; Franz von Kutschera: *Grundfragen der Erkenntnistheorie*. Berlin–New York 1982.

allerdings letztlich weniger darauf an, ob die angenommenen Problemstellungen tatsächlich zu den Grundproblemen der philosophischen Erkenntnistheorie seit dem ausgehenden 19. Jahrhundert zählen, als vielmehr darauf, ob die drei Romane und ihre textinternen Epistemologien sich plausibel anhand dieser Probleme interpretieren lassen. Diese Plausibilität ist in den Analysen der zwei Hauptkapitel mal mehr, mal weniger gegeben. Daß die Frage nach der adäquaten Rechtfertigung von Wissensansprüchen sowie das Problem des Selbstwissens in allen drei Romanen eine wichtige Rolle spielen, kann Dittrich überzeugend belegen, und in den betreffenden Untersuchungsabschnitten bewährt sich die systematische Gliederung, indem sie Gemeinsamkeiten und Differenzen zwischen den Romanen prägnant hervortreten läßt. In anderen Fällen hingegen wirken die Interpretationen etwas forciert, da die erkenntnistheoretischen Fragen, zu denen sie die Texte in Bezug setzen, zu sehr ›von außen‹ an diese herangetragen zu werden scheinen oder die erkenntnistheoretischen Aussagen, die sie den Romanen entnehmen, eine durch die angeführten Textstellen nicht gedeckte Zuspitzung und Elaboriertheit aufweisen. So kann Dittrich zwar plausibel machen, daß Ausdrücke wie ›Wissen‹ und ›Kenntnis‹ in den Romanen auf vielfältige Weisen gebraucht werden und nicht nur wahre und gerechtfertigte Überzeugungen bezeichnen; aber es ist nicht offensichtlich, daß die angeführten Verwendungen dieser Ausdrücke im *Zauberberg* und in den *Schlafwandlern* zu der pointierten These berechtigen, in diesen Romanen werde »der propositionale Wissensbegriff um eine Form des Objektwissens (Wissen-um/von) ergänzt, die in einem Objektglauben (Glauben-von/an) fundiert ist und mit der epistemischen Einstellung der ›Kenntnis‹ und ›Bekanntheit‹ zusammenhängt.« (S. 58f.)[7] Was den Disput zwischen Naphta und Settembrini um die Frage der Voraussetzungslosigkeit der Wissenschaft betrifft,[8] auf den sich Dittrich mehrfach bezieht (vgl. S. 40–43, 69–73, 142f., 178f.), so spricht vieles für seine Feststellung, der Text setze hier »fragwürdige Extrempositionen gegeneinander, ohne eine Lösung anzugeben« (S. 42). Aber deswegen kann man aus der Romanpassage kaum schon die Textaussage ableiten, daß philosophische Erkenntnistheorien immer von Glaubensannahmen abhängig seien, die sie nicht hintergehen können, und daß daher erkenntnistheoretische Grundfragen womöglich nicht entscheidbar seien (vgl. S. 41–43; ähnlich S. 72f.).[9] Der Romanabschnitt läßt auch die Deu-

---

[7] Aus den angeführten Belegstellen aus dem *Zauberberg* jedenfalls (vgl. S. 35–42) sind dieser Zusammenhang zwischen ›Objektwissen‹ und der Einstellung der ›Kenntnis‹ sowie die Fundierung des ›Objektwissens‹ in einem ›Objektglauben‹ für mich nicht ersichtlich.

[8] Vgl. Thomas Mann: *Der Zauberberg*, hg. und textkritisch durchgesehen v. Michael Neumann. Frankfurt a. M. 2002 (Große kommentierte Frankfurter Ausgabe, Bd. 5.1), S. 599–601.

[9] Auch im Schlußabschnitt des »Strandspaziergang«-Kapitels, wo der Erzähler seine »ethisch motivierte Erkenntnis- und Erkenntnistheoriekritik« (S. 73) formuliert, be-

tung zu, daß Naphtas und Settembrinis Positionen an spezielleren und prinzipiell vermeidbaren Defiziten leiden, etwa an dogmatischer Einseitigkeit und der Berufung auf unklare Begriffe. – In der Vorbemerkung des Buchs weist Dittrich selbst darauf hin, daß eine Untersuchung wie die seine einen schwierigen »Balanceakt« leisten müsse, um »einerseits historische Begrifflichkeiten in ihrem jeweiligen Bedeutungsspektrum behutsam zu erfassen, andererseits ihren Gehalt nicht aktualisierend zu vereindeutigen« (S. V). Wo dieser Balanceakt in der Studie nicht ganz geglückt scheint, da ist es stets die Tendenz zur Aktualisierung, Vereindeutigung und Systematisierung, die ein Übergewicht erlangt.

Diese Neigung zur aktualisierenden Systematisierung tritt in den Vergleichsstudien des Kapitels 3 insgesamt weniger hervor als in den im Kapitel 2 präsentierten vier Lektüren der Epochenromane, da sich die Vergleiche stärker an den spezifischen Fragestellungen orientieren, die bei Haeckel und Mann, Cohen und Broch sowie Wittgenstein und Musil aufgeworfen werden. Vor allem die Kapitel zum *Zauberberg* und zu den *Schlafwandlern* werden dem Anspruch dieser Vergleichsstudien gerecht: Dittrichs eingehende Analysen machen deutlich, wie die erkenntnistheoretischen Diskussionen der Romane sich einerseits an Problemstellungen und Voraussetzungen der philosophischen Werke orientieren, andererseits sich kritisch von ihnen abgrenzen, und sie vertiefen damit auch die zuvor entwickelten Interpretationen der einschlägigen Romanaspekte. Weniger überzeugend fällt der Vergleich zwischen Musils *Der Mann ohne Eigenschaften* und Wittgensteins *Tractatus* aus.[10] Im Gegensatz zu Manns Haeckel- und Brochs Cohen-Lektüre ist eine *Tractatus*-Kenntnis Musils nicht belegt, und ob die thematischen Berührungspunkte zwischen den zwei Werken so zahlreich sind, wie Dittrichs Vergleichsstudie behauptet, erscheint fraglich. Plausibel sind seine Ausführungen über die divergierenden Haltungen Musils und Wittgensteins zu der Frage, ob man über den Bereich des Ethischen sprechen könne und solle (vgl. S. 331–335). Aber Dittrich sucht aus Musils Roman auch Stellungnahmen zu den zentralen Thesen des *Tractatus* über Logik, Sprache, Ontologie und die Aufgabe der Philosophie abzuleiten, und seinen diesbezüglichen Aussagen fehlt es häufig an einer hinreichenden Stützung durch den Text. Das gilt etwa für seine These über die unterschiedlichen Konzeptionen philosophischer Sprach-

---

gründet er die Forderung, kritische Reflexionen auf die Grenzen des Erkenntnisvermögens müßten stets im Dienste des Lebens und des Pflichtgedankens stehen, nicht mit einem Hinweis auf die unvermeidlichen Begründungslücken aller Erkenntnistheorien (vgl. Mann: *Der Zauberberg* [wie Anm. 8], S. 826).

[10] Nebenbei bemerkt, kann es ohnehin überraschen, daß Dittrich diese Schrift Wittgensteins heranzieht, denn der *Tractatus* äußert sich kaum zu erkenntnistheoretischen Fragen (vgl. Peter M. S. Hacker: *Insight and Illusion. Themes in the Philosophy of Wittgenstein*. Bristol 1997, S. 78); Dittrich selbst sagt einmal, der *Tractatus* biete »eine logisch-linguistische Metatheorie der Erkenntnis, keine Erkenntnistheorie im klassischen Sinne.« (S. 310)

analyse bei Wittgenstein und Musil, der zufolge im Roman nach einer Form der Analyse gesucht werde, die eine »Kombination aus formaler Logik und eher philosophisch satzbasierten Urteils- und Schlusstechniken im Sinne der aristotelischen Syllogistik« darstellt (S. 315; vgl. auch 309). Die knappen und allgemeinen Bemerkungen über Ulrichs Verhältnis zur Logistik und zu Aristoteles, die Dittrich als Basis für diese Aussage dienen und die er dabei selbst als »kryptisch« bezeichnet (S. 315), dürften durch eine solche Interpretation überfordert sein.[11] Auch die Behauptung, daß im *Mann ohne Eigenschaften* ebenso wie im *Tractatus* das »Verhältnis von logisch-idealsprachlichen Schemata und materialen Sätzen [...] vielschichtig konstruiert« werde (S. 316), wird durch die zwei Romanstellen, auf die in diesem Zusammenhang verwiesen wird (vgl. S. 316f.), nicht plausibel gemacht.[12]

Trotz der Einwände, die man mithin gegen einzelne Aspekte der Durchführung der Untersuchung und gegen einzelne Thesen vorbringen kann, bleibt abschließend festzuhalten, daß es sich bei Dittrichs Buch um eine lesenswerte Studie handelt, die einen erhellenden Beitrag zur Interpretation und Kontextualisierung der drei ›Metaromane‹ der Klassischen Moderne leistet und einen

---

[11] Diese Bemerkungen lauten: »[Ulrich] gehörte zu jenen, Logistiker genannten, Mathematikern, die überhaupt nichts richtig fanden und eine neue Fundamentallehre aufbauten. Aber er hielt auch die Logik der Logistiker nicht für ganz richtig. Hätte er weitergearbeitet, er würde nochmals auf Aristoteles zurückgegriffen haben; er hatte darüber seine eigenen Ansichten.« Robert Musil: *Der Mann ohne Eigenschaften*. Erstes und Zweites Buch, hg. v. Adolf Frisé. Reinbek b. Hamburg 1987, S. 865.

[12] Bei diesen zwei Stellen handelt es sich erstens um einen Ausschnitt aus einem Gedankengang Arnheims, in dem die »tiefe Erkenntnis [...], daß A gleich A sei« (Musil: *Der Mann ohne Eigenschaften*, S. 506), erwähnt wird, und zweitens um Ulrichs Forderung nach einem »Erdensekretariat der Genauigkeit und Seele« (ebd., S. 597), die Dittrich vor allem deshalb für einschlägig zu halten scheint, weil Ulrich dort von »Scheinaufgaben« spricht und Wittgenstein im *Tractatus* die Sätze der Mathematik als »Scheinsätze« bezeichnet (Satz 6.2 des *Tractatus*). Eine ›vielschichtige Konstruktion‹ des Verhältnisses von logisch-idealsprachlichen Schemata und materialen Sätzen dürfte sich aus diesen zwei Romanstellen kaum gewinnen lassen. – Im Zusammenhang mit der These, nach der im *Mann ohne Eigenschaften* die »Relation von Psychologie und Erkenntnistheorie ähnlich konzipiert« werde wie im *Tractatus* (S. 274 des besprochenen Buchs), verweist Dittrich nur auf eine Romanstelle; darin ist von der Wahrheit und ihrer Geschichte die Rede, aber nicht von Erkenntnistheorie. Für mich ist nicht zu sehen, wie man Musils Roman irgendeine Konzeption der Erkenntnistheorie entnehmen könnte. – Fragwürdig erscheint auch die Parallele, die Dittrich zwischen dem von Ulrich formulierten »Prinzip des unzureichenden Grundes« und Wittgensteins These, ›außerhalb der Logik sei alles Zufall‹, zieht (vgl. S. 329).

diskussionswürdigen Ansatz zur Integration der Literatur in eine ›Wissensge-
schichte der Erkenntnistheorie‹ vorstellt.

Olav Krämer

Clark, William: Academic charisma and the origins of the research university. Chicago and London: The university of Chigaco press, Chicago 2006. Paperback edition 2007, 662 S., 20,99 €.–.

Universitätsgeschichte bildet eine wissenschaftliche Disziplin, die in den letzten Jahrzehnten in Deutschland unverkennbar an Aufmerksamkeit gewonnen hat. Davon zeugen die Existenz eines eigenen Jahrbuches, das Erscheinen diverser Handbücher, die Publikationen zu den diversen anfallenden Jubiläen der Gründung der Hochschulen. In diesem Zusammenhang erscheinen nicht nur Darstellungen der Geschichte der jeweiligen Universitäten; es kommt zur Etablierung ganzer Schriftenreihen (so in Göttingen und Leipzig). Angesichts der zentralen internationalen Bedeutung der deutschen Universitäten, die ihnen über lange Zeiten hinweg zukam, nimmt es nicht Wunder, daß auch die außerdeutsche Forschung sich intensiv mit den deutschen Hochschulen beschäftigt, vor allem zum Zeitraum des 18. bis frühen 20. Jahrhunderts. Ein schon durch seinen Umfang ins Auge fallendes Zeugnis dieser Bemühungen bildet der vorliegende, hier anzuzeigende Band von William Clark (nach Auskunft des Einbandtextes »visiting assistant professor of history at the University of California, Los Angeles«). Sein Ziel besteht in keiner geringeren Aufgabe, als in der Nachzeichnung des Aufstiegs der modernen Universität, wie sie sich heute dem Betrachter zeigt. Schauplatz jener Entwicklung bildete in erster Linie Deutschland, und so handelt der Autor in der Hauptsache, auch wenn englische Hochschulen und die Ausbildungsstätten der Jesuiten hin und wieder Erwähnung finden (mehr im Sinne eines Kontrastes), über die deutschen Verhältnisse. Gleich auf S. 3 heißt es lapidar, die ›research university‹ (also die moderne Universität) sei in Deutschland entstanden und habe sich ›globally‹ im 19. und 20. Jahrhundert ausgebreitet. Ja, die Ausbreitung der in Europa zur Ausbildung gelangten modernen Wissenschaft über die ganze Welt bildet die Endphase und den Höhepunkt des europäischen Kolonialismus, und hier nimmt eben die deutsche Universität eine schlechthin zentrale Position ein. Der Autor erklärt diese These geradezu zum Zentrum seines Werkes: »This book was written with that, among other things, in mind.« (S. 29).

Clark geht sein Thema ohne nennenswerte, den Forschungsstand referierende Einleitung sogleich an. Quellenmäßig basiert das Buch auf das breite Heranziehen der Sekundärliteratur (s. jedoch die Bemerkung am Schluß dieser Rezension), aber auch auf der Benutzung archivalischer Materialien (besonders des Geheimen Staatsarchivs Preußischer Kulturbesitz in Berlin). Im ersten Hauptteil befaßt sich Clark mit Formen des akademischen Lebens, die bei der Herausbildung der modernen Universität eine Rolle gespielt haben. Dabei geht es ihm besonders um den ›Triumph des Auges über das Ohr‹. Die Weitergabe der von Autoritäten gedeckten traditionellen Lehren durch mündliche Mitteilung weicht der eigenständigen, kritisch orientierten Forschung sozusagen durch Autopsie. Daneben tritt die Bürokratisierung und Professionalisierung des akademischen Lebens. Belege für diese Entwicklung sind dem Verfasser dann u. a. die Einführung von Vorlesungsverzeichnissen, entscheidende Veränderungen in der Praxis der Berufungen der Professoren, die Entwicklung des Forschungsseminars, die Bürokratisierung und Reglementierung des Prüfungswesens. Alles das wird auf Grundlage breiter Quellenkenntnisse vorgetragen, und man wird bei der weiteren Beschäftigung mit diesen Praktiken der Gelehrsamkeit nur schwer an Clarks Forschungen vorbeigehen können.

Der zweite Hauptteil (mit 100 Seiten wesentlich kürzer als der fast 350 Seiten umfassende erste Teil) will dann belegen, daß die mündliche akademische Kultur (›Academic oral culture‹) trotz des Aufkommens der modernen Universität ihre Bedeutung bewahren kann. Dahinter steht wohl die Intention des Verfassers, eine gewisse Kontinuität der Universitätsgeschichte trotz des gleich zu erläuternden Gegensatzes zwischen moderner und traditioneller Universität zu belegen. Zentral ist hier der (nie genau definierte) Begriff des ›academic babble‹, das die vormoderne Universität beherrschte, aber auch in der ›research university‹ einen Platz hat, nur daß es von der Ministerialbürokratie (›ministerial machinations‹) sozusagen gezähmt und verschriftlicht wird. Ein Beispiel bieten da die protokollierten Aufzeichnungen über die Stärken und Schwächen der einzelnen Professoren einer Universität, für Clark ein Ausdruck der Zähmung des ›academic babble‹. Wenn auch in diesem Teil weitläufiges, interessantes und anregendes Material ausgebreitet und referiert wird, vermag der Rezensent Sinn und Zweck dieses Kapitels nicht so recht zu erkennen.

Entscheidend für den Umgang mit Clarks Arbeit sind jedoch seine zentralen Thesen, die die deutsche Universitätsgeschichte in ein Raster zu bringen versuchen, das doch zu einer kritischen Stellungnahme auffordert. Wenn Clark auch Übergänge zwischen der traditionellen und der modernen Universität einräumt, lebt seine Darstellung doch von der klaren Entgegenstellung von ›Alt‹ und ›Neu‹. Von besonderem Gewicht ist dem Autor der Begriff des ›Charisma‹, der sich an dem bekannten Verständnis von Max Weber (nicht immer überzeugend) zu orientieren versucht. Nach Clark sprengt eine charismatische Persönlichkeit (›a hero or Führer‹) die Grenzen der rationalen oder traditionellen Autoritäten; er ist ein Revolutionär. Auf dem Gebiet der Wissenschaften sind das die ›großen Köpfe‹. Mehrfach werden William von Ockham und René Descartes als Beispiele erwähnt. Sie brechen dem Neuen, konkret der modernen Wissenschaft und mit ihr der modernen Universität die Bahn. Aufgabe der Schüler und Nachkommen ist es dann, »to rationalize and routinize such prophecy and revolution« (S. 18). Da Clark aber auch von einem Charisma spricht, das von der traditionellen Universität verkörpert wird (S. 17), ist es aber wiederum nicht so, daß der Begriff des Charismas allein mit der ›research university‹ in Verbindung steht. Auch hier gerät der Leser in eine gewisse Ratlosigkeit. Die Auffassung, die wissenschaftliche Entwicklung der Neuzeit sei vor allem durch charismatische Köpfe vorangetrieben worden, bedürfte im übrigen der Diskussion.

Den Erörterungen zum Charisma schließt sich eine andere immer wieder formulierte Kernaussage an: Die moderne Universität sei nicht zuerst aus eigenen Wurzeln entstanden, sondern sei von außen aufgepfropft worden. Die frümoderne Universität wird mit dem negativen Begriff des Nepotismus etikettiert, so gleich am Beginn des Buches, um diese Aussage dann immer wieder zu erneuern: »Early modern academic appointments, for example, were largely governed by nepotism, favor, seniority, gifts, and other such collegial practices« (S. 6). Besonders deutlich wird dieser Nepotismus angeblich in der Besetzung der Lehrstühle. In der ›traditional university‹ seien die Professuren von den sich nach außen abschottenden Fakultäten ganz nach eigenem Befinden (was meistenteils auf die Befriedigung familiärer Ansprüche hinauslief) besetzt worden. Clark folgt hier der herkömmlichen, inzwischen aber kritisch betrachteten Schilderung der frühneuzeitlichen Universitäten als erstarrten und verkrusteten Familienunternehmen. Dem wird als Kontrast die moderne Universität entgegengestellt, wo es nicht auf Beziehungen, vor allem familiärer Natur, ankommt, sondern darauf, als fachlich geeigneter Kandidat für die Besetzung eines Lehrstuhls erkannt zu werden (Der Rezensent verkneift sich hier einen Kommentar). Clark illustriert das u. a. mit einem Beispiel (aus der Romanwelt), in dem ein junger Akademiker die Tochter eines Professors heiratet, was dann seine Karriere sichert. Diese Praxis wird in einen Kontrast mit den modernen Berufungen des 19. Jahrhunderts gesetzt, die den Prinzipien der Leistungsgesellschaft (›meritocracy‹) verpflichtet seien (S. 240–243). Dieser entscheidende Wandlungsprozeß, darauf wurde schon verwiesen, bildet nach Clark das Ergebnis auswärtiger Einflußnahme. Es ist der Staat und dessen Bürokratie, die die Verkrustungen der traditionellen Hochschulen aufbrechen. Die Ernennung von Professoren wird zu deren Aufgabenbereich. Dabei sind es zwei Universitäten bzw. die hinter ihnen stehenden Regierungen, die für Clark absolut bahnbrechend wirkten: Göttingen und (noch stärker) Berlin. In Preußen (aber auch im Kurfürstentum Hannover) hatten sich demnach schon vor 1789 »essential parts« der modernen Universität herausgebildet (S. 442). So ist Clarks Arbeit nicht zuletzt *einem* Ziel verpflichtet: »The overall aim is to show the unfolding and imposition of a ministerial-market rationality over academic appointement in the Prussian lands« (S. 252).

Im Rahmen einer Rezension kann nicht im einzelnen auf die zwangsläufig auch nur summarisch angeführten Thesen Clarks eingegangen werden. Generell ist zu sagen, daß sein Bild der traditionellen Universität von den Quellen oft nicht gedeckt wird und die Realitäten nicht wiedergibt. Das Phänomen der Familienuniversitäten wird in seiner Bedeutung überschätzt. Wenigstens an den grösseren Universitäten kam es zu erheblichen Fluktuationen in der Lehrstuhlbesetzung; immer wieder treffen wir auf ›novi homines‹. Auch ist die Weitergabe einer Professur an Sohn oder Schwiegersohn keineswegs ein sicheres Merkmal geistiger Ödnis. Das belegen schon die zahlreichen berühmten Professorendynastien (z. B. Mencke, Olearius, Carpzov, Hommel, Bernoulli, Buxtorf), die über Generationen hinweg hervorragende Gelehrte hervorgebracht haben. Das leitet über zur (entschiedenen) Kritik an der Behauptung, die moderne Universität sei ganz und gar als ein Ergebnis der massiven staatlichen Einflußnahmen zu betrachten. Hier zeigt sich der Nachteil, die moderne Universität vor allem aus dem Blickwinkel der Universitäten Göttingen und Berlin zu betrachten. Das waren Neugründungen, die natürlich als solche unter ganz erheblicher staatlicher Einflußnahme standen. Die ›alten‹ Universitäten besaßen dagegen eigene Wurzeln, und ihr Wandel, ihre Erneuerung beruht auch (sicher nicht allein) auf diesen Traditionen. Daß die landesherrliche Bürokratie dennoch lenkend und fordernd eingreifen mußte, wird niemand leugnen wollen. Es ist aber auch nicht so gewesen, daß an den preußischen Universitäten ›the professorial meritocracy‹ pur geherrscht hätte, die die Praktiken der alten Universität ganz und gar revolutionär über den Haufen werfen konnte (S. 240). Wenn auf der gleichen Seite die angeblich ganz in ihren mittelalterlichen Formen erstarrte Leipziger Universität als Gegenbeispiel installiert wird, überzeugt zumindest der dabei herangezogene Beleg nicht. Die Leipziger hätten den Naturforscher Lorenz Oken aus politischen Gründen (Verbindung zur Burschenschaft) als Professor abgelehnt, und das widerspräche ja dem in Preußen dominierenden modernen Leistungsprinzip. Der Rezensent erspart sich die Aufzählung ähnlicher Fälle an den preußischen Universitäten. Die immer wieder strapazierte Behauptung schließlich, erst im 19. Jahrhundert habe der Landesherr bzw. dessen Regierung aktiven Einfluß auf die Besetzung von Lehrstühlen genommen, läßt sich durch einen Blick in die reichlich überlieferten einschlägigen Akten fast jeder Universität widerlegen. Selbstverständlich war es z. B. Usus, Namen von Kandidaten auf den eingereichten Listen zu streichen oder andere Namen hinzuzusetzen (was Clark bestreitet).

Die ›Origins of the Research University‹ sind weit vielfältigerer Natur als der Verfasser des vorliegenden Werkes anerkennen will, und sie lassen sich nicht auf das Einwirken der preußischen Bürokratie einschränken. Wenn Clarks Werk auch einen instruktiven Überblick über die wichtigen universitären Entwicklungsprozesse der Jahre 1770 bis 1830 (›a crucial time‹) vermittelt, führen die zentralen, bei allen Bemühungen letztendlich doch auf ungenügenden Quellenkenntnissen beruhenden Aussagen eher in die Irre. Es wird zu rasch generalisiert und konstatiert. Das Thema erfordert aber größere Anstrengungen.

Das Werk ist 2007 erschienen. Die letzten Literaturtitel, die Berücksichtigung fanden, scheinen dagegen aus den Jahren 2000/2001 zu stammen. Das hat zur Folge, daß manche gerade für Clarks Thema wichtige neuere Titel, ich nenne stellvertretend nur die Publikationen von Ulrich Rasche, unbeachtet bleiben. Überhaupt wird neuere (und wichtige), zumeist deutschsprachige Literatur aus nicht erkennbaren Gründen oft nicht benutzt (vielleicht aus fehlender Präsenz in den amerikanischen Bibliotheken). An deren Stelle treten hornalte Publikationen des 19. Jahrhunderts. Wenn das Manuskript, was leider vorkommt, über Jahre hinweg beim Verlag liegengeblieben sein sollte, hätte man das vermerken müssen. Die Danksagung des Verfassers vom 4. April 2005 (S. 629f.) geht darauf nicht ein.

Detlef Döring

Spoerhase, Carlos: Autorschaft und Interpretation. Methodische Grund-
lagen einer philologischen Hermeneutik. de Gruyter, Berlin–New York
2007, VII, 556 S., gb., 98,00 €.–.

Das hervorragende Buch von Carlos Spoerhase, die überarbeitete Fassung einer
von Lutz Danneberg betreuten Dissertation an der Humboldt-Universität, muß
jeder gelesen haben, der sich künftig mit der Interpretationsproblematik befassen
möchte. Spoerhase entfaltet eine kritische Sicht auf eine Fülle unterschiedlicher
Ansätze, wie sie bisher hinsichtlich der Breite des einbezogenen Schrifttums, der
Klarheit der Explikation der unterschiedlichen Positionen und der begrifflichen
Präzision von niemandem geleistet wurde.

Die Arbeit ist auch und gerade für die deutsche Hermeneutikdiskussion, die in
den letzten Jahrzehnten durch eine einseitige Dominanz der wirkungsgeschicht-
lichen Hermeneutik Gadamerscher Prägung charakterisiert war, von besonderem
Interesse, weil sie durch die Einbeziehung der vor allem angelsächsischen Ana-
chronismusdebatte und der gleichfalls vorrangig angelsächsischen Diskussion
um das ›principle of charity‹ die Horizontverengung kontinentaleuropäischer
Hermeneutikdiskussion aufbricht und auf den Stand aktueller Sprachphilosophie
und Erkenntnistheorie hin öffnet. Wenn Spoerhase selbst von ›Hermeneutik‹
spricht, so meint er damit nicht einen bestimmten Typus von Textauslegung,
sondern schlicht die »allgemeine Methodenlehre der Textwissenschaften« (S. 4),
also genau jenes ›altehrwürdige‹ Verständnis des Begriffs, von dem sich Gada-
mer im Vorwort zur zweiten Auflage von *Wahrheit und Methode* explizit ab-
setzt.[1]

Wie schon der Titel der Arbeit nahelegt, koppelt Spoerhase das Interpretati-
onsproblem an die Autorfrage und situiert sich mit seiner Einleitung (»Autor-
schaft als methodischer Ausgangspunkt einer philologischen Hermeneutik«) in
einem Forschungskontext, der sich über die kontinuierliche Proklamierung der
›Rückkehr des Autors‹ sozusagen performativ konstituiert.[2] So wichtig diese
›Rückkehr‹ nach jahrzehntelanger Verbannung durch Rezeptionsästhetik, (Post-)
Strukturalismus, Dekonstruktion u. a. scheint, kritisch zu reflektieren bleiben
gleichwohl die Möglichkeiten des erneuten Rekurses auf diese Instanz, nach
dem gegen den »Autor und seine Intentionen« (S. 6) als normative Instanz der
Interpretation ja nicht nur unsinnige Argumente vorgebracht worden sind. Der
Autorbegriff als solcher und die »Rolle des Autors für die philologische Inter-
pretation« bilden deshalb den »Schwerpunkt« (ebd.) von Spoerhases Untersu-
chung.

---

[1] Vgl. Hans-Georg Gadamer: *Wahrheit und Methode*. 2. Aufl. durch einen Nachtrag
erweitert. Tübingen 1965, insb. S. XIII–XVI.
[2] Vgl. *Rückkehr des Autors. Zur Erneuerung eines umstrittenen Begriffs*, hg. v. Fotis
Jannidis, Gerhard Lauer, Matías Martínez u. Simone Winko. Tübingen 1999.

Naheliegenderweise setzt diese mit einer kritischen Betrachtung der Argumente für den ›Tod des Autors‹ ein. Auf der Grundlage einer fundierten Kenntnis des Barthesschen Werks zeigt Spoerhase, wie Roland Barthes das literarische Kunstwerk vollkommen dekontextualisiert, damit es von den Interpreten immer wieder »anachronistisch rekontextualisiert« werden kann, »indem sie es in ihre eigenen Kontexte stellen« (S. 37). Der von Barthes so vehement proklamierte ›Tod des Autors‹ wird solchermaßen zur notwendigen Voraussetzung für hermeneutische Willkür. Im Abschnitt zu Foucault zeigt Spoerhase, daß er nicht nur die letzten Verästelungen der Foucault-Exegese überblickt, sondern daß Foucault vorschnell mit der Position Barthes' identifiziert wird. Bei Foucault gehe es nicht um den ›Tod des Autors‹, sondern um eine Entindividualisierung und Historisierung der Sprecherinstanz, »um den Ort innerhalb eines Diskurses, von dem aus das Subjekt sich äußert« (S. 55), d. h. es geht um eine abstrakte ›Autorfunktion‹, die als Konstruktion des ›realen‹ Autors die Rezeption steuert. Näheres zur Autorfunktion als ›Rezeptionskategorie‹ bei Foucault bleibt uns Spoerhase freilich schuldig.

Im zweiten Kapitel (»Hermeneutischer Intentionalismus«) gibt Spoerhase einen detaillierten Überblick über die intentionalistischen und antiintentionalistischen Positionen und Argumente seit Wimsatts und Beardsleys programmatischer Begründung der ›intentional fallacy‹, gefolgt von E. D. Hirsch und der hieran anschließenden Diskussion sowie den aporetischen Differenzierungsversuchen von ›Lektüre‹ und ›Interpretation‹ im Dekonstruktivismus bis hin zu den verschiedenen Ausprägungen des sogenannten hypothetischen Intentionalismus, der sich vom faktischen Intentionalismus dadurch grundlegend unterscheide, daß er »die tatsächlichen Intentionen des Autors für irrelevant erklärt« (S. 123). Scheint dies zunächst eine vollkommen adäquate Konsequenz aus den Argumenten zu sein, die von Wimsatt, Beardsley u. a. seit den 40er Jahren des letzten Jahrhunderts gegen die Ermittelbarkeit der tatsächlichen Autorintention vorgebracht wurden, so resultiert aus diesem Verständnis jedoch die letztendliche Infragestellung jeglichen Intentionalismus, auch des ›hypothetischen‹, die Spoerhase im Hinblick auf die ›fiktionale‹ Variante auch explizit feststellt:

> Da sich die fiktionale Version des hypothetischen Intentionalismus, die korrekter als seine *fiktive* Version zu bezeichnen wäre, nicht für die faktischen Autorintentionen interessiert, läßt sie sich ohne Weiteres als eine anti-intentionalistische Position rekonstruieren. (S. 134)

Diese fiktionale Variante beruht darauf, daß zwischen ›utterer's meaning‹ und ›utterance meaning‹ unterschieden wird, wobei letztere als »die von einem Interpreten zugeschriebene Autorintention« (S. 130) verstanden wird. Diese zuerst von Tolhurst 1979 vertretene Unterscheidung[3] scheint zunächst nichts weiter als

---

[3]   William E. Tolhurst: »On What a Text Is and How It means«, in: *The British Journal of Aesthetics* 19 (1979), S. 3–14.

die in der ›intentional-fallacy‹-Diskussion propagierte Notwendigkeit der Unterscheidung von Autorintention und Textbedeutung zu sein, geht jedoch darüber hinaus, da sie anachronistische Bedeutungszuweisungen grundsätzlich ausschließt, indem »Hypothesen nur auf der Grundlage der Wissensbestände, Überzeugungen und Einstellungen vorgenommen werden, die den *Mitgliedern des autorintentional identifizierten Adressatenkreises* verfügbar sind« (S. 131). Wenn Spoerhase nun gegen Tolhursts Konzeption und die hieran anschließende Diskussion, die er mit Lutz Danneberg und Hans-Harald Müller[4] als eine der »zukunftsträchtigsten« Intentionalismuskonzeptionen einstuft (S. 130), sowie gegen hiermit verwandte rezeptionshistorische Ansätze, die mit dem Konstrukt einer historisch ›realiter‹ möglichen Rezeption arbeiten, vorbringt, daß es sich dabei um ein »unbefriedigendes Lösungsmodell« zur Historisierung von Textbedeutungen handele, weil solchermaßen keine Beschränkung »auf die von den Zeitgenossen faktisch vollzogenen Bedeutungszuschreibungen« erfolgt (S. 138), dann übersieht Spoerhase nicht nur, daß zeitgenössische Rezeptionen vielfach heterogen und ihrerseits interpretationsbedürftig sind,[5] sondern er reduziert letztlich die Bestimmung der historischen Textbedeutung auf das immer schon Gesagte.

Interessant für die generelle Intentionalismusdebatte scheint mir demgegenüber der Befund, daß der sogenannte ›hypothetische Intentionalismus‹ letztendlich gar kein Intentionalismus ist, sondern daß dieser eine im klassischen Sinn antiintentionalistische Position mit einer antianachronistischen verbindet und damit entscheidend über den im ›new criticism‹ erreichten Reflexionsstand hinausführt.

In den Kapiteln drei und vier wird sodann das Konzept des ›Anachronismus‹ selbst einer kritischen Analyse unterzogen. Spoerhase rekurriert dabei insbesondere auf die anglophone Ideengeschichte und Wissenschaftsgeschichte, in denen das Problem »in den vergangenen fünfzig Jahren am intensivsten diskutiert wurde« (S. 150). Er macht auf diese Weise eine höchst reflektierte und differenzierte

---

[4] Vgl. Lutz Danneberg u. Hans-Harald Müller: »Der ›intentionale Fehlschluß‹ – ein Dogma? Systematischer Forschungsbericht zur Kontroverse um eine intentionalistische Konzeption in den Textwissenschaften. Teil 1 und Teil 2«, in: *Zeitschrift für allgemeine Wissenschaftstheorie* 14 (1983), S. 103–137 u. S. 376–411, hier S. 393–397.

[5] Vgl. hierzu Klaus W. Hempfer: »Überlegungen zu einem Gültigkeitskriterium für Interpretationen und ein komplexer Fall: Die italienische Ritterepik der Renaissance«, in: *Interpretation. Das Paradigma der europäischen Renaissanceliteratur*, hg. v. Klaus W. Hempfer u. Gerhard Regn. Wiesbaden 1983, S. 1–31 (wieder abgedruckt in Klaus W. Hempfer: *Grundlagen der Textinterpretation*, hg. v. Stefan Hartung. Stuttgart 2002, S. 11–39) sowie ders.: *Diskrepante Lektüren. Die* Orlando-Furioso-*Rezeption im Cinquecento. Historische Rezeptionsforschung als Heuristik der Interpretation.* Stuttgart 1987, insb. Kap. 1.

Diskussion verfügbar, die im deutschsprachigen Raum durch die Dominanz einer präsentistischen Hermeneutik und deren breiter Rezeption in den historischen Einzelwissenschaften weitgehend unbekannt blieb.[6] Mit ›presentism‹ wird dort jene Belastung vergangener Texte mit gegenwärtigen Fragen negativ konnotiert, die in der wirkungsgeschichtlichen Hermeneutik als methodische Maxime fungiert. Spoerhase zeigt, wie seit den 30er Jahren, dann aber insbesondere durch die Cambridge School um Quentin Skinner u. a. eine historiographische Debatte geführt wurde, die bestimmte Grundprinzipien historischer Analyse wie das ›Verfügbarkeitsprinzip‹[7] formulierte und schließlich bis zur Unterscheidung von legitimem und illegitimem Anachronismus etwa bei Jardine u. a. führte[8] (vgl. etwa S. 179 oder 190). Den Anachronismusbegriff selbst definiert Spoerhase folgendermaßen:

> Eine erste allgemeine Bestimmung des Anachronismus könnte lauten: In komplexen Darstellungen eines historischen Zusammenhangs Z, für den ein Zeitindex t wesentlich ist, finden sich einzelne Elemente E, die für einen anderen, zeitlich späteren Zusammenhang Z_{t+n} oder zeitlich früheren Zusammenhang Z_{t-n} in der Weise charakteristisch sind, daß sie (nach einem als gegeben angenommenen Wissen) für Z_t *noch nicht* oder *nicht mehr* angesetzt werden können. Üblicherweise wird hier nur die erste Variante berücksichtigt. Die Unterscheidung eines progressiven und eines regressiven Anachronismus ist hier einleuchtend. (S. 184)

Der Präsentismus wäre dann der Spezialfall eines progressiven Anachronismus (S. 185).

In Kapitel vier folgt eine Anachronismustypologie, die »Strukturen retrospektiver Übertragung« (S. 187) zu ermitteln sucht und insbesondere der vor allem in der Philosophie und der Wissenschaftsgeschichte viel diskutierten Frage nach dem Verhältnis der Begrifflichkeit und Wissensbestände der Interpreten zu der Begrifflichkeit der interpretierten Texte selbst und der von diesen vorausgesetzten Wissensbeständen nachgeht. Einleuchtend und zentral ist die Feststellung, daß der Begriff des Klassischen, der bei Gadamer zur Eingrenzung der Beliebigkeit von Interpretationen führen soll, letztendlich ein Anachronismus ist:

---

[6]   Dies gilt nicht für *Scientia Poetica*. In Bd. 10 (2006) ist eine ausführliche Forschungsdiskussion zu Anachronismus und Präsentismus mit Beiträgen von Carlos Spoerhase, Lorraine Daston, Peter Burke, Dominik Perler u. a. erschienen.

[7]   Das Verfügbarkeits- bzw. Zugänglichkeitsprinzip besagt, »daß keine adäquate Beschreibung der Handlung eines Akteurs Beschreibungsbegriffe oder Klassifikationsschemata verwenden darf, die dem Akteur selbst nicht zugänglich oder verfügbar gewesen sind« (S. 166 mit Verweis auf Skinner, Prudovsky u. a.).

[8]   Vgl. Nick Jardine: »Uses and Abuses of Anachronism in the History of the Sciences«, in: *History of Science* 38 (2000), S. 251–270 (so in der Bibliographie, in der entsprechenden Anmerkung im Text fälschlich mit 2002 zitiert).

So ist der Anachronismus einer Hermeneutik klassischer Texte bereits dort aktiv, wo grundsätzlich vorausgesetzt wird, daß ein literarischer Text als ›großes‹ Werk alle seine Kontexte transzendiert, darunter auch den seiner Entstehung und zeitgenössischen Rezeption. (S. 201)

Während die Überschrift zum ersten Teil »Autorschaft und hermeneutischer Präsentismus«, der die ersten vier Kapitel umfaßt, der Vielfalt der thematisierten Aspekte nicht voll gerecht wird, so sind die ebenfalls vier Kapitel des zweiten Teils »Autorschaft und hermeneutische Billigkeit« durchgängig der Explikation des Verhältnisses von Autorbegriff und Billigkeitskonzept gewidmet. Die Kapitel fünf bis sieben beschäftigen sich eingehend mit dem wesentlich in der analytischen (Sprach-)Philosophie als ›principle of charity‹ theoretisierten Konzept,[9] dessen variierende sprachliche Benennung bereits darauf verweist, daß »sich keine einheitliche Bestimmung dieses Prinzips durchgesetzt hat« (S. 235). Als »Arbeitsdefinition« geht Spoerhase von folgender Bestimmung aus: »Prinzipien hermeneutischer Billigkeit werden dort befolgt, wo der Interpret angehalten ist, diejenige Interpretation eines Interpretationsobjekts zu bevorzugen, die das Interpretationsobjekt einschlägige normative Anforderungen erfüllen läßt.« (S. 242) Diese Arbeitsdefinition bleibt eher ›dunkel‹, gemeint ist ganz schlicht, daß der Interpret beim Autor die Befolgung rationaler, ästhetischer und anderer Normen voraussetzt und nicht davon ausgeht, daß es sich bei dem vom Autor produzierten Text um eine Abfolge von Absurditäten handelt. Wie Spoerhase zeigen kann, rekurrieren auf das wesentlich im Hinblick auf die Exegese philosophischer Texte entwickelte Prinzip explizit oder implizit gleichermaßen intentionalistisch wie antiintentionalistisch argumentierende Autoren, und es findet sowohl in ›ahistoristischen‹ wie in ›historistischen‹ Interpretationen seine Anwendung. Auch wenn Spoerhase beiläufig darauf zu sprechen kommt (S. 294f.), berücksichtigt er nicht ausreichend, daß das ›principle of charity‹ in der Philosophie weitgehend selbstverständlich die Rationalität der Argumentation meint, während die Akzeptanz der von einem Autor selbstverständlich vorausgesetzten ästhetischen Normen ein gänzlich anderes Problem konstituiert, da ästhetische Normen grundsätzlich historisch variabel sind, während für Grundprinzipien ›rationaler‹ Argumentation gegen einen kulturellen Relativismus zunehmend wieder deren transhistorische Gültigkeit betont wird.[10] Die Anwendung des ›principle of charity‹ auf literarische Texte müßte also gerade von der historischen Variabilität ästhetischer Normen ausgehen. Was Spoerhase hiergegen vorbringt, ist unüberzeugend (vgl. S. 295).

---

[9] Konkurrierende englische und deutsche Bezeichnungen stellt Spoerhase S. 235 zusammen.

[10] Vgl. hierzu etwa Wolfgang Detel: »Kultur und Wissen«, in: *Macht – Wissen – Wahrheit*, hg. v. Klaus W. Hempfer u. Anita Traninger. Freiburg 2005, S. 19–40 oder Lorraine Daston: *Wunder, Beweise und Tatsachen. Zur Geschichte der Rationalität*. 2. Aufl. Frankfurt a. M. 2003, insb. S. 7ff.

Wenn Spoerhase abschließend zu dem Ergebnis kommt, daß das ›principle of charity‹ schlechterdings zirkulär, eine »methodologische ›Selbstverifikation‹« sei (S. 382), da es »nicht mehr nur als Instrument einer adäquaten Bedeutungszuschreibung« fungiere, »sondern bestimmt, was eine adäquate Bedeutungszuschreibung eigentlich ist«, wodurch »die Anwendung des *principle of charity* [...] zum einzigen Kriterium einer adäquaten Interpretation« werde (ebd.), dann fragt sich, ob Spoerhase bei dieser Interpretation von Quine, Davidson und anderen ›Größen‹ der analytischen Philosophie das ›principle of charity‹ angemessen beachtet hat.[11]

Im abschließenden Kapitel unternimmt es Spoerhase, die Einwände gegen philosophische Konzeptionen des ›principle of charity‹ als Adäquatheitsbedingungen für ein philologisches ›principle of charity‹ zu reformulieren, und stellt fünf solcher Adäquatheitsbedingungen auf, die allesamt einleuchtend sind (S. 385f.). Am wesentlichsten ist dabei die Trennung des Begriffs der richtigen Interpretation vom ›principle of charity‹ und die Annahme der Möglichkeit, daß dem Interpreten trotz der Akzeptanz des ›principle of charity‹ Irrtümer oder normwidriges Verhalten zugeschrieben werden können, das ›principle of charity‹ also gerade nicht zur Selbstverifikation führt. Auf dieser Basis unternimmt Spoerhase eine Rekonstruktion des Billigkeitsprinzips: als Akkomodation (vgl. insb. die Definition S. 394), als Präsumtion (S. 396) und als Wertmaximierung im Hinblick auf die epistemische oder ästhetische Güte des interpretierten Objekts (S. 405ff.). Abschließend kommt Spoerhase nochmals auf den Kern des ›principle of charity‹ als »Absurditätenminimierungs-Prinzip«[12] zu sprechen, d. h. ein Prinzip, das dem anderen nicht unterschiebt, er würde schlechterdings Unsinn äußern, und betont, daß das »Erfordernis einer historischen Kontextualisierung des Absurditätskriteriums [...] auch das Erfordernis der Berücksichtigung des historischen Autors eines Interpretationsobjekts« umfaßt (S. 437). Daß das Absurditätskriterium historisiert werden muß, ist unstrittig. Fraglich scheint mir jedoch die Rolle, die Spoerhase hier und abschließend dem Autor zuzubilli-

---

[11] Insbesondere Davidson erscheint in der Darstellung Spoerhases als erkenntnistheoretischer Esoteriker (explizit S. 343), der letztendlich sein eigenes Scheitern eingestehe (S. 342f.). Unter Rekurs auf das ›principle of charity‹ ließen sich die Ausführungen Davidsons vielleicht auch dahingehend interpretieren, daß er ›Interpretation‹ nicht mehr als ein ›knowing that‹, sondern als ein ›knowing how‹ begreift, das ›per definitionem‹ nicht in das »Projekt einer detaillierten Methodologie« (S. 342) zu übersetzen ist. Die von Spoerhase zitierten Ausführungen Davidsons (ebd.) deuten unverkennbar in diese Richtung. Zu der auf Gilbert Ryle zurückgehenden Unterscheidung der beiden Wissenstypen vgl. Klaus W. Hempfer u. Anita Traninger: »Einführung«, in: *Dynamiken des Wissens*, hg. v. Klaus W. Hempfer u. Anita Traninger. Freiburg 2007, S. 7–21, insb. S. 9–12.

[12] Der Begriff wurde geprägt von Oliver R. Scholz: *Verstehen und Rationalität. Untersuchungen zu den Grundlagen von Hermeneutik und Sprachphilosophie*. Frankfurt a. M. 1999, S. 102 (von Spoerhase zitiert S. 373).

gen scheint. In den letzten Sätzen der Arbeit wird die »Rückkehr des Autors« als »kontrafaktische Imagination« verstanden, »die in der Philologie der Vermeidung von Aktualisierungshermeneutiken oder Verbesserungshermeneutiken« diene. Die »Rückkehr des Autors« erweise sich in diesem Sinne als »die Rückkehr eines für die philologischen Disziplinen notwendigen *methodischen Konstrukts*.« (S. 448) Auch als ›methodisches Konstrukt‹ hat freilich der Autor, seine Intentionen und alles, was wir über ihn wissen können, immer nur ›heuristische Funktion‹. Es ist die unhintergehbare Indexikalität des ›Textes‹ selbst,[13] die ihn personal, temporal und lokal an Sinnsysteme und Wissensordnungen bindet, von denen aus er allererst verstehbar wird. Wenn wir nicht hinter die Unterscheidung von ›utterer's meaning‹ und ›utterance meaning‹ zurückfallen wollen, dann ist Ziel der Interpretation nicht die (Re-)Konstruktion der ›utterer's meaning‹, sondern der ›utterance meaning‹, sprich der Textbedeutung.[14] Hierfür kann die ›Rückkehr des Autors‹ *hilfreich* sein, die ›Rückkehr zum Text‹ als einem historisch spezifischen Kommunikationsakt[15] ist jedoch *unverzichtbar*. Dies um so mehr, als die Autoren mit ihrem Streben nach Überzeitlichkeit (›aere perennius‹) die Aktualisierungs- und Verbesserungshermeneutiken immer schon propagiert haben.[16]

Klaus W. Hempfer

---

[13] Zu dem Begriff der Indexikalität vgl. Hempfer u. Traninger: »Einführung« (wie Anm. 11), S. 14f. sowie Bernd Häsner: »Indexikalität und Indexikalisierung. Überlegungen zur literaturwissenschaftlichen Relevanz eines sprachphilosophischen Konzepts«, in: *Im Zeichen der Fiktion. Aspekte fiktionaler Rede aus historischer und systematischer Sicht.* Festschrift für Klaus W. Hempfer zum 65. Geburtstag. Stuttgart 2008, S. 67–81 und die jeweils angegebene Literatur.

[14] Vgl. hierzu explizit Jerrold Levinson: »Hypothetical Intentionalism: Statement, Objections, and Replies«, in: *Is There a Single Right Interpretation?*, hg. v. Michael Krausz. University Park/Pa. 2002, S. 309–318, insb. S. 315, wo Levinson feststellt, das Ziel literaturwissenschaftlichen Interpretierens sei, »to get at the *utterance meaning* of the text, that is, what *it* – not the *author* – is saying« (zitiert von Spoerhase S. 142, Anm. 390).

[15] Wenn man von ›literarischer Kommunikation‹ spricht, dann bedeutet dies keineswegs, daß man damit notwendig voraussetzt, daß sich literarische Kommunikation an der »›Logik‹ der Alltagskommunikation« (S. 417) orientiere, ganz im Gegenteil. Literarische Kommunikation und Alltagskommunikation sind selbstverständlich ganz unterschiedliche Kommunikationsformen, sie sind aber gleichwohl Formen der Kommunikation. Die Übertragung des Griceschen Kooperationsprinzips auf literarische Texte ist deshalb nicht schon a priori verfehlt (dagegen Spoerhase S. 414–418).

[16] Vgl. hierzu demnächst Klaus W. Hempfer: »Literaturwissenschaftliches Interpretieren als *knowing how* und einige Interpretationsmaximen« (in Vorbereitung).

ADRESSENVERZEICHNIS

Dr. Philip Ajouri
Universität Stuttgart
Neuere Deutsche Literatur I
Keplerstr. 17
70174 Stuttgart

Dr. Andrea Albrecht
Albert-Ludwigs-Universität
Freiburg
Deutsches Seminar
Platz der Universität 3
79100 Freiburg im Breisgau

Dr. Laura Balbiani
Université de la Vallée d'Aoste
Strada Cappuccini 2A
11100 Aosta
Schweiz

Gwyneth E. Cliver, Ph. D.
University of Nebraska at Omaha
Department of Foreign Languages
and Literatures
6001 Dodge Street
Omaha, Nebraska
USA

Prof. Dr. Dr. Detlef Döring
Sächsische Akademie der
Wissenschaften zu Leipzig
Karl-Tauchnitz-Str.1
04107 Leipzig

Prof. Dr. Karl Eibl
Ludwig-Maximilians-Universität
München
Institut für deutsche Philologie
Schellingstr. 3 RGB
80799 München

Prof. Dr. Monika Fick
RWTH Aachen
Neuere Deutsche
Literaturgeschichte
Templergraben 55
52056 Aachen

Benjamin Gittel
Buchstr. 3
13353 Berlin

Prof. Dr. Klaus W. Hempfer
FU Berlin
Institut für Romanische Philologie
Habelschwerdter Allee 45
14195 Berlin

Prof. Dr. Jochen Hörisch
Universität Mannheim
Neuere Germanistik II
Schloß Ehrenhof West 247
68131 Mannheim

Dr. Galina Hristeva
Universität Stuttgart
Neuere Deutsche Literatur II
Keplerstr. 17
70174 Stuttgart

Dr. Tobias Klauk
Emilienstr. 11
37075 Göttingen

Dr. Tilmann Köppe
Albert-Ludwigs-Universität
Freiburg
Deutsches Seminar
Platz der Universität 3
79100 Freiburg im Breisgau

Dr. Olav Krämer
Albert-Ludwigs-Universität
Freiburg
Deutsches Seminar
Platz der Universität 3
79100 Freiburg im Breisgau

Justice Kraus, Ph. D.
Pacific University
German Studies
2043 College Way
Forest Grove
Portland, Oregon
USA

Dr. Katja Mellmann
Georg-August Universität
Göttingen
Seminar für Deutsche Philologie
Käte-Hamburger-Weg 3
37073 Göttingen

Prof. Dr. Ursula Peters
Universität zu Köln
Institut für deutsche Sprache
und Literatur
Albertus Magnus Platz
50923 Köln

Daniel Tobias Seger
Sandäckerstr. 54
72070 Tübingen

Dr. Holger Steinmann
Michaelstr. 37
45138 Essen

Prof Dr. Michael Titzmann
Universität Passau
Neuere Deutsche Literatur
Innstr. 25
94030 Passau

Dr. Volkhard Wels
Südsternstr. 14
10961 Berlin

NEUE DATENBANK

GERMANISTIK ONLINE

INTERNATIONALES REFERATENORGAN MIT BIBLIOGRAPHISCHEN HINWEISEN 1 (1960)–50 (2009)

Seit Oktober 2010 wird die *Germanistik*, das zentrale internationale Berichtsorgan der Wissenschaft von deutscher Sprache und Literatur, auch als Online-Datenbank angeboten. Damit sind im Jubiläumsjahr 50 Jahre systematisierte, verschlagwortete und in über 60.000 Kurzreferaten kritisch erschlossene Fachgeschichte der Germanistik elektronisch durchsuchbar. Insgesamt werden rückläufig rund 340.000 Monographien, Sammelbände und Zeitschriften aus den Bereichen Literatur, Theaterwissenschaften, Medienwissenschaften, Kulturgeschichte und Linguistik bibliographisch erschlossen.

Die Datenbank erlaubt bei jedem verzeichneten Titel den Zugriff auf die umfangreiche sachliche Erschließung, um sich über den Inhalt des jeweiligen Buches bzw. Beitrags zu informieren. Sie bietet eine kategorienspezifische Volltext- und Detailsuche mit differenziertem und bequemem Zugang zu Autoren, Herausgebern, Verfassern, Titeln, Referaten, Publikationsjahren und Schlagworten. Alle relevanten Daten sind miteinander verknüpft. Die Datenbank wird fortlaufend um den aktuellen Jahrgang mit circa 8.000 neuen Verzeichnungen und über 1.000 Referaten erweitert.

DIE WICHTIGSTEN MERKMALE

» 50 Jahre bibliographische Information und Wissenschaftsgeschichte online
» 340.000 Verzeichnungen rückläufig
» Jährliches Update von 8.000 neuen Verzeichnungen
» 1.000–1.200 Besprechungen/Jahrgang
» State-of-the-Art-Classification
» Benutzeroberfläche deutsch/englisch

PUBLIKATIONSSPRACHE Deutsch
BENUTZEROBERFLÄCHE Deutsch, Englisch

KAUFOPTION

Einmaliger Erwerb des Datengrundbestandes zum unverb. Ladenpreis; nachfolgend jährliche Updategebühr für Aktualisierungen und Erweiterungen.
Unverb. Ladenpreis € 9.990,–
Updategebühr € 699,–
ISBN 978-3-484-97980-2

MIETOPTION

Jahres-Abonnementpreis € 2.490,–
ISBN 978-3-11-023288-2
Fortdauerndes Nutzungsrecht des erworbenen Datenbestandes nach 6 vollen Jahren.

www.degruyter.com